教育部哲学社会科学系列发展报告
MOE Serial Reports on Developments in Humanities and Social Sciences

# 中国农村教育
# 发展报告2019

## The Report of Rural Education
## Development in China: 2019

邬志辉　秦玉友　主编

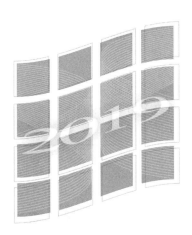

北京师范大学出版集团
BEIJING NORMAL UNIVERSITY PUBLISHING GROUP
北京师范大学出版社

图书在版编目(CIP)数据

中国农村教育发展报告 2019/邬志辉，秦玉友主编. —北京：北京师范大学出版社，2020.3
（教育部哲学社会科学系列发展报告）
ISBN 978-7-303-25158-2

Ⅰ. ①中… Ⅱ. ①邬… ②秦… Ⅲ. ①乡村教育－研究报告－中国－2019 Ⅳ. ①G725

中国版本图书馆 CIP 数据核字(2019)第 208603 号

营 销 中 心 电 话　010-58802135　010-58802786
北师大出版社教师教育分社微信公众号　京师教师教育

ZHONGGUO NONGCUN JIAOYU FAZHAN BAOGAO 2019
出版发行：北京师范大学出版社　www.bnup.com
　　　　　北京市西城区新街口外大街 12－3 号
　　　　　邮政编码：100088
印　　刷：三河市兴达印务有限公司
经　　销：全国新华书店
开　　本：730 mm×980 mm　　1/16
印　　张：27.5 印张
字　　数：520 千字
版　　次：2020 年 3 月第 1 版
印　　次：2020 年 3 月第 1 次印刷
定　　价：110.00 元

策划编辑：鲍红玉　　　　　　责任编辑：郭　瑜
美术编辑：李向昕　　　　　　装帧设计：李向昕
责任校对：陈　民　　　　　　责任印制：马　洁

版权所有　侵权必究
反盗版、侵权举报电话：010-58800697
北京读者服务部电话：010-58808104
外埠邮购电话：010-58808083
本书如有印装质量问题，请与印制管理部联系调换。
印制管理部电话：010-58805079

　　本报告得到教育部哲学社会科学发展报告项目资助，得到中国教育学会农村教育分会大力支持，谨此致谢！

# 中国农村教育发展报告
# 顾问委员会

**顾问委员会主任**

史宁中　　　　东北师范大学

**顾问委员会成员**（按姓氏笔画排序）

王嘉毅　　　　中共甘肃省委员会

叶敬忠　　　　中国农业大学

孙绵涛　　　　沈阳师范大学

张乐天　　　　南京师范大学

杨东平　　　　北京理工大学

范先佐　　　　华中师范大学

袁桂林　　　　北京师范大学

袁振国　　　　华东师范大学

裴娣娜　　　　北京师范大学

廖其发　　　　西南大学

# 中国农村教育发展报告

# 编　委　会

**编委会主任**　邬志辉

**编委会成员**（按姓氏笔画排序）

于海波　凡勇昆　王海英　刘善槐

安晓敏　孙　涛　孙　颖　李伯玲

李　涛　张源源　陈　衍　杨卫安

姜荣华　秦玉友　满海峰　霍　明

# 前　言

　　2018 年，是中国改革开放 40 周年。40 年来，国家高度重视农村教育发展，积极改变农村教育落后面貌，农村教育实现了由扫盲普小教育向普及高中阶段教育、由城乡教育非均衡发展向城乡教育一体化发展、由农村教育结构单一向多元、由农村学生"有学上"向"上好学"的重大转变。

　　中国农村教育发展研究院一直致力于研究农村教育、服务农村教育、发展农村教育，促进城乡社会共同发展。《中国农村教育发展报告 2019》综合利用国家统计数据和东北师范大学中国农村教育发展研究院在全国 19 个省份的调研数据，形成了如下三个方面的研究成果。

## 一、现状与成就

### (一)学前教育持续发展，农村①多项指标有所改善

　　2017 年，国家实施第三期学前教育行动计划。学前教育规模稳步增长，财政投入持续增加，长期制约学前教育改革发展的瓶颈问题得到突破。

　　**1. 学前教育三年毛入园率达 79.6%，农村幼儿园数量约占七成**

　　2017 年在园幼儿数达 4 600.14 万人，比 2016 年增加 186.28 万人。其中，城市在园幼儿数 1 706.85 万人，占 37.10%；农村在园幼儿数 2 893.29 万人，占 62.90%。我国学前教育三年毛入园率达 79.6%，比 2016 年提高了 2.2 个百分点。2017 年全国幼儿园数达 254 950 所，比 2016 年增加 15 138 所，增幅为 6.31%。其中，城区为 78 961 所、镇区为 85 807 所、乡村为 90 182 所。农村幼儿园数量占比达 69.03%，农村幼儿教育依然是大头。

　　**2. 教育部门办乡村普惠性幼儿园占比高，增量九成在农村**

　　2017 年教育部门办普惠性幼儿园数量为 75 553 所。其中，城区为 10 710 所，占 14.18%；镇区为 23 613 所，占 31.25%；乡村为 41 230 所，占 54.57%。在 2017 年新增的 9 434 所(增幅为 14.27%)教育部门办普惠性幼儿园中，城区为 941 所，占 9.97%；镇区为 2 121 所，占 22.48%；乡村为 6 372 所，占

---

　　① 农村＝镇区＋乡村。

67.54%；新增普惠性幼儿园九成投放在农村。

### 3. 农村幼儿教师规模不断扩大，学历层次继续提高

2017年全国幼儿专任教师数量为243.21万人，较2016年新增20.01万人，增幅为8.96%。在新增幼儿专任教师中，城区为10.20万人，占51%；镇区为6.40万人，占31.99%；乡村为3.40万人，占17.01%。与2016年相比，城区、镇区、乡村的增幅分别为9.73%、7.87%、9.19%。

2017年全国幼儿专任教师中大专及以上学历者占79.05%，比2016年提高2.5个百分点。其中，城区由82.85%提高到85.40%；镇区由74.83%提高到76.79%；乡村由62.46%提高到65.89%。城乡幼儿专任教师大专及以上学历占比依然存在差距，但乡村幼儿专任教师学历提高的比例更大。

### 4. 学前教育经费大幅增长，超半数财政性教育经费投向农村地区

2016年我国学前教育经费为2 803.53亿元，较2015年(2 426.74亿元)增长15.53%。其中，城市学前教育经费由2015年的1 303.28亿元增长到2016年的1 526.54亿元，增幅为17.13%；农村学前教育经费由2015年的1 123.47亿元增长到2016年的1 276.99亿元，增幅为13.67%。

2016年学前教育国家财政性教育经费达1 326.07亿元，比2015年(1 132.87亿元)增长17.05%。其中，城市总投入由2015年的538.53亿元增长到2016年的646.16亿元，增幅为19.99%；农村由2015年的594.33亿元增长到2016年的679.91亿元，增幅为14.40%。51.27%的学前教育国家财政性教育经费投向农村地区。

## (二)农村义务教育整体发展成效明显，但仍有改进空间

### 1. 义务教育在校生数增加、学校数减少，学生继续向城镇集中

2017年义务教育在校生数达1.45亿人，比2016年增加293.38万人，增幅为2.06%。其中，城区为5 029.43万人，比2016年增加272.83万人，增幅为5.74%；镇区为6 087.56万人，比2016年增加160.55万人，增幅为2.71%；乡村为3 418.77万人，比2016年减少140万人，减幅为3.93%。2017年义务教育城镇化率为76.48%，较2016年提高了1.47个百分点，比常住人口城镇化率高17.96个百分点。

2017年义务教育学校数为321 901所，比2016年减少6 287所，减幅为1.92%。其中，城区为41 196所，比2016年增加1 092所，增幅为2.72%；镇区为79 072所，比2016年增加362所，增幅为0.46%；乡村为201 633所，比2016年减少7 741所，减幅为3.70%。

### 2. 2/3以上农村学生体重正常，4～9年级近视率逐级增高

全国12个省(市、区)23个县(区)中小学分层抽样调查数据显示，农村(乡

镇十村屯)学生体重在正常范围的占 67.26％，低体重占 24.59％，超重占
5.86％，肥胖占 2.28％。寄宿生占 38.60％，非寄宿生占 61.40％。寄宿生体重
更容易控制在正常范围，正常体重占 69.36％，低体重占 23.23％，超重占
5.41％，肥胖占 2％；非寄宿生正常体重占 65.95％，低体重占 25.45％，超重占
6.14％，肥胖占 2.46％。吃早饭的学生占 91.73％，不吃早饭的学生占 8.27％。
吃早饭的学生体重更容易控制在正常范围，正常体重占 67.65％，低体重占
24.47％，超重占 5.69％，肥胖占 2.18％；不吃早饭的学生体重在正常范围的占
62.95％，低体重占 25.97％，超重占 7.68％，肥胖占 3.40％。4～9 年级农村学
生近视率逐级增高，由 4 年级的 21.07％增长到 9 年级的 51.59％。

**3. 近 80％的随迁子女就读于公办学校，留守儿童数量继续减少**

2017 年义务教育阶段进城务工人员随迁子女达 1 406.63 万人，较 2016 年增
加 0.85％，占在校生总数的 9.68％。其中，小学 1 042.18 万人，初中 364.45 万
人。2017 年随迁子女进入公办学校就读的比例达 79.67％。其中，小学为
79.0％，初中为 81.6％。

2017 年全国农村留守儿童数量为 1 550.56 万人，比 2016 年减少 175.73 万
人，减幅达 10.18％。其中，小学有 1 064.48 万人，占小学在校生总数的
10.55％，初中有 486.08 万人，占初中在校生总数的 10.94％。

**4. 乡村教师队伍建设成效显著，师资队伍向好发展**

2017 年各地共招聘特岗教师 7.7 万人，分布在 1 万多所农村学校。2017 年
乡村小学和初中生师比低于国家标准。乡村小学由 2016 年的 15.81：1 下降到
2017 年的 15.66：1，低于城区、镇区小学；乡村初中由 2016 年的 10.98：1 上
升到 2017 年的 11.19：1，低于城区、镇区初中。

2017 年全国小学专科及以上学历教师比例为 95.26％，较 2016 年提高 1.61
个百分点，其中农村为 93.8％，城乡差距为 4.6 个百分点，比 2016 年缩小 1.6
个百分点。全国初中本科及以上学历教师比例为 84.63％，比 2016 年提高 2.15
个百分点，其中农村为 81.1％，城乡差距为 10.3 个百分点，比 2016 年缩小 1.3
个百分点。

全国 18 个省(市、区)35 个县(区)中小学分层抽样调查显示，2017 年义务教
育教师(县城、镇、乡、村屯教师)由前一级(含未评)职称晋升到三级、二级、一
级、高级、正高级职称花费的年限分别为 3.91 年、5.77 年、9.13 年、9.83 年、
9.44 年。晋升三级职称，乡村(乡十村屯)教师与县镇(县城十镇)教师分别花费
3.82 年和 4 年，乡村教师花费的年限短于县镇教师。晋升二级、一级、高级职
称，乡村教师分别花费 5.93 年、9.22 年、10.28 年，县镇教师分别花费 5.66 年、
9.07 年、9.67 年，乡村教师晋升二级、一级、高级职称的年限长于县镇教师。

调查显示，县城、镇、乡、村屯中学一级教师每月实发工资分别为 3 248.3 元、4 344.2 元、4 097.0 元、4 155.2 元；县城、镇、乡、村屯小学高级教师每月实发工资分别为 3 461.9 元、4 317.9 元、4 289.2 元、4 511.1 元。2017 年乡村教师生活补助首次实现了集中连片特困地区县的全覆盖，其中乡村学校和教师覆盖率分别为 97.37% 和 96.41%。2017 年中央投入的乡村教师生活补助资金占 91.67%，各地人均月补助标准为 322 元，比 2016 年增加 38 元，增幅为 13.38%。其中，人均月补助标准超过 400 元的占 27.27%。

调查显示，《乡村教师支持计划（2015—2020 年）》实施后，对此支持计划持满意态度的乡村教师达 84.85%，83.46% 的乡村教师愿意继续留任乡村学校。

**5. 教育经费投入不断增长，农村义务教育经费增幅低于全国平均水平**

2017 年全国教育经费总投入为 42 562.01 亿元，较 2016 年（38 888.39 亿元）增长 9.45%。其中，国家财政性教育经费为 34 207.75 亿元，占全国教育经费总投入的 80.37%，较 2016 年（31 396.25 亿元）增长 8.95%。

2017 年全国普通小学生均一般公共预算教育事业费支出达 10 199.12 元，较 2016 年增长 6.71%。其中，农村为 9 768.57 元，较 2016 年增长 5.65%。全国普通小学生均一般公共预算公用经费支出达 2 732.07 元，较 2016 年增长 4.64%。其中，农村为 2 495.84 元，较 2016 年增长 3.90%。

2017 年全国普通初中生均一般公共预算教育事业费支出达 14 641.15 元，较 2016 年增长 9.13%。其中，农村为 13 447.08 元，较 2016 年增长 7.77%。全国普通初中生均一般公共预算公用经费支出达 3 792.53 元，较 2016 年增长 6.47%。其中，农村为 3 406.72 元，较 2016 年增长 4.59%。

**6. 乡村中小学标准化建设成效显著，基本均衡县数较上年增长 18.6%**

2017 年乡村小学体育运动场（馆）面积、体育器械、音乐器械、美术器械、教学自然实验仪器[①]配备达标率在 83%~88%，与 2016 年相比，达标率提高 12~13 个百分点，但城区和镇区小学分别在 86%~95% 和 86%~93%，均高于乡村小学；乡村普通初中办学条件达标率在 89%~93%，与 2016 年相比，达标率提高 5~8 个百分点，但城区和镇区普通初中达标率分别在 89%~95% 和 91%~96%，均高于乡村普通初中。乡村小学和普通初中建立校园网率分别为 56.81% 和 68.37%，较 2016 年分别提高 10.16 个和 2.78 个百分点。城区和镇区小学建立校园网率分别为 82.64% 和 69.69%，城区和镇区初中建立校园网率分别为 86.33% 和 77.17%，均高于乡村。

2017 年又有 560 个县（市、区）通过义务教育发展基本均衡县督导评估认定，

---

① 小学为教学自然实验仪器，初中为理科实验仪器。

是认定数量最高的一年，累计认定县（市、区）已达 2 379 个，占 81%。

### (三)高中阶段教育稳定发展，生师比有所降低

#### 1. 高中阶段普职结构相对稳定，毛入学率进一步提高

2017 年全国有高中阶段学校 2.46 万所，比 2016 年减少 93 所，减幅为 0.38%。其中，普通高中 1.36 万所，比 2016 年增加 172 所，增幅为 1.29%；中等职业学校 1.07 万所，比 2016 年减少 222 所，减幅为 2.04%；普职学校比例为 1.36∶1.07，较 2016 年的 1.34∶1.09 变化不大。

2017 年高中阶段学校共招生 1 382.49 万人，比 2016 年减少 13.78 万人，减幅为 0.99%；在校学生 3 970.99 万人，比 2016 年增加 0.93 万人，增幅为 0.02%。高中阶段毛入学率为 88.3%，比 2016 年提高 0.8 个百分点。

#### 2. 高中阶段生师比有所降低，普通高中教师素质不断提升

2017 年全国有普通高中教职工 266.51 万人，比 2016 年增加 7.31 万人，增幅为 2.82%。其中，专任教师为 177.40 万人，比 2016 年增加 4.05 万人，增幅为 2.34%。生师比为 13.39∶1，比 2016 年的 13.65∶1 有所降低。但若按 12.5∶1 的生师比核算，全国普通高中共缺教师 12.57 万人。中等职业学校共有专任教师 83.92 万人，比 2016 年减少 393 人，减幅为 0.05%，生师比为 19.59∶1，较 2016 年的 19.84∶1 有所降低。

2017 年普通高中教师中拥有研究生学历的比例达 8.94%，比 2016 年提高 0.99 个百分点。本科学历教师占比达 89.21%，比 2016 年减少 0.76 个百分点。普通高中教师学历合格率达 98.15%，较 2016 年提高 0.24 个百分点。

#### 3. 随迁子女在流入地普遍可以接受中等职业教育，但升普通高中压力大

全国城镇（包括特大、超大城市）普遍向进城务工人员随迁子女开放中等职业教育，但随迁子女在流入地升入普通高中仍面临较大压力。2017 年全国有初中阶段毕业生 1 397.47 万人，普通高中招生 800.05 万人，普通初中升入普通高中的比率为 57.25%。2017 年共有初中随迁子女毕业生 125.07 万人，但考入普通高中的随迁子女只有 42.81 万人，随迁子女升入普通高中的比率只有 34.23%，当地学生普通高中升学率 59.51%，随迁子女比当地学生升入普通高中的机会低 25.28%。

## 二、问题与挑战

### (一)县域义务教育基本均衡尚未全面实现

到 2017 年年底，全国还有 558 个县（市、区）没有通过义务教育发展基本均衡县的督导评估认定，占总数的 19%。当县域义务教育发展不均衡与城镇化相遇时，问题就变得异常困难和严峻，教育吸引型城镇化问题凸显，进一步引发县

镇巨班大校化、乡村学校小规模化，加剧了解决教育发展不均衡问题的复杂性。

### (二)农村教育质量存在较大提升空间

我们的研判是，农村教育发展不充分问题不仅是受教育年限问题，更根本的是教育质量问题，即学生认知技能和非认知技能的发展问题。一些农村学校学生学业成绩达不到国家规定的及格标准，且随年级的升高逐渐丧失了对学习的兴趣和对知识的渴望。学习成绩落后与学习兴趣衰减的累积效应与非良性互动，使农村学生后期学习面临更大的挑战。可以说，目前制约农村教育质量提升的阻碍因素在各地不同程度地存在着，农村教育质量还有很大的提升空间。

### (三)农村学校规模特征尚未被充分重视

2017 年我国农村小学和教学点数达 270 007 所，其中，镇区为 54 821 所，乡村为 186 345 所。虽然小规模学校会在我国长期存在的事实得到普遍认可，但积极发现小规模学校特征优势的学术努力和实践努力尚不充分。在此情况下，国家促进小规模学校发展的政策无法全面落地，例如小规模学校按生师比与班师比结合方式配备教师的政策无法落地、保障必要的小规模学校不被撤并的政策出现异化等。

## 三、应答与展望

### (一)充分认识农村教育的体量意义与战略地位

农村教育面广量大，依然是中国基础教育的大头。从学生数看，2017 年农村学前教育在园幼儿数占总体的 62.90%；农村义务教育阶段在校生占总体的 65.40%；农村普通高中教育在校生占总体的 52.35%。从学校数看，2017 年农村幼儿园占总体的 69.03%，农村义务教育学校数占总体的 87.20%，农村普通高中占总体的 49.76%。党的十八大以来，国家高度重视农村教育发展，把农村教育摆在优先发展的战略地位，体现了党和国家尊重人民追求公平的愿望，体现了共产党以人民为中心的执政理念、执政能力和执政魄力。优先发展农村教育事业有利于教育扶贫攻坚，有利于阻断贫困代际传递，有助于实现共同富裕的奋斗目标。

### (二)建立问题友好型农村教育治理模式

由于城镇化快速推进、城乡发展水平以及区域内收入水平差距持续存在，农村教育问题因而变得日益复杂和多样。面对这些问题，需要认真听取各方的建设性意见，切实回应各方利益关切，强化多主体参与、客观认知与理解。悦纳处境不利儿童教育问题，加快形成教育内外齐发力、多主体共参与的处境不利儿童教育治理新机制。悦纳农村教师岗位吸引力差问题，不断增强农村教师岗位吸引力和优化教师流动环境。悦纳教育评价标准单一、评价方式不科学问题，建立多元评价标准与相对结果和绝对结果并重的评价方式。

**(三)力推理念引领型农村教育实践创新**

　　大力实施创新驱动农村教育发展战略。通过回归常识、挖掘优势、观念更新三种途径推进农村教育在地化改革。首先，保持对想当然教育知识的敏感，使农村教育实践实现底线性回归。其次，挖掘小校、小班的教育优势，实现农村教育实践的最大化改进。最后，注重教育思想观念转变，探索在地化教育教学新模式，促进农村教育实现超越式发展。在农村教育变革、发展、改进中要不断完善新思想，用新思想审视农村与农村教育，建立绿色环保、低成本、可复制、有成效的"现代田园式"的农村教育。

课题组

2019 年 1 月 13 日

# 目　录

## 专题研究报告

经典个案报告

参考文献

后　记

年度进展报告

2018年是中国改革开放40周年。40年来，中国农村教育实现了教育普及程度由"五年"到"十五年"的深刻变化，城乡教育关系从"非均衡"到"一体化"的战略转变，教育管理体制从"人民办"到"政府办"的制度变迁，农村教育结构由"单一"到"多元"的重大转型等。

　　在过去的一年里，国家出台了《中共中央 国务院关于全面深化新时代教师队伍建设改革的意见》，强调要"大力提升乡村教师待遇"；《国务院办公厅关于全面加强乡村小规模学校和乡镇寄宿制学校建设的指导意见》，提出"到2020年，基本补齐两类学校短板……乡村教育质量明显提升，基本实现县域内城乡义务教育一体化发展，为乡村学生提供公平而有质量的教育。"《中共中央 国务院关于学前教育深化改革规范发展的若干意见》强调"大力发展农村学前教育，每个乡镇原则上至少办好一所公办中心园，大村独立建园或设分园，小村联合办园，人口分散地区根据实际情况可举办流动幼儿园、季节班等，配备专职巡回指导教师，完善县乡村三级学前教育公共服务网络。""编制部门要结合实际合理核定公办园教职工编制。"《高等学校乡村振兴科技创新行动计划（2018—2022年）》提出要"发挥高校优势，通过科技创新引领，全面服务乡村产业振兴、人才振兴、文化振兴、生态振兴、组织振兴，实施高校服务乡村振兴七大行动。"以上重要文件紧扣农村教育最薄弱环节，动员社会一切力量，助力乡村振兴和农村教育发展。

　　"年度进展报告"以2017年8月至2018年8月为时间节点，以上述重要文件提出的农村教育改革发展目标为旨归，运用国家公布的统计数据、政策文本以及公开发表的学术文献，从大事记、事业发展、政策发展、学术发展、实践发展五个维度关注农村学前教育、义务教育、普通高中教育和中等职业教育改革发展的总体情况，关注年度发展中的重点难点热点问题，全景式探讨、分析与回应人民群众的重大农村教育关切。

# 第一章　农村学前教育年度进展报告

## 概　要

2017 年是国家实施第三期学前教育行动计划的开局之年。通过以县为单位实施第一期、第二期学前教育三年行动计划，各级政府高度重视，财政投入持续增加，长期制约改革发展的一些瓶颈问题得到突破。全国学前三年毛入园率2017 年达到 79.6％，比 2016 年提高 2.2 个百分点，"入园难"问题进一步得到缓解。本报告将主要从学前教育发展大事记、事业发展、政策焦点、未来展望四个方面对 2017 年全国农村学前教育发展情况进行综合论述，全面呈现农村学前教育的进展与问题，以期为第三期学前教育行动计划的实施开展提供依据，指明方向。

从事业发展状况来看，2017 年我国学前教育发展有如下特点：第一，学前教育规模持续增长，农村尤其是乡村的拉动作用依然较弱；第二，经费投入增长迅速，财政性投入向农村倾斜；第三，学前教育教师配置水平持续提升，城乡差距依然较大；第四，幼儿园硬件设施继续改善，农村地区依然比较薄弱。总体来说，学前教育仍是教育体系中最薄弱的环节，城乡学前教育发展不均衡状况依然明显，普惠性资源供给不足，教师数量短缺、工资待遇偏低、幼儿园运转困难、保教质量参差不齐等问题还普遍存在。

从政策焦点来看，我国学前教育三年毛入园率从 2010 年的 56.60％上升到2017 年的 79.6％，年均提高 3.29 个百分点，增长速度非常快，普及率已达到中等发达国家以上水平。但普惠性学前教育资源依然短缺，发展仍面临诸多矛盾和困境，需要完善普惠性民办幼儿园发展的良性机制。从未来发展来看，各地需要进一步贯彻落实党和国家"发展学前教育，鼓励普惠性幼儿园发展"的要求，明确普惠性幼儿园的认定标准，增加普惠性资源供给，深化体制机制改革，提升保育教育质量。

## 一、农村学前教育大事记

2017年8月5日，《国务院办公厅关于同意建立民办教育工作部际联席会议制度的函》，同意建立由教育部牵头的民办教育工作部际联席会议制度，以加强部门协调配合，共同破解民办教育发展中的重点难点问题。

2017年9月11日，《教育部办公厅关于各地建立完善学前教育、普通高中和特殊教育经费投入机制情况的通报》对各地的经验做法进行了梳理。在学前教育方面，一些地方，如北京、天津、上海、江苏、广西、海南、重庆、四川、西藏、陕西、甘肃、青海、宁夏13个省（区、市）和宁波、厦门、青岛3个计划单列市及新疆生产建设兵团出台了公办园生均公用经费拨款标准，大连出台了生均综合补助标准。其中，北京为2 250元，上海和天津为1 200元，海南为600元，陕西学前一年标准为1 300元。青海规定公办园生均公用经费所需资金由省、市（州、县）按照8∶2的比例分担。江苏、宁夏、青海等地都明确要求根据教育发展、财力状况、办园成本、物价水平，适时提高公办园生均公用经费拨款标准。一些地方还制定了企事业单位、集体办园和普惠性民办园补助政策，支持提供普惠性服务。北京按照1 000元的标准对企事业单位、集体办园予以补贴。目前28个省份和5个计划单列市都出台了普惠性民办园认定管理办法，制定了具体的财政扶持措施。陕西、西藏按公办园生均公用经费拨款标准对普惠性民办园进行补助，青岛按照2 400元的生均定额补助标准扶持普惠性民办园。天津、辽宁、广西、青海等省（区、市）对提供普惠性服务、收费合理、质量合格的民办园按照班级规模、办园质量等进行奖补。

2017年9月，《中共中央办公厅 国务院办公厅关于深化教育体制机制改革的意见》，指出要创新学前教育普惠健康发展的体制机制。强调要鼓励多种形式办园，有效推进解决入园难、入园贵问题。理顺学前教育管理体制和办园体制，建立健全国务院领导、省市统筹、以县为主的学前教育管理体制。省市两级政府要加强统筹，加大对贫困地区的支持力度。落实县级政府主体责任，充分发挥乡镇政府的作用。以县域为单位制定幼儿园总体布局规划，新建、改扩建一批普惠性幼儿园。鼓励社会力量举办幼儿园，支持民办幼儿园提供面向大众、收费合理、质量合格的普惠性服务。要加强科学保教，坚决纠正"小学化"倾向。遵循幼儿身心发展规律，坚持以游戏为基本活动，合理安排幼儿生活作息。加强幼儿园质量监管，规范办园行为。

2017年10月16日，《教育部办公厅关于开展〈国家教育事业发展"十三五"规划〉2017 年度监测评估的通知》，其目的是为做好国家"十三五"规划纲要和《国家教育事业发展"十三五"规划》的组织实施工作，确保规划各项目标任务有效落实。

2017 年 10 月 18 日，中国共产党第十九次全国代表大会在北京隆重召开，习近平代表第十八届中央委员会向大会作了《决胜全面建成小康社会 夺取新时代中国特色社会主义伟大胜利》的报告。报告指出，要优先发展教育事业。建设教育强国是中华民族伟大复兴的基础工程，必须把教育事业放在优先位置，深化教育改革，加快教育现代化，办好人民满意的教育。要全面贯彻党的教育方针，落实立德树人根本任务，发展素质教育，推进教育公平，培养德智体美全面发展的社会主义建设者和接班人。其中提到要办好学前教育。

2017 年 11 月 1 日，教育部党组召开教育系统学习贯彻党的十九大精神座谈会，深入交流学习贯彻党的十九大精神、贯彻落实习近平新时代中国特色社会主义思想情况，深化党的十九大精神学习宣传贯彻工作。

2017 年 11 月 24 日，针对多地发生幼儿在幼儿园受到侵害事件，国务院教育督导委员会办公室印发紧急通知，部署立即在全国开展幼儿园规范办园行为专项督导检查，要求有效减少类似事件发生，确保广大幼儿的身心健康。

2017 年 12 月 12 日，《国务院教育督导委员会办公室关于印发〈加快中西部教育发展工作督导评估监测办法〉的通知》发布，其目的是为深入贯彻落实党的十九大精神，推动改变教育区域发展不平衡状况，缩小东中西之间差距，促进教育公平，提高教育质量。其中提出要积极发展农村学前教育，包括扩充公办幼儿园资源，支持普惠性民办幼儿园发展，补充学前教育师资队伍，改革学前教育管理体制等。

2018 年 1 月 2 日，《中共中央 国务院关于实施乡村振兴战略的意见》由中共中央、国务院发布并实施，指出要优先发展农村教育事业，发展农村学前教育。统筹配置城乡师资，并向乡村倾斜，建好建强乡村教师队伍。

2018 年 1 月 20 日，《中共中央 国务院关于全面深化新时代教师队伍建设改革的意见》指出，要全面提高幼儿园教师质量，建设一支高素质善保教的教师队伍。办好一批幼儿师范专科学校和若干所幼儿师范学院，支持师范院校设立学前教育专业，培养热爱学前教育事业，幼儿为本、才艺兼备、擅长保教的高水平幼儿园教师。创新幼儿园教师培养模式，前移培养起点，大力培养初中毕业起点的五年制专科层次幼儿园教师。优化幼儿园教师培养课程体系，突出保教融合，科学开设儿童发展、保育活动、教育活动类课程，强化实践性课程，培养学前教育师范生综合能力。建立幼儿园教师全员培训制度，切实提升幼儿园教师科学保教能力。加大幼儿园园长、乡村幼儿园教师、普惠性民办幼儿园教师的培训力度。创新幼儿园教师培训模式，依托高等学校和优质幼儿园，重点采取集中培训与跟岗实践相结合的方式培训幼儿园教师。鼓励师范院校与幼儿园协同建立幼儿园教师培养培训基地。

2018 年 1 月 22 日，《教育部办公厅　财政部办公厅关于做好 2018 年中小学幼儿园教师国家级培训计划组织实施工作的通知》公布了《"国培计划"示范性项目实施方案》和《"国培计划"中西部和幼师国培项目实施方案》。

2018 年 1 月 23 日，教育部党组书记、部长陈宝生在全国教育工作会议上发表讲话，提出要促进学前教育普惠健康发展，在幼有所育上取得新进展。针对当前学前教育面临的普惠性资源不足、教师队伍素质不高、保障机制不健全、保教质量参差不齐、社会热点时有发生等问题，提出要在大调研基础上，加强顶层设计，制定符合我国实际的幼教规划和重大举措。要以第三期学前教育行动计划为抓手，坚持政府主导，不断扩大普惠性资源总量。要坚持公益普惠，在大力发展公办园的同时，积极引导和扶持民办园提供普惠性服务，大力支持农村地区、脱贫攻坚地区、城乡结合部和两孩政策新增人口集中地区新建、改扩建幼儿园。要强化体制机制，建立健全"国务院领导、省市统筹、以县为主"的学前教育管理体制。投入上，要建立生均拨款、收费、资助一体化机制，出台公办园生均拨款、普惠性民办园补助标准，健全资助标准。师资上，要完善编制管理办法和工资待遇保障机制，提高准入门槛，引导和监督依法配足配齐保教人员。要提高保教质量，完善质量评估体系，落实《幼儿园办园行为督导评估办法》，建立办园行为常态监测机制，确保依法依规办园。加大力度持续开展"小学化"专项治理，完善教研责任区制度，强化对各类幼儿园特别是薄弱园的专业指导，让每一个在园儿童接受专业化、有质量的学前教育。坚决防止幼儿园伤害幼儿事件发生，一经发现必须严肃查处。

2018 年 1 月 31 日，教育部印发《教育部 2018 年工作要点》，其中第 22 条指出，要办好学前教育。研究出台《关于学前教育深化改革和规范发展的意见》。召开全国学前教育工作会。推进实施第三期学前教育行动计划，扩大普惠性资源，完善学前教育体制机制。完善幼儿园教师补充机制和工资待遇保障机制。推动各地出台学前教育生均拨款制度。印发《幼儿园玩教具配备指南》，组织征集优质游戏化课程资源。开展防止和纠正"小学化"专项治理行动。指导各地开展幼儿园办园行为督导评估。

2018 年 2 月 11 日，教育部、国家发展改革委、财政部、人力资源社会保障部、中央编办印发《教师教育振兴行动计划（2018—2022 年）》，提出要提升培养规格层次，夯实国民教育保障基础，为幼儿园培养一大批关爱幼儿、擅长保教的学前教育专业专科以上学历教师。办好一批幼儿师范高等专科学校和若干所幼儿师范学院。各地根据学前教育发展的实际需求，扩大专科以上层次幼儿园教师培养规模。积极推行初中毕业起点五年制专科层次幼儿园教师培养。发布《中小学幼儿园教师培训课程指导标准》。幼儿园、中小学和中等职业学校按照年度公用经费预算总额的 5‰ 安排教师培训经费。

2018 年 2 月 26 日《中共教育部党组关于在教育系统大兴调查研究之风的意见》。教育部党组决定把 2018 年作为教育系统"调查研究年",推动在教育系统大兴调查研究之风,写好教育"奋进之笔"。其中提出要着力解决学前教育"入园难、入园贵、监管弱"等问题。

2018 年 3 月 5 日,国务院总理李克强在第十三届全国人民代表大会第一次会议上做《政府工作报告》,提出推进婴幼儿照护和儿童早期教育服务,着力解决学前教育资源不足等问题。

2018 年 4 月 10 日,《教育部办公厅关于开展 2018 年全国学前教育宣传月活动的通知》,这是第七个全国学前教育宣传月活动,此次活动主题为"我是幼儿园教师"。活动时间为 2018 年 5 月 20 日至 6 月 20 日。此次宣传活动的重点为多视角、多形式宣传呈现幼儿园教师工作、学习的真实情景和具体案例,帮助社会和家长认识幼儿园保育教育活动的特点,理解幼儿园教师职业的专业性,了解幼儿园教师专业成长历程,塑造新时代幼儿园教师爱岗敬业、积极向上的良好形象,营造重视关心幼儿园教师成长、支持推动学前教育发展的良好氛围。

2018 年 5 月 11 日,北京师范大学全国中小学名师名校长领航班全体学员发布致全国中小学幼儿园教师的倡议书,争做有理想信念、有道德情操、有扎实学识、有仁爱之心的"四有"好老师,做好学生锤炼品格、学习知识、创新思维、奉献祖国的引路人,成为青少年学生人生航船的优秀领航人。

2018 年 6 月 28 日,《教育部办公厅关于做好 2018 年中小学幼儿园学生暑期有关工作的通知》就加强安全教育工作、丰富学生暑期生活、合理控制学业负担、预防沉迷网络和游戏、帮助养成劳动节约习惯、关爱随迁子女和留守儿童等方面做了具体工作安排。

2018 年 7 月 4 日,《教育部办公厅关于开展幼儿园"小学化"专项治理工作的通知》主要针对一些幼儿园违背幼儿身心发展规律和认知特点,提前教授小学内容、强化知识技能训练,"小学化"倾向比较严重等问题,通过专项治理来推进幼儿园科学保教。

2018 年 7 月 6 日,习近平总书记主持召开中央全面深化改革委员会第三次会议,学前教育是这次会议的一个重要议题。会议审议通过了《关于学前教育深化改革规范发展的若干意见》,强调"推动学前教育深化改革规范发展,是党和政府为老百姓办实事的重要民生工程,要全面贯彻党的教育方针,遵循学前教育规律,完善学前教育体制机制,健全学前教育政策保障体系,推进学前教育普及普惠安全优质发展，满足人民群众对幼有所育的期盼"，体现了新时代对学前教育发展的新定位、新任务、新要求。

## 二、农村学前教育事业发展

### (一)学前教育规模持续增长，农村尤其是乡村的拉动作用依然较弱

#### 1. 幼儿数与入园率的发展

根据《国家中长期教育改革和发展规划纲要(2010—2020 年)》(以下简称《纲要》)制定的学前教育的事业发展目标，到 2015 年我国学前三年毛入园率达到 60%，在园(班)人数达到 3 400 万人；2020 年学前三年毛入园率达到 70%，在园(班)人数达到 4 000 万人。2014 年，我国学前三年毛入园率已达到了 70.5%，提前 6 年完成《纲要》所规定的 2020 年学前三年毛入园率达到 70% 的目标。2014 年，《教育部 国家发展改革委 财政部关于实施第二期学前教育三年行动计划的意见》，提出到 2016 年，全国学前三年毛入园率达到 75% 左右。2016 年，《中华人民共和国国民经济和社会发展第十三个五年规划纲要》又提出，鼓励普惠性幼儿园发展，加强农村普惠性学前教育，实施学前教育三年行动计划，到 2020 年，学前三年毛入园率提高到 85%。2017 年 4 月 13 日，教育部等四部门联合发布《关于实施第三期学前教育行动计划的意见》，重申到 2020 年，基本建成广覆盖、保基本、有质量的学前教育公共服务体系。全国学前三年毛入园率达到 85%，普惠性幼儿园覆盖率(公办幼儿园和普惠性民办幼儿园在园幼儿数占在园幼儿总数的比例)达到 80% 左右。我们可以根据这些标准来衡量我国在园(班)幼儿数与入园率的发展和目标达成情况。

如表 1.1、表 1.2 所示，2017 年，全国新入园(班)幼儿为 1 938 万人，比上年增加 15.9 万人，增加了 0.83%。学前教育毛入园率达到 79.6%，比上年提高 2.2 个百分点，已远远超过《纲要》所规定的 2020 年学前三年毛入园率达到 70% 的目标。按照这个增长速度，会超额完成《中华人民共和国国民经济和社会发展第十三个五年规划纲要》和教育部等四部门联合发布的《关于实施第三期学前教育行动计划的意见》中所提出的到 2020 年全国学前三年毛入园率达到 85% 的目标。从增速上来看，随着近几年连续的高速增长和入园率的不断提高，速度有所放缓，个别年份甚至出现负增长。从分城乡看，由于城镇化及人口流动速度的增加，城市新入园(班)幼儿继续保持较快增长，而农村①(镇区＋乡村)在 2015—2017 年连续两年出现较大幅度的负增长。2017 年，城市新入园(班)幼儿为 644

---

① 本文出现的"农村"="镇区＋乡村"，与"城市"(即"城区")对应；"城镇"="城区＋镇区"，与"乡村"对应。从 2011 年起，《中国教育统计年鉴》采用新的城乡划分标准，将原来的城市、县镇、农村调整为城区、镇区、乡村。

万人，比上年增长 7.98%；农村（镇区＋乡村）为 1 294 万人，比上年减少
2.39%。从城乡所占比例来看，2017 年城乡入园（班）幼儿比例城市为 33.23%，
农村（镇区＋乡村）为 66.77%，农村所占比例持续减少。

表 1.1　中国 2010—2017 年入园（班）人数情况统计　　　　单位：万人

| 地区 | 2010 年 | 2011 年 | 2012 年 | 2013 年 | 2014 年 | 2015 年 | 2016 年 | 2017 年 | 2010—2016 年均变化值 | 2016—2017 年变化值 |
|---|---|---|---|---|---|---|---|---|---|---|
| 总计 | 1 700.4 | 1 827.3 | 1 911.9 | 1 970.1 | 1 987.8 | 2 008.8 | 1 922.1 | 1 938 | 37.0 | 15.9 |
| 城市 | 315.2 | 480.5 | 508.7 | 528.6 | 565.5 | 583.3 | 596.4 | 644 | 46.9 | 47.6 |
| 农村 | 1 385.2 | 1 346.8 | 1 403.2 | 1 441.5 | 1 422.2 | 1 425.5 | 1 325.7 | 1 294 | −9.9 | −31.7 |

表 1.2　中国 2010—2017 年入园（班）人数增长速度及城乡所占比例　　　单位：%

| 地区 | 2010—2016 年均增长率 | 2016—2017 年增长率 | 2011 年城乡所占比例 | 2012 年城乡所占比例 | 2013 年城乡所占比例 | 2014 年城乡所占比例 | 2015 年城乡所占比例 | 2016 年城乡所占比例 | 2017 年城乡所占比例 |
|---|---|---|---|---|---|---|---|---|---|
| 全国 | 2.06 | 0.83 | 100.00 | 100.00 | 100.00 | 100.00 | 100.00 | 100.00 | 100.00 |
| 城市 | 11.21 | 7.98 | 26.30 | 26.61 | 26.83 | 28.45 | 29.04 | 31.03 | 33.23 |
| 农村 | −0.73 | −2.39 | 73.70 | 73.39 | 73.17 | 71.55 | 70.96 | 68.97 | 66.77 |

如表 1.3、表 1.4 所示，2017 年，全国在园（班）幼儿为 4 600.1 万人，比上
年增加 186.2 万人，增长了 4.22%，也远远超过了《纲要》所规定的 2020 年在园
（班）人数达到 4 000 万人的目标。从增速上来看，与前几年相比，速度有所放
缓，不管是从年变化值还是从年均增长率上来看，都比 2010—2016 年有了较
大幅度的下降。从分城乡看，2017 年，城市学前教育在园（班）幼儿数为 1 706.9
万人，比上年增长 7.28%；农村（镇区＋乡村）学前教育在园（班）幼儿数为
2 893.2 万人，增长 2.49%。从城乡所占比例来看，2017 年城乡在园（班）幼儿比
例城市为 37.11%，县镇和农村为 62.89%。

表 1.3　中国 2010—2017 年在园（班）人数情况统计　　　　单位：万人

| 地区 | 2010 年 | 2011 年 | 2012 年 | 2013 年 | 2014 年 | 2015 年 | 2016 年 | 2017 年 | 2010—2016 年均变化值 | 2016—2017 年变化值 |
|---|---|---|---|---|---|---|---|---|---|---|
| 全国 | 2 976.7 | 3 424.4 | 3 685.8 | 3 894.7 | 4 050.7 | 4 264.8 | 4 413.9 | 4 600.1 | 239.5 | 186.2 |
| 城市 | 752.6 | 1 147.1 | 1 250.8 | 1 317.7 | 1 406.0 | 1 489.8 | 1591.1 | 1 706.9 | 139.8 | 115.8 |
| 农村 | 2 224.1 | 2 277.3 | 2 435.0 | 2 577.0 | 2 644.7 | 2 775.0 | 2 822.8 | 2 893.2 | 99.8 | 70.4 |

表 1.4    中国 2010—2017 年在园(班)人数增长速度及城乡所占比例    单位:%

| 地区 | 2010—2016 年均增长率 | 2016—2017 年增长率 | 2011 年城乡所占比例 | 2012 年城乡所占比例 | 2013 年城乡所占比例 | 2014 年城乡所占比例 | 2015 年城乡所占比例 | 2016 年城乡所占比例 | 2017 年城乡所占比例 |
|---|---|---|---|---|---|---|---|---|---|
| 全国 | 6.79 | 4.22 | 100.00 | 100.00 | 100.00 | 100.00 | 100.00 | 100.00 | 100.00 |
| 城市 | 13.29 | 7.28 | 33.50 | 33.94 | 33.83 | 34.71 | 34.93 | 36.05 | 37.11 |
| 农村 | 4.05 | 2.49 | 66.50 | 66.06 | 66.17 | 65.29 | 65.07 | 63.95 | 62.89 |

### 2. 幼儿园园数、班数的发展

从幼儿园园数变化来看,2010—2016 年幼儿园园数由 150 420 所增加到 239 812 所,年均增长 8.08%。其中城区幼儿园园数由 35 845 所增加到 74 262 所,年均增长 12.91%;镇区幼儿园园数由 42 987 所增加到 81 666 所,年均增长 11.29%;乡村幼儿园园数由 71 588 所增加到 83 884 所,年均增加 2.68%。而从 2016—2017 年的增长情况来看,全国幼儿园园数的增长值和增长率分别为 15 138 所和 6.31%,相比 2010—2016 年的平均增长率有所下降。从 2016—2017 年分城乡情况来看,乡村的增长情况是最快的,增幅达到了 7.51%,城区达到了 6.33%,镇区最慢,为 5.07%。从 2017 年城乡幼儿园园数所占比例来看,城区幼儿园园数占到了全国幼儿园总数的 30.97%,镇区为 33.66%,乡村占 35.37% (见表 1.5、表 1.6)。

表 1.5    2010—2017 年幼儿园园数、班数的变化情况    单位:个

| 类别 | | 2010 年 | 2011 年 | 2012 年 | 2013 年 | 2014 年 | 2015 年 | 2016 年 | 2017 年 | 2010—2016 年均变化值 | 2016—2017 年变化值 |
|---|---|---|---|---|---|---|---|---|---|---|---|
| 园数 | 总计 | 150 420 | 166 750 | 181 251 | 198 553 | 209 881 | 223 683 | 239 812 | 254 950 | 14 899 | 15 138 |
| | 城区 | 35 845 | 53 547 | 57 677 | 61 239 | 65 834 | 69 021 | 74 262 | 78 961 | 6 403 | 4 699 |
| | 镇区 | 42 987 | 54 519 | 60 483 | 67 436 | 71 464 | 77 402 | 81 666 | 85 807 | 6 447 | 4 141 |
| | 乡村 | 71 588 | 58 684 | 63 091 | 69 878 | 72 583 | 77 260 | 83 884 | 90 182 | 2 049 | 6 298 |
| 班数 | 总计 | 971 525 | 1 255 816 | 1 266 496 | 1 343 042 | 1 382 248 | 1 460 469 | 1 527 353 | 1 612 901 | 92 638 | 85 548 |
| | 城区 | 254 172 | 411 873 | 433 113 | 471 208 | 486 994 | 513 148 | 551 252 | 593 017 | 49 513 | 41 765 |
| | 镇区 | 297 586 | 420 164 | 434 595 | 463 356 | 483 700 | 525 459 | 548 603 | 576 473 | 41 836 | 27 870 |
| | 乡村 | 419 767 | 423 779 | 398 788 | 408 478 | 411 554 | 421 862 | 427 498 | 443 411 | 1 289 | 15 913 |

表 1.6　2010—2017 年幼儿园园数、班数增长速度及城乡所占比例　　单位：%

| 类别 | | 2010—2016 年均增长率 | 2016—2017 年增长率 | 2011 年城乡所占比例 | 2012 年城乡所占比例 | 2013 年城乡所占比例 | 2014 年城乡所占比例 | 2015 年城乡所占比例 | 2016 年城乡所占比例 | 2017 年城乡所占比例 |
|---|---|---|---|---|---|---|---|---|---|---|
| 园数 | 全国 | 8.08 | 6.31 | 100.00 | 100.00 | 100.00 | 100.00 | 100.00 | 100.00 | 100.00 |
| | 城区 | 12.91 | 6.33 | 32.11 | 31.82 | 30.84 | 31.37 | 30.86 | 30.97 | 30.97 |
| | 镇区 | 11.29 | 5.07 | 32.70 | 33.37 | 33.96 | 34.05 | 34.60 | 34.05 | 33.66 |
| | 乡村 | 2.68 | 7.51 | 35.19 | 34.81 | 35.19 | 34.58 | 34.54 | 34.98 | 35.37 |
| 班数 | 全国 | 7.83 | 5.60 | 100.00 | 100.00 | 100.00 | 100.00 | 100.00 | 100.00 | 100.00 |
| | 城区 | 13.77 | 7.58 | 32.80 | 34.20 | 35.09 | 35.23 | 35.14 | 36.09 | 36.77 |
| | 镇区 | 10.73 | 5.08 | 33.46 | 34.31 | 34.50 | 34.99 | 35.98 | 35.92 | 35.74 |
| | 乡村 | 0.30 | 3.72 | 33.75 | 31.49 | 30.41 | 29.77 | 28.89 | 27.99 | 27.49 |

从幼儿园班数变化来看，2010—2016 年幼儿园班数由 971 525 个增加到 1 527 353 个，年均增长 7.83%。其中城区幼儿园班数由 254 172 个增加到 551 252 个，年均增长 13.77%；镇区幼儿园班数由 297 586 个增加到 548 603 个，年均增长 10.73%；乡村幼儿园班数由 419 767 个增加到 427 498 个，年均增加 0.30%。从 2016—2017 年的增长情况来看，全国幼儿园班数的增长值为 85 548 个，增长率为 5.60%，相比 2010—2016 年的平均增长率有所下降。从 2016—2017 年分城乡情况来看，城区的增长情况是最快的，增幅达到了 7.58%，镇区达到了 5.08%，乡村最慢，仅为 3.72%。从 2017 年城乡幼儿园班数所占比例来看，城区幼儿园班数占到了全国幼儿园班数的 36.77%，镇区为 35.74%，乡村占 27.49%，乡村是最低的。

**(二)经费投入增长迅速，财政性投入向农村倾斜**

充足的经费是保障学前教育发展的基础，学前教育要想获得良好发展，必须要有稳定的经费保障机制。从经费来源构成看，学前教育经费包括国家财政性教育经费，民办学校中举办者投入，社会捐赠经费，事业收入（包括学杂费）及其他教育经费。从 2010—2016 年，我国学前教育经费以年均 25.20% 的速度递增，大大超过了其他教育类型每年最高不到 15% 的增长速度，也超过了教育总经费年均 12.13% 的增幅，反映了我国对学前教育重视的不断增强，如表 1.7 所示。

表 1.7　2010—2016 年各类教育经费总收入增长情况

| 年份 | 经费总收入 /千元 | 普通高校 /千元 | 普通中学 /千元 | 普通小学 /千元 | 幼儿园 /千元 | 幼儿园经费 所占比例 /% |
|------|------|------|------|------|------|------|
| 2010 | 1 956 184 707 | 549 786 489 | 541 649 552 | 488 707 190 | 72 801 425 | 3.72 |
| 2011 | 2 386 929 356 | 688 023 164 | 666 071 513 | 601 208 408 | 101 857 606 | 4.27 |
| 2012 | 2 865 530 519 | 780 190 644 | 794 329 946 | 726 310 443 | 150 392 846 | 5.25 |
| 2013 | 3 036 471 815 | 797 576 578 | 838 291 150 | 795 089 406 | 175 805 370 | 5.79 |
| 2014 | 3 280 646 093 | 850 985 515 | 881 913 004 | 868 063 629 | 204 875 714 | 6.24 |
| 2015 | 3 612 919 267 | 936 410 719 | 971 763 479 | 982 684 261 | 242 674 442 | 6.72 |
| 2016 | 3 888 838 503 | 997 338 623 | 1 054 578 485 | 1 085 468 786 | 280 353 456 | 7.21 |

　　从最能体现学前教育公益性程度的国家财政性教育经费的增长情况来看，其增长也表现出了与各类教育经费总收入同样的增长态势。从 2010—2016 年，学前教育的国家财政性经费年均增幅达到了 32.56%，远高于普通高等学校、普通中小学 14% 左右的增长速度，如表 1.8 所示。

表 1.8　2010—2016 年各类教育国家财政性教育经费增长情况

| 年份 | 财政性教育 经费总收入 /千元 | 普通高校 /千元 | 普通中学 /千元 | 普通小学 /千元 | 幼儿园 /千元 | 幼儿园财政性 经费所占比例 /% |
|------|------|------|------|------|------|------|
| 2010 | 1 467 006 696 | 290 180 256 | 447 420 437 | 464 259 842 | 24 435 264 | 1.67 |
| 2011 | 1 858 670 092 | 402 349 892 | 570 236 276 | 575 965 419 | 41 569 861 | 2.24 |
| 2012 | 2 314 756 979 | 486 663 122 | 698 651 601 | 697 201 404 | 74 765 045 | 3.23 |
| 2013 | 2 448 821 774 | 479 687 633 | 738 194 579 | 764 184 749 | 86 237 156 | 3.52 |
| 2014 | 2 642 058 205 | 514 487 636 | 775 571 915 | 831 446 920 | 93 405 194 | 3.54 |
| 2015 | 2 922 145 113 | 584 114 452 | 858 420 633 | 937 184 250 | 113 286 852 | 3.88 |
| 2016 | 3 139 625 189 | 619 883 397 | 934 164 161 | 1 031 742 317 | 132 607 178 | 4.22 |

　　但是，学前教育总经费与国家财政性经费快速增长的状况并不能掩饰学前教育公益性弱化的现实。首先，全社会对学前教育经费投入的基数和起点很低，学前教育经费占国家教育经费总投入的比例一直很低，即便是比例最高的 2016 年也不过 7.21%（见表 1.7），与义务教育等其他类型的教育相比还有很大差距；学前教育财政性经费也是非常少，其所占国家财政性教育经费总收入的比例直到

2016 年也只有 4.22％（见表 1.8），不仅远远低于其他类型教育的水平，也低于发达国家 7％的平均水平。特别是与我国国情较为接近的巴西、墨西哥、蒙古等发展中国家，这一比例均达到或超过了 8％，其中巴西为 8％，墨西哥为 8.9％，蒙古为 18％。[①] 其次，非财政性经费尤其是由公民个人承担的学前教育经费也呈现出了快速的增长态势。从表 1.9 我们可以看出，由公民个人直接承担的学前教育经费（学杂费）在 2010—2016 年的平均增长速度达到了 23.15％，五年间增长了两倍多。从所占比例来看，幼儿园学杂费占全国各阶段教育学杂费的比例一直在增加，由 2010 年的 12.74％增加到 2016 年的 28.09％。

表 1.9 2010—2016 年各类教育学杂费增长情况

| 年份 | 学杂费总收入/千元 | 普通高校/千元 | 普通中学/千元 | 普通小学/千元 | 幼儿园/千元 | 幼儿园学杂费所占比例/％ |
|---|---|---|---|---|---|---|
| 2010 | 301 555 934 | 167 607 559 | 53 543 707 | 8 960 423 | 38 419 749 | 12.74 |
| 2011 | 331 697 419 | 181 210 260 | 57 690 611 | 11 410 063 | 49 272 630 | 14.85 |
| 2012 | 350 483 008 | 186 607 486 | 57 686 209 | 14 379 475 | 62 816 042 | 17.92 |
| 2013 | 373 768 686 | 199 999 161 | 61 878 950 | 15 762 870 | 75 565 996 | 20.22 |
| 2014 | 405 303 926 | 198 087 097 | 70 035 886 | 21 650 910 | 98 208 554 | 24.23 |
| 2015 | 431 736 109 | 201 569 013 | 71 056 832 | 27 546 902 | 115 648 057 | 26.79 |
| 2016 | 477 093 392 | 213 883 097 | 80 028 548 | 33 911 331 | 134 021 144 | 28.09 |

从分城乡情况来看，2016 年，在农村（镇区＋乡村）地区 3～5 岁适龄入园儿童占全国 3～5 岁适龄入园儿童的比例还有 60％左右的情况下，全国幼儿园经费投入为 2 803.53 亿元，其中城市地区为 1 526.54 亿元，农村（镇区＋乡村）地区为 1 276.99 亿元，城市地区与农村（镇区＋乡村）地区所占比例分别为 54.45％、45.55％；全国幼儿园财政性经费投入为 1 326.07 亿元，其中城市地区为 646.16 亿元，农村（镇区＋乡村）地区为 679.91 亿元，城市地区和农村（镇区＋乡村）地区所占比例分别为 48.73％、51.27％；全国幼儿园学杂费投入为 1 340.21 亿元，其中城市地区为 794.06 亿元，农村（镇区＋乡村）地区为 546.15 亿元，城市地区和农村（镇区＋乡村）地区所占比例分别为 59.25％、40.75％。考虑到学龄人口基数，农村（镇区＋乡村）地区处于全面落后的境地，如表 1.10 所示。

---

① 庞丽娟：《学前教育经费占同级财政性教育经费比例应不低于 7％》，载《人民政协报》，2011-03-02。

表 1.10　2016 年分城乡幼儿园经费投入比较

| 项目 | 金额/千元 | | | 比例/% | | |
|---|---|---|---|---|---|---|
| | 总投入 | 财政性投入 | 学杂费 | 总投入 | 财政性投入 | 学杂费 |
| 全国 | 280 353 456 | 132 607 178 | 134 021 144 | 100.00 | 100.00 | 100.00 |
| 城市 | 152 654 226 | 64 616 231 | 79 406 130 | 54.45 | 48.73 | 59.25 |
| 农村 | 127 699 230 | 67 990 947 | 54 615 014 | 45.55 | 51.27 | 40.75 |

**（三）学前教育教师①配置水平持续提升，城乡差距依然较大**

**1. 学前教育教师队伍规模增加情况**

从幼儿园教师的数量变化来看，2010—2016 年幼儿园专任教师数由 1 144 225 增加到 2 232 067 人，年均增长 11.78%。其中城区专任教师数由 462 844 增加到 1 048 592 人，年均增长 14.60%；镇区专任教师数由 405 535 增加到 812 958 人，年均增长 12.29%；乡村专任教师先降后升，由 275 846 人下降到 2013 年的 268 327 人再上升到 2015 年的 370 517 人，年均增加 5.04%。2016—2017 年，全国幼儿园专任教师数的年均增长值和增长率分别为 200 071 人和 8.96%，年均增长率和 2010—2016 年相比有所降低。从分城乡情况来看，城区的增幅为 9.73%，镇区为 7.87%，乡村为 9.19%，城区的增幅是最大的。但是从 2017 年城乡幼儿园专任教师数所占比例来看，城区幼儿园专任教师占到了全国幼儿园专任教师总数的 47.31%，镇区为 36.06%，乡村只占 16.63%，乡村教师所占的比例是最低的（见表 1.11、表 1.12）。

表 1.11　2010—2017 年幼儿园专任教师数变化情况　　　　单位：人

| 地区 | 2010 年 | 2011 年 | 2012 年 | 2013 年 | 2014 年 | 2015 年 | 2016 年 | 2017 年 | 2010—2016 年均变化值 | 2016—2017 年变化值 |
|---|---|---|---|---|---|---|---|---|---|---|
| 总计 | 1 144 225 | 1 315 634 | 1 479 237 | 1 663 487 | 1 844 148 | 2 051 021 | 2 232 067 | 2 432 138 | 181 307 | 200 071 |
| 城区 | 462 844 | 660 689 | 737 289 | 802 174 | 884 373 | 956 261 | 1 048 592 | 1 150 623 | 97 625 | 102 031 |
| 镇区 | 405 535 | 453 224 | 512 385 | 592 986 | 659 023 | 753 314 | 812 958 | 876 958 | 67 904 | 64 000 |
| 乡村 | 275 846 | 201 721 | 229 563 | 268 327 | 300 752 | 341 446 | 370 517 | 404 557 | 15 779 | 34 040 |

---

① 学前教育的教师数仅指幼儿园口径统计的教师数。

表 1.12　2010—2017 年幼儿园专任教师数增长速度及城乡所占比例　　单位：%

| 地区 | 2010—2016 年均增长率 | 2016—2017 年增长率 | 2011 年城乡所占比例 | 2012 年城乡所占比例 | 2013 年城乡所占比例 | 2014 年城乡所占比例 | 2015 年城乡所占比例 | 2016 年城乡所占比例 | 2017 年城乡所占比例 |
|---|---|---|---|---|---|---|---|---|---|
| 总计 | 11.78 | 8.96 | 100.00 | 100.00 | 100.00 | 100.00 | 100.00 | 100.00 | 100.00 |
| 城区 | 14.60 | 9.73 | 50.22 | 49.84 | 48.22 | 47.96 | 46.62 | 46.98 | 47.31 |
| 镇区 | 12.29 | 7.87 | 34.45 | 34.64 | 35.65 | 35.74 | 36.73 | 36.42 | 36.06 |
| 乡村 | 5.04 | 9.19 | 15.33 | 15.52 | 16.13 | 16.30 | 16.65 | 16.60 | 16.63 |

　　幼儿园教职工数变化也呈现出了与专任教师类似的状况。2010—2016 年幼儿园教职工数由 1 849 301 增加到 3 817 830 人，年均增长 12.84%。其中城区教职工数由 796 127 增加到 1 875 033 人，年均增长 15.35%；镇区教职工数由 620 669增加到 1 330 138 人，年均增长 13.55%；乡村教职工数由 432 505 增加到 612 659 人，年均增长 5.98%。2016—2017 年，全国幼儿园教职工数的年均增长值和增长率分别为 375 020 人和 9.82%，年均增长率和 2010—2016 年相比有所降低。从分城乡情况来看，城区的增幅为 10.40%，镇区为 8.54%，乡村为 10.85%，乡村的增幅是最大的。但是从 2017 年城乡幼儿园教职工数所占比例来看，城区幼儿园教职工数占全国幼儿园教职工总数的 49.37%，镇区为 34.43%，乡村只有 16.20%（见表 1.13、表 1.14）。

表 1.13　2010—2017 年幼儿园教职工数变化情况　　单位：人

| 地区 | 2010 年 | 2011 年 | 2012 年 | 2013 年 | 2014 年 | 2015 年 | 2016 年 | 2017 年 | 2010—2016 年均变化值 | 2016—2017 年变化值 |
|---|---|---|---|---|---|---|---|---|---|---|
| 总计 | 1 849 301 | 2 204 367 | 2 489 972 | 2 826 753 | 3 142 226 | 3 495 791 | 3 817 830 | 4 192 850 | 328 089 | 375 020 |
| 城区 | 796 127 | 1 165 407 | 1 298 693 | 1 423 614 | 1 578 160 | 1 708 000 | 1 875 033 | 2 069 988 | 179 818 | 194 955 |
| 镇区 | 620 669 | 713 631 | 817 647 | 958 790 | 1 067 708 | 1 225 876 | 1 330 138 | 1 443 717 | 118 245 | 113 579 |
| 乡村 | 432 505 | 325 329 | 373 632 | 444 349 | 496 358 | 561 915 | 612 659 | 679 145 | 30 026 | 66 486 |

表 1.14　2010—2017 年幼儿园教职工数增长速度及城乡所占比例　　单位：%

| 地区 | 2010—2016 年均增长率 | 2016—2017 年增长率 | 2011 年城乡所占比例 | 2012 年城乡所占比例 | 2013 年城乡所占比例 | 2014 年城乡所占比例 | 2015 年城乡所占比例 | 2016 年城乡所占比例 | 2017 年城乡所占比例 |
|---|---|---|---|---|---|---|---|---|---|
| 总计 | 12.84 | 9.82 | 100.00 | 100.00 | 100.00 | 100.00 | 100.00 | 100.00 | 100.00 |
| 城区 | 15.35 | 10.40 | 52.87 | 52.16 | 50.36 | 50.22 | 48.86 | 49.11 | 49.37 |
| 镇区 | 13.55 | 8.54 | 32.37 | 32.84 | 33.92 | 33.98 | 35.07 | 34.84 | 34.43 |
| 乡村 | 5.98 | 10.85 | 14.76 | 15.00 | 15.72 | 15.80 | 16.07 | 16.05 | 16.20 |

**2. 学前教育教师学历水平持续提升，农村增幅明显**

从学前教育教师的学历水平来看，2010—2016 年全国学前教育专任教师中大专及以上学历教师比例由 60.30％上升到 76.54％，年均增加 2.71％。其中城区专任教师中大专及以上学历教师比例由 71.50％上升到 82.85％，年均增加 1.89％；镇区专任教师中大专及以上学历教师比例由 60.13％上升到 74.83％，年均增加 2.45％；乡村专任教师中大专及以上学历教师比例由 41.76％上升到 62.64％，年均增加 3.48％。2016—2017 年，全国学前教育专任教师中大专及以上学历教师比例由 76.54％上升到 79.05％，增长幅度为 2.51％，略低于 2010—2016 年的年均增长幅度。从分城乡情况来看，城区的增幅为 2.55％，镇区为 1.96％，乡村为 3.25％，乡村的增幅是最大的。再从 2017 年分城乡学前教育专任教师中大专及以上学历教师所占比例来看，城区为 85.40％，镇区为 76.79％，乡村占 65.89％，乡村大专及以上学历专任教师的比例是最低的（见表 1.15）。

表 1.15　2010—2017 年幼儿园专任教师中大专及以上学历比例变化　　单位：％

| 地区 | 2010 年 | 2011 年 | 2012 年 | 2013 年 | 2014 年 | 2015 年 | 2016 年 | 2017 年 | 2010—2016 年均变化值 | 2016—2017 年变化值 |
|---|---|---|---|---|---|---|---|---|---|---|
| 总计 | 60.30 | 62.48 | 65.13 | 68.15 | 70.89 | 73.80 | 76.54 | 79.05 | 2.71 | 2.51 |
| 城区 | 71.50 | 70.85 | 72.92 | 75.81 | 77.70 | 80.16 | 82.85 | 85.40 | 1.89 | 2.55 |
| 镇区 | 60.13 | 59.13 | 62.31 | 65.42 | 68.81 | 72.26 | 74.83 | 76.79 | 2.45 | 1.96 |
| 乡村 | 41.76 | 42.61 | 46.42 | 51.25 | 55.43 | 59.40 | 62.64 | 65.89 | 3.48 | 3.25 |

**3. 学前教育教师中未评职称教师比例占比偏高，农村地区更为突出**

从学前教育教师的职称情况来看，2010—2016 年全国学前教育专任教师中未评职称教师比例由 64.94％上升到 74.06％，年均增加 1.52％。其中城区专任教师中未评职称教师比例由 61.57％上升到 73.81％，年均增加 2.04％；镇区专任教师中未评职称教师比例由 61.29％上升到 72.91％，年均增加 1.94％；乡村专任教师中未评职称教师比例由 75.96％上升到 77.30％，年均增长 0.22％。2016—2017 年，全国学前教育专任教师中未评职称教师比例由 74.06％上升到 75.12％，增长幅度为 1.06％，相比 2010—2016 年的年均增长幅度有所降低。从分城乡情况来看，城区的增幅为 0.69％，镇区为 1.27％，乡村为 1.63％。再从 2017 年分城乡学前教育专任教师中未评职称教师所占比例来看，城区为 74.50％，镇区为 74.18％，乡村为 78.93％，镇区的情况最好，城区次之，乡村专任教师中未评职称教师的比例是最高的（见表 1.16）。

表 1.16　2010—2017 年幼儿园专任教师中未评职称比例变化　　　单位：%

| 地区 | 2010 年 | 2011 年 | 2012 年 | 2013 年 | 2014 年 | 2015 年 | 2016 年 | 2017 年 | 2010—2016 年均变化值 | 2016—2017 年变化值 |
|---|---|---|---|---|---|---|---|---|---|---|
| 总计 | 64.94 | 67.57 | 69.65 | 71.48 | 72.27 | 73.38 | 74.06 | 75.12 | 1.52 | 1.06 |
| 城区 | 61.57 | 66.07 | 68.21 | 70.13 | 71.62 | 72.88 | 73.81 | 74.50 | 2.04 | 0.69 |
| 镇区 | 61.29 | 65.91 | 68.18 | 70.10 | 70.69 | 72.07 | 72.91 | 74.18 | 1.94 | 1.27 |
| 乡村 | 75.96 | 76.19 | 77.53 | 78.36 | 77.63 | 77.67 | 77.30 | 78.93 | 0.22 | 1.63 |

4. 学前教育教师中代课教师[①]比例有所下降，农村幼儿园代课教师比例高于城市

从学前教育代课教师比例来看，2011—2016 年全国学前教育代课教师比例由 8.11% 下降到 5.56%，年均下降 0.51%。其中城区学前教育代课教师比例由 4.47% 下降到 3.13%，年均下降 0.27%；镇区学前教育代课教师比例由 11.13% 下降到 7.21%，年均下降 0.78%；乡村学前教育代课教师比例由 13.35% 下降到 8.83%，年均下降 0.90%。2016—2017 年，全国学前教育代课教师比例由 5.56% 下降到 5.07%，下降幅度为 0.49%，低于 2011—2016 年的年均下降幅度。从分城乡情况来看，城区的降幅为 0.58%，镇区的降幅为 0.64%，乡村增加了 0.08%，乡村地区幼儿园代课教师比例有所反弹。再从 2017 年分城乡学前教育代课教师比例来看，城区为 2.55%，镇区为 6.57%，乡村为 8.91%，城区的情况最好，镇区次之，乡村学前教育代课教师比例是最高的（见表 1.17）。

表 1.17　2011—2017 年幼儿园代课教师所占比例状况　　　单位：%

| 地区 | 2011 年 | 2012 年 | 2013 年 | 2014 年 | 2015 年 | 2016 年 | 2017 年 | 2011—2016 年均变化值 | 2016—2017 年变化值 |
|---|---|---|---|---|---|---|---|---|---|
| 总计 | 8.11 | 7.50 | 7.08 | 6.48 | 5.62 | 5.56 | 5.07 | −0.51 | −0.49 |
| 城区 | 4.47 | 3.89 | 3.73 | 3.40 | 3.16 | 3.13 | 2.55 | −0.27 | −0.58 |
| 镇区 | 11.13 | 10.63 | 9.80 | 9.05 | 7.23 | 7.21 | 6.57 | −0.78 | −0.64 |
| 乡村 | 13.35 | 12.07 | 11.02 | 9.89 | 9.05 | 8.83 | 8.91 | −0.90 | 0.08 |

---

① 代课教师的比例指代课教师数占专任教师数、保育员数和代课教师数之和的比例。

## （四）幼儿园硬件设施继续改善，农村地区依然比较薄弱

### 1. 幼儿园校舍建筑总面积增长较快，农村地区较为薄弱

2012—2016 年全国幼儿园校舍建筑面积由 171 794 977 平方米增加到 286 993 542平方米，年均增长 13.69%。其中城区幼儿园校舍建筑面积由 81 561 374平方米增加到 125 482 552平方米，年均增长 11.37%；镇区幼儿园校舍建筑面积由 59 919 968 平方米增加到 106 933 684 平方米，年均增长 15.58%；乡村幼儿园校舍建筑面积由 30 313 635 平方米增加到 54 577 307 平方米，年均增长 15.84%。2017 年，全国幼儿园校舍建筑总面积为 320 492 662 平方米，比 2016 年增加 33 499 119 平方米，增长 11.67%。乡村地区校舍建筑总面积增长速度最快，2017 年为 63 279 491 平方米，比 2016 年增加 8 702 184 平方米，增幅为 15.94%，城区和镇区的增幅分别为 10.68% 和 10.65%。从 2017 年城乡幼儿园校舍建筑面积所占比例来看，城区幼儿园校舍建筑面积占到了全国幼儿园校舍建筑面积总数的 43.34%，镇区为 36.92%，乡村只占 19.74%，乡村幼儿园校舍建筑面积所占的比例是最低的（见表 1.18、表 1.19）。

表 1.18　2012—2017 年幼儿园校舍建筑面积变化情况　单位：平方米

| 地区 | 2012 年 | 2013 年 | 2014 年 | 2015 年 | 2016 年 | 2017 年 | 2012—2016 年均变化值 | 2016—2017 年变化值 |
|---|---|---|---|---|---|---|---|---|
| 总计 | 171 794 977 | 201 842 763 | 229 985 220 | 258 436 366 | 286 993 542 | 320 492 662 | 28 799 641 | 33 499 120 |
| 城区 | 81 561 374 | 91 763 492 | 104 055 633 | 113 079 962 | 125 482 552 | 138 887 119 | 10 980 294 | 13 404 567 |
| 镇区 | 59 919 968 | 72 995 278 | 83 453 917 | 96 626 116 | 106 933 684 | 118 326 053 | 11 753 429 | 11 392 369 |
| 乡村 | 30 313 635 | 37 083 993 | 42 475 670 | 48 730 288 | 54 577 307 | 63 279 491 | 6 065 918 | 8 702 184 |

表 1.19　2012—2017 年幼儿园校舍建筑面积增长速度及城乡所占比例　单位：%

| 地区 | 2012—2016 年均增长率 | 2016—2017 年增长率 | 2012 年城乡所占比例 | 2013 年城乡所占比例 | 2014 年城乡所占比例 | 2015 年城乡所占比例 | 2016 年城乡所占比例 | 2017 年城乡所占比例 |
|---|---|---|---|---|---|---|---|---|
| 总计 | 13.69 | 11.67 | 100.00 | 100.00 | 100.00 | 100.00 | 100.00 | 100.00 |
| 城区 | 11.37 | 10.68 | 47.48 | 45.46 | 45.24 | 43.76 | 43.72 | 43.34 |
| 镇区 | 15.58 | 10.65 | 34.88 | 36.16 | 36.29 | 37.39 | 37.26 | 36.92 |
| 乡村 | 15.84 | 15.94 | 17.65 | 18.37 | 18.47 | 18.86 | 19.02 | 19.74 |

### 2. 幼儿园占地面积稳步增长，农村所占比重较低

2012—2016 年全国幼儿园占地面积由 345 445 818 平方米增加到 518 424 625 平

方米，年均增长 10.68%。其中城区幼儿园占地面积由 128 865 934 平方米增加到 178 223 279 平方米，年均增长 8.44%；镇区幼儿园占地面积由 123 600 613 平方米增加到 194 403 691 平方米，年均增长 11.99%；乡村幼儿园占地面积由 92 979 271 平方米增加到 145 797 656 平方米，年均增长 11.90%。2017 年，全国幼儿园占地总面积为 576 405 518 平方米，比 2016 年增加 57 980 892 平方米，增长 11.18%。乡村地区幼儿园占地面积增长速度最快，2017 年为 168 749 286 平方米，比 2016 年增加 2 2951 630 平方米，增幅为 15.74%，城区和镇区的增幅分别为 10.15% 和 8.72%。从 2017 年城乡幼儿园占地面积所占比例来看，城区幼儿园占地面积占到了全国幼儿园占地面积总数的 34.06%，镇区为 36.67%，乡村只占 29.28%，乡村幼儿园占地面积所占的比例是最低的(见表 1.20、表 1.21)。

表 1.20　2012—2017 年幼儿园占地面积变化情况　　　　　单位：平方米

| 地区 | 2012 年 | 2013 年 | 2014 年 | 2015 年 | 2016 年 | 2017 年 | 2012—2016 年均变化值 | 2016—2017 年变化值 |
|---|---|---|---|---|---|---|---|---|
| 总计 | 345 445 818 | 392 967 185 | 431 969 423 | 477 021 986 | 518 424 625 | 576 405 518 | 43 244 702 | 57 980 892 |
| 城区 | 128 865 934 | 140 052 343 | 153 618 199 | 163 519 672 | 178 223 279 | 196 306 543 | 12 339 336 | 18 083 264 |
| 镇区 | 123 600 613 | 144 485 657 | 159 769 820 | 179 973 815 | 194 403 691 | 211 349 689 | 17 700 769 | 16 945 998 |
| 乡村 | 92 979 271 | 108 429 185 | 118 581 404 | 133 528 500 | 145 797 656 | 168 749 286 | 13 204 596 | 22 951 630 |

表 1.21　2012—2017 年幼儿园占地面积增长速度及城乡所占比例　　　单位：%

| 地区 | 2012—2016 年均增长率 | 2016—2017 年增长率 | 2012 年城乡所占比例 | 2013 年城乡所占比例 | 2014 年城乡所占比例 | 2015 年城乡所占比例 | 2016 年城乡所占比例 | 2017 年城乡所占比例 |
|---|---|---|---|---|---|---|---|---|
| 总计 | 10.68 | 11.18 | 100.00 | 100.00 | 100.00 | 100.00 | 100.00 | 100.00 |
| 城区 | 8.44 | 10.15 | 37.30 | 35.64 | 35.56 | 34.28 | 34.38 | 34.06 |
| 镇区 | 11.99 | 8.72 | 35.78 | 36.77 | 36.99 | 37.73 | 37.50 | 36.67 |
| 乡村 | 11.90 | 15.74 | 26.92 | 27.59 | 27.45 | 27.99 | 28.12 | 29.28 |

　　3. 幼儿园图书册数继续以较高速度增长，城乡还有一定差距

　　2012—2016 年全国幼儿园图书册数由 182 233 569 册增加到 324 906 807 册，年均增长 15.55%。其中城区幼儿园图书册数由 86 428 274 册增加到 143 608 540 册，年均增长 13.54%；镇区幼儿园图书册数由 65 100 317 册增加到 122 256 932 册，年均增长 17.06%；乡村幼儿园图书册数由 30 704 978 册增加到 59041335 册，年均增长 17.76%。2017 年，全国幼儿园图书总册数为 358 862 257 册，比

2016 年增加 33 955 450 册，增长 10.45％。城市地区幼儿园图书册数增长速度最快，2017 年为 160 966 292 册，比 2016 年增加 17 357 752 册，增幅为 12.09％，镇区和乡村的增幅分别为 9.17％和 9.13％。从 2017 年城乡幼儿园图书册数所占比例来看，城区幼儿园图书册数占到了全国幼儿园图书册数的 44.85％，镇区为 37.19％，乡村只占 17.95％，乡村幼儿园图书册数所占的比例是最低的（见表 1.22、表 1.23）。

**表 1.22　2012—2017 年幼儿园图书册数变化情况**　单位：册

| 地区 | 2012 年 | 2013 年 | 2014 年 | 2015 年 | 2016 年 | 2017 年 | 2012—2016 年均变化值 | 2016—2017 年变化值 |
|---|---|---|---|---|---|---|---|---|
| 总计 | 182 233 569 | 218 970 675 | 254 067 994 | 294 672 988 | 324 906 807 | 358 862 257 | 35 668 310 | 33 955 450 |
| 城区 | 86 428 274 | 100 194 643 | 116 559 148 | 129 082 547 | 143 608 540 | 160 966 292 | 14 295 067 | 17 357 752 |
| 镇区 | 65 100 317 | 80 781 764 | 93 761 813 | 112 253 195 | 122 256 932 | 133 466 581 | 14 289 154 | 11 209 649 |
| 乡村 | 30 704 978 | 37 994 268 | 43 747 033 | 53 337 246 | 59 041 335 | 64 429 384 | 7 084 089 | 5 388 049 |

**表 1.23　2012—2017 年幼儿园图书册数增长速度及城乡所占比例**　单位：％

| 地区 | 2012—2016 年均增长率 | 2016—2017 年增长率 | 2012 年城乡所占比例 | 2013 年城乡所占比例 | 2014 年城乡所占比例 | 2015 年城乡所占比例 | 2016 年城乡所占比例 | 2017 年城乡所占比例 |
|---|---|---|---|---|---|---|---|---|
| 总计 | 15.55 | 10.45 | 100.00 | 100.00 | 100.00 | 100.00 | 100.00 | 100.00 |
| 城区 | 13.54 | 12.09 | 47.43 | 45.76 | 45.88 | 43.81 | 44.20 | 44.85 |
| 镇区 | 17.06 | 9.17 | 35.72 | 36.89 | 36.90 | 38.09 | 37.63 | 37.19 |
| 乡村 | 17.76 | 9.13 | 16.85 | 17.35 | 17.22 | 18.10 | 18.17 | 17.95 |

## 三、普惠性民办幼儿园良性发展的问题与解决策略

《国务院关于当前发展学前教育的若干意见》提出，学前教育必须坚持公益性和普惠性。政府要通过多种形式，引导和支持民办幼儿园提供普惠性服务，并重点发展面向大众、收费较低的普惠性民办幼儿园。2015 年 10 月 29 日中国共产党第十八届中央委员会第五次全体会议通过了《中共中央关于制定国民经济和社会发展第十三个五年规划的建议》，其中指出，"发展学前教育，鼓励普惠性幼儿园发展"。2017 年 4 月 13 日，《教育部等四部门关于实施第三期学前教育行动计划的意见》，决定 2017—2020 年实施第三期学前教育行动计划。其中提出，要坚持公益普惠，公办民办并举，进一步提高公办幼儿园提供普惠性学前教育服务的能

力，积极引导和扶持民办幼儿园提供普惠性服务。到 2020 年，基本建成广覆盖、保基本、有质量的学前教育公共服务体系。全国学前三年毛入园率达到 85%，普惠性幼儿园覆盖率(公办幼儿园和普惠性民办幼儿园在园幼儿数占在园幼儿总数的比例)达到 80% 左右。但是，民办幼儿园与学前教育普惠性之间存在着内在矛盾，民办幼儿园的营利性质制约着其普惠性质的实现。因此，政府需要一定的机制设计，引导民办幼儿园提供普惠性服务。

**(一)普惠性学前教育的内涵**

坚持学前教育公益性，实现其普惠性质的逻辑起点是理清普惠性学前教育的内涵。普惠性是一个具有丰富内涵和复杂关系的概念。正确认识普惠性学前教育的含义，是实现学前教育普惠性的前提。普惠从构词方式上来看，它由"普"和"惠"两部分组成。它是一个偏正短语，"普"是"偏"，"惠"是"正"。"普"是形容词，基本含义是普遍、普通，限定了"惠"的范围；而"惠"是名词，基本含义包括实惠、好处等，指向的是具体的内容。综合起来，普惠就是普遍得到好处、普通人得到好处。具体来说，普惠性学前教育有以下几个层次的含义。

1. 受益主体的多元性

(1)国家是普惠性学前教育的最终受益主体

学前教育具有强烈的正外部效应，大力发展学前教育能为国家带来巨大的经济和社会效益。学前教育是基础教育的起点，能为儿童接受更高层次的教育起到奠基性的作用，对于全面提升国民素质，促进教育和社会公平具有重要意义。许多研究结果也表明，学前教育投入是社会回报率最高的一种财政投入。哈佛大学儿童发展研究中心主任、美国国家研究院脑科学与儿童发展研究委员会主席杰克·肖可夫在莫斯科世界幼儿保育和教育大会上强调："儿童的早期发展状况会影响到一个国家未来劳动者的素质和效率、国民的生活质量以及社会的公平、稳定与发展。投资早期教育就是投资国家的未来。"[①]但是，由于历史和现实的诸多原因，我国学前教育在整个教育体系当中处于薄弱环节，受益人群少，普及率不高。这大大影响了学前教育经济和社会功能的发挥，与国家快速发展的现实需要很不适应。坚持学前教育的公益和普惠性质，大力发展学前教育，提高学前教育普及率和保教质量，对于建设人力资源强国、构筑国家财富、奠基国家综合竞争力都具有重要意义。

(2)办园者和教师也是普惠性学前教育的重要受益主体

一提到普惠性，人们首先想到的就是家庭和幼儿得到实惠，特别是残疾儿童、低收入家庭儿童、流动人口子女等弱势群体的入园问题。这当然是学前教育

---

① 李天顺：《以公益普惠的学前教育奠基未来》，载《人民教育》，2011(11)。

普惠性的应有之义，但是学前教育的普惠性绝不仅限于此。由于民办园的大量存在，导致学前教育改变了公共服务的轨道，其公益性和福利性也随之消失，这为人们所广泛诟病。但是，学前教育公益性质的消失不能完全归因于民办园的存在，而更应该归结于政府责任的缺位和错位。事实上民办园在一定程度上填补了政府缺位所导致的"入园难"问题，缓解了幼儿的入园压力，其贡献是不容否认的。但是，由于当前民办园大都是投资性的，普遍以盈利为目的，因而不可能通过发展民办幼儿园来解决学前教育的普惠性和公益性问题。对民办园的恰当的定位应该是提供多样化的服务，增加家长教育选择的机会，满足高端人群的需求。① 并且，在政府财政能力有限的状况下，政府通过保证合理用地、减免税费、购买服务、减免租金、以奖代补、派驻公办教师等方式积极扶持民办幼儿园特别是面向大众、收费较低的普惠性民办幼儿园也将成为学前教育普及的重要途径。为了多种形式扩大学前教育资源，满足人们的多元化需求，需要满足民办幼儿园的部分营利需求，让他们在举办幼儿园当中受益。

此外，目前的幼儿教师身份不独立，编制没有保证，待遇较低，导致幼儿教师队伍的吸引力和稳定性较差，不利于学前教育的发展。因此，发展普惠性学前教育，一定要解决好幼儿园教师特别是民办、农村幼儿园教师的权利保障问题。也就是说一定要让幼儿教师感受到普惠性所带来的好处，让幼儿园老师的身份、地位和待遇都有起码的保障并有持续发展的机会。

(3) 受教育者及家庭应该是普惠性学前教育的最大受益主体

学前教育对促进儿童发展的作用是巨大的。已有的研究表明，儿童最初几年是智力和性格发展的关键时期，可塑性很大，对存在的一些缺陷可以进行弥补。如果错过了这一关键期，再进行补偿的话需要付出大得多的精力和成本，甚至无法再弥补矫正。而且，学前教育阶段是儿童未来发展的奠基期，接受高质量的学前教育，能为幼儿以后的学习乃至终身发展打下良好的基础。学前教育还能使母亲和整个家庭获得长远的效益。学前教育对母亲和家庭的效益体现在改善家庭收入、改善家庭关系、提高生活质量和促进其终身学习的发展等多个方面。② 鉴于我国现阶段学前教育普及率偏低的状况，国家提出大力发展公办幼儿园，提供"广覆盖、保基本"的学前教育公共服务。并积极扶持民办幼儿园特别是面向大众、收费较低的普惠性民办幼儿园发展。采取政府购买服务、减免租金、以奖代补、派驻公办教师等方式，引导和支持民办幼儿园提供普惠性服务。通过这些措施，能大幅提高学前教育普及率，让更多儿童接受高质量的学前教育，无疑会促

---

① 冯晓霞：《大力发展普惠性幼儿园是解决入园难入园贵的根本》，载《学前教育研究》，2010(5)。

② 刘占兰：《学前教育必须保持教育性和公益性》，载《教育研究》，2009(5)。

进学前教育对幼儿个体及家庭独特功能和巨大效益的实现。受教育者及家庭由此成为普惠性学前教育的最大受益主体。

2. 普惠性学前教育的弱势补偿性质

现代公益观认为,为了让社会全体成员从社会整体繁荣与进步中普遍受惠,而不把某些人特别是最弱势群体排除在外,国家需要对这些弱势群体进行补偿。罗尔斯倡导"差别原则",并试图通过弱势补偿原则来纠正历史的不公正。学前教育是各国儿童人生早期最重要的福利之一,世界各国几乎都有政府公共资助和援助的针对不同处境不利幼儿群体的学前教育项目和行动计划。[①] 我国提出建立普惠性学前教育的初衷同样如此。北京师范大学冯晓霞教授把普惠性幼儿园分为两类,第一类是公共资金举办面向社会大众的公共学前教育服务机构;第二类是能够为低保家庭和其他各种社会处境不利人群提供普惠性、有质量保证的民办早期教育服务机构。[②] 无论是哪种形式的普惠性幼儿园,都是为了保证弱势群体能够享受到学前教育给个人及其家庭所带来的巨大好处和效益。

3. 保教质量的高水平

由于《国务院关于当前发展学前教育的若干意见》在提到普惠性幼儿园时,使用了"面向大众、收费较低"这一提法,因此多数人谈到普惠性幼儿园,就认为是面向弱势群体、收费不高的幼儿园。这当然是普惠性幼儿园的应有之义,但是这种理解仅仅看到了入学机会公平性的一面,却忽视了保教质量的公平性问题。对普惠性学前教育的完整理解,应该既包括入学机会方面,也包括保教质量方面,即有质量的公平。事实上,由于政府投入和补助的不足,不管是城市还是乡村,都大量存在着不少收费低廉,但无质量保证的"无户口"的民办幼儿园(未申请在教育部门登记注册)。为了确保学前教育保教质量的高水平,是需要保证一定的教育投入水平的。在教育投入水平一定的情况下,降低了家长的分担水平,就必须提升政府的分担份额。如果把普惠性片面的理解为低收费,那就有可能出现虽然家长缴费较低但政府投入也没有显著提升的情况。这样导致的结果就是虽然儿童入园机会有了提升,但是保教质量很差的情况。只有充分尊重幼儿成长规律,实施科学的、有质量的学前教育,才能真正促进儿童的良好发展,并进而为国家带来巨大的经济和社会效益。因此,保教质量也是普惠性学前教育的应有之意。

**(二)民办幼儿园与学前教育普惠性的内在矛盾**

1. 矛盾总根源:教育公益性与资本寻利性之间的矛盾

教育的公益性就是指个人或组织所提供的教育及教育收益能使国内大多数甚

① 刘占兰:《学前教育必须保持教育性和公益性》,载《教育研究》,2009(5)。
② 冯晓霞:《大力发展普惠性幼儿园是解决入园难入园贵的根本》,载《学前教育研究》,2010(5)。

至全体公民无偿享有(无排他性地享有)。<sup>①</sup>市场经济的基本特征是以追求利润为直接目的。市场经济条件下,资本的寻利性导致活动主体以获取利润为最大目的。商品或服务的生产经营者一般会以能否获益作为出发点和最终归宿,通过自由选择、等价交换等市场原则,实现个体私益。当个体利益与公共利益发生矛盾的时候,他们一般是以自身利益能否实现为出发点来选择自己的行为。教育一旦进入市场领域,允许民办学前教育机构营利,那么学前教育就会成为一个有利可图的领域。正是公益和市场经济对教育的两种不同的价值取向,形成了教育公益性和资本寻利性的悖论。<sup>②</sup>这种悖论主要表现在两个方面:第一,学前教育公益性是以非营利性和普惠性为价值追求的,而民办幼儿园大都按市场方式运营,普遍以盈利为主要目的,非营利组织举办的幼儿园几乎没有。第二,由市场来提供学前教育必须具备一定的前提条件,如果不对市场提供教育的行为加以规范和引导,就有可能出现投资办学者只顾追求最大化利润而降低学校的办学质量的行为。

2. 高收费与学前教育普惠性之间的矛盾

什么是普惠性民办幼儿园?国家在《国务院关于当前发展学前教育的若干意见》提到,积极扶持民办幼儿园特别是面向大众、收费较低的普惠性民办幼儿园发展。也就是说,判定是否普惠性民办幼儿园有两个标准:第一个标准是面向大众,即面向普通人而非少数强势群体;第二个标准是收费较低,即对于大部分人来说都能承受得起的收费标准。当前,入园难、入园贵已成为人民群众反映强烈、社会高度关注的民生问题。21世纪教育研究院在全国35个城市的调查结果显示,幼儿园入园难、入园贵问题十分突出。"公办园少,进不去;民办园贵,上不起。"这是当前入园难、入园贵问题的集中体现。由于没有政府投入,为了维持学校生存并有营利空间,许多条件好的民办幼儿园收费较高,并还有不断上涨的趋势。据调查,在一些大中城市,条件较好的民办幼儿园每月的收费达到了几千元,比大学的学费还要高出很多,这让一般的城市家庭很难承受。高收费把众多的普通家庭子女挡在了优质幼儿园的大门之外,很难实现学前教育的普惠性。

3. 低质量与学前教育普惠性之间的矛盾

如前所述,幼儿园保教质量的高水平是学前教育公益普惠性的重要内涵之一。如果幼儿园的保教质量较差,那么其教育功能就难以得到充分发挥,不仅幼儿个体发展的功能难以得到实现,其促进社会发展的功能也无从谈起。也就是说,低质量的办园水平并不能使个体和社会很好地受益,也影响学前教育公益普

① 杨卫安、邬志辉:《教育公益性概念的争议与统一》,载《教育发展研究》,2009(19)。
② 劳凯声:《面临挑战的教育公益性》,载《教育研究》,2003(2)。

惠性质的实现。因此，学前教育的公益普惠性与幼儿园的保教质量差也是不相容的。

### (三)普惠性民办幼儿园的良性发展机制

#### 1. 赋予民办幼儿园与公立幼儿园同等的地位

美国、日本等许多国家都有多部法律对此进行了详细规定，把私立幼儿园纳入国家的教育管理体制，且对公立私立一视同仁。我国虽然很早就确立了公办幼儿园与民办幼儿园并举的学前教育发展思路，积极鼓励和提倡社会各方面力量采取多种形式举办幼儿园，并给予这些幼儿园在审批登记、分类定级、评估指导、教师培训、职称评定、资格认定、表彰奖励等方面与公办幼儿园具有同等地位。但是，许多民办幼儿园实际上处于无人管的状态。根据有关调查，许多地区的幼教管理人员只管理教育部门办园和部分政府及集体办园，而对大量民办幼儿园的管理不太到位。在这种情况下民办幼儿园很难享受到与公办幼儿园同等的待遇。因此，要切实执行国家的有关规定，并把民办幼儿园享有的权利和应承担的义务上升到法律层面，写进近期要出台的《学前教育法》，以保证民办幼儿园与公立幼儿园具有同等的地位。

#### 2. 对民办幼儿园实行分类管理，重点支持普惠性民办幼儿园

由于学前教育对儿童、家庭以及国家的巨大价值，为了使更多的儿童获得高质量的学前教育，许多国家包括美日等一些私立幼儿园占有相当比例的国家，政府都通过多种形式对符合资质的私立学前教育机构进行扶持，包括直接进行财政补贴、发放教育券、减免税费等。目前我国大多数私立幼儿园都很少能得到国家的财政补贴，它们的主要经济来源是家长缴纳的学费。因此，我国也可借鉴其他国家的一些经验，对民办幼儿园实行分类管理，重点支持普惠性民办幼儿园。对于投资办学及由此形成的营利性民办幼儿园，由于其目的是为获取经济利益，其应属于营利组织，在性质上应等同于企业和公司；而对于一些面向大众、收费较低的民办幼儿园，由于其办学行为在很大程度上受到政府支持和规制，更具有捐资办学的性质，应类同于事业单位或准事业单位。由于学前教育具有很强的正外部性，国家对这两类民办幼儿园都应该进行扶持，但在支持内容、范围、形式和强度上应区别对待。政府要采取购买服务、减免租金、以奖代补、派驻公办教师等多种方式，引导和支持民办幼儿园提供普惠性服务。

#### 3. 制定合理的准入制度和收费制度

严格执行幼儿园准入制度，未取得办园许可证和未办理登记注册手续，任何单位和个人不得举办幼儿园。对社会各类民办学前教育机构，主管审批部门要加强监督管理。对目前存在的"黑户"幼儿园，要在全面排查的基础上，加强指导，督促整改。经整改达到办园标准的，给予注册登记，并颁发办园许可证。整改后

仍未达到保障幼儿安全、健康等基本要求的，政府应依法予以取缔。

在收费管理方面，普惠性民办幼儿园要实行政府定价或接受政府指导价。其收费应不高于同类公办幼儿园的收费标准。为此，政府相关部门可以从以下几方面着手加以规范：其一，加强对民办幼儿园的财务监管力度，确保经费主要用于幼儿园的发展和办学条件的改善；其二，对不同层次的民办幼儿园进行成本核算，确定收费标准；其三，对民办幼儿园发展状况进行评估，根据实际状况给予一定程度的资助。

4. 把民办幼儿园纳入质量评价和监控体系

由于高质量是学前教育普惠性的重要内涵，为了防止一些民办幼儿园片面追求经济利益，忽视保教质量的行为，同时也为了科学保教，防止和纠正幼儿园教育的"小学化"倾向。有必要加强对幼儿园保教工作的指导，建立幼儿园保教质量评估监管体系。为此，要建立公办幼儿园和民办幼儿园统一的学前教育质量基本标准和学生培养目标，健全相应的学前教育质量督导、监测、评估机制，努力为幼儿的健康成长创造良好环境。

**(四)各地实施成效及存在的问题**

《国务院关于当前发展学前教育的若干意见》提出"积极扶持民办幼儿园特别是面向大众、收费较低的普惠性民办幼儿园发展"以后，各地积极探索促进普惠性民办幼儿园发展的措施和制度，已取得了很好的成效。根据2017年9月11日《教育部办公厅关于各地建立完善学前教育、普通高中和特殊教育经费投入机制情况的通报》，全国许多地方制定了企事业单位、集体办园和普惠性民办园补助政策，支持提供普惠性服务。例如，北京按照1 000元的标准对企事业单位、集体办园予以补贴。全国28个省份和5个计划单列市都出台了普惠性民办园认定管理办法，制定了具体的财政扶持措施。根据各地出台的普惠性民办幼儿园认定及管理办法，它们大体主要包括以下几个方面：普惠性民办幼儿园应具备的条件；普惠性民办幼儿园的认定；普惠性民办幼儿园的支持政策；普惠性民办幼儿园的管理。第一，从普惠性民办幼儿园应具备条件来看，其应具备办园资质，实行政府指导性收费标准，条件达到规定标准，办园行为规范等；第二，从认定程序来看，一般包括幼儿园自愿申请、有关政府部门认定、签订协议、公示公告、上报备案几个环节；第三，从支持政策来看，包括经费补助、减免租金、以奖代补、派驻公办教师、安排师资培训等形式；第四，从管理方面来看，包括建立评价和退出机制，加强收费、财务审计、监督等方面的管理。

在这些政策和制度文件的推进下，许多地区普惠性民办幼儿园的发展得到了极大的促进。例如，北京实行公办、普惠性民办幼儿园办园条件标准、保教费收费标准、财政补助标准的统一。虽然一些地区普惠性民办幼儿园已经获得了可喜的发展，但是对于更多地区而言，普惠性民办幼儿园的发展仍面临诸多困境，主要表现在对发展普惠性民办园的意义认识不足，对其扶持、宣传与管理力度不足。同时，由于教育公益性与资本寻利性之间的矛盾是与生俱来的，部分幼儿园"普惠"动力不足，尤其是一些收费较高、质量较好的民办幼儿园，而愿意接受"转型"成为普惠性幼儿园的往往是那些较差甚至办学条件不达标的民办幼儿园。这导致高收费与学前教育普惠性、低质量与学前教育普惠性之间的矛盾并没有完全得到根除。此外，在申请"转型"的过程中，一些幼儿园还存在虚报学生人数和教师、保育员等方面弄虚作假的现象。根除这些现象，切实需要遵循普惠性民办幼儿园的良性发展机制，加强政府部门在其中的主导和扶持责任，加强监督和管理。

## 结　语

尽管许多地方以政府补贴、购买服务、师资力量扶持等方式，加大了对普惠性民办园的支持力度，但普惠性民办园的总体发展状况仍呈现出质量不高的态势。财政补助不足、限价幅度不合理是制约普惠性民办园发展的一大原因。根据不同地方出台的普惠性幼儿园管理办法，公办幼儿园年生均补助可达数千甚至上万元，而民办幼儿园年生均补助只有 200～300 元。由于对普惠性幼儿园，各地政府在概念的理解和实际操作上差异很大，推行情况也各不相同。最终能否达到《教育部等四部门关于实施第三期学前教育行动计划的意见》提出的覆盖率达到80％的目标，似乎在很大程度上取决于地方政府如何界定普惠性。数字只是一种人为的计划，而标准也在于人为的规定，如果只是单纯完成数字目标，对地方政府而言并不是困难的事情，然而更重要的则是这种指标是否真正有利于缓解或解决我国学前教育长期以来一直存在的问题。在未来几年的时间，我们要针对学前教育发展不均衡，普惠性资源供给不足，教师数量短缺、工资待遇偏低，幼儿园运转困难，保教质量参差不齐等问题，进一步贯彻落实党和国家"发展学前教育，鼓励普惠性幼儿园发展"的要求，明确普惠性幼儿园的认定标准，增加普惠性资源供给，深化体制机制改革，提升保育教育质量。

【本报告撰写人：杨卫安、王俊芳。作者单位：教育部人文社会科学重点研究基地东北师范大学中国农村教育发展研究院】

# 第二章　农村义务教育年度进展报告

## 概　要

  2017年是《国家教育事业发展"十三五"规划》取得重要成就的一年，围绕"公平""质量"等主题在教育领域各个方面不断改革和发展，农村地区义务教育阶段仍是系列工作的重要内容。本篇报告分为五个部分，分别就近一年我国农村教育发展大事记、农村义务教育事业年度进展、农村义务教育年度关键政策、农村义务教育最新学术研究和农村教育扶贫的典型经验等进行介绍，对2017—2018年度农村教育事业发展的综合情况进行呈现和简要评价。

  教育大事记主要就党和国家领导人对农村义务教育事业的关注和教育部、财政部、民政部等有关部门主导实施的政策、项目等进行简要介绍。在年度进展中，我国教育改革发展取得显著成就，九年义务教育全面普及，进入均衡发展阶段，农村办学条件得到较大改善，教师队伍素质进一步提高，教育信息化全面推进，教育经费持续增加，资源配置更趋合理，教育质量稳步提高。在政策方面，主要就《国务院办公厅关于全面加强乡村小规模学校和乡镇寄宿制学校建设的指导意见》《深度贫困地区教育脱贫攻坚实施方案（2018—2020年）》《中共中央　国务院关于全面深化新时代教师队伍建设改革的意见》等文件对"两类学校"建设、教育扶贫、乡村教师队伍建设的最新政策和指导意见进行介绍。有关农村义务教育阶段的学术研究则主要在县域义务教育基本均衡与优质均衡发展、农村留守儿童身心发展状况、进城务工人员随迁子女受教育问题等几个方面对最新学术成果进行述评。在农村教育事业发展典型经验做法中，选取教育扶贫为主题，介绍湖南衡东县大数据思维抓教育精准资助模式、陕西安康市大格局下发挥各地特色模式、云南洱源县高校定点帮扶模式、四川蓬溪县进村入户模式、贵州锦屏县多举措智力扶贫等扶贫模式，以期对教育扶贫工作提供经验。

## 一、2017—2018 年度农村义务教育大事记

2017 年 7 月 17 日，教育部、国家发展改革委、民政部、财政部、人力资源社会保障部、卫生计生委、中国残联七部门联合印发《第二期特殊教育提升计划（2017—2020 年）》。该计划指出，提高残疾儿童少年义务教育普及水平的主要措施有，以区县为单位逐一核实未入学适龄残疾儿童少年数据，优先采用普通学校随班就读的方式就近安排适龄残疾儿童少年接受义务教育，发挥特殊教育学校在实施残疾儿童少年义务教育中的骨干作用，以及对不能到校就读、需要专人护理的适龄残疾儿童少年，采取送教进社区、进儿童福利机构、进家庭的方式实施教育。预期到 2020 年，各级各类特殊教育普及水平全面提高，残疾儿童少年义务教育入学率达到 95％以上。

2017 年 7 月 19 日，李克强总理在国务院常务会议上提出，要让广大适龄儿童，特别是寒门子弟都要接受义务教育，阻断贫困代际传递，会议确定了防控义务教育学生失学辍学措施，确保实现到 2020 年全国九年义务教育巩固率达 95％的目标。会议还提出针对学生因学习困难或厌学辍学现象，要通过改善农村办学条件，加大对学习困难学生帮扶力度，丰富教学内容和手段包括在初中开设职业技术课程等，让学校对学生更有吸引力。

2017 年 7 月 28 日，国务院办公厅印发了《关于进一步加强控辍保学提高义务教育巩固水平的通知》，主要依据义务教育法、教育规划纲要、国家教育事业发展"十三五"规划以及《国务院关于统筹推进县域内城乡义务教育一体化改革发展的若干意见》等有关规定和要求，聚焦控辍保学工作机制建设，针对学生辍学的主要原因，提出了有针对性的工作举措，即"三避免、一落实"，避免因学习困难或厌学辍学、避免因贫失学辍学、避免因上学远上学难而辍学、落实政府及社会各方控辍保学责任。

2017 年 8 月 18 日，国务院教育督导委员会办公室印发通知，于 9 月 4—15 日在全国组织开展 2017 年秋季开学专项督导检查工作，在各地自查抽查基础上，采取教育部党组成员带队重点督查和部分省份教育公安部门联合交叉检查相结合的方式，对全国 31 个省份及新疆生产建设兵团秋季开学工作情况进行了实地督导，此次督导以开学条件保障和学校安全工作为重点，突出对困难学生资助、统编教材使用、经费保障和溺水、食品安全、校车安全、学生欺凌与暴力等人民群众关心的热点问题与校园安全管理难点的解决及部署落实情况。

2017 年 8 月 21 日，教育部发布《农村义务教育学生营养改善计划专项督导报告》，就 5 月启动开展的营养改善计划专项督导工作有关情况进行汇总。各地主要做法有党委、政府高度重视营养改善计划工作，认真贯彻有关政策措施；高度重视食品安全管理工作，不断改善供餐条件，规范食堂日常管理，加大培训力度，加强监督检查，确保食品质量和安全；认真贯彻营养改善计划资金管理政策措施，严格落实实名制信息管理制度，强化资金监管，确保资金使用安全、规范和有效并结合本地实际，利用网站、报刊、广播、电视、宣传栏等及时公开营养改善计划工作进展情况。

2017年8月31日，《人民日报》报道，教育部统一组织新编的义务教育道德与法治、语文、历史教材，于2017年9月1日在全国投入使用。根据三科教材统编统用、3年实现全覆盖的要求，2017年秋季学期，全国所有地区小学一年级和初中一年级使用统编教材，2018年覆盖小学和初中一、二年级，2019年所有年级全部使用统编教材。三科统编教材注重落实中华优秀传统文化教育，语文教材所选古诗文数量有所增加，体裁多样，教材同时注重强化革命传统教育。

2017年9月5日，国务院办公厅印发《关于进一步加强控辍保学提高义务教育巩固水平的通知》，要求进一步防控义务教育学生失学辍学，确保实现到2020年全国九年义务教育巩固率达到95%的目标，切实保障适龄儿童少年依法接受义务教育。该通知还提出政府要履行义务教育控辍保学法定职责，加强分类指导，因地因人施策，同时改善农村办学条件、落实扶贫控辍、强化保障控辍以及加强控辍保学监测，完善控辍保学督导机制和考核问责机制，将义务教育控辍保学工作纳入地方各级政府考核体系。

2017年9月6日，教育部在召开的第七场金秋系列新闻发布会上介绍了学生资助事业取得的重大进展，我国学生资助政策体系完善力度进一步加大，经费投入力度进一步加大，学生资助规模不断扩大，过去5年，我国累计资助学前教育、义务教育、普通高中、中职教育和高等教育学生（幼儿）达4.25亿人次，资助总金额近7 000亿元。

2017年9月24日，新华社报道中共中央办公厅、国务院办公厅印发《关于深化教育体制机制改革的意见》指出，党和国家高度重视教育工作，坚持把教育摆在优先发展的战略位置，提出全面深化教育领域综合改革，要完善义务教育均衡优质发展的体制机制，切实减轻学生过重课外负担，提高课堂教学质量，建立健全课后服务制度，改善家庭教育，规范校外教育培训机构，营造健康的教育生态。要着力解决义务教育城乡发展不协调问题，统一城乡学校建设标准、城乡教师编制标准、城乡义务教育学校生均公用经费基准定额，加快建立义务教育学校国家基本装备标准，实施消除大班额计划，切实改变农村和贫困地区教育薄弱面貌，着力提升乡村教育质量。

2017年10月18日，习近平总书记在中国共产党第十九次全国代表大会上做了题为《决胜全面建成小康社会 夺取新时代中国特色社会主义伟大胜利》的报告，指出我国优先发展教育事业，建设教育强国是中华民族伟大复兴的基础工程，必须把教育事业放在优先位置，深化教育改革，加快教育现代化，办好人民满意的教育，要全面贯彻党的教育方针，落实立德树人根本任务，发展素质教育，推进教育公平，培养德智体美全面发展的社会主义建设者和接班人。报告还指出要推动城乡义务教育一体化发展，高度重视农村义务教育，办好学前教育、特殊教育和网络教育，普及高中阶段教育，努力让每个孩子都能享有公平而有质量的教育。同时加强师德师风建设，培养高素质教师队伍，倡导全社会尊师重教。

2017年11月18-19日，教育部人文社会科学重点研究基地东北师范大学中国农村教育发展研究院、联合国教科文组织国际农村教育研究与培训中心、中国社会科学院中国教育发展智库、中国农村教育发展协同创新中心联合主办以"教育促进农村转型"为核心议题的农村教育国际学术研讨会，参加会议的嘉宾有来自瑞典、美国、巴基斯坦、俄罗斯、肯尼亚、印度尼西亚、尼日利亚、加纳等10多个国家的海外教育专家和来自全国22个省44所高校、10个研究院、3个第三方机构从事相关研究的专家学者，还有部分省、市、区教育行政部门领导以及来自基层教育一线的研究与工作人员等近200人。

2017年11月12日，经国家教育体制改革领导小组会议审议通过，教育部等十一部门印发《加强中小学生欺凌综合治理方案》，以建立健全防治中小学生欺凌综合治理长效机制，有效预防中小学生欺凌行为发生。

2017年12月4日，教育部印发了《义务教育学校管理标准》。该标准从保障学生平等权益、促进学生全面发展、引领教师专业进步、提升教育教学水平、营造和谐美丽环境、建设现代学校制度6大方面，明确了学校的主要管理职责，共涉及22项管理任务、88条具体内容。这一标准明确适用于全国所有义务教育学校的管理基本要求，要求各地教育行政部门高度重视，认真组织所有义务教育学校对标研判、依标整改，切实做到"一校一案"，全面改进和加强义务教育学校管理工作，促进学校规范办学、科学管理，整体提高教育质量和办学水平，加快推进教育治理能力和治理水平现代化。

2017年12月14日，国务院教育督导委员会办公室负责人就《加快中西部教育发展工作督导评估监测办法》答记者问，针对目前中西部经济社会发展相对滞后，教育基础差，保障能力弱，特别是农村、边远、贫困、民族地区优秀教师少、优质资源少，教育质量总体不高等实际情况，要加快推进教育现代化进程，落实7大方面28项重点任务150余项具体措施，面向2020年提高中西部地区各级各类学校办学条件、办学水平和教育质量，切实缩小与东部差距。实现县域内义务教育均衡发展，包括保障教学点基本办学需求，标准化建设寄宿制学校，基本消除大班额现象，全面加强乡村教师队伍建设，继续实施营养改善计划，注重培养学生创造能力和动手能力等。

2017 年 12 月 23 日，由教育部人文社会科学重点研究基地东北师范大学农村教育研究所承担完成的《中国农村教育发展报告 2017—2018》新闻发布会在北京举行，中国教育学会常务副会长杨念鲁、东北师范大学副校长韩东育出席发布会并致辞。报告基于大规模实证调查，采用"年度进展报告"＋"专题研究报告"＋"经典个案报告"的形式，全面展现中国农村教育发展的整体状况，深入剖析当前农村教育发展进程中的重点、难点和热点问题，记录社会转型和教育变迁过程中的基层经验和民间创造。中国农村教育发展研究院院长、教育部长江学者特聘教授邬志辉发布了《中国农村教育发展报告 2017—2018》，江西弋阳县教育局局长方华介绍了弋阳县教育发展的优秀经验，中国教育科学研究院曾天山教授、中国社会科学院李春玲研究员、北京师范大学郑新蓉教授、袁桂林教授分别对报告的发布给予了充分肯定与精彩点评。

2017 年 12 月 28 日，为建立健全防治中小学生欺凌综合治理长效机制，有效预防中小学生欺凌行为发生，教育部等十一部门联合印发《加强中小学生欺凌综合治理方案》，明确了积极有效预防学生欺凌的措施，包括学校加强教育、开展家长培训、强化学校管理和定期开展排查等；强调学生欺凌事件须依法依规处置，针对不同情形的欺凌事件，有关部门要结合职能共同做好教育惩戒工作，并逐步建立具有长效性、稳定性和约束力的防治学生欺凌工作机制，形成多部门有效沟通、各负其责、齐抓共管的良好局面。

2018 年 1 月 2 日，《中共中央　国务院关于实施乡村振兴战略的意见》对实施乡村振兴战略进行了全面部署，强调高度重视发展农村义务教育，推动建立以城带乡、整体推进、城乡一体、均衡发展的义务教育发展机制，全面改善薄弱学校基本办学条件，加强寄宿制学校建设，实施农村义务教育学生营养改善计划，统筹配置城乡师资，并向乡村倾斜，建好建强乡村教师队伍。

2018 年 1 月 20 日，新华社报道国务院副总理刘延东在山西考察地处贫困农村的首邑学校时强调，要精确瞄准教育最薄弱领域和最贫困群体，坚持资源配置向农村、边远、贫困和民族地区倾斜，既要改善学校硬件条件，更要加强教育教学、学校管理等软件建设，构建关心关爱留守儿童的长效机制，通过寄宿制等多种办法让贫困家庭的孩子接受优质教育，使教育成为切断贫困代际传递的治本之计。

2018 年 1 月 23—24 日，2018 年全国教育工作会议在北京召开，会议制定了新一年教育改革发展的总体方案，形成了"奋进之笔"任务书，明确了教育奋进的主攻方向和着力点。教育部党组书记、部长陈宝生在全国教育工作会议上讲话时提到党的十八大以来，我国教育事业全面发展，具体表现在教育的中国特色更加鲜明，教育现代化步伐加速，教育总体发展水平跃居世界中上行列，人民群众教育获得感明显增强，中国教育世界影响力加快提升，教育改革继续向纵深推进。国务院副总理刘延东出席教育工作座谈会时强调，要按照新时代、新思想、新矛盾对教育的新要求，瞄准社会主义现代化强国"两步走"目标，加强顶层设计，谋划各级各类教育发展战略，加快推进教育现代化。要加强党的领导，把握正确方向，扎根中国大地，坚持立德树人，发展更加公平更高质量的教育，全力保障"学有所教"、努力实现"学有优教"。要聚焦择校热、中小学课外负担重、创新人才培养、学科专业布局等重点难点和社会关切，将改革做深做实。要健全优先发展的制度体系，优化投入结构，用好教育经费。要强化师德师风建设，提升教师队伍素质，营造阳光和谐安全校园环境。要打好教育扶贫组合拳，加强控辍保学，助力打赢脱贫攻坚战。要加强教育督导，完善督政、督学、评估监测格局，推动党的教育方针和党的十九大部署落地生根。

2018年2月5日，国务院教育督导委员会办公室发布《关于公布第二批全国中小学校责任督学挂牌督导创新县（市、区）名单的通知》。自2013年全国实施中小学校责任督学挂牌督导制度以来，各地按照《中小学校责任督学挂牌督导创新县（市、区）工作方案》进一步贯彻党中央国务院推进管办评分离，加强督导检查的要求。

2018年2月7日，《中国教育报》报道，《中共中央国务院关于实施乡村振兴战略的意见》对实施乡村振兴战略进行了全面部署，强调优先发展农村教育事业，统筹配置城乡师资，并向乡村倾斜，建好建强乡村教师队伍。

2018年2月22日，为迅速遏制当前存在的突出问题，保障中小学生健康成长，教育部、民政部、人力资源社会保障部、国家工商行政管理总局决定联合开展专项治理行动，并下发《教育部办公厅等四部门关于切实减轻中小学生课外负担开展校外培训机构专项治理行动的通知》，通过开展排查摸底、全面整改、督促检查，依法维护学生权益，坚决治理违背教育规律和青少年成长规律的行为，加快解决人民群众反映强烈的中小学生过重课外负担问题，确保中小学生健康成长全面发展。

2018年2月27日，教育部科技司教育信息化工作月报显示，优质教育资源共建共享"农村中小学数字教育资源全覆盖"项目2017—2018学年上学期共播出16期，"中华经典资源库"建设完成项目微信公众号的创建和内容发布，国家教育资源公共服务平台已开通教师空间1 149万个、学生空间570万个、家长空间510万个、学校和机构空间47万个，正在广西实施落地部署工作，"中国梦－行动有我"中小学生微视频展播活动成果推广继续进行。同时，在教育管理信息化方面，全国中小学生学籍信息管理系统二期项目启动，开展了2017年农村义务教育学生营养改善计划数据填报工作培训，国家学生体质健康标准数据管理与分析系统完成《国家学生体质健康标准》数据采集报送，累计采集 21.6 万余所学校 1.8 亿名学生数据，并开展数据对比分析工作。

2018 年 2 月 27 日，《教育部 国务院扶贫办关于印发〈深度贫困地区教育脱贫攻坚实施方案(2018—2020 年)〉的通知》，要求稳步提升"三区三州"教育基本公共服务水平，在保障义务教育方面，统筹推进县域内城乡义务教育一体化改革发展，着力解决义务教育"乡村弱、城镇挤"问题，优化学校布局，强化义务教育投入，全面改善贫困地区义务教育薄弱学校基本办学条件工作优先支持"三区三州"，加强其乡村小规模学校和乡镇寄宿制学校的建设和管理，继续实施农村义务教育学生营养改善计划，不断扩大地方试点范围。落实《国务院办公厅关于进一步加强义务教育控辍保学提高巩固水平的通知》，完善控辍保学工作机制，因地因人施策，对贫困家庭子女、留守儿童、残疾儿童等特殊困难儿童接受义务教育实施全过程帮扶和管理，防止适龄儿童少年失学辍学。

2018 年 2 月 28 日，教育部发布《2017 年全国义务教育均衡发展督导评估工作报告》，报告指出，2017 年全国义务教育均衡发展又取得新进展，有 560 个县通过国家督导评估，全国累计数量已达 2379 个县，占全国总数的 81%，有 11 个省(市)整体通过认定。义务教育均衡发展督导评估工作不断强化机制，既对申请县进行督导评估认定，又对通过认定的县进行监测复查，还要对未通过认定的县进行过程性监测。

2018 年 3 月 1 日，教育部全国学生资助管理中心的《2017 年中国学生资助发展报告》显示，我国资助政策体系更加健全，义务教育阶段主要包括统一城乡"两免一补"政策，对城乡义务教育学生免除学杂费，免费提供教科书，对家庭经济困难寄宿生补助生活费，对集中连片特殊困难等地区农村义务教育阶段学生提供营养膳食补助等，资助资金继续大幅增长，财政资金占主导地位。

2018 年 3 月 5 日，国务院总理李克强代表国务院在十三届全国人大一次会议上做政府工作报告，在 2018 政府工作建议中提到要发展公平而有质量的教育，推动城乡义务教育一体化发展，教育投入继续向困难地区和薄弱环节倾斜，切实降低农村学生辍学率，抓紧消除城镇"大班额"，着力解决中小学生课外负担重问题。

2018 年 3 月 16 日，教育部部长陈宝生在十三届全国人大一次会议举行的记者会上表示，2018 年要基本消除 66 人以上的"超大班额"，到 2020 年基本消除城镇"大班额"。"大班额"有两类，一类是 66 人以上的"超大班额"，另一类是 56 人以上的"大班额"，要统筹城乡义务教育一体化，把"城市挤"和"农村弱"统筹起来考虑，"城市挤"这一块，核心是增加学位，"农村弱"这一块，主要是办好教学点、寄宿制学校，提高教学质量，稳定部分生源。

2018年4月12日，国务院李克强主持召开国务院常务会议部署全面加强乡村小规模学校和乡镇寄宿制学校建设，为农村孩子提供公平有质量的义务教育。提到因地制宜、优化布局，办好乡村小规模学校和乡镇寄宿制学校，有利于促进教育公平，对地处偏远、生源较少的地方，一般在村设置低年级学段小规模学校，在乡镇设置寄宿制中心学校，方便农村孩子就近入学和留守儿童照护，要优化财政支出结构，改善办学条件，依法提高教师待遇，编制、职称评聘等向小规模学校倾斜，通过"互联网＋"教育、对口支教等方式，提高乡村学校办学水平。

2018年4月20日，国务院教育督导委员会办公室发布《关于开展中小学生欺凌防治落实年行动的通知》，要求建立健全国家、省、市、县、学校五级学生欺凌防治工作责任体系和制度体系，基本形成学生欺凌防治部门齐抓共管、责任落实到位、管理制度健全、预防措施有效、处置程序规范的工作局面，推动形成学生欺凌防治工作长效机制，有效遏制学生欺凌事件发生。

2018年4月27日，国家统计局发布《2017年农民工监测调查报告》，报告显示，义务教育年龄段随迁儿童的在校率为98.7%，与上年基本持平。从就读的学校类型看，小学年龄段随迁儿童82.2%在公办学校就读，比上年提高0.4个百分点；10.8%在有政府资助的民办学校就读，比上年提高1.7个百分点。初中年龄段随迁儿童85.9%在公办学校就读，比上年提高2.7个百分点；9.7%在有政府资助的民办学校就读，比上年下降0.4个百分点。总的来看，随迁儿童教育得到较好保障，随迁儿童在学校总体不受歧视，随迁儿童上学面临的问题有所缓解。

2018年5月2日，《国务院办公厅关于全面加强乡村小规模学校和乡镇寄宿制学校建设的指导意见》指出乡村小规模学校和乡镇寄宿制学校仍是教育的短板，迫切需要进一步加强，要切实解决两类学校发展滞后问题，努力办好公平优质的农村义务教育，是实施乡村振兴战略、推进城乡基本公共服务均等化的基本要求。

2018年5月10日，教育部发布《2017年全面改善贫困地区义务教育薄弱学校基本办学条件工作专项督导报告》。报告显示，贫困县基本完成全面改薄任务、义务教育学校"底线要求"基本达标、教育信息化步伐加速推进、农村教师队伍素质明显提高、社会对全面改薄的综合满意度较高，当前存在的主要问题是大班额现象还比较突出、寄宿制学校建设有待加强、基本办学条件还有"短板"。

2018年5月11日，教育部在河南省郑州市举行教育奋进之笔"1＋1"系列采访活动的首场新闻发布会，就《国务院办公厅关于全面加强乡村小规模学校和乡镇寄宿制学校建设的指导意见》进行解读，下一步教育部将重点抓布局规划、抓学校建设、抓师资队伍、抓学校管理、抓教学质量以及加强督查检查，明确要求"全面改薄"资金向两类学校建设倾斜，各地要加快建设进度，力争 2019 年秋季开学前两类学校基本办学条件达到省定标准，同时坚决防止因撤并乡村小规模学校导致学生上学困难或辍学。

2018 年 5 月 15 日，教育部和财政部印发了《教育部办公厅　财政部办公厅关于做好 2018 年农村义务教育阶段学校教师特设岗位计划实施工作的通知》，2018 年在全国计划招聘特岗教师 9 万名，中央财政继续对特岗教师给予工资性补助，招聘的工作重点是切实加强乡村学校教师补充，优先满足三区三州等深度贫困地区县村小、教学点的教师补充需求，县城学校不再补充新的特岗教师，进一步优化教师队伍结构，保持合理的性别比例，加强体音美、外语、信息技术等紧缺薄弱学科教师的补充，向本地生源倾斜，以及加大对特岗计划实施工作督查力度。

2018 年 5 月 23 日，国务院常务会决定，按照党中央、国务院部署，继续加大对困难地区、薄弱环节的教育投入和政策倾斜。2018—2020 年中央财政新增安排 70 亿元，重点支持"三区三州"教育脱贫攻坚；2018 年中央财政新增 130 亿元，通过转移支付重点用于中西部、贫困地区和农村义务教育、职业教育等；新增 1 万名"特岗计划"教师名额，重点向深度贫困地区倾斜；逐步全面实现义务教育教师平均工资水平不低于当地公务员平均工资水平，规范教师编制管理。落实乡村教师生活补助政策，加强艰苦边远贫困地区乡村教师培训。

2018 年 6 月 4 日，李克强总理考察宁夏银川市永宁县闽宁中学时说到，国家法律明确规定，义务教育教师平均工资水平不低于当地公务员平均工资水平，教师特别是义务教育教师是孩子们人生道路上的启蒙者，理应受到全社会尊重，义务教育教师法定的待遇必须得到保障。

2018 年 6 月 25 日，《国务院教育督导委员会办公室发关于开展中小学生欺凌防治落实年行动工作进展情况的通报》中讲到，按照《国务院教育督导委员会办公室关于开展中小学生欺凌防治落实年行动的通知》的要求，各地积极行动，明确工作机构，制定实施方案，采取综合举措，扎实开展学生欺凌防治工作，总体进展良好，但各省工作也不平衡。2018 年是中小学生欺凌防治行动落实年，各地各校要高度重视，积极行动，建立健全学生欺凌防治工作责任体系和制度体系，完善学生欺凌防治工作长效机制，有效遏制学生欺凌事件发生。

2018 年 6 月 27 日，教育部在贵阳举行的新闻发布会上宣布，自 2011 年 11 月启动以来，农村义务教育学生营养改善计划实施了 7 年，目前已覆盖全国 29 个省(京、津、鲁单独开展了学生供餐项目)1 631 个县，受益学生人数达 3 700 万，中央财政累计安排营养改善计划膳食补助资金 1 248 亿元，并安排 300 亿元专项资金，重点支持试点地区学校食堂建设。同时，教育部还指导河北、山西等

10 省份 88 个国家扶贫开发工作重点县实施营养改善计划地方试点，截至 2017 年年底，全部实现国家贫困县营养改善计划全覆盖目标，约 300 万名贫困地区学生享受到这项工程。

2018 年 7 月 13 日，教育部、财政部印发了关于《银龄讲学计划实施方案》的通知，总体目标任务是按照"中央引导、地方实施，统筹规划、整体安排，因地制宜、注重实效"的原则，从 2018 年起，面向社会公开招募一批优秀退休校长、教研员、特级教师、高级教师等到农村义务教育学校讲学，发挥优秀退休教师引领示范作用，为农村学校提供智力支持，帮助提升农村学校教学水平和育人管理能力，缓解农村学校优秀师资总量不足和结构不合理等矛盾，促进城乡义务教育均衡发展。

2018 年 7 月 27 日，教育部党组书记、部长陈宝生主持召开 2018 年"奋进之笔"年中推进会。会上，部党组成员分别就分管领域形势任务以及落实重点工作的考虑作了发言。有关司局负责同志围绕校外培训机构综合治理、学前教育规范发展、城乡义务教育一体发展、高中阶段教育普及、中西部教育加快发展、基层党建质量提升、扶智育人教育脱贫、教师队伍建设改革等中央关心、社会关注、百姓关切的"奋进之笔"攻坚行动，逐一汇报了上半年工作进展和下半年工作计划。

2018 年 8 月 10 日，教育部等部门发布《教育部直属师范大学师范生公费教育实施办法》，将"师范生免费教育政策"调整为"师范生公费教育政策"，标志着我国师范生"免费教育"升级为"公费教育"。在履约任教、激励措施、条件保障等方面也做出全面规定：各地要落实乡村教师生活补助、艰苦边远地区津贴等优惠政策，吸引公费师范生毕业后到农村中小学任教，各地和农村学校要为公费师范生到农村任教提供办公场所、周转宿舍等必要的工作生活条件等，旨在增强师范生就读师范、毕业后当老师的自豪感。

2018 年 8 月 27 日，国务院办公厅发布《关于进一步调整优化结构提高教育经费使用效益的意见》，要求调整优化财政支出结构，优先落实教育投入，保证国家财政性教育经费支出占国内生产总值比例一般不低于 4％，同时完善教育经费投入机制、优化教育经费使用结构、科学管理使用经费。

2018 年 8 月 28 日，教育部部长陈宝生向全国人大常委会报告关于推动城乡义务教育一体化发展、提高农村义务教育水平的工作情况，就补齐农村义务教育短板、扩大城镇教育资源、创新教师工作机制、加大政府统筹城乡统一力度等方面的工作进行了汇报。

2018 年 9 月 7 日，为深入学习贯彻习近平总书记关于学生近视问题的重要指示批示精神，教育部、国家卫生健康委等八部门联合召开贯彻落实《综合防控儿童青少年近视实施方案》专题座谈会，会议提出，教育系统要充分认识到，儿童青少年近视综合防控是体现国家意志的政治问题，是事关民族复兴和国家前途的命运问题，是关系民族体质健康的危机问题，是关系人民群众新期待的民心问题，要本着对中华民族素质负责的态度，抓紧行动起来，打好儿童青少年近视防控这场攻坚战、持久战，坚决抑制儿童青少年近视高发、低龄化的趋势。

## 二、农村义务教育事业年度进展

2017 年是《国家教育事业发展"十三五"规划》取得重要成就的一年，教育现代化不断推进。2017 年，我国教育改革发展取得显著成就，九年义务教育全面普及，进入均衡发展阶段，教育公平取得重要进展，城乡和区域发展教育差距进一步缩小，服务经济社会发展能力显著增强，教育发展能力显著提升，农村办学条件得到较大改善，教师队伍素质进一步提高，教育信息化全面推进，教育经费持续增加，资源配置更趋合理，教育质量稳步提高。然而，乡村教育作为农村义务教育的薄弱环节，仍然需要引起我们的重视，教育发展还存在不合理、不协调的问题，城乡之间教育差距仍然很大，乡村优质教育资源不足，乡村教育的布局调整都需要我们持续不断的努力。

### (一)全国义务教育事业稳步发展

2017 年全国普通小学（含教学点）校舍建设面积 75 088.46 万平方米，比 2016 年增加 4 123.97 万平方米；小学体育运动场（馆）面积达标学校比例 84.77%，比 2016 年的 75.00% 提高了 9.77 个百分点；小学体育器械配置达标学校配置 89.99%，音乐器材配置达标学校比例 89.60%，美术器材配备达标学校比例 89.41%，数学自然实验仪器达标学校比例 89.57%，分别比 2016 年提高了 9.81 个百分点、10.10 个百分点、9.94 个百分点、9.73 个百分点，2017 年全国初中校舍建筑面积 61 006.74 万平方米，比 2016 年增加了 3 179.54 万平方米；初中体育运动场（馆）面积达标学校比例 90.35%，比 2016 年的 85.36% 提高了 4.99 个百分点，初中体育器械配备达标学校比例 93.97%，音乐器材配备达标学校比例 93.44%，美术器材配备达标学校比例 93.17%，理科实验仪器达标学校比例 94.11%，分别比 2016 年提高了 4.37 个百分点、4.56 个百分点、4.59 个百分点、3.49 个百分点。

2017 年全国小学专任教师 594.49 万人，比 2016 年增加 15.58 万人，小学专任教师学历合格率 99.96%，比 2015 年提高 0.02 个百分点，小学生师比 17.07：1，比 2016 年的 17.12：1 进一步改善。2017 年全国初中专任教师 354.87 万人，比 2016 年增加 6.09 万人。初中专任教师学历合格率 99.99%，比 2016 年提高 0.23 个百分点。初中生师比 12.54：1，与 2016 年基本持平。

## (二)农村义务教育事业发展状况分析

2017 年 1 月 10 日,国务院印发《国家教育事业发展"十三五"规划》,提出"必须把教育的结构性改革作为主线,主动适应经济社会发展和人民群众的需求","加快现代学校制度建设"。2018 年的《国务院办公厅关于加强乡村小规模学校和乡镇寄宿制学校建设的指导意见》中指出"近年来,国家采取了一系列重大政策措施,不断加强农村义务教育,两类学校办学条件得到明显改善。但两类学校仍是教育的短板,迫切需要进一步加强。"

### 1. 农村义务教育学校基本状况分析

(1)乡村中小学学校数量持续减少,教学点数量逐年增加

从学校数量看,小学阶段,2013—2017 年,小学的学校数逐年持续减少。其中,城区小学学校数量呈增加的趋势,而镇区和乡村小学的学校数量则持续减少;2013—207 年,教学点数量逐年持续增加。无论是城区、镇区还是乡村教学点数量均呈逐年增加的趋势,五年间城区、镇区、乡村教学点数量分别增加 0.04 万所、0.29 万所、1.67 万所,增幅分别为 33.33%、35.80%、22.69%(见表 2.1)。初中阶段,2013—2017 年,初中学校数量呈逐年持续减少的趋势。其中,城区和镇区初中学校数量呈逐年增加的趋势,乡村初中学校数则逐年递减,五年间乡村初中减少 0.32 万所,减幅达 17.30%,镇区初中增加 0.15 万所,增幅为 6.58%,城区初中增加 0.13 万所,增幅为 11.71%,城区初中增幅最大,镇区初中增幅次之(见表 2.2)。

表 2.1  2013—2017 年份城乡小学学校数、教学点数    单位:万所

| 年份 | 普通小学 | | | | 教学点 | | | |
|------|------|------|------|------|------|------|------|------|
| | 合计 | 城区 | 镇区 | 乡村 | 合计 | 城区 | 镇区 | 乡村 |
| 2013 | 21.35 | 2.60 | 4.72 | 14.03 | 8.29 | 0.12 | 0.81 | 7.36 |
| 2014 | 20.14 | 2.63 | 4.64 | 12.87 | 8.90 | 0.14 | 0.90 | 7.86 |
| 2015 | 19.06 | 2.61 | 4.61 | 11.84 | 9.30 | 0.15 | 0.97 | 8.18 |
| 2016 | 17.76 | 2.66 | 4.46 | 10.64 | 9.84 | 0.15 | 1.01 | 8.68 |
| 2017 | 16.70 | 2.71 | 4.38 | 9.61 | 10.29 | 0.16 | 1.10 | 9.03 |

表 2.2　2013—2017 年份城乡初中学校数、教学点数　　单位：万所

| 年份 | 普通初中 | | | |
| --- | --- | --- | --- | --- |
| | 合计 | 城区 | 镇区 | 乡村 |
| 2013 | 5.24 | 1.11 | 2.28 | 1.85 |
| 2014 | 5.26 | 1.15 | 2.34 | 1.77 |
| 2015 | 5.24 | 1.15 | 2.39 | 1.70 |
| 2016 | 5.21 | 1.19 | 2.40 | 1.62 |
| 2017 | 5.20 | 1.24 | 2.43 | 1.53 |

（2）城区和镇区小学学校规模持续扩大，普通初中学校规模持续减少

从学校规模看，小学阶段，2013—2017 年学校规模整体呈扩大的趋势。从分城乡的数据来看，城区和镇区小学学校规模呈逐年扩大的趋势，且城区增长幅度较大，五年间平均学校规模增长 181 人，增幅达 17.75%。从 2013 年以来，乡村小学规模基本上呈缩小的趋势，缩小幅度不是特别大，五年间平均学校规模缩减 1.47 人，缩减幅度达 0.98%（见表 2.3）。初中阶段，2013—2017 年学校规模整体呈缩小的趋势，但是 2016 年和 2017 年平均学校规模略有扩大，与 2013 年相比，平均学校规模减少约 14.48 人，减幅达 1.72%。从分城乡数据看，无论是城区、镇区还是乡村，初中学校规模均呈逐年缩减的发展趋势，五年间城区、镇区、乡村初中平均学校规模分别减少 17.56、42.38、20.14，减幅分别为 1.37%、4.40%、4.57%（见表 2.3）。

由数据分析可知，城区"超级大校"现象仍然非常明显，并且小学阶段仍在进一步加剧。乡村小学学校规模基本保持稳定，学生减少和流失现象明显得到缓解。因此，未来一段时期继续控制城区学校规模以及大力建设乡村小规模学校，将是农村义务教育发展的重要内容。

表 2.3　2013—2017 年份城乡普通中小学平均学校规模　　单位：人

| 年份 | 普通小学（含教学点） | | | | 普通初中（含九年一贯制） | | | |
| --- | --- | --- | --- | --- | --- | --- | --- | --- |
| | 平均规模 | 城区 | 镇区 | 乡村 | 平均规模 | 城区 | 镇区 | 乡村 |
| 2013 | 315.92 | 1 019.47 | 610.45 | 150.41 | 841.51 | 1 285.99 | 962.55 | 441.00 |
| 2014 | 325.51 | 1 063.47 | 624.18 | 147.15 | 833.63 | 1 279.02 | 925.60 | 422.93 |
| 2015 | 341.80 | 1 113.49 | 655.30 | 148.15 | 823.16 | 1 253.49 | 907.11 | 413.67 |
| 2016 | 359.08 | 1 159.40 | 686.47 | 149.67 | 830.94 | 1 249.41 | 904.70 | 412.69 |
| 2017 | 373.83 | 1 200.47 | 703.39 | 148.94 | 855.99 | 1 268.43 | 920.17 | 420.86 |

（3）乡村小学班级规模最小，镇区初中班级规模最大

从班级规模看，小学阶段，2013—2017 年班级规模整体呈缩减的趋势，但缩减幅度不大。从分城乡数据看，无论是城区、镇区还是乡村，小学班级规模均呈缩减的趋势。初中阶段与小学阶段学校规模变化态势基本相同。从绝对数据看，小学阶段 2013—2017 年城区、镇区、乡村小学班级规模均呈镇区＞城区＞乡村的态势分布，镇区初中大班额现象尤为突出。总之，由数据分析可知，我国中小学班级规模整体上呈逐渐缩小的趋势。但是，城区小学和镇区初中大班额现象仍然比较严重（见表 2.4）。

**表 2.4　2013—2017 年份城乡普通中小学平均班级规模**　　　　单位：人

| 年份 | 普通小学（含教学点） | | | | 普通初中（含九年一贯制） | | | |
|---|---|---|---|---|---|---|---|---|
| | 平均规模 | 城区 | 镇区 | 乡村 | 平均规模 | 城区 | 镇区 | 乡村 |
| 2013 | 37.46 | 46.53 | 44.09 | 28.25 | 48.82 | 48.65 | 50.17 | 45.77 |
| 2014 | 37.42 | 46.23 | 43.65 | 27.81 | 48.30 | 48.06 | 49.65 | 45.20 |
| 2015 | 37.72 | 46.22 | 43.71 | 27.74 | 47.72 | 47.17 | 49.20 | 44.65 |
| 2016 | 37.71 | 45.77 | 43.29 | 27.60 | 47.30 | 46.76 | 48.73 | 44.22 |
| 2017 | 37.61 | 45.25 | 42.61 | 27.38 | 46.85 | 46.54 | 48.07 | 43.68 |

2．农村义务教育学生基本情况分析

（1）城区中小学在校生数逐年增加，乡村中小学在校生数逐年减少

从在校生数看，小学阶段，2013—2017 年小学在校生呈增长的趋势。2013 年以后，小学在校生数呈逐年递增的趋势。其中，城区、镇区小学在校生数呈逐年增长的趋势，五年间分别增加 689.31 万人、485.51 万人，增幅分别是 24.86％、14.40％；乡村小学在校生数呈逐年递减的趋势，五年间减少 441.68 万人，减幅达 13.73％。初中阶段，2013—2017 年初中在校生数呈逐年递减的发展趋势。其中，城区初中在校生略有增加，镇区初中在校生数有增有减，但是变化幅度不大，乡村初中在校生数减幅最大，为 21.01％（见表 2.5）。

**表 2.5　2013—2017 年份城乡普通中小学在校生数**　　　　单位：万人

| 年份 | 普通小学（含教学点） | | | | 普通初中（含九年一贯制） | | | |
|---|---|---|---|---|---|---|---|---|
| | 合计 | 城区 | 镇区 | 乡村 | 合计 | 城区 | 镇区 | 乡村 |
| 2013 | 9 360.55 | 2 772.97 | 3 370.54 | 3 217.04 | 4 440.12 | 1 430.02 | 2 195.57 | 814.53 |
| 2014 | 9 451.07 | 2 943.25 | 3 457.96 | 3 049.86 | 4 384.64 | 1 468.70 | 2 167.48 | 748.46 |
| 2015 | 9 692.18 | 3 070.88 | 3 655.40 | 2 965.90 | 4 311.95 | 1 441.01 | 2 168.44 | 702.50 |
| 2016 | 9 913.01 | 3 267.18 | 3 754.10 | 2 891.73 | 4 332.72 | 1 489.42 | 2 172.91 | 670.39 |
| 2017 | 10 093.69 | 3 462.28 | 3 856.05 | 2 775.36 | 4 442.06 | 1 567.14 | 2 231.51 | 643.41 |

(2)寄宿生主要集中在城区和乡村，小学寄宿生呈增长趋势

从寄宿生数量看，2013—2017 年，小学寄宿生数量呈增长的趋势，初中寄宿生则呈减少的趋势。从城乡数据看，2013—2017 年小学寄宿生主要集中在镇区和乡村，城区和镇区小学寄宿生数量呈不断增长的发展趋势，乡村小学寄宿生则呈逐渐减少的发展趋势；初中寄宿生主要集中在镇区，城区和镇区初中寄宿生呈增长的趋势，乡村寄宿生则呈减少的趋势。总之，无论是小学还是初中，寄宿生绝大部分分布在镇区和乡村，并且均呈城区＜乡村＜镇区的分布趋势（见表 2.6）。

表 2.6　2013—2017 年份城乡普通中小学寄宿生数　　　单位：万人

| 年份 | 普通小学(含教学点) | | | | 普通初中(含九年一贯制) | | | |
|---|---|---|---|---|---|---|---|---|
| | 合计 | 城区 | 镇区 | 乡村 | 合计 | 城区 | 镇区 | 乡村 |
| 2013 | — | — | — | — | 1 974.91 | 286.94 | 1 182.05 | 505.92 |
| 2014 | 1 061.38 | 113.76 | 452.06 | 495.56 | 2 014.77 | 319.35 | 1 210.18 | 485.24 |
| 2015 | 1 070.39 | 115.17 | 469.64 | 485.58 | 2 002.13 | 320.82 | 1 220.62 | 460.69 |
| 2016 | 1 063.70 | 121.18 | 476.47 | 466.05 | 2 012.16 | 346.48 | 1 225.62 | 440.06 |
| 2017 | — | — | — | — | — | — | — | — |

从生均宿舍面积看，小学阶段，2013—2017 年，城区小学寄宿生生均宿舍面积呈减少的趋势，镇区和乡村则呈增加的趋势，且乡村＞镇区＞城区。初中阶段 2013—2017 年城区、镇区、乡村初中寄宿生生均宿舍面积均呈增加的趋势，且乡村和镇区增长幅度较大。但是，截至 2017 年，初中生均宿舍面积仍然呈现城区＞乡村＞镇区的发展态势，其中，镇区初中的生均宿舍面积小于城区，也小于乡村。总体来看，小学和初中寄宿生生均宿舍面积呈增加的趋势，与小学相比，初中寄宿生生均宿舍面积增加幅度较大。中小学均没有达到国家规定的小学寄宿生生均宿舍面积 5 平方米，初中寄宿生生均宿舍面积 5.5 平方米的标准（见表 2.7）。

表 2.7　2013—2017 年份城乡普通中小学寄宿生生均宿舍面积

单位：平方米

| 年份 | 普通小学(含教学点) | | | | 普通初中(含九年一贯制) | | | |
|---|---|---|---|---|---|---|---|---|
| | 平均面积 | 城区 | 镇区 | 乡村 | 平均面积 | 城区 | 镇区 | 乡村 |
| 2013 | — | — | — | — | 4.69 | 5.50 | 4.48 | 4.71 |
| 2014 | 3.15 | 3.28 | 3.20 | 3.08 | 4.73 | 5.24 | 4.58 | 4.77 |

续表

| 年份 | 普通小学（含教学点） | | | | 普通初中（含九年一贯制） | | | |
| | 平均面积 | 城区 | 镇区 | 乡村 | 平均面积 | 城区 | 镇区 | 乡村 |
| --- | --- | --- | --- | --- | --- | --- | --- | --- |
| 2015 | 3.27 | 3.21 | 3.32 | 3.24 | 4.97 | 5.32 | 4.85 | 5.06 |
| 2016 | 3.53 | 3.21 | 3.50 | 3.65 | 5.22 | 5.49 | 5.08 | 5.41 |
| 2017 | — | — | — | — | — | — | — | — |

（3）进城务工随迁子女数量有所增加，将近80％就读于公办学校

一直以来，进城务工随迁子女的受教育权利保障都是国家政策的重点以及农村教育研究领域的热点。从进城务工人员随迁子女数量看，小学阶段，2013—2017年，进城务工随迁子女数量不断增加，增加幅度较大。初中阶段与小学阶段发展态势基本相同，但从绝对数据上看，小学阶段的进城务工随迁子女数量远远多于初中阶段。其中，2017年小学阶段有1 042.18万人，占小学在校生数的10.33％，占所有进城务工随迁子女数量的74.09％；初中阶段有364.45万人，占初中在校生数的8.20％，占所有进城务工随迁子女数量的25.91％。总体来看，2013—2017年，无论是小学阶段，还是初中阶段，本省外县迁入随迁子女数多于外省迁入随迁子女数，初中阶段这一特征尤为明显。在受教育权利保障方面，无论是小学阶段还是初中阶段，大部分进城务工随迁子女均能够进入公办学校就读（见表2.8、表2.9）。

表2.8 2013—2017年普通小学进城务工人员随迁子女数状况　单位：万人

| 年份 | 合计 | 外省迁入 | 本省外县迁入 |
| --- | --- | --- | --- |
| 2013 | 930.85 | 433.48 | 497.37 |
| 2014 | 955.59 | 444.51 | 511.08 |
| 2015 | 1 013.56 | 460.81 | 552.75 |
| 2016 | 1 036.71 | 470.58 | 566.13 |
| 2017 | 1 042.18 | 469.51 | 572.67 |

表2.9 2013—2017年普通初中进城务工人员随迁子女数状况　单位：万人

| 年份 | 合计 | 外省迁入 | 本省外县迁入 |
| --- | --- | --- | --- |
| 2013 | 346.31 | 129.70 | 216.62 |
| 2014 | 339.14 | 131.01 | 208.13 |
| 2015 | 353.54 | 137.56 | 215.98 |
| 2016 | 358.06 | 142.73 | 215.33 |
| 2017 | 364.46 | 147.01 | 217.45 |

（4）农村留守儿童数量不断减少，留守儿童主要集中在小学阶段

从农村留守儿童数量看，2013—2017 年农村留守儿童数总体上呈减少的趋势，五年时间减少 716.46 人，减幅达 33.69%。截至 2017 年，中小学共有留守儿童 1 410.29 万人，其中，小学阶段 924.21 万人，占小学在校生数的 9.16%，初中阶段有 486.08 万人，占初中在校生数的 10.94%。2013—2017 年，小学和初中农村留守儿童呈逐年减少的趋势，其中，小学农村留守儿童数减少 516.26 万人，减幅为 35.84%；初中农村留守儿童数减少 200.20 万人，减幅为 29.17%。小学减幅高于初中阶段（见表 2.10）。因此，农村小学留守儿童仍然是留守儿童问题关注的主要群体，小学阶段仍然是留守儿童问题解决的主要学段。

表 2.10　2013—2017 年农村留守儿童情况

| 年份 | 合计 | | 普通小学 | | 普通初中 | |
|---|---|---|---|---|---|---|
| | 人数 /万人 | 占在校生比 /% | 人数 /万人 | 占在校生比 /% | 人数 /万人 | 占在校生比 /% |
| 2013 | 2 126.75 | 15.41 | 1 440.47 | 15.39 | 686.28 | 15.46 |
| 2014 | 2 075.42 | 15.00 | 1 409.53 | 14.91 | 665.89 | 15.19 |
| 2015 | 2 019.43 | 14.42 | 1 383.66 | 14.28 | 635.57 | 14.74 |
| 2016 | 1 726.29 | 12.12 | 1 190.07 | 12.01 | 536.22 | 12.39 |
| 2017 | 1 410.29 | 9.70 | 924.21 | 9.16 | 486.08 | 10.94 |

3. 农村义务教育学校师资配置状况分析

（1）从生师比看，城镇小学师资较为短缺，乡村初中师资最为充裕

从生师比看，2013—2017 年小学阶段生师比整体呈逐渐扩大的趋势，小学教师增加，然而学生数量增加，教师增加的速度比不上小学在校生增长的速度，初中阶段，生师比整体呈逐渐减少的趋势，这些年来，国家不断增加乡村教师的招聘数量，中小学教师数量不断增加，师资配置像日趋合理的方向发展。从分城乡的数据看，2013—2017 年小学阶段城区、镇区、乡村的生师比呈梯形分布，城区＞镇区＞乡村，城区小学师资最为紧缺，其次是镇区，乡村小学师资最为充裕。并且，城区和镇区小学生师比均高于全国平均水平，乡村小学则低于全国平均水平；初中阶段，于小学阶段分布态势大致相同，城区、镇区、乡村的生师比大致呈梯形分布，城区＞镇区＞乡村，且城区和镇区初中生师比均高于全国平均水平，乡村初中则低于全国平均水平（见表 2.11）。总之，由数据分析可知，从生师比指标看，城区和镇区学校师资较为短缺，乡村学校师资最为充裕。但是，与小学阶段相比，初中阶段生师比水平普遍低于小学阶段，表明初中阶段的师资

配置比小学阶段合理（见表 2.11 ）。

表 2.11　2013—2017 年份城乡普通中小学生师比情况

| 年份 | 普通小学（含教学点） | | | | 普通初中（含九年一贯制） | | | |
|---|---|---|---|---|---|---|---|---|
| | 合计 | 城区 | 镇区 | 乡村 | 合计 | 城区 | 镇区 | 乡村 |
| 2013 | 16.76∶1 | 18.91∶1 | 17.56∶1 | 14.63∶1 | 12.76∶1 | 13.67∶1 | 12.89∶1 | 11.14∶1 |
| 2014 | 16.78∶1 | 18.88∶1 | 17.65∶1 | 14.41∶1 | 12.57∶1 | 13.39∶1 | 12.70∶1 | 10.93∶1 |
| 2015 | 17.05∶1 | 20.19∶1 | 18.68∶1 | 14.74∶1 | 12.41∶1 | 12.96∶1 | 12.62∶1 | 10.89∶1 |
| 2016 | 17.12∶1 | 18.83∶1 | 18.06∶1 | 14.64∶1 | 12.41∶1 | 12.83∶1 | 12.64∶1 | 10.78∶1 |
| 2017 | 19.11∶1 | 21.67∶1 | 20.16∶1 | 15.66∶1 | 12.52∶1 | 12.83∶1 | 12.73∶1 | 11.19∶1 |

（2）从师班比看，乡村教师师资最为短缺，乡村初中师资最为充裕

从师班比看，2013—2017 年小学阶段和初中阶段并没有特别明显的变化，变化幅度比较小。从分城乡数据看，小学阶段城区、镇区和乡村小学师班比水平总体都呈降低的趋势，但是降低的幅度不是很大，乡村小学师班比水平明显低于城区和镇区师班比的水平，并且低于全国小学师班比的平均水平，呈乡村＜城区＜镇区的分布态势。初中阶段，城区和镇区师班比水平总体上呈现提高的趋势，乡村初中师班比水平呈降低的趋势，但是，乡村初中师班比水平高于城区和镇区师班比的水平，并且高于全国师班比的水平，大致呈城区＜镇区＜乡村的分布态势（见表 2.12）。总之，由数据分析可知，从师班比指标看，小学阶段，城区和镇区师资比较充裕，而乡村小学师资最为短缺。初中阶段，城区和镇区师资比较短缺，而乡村初中师资相对充裕。总体上来看，初中阶段城乡师资配置差距并不明显（见表 2.12）。

表 2.12　2013—2017 年份城乡普通中小学师班比情况

| 年份 | 普通小学（含教学点） | | | | 普通初中（含九年一贯制） | | | |
|---|---|---|---|---|---|---|---|---|
| | 合计 | 城区 | 镇区 | 乡村 | 合计 | 城区 | 镇区 | 乡村 |
| 2013 | 2.23∶1 | 2.46∶1 | 2.51∶1 | 1.93∶1 | 3.83∶1 | 3.56∶1 | 3.89∶1 | 4.11∶1 |
| 2014 | 2.23∶1 | 2.45∶1 | 2.47∶1 | 1.93∶1 | 3.84∶1 | 3.59∶1 | 3.91∶1 | 4.14∶1 |
| 2015 | 1.99∶1 | 2.12∶1 | 2.17∶1 | 1.77∶1 | 3.85∶1 | 3.64∶1 | 3.90∶1 | 4.10∶1 |
| 2016 | 2.20∶1 | 2.43∶1 | 2.40∶1 | 1.89∶1 | 3.84∶1 | 3.65∶1 | 3.85∶1 | 4.03∶1 |
| 2017 | 1.96∶1 | 2.09∶1 | 2.11∶1 | 1.75∶1 | 3.73∶1 | 3.63∶1 | 3.78∶1 | 3.90∶1 |

（3）城乡小学和初中普遍缺乏"小科"老师，美术和音乐老师尤其缺乏

2013—2017 年，无论是小学阶段还是初中阶段，英语、音乐、体育、美术生师比呈不断降低的趋势，降低的幅度较大，说明"小科"教师数量不断增加，但是，我们仍然要意识到严峻的形势，截至 2017 年，"小科"教师仍然比较缺乏，难以满足教育教学的需要，尤其是音乐和美术教师，尤为缺乏。从分城乡数据看，2013—2017 年，小学阶段生师比呈明显降低的趋势，然而还是需要不断增加"小科"教师的数量，才能满足多学科教学的要求，开齐各项课程；初中阶段无论是城区、镇区还是乡村，各学科生师比均呈不断降低的趋势，但从生师比的绝对数据看，城区和镇区各学科生师比要高于乡村。也就是说，与乡村相比，城区和镇区"小科"教师更为紧缺。由此可见，无论是小学阶段还是初中阶段普遍缺乏"小科"教师，尤其是美术和音乐老师不足的现象非常突出。初中阶段，城区和镇区"小科"教师更为紧缺（见表 2.13、表 2.14）。

表 2.13　2013—2017 年普通小学小科生师比状况

| 年份 | 英语 | 音乐 | 体育 | 美术 |
|------|------|------|------|------|
| 2013 | 245.67：1 | 508.94：1 | 354.80：1 | 549.26：1 |
| 2014 | 240.40：1 | 485.63：1 | 336.18：1 | 523.11：1 |
| 2015 | 238.72：1 | 476.94：1 | 326.64：1 | 512.41：1 |
| 2016 | 232.54：1 | 461.50：1 | 318.14：1 | 495.01：1 |
| 2017 | 224.19：1 | 430.70：1 | 299.49：1 | 459.68：1 |

表 2.14　2013—2017 年普通初中小科生师比状况

| 年份 | 城乡 | 英语 | 音乐 | 体育与健康 | 美术 |
|------|------|------|------|------------|------|
| 2013 | 全国 | 81.61：1 | 508.49：1 | 244.10：1 | 530.11：1 |
| | 城区 | 81.83：1 | 530.09：1 | 235.62：1 | 563.00：1 |
| | 镇区 | 83.35：1 | 518.52：1 | 255.09：1 | 539.77：1 |
| | 乡村 | 76.90：1 | 452.54：1 | 231.81：1 | 460.63：1 |
| 2014 | 全国 | 80.91：1 | 490.28：1 | 236.46：1 | 512.06：1 |
| | 城区 | 80.76：1 | 514.54：1 | 228.44：1 | 547.84：1 |
| | 镇区 | 82.72：1 | 501.37：1 | 248.37：1 | 520.84：1 |
| | 乡村 | 76.38：1 | 423.91：1 | 221.02：1 | 435.07：1 |

续表

| 年份 | 城乡 | 英语 | 音乐 | 体育与健康 | 美术 |
|---|---|---|---|---|---|
| 2015 | 全国 | 80.02：1 | 477.40：1 | 230.11：1 | 498.95：1 |
|  | 城区 | 78.82：1 | 493.33：1 | 219.23：1 | 524.16：1 |
|  | 镇区 | 82.31：1 | 490.72：1 | 242.98；1 | 511.16：1 |
|  | 乡村 | 75.87：1 | 415.11：1 | 216.74：1 | 425.60：1 |
| 2016 | 全国 | 79.76：1 | 473.75：1 | 227.26：1 | 494.67：1 |
|  | 城区 | 77.92：1 | 488.35：1 | 216.17：1 | 519.60：1 |
|  | 镇区 | 82.18：1 | 486.56：1 | 240.37：1 | 505.20：1 |
|  | 乡村 | 76.44：1 | 411.04：1 | 213.75：1 | 420.05：1 |
| 2017 | 全国 | 80.31：1 | 466.91：1 | 225.68：1 | 485.70：1 |
|  | 城区 | 78.15：1 | 480.07：1 | 212.99：1 | 508.07：1 |
|  | 镇区 | 82.60：1 | 478.11：1 | 239.26：1 | 494.56：1 |
|  | 乡村 | 78.07：1 | 406.73：1 | 214.57：1 | 415.34：1 |

4. 农村义务教育学校信息化与标准化建设状况分析

(1)城乡小学信息化水平普遍较低，并存在较大的城乡差距

党的十八届三中全会提出，构建利用信息化手段扩大优质教育资源覆盖面的有效机制，逐步缩小区域、城乡、校际差距。这些教育发展改革的纲领性文件的发布以及"农远工程""三通两平台"和"教学点数字资源全覆盖"等项目的推进为我国农村学校信息化建设创造了良好的社会大环境。

从分城乡数据看，2013—2017 年生均图书册数指标、生均计算机数与建立校园网比例这三个指标均呈城区优于镇区和乡村的分布态势，尤其是建立校园网学校比例这一指标，城乡差距最为明显。2013—2017 年生均图书册数指标呈城区＞乡村＞镇区的分布态势，从 2013 年以来，镇区的学校生均图书册数最低。从信息技术学科的生师比看，城乡小学信息技术教师均比较短缺，与乡村相比，城区和镇区的信息技术教师最为短缺(见表 2.15)。初中阶段 2013—2017 年生均图书册数、生均计算机数、建立校园网比例等指标均呈逐年增长的发展态势。从分城乡数据看，2013—2017 年生均图书册数乡村最多，城区和镇区的差别不大；生均计算机指标基本呈城区＞乡村＞镇区的分布态势，镇区的生均计算机数最少；建立校园网学校比例指标则呈城区＞镇区＞乡村的分布态势，并且城乡差距很明显，这与小学阶段保持一致；从信息技术的生师比看，城乡初中信息技术教

师均比较短缺，且城区和镇区更为短缺，但明显好于小学阶段（见表 2.16）。从以上数据分析可知，2013—2017 年农村义务教育学校的信息化水平在不断提高，且初中阶段信息化水平要好于小学阶段。但是，农村学校的信息化水平还是比不上镇区和城区，还有比较大的发展空间，必须引起我们的重视。

表 2.15    2013—2017 年份城乡普通小学信息化建设状况

| 年份 | 城乡 | 生均图书册数/册 | 生师比 | 生均计算机数/台 | 建校园网学校比例/％ |
|---|---|---|---|---|---|
| 2013 | 全国 | 18.92 | — | 0.08 | 25.52 |
| | 城区 | 19.81 | — | 0.11 | 62.42 |
| | 镇区 | 17.82 | — | 0.07 | 34.94 |
| | 乡村 | 19.30 | — | 0.06 | 15.50 |
| 2014 | 全国 | 19.71 | 746.53∶1 | 0.09 | 39.10 |
| | 城区 | 20.44 | 776.58∶1 | 0.11 | 73.05 |
| | 镇区 | 18.45 | 787.69∶1 | 0.08 | 50.67 |
| | 乡村 | 20.43 | 680.77∶1 | 0.08 | 28.00 |
| 2015 | 全国 | 20.44 | 690.33∶1 | 0.08 | 45.84 |
| | 城区 | 21.18 | 767.72∶1 | 0.10 | 76.26 |
| | 镇区 | 19.01 | 759.96∶1 | 0.08 | 56.13 |
| | 乡村 | 21.44 | 567.09∶1 | 0.08 | 35.14 |
| 2016 | 全国 | 21.53 | 667.99∶1 | 0.11 | 56.08 |
| | 城区 | 21.96 | 761.58∶1 | 0.12 | 80.25 |
| | 镇区 | 20.22 | 749.32∶1 | 0.10 | 64.12 |
| | 乡村 | 22.75 | 521.97∶1 | 0.11 | 46.66 |
| 2017 | 全国 | 22.67 | 634.64∶1 | 0.11 | 64.39 |
| | 城区 | 22.51 | — | 0.14 | 82.64 |
| | 镇区 | 21.45 | — | 0.09 | 69.69 |
| | 乡村 | 24.57 | — | 0.12 | 56.81 |

表 2.16　2013—2017 年份城乡普通初中信息化建设状况

| 年份 | 城乡 | 生均图书册数/册 | 生师比 | 生均计算机数/台 | 建校园网学校比例/% |
|------|------|------------------|--------|------------------|---------------------|
| 2013 | 全国 | 28.23 | 515.10：1 | 0.12 | 55.91 |
|      | 城区 | 25.61 | 541.67：1 | 0.14 | 75.33 |
|      | 镇区 | 27.05 | 535.50：1 | 0.11 | 58.88 |
|      | 乡村 | 36.02 | 435.58：1 | 0.13 | 41.66 |
| 2014 | 全国 | 30.19 | 499.96：1 | 0.14 | 67.87 |
|      | 城区 | 28.19 | 524.54：1 | 0.15 | 81.67 |
|      | 镇区 | 28.80 | 521.03：1 | 0.12 | 69.79 |
|      | 乡村 | 38.14 | 413.51：1 | 0.15 | 56.37 |
| 2015 | 全国 | 32.42 | 483.40：1 | 0.13 | 69.85 |
|      | 城区 | 30.97 | 503.85：1 | 0.14 | 83.41 |
|      | 镇区 | 30.92 | 504.29：1 | 0.11 | 71.23 |
|      | 乡村 | 40.01 | 399.15：1 | 0.14 | 58.73 |
| 2016 | 全国 | 34.37 | 477.33：1 | 0.17 | 74.61 |
|      | 城区 | 32.87 | 489.94：1 | 0.18 | 85.78 |
|      | 镇区 | 33.07 | 500.67：1 | 0.11 | 75.17 |
|      | 乡村 | 41.95 | 396.68：1 | 0.19 | 65.55 |
| 2017 | 全国 | 35.64 | 474.06：1 | 0.18 | 76.73 |
|      | 城区 | 34.04 | 483.15：1 | 0.19 | 86.31 |
|      | 镇区 | 34.66 | 496.37：1 | 0.16 | 77.16 |
|      | 乡村 | 42.94 | 394.51：1 | 0.21 | 68.33 |

（2）农村中小学标准化建设成效显著，乡村小学仍然是农村义务教育的薄弱环节

从学校标准化建设达标程度看，小学阶段，2013—2017 年体育器材配备达标率、音乐器材配备达标率、美术器材配备达标率、教学自然器材配备达标率各项指标均呈逐年增长的发展态势，并且增长幅度较大。从分城乡数据来看，2013—2017 年无论是城区、镇区，还是乡村，各项指标均呈逐年增长的趋势。但是，城区、镇区、乡村呈明显的梯形分布，即城区＞镇区＞乡村，城乡之间存在较大的差距（见表 2.17）。其中，音乐器械配备达标率和美术器械配备达标率城乡差距最大。初中阶段与小学阶段的变化趋势基本保持一致，2013—2017 年体育器械配备达标率、音乐器械配备达标率、美术器械配备达标率、教学自然实

验仪器配备达标率各项指标均呈逐年增长的趋势，增长幅度很大，说明国家对这方面的配备逐年增多(见表 2.18)。由数据分析可见，初中阶段学校标准化建设达标状况明显好于小学阶段。从分城乡数据看，2013—2017 年，无论是城区、镇区还是乡村，各项指标均呈逐年增长的发展趋势，并且呈现城区＞镇区＞乡村的分布态势，城乡之间的差距还是比较显著，仍然需要作出进一步的努力，但是，初中阶段学校标准化达标状况的城乡差距小于小学阶段。

表 2.17　2013—2017 年城乡普通小学标准化建设达标状况　　单位:%

| 年份 | 地区 | 体育器材配备达标率 | 音乐器材配备达标率 | 美术器材配备达标率 | 教学自然实验仪器达标率 |
|---|---|---|---|---|---|
| 2013 | 全国 | 52.13 | 50.13 | 50.09 | 54.19 |
| | 城区 | 78.48 | 77.61 | 77.37 | 78.10 |
| | 镇区 | 61.35 | 59.56 | 59.16 | 63.02 |
| | 乡村 | 44.14 | 41.87 | 41.98 | 46.78 |
| 2014 | 全国 | 59.89 | 58.52 | 58.42 | 61.06 |
| | 城区 | 83.93 | 83.53 | 83.34 | 83.42 |
| | 镇区 | 68.52 | 67.37 | 66.96 | 69.40 |
| | 乡村 | 51.88 | 50.23 | 50.26 | 53.49 |
| 2015 | 全国 | 68.90 | 67.85 | 67.62 | 69.03 |
| | 城区 | 88.11 | 87.90 | 87.64 | 87.23 |
| | 镇区 | 76.15 | 75.30 | 75.02 | 76.32 |
| | 乡村 | 61.84 | 60.54 | 60.33 | 62.18 |
| 2016 | 全国 | 80.18 | 79.50 | 79.47 | 79.84 |
| | 城区 | 91.67 | 91.61 | 91.34 | 90.83 |
| | 镇区 | 85.17 | 84.62 | 84.48 | 84.75 |
| | 乡村 | 75.21 | 74.33 | 74.40 | 75.03 |
| 2017 | 全国 | 89.99 | 89.60 | 89.41 | 89.57 |
| | 城区 | 94.17 | 94.03 | 93.83 | 93.33 |
| | 镇区 | 92.31 | 92.06 | 91.85 | 91.91 |
| | 乡村 | 87.75 | 87.22 | 87.05 | 87.44 |

表 2.18  2013—2017 年份城乡普通初中标准化建设达标状况  单位：%

| 年份 | 地区 | 体育器材配备达标率 | 音乐器材配备达标率 | 美术器材配备达标率 | 理科实验仪器达标率 |
|---|---|---|---|---|---|
| 2013 | 全国 | 72.90 | 70.39 | 70.10 | 77.63 |
| | 城区 | 83.16 | 81.92 | 81.52 | 84.60 |
| | 镇区 | 76.01 | 73.25 | 73.03 | 81.50 |
| | 乡村 | 64.32 | 61.30 | 60.98 | 70.18 |
| 2014 | 全国 | 77.76 | 76.10 | 75.91 | 81.37 |
| | 城区 | 86.52 | 85.31 | 85.06 | 87.09 |
| | 镇区 | 79.40 | 77.91 | 77.64 | 83.64 |
| | 乡村 | 69.90 | 67.71 | 67.67 | 74.66 |
| 2015 | 全国 | 83.58 | 82.37 | 82.07 | 85.91 |
| | 城区 | 90.2 | 89.03 | 88.79 | 89.82 |
| | 镇区 | 84.66 | 83.55 | 83.24 | 87.58 |
| | 乡村 | 77.59 | 76.21 | 75.88 | 80.92 |
| 2016 | 全国 | 89.00 | 88.88 | 88.58 | 90.62 |
| | 城区 | 92.37 | 91.72 | 91.35 | 91.98 |
| | 镇区 | 90.47 | 89.68 | 89.40 | 91.87 |
| | 乡村 | 86.27 | 85.59 | 85.34 | 87.74 |
| 2017 | 全国 | 93.97 | 93.44 | 93.17 | 94.11 |
| | 城区 | 94.04 | 93.52 | 93.30 | 93.51 |
| | 镇区 | 94.91 | 91.56 | 94.13 | 95.21 |
| | 乡村 | 92.42 | 91.86 | 91.55 | 92.86 |

# 三、2017—2018 年度农村义务教育政策关键词

## （一）全面加强乡村小规模学校和乡镇寄宿制学校建设

2018 年 5 月 2 日，《国务院办公厅关于全面加强乡村小规模学校和乡镇寄宿制学校建设的指导意见》指出办好乡村小规模学校和乡村寄宿制学校（以下统称两类学校），是实施科教兴国战略、加快教育现代化的重要任务，是实施乡村振兴战略、推进城乡基本公共服务均等化的基本要求，是打赢教育脱贫攻坚战、全面建成小康社会的有力举措。近年来，国家采取一系列重大政策措施，不断加强农村义务教育，两类学校办学条件得到明显改善。但两类学校仍是教育的短板，迫切需要进一步加强。办好两类学校要全面贯彻党的十九大精神，坚持以习近平新

时代中国特色社会主义思想为指导，坚持新发展理念，坚持以人民为中心，紧紧围绕实施科教兴国战略和乡村振兴战略，切实履行法定职责，高度重视农村义务教育。

意见要求坚持"统筹规划，合理布局；重点保障，兜住底线；内涵发展，提高质量"三个基本原则。要统筹社会主义新农村建设和农村学校建设，优化农村教育规划布局，科学合理设置两类学校，妥善处理好学生就近上学与接受良好义务教育的关系，切实保障广大农村学生公平接受教育的权利。坚持优先发展农村义务教育，公共资源配置对两类学校重点保障。加强分类指导，精准施策，立足省情、县情、校情，从最迫切的需求入手，推进学校基础设施建设和教学装备配备，补齐两类学校办学条件短板。加强经费投入使用管理，切实保障两类学校正常运行。加强两类学校教育教学管理，深化育人模式改革，坚持以学生为中心，落实立德树人根本任务，深入实施素质教育。配齐配强乡村教师，大力提高乡村教师素质，运用"互联网＋教育"方式，全面提升办学水平。到2020年，要基本补齐两类学校短板，进一步振兴乡村教育，两类学校布局更加合理，办学条件达到所在省份确定的基本办学标准，经费投入与使用制度更加健全，教育教学管理制度更加完善，城乡师资配置基本均衡，满足两类学校教育教学和提高教育质量实际需要，乡村教育质量明显提升，基本实现县域内城乡义务教育一体化发展，为乡村学生提供公平而有质量的教育。

在统筹布局规划方面，要准确把握布局要求，科学制订布局规划并妥善处理撤并问题。农村学校布局既要有利于为学生提供公平、有质量的教育，又要尊重未成年人身心发展规律、方便学生就近入学；既要防止过急过快撤并学校导致学生过于集中，又要避免出现新的"空心校"。原则上小学1～3年级学生不寄宿，就近走读上学，路途时间一般不超过半小时；4～6年级学生以走读为主，在住宿、生活、交通、安全等有保障的前提下可适当寄宿，具体由县级人民政府根据当地实际确定。县级人民政府要结合本地人口分布、地理特征、交通资源、城镇化进程和学龄人口流动、变化趋势，统筹县域教育资源，有序加强城镇学校建设，积极消除城镇学校大班额，在此基础上，要统筹乡村小规模学校、乡镇寄宿制学校和乡村完全小学布局，修订完善农村义务教育学校布局专项规划，按程序公开征求意见，并按程序报省级人民政府备案。在人口较为集中、生源有保障的村单独或与相邻村联合设置完全小学；地处偏远、生源较少的地方，一般在村设置低年级学段的小规模学校，在乡镇设置寄宿制中心学校，满足本地学生寄宿学习需求。坚持办好民族地区学校、国门学校和边境学校。布局规划中涉及小规模学校撤并的，由县级人民政府因地制宜确定，但要按照"科学评估、应留必留、先建后撤、积极稳妥"的原则从严掌握。学校撤并原则上只针对生源极少的小规模学校，并应有适当的过渡期，视生源情况再作必要的调整。要严格履行撤并方案制订、论证、公示等程序，并切实做好学生和家长思想工作。撤并后的闲置校舍应主要用于发展乡村学前教育、校外教育、留守儿童关爱保护等。对已经撤并的小规模学校，由于当地生源增加等原因确有必要恢复办学的，要按程序恢复。各地要通过满足就近入学需求、解决上下学交通服务、加大家庭经济困难学生资助力度等措施，坚决防止因为学校布局不合理导致学生上学困难甚至辍学。

此外，意见还指出要改善办学条件，完善办学标准并加快标准化建设，力争2019年秋季开学前，各地两类学校办学条件达到本省份确定的基本办学标准。要精打细算，避免浪费，坚决防止建设豪华学校。在师资方面，意见指出要完善编制岗位核定，提高乡村教师待遇，同时改革教师培养培训，要加大教育经费支持教师队伍建设力度，重点用于按规定提高教师待遇保障，提升教师专业素质能力。为了保障经费，要加大经费投入力度，强化地方政府责任，优化财政支出结构，优先发展义务教育，并完善经费管理制度。努力提高办学水平，要发挥中心学校统筹作用，完善育人模式，推进"互联网＋教育"发展，推进对口支教，积极发挥社会组织在帮扶乡村学校中的作用。在加强组织领导方面，要落实政府责任，加强督导检查，建立和完善两类学校质量监测和督导评估机制，定期开展督导检查，督促改进，以评促建，切实推动办好农村义务教育。[①]

**(二)进一步加大教育扶贫力度**

2017年9月25日，中公中央办公厅、国务院办公厅印发了《关于支持深度贫困地区脱贫攻坚的实施意见》，在支持深度贫困地区、解决深度贫困问题方面，意见指出要加大教育扶贫力度，完善深度贫困地区控辍保学工作机制，防止适龄儿童少年失学辍学。为就读职业学校的深度贫困地区贫困家庭学生，开辟招生绿色通道，优先招生，优先选择专业，优先安排在校企合作程度较深的订单定向培训班或企业冠名班，优先落实助学政策，优先安排实习，优先推荐就业。

2018年1月15日，为深入学习贯彻落实党的十九大精神，认真贯彻落实习近平总书记在深度贫困地区脱贫攻坚座谈会上的重要讲话精神和《关于支持深度贫困地区脱贫攻坚的实施意见》要求，教育部和扶贫办颁发了《深度贫困地区教育脱贫攻坚实施方案(2018—2020年)》，并要求各地认真贯彻执行，结合实际，制定本区域内深度贫困地区教育脱贫攻坚实施方案。方案提出的工作目标是：到2020年，"三区三州"等深度贫困地区教育总体发展水平显著提升，实现建档立卡贫困人口教育基本公共服务全覆盖。保障各教育阶段建档立卡学生从入学到毕

① 《国务院办公厅关于全面加强乡村小规模学校和乡镇寄宿制学校建设的指导意见》，国办发〔2018〕27号，2018年5月2日。

业的全程全部资助，保障贫困家庭孩子都可以上学，不让一个学生因家庭经济困难而失学。更多建档立卡贫困学生接受更好更高层次教育，都有机会通过职业教育、高等教育或职业培训实现家庭脱贫，教育服务区域经济社会发展和脱贫攻坚的能力显著增强。方案提出要精准建立"三区三州"教育扶贫台账，其中包括建立建档立卡贫困教育人口底数台账、建立教育扶贫基本情况台账以及建立教育扶贫基本情况台账，稳步提升"三区三州"教育基本公共服务水平，保障义务教育，发展学前教育，普及高中阶段教育，加快发展职业教育，加强乡村教师队伍建设，实施好"三区三州"现有免费教育政策，确保建档立卡贫困学生资助全覆盖，加大少数民族优秀人才培养力度。方案决定面向"三区三州"实施推普脱贫攻坚行动，组织开展基层干部和青壮年农牧民普通话培训，同步推进职业技能培训与普通话推广，强化学校推广普及国家通用语言文字的基础性作用。同时决定多渠道加大"三区三州"教育扶贫投入，发挥政府投入的主体和主导作用和金融资金的引导和协同作用，并集聚"三区三州"教育对口支援力量，鼓励社会力量广泛参与，引导支持各类社会团体、公益组织、企业和个人参与"三区三州"教育扶贫工作。此外，方案强调在推进实施教育扶贫的过程中，要加大保障力度，落实各级政府责任，严格考核督查评估，并营造良好舆论环境，动员社会各界多种形式关心支持"三区三州"教育扶贫工作。

**(三)进一步优化和完善乡村教师队伍**

2018年1月20日，为深入贯彻落实党的十九大精神，造就党和人民满意的高素质专业化创新型教师队伍，《中共中央 国务院关于全面深化新时代教师队伍建设改革的意见》，意见指出要实施校长国培计划，重点开展乡村中小学骨干校长培训和名校长研修。优化义务教育教师资源配置，实行义务教育教师"县管校聘"。深入推进县域内义务教育学校教师、校长交流轮岗，实行教师聘期制、校长任期制管理，推动城镇优秀教师、校长向乡村学校、薄弱学校流动。实行学区(乡镇)内走教制度，地方政府可根据实际给予相应补贴。逐步扩大农村教师特岗计划实施规模，适时提高特岗教师工资性补助标准。鼓励优秀特岗教师攻读教育硕士。鼓励地方政府和相关院校因地制宜采取定向招生、定向培养、定期服务等方式，为乡村学校及教学点培养"一专多能"教师，优先满足老少边穷地区教师补充需要。实施银龄讲学计划，鼓励支持乐于奉献、身体健康的退休优秀教师到乡村和基层学校支教讲学。大力提升乡村教师待遇，深入实施乡村教师支持计划，关心乡村教师生活。认真落实艰苦边远地区津贴等政策，全面落实集中连片特困地区乡村教师生活补助政策，依据学校艰苦边远程度实行差别化补助，鼓励有条件的地方提高补助标准，努力惠及更多乡村教师。加强乡村教师周转宿舍建设，按规定将符合条件的教师纳入当地住房保障范围，让乡村教师住有所居。拿出务实举措，帮助乡村青年教师解决困难，关心乡村青年教师工作生活，巩固乡村青年教师队伍。在培训、职称评聘、表彰奖励等方面向乡村青年教师倾斜，优化乡村青年教师发展环境，加快乡村青年教师成长步伐。为乡村教师配备相应设施，丰富精神文化生活。①

2018 年 2 月 11 日，为深入认真贯彻习近平新时代中国特色社会主义思想和党的十九大精神，根据《中共中央 国务院关于全面深化新时代教师队伍建设改革的意见》的决策部署，按照国民经济和社会发展第十三个五年规划纲要及国家教育事业发展"十三五"规划工作要求，教育部等五部门颁布《教师教育振兴行动计划（2018—2022 年）》，计划指出要开展乡村教师素质提高行动。要求各地以集中连片特困地区县和国家级贫困县为重点，通过公费定向培养、到岗退费等多种方式，为乡村小学培养补充全科教师，为乡村初中培养补充"一专多能"教师，优先满足老少穷岛等边远贫困地区教师补充需要。加大紧缺薄弱学科教师和民族地区双语教师培养力度。加强县区乡村教师专业发展支持服务体系建设，强化县级教师发展机构在培训乡村教师方面的作用。培训内容针对教育教学实际需要，注重新课标新教材和教育观念、教学方法培训，赋予乡村教师更多选择权，提升乡村教师培训实效。推进乡村教师到城镇学校跟岗学习，鼓励引导师范生到乡村学校进行教育实践。"国培计划"集中支持中西部乡村教师校长培训。②

2018 年 7 月 4 日，为深入贯彻落实习近平新时代中国特色社会主义思想和党的十九大精神，根据中共中央、国务院关于全面深化新时代教师队伍建设改革的有关精神，进一步加强农村教师队伍建设，充分利用退休教师优势资源，调动优秀退休教师继续投身教育的积极性，提高农村教育质量，教育部、财政部研究制定了《银龄讲学计划实施方案》。方案提出要按照"中央引导、地方实施，统筹规划、整体安排，因地制宜、注重实效"的原则，从 2018 年起，面向社会公开招募一批优秀退休校长、教研员、特级教师、高级教师等到农村义务教育学校讲学，发挥优秀退休教师引领示范作用，为农村学校提供智力支持，帮助提升农村学校教学水平和育人管理能力，缓解农村学校优秀师资总量不足和结构不合理等矛盾，促进城乡义务教育均衡发展。方案要求以县为基本单位，主要是国家确定的连片特困地区县、国家扶贫开发工作重点县、省级扶贫开发工作重点县、深度贫困县、贫困的民族县、革命老区县、边境县以及新疆生产建设兵团困难团场等，重点向"三区三州"等深度贫困地区倾斜。受援学校为县镇和农村学校。2018—

---

① 《中共中央 国务院关于全面深化新时代教师队伍建设改革的意见》，中发〔2018〕4 号，2018 年 1 月 20 日。

② 《教师教育振兴行动计划（2018—2022 年）》，教师〔2018〕2 号，2018 年 2 月 11 日。

2020 年，计划招募 10 000 名讲学教师。申请银龄讲学计划的退休教师以校长、教研员、特级教师、骨干教师为主。年龄一般在 65 岁（含）以下，政治可靠、师德高尚、爱岗敬业、业务精良；身体健康、甘于奉献、不怕吃苦、作风扎实；教育教学经验丰富。讲学教师原则上应具有中级及以上教师职称，以高级教师为主。原单位返聘退休教师工作不列入银龄讲学计划。按照"需求为本、形式灵活"的原则，招募到的讲学教师可以根据自己的专业特长开展以课堂教学为主的讲学活动，同时也可根据受援学校的教育教学需求进行听课评课、开设公开课、研讨课或专题讲座，指导青年教师、协助学校做好教学管理和开展教研活动等丰富多样的讲学活动，发挥示范和辐射作用，带动提升受援学校教育教学和管理水平。

讲学教师服务时间原则上不少于 1 学年，鼓励考核合格的连续讲学。各受援县教育局与拟招募讲学教师签订银龄讲学服务协议，协议一年一签，明确双方的权利和义务，正式签约前，讲学教师需提供近六个月体检报告。讲学教师服务期间，由受援县对其进行跟踪评估，对不按协议要求履行义务的，或因身体原因不适合继续讲学的，予以解除协议。招募工作由省级教育部门负责，遵循"公开、公平、自愿、择优"和"定县、定校、定岗"原则，从受援县教育学校实际需要出发，招募讲学教师，结合讲学教师专业特长，选准学科专业。按下列程序进行：①公布需求；②自愿报名；③资格审核或遴选；④公示公布；⑤签订协议；⑥上岗任教。方案提出要为银龄讲学计划提供经费保障和政策保障，讲学教师服务期间人事关系、现享受的退休待遇不变。按月发放工作经费。工作经费主要用于向讲学教师发放工作补助、交通差旅费用及购买意外保险费等补助。讲学教师工作经费由中央财政和地方财政按照年人均 2 万元标准共同分担，其中西部省份由中央财政负担；中部省份由省级财政和中央财政按 1∶1 比例分担；东部省份由省级财政自行负担。中央财政应分担的工作经费采取据实结算的方式。各省可根据实际，提高工作经费补助标准，高出部分由省级财政负担。如需安排讲学教师岗前研修，费用由省级财政负担。受援县要为讲学教师提供周转宿舍，配备必要的生活设施。讲学教师因病因伤发生的医疗费用，按本人医疗关系和有关规定办理。对于讲学期间表现优秀的，在评优表彰等方面优先考虑，可按照有关规定给予表彰、奖励。对于讲学期间考核不称职或存在问题的，按照有关规定处理。

## 四、2017—2018 年度农村义务教育研究学术话语

### （一）县域义务教育均衡发展学术研究进展

《国家中长期教育改革和发展规划纲要（2010—2020 年）》（以下简称《纲要》）提出到 2020 年基本实现区域内义务教育均衡发展，为了实现这一目标，2012 年教育部印发了《县域义务教育均衡发展督导评估暂行办法》，强调通过开展义务教

育发展基本均衡县（市、区）的评估认定工作来全面推动义务教育均衡发展的实现，并且在 2011—2012 年，教育部还分别与全国 31 个省（区、市）和新疆生产建设兵团签署了义务教育均衡发展的备忘录。同年，为贯彻落实《纲要》，巩固提高九年义务教育水平，深入推进义务教育均衡发展，发布了《国务院关于深入推进义务教育均衡发展的意见》，提出义务教育均衡发展的基本目标是到 2015 年，全国义务教育巩固率达到 93%，实现基本均衡的县（市、区）比例达到 65%；到 2020 年，全国义务教育巩固率达到 95%，实现基本均衡的县（市、区）比例达到 95%。[①] 到 2017 年，全国义务教育均衡发展取得新进展，又有 560 个县通过国家督导评估，全国累计有 81% 的县通过了义务教育均衡发展督导评估，有 11 个省（市）整体通过认定。义务教育均衡发展的态势目前保持良好，但目前尚未通过评估认定的地区基本是社会经济发展水平和地理位置等条件薄弱的地区，也即接下来义务教育均衡发展攻坚克难的地区。此外基本均衡只是义务教育均衡发展的第一步，接下来要从基本均衡走向全面均衡、优质均衡，义务教育均衡发展之路将任重道远。区域内义务教育均衡发展要求率先在县域内实现，包括各级学校的硬件设施和软件资源，主要就学校办学标准、办学经费、教育资源、教师队伍、班额等方面实施具体工作。此时总结促进县域义务教育均衡发展经验对于后续工作的开展提供经验、教训和转变路径等非常重要。

1. 义务教育均衡发展的实质研究

柳海民和林丹认为，义务教育均衡发展是指义务教育的平衡发展，即义务教育的发展在数量特征与质的规定性上都体现平衡的特点。它不仅是一个静态的发展结果平衡，更是一个动态的发展过程平衡。义务教育均衡发展的意旨，在于"质的范畴"而非"量的范畴"，即不是单纯追求统计意义上的数量绝对均等，而是义务教育在发展过程中应突出"衡"的趋向。"均"不是目的，"衡"才是本质。义务教育由非均衡向均衡的发展转变，不单是教育发展的必然要求，本质上体现了实现教育平等、促进社会公平和正义以及构建科学发展观的和谐社会之价值诉求。[②] 我国义务教育均衡发展的实践从县域义务教育均衡起始，作为当下义务教育均衡发展的抓手，通过教育部主导的县域义务教育发展督导评估制度及相关标准可以窥探现有义务教育均衡发展的实施逻辑。有的研究者认为，目前我国正在实施的县域义务教育均衡发展督导评估所依据的均衡内涵，仍然是早先由学者翟博提出的均衡内涵，也即其实质仍是强调教育资源在教育系统内部各组成部分或不同子系统之间的分配，这既包括社会总资源对教育的分配，也包括教育资源在

① 《国务院关于深入推进义务教育均衡发展的意见》，国发〔2012〕48 号，2012 年 9 月 7 日。
② 柳海民、林丹：《本体论域的义务教育均衡发展》，载《东北师大学报（哲学社会科学版）》，2005(5)。

各级各类教育间、各级各类学校间、各地区教育间的分配。因此，教育均衡发展的目标是教育需求与教育供给的相对均衡，教育资源配置的均衡是教育均衡发展的基础和前提。[①]

根据《县域义务教育均衡发展督导评估暂行办法》的规定，县域义务教育均衡必须达到的四个内容，包括：县域内义务教育阶段学校达到省定办学基本标准；县域内义务教育校际间资源配置均衡情况的八项指标达到一定水平；县级人民政府推进义务教育均衡发展工作督导评估要达到一定水平；公众对本县域义务教育均衡状态满意度达到一定水平。根据此办法的规定，第一项是要求参评县域内的义务教育学校必须达到某个基本标准的办学水平，这是为了防止低位均衡现象而设定的均衡县区的起评条件；第二项是均衡评估的核心内容，即通过计算县域内小学和初中的"生均教学及辅助用房面积、生均体育运动场馆面积、生均教学仪器设备值、每百名学生拥有计算机台数、生均图书册数、师生比、生均高于规定学历教师数、生均中级及以上专业技术职务教师数"八项指标的差异系数来判断县域内义务教育学校的均衡水平；第三项是对县域内人民政府在入学机会、保障机制、教师队伍、质量与管理四个方面的做法进行评估，主要采取主观打分的自评办法进行；第四项是由第三方机构对公众满意度进行调查，以反映公众对政府在义务教育均衡中的满意度。钟景迅认为，上述标准涵盖了义务教育办学基本条件到入学机会、保障机制再到义务教育质量与管理等方面，该评判标准体现了一种"区域内的教育资源基本配置均衡"的均衡取向。首先，县域义务教育均衡所强调的是县域内的均衡，这与我国"以县为主"的义务教育举办主体是一脉相承的，义务教育均衡发展的目标区域是否可以由县级扩充至市区或省级区域，这可能是未来义务教育均衡进一步横向深化发展的方向。其次，区域内教育资源配置的基本均衡强调的几乎是最基本的教育资源的均衡配置，这主要体现为最基本办学条件的均衡，这基本是保证义务教育学校基本教育质量的最低要求。第三，偏向于教育资源基本配置还突出表现在，目前县域义务教育基本均衡区的评估重点是计算县域内小学和初中八项基本办学条件的差异，是采用量化方法评估；而入学机会、教育保障、教师队伍、教育质量与管理等作为判断县级人民政府推进义务教育均衡发展工作的具体内容的评估主观性较大。提倡义务教育优质均衡发展，其内涵必然是强调对教育质量提升的诉求，强调以实现教育的高质量发展为目标，优质均衡关注学生在教育结果和效果方面最终达致的状态，而不仅仅是基本教育资源的均等分配。

---

① 翟博：《教育均衡发展：现代教育发展的新境界》，载《教育研究》，2002(2)。

2. 县域义务教育均衡发展的资源配置研究

(1)县域义务教育财力资源投入的研究

财力资源的投入是关系义务教育能否均衡发展的重要保障。生均公用经费不同的地区对此有不同的规定，其主要指各地方政府根据当地实际情况，在该区域内统一执行的中小学经费发放的标准。根据刘海民等人的实地调查研究，县域义务教育经费区域间均衡状态主要表现为：中西部生均公用经费相对均衡，与东部差距明显；个别省域间生均公用经费差异过大。根据相关调查研究发现，整体而言，我国的东部、中部、西部地区，生均经费均能达到当地规定标准，然而，从生均经费额度的相对排名来说，我国的中东西部地区仍有一定的差距，其中，尤以东西部差距为最。除地域差别外，个别省份的生均公用经费差距也十分明显，生均经费省域间差异巨大也是影响我国实现教育均衡发展的重要原因之一。由于我国各地区经济发展水平的不同，所以各个省份的生均公用经费存在差距属于正常现象。然而，个别省份之间差异过大，也会导致我国义务教育发展不均衡。县域义务教育经费城乡间均衡状态主要表现为：总体上城乡之间能够达到基本的均状态，城乡差距不大，个别省份城乡差距明显。从小学阶段来说，绝大多数省份的城区生均经费高于县乡的生均公用经费，差距并不十分明显，其中大多数省份差距在约 100 元。在初中阶段，一半省份的生均公用经费是城区高于县乡，而另一半则是县乡高于城区。但大多数情况下，差距仍然不是很大，绝大部分差距集中在 100 元以内。县域义务教育经费校际间均衡状态主要表现为：县域内校际间生均公用经费差异较小，虽然各地区对于生均经费的规定都是统一的，但是在同一区域内，不同学校的生均经费的分配仍然存在着差异；校际间生均经费极差过大，虽然总体上在县域间的生均经费基本能达到均衡状态，但是就微观而言，生均经费的极差过大，也是客观存在的问题之一。

对此，要进一步改善县域义务教育均衡财政投入，研究者亦给出相应对策和建议。首先完善相关法律，提高投入水平。我国虽然颁布了《教育法》《义务教育法》等相关法律，其中对于义务教育经费虽有提及，但是关于义务教育投入的专项法律并没有出台，义务教育经费的投入缺少法律保障和规范，就会导致在投入总量上政府对于教育投入有过大的裁量空间，其投入的总量和方式受经济、地方财政等因素影响过大。其次要完善投入体制，扩大投入来源，明确投入责任，确定投入比例加强省市政府经费统筹，促进县域教育经费投入均衡。《国家中长期教育改革和发展规划纲要(2010—2020 年)》中提出要进一步加强省级政府对于义务教育的统筹。在经费上要"统筹管理义务教育，推进城乡义务教育均衡发展，依法落实发展义务教育的财政责任。再次要扩大投入渠道，允许多种投入方式参与到义务教育均衡发展中，民办学校的发展在加强经费管理，提高使用效率方面有诸多值得借鉴之处。最后，无论是政府还是学校都应该建立经费使用信息透明化机制，定期公布义务教育经费的投入、使用去向，接受全民监督，同时还应该建立严格的审计机制，不论是国家还是地方政府，都应该建立相应的审计机构，推行定期的审计，并向社会公布审计结果，保证经费投入在阳光下进行。①

（2）义务教育均衡发展中财政转移支付的学术研究进展

县域义务教育均衡发展的实现是《纲要》提出的十年发展目标之一，也是我国义务教育均衡发展从基本均衡走向优质均衡的重要前提条件。但由于各地经济发展水平不一和地理环境等条件的差异，县域义务教育的均衡需要教育财政转移支付的帮助。我国把农村义务教育全面纳入公共财政保障范围，建立了中央和地方分项目、按比例分担的机制，又在农村义务教育经费投入体制改革中实行了省级政府统筹落实、管理以县为主的制度，财政管理体制重心逐步上移，公共财政转移支付的功能逐渐得到加强。

有的学者认为，义务教育专项转移支付主要通过两种途径影响义务教育均衡。第一种途径是通过改变各地区的财政供给能力。转移支付对于接受地政府而言，意味着额外收入，等同于财政供给能力增加，因此，转移支付资金拨付给谁、拨付多少，将带来义务教育投入能力的相对变化。在其他条件不变的情况下，义务教育专项转移支付的资金分配，与原有义务教育投入格局不一致，会影响义务教育投入均衡。第二种途径是通过改变接受地政府的激励机制，引导接受地政府行为变化，主要归为三类：一是激励效应或示范效应，接受地政府教育投入增量提高；二是挤出效应，接受地政府教育投入增量下降；三是稀释效应，接受地政府教育投入不增反减。根据浙江省的调研数据，赵海利认为浙江的义务教育均衡发展效果较好，主要得益于义务教育专项转移支付通过两股力量弱化了义务教育投入对县域经济发展的依赖程度，促进了义务教育投入均衡。首先，义务教育专项转移支付资金分配具有明显的扶弱能力，整体而言，经济发展水平越高，享有的义务教育专项转移支付份额越低；其次，义务教育专项转移支付产生了激励地方政府增加义务教育投入的示范效应，享有的义务教育专项转移支付份额越多，所在地区义务教育的投入增速越快。两股力量方向一致，带动经济欠发达地区义务教育投入快速增加，加速了义务教育投入均衡的进程。进一步地，改革重点应根据县域经济状况的变化使转移支付与各地经济社会发展现状建立起动态调整机制，确保义务教育专项转移支付资金发放到最需要的地区，实现精准扶弱；再就是从激励接受地政府增加义务教育投入调整到激励接受地政府经济社会

① 柳海民、李子腾、金燦然：《县域义务教育经费投入均衡状态及改进对策》，载《东北师大学报（哲学社会科学版）》，2017(6)。

协调发展，确保接受地政府能够在义务教育与其他基本公共服务之间保持平衡；更重要的是义务教育专项转移支付的资金重点要从硬件转向软件；以及构建转移支付基础数据库，通过转移支付拨付标准的公开透明不断优化转移支付制度。[①]虽然不同地区经济社会发展水平不同，所需转移支付力度不一，但教育专项转移支付是义务教育均衡发展的重要保障，可以从有良好做法的地区学习借鉴其经验。

（3）县域义务教育均衡发展学校硬件配置研究

县域义务教育均衡的发展除财政投入外，学校硬件和软件配置亦是均衡程度的主要体现，其中农村地区学校硬件设施又相对于软件配置更易先行。新近有关县域义务教育均衡发展学校硬件配置的研究中，周霖等研究者根据东北师范大学中国农村教育发展研究院 2015 年调研等数据认为，第一，县域义务教育学校标准化建设成果是显著的，但总体情况较为薄弱。我国县域义务教育学校硬件配置在部分指标上取得显著成果，从生均教学楼面积来看，调研数据中的省份均已达到国家标准，特别是教学点的生均教学楼面积已远远超出国家标准；在生均图书册数这一指标上，参与调研的样本学校小学、初中、教学点、九年一贯制均已达到各省相应类型标准，并表现出相对丰富状态。但是，在每百人计算机拥有量此一指标上，各区域、省份、学校均远未达到理想状态。第二，不同区域、省份、校际之间学校硬件配置差异显著。虽然不同区域、省份、学校在生均教学楼面积这一指标上表现良好，但同时也表现出极不均衡现象，区域间生均教学楼面积极差较大。另外，在生均图书册数、每百人计算机拥有量等指标上也表现出巨大的区域、省际、校际差异。第三，不同类型学校硬件配置整体无明显差异，但存在一定资源冗余。九年一贯制学校及教学点在生均教学楼面积、生均图书册数、危房存有率和每百人计算机拥有量等指标上整体表现较一致。但是由于教学点相对于其他三种类型学校来说人数较少，在各类指标的均值上均表现出相对高 值，教学点在多项指标上均达到指定标准且远远超出其他类型学校的平均值，这就表明，各教学点可能存在一定的资源过剩，未能充分发挥资源利用率。

针对县域义务教育均衡发展中学校硬件配置特点和问题，周霖、邹红军等提出"一条原则三项举措"的建议。一条原则，即改善县域义务教育硬件配置应遵循"公平—效率—质量"原则。县域义务教育硬件配置中的公平原则，是指在硬件配置过程中遵循配置规则、程序的同一性及秉持"无偏袒性"与"无歧视性"，不能因为县域义务教育学校的相对劣势而少配 置或不配置。县域义务教育硬件配置中的效率原则是指，在硬件配置过程中不能只见公平不见效率，没有效率的公平是

---

① 赵海利：《义务教育专项转移支付与投入均衡——基于浙江省的数据分析》，载《教育研究》，2017(9)。

没有意义的，普遍低效乃至平庸的公平有悖于发展之实质，必将极大地阻碍县域义务教育的发展，这是过程要求。而县域义务教育硬件配置中的质量原则是指，在教育公平由机会公平逐渐转向结果公平、均衡发展转向优质发展的时代背景下，县域义务教育的资源配置必须以提高硬件配置质量、改善县域义务教育学校办学质量、促进县域义务教育发展质量等为目的。三项举措，即首先要扎实摸底，建立台账，强化县域义务教育发展现状研究深度，拒绝缺乏深彻调研和流于现象的拍脑袋、一刀切的规划或方案，避免县域义务教育资源的过度配置与配置不足，造成资源浪费。其次是合理规划，精准指向，加大县域义务教育学校硬件投入，建立专项拨款，加大财政转移支付力度，把每一笔款项用在"刀刃"上，避免经费流失、资源溢出等现象。最后则是多方参与，及时反馈，建立全面动态的资源配置监测机制，应由政府主导建立社会集团、学校、家长等多方参与的县域义务教育资源配置的机构与监测机制，对相关学校进行跟踪测评，给予适时指导，建立长期有效的双向信息共享与反馈机制。①

在县域义务教育均衡发展的推进过程中，学校硬件设施配置是重要的评估部分，也是较易先行推进的部分，当前和今后的一段时期，我国义务教育均衡将要从基本均衡向优质均衡发展，师资队伍等非硬件设施配置的建设是攻坚重任，师资问题便额外表述。

### 3. 均衡配置师资的学术研究进展

义务教育均衡发展不仅注重区域内宏观教育均衡水平的提升，学校内部的微观视角同样盯紧硬件设施与软件配置的均衡，一般而言，在实现基本均衡的过程中，师资配备被视为最重要的软件配置部分，教育人才的招徕和留住以及成长是教师队伍建设最为关注的几个方面。2015 年《国务院办公厅关于印发乡村教师支持计划（2015—2020 年）的通知》中提出的目标是：到 2020 年，努力造就一支素质优良、甘于奉献、扎根乡村的教师队伍，为基本实现教育现代化提供坚强有力的师资保障。为达到这个目标提出的具体举措有：全面提高乡村教师思想政治素质和师德水平；拓展乡村教师补充渠道；提高乡村教师生活待遇；统一城乡教职工编制标准；职称（职务）评聘向乡村学校倾斜；推动城镇优秀教师向乡村学校流动；全面提升乡村教师能力素质；建立乡村教师荣誉制度等。② 在具体责任主体划分、经费保障和督导检查等方面也各有规定。

根据朱德全等人的研究，近年来国家致力于义务教育均衡发展加强师资队伍

---

① 周霖、邹红军：《县域义务教育学校硬件配置状态及改进对策》，载《东北师大学报（哲学社会科学版）》，2017(6)。

② 《国务院办公厅关于印发乡村教师支持计划（2015—2020 年）的通知》，国办发〔2015〕43 号，2015年 6 月 1 日。

建设的成效有所进步，"均衡配置师资"逐步实现，具体表现在：实质性统一了城乡教师编制，稳定了农村教师队伍，在逐步实行城乡统一的中小学教职工编制标准的基础上，对农村小学和教学点予以倾斜；加大了教师补充，教师队伍结构得以优化，尤其是农村教师在数量结构和质量结构上改善良多；加大教师培训力度，提高了教师队伍质量，国家全面实施"中小学教师国家级培训计划"，各地也安排了配套经费，开展多种形式的教师培训；教师待遇不断提高，强化"管理以县为主、经费省级统筹、中央适当支持"，并且教育部和财政部对连片特困地区乡村学校和教学点工作的教师采取发放生活补助的保障机制，大幅度改善了义务教育教师待遇；教师交流轮岗机制逐步建立，教师"无校籍化""县管校用"等管理制度创新以及校长定期交流制度，引导优秀教师向农村校、薄弱学校流动，推动了教师资源的均衡配置。①

地方在推动师资建设的具体做法上也主要在遵循了《计划》的基础上进行，例如黑龙江省在农村义务教育均衡发展的教师补充方面主要采取的办法包括：加快落实乡村教师支持计划和校长教师轮岗交流意见，全省每年安排不少于一定数量的编制用于"特岗计划"作为农村教师队伍补充的主渠道；在教师培训方面，全面实施中小学教师培训工程，将教师培训经费列入各级政府预算，实行以五年为一个周期不少于 360 学时的培训制度；探索教师培养模式改革，面向乡镇以下农村学校培养能承担多门学科教学任务的小学教师和初中"一专多能"的复合型教师；在教师交流方面，创造条件加快校长、教师交流轮岗，重点引导县域优秀校长和骨干教师向农村和薄弱学校流动，抬高质量底部，提高农村和薄弱学校教育和管理水平等。② 西北地区的农村义务教育师资队伍建设相关研究中，有研究者提出，推动城乡教师交流制度可通过学校间、地区间形成缔结关系，一对一或一对多进行教师资源双向流动，支持教师深造培训，给予相应补贴，加强教师协议式培训监管，促进人才回流。还可合理利用免费师范生、西部人才引进、特岗教师等计划吸引人才返乡，加强省级高校毕业生的人才引进。③ 重庆地区要提高义务教育均衡发展的师资水平，有关研究者也给出类似的建议，通过多途径优化农村教师队伍结构来进一步促进城乡师资均衡，创新教师激励机制，面向中西部贫困薄弱地区的农村教师设立中央政府专项奖励津贴，在提高农村教师基本生活补助

---

① 朱德全、李鹏、宋乃庆：《中国义务教育均衡发展报告——基于〈教育规划纲要〉第三方评估的证据》，载《教育科学》，2017(1)。

② 黑龙江省义务教育区域均衡发展对策研究课题组：《加快黑龙江省县域义务教育均衡发展的有效探索》，载《教育探索》，2017(6)。

③ 祁占勇、王君妍、司晓宏：《我国西北地区义务教育均衡发展的现实困境与政策选择——基于国家教育督导〈反馈意见〉的研究》，载《中国教育学刊》，2017(10)。

标准的基础上，实施"以奖代补"制度；针对农村边远学校教师短缺，科学、英语和音体美等学科教师紧缺等情况，要有针对性地培养教师，继续实施"特设岗位""特色学科""全科教师"等教师培养计划；依托当地高等院校建立乡村教师定向培养计划，鼓励大学生到薄弱和贫困县"顶岗实习"，政府则安排专项经费用于针对农村教师的多种培训，以促进农村教师专业化发展；强化交流轮岗制度的实施，深入推进县域内和县际间教师双向流动制度，为在乡村工作的教师提供较高的津贴、补贴，加快农村地区中小学教师周转宿舍建设辅助交流轮岗的实施等。[①]

4. 义务教育均衡发展面临的实践困境研究

我国义务教育均衡发展在不断推进的同时也发现，实现义务教育均衡发展的路上还有很多挑战，从基本均衡走向全面均衡、优质均衡仍然任重而道远。目前的问题和困难主要包括：其一，义务教育经费投入总量不足，且呈现出"中部塌陷"格局，区域间经费投入比例结构不合理，中部地区小学生均预算内教育事业经费始终低于东部地区和西部地区。其二，义务教育办学条件质量不够，且城乡之间"内涵化"差距巨大，"每一所学校符合国家办学标准"的目标没有实现，甚至连"全面清除危房"的目标都没有完全实现。其三，义务教育师资队伍有待优化，尤其是农村师资结构性缺编严重，部分地区教师总体超编和结构性缺员情况并存，难以满足教育教学实际需求，很多农村小学极其缺少音、体、美、外语及信息技术教师，导致国家规定的课程未能开齐开足，优秀教师"下不去、留不住"，年轻教师难以长期扎根，农村骨干教师流失严重，从而加剧了农村教师的结构性缺编问题。其四，义务教育适应新变化亟须加强，城镇化进程中的不断出现新问题，随着城镇化进程的加快，义务教育规划建设不能适应学生流动新常态，城乡教育新差距、农村教育资源浪费等新问题不断出现。一方面，城市学校面临受教育人口迅速增加的压力，学校教育资源逐渐紧缺，直接结果就是城市中小学"大班额"屡禁不止；另一方面，农村学校逐步空心化，部分农村校舍和教育资源被闲置浪费。其五，区域、城乡间教育质量差距仍然很大，"两基"验收通过只是标志着义务教育机会均衡初步实现，一方面，当前义务教育均衡发展主要还是致力于实现教育机会分配和教育资源配置的均衡，课程、教学等有关教育质量均衡的工作只在东部沿海少部分地区开始着力；另一方面，囿于各地区经济社会基础、现有办学基础以及师资队伍等因素的困厄，区域间、城乡间、校际间的课程开设、教学实施、素质教育工作等差异显著，区域、城乡间义务教育质量差距

① 张辉蓉、盛雅琦、宋美臻：《我国义务教育均衡发展的实践困境与应对策略——以重庆市为个案》，载《西南大学学报（社会科学版）》，2018(2)。

甚大。①

　　上述这些义务教育均衡发展面临的问题可谓是普遍性的，均衡发展仍迈步在初级阶段，此外，还存在另一些义务教育均衡发展实践中面临的问题。刘国艳认为我国农村教育取得诸多改革成果，但审视现实，依旧存在一些阻碍农村教育深层变革的不利因素。一方面，在农村社区中，社会理解和支持不足。一是农村生源尤其是优质生源严重流失，在农村社会大众的眼中，农村学校仍不是孩子读书学习的最佳选择，如果条件允许，农村家长更热衷于把子女送到城区学校就读。二是除了生源流失，农村家长的配合与支持也不够，主要表现有读书"功名"论和读书无用论，通过调研发现很多农村家长认为孩子读书就是为了"出头（考上好大学，找到好工作）"，能"读出头"的就多监督，"读不出头"的就"随他去吧"。又或者少数家长认为，即便是考上大学也没什么用，因为农村学生通过上大学改变自身际遇、成为成功人士的案例不多，很多教师都抱怨家长会时家长到会率低。三是农村社区贫困文化的阻碍也是现实困境，主要表现在缺乏尊师重教的社会氛围，家长学生的学习和成长存在文化陋习上的不利影响，社区大众对教育、发展、创新和合作持轻视态度，家校合作程度低。另一方面，农村学校变革动力和能力不足。首先表现在农村校长变革动力与能力的不足，在农村地区，真正具有高瞻远瞩眼界的、有强烈事业心和责任感的校长还为数不多；同时，农村教师变革动力和能力整体上也不足，年龄较大的老教师接受新式教学方式需要一个过程又或是不愿意接受，而有的年轻教师则责任心与工作热情不强。此外，调研发现有的地方政府义务教育政策存在城市偏向惯性，有的私立中学通过免学费等优惠方式吸引或抢夺农村优质生源，教育行政部门有强化重点学校的导向；除了生源，还存在掠夺农村优质师资的政策，地方教育行政部门存在定期或不定期从农村学校招考教师的政策，对于农村学校发展而言无异于釜底抽薪。②

　　5. 促进义务教育均衡发展的对策研究

　　秦玉友和邬志辉认为，在"十三五"时期发展农村教育，要肯定成就，摸准现状，抓住问题，建立自信，通过体制机制创新，有重点地发力，精准发力，不断完善城乡教育一体化发展的制度建设，破解农村教育发展难题，释放农村教育改革红利。首先要建立农村教育自信，通过调研发现，在相似的外界支持与资源配置的条件下，一些地区的农村教育或农村学校明显好于其他地区和其他学校。这些成功典型的共同特点是，他们能用真情发展农村教育、用真心发掘农村优势，

　　① 朱德全、李鹏、宋乃庆：《中国义务教育均衡发展报告——基于〈教育规划纲要〉第三方评估的证据》，载《教育科学》，2017(1)。

　　② 刘国艳：《义务教育均衡发展中的农村教育：成果、阻力与变革路径》，载《教育探索》，2018(1)。

对农村教育充满信心，充分彰显了农村教育人的主体性与开放性。其次是鼓励地方大胆创新，面对新变化，农村教育人需要以创新的态度和精神积极投身变革，以创新推动公平，农村教育发展需要资源支持，更需要创新，特别是通过低成本创新和机制性创新，找出农村教育潜在优势，发现农村教育的内在特点，通过体现农村教育特点、激发农村教育优势的创新，提高农村教育质量，推动教育公平。大力推进城乡教育均衡发展的过程中可分三个阶段。第一阶段，从生均教育资源不均等到生均教育资源均等；第二阶段，从城乡生均教育资源均等到城乡教育服务机会均等；第三阶段，从教育服务机会均等到教育服务质量均等。目前，农村教育正处于城乡教育均衡发展的第二阶段，或由第二阶段向第三阶段的过渡期，城乡教育均衡发展进入深水区和攻坚期。进入深水区和攻坚期的城乡教育均衡发展不能过分理想化，但要勇于突破一些固有的认识局限与长期存在司空见惯又不尽合理的利益分配结构。[1] 在不少农村地区，确实存在许多经济社会发展状况凋敝的现状，而教育作为一个社会子系统必然也面临发展的诸多困境，越是在这样的情况下，就越是需要有魄力和创新精神的决策者的带领，让农村教育焕发生机。

在促进义务教育均衡发展的政策建议方面，朱德全等人给出的建议是，首先要优化顶层设计，革新发展理念，转变义务教育均衡发展传统方式，一是要依据当前义务教育均衡发展的实际情况，尤其是义务教育均衡发展在经费投入、办学条件、师资队伍、质量水平方面的问题；二是要充分考虑国家教育政策与发展规划。其次是建构联动机制，强化政府责任，实施义务教育均衡发展协同治理，在完成义务教育均衡发展的总体目标规划之后，必须落实具体责任，明确由谁落实的问题，也即"治理主体"的问题。此外，要尽管义务教育均衡发展过程中的各种问题与困难不尽相同，但当前义务教育均衡发展的主要问题依旧是优质教育机会的获得、教育资源配置不均衡和教育质量提升较为困难的问题，因此应当把这些困难当作主要解决的目标。[2] 程晋宽等人则从学校标准化建设的角度提出，第一，要考虑均衡发展的政策目标本身是否有助于消弭东西部教育发展不平衡、是否有助于消解城市农村教育发展不平衡。促进义务教育均衡发展的政策应首先能缩小我国东西部义务教育经费投入水平的差距，其次要缩小我国东西部地区生均教育经费的差距。第二，义务教育学校标准化建设要着眼于消解城乡基本办学条件的差距，以及致力于消解城乡教育经费投入的不均衡与不充分。第三，要看政

① 秦玉友、邬志辉：《中国农村教育发展状况与未来发展思路》，载《东北师大学报(哲学社会科学版)》，2017(3)。

② 朱德全、李鹏、宋乃庆：《中国义务教育均衡发展报告——基于〈教育规划纲要〉第三方评估的证据》，载《教育科学》，2017(1)。

策是否有助于消除区域内学校差异，因为区域内重点学校与普通学校之间形成的校际差别，就是教育制度设计造成的，义务教育学校标准化建设首先应消除这种制度差异。并且，义务教育学校标准化建设应以明确规范的"办学标准"为基础建设"标准化学校"，消除区域内学校间办学标准的差别。[①]

## (二)农村留守儿童学术研究进展

随着城镇化进程持续加快，我国进城务工人员人数居高不下，随之产生大量留守儿童。根据民政部的数据，2016 年摸查发现不满 16 周岁的农村留守儿童数量为 902 万人，其中，由(外)祖父母监护的 805 万人，占 89.3%；由亲戚朋友监护的 30 万人，占 3.3%；一方外出务工另一方无监护能力的 31 万人，占 3.4%；有 36 万农村留守儿童无人监护，占 4%。多年来媒体的推动和实际状况中的问题使人们一直关注着留守儿童，学术研究的内容一般而言主要指向留守儿童的健康状况和受教育状况等方面。

1. 农村留守儿童健康状况研究

(1)身体健康方面

农村留守儿童由于缺乏父母的照顾，在健康方面很容易使人认为状况堪忧，并且之前的许多研究也证明了这一看法，近年来国家对学生营养改善计划的大力支持使营养餐惠及更多的农村学生，如今，一些学者就继续对农村留守儿童的身体状况进行了相关研究。

边慧敏等人根据四川农村留守儿童为研究对象，通过指数评价对我国欠发达地区农村留守儿童健康水平和健康治理能力进行研究后发现：从健康水平来看，我国欠发达地区农村留守儿童健康水平总体不错，这是政策制定的基本事实，但在总体不错的情况下，我国欠发达地区农村留守儿童健康水平呈现结构性差异，4 个健康结构维度指数距离"优秀"和"良好"标准仍有较大提升空间。从健康治理能力来看，我国欠发达地区农村留守儿童在个人、家庭和社区(国家)三个层面的健康治理能力存在结构性差异，其中家庭健康治理能力明显表现不足，这成为未来政策和制度的着力点。从治理水平与健康水平关系来看，我国欠发达地区农村留守儿童治理能力偏弱，对应的健康水平也较低，农村非留守儿童健康治理能力相对更高，其对应的健康水平也比农村留守儿童更高。[②]

丁继红通过对中国营养与健康调查数据库中覆盖全国 12 个省市自治区、逾 7 200 个家庭的微观数据进行留守儿童问题的实证分析认为，对于儿童身高角度

① 程晋宽、缪舒敏：《指向义务教育均衡优质发展的学校标准化建设路径——基于政策目标与政策手段的分析》，载《教育发展研究》，2017(18)。

② 边慧敏、崔佳春、唐代盛：《中国欠发达地区农村留守儿童健康水平及其治理思考》，载《社会科学研究》，2018(2)。

来看，父母外出务工会对其产生显著的负影响，即导致子女的健康评分下降；从体重角度来看，父母外出务工对于留守儿童体重情况有正面改善作用，超重较少，这可能是因为父母外出务工使得留守儿童必须参与更多的家务及其他力所能及的劳动，运动量增加。此外，12~18 岁留守儿童患病率有下降的趋势，这一现象可能的解释是，这一儿童群体年龄较大，自主独立性较强，父母不在身边带来的负面影响较小，而父母外出务工带来的经济收入使其能够有更好的身体状态，患病更少。①

田旭等人对农村留守儿童的健康状况研究指出，当仅母亲外出时，留守儿童仅在钙的摄入量上显著增加，即仅母亲外出对儿童的营养状况基本没有统计显著的影响，而当仅父亲外出时，留守儿童在一半营养素的摄入量上显著减少，这意味着仅父亲外出会使儿童的营养状况显著恶化。同时也发现，父亲外出对留守儿童营养的冲击明显大于母亲外出造成的冲击，这可能是由于男性成人是农村贫困家庭的主要收入来源，同时也占用较多的家庭内部资源，当其外出时，家庭其他成员会更为节约。当父母均外出时，除维生素 E 和钙之外，留守儿童在其他营养素摄入量上均显著减少，即父母均外出会对儿童的营养状况产生显著的负面影响。而且，这种影响比仅有一人外出对儿童营养状况的冲击更大，这可能是由于父母均外出之后，留守儿童完全由祖父祖母或者外公外婆隔代照顾，老人一般更节约，且更偏好清淡的饮食，故留守儿童的营养状况受到的影响较大。父母外出会使留守儿童营养状况恶化的原因是，即使收入提高对改善儿童的营养状况有一定的正向作用，但是父母外出导致对儿童照顾的缺失会对儿童的营养状况产生更严重的负面影响，即父母外出的忽视效应大于收入效应。②

（2）心理健康方面

除了身体健康状况，农村留守儿童的心理问题亦受到社会的广泛关注，对他们而言，缺少了父母的陪伴，其心灵确实少了许多温暖，并且极容易因外界干扰因素而受到更多的身心伤害，因此，留守儿童的心理健康状况依然受到很多关注，并且心理健康问题比身体健康问题更为复杂，干预起来更有挑战性。

佘星宇认为，儿童与父母的交流在时间上常常存在不确定性，在空间上也无法实现面对面交流，在这样特殊的环境下，父母和儿童的交流互动性差、难以进行深入的情感交流，儿童的心理发展常常出现一些问题。借用有的研究者对留守儿童心理表现的归类一一进行剖析，主要有如下分类。孤独敏感型：这种类型的儿童性格孤僻，内心孤独抑郁，时常表现出焦躁的情绪，对外界过于敏感，有什

① 丁继红、徐宁吟：《父母外出务工对留守儿童健康与教育的影响》，载《人口研究》，2018(1)。
② 田旭、黄莹莹、钟力等：《中国农村留守儿童营养状况分析》，载《经济学(季刊)》，2017(1)。

么事或者烦恼通常自己一个人闷在心里，有时会突然爆发冲动的行为；自卑内向型：这种类型的儿童通常缺乏鼓励、关爱、温暖，往往因为达不到老师或者家长的要求和标准，又没有获得正确的疏导，因此丧失自信从而失去上进心，容易变得自暴自弃；自私冷漠型：这种儿童常常出现在留守儿童的单亲家庭，对周围的人没有感情，对亲人表现得冷漠、自私，容易脱离社会，心理素质差，经受不了打击，拒绝别人的关心；贪图享乐型：部分留守儿童因为缺乏管教，代理监护人又一味溺爱，变得贪图享乐，在学校摆阔绰，大把浪费父母外出务工赚来的辛苦钱，并以此为炫耀父母爱自己的资本，最后形成了错误的价值观；对抗放任型：这一类的儿童家长管教严格，但儿童自身自主性和自觉性不强，他们在家长管教的时候产生抵触情绪，并在堆积到一定程度爆发出来。[①] 种种类型的留守儿童问题并非只存在于留守儿童中，而是留守儿童由于缺乏正常家庭结构下具有的功能而容易产生上述问题，"留守儿童"不是"问题儿童"，但针对这一群体容易产生的问题的确需要得到更多关注。

李美华等人则认为，当前物质保障已经不是主要的问题，最主要的问题就是对留守儿童心理健康的关心，帮助其渡过心理危机。根据心理学家埃里克森的社会心理发展理论，儿童青少年发展的每一个阶段，都要克服相应的心理危机，使心理向着积极健康的方向发展，如果不能克服这种危机，心理则向着不健康的方向发展。留守儿童面临的诸多心理问题，是教育不公平的另一种隐性体现，学校应加强对这一部分学生的关爱，使他们能够健康成长，而不至于由于留守导致心理和行为问题而使他们过早地流入社会，成为教育结果不公平的牺牲品。不论是对于教育部门而言，还是对于学校的教育工作者而言，留守儿童青少年的心理健康教育都将是一项非常重要的工作。心理健康教育工作的实践活动强度不需有高度上的极大提升，而是应该细水长流，在潜移默化中影响学生对于心理健康重要性的认识，从而保障学生的心理健康。对于教育部门而言，应将留守儿童青少年的心理健康教育师资队伍建设纳入学校整体教师队伍建设工作中，加强选拔、配备、培养和管理；对于学校的教育工作者而言，要消除教育不公平现象给留守儿童发展带来的不利影响，还是需要学校做扎实的工作，学校应该对留守儿童的心理健康给予高度重视。[②]

王俊霞等人对丽水留守儿童的调研结果显示，留守儿童总体的心理健康状况差于非留守儿童，留守儿童心理健康问题检出率在冲动倾向方面高于非留守儿

① 佘星宇：《农村留守儿童身心发展存在的问题及对策》，载《湖北师范大学学报（哲学社会科学版）》，2018(1)。

② 李美华、张建涛：《留守儿童的教育公平与心理问题探究》，载《西北师大学报（社会科学版）》，2018(4)。

童。留守儿童的心理健康问题得分在冲动倾向和总焦虑倾向方面高于非留守儿童，这可能是由于长期与父母分离，正常家庭抚养缺位，长期亲情缺乏，导致内心缺乏安全感、内心聚集焦虑、自制力差、遇事冲动等心理问题，给他们的成长带来影响。其中年龄越小的儿童对父母的依恋程度就越强，小学留守儿童因缺乏父母的关爱、呵护以及指导，遇事容易引起自责的焦虑倾向。留守女生在学习焦虑、对人焦虑、自责倾向、过敏倾向、总焦虑倾向方面的心理健康问题更甚于留守男生，可能与女生心思细腻、内敛，在情感上更加依恋自己父母，农村重男轻女的思想导致对女童忽略较多，以及女生在学习和为人处世方面比男生更加注重细致等因素有关。留守男生较有冲动倾向，性格上好奇心强，处理事情容易不计后果以及中国传统观念对男孩期望值过高导致男生压力过重，导致遇事容易冲动，自制力差。总的来说，在心理焦虑方面，双亲外出的留守儿童心理健康问题得分最高，母亲外出次之，父亲外出最低，显示对于留守儿童而言，双亲外出，父母同时不在身边，长期亲情缺失会更多，正确的引导和帮助会更少，内心聚集焦虑会更多。[①]

总之，党的十九大报告提出"实施健康中国战略，要完善国民健康政策，为人民群众提供全方位全周期健康服务"，研究者认为关注我国欠发达地区农村留守儿童乃至所有农村儿童健康及其治理问题是题中应有之意。首先要完善农村留守儿童健康治理的政策体系，落实《国务院关于加强农村留守儿童关爱保护工作的意见》，从制度设计出发，自上而下关注和予以保障；其次，构建农村留守儿童健康的多元责任体系，不同层级部门、社会各界人士应加强关注；再次，用发展解决农村留守儿童健康问题，进一步实施乡村振兴战略，加强城乡体系的平衡发展；最后，最重要的是留守儿童的父母责任的到位，通过工作或生活的协调，为子女的身心健康多做考虑，经常关心并学会如何关心子女，履行家庭责任等是最重要的方面。

2. 农村留守儿童教育状况研究

秦玉友等研究者认为身心发展层面主要包括学习与智力发展、社会性发展、身体发展等。这个层面应关注留守经历对个体身心发展造成的当前影响与持续影响，如是否养成了良好的学习生活习惯，是否养成了稳定正向的人格特征等。在学习与智力发展方面，以学习成绩为指标调查发现，无论是小学还是初中阶段，父母监护型儿童和母亲监护型儿童的学习成绩显著高于父亲监护型儿童和其他主体监护型儿童。也就是说，母亲陪在身边对儿童学习成绩有更大的积极影响。在

---

① 王俊霞、叶建武、张德勇等：《丽水市义务教育阶段农村留守儿童心理健康调查》，载《中国预防医学杂志》，2018(4)。

社会性发展方面，以班里与儿童关系好的同学数量为指标调查发现，初中阶段，母亲监护型儿童的同伴交往状况显著好于父母监护型儿童，父母监护型儿童显著好于其他主体监护型儿童。小学阶段，父母监护型儿童和母亲监护型儿童的同伴交往状况要显著好于父亲监护型儿童和其他主体监护型儿童。也就是说，父母在身边，尤其是母亲在身边对儿童社会性发展有更大的积极影响。[①]

赵磊磊等人认为留守儿童学校适应问题的成因主要呈现出三个方面的特征：其一，留守儿童学业适应主要受父母外出务工以及学校教育的影响；其二，留守儿童心理适应主要受亲情缺位的影响，亲情的缺位需要其他感情的补缺，社会与学校在留守儿童感情关怀此方面需有所参与；其三，留守儿童行为适应主要受行为教育意识与行为引导机制的影响。在学业适应方面，无论是学习成绩，还是学习态度，其均受家庭与学校的现实影响。在心理适应方面，多数学者认为，在家庭关注不足与学校支持不力这一背景下，留守儿童存在着不同程度的心理适应问题，主要表现为缺乏安全感、抗压能力较差、心理压抑、社会交往较差。在行为适应方面，学校与家庭在留守儿童道德行为塑造方面较为缺乏行为教育意识与行为引导机制，榜样作用的缺失、支持机制的弱化导致留守儿童的道德教育出现了较多问题，学校与家庭理应在榜样的示范以及支持机制的优化方面尝试为留守儿童道德行为的塑造提供有效的行为教育措施以及塑造良好的行为教育氛围。[②]

和学新等人认为农村留守儿童在学习、生活、安全等方面都存在一些问题，其中学业方面主要是成绩不理想，容易出现厌学、辍学等现象。部分农村留守儿童在校的学习成绩不容乐观学习态度不够主动，一部分原因在于他们主要由其奶奶或外婆等隔代亲属监护，农村这样的隔代监护人大多文化素质偏低、思想陈旧，不仅无法切实有效地辅导和监督孩子的学习，也存在与孩子之间缺乏沟通，缺少对孩子学习兴趣、需求及困惑的关注。由于在家里缺乏必要的教育、监管与关心，加之部分留守儿童自身学习的积极性不高、自律意识不强、学习动力不足、学习成绩下滑，很容易产生不遵守纪律、厌学、旷课甚至辍学等状况。并且部分留守儿童也会因为时刻想念父母，影响其在课堂的注意力，听课效率也不佳。部分外出务工父母认为"读不读书都一样，希望子女尽早和他们一起打工赚钱"等类似有负面影响的思想，助长了这些孩子的厌学情绪。[③]

我国第六次人口普查时的数据显示，农村留守儿童就学状况总体良好，在政策保障下，义务教育阶段受教育情况较好，超过九成的留守儿童能够完成义务教

① 秦玉友、曾文婧：《留守儿童关爱教育：全面还是聚焦》，载《人民教育》，2018(7)。
② 赵磊磊、王依杉：《农村留守儿童学校适应的问题分析及治理对策》，载《当代教育科学》，2018(1)。
③ 和学新、李楠：《农村留守儿童教育及其政策分析》，载《当代教育与文化》，2018(1)。

育，只有少数人因为各种原因辍学或者肄业。然而，高中适龄留守儿童在校接受中等教育的比例较低一些，只有约 80% 接受高中阶段教育。人口普查获得的数据是较为真实全面的，但如今毕竟已过数年，全国留守儿童受高中教育的状况尚没有明确数据，但政策的鼓励和留守儿童概念的变迁势必会对其产生影响。

3. 农村留守儿童问题对策研究

关注农村留守儿童群体的健康成长问题，很多文章提到应主要有政府、学校、家庭、社会四种参与主体，其中家庭、尤其是父母更是第一责任人，对于留守儿童存在的成长问题及解决方案，需要各方力量的共同努力。提倡多元参与的治理理念，同时必须促进留守儿童父母对自身责任的履行，这些都是农村留守儿童成长问题解决的现实之需。

秦玉友等认为，在关爱教育留守儿童上，从全面参与看，家庭空间关系没有发生变化的政府与村（居）民委员会、教育部门与学校、群团组织要尽职尽责，社会力量要积极参与；从聚焦看，要强化家庭监护主体责任，家长应重视家庭对儿童的完整意义，认识到关爱留守儿童的紧迫性。同时，要统筹关爱留守儿童各个层面，建立留守儿童关爱保护底线。社会之所以对留守儿童关注提到空前关注程度，的确与留守儿童的一些恶性事件有关，甚至在一定意义上可以说，正是留守儿童的一些恶性事件使留守儿童问题成为了一个紧迫的实践问题与政策议题。预防和减少留守儿童恶性事件是"标"，从长远看，要从儿童的日常生活与留守经历对留守儿童的个体发展影响入手，关注留守儿童的生存状态，关注留守儿童的个体身心健康发展，这才是解决留守儿童问题的"本"。标本兼治，才能从根本上预防和减少留守儿童恶性事件的发生，才能真正解决留守儿童问题。在提及留守儿童问题时，不能只顾及儿童留守地的各级责任，流入地流出地应协力，为关爱教育留守儿童提供条件与能力准备，各主体要共同努力，让父母通过一些恰当方式减少自己不在孩子身边带来的情感精神上对孩子的不良影响。进城务工人员流入地政府与相关主体应该提供一定的便利条件，同时激励与督促用人单位尽量提供一些亲子交流所需要的通信工具、通信环境和交流空间等；各相关主体要创造条件，方便进城务工人员定期看望孩子或定期把孩子接到自己工作的城市，让孩子了解父母的生活与工作状况，了解其所在城市的情况。[①]

麻丽丽等人认为，首先应明确留守儿童问题是阶段性问题、发展性问题，应以积极的导向和发展的视角看待留守现象。其次，在留守儿童的关爱体系下，应着重注意留守儿童的分层与分类，梳理出留守儿童问题的分级预警标志，尤其是重大心理行为问题的标志性变量和敏感指标，提高主动应对留守儿童问题的能

---

① 秦玉友、曾文婧：《留守儿童关爱教育：全面还是聚焦》，载《人民教育》，2018(7)。

力，有效对留守儿童进行分级保护和预警预判。再次，建立动态、系统的留守儿童监护机制，在家庭、学校、社区（村落）、政府、社会间建立有效的留守儿童关爱层级系统。利用完善的制度和科学的管理方法对留守儿童进行科学有序的服务和关爱。最后，留守儿童心理环境相较于客观留守状态更加重要。在实际的留守儿童关爱工作中，不应将留守儿童作为特殊儿童进行监控。在实际工作中，应充分尊重留守儿童，避免为留守儿童贴上"特殊关爱"标签和"问题儿童"标签，要营造良好的留守心理环境，增强留守儿童的抗逆能力和心理弹性，及时对其认知偏差和情绪问题进行疏导和教育，轻管理、轻监督，重服务、重关爱，使留守儿童在愉悦、平等、公平的留守心理环境中健康成长。①

我国留守儿童群体出现和受到关注还要从 20 世纪 90 年代说起，由经济社会的发展和人口的流动造成，而今，新闻媒体通过报道有关留守儿童的负面新闻而使这个群体不断受到社会新的关注，同时也成为政府和学者的重要议题。固然，留守儿童因为家庭结构的功能缺失导致自身缺乏很多关爱，当地村委、政府等机构必须将关注留守儿童的生活列入日常工作，但同时，不能将所有留守儿童以贴标签的形式将其问题化和特殊化，留守儿童需要社会保护网，但不需要异样的"关切"目光。再者，留守儿童问题的解决根源在于与父母的空间和时间分离上，随着城镇化进程的加快，应当鼓励为人父母的外出打工者缩短离家的距离，减少与子女分隔的时间，也许越是遥远的城市越是繁华，却不能因此轻易带过陪伴不了子女的愧疚，父母才是留守儿童的最大责任人，来自社会各界的关注终究不可代之。

**（三）进城务工人员随迁子女教育学术研究进展**

2017 年，我国常住人口城镇化率为 58.52%，户籍人口城镇化率为 42.35%，二者皆比上一年末增长超过 1 个百分点；全国流动人口有 2.44 亿人，占到全国大陆总人口数的 17.55%；全国在城镇就业的有 42 462 万人，而外出农民工数量有 17 185 万人，外出农民工的绝大多数涌入了城镇。② 根据《2017 年全国教育事业发展统计公报》的数据，全国义务教育阶段在校生中进城务工人员随迁子女共 1 406.63 万人。其中，在小学就读 1 042.18 万人，在初中就读 364.45 万人。③ 大量的进城务工人员中有很多是携带子女一起流动的，这就使学龄随迁子女接受教育成了流入地和流出地需共同发力解决的问题。农村人口在城镇接受教育作为农村教育问题的异地延展，同样是农村教育的重要内容。

---

① 麻丽丽、许学华、李颖：《生态心理学视角下留守儿童问题研究》，载《教育理论与实践》，2018(2)。
② 《中华人民共和国 2017 年国民经济和社会发展统计公报》，国家统计局，2018 年 2 月 28 日。
③ 《2017 年全国教育事业发展统计公报》，教育部，2018 年 7 月 19 日。

1. 随迁子女教育政策研究

(1)随迁子女教育政策分期

从全国层面来看，随迁子女教育政策大致可以分为四个时期：①无专门政策、无经费规定时期。1986 年实施义务教育后的长时期内，义务教育制度是区县及以下政府的责任，但是由于《中华人民共和国义务教育法》颁布的 1986 年以前还没有出现大规模的人口流动，因此没有做任何相关规定。后来随着中国进入了市场经济快速发展时期，外来务工人员数量急速增加，随迁子女的义务教育问题也逐渐凸显，然而在这期间，中央政府没有对外来务工人员子女的义务教育问题出台任何专门政策。②"两为主"政策形成但政府责任不明确时期。1996 年 4 月，国家教育委员会制定了《城镇流动人口中适龄儿童、少年就学办法(试行)》，文件提出，流入地政府要为流动人口中的适龄儿童、少年提供接受义务教育的机会，具体承担管理职责，但该文件没有对政府承担流动儿童义务教育经费做任何规定。2001 年 5 月颁布的《国务院关于基础教育改革和发展的决定》，提出"要重视解决流动人口子女接受义务教育问题，以流入地区政府管理为主，以全日制公办中小学为主，采取多种形式，依法保障流动人口子女接受义务教育的权利"。③明确政府财政责任但各级政府之间责任不明确时期。2003 年 9 月发布了《国务院关于进一步加强农村教育工作的决定》，除了继续强调"两为主"政策外，还第一次规定了政府对外来务工人员子女义务教育经费负担做出了规定，也明确了地方政府对外来务工人员子女教育的财政责任。然而，对哪一级地方政府负主要责任、地方各级政府之间如何分担经费责任没有明确规定。④从"两为主"到"两纳入"的改革攻坚时期。《国家中长期教育改革和发展规划纲要(2010—2020 年)》出台以后，国务院相继制定了一系列旨在解决和保障农民工子女受教育权利的政策文件。除了进一步明确"两为主"外，还将常住人口纳入区域教育发展规划、将随迁子女教育纳入财政保障范围。但具体落实到各级政府层面，仍然有些地方处于半明确、半模糊的状态。从省级层面来看，由于各地的经济和教育发展水平差异很大，因而在对待随迁子女教育均衡政策改革上力度不一。①

(2)随迁子女入学和升学政策

单成蔚等人分析认为，当前随迁子女入学政策存在类型是以以积分制、条款型为主，部分城市(市辖区)类内设政策照顾子类。积分制指农民工满足目标城市规定的最低分值后，随迁子女可获得入学排名资格，分为积分落户与积分入学两个子类。积分入学是指当地政府或教育行政部门对农民工提交的符合要求的材料

---

①　李超、万海远、田志磊：《为教育而流动——随迁子女教育政策改革对农民工流动的影响》，载《财贸经济》，2018(1)。

进行累计积分，达到或高于积分要求的农民工可以为未曾入读公办学校的适龄子女在居住地或工作地申请义务教育阶段起始年级学位，所在地教育行政部门根据当年能够提供给随迁子女的学位数量，按照申请人积分的高低排序安排随迁子女入学。条款型入学政策指携带适龄随迁子女的农民工必须向居住地所在教育行政部门提交流入地大城市所要求的各项证明材料，申请报名登记的入学办法。在具体操作上，分制较条款型更具灵活性与操作性，积分制是建基于条款基础上的"升级版"入学要求，涵盖了条款型的种类，并且量化了某些入学条件，对拟入学农民工随迁子女进行积分排名，由高到低接收，较条款型更具操作性。农民工随迁子女入学条件细则方面，主要有：①身份与社会关系证明，也即可随迁关系的官方凭证，包括身份证、户口簿、出生证、计划生育证明、结婚证与当地无监护条件证明等。②生活保障证件，也即维持家庭基本生活的必要条件，流入地城市不鼓励缺乏在城基本生活能力的人进城，相关的证件包括暂住证、居住证、租赁合同等。③入校要求与信息基础，也即健康与学业衔接的保障，与随迁子女直接相关的证明材料有预防接种证、幼儿园就读证、就学联系函等。①

2012 年 8 月 30 日，《国务院办公厅转发教育部等部门关于做好进城务工人员随迁子女接受义务教育后在当地参加升学考试工作意见的通知》，随后，全国各地陆续出台了允许随迁子女在流入地升学考试的政策方案。吴霓等人分析道，从各地政策方案允许报考的学校类型看，大部分地区允许随迁子女参加普通高等学校招生考试，允许参加本科、专科层次录取，但部分地区，如北京、广东、内蒙古、上海、新疆、云南等地区则限报考职业类院校。例如，北京规定，自 2014 年起，符合条件的随迁子女可以在北京参加高等职业学校的考试录取；广东规定，2014 年起，符合条件的随迁子女只能在广东报名参加高等职业学院招生考试，自 2016 年起符合条件的随迁子女方可在广东报名参加高考。总体来看，各地对随迁子女在流入地参加高考门槛的设置差异较大，有的地区只要求随迁子女有三年学籍，有的对其父母居住证明、稳定住所、稳定职业及社保缴纳年限等做出明确规定。总体上看，北京、上海、广东等经济发达、人口流入量大、优质教育资源丰富的省份，公布的方案通常比其他省份门槛高。②

随迁子女入学和升学政策的具体做法多是由地方制定，各省份情况不一，基于教育公平的视角，人们更希望能够统筹规划、合理配置流入地教育资源，很多学者认为应从建立科学的信息监测机制、改革考试招生制度等方面着手，能够让

---

① 单成蔚、秦玉友：《农民工随迁子女义务教育入学条件分析——以 25 座大城市相关政策文本为例》，载《四川师范大学学报（社会科学版）》，2017(5)。

② 吴霓、朱富言：《流动人口随迁子女在流入地升学考试政策分析》，载《教育研究》，2014(4)。

更多的随迁子女顺利入学接受教育和升学进一步学习，而不使其成为留守儿童。但具体到地方，尤其是对于部分发达城市而言，接收大量的随迁子女和学位数量、保障本地学生受教育质量等有所冲突，各地纷纷因地制宜不断出台措施解决上述诉求和矛盾。

2. 随迁子女社会融入研究

进城务工人员的流出地大多是农村地区，随迁子女跟随父母进城学习和生活，所处的环境与农村有很多不同，诸多变化的方面会给其带来怎样的体验变化，对于融入新环境中又有何种不同影响。

何徐丽敏认为，根据国外研究，社会融入的途径大致有：工作、教育、社区参与、多元文化整合等。而对于儿童的社会融入来说，"教育"则是首要的途径，学校为儿童基本知识的习得和社会技巧的获取提供了重要的场所，也是其对社会问题预防性介入的重要方式，因此对于从农村迁入城市生活的农民工子女来说，教育是其获得文化和社会整合的重要途径。具体而言，教育能够促进农民工子女人力资本的发展，提高其城市社会融入的能力。农民工子女由于其父辈在城市社会中的弱势，因而从父辈那里获取发展资源以及向上社会流动的机会相对较少，而唯一能帮助其获得这种发展和向上社会流动的资源就是靠个人的人力资本，因此提高个人的知识和生产技能是能够弥补农民工子女先天社会资本不足的最有效渠道。第二，教育是扩大农民工子女民主和自由、获取政治权利的基础。农民工子女通过在城市接受教育，可以获得民主和自由方面的参政议政权利，借此使其能够像城市居民一样通过投票等方式发出自己的声音，获得一些在城市公共事务上的话语权，这不仅能够提高农民工子女参与城市社会事务的能力，而且直接能够提高他们的社会地位，从而能够对自身的利益进行表达和控制。此外，教育能够给农民工子女提供一种对城市社会的归属感。农民工普遍在城市从事非正规行业的工作，工作时间长且不固定，对其子女缺乏管教的时间。而农民工子女在城市的社会网络相对来说比较单一，首先是缺少隔辈（如祖父、祖母、外祖父、外祖母）的关爱和照顾，其次缺少了与同辈群体的交往，尤其是缺乏与城市孩子的社会交往，很难建立起一种超越乡缘的社会交往网络，因此可以为农民工子女提供一个收纳的场所，使其对学校有一种归属感。①

吕慈仙等人通过社会融入的实证研究发现，随迁子女社会融入的总体水平一般，就平均值比较分析，在社会融入三个维度（心理、文化、身份认同）中，随迁子女心理融入水平最高，其次是文化适应水平，最后是身份认同水平，随迁子女

---

① 徐丽敏：《农民工随迁子女社会融入中的教育困境及对策研究》，载《郑州大学学报（哲学社会科学版）》，2015(6)。

的社会融入程度随着迁入城市的时间增长而提高，可能的原因是，随着在城市生活时间的延长，随迁子女逐渐习惯了城市生活，对城市产生了向往和留恋，从而加速了他们融入城市社会的进程。通过对异地高考政策和社会融入等因素的回归分析发现，随迁子女的异地高考政策感知对其心理资本具有显著正向影响，即他们对异地高考政策的认知程度、公平性感知以及影响力感知，会对他们的自信、乐观、韧性和希望等心理资本维度产生显著影响。进一步来说，随迁子女的异地高考政策感知对其身份认同、文化适应和心理融入等社会融入维度也具有显著正向影响，社会提供的制度性支持越多，其外来人员社会融入的整体程度越高。因此，随迁子女的异地高考政策感知有助于提升随迁子女的自信、希望、乐观和韧性等心理资本水平，进而推进他们的社会融入。在具体建议上，提出在微观层面要进一步提升随迁子女的心理资本；在中间操作层面，进一步加强各方主体之间的互动联系和利益均衡是完善异地高考政策，促进随迁子女社会融入。①

3. 随迁子女教育困境研究

目前进城务工人员随迁子女在城市接受教育方面已有了一定程度的政策保障，在情感上则是关心随迁子女的社会融入情况，学校作为学龄儿童的主要活动场所，随迁子女在其中的学习表现和自我管理能力是较为被看重的方面。诚然有很多随迁子女在学校中表现良好，成绩优异，但确实也有很多随迁子女在学校中面临各种学习和生活的问题，已有部分研究便是针对随迁子女在学校受教育过程中面临的困境。

武蕊芯等人认为，随迁子女在城市这个新的舞台上，一时难以适应新的环境，当他们觉得自我被别人怀疑或者怀疑学校本身，个人往往会陷入困境，导致教师与随迁子女之间不顺畅地互动，最终引起随迁子女的"抗拒"及行为转折。当然，不同随迁子女的个性不同，也会存在不同的反抗行为，简单总结为"逆来顺受型""抵制反抗型"和"自我放弃型"三种类型。"逆来顺受型"随迁子女在学业上的不理想使得他们在班级更加处于边缘位置，面对教师的批评，沉默不反抗是他们的常态，在印象管理的努力失败之后，更倾向于以一种消极麻木的态度处理师生互动。"抵制反抗型"学生是指伴随着自我印象管理的失败和与教师之间冲突的加剧，教师中出现对学生"成绩差、违反纪律而且一无是处"的贴标签行为，往往会加剧学生的反抗，一些学生也会通过言语上的对抗挑战教师的权威。"自我放弃型"是指随迁子女接受教育之初的初衷和结果大相径庭后，便在与学校和家长博弈之后，很可能最终会选择辍学。在城市和学校这两个新的空间中，随迁子女

① 吕慈仙、王鲁刚：《异地高考政策对随迁子女心理资本与社会融入影响的实证研究》，载《教育研究》，2017(5)。

也是希望通过自我印象管理给别人呈现一个美好的自己，赢得自尊，但是各种主客观因素又不可避免地导致他们陷入自我管理的"混乱迷茫"境地，他们很可能成为差生或辍学。①

当然，随迁子女这一群体本也不能算作特殊群体，他们只是跟随父母从流出地进入流入地学习和生活。一方面，与留守儿童相比，随迁子女不需忍受与父母的分离；另一方面，随迁子女的生活大多会因父母工作的不稳定而有诸多不便之处。这一"夹缝群体"不乏优秀懂事的学生，甚至早早就体会了很多生活中的颠沛流离，但同时又不得不承认，没有良好的外部条件保障，学生在学习过程中势必会受到一定程度的阻碍而产生一些凸显劣势的问题。各级政府在不断出台措施来保障随迁子女能够在城市获得更好的教育，学者们也纷纷为此进行研究，全社会的关注将促使教育更加公平。

## 五、农村教育扶贫典型经验

党的十八大以来，我国脱贫工作取得显著成效：2012 年至 2017 年，我国农村贫困人口年均减少超过 1 000 万，累计脱贫 6 800 多万，2014 年至 2016 年每年减贫率分别为 14.9%、20.6%、22.2%；贫困发生率从 2012 年的 10.2% 下降到 2017 年的 4% 以下，五年总计下降 6.5 个百分点，对全球减贫的贡献率超过 70%。教育扶贫作为打赢扶贫攻坚战的新形式、新要求，已被社会各界和广大人民群众所熟知和支持。国家认识到扶贫不应该仅仅是给予直接的物质上的援助，更需要提供人们所需的教育通过提高思想道德意识和掌握先进的科技文化知识来实现征服自然界、改造并保护自然界的目的，同时以较高的质量生存。由于全国的教育扶贫工作进展顺利，有许多地方的做法创新且初具成效，够为其他地方提供经验和新的思路。

### (一) 湖南省衡东县"大数据思维抓教育精准资助"扶贫模式

湖南省衡东县，隶属于湖南省衡阳市。2017 年，衡东县建档立卡省级贫困村 33 个，贫困户 10 737 户、34 078 人，其中稳定脱贫 1 697 户、5 715 人，已脱贫 3 278 户、11 052 人，未脱贫 5 742 户、17 311 人，返贫 4 户、9 人。可见，衡东县的脱贫工作效果显著但是仍然面临着巨大的挑战。在教育扶贫上，近年来，衡东县教育局将大数据引入扶贫工作中，综合利用信息化手段以及配套措施，构建"一键式"精准资助模式，实现对建档立卡学生的精准识别、精准匹配、精准帮扶与精准管控，确保教育扶贫政策精准落实到位。

---

① 武蕊芯、王毅杰：《随迁子女在城市公办学校的印象管理困境——基于主体性视角的师生互动研究》，载《教育理论与实践》，2018(3)。

1. 利用大数据实现精准筛选

由于衡东县教育局每日都要接收各乡镇、各学校报送扶贫数据的好几个修改版本，重复做统计浪费了大量人力，因此衡东县教育局与民政、扶贫办、残联等部门衔接，借助全国学籍系统与部门数据库进行数据匹配，分类统计建档立卡、农村低保、农村贫困残疾、农村特困救助供养学生、城镇低保学生、大病（癌症）家庭学生名单，最后汇总成全县贫困学生大数据库。以此数据库为基础开发了扶贫数据库管理软件系统，可以迅速快捷地收集到最新的扶贫对象数据，信息随时可以更新和修正，确保数据精准，可以实现一键统计汇总。数据库收集建档立卡家庭经济贫困学生信息共 42 项，涵盖学生的就学信息、户主信息、帮扶责任人信息等。同时，系统设有自动验证身份证号码等重要信息的功能，一旦发现错误信息，系统将自动纠错。目前，该系统的数据准确率达 99% 以上。并且，教育扶贫数据库管理软件系统设县级、乡镇级和学校级三级管理用户。分级管理，基本实现了数据"一键"报送、"一键"查询、"一键"汇总。全县建档立卡扶贫户的数据由县级用户导入软件后台，乡镇和学校用户在软件界面可通过"对比建档立卡户信息键"核查建档立卡学生信息，并可根据乡镇、学校、年级、建档立卡种类等分类统计。

2. 千人走访建立精准甄别新方法

为确保教育扶贫对象的真实有效，衡东县开展千人扶贫走访活动，对贫困学生家庭进行实地考察、精准甄别。一是从单兵作战向集团作战转变。通过重心下沉、压实责任，改变过去以单一学校、单一帮扶干部的扶贫模式。从 2017 年 9 月份起，在全县范围内开展了为期几个月的教育脱贫攻坚"大宣传、大走访、大排查"活动，160 所中小学校 4 600 余名干部教师参与，同时还发动了部分乡镇驻村干部、村组干部一起走访核查。二是从局部突破向全面覆盖转变。按照"家底清，措施准，见效快"的要求，对全县近万户建档立卡贫困家庭逐户上门走访，仔细甄别，确保了所有家庭经济困难学生享受政策红利。走访中，学校、干部教师还为困难学生家庭送米、送油、送衣物，令家长深受感动。三是从线上摸排向线下甄别转变。一方面积极向家长和学生全面宣讲党的十九大精神、国家扶贫政策以及学生资助政策等，并且创新形式，把大走访活动内容编成微视频通过网站和微信传播，确保政策宣传入脑入心。另一方面加紧核实有关信息，逐户填写《衡东县建档立卡家庭在籍学生信息采集表》，排查建档立卡贫困家庭学生受助情况，形成建档立卡贫困家庭教育扶贫问题清单，查明辍学学生名单及辍学原因，认真做好劝学工作，登记特殊教育"送教上门"学生情况。

3. 多项举措叠加资助贫困对象

为保证每个贫困学生享受政策范围内最大程度资助，一是区别对待，创新分类。全面梳理贫困学生家庭致贫原因，分类列出清单，将全县建档立卡等家庭经济困难学生划分成：建档立卡学生、非建档立卡的农村贫困残疾人家庭学生、农村低保家庭学生、农村特困救助供养学生等七大类，防止家庭经济困难学生资助"被遗漏"。二是多管齐下，叠加资助。综合运用"减、免、补、奖"等办法，按最高标准给予资助，同时优先接受社会资助。除国家政策资助以外，还充分利用县内"补天窗"资金进行帮扶。同时，通过开展"助力脱贫·爱心圆梦""泛海助学"等活动，对建档立卡学生以及部分大学新生进行资助。三是结对帮扶，精准施策。七类家庭经济困难学生在享受教育扶贫政策基础上，还安排教师与其进行"一对一"帮扶。同时，要求高中学校拿出事业收入的4％用于家庭经济困难学生资助。对"两后生"（初、高中未能继续升学的贫困家庭富余劳动力）实施"雨露计划"，努力实现建档立卡贫困家庭"一家一技"精准培训、精准就业。此外，对驻点帮扶的2个省级贫困村和8个面上村，县教育局安排90名干部教师进行结对帮扶，通过异地搬迁、产业扶贫、医疗扶贫等，帮助贫困家庭脱贫，为家庭经济困难学生成长提供良好的学习生活环境。

**(二)陕西省安康市"大格局下发挥各地特色"扶贫模式**

陕西省安康市位于陕西省东南部，北依秦岭，南靠巴山，山地面积约占92.5％，是国家集中连片贫困地区。该市有着面对山大沟深交通不便、留守儿童人数多、建档立卡贫困户劳动力不足、返贫风险高等情况，因此脱贫工作的任务十分艰巨。近年来，安康教育系统部署各项措施，各区县教育人也立足县情校际创新性地开展工作，有效整合社会资源形成安康教育扶贫"大格局"。

1.**"六项精准"大格局**

抓精准识别，建立了信息化手段为主的贫困户学生识别机制，充分利用"陕西省教育精准资助管理信息系统"对扶贫大数据平台与学籍系统对比的学生名单，组织各县区进行逐人核查，把贫困户学生定点到校、到班级；实施精准资助，在各个学段的家庭经济困难学生资助政策落实过程中，优先保证建档立卡贫困户学生，优先按最高标准享受，截至目前已对符合国家资助政策条件的建档立卡贫困户学生发放资助资金8 379万元。开展精准关爱，开展了"教师结对帮扶贫困学生"活动，全市2.8万名教师与所有贫困学生开展"一对一""一对多"帮扶活动，实行"一生一册、一生一案"，从思想、学业、生活等方面进行深度关怀。同时，继续加强农村留守儿童的教育管护，对残疾儿童完善特教学校办学条件、随班就读、送教上门的教育保障；实施精准技能培训，充分利用县级职教中心的培训基地作用，和扶贫部门对接，摸清摸准在册贫困户中剩余劳动力的底数，建立相关台账和数据库，逐户逐人征求培训需求，结合农村产业发展、地方龙头企业用工需求等，开展定向订单培训，实现培训与就业同步，起到了"培训一人，脱贫一户"的作用。累计举办培训班 205 期,受训 1.4 万人次;精准提高办学质量,实施义务教育学校校长教师交流轮岗制度,共 1 100 名城乡教师对口交流,提高了农村学校的教学水平,以脱贫村学区所在学校为重点,实施贫困村义务教育公共服务建设项目,目前已开工 82 个项目,完工 47 个项目,完成投资 1.59 亿元;落实精准宣传,在逐户印发惠民政策"明白卡""宣传册"的基础上,推行发放"精准脱贫享受教育政策登记证""教育惠民政策落实情况告知书"等,以教育惠民政策"应知尽知、应享尽享"的实际行动,使宣传的政策落地落实,提高了群众对教育脱贫工作的满意率。

2."农户+合作社+学校"农产品销售模式

白河县现有各级各类学校 118 所,在校学生 3.05 万人,其中寄宿生 0.9 万人,教职工 1 811 人,全县寄宿生一日三餐在校就餐,走读生每天在校一餐,加上教职工就餐,每年校园食堂对蔬菜、肉类和鸡蛋的采购资金超过 1 000 万元。把在校师生吃饭采购问题转变为推动扶贫脱贫的有效途径,让学校食堂优先采购各合作社的肉蛋类和蔬菜产品,农户有产出,学校有需求,合作社能完成管理和流通。既能发挥校园集中消费的优势,推进精准扶贫,又能提高学校食堂采购食材的新鲜品质,保障学生营养膳食,为贫困村产业发展找到了一条可持续的脱贫路。目前,涉及 10 个贫困村 15 个合作社已在学校销售土豆等时令蔬菜共计价值 368.628 万元,实现 943 个贫困户,2 814 人人均增收约 1 309 元。预计 2018 年,"农户+合作社+学校"产业模式的贫困村合作社将超过 20 个,遍布全县每个镇,年产能将超过 800 万元。

3."政府+X"筹资助学模式

作为革命老区的宁陕县,通过广泛联系,畅通资助渠道,积极争取党政部门、社会团体、爱心企业、个人结对帮扶助学,助力教育脱贫攻坚。宁陕县将国家的各种政策与社会爱心助学捆绑起来,在为贫困生优先办理生源地信用助学贷款的同时,统筹泛海助学、中办扶贫助学、县政府资助、市政府资助、人寿保险、阳光助学等 6 个资助项目,筹措助学金 71.6 万元,分不同类别,按照不低于 8 000 元、6 000 元、5 000 元、3 000 元的标准,对所有建档立卡贫困家庭大学新生实施入学一次性资助,确保贫困学生都能顺利入学。北京电梯商会从 2016 年起,为宁陕籍考入一本的 54 名贫困大学生,连续资助四年,每人每年资助 10 000 元,资助总额达 216 万元;2017 年中央办公厅在宁陕开展扶贫助学活动,资助普通高中贫困生 120 名,大一贫困生 40 名,资助金额 46.4 万元。

4."三方联合办学"模式

旬阳县的政府、学校与企业三方联合办学是"借力发力"的好典型,该县通过职教中心的培训和陕西远元集团对口就业相结合,联合开展手足修复师培训。培训对象主要面向农村贫困家庭闲散劳动力，实行"三包两免一补"政策，企业还承诺免费培训、免费职业介绍，免收开店加盟费。每期培训时间 12 天，理实一体教学，仿真实习两天，主要是进入社区和养老中心，义务为广大民众浴足，学员增加了实践机会，群众反响良好，社会效应强烈。截至目前，旬阳县职教中心已组织培训 27 期，培训人数近 3 000 余人（建档立卡贫困户达 96％），获得双证达 2 500 多人。签订意向就业合同 2 000 多人，其中 1 300 多人已走上工作岗位，月薪 4 000 元以上，50 多人当上店长，月薪达 10 000 元左右，10 多人当上了大区经理，月薪达 20 000 元左右，20 多人自己开办了加盟店，真正实现了"培训一个、脱贫一家"的预期目标。省市县领导多次视察培训现场，给予了高度肯定与赞扬，参培人员对这种接地气的培训十分满意，还辐射左邻右舍老百姓慕名前来参加培训，现已经形成良性循环。

**（三）云南省洱源县"高校定点帮扶"扶贫模式**

洱源县是云南省大理州下辖的县之一，该县资源丰富，有着丰富的特色优质农产品，然而，有资源、缺技术、与市场对接不畅，简单初级产品难以变为群众的收入。经济发展水平上不去，资源禀赋再好也是"富饶的贫困"。这些都是扶贫开发过程中面临的现实障碍，也是造成贫困发生和延续的软肋。在这样的现实情况下，国务院扶贫办、教育部要求和指导上海交通大学定点帮扶洱源县，使其充分发挥高校的科技优势、智力优势和人才优势，设立"恒基金"科技专项帮扶基金，聚焦重点特色产业发展，精准对接对口地区资源禀赋和国内外市场需求，探索出了一条经验可复制、内容接地气的产业扶贫之路。

1. 当地教育人才实习实训计划

上海交大整合附属中小学、后勤保障等多部门力量，自 2013 年秋季学期开始，每学期接收 10 名来自洱源县的青年骨干教师，免费到上海参加为期一学期的实习实训。每一名参加培训的教师都会在实践之中学习新的教育理念和教学方法。例如，在附属中学刚刚推行电子书包之际，洱源的参训教师也有机会一同接受培训。参训教师同时也会亲自体验运用这些新的教育形式，为附属中学的学生们讲授一节公开课，并运用电子书包完成对课堂练习的自动评分和统计，即时掌握知识吸收情况，有针对性地开展难点解析。此外，上海交大通过暑期短期培训、中小学校长专题培训等方式，为洱源县中、小学校培育教学管理人才 200 余人，为提升教育管理水平、引领学校改革发展起到了积极作用。在为洱源中小学培育教育教学骨干力量的同时，上海交通大学"行基金"设立了一项特殊的励教金，专门资助在高海拔地区、艰苦教学点长期执教、默默耕耘的临聘教师。

2. 高校优质教育资源助力学子求学成才

上海交通大学的师生以身作者，以自己的力量亲身帮助洱源县的莘莘学子，通过研究生支教、社会实践、助学帮困等多种形式，实现了当地学子们的求学成才梦。2013年，由5名研究生组成的首批上海交大研究生支教团云南分团，来到洱源三中，参与支教活动。此后，有更多的上海交通大学研究生加入支教团，每年的研究生支教团逐渐增加到10人。自2014年起，学校连续开展"梦基金"一帮一结对助学活动，已有52个教工党支部和个人报名参加，捐款金额25万元，结对资助洱源贫困优秀学生。此外，每个捐赠党支部还委派了联系党员，与受助学生进行"一对一"的辅导和关怀，与学生通过书信、电话、电子邮件进行交流，并不定期走访受助学生家庭和深入乡村教学点调研，"扶志"加"扶智"，全方位关注受助学生成长，帮助他们成才发展。

3. 建立现代远程教学站

为进一步突破时间和地域限制，建立可以长期开展交流的载体，上海交通大学捐赠电脑等设备，并免费提供技术服务，分别在洱源一中和洱源三中建设了远程教室。一方面，可以实现上海交大和洱源县学校的实时交流，做到了两地管理层及时交流经验和反馈情况。另一方面，远程教室发挥了杠杆的作用，每一期在上海交大进修的洱源教师，都通过远程公开汇报课的方式，与更多远在洱源的教师分享学习成果，进一步放大了进修教师学后的辐射和带动作用。另外，上海交通大学思源公益远程教育项目也能通过这个远程教学设备得以实现，大学里优秀的在读生能够与洱源的中学生们分享他们的学习和创业经验，真正做到信息的全方位发送。

4. 发挥科技、人才优势带动产业发展

上海交通大学针对产业发展的瓶颈问题，精心选派果树专家、农业生物专家、食品工程专家、环境工程专家等一批"接地气"的"海归"学者和教授，到洱源县挂职，深入工厂车间、果园菜地，把各自的专业知识应用到车厘子种植的推广、小公牛综合利用率的提升、黑蒜精深加工、洱海保护治理等工作中，有力推进了相关产业的发展。上海交通大学不仅为受援地区增送新品种、推广新技术、开发新产品、开拓新市场，让行业和企业面临的一系列困难迎刃而解，将学校的科技优势转化为产业发展的直接动力。同时，从合作方式设计上，注重维护贫困户切身利益，鼓励龙头企业、合作社与贫困户建立紧密的利益联结机制，形成利益共同体，确保商品能够进一步转化为贫困户实实在在的收入。用科技促进产业发展，提升"造血"能力，用产业发展帮助建档立卡贫困户实现增收，成为补强贫困软肋的良方。另外，在上海交通大学"恒基金"对口帮扶专项基金支持下，一批批上海交大专家赴洱源开展调研指导，开展多期场农技科技专题讲座，培训管理干部、技术人员、农村劳动力和致富带头人800余人次，有力促进了果林建设、畜牧养殖技术、作物新品种试验、种植技术的推广及应用等。

#### (四)四川省蓬溪县"进村入户"扶贫模式

蓬溪县隶属于四川省遂宁市,作为传统的丘陵农业区县,蓬溪的贫困村和贫困户呈"插花式"分散分布。蓬溪县共有贫困村83个,是遂宁市贫困村最多的区县;有贫困人口23 225户49 759人,小集中、大分散、个体性、插花式特征明显。经过近几年的努力,蓬溪县不断创新脱贫新方法,将教育扶贫作为重要战略,自主探索出一套符合地域特点的扶贫模式。

1. 成立"教育扶贫进村入户宣教团"

在县委、县政府的统筹组织下,县教育和体育局(下文简称"教体局")在教育系统内统筹选调本土化优秀管理干部和优秀教师,建立了"蓬溪县教育系统教育扶贫进村入户宣教团"。同时,各学校分别成立校级"教育扶贫进村入户宣教队",宣教工作覆盖全县所有贫困村和建档立卡贫困户。县教体局还建立了"千名师资进夜校"师资库。以"脱贫攻坚奔小康、党的恩情永不忘"为主题,联合多部门精选各行业系统业务骨干,建立"千名师资进夜校"师资库。其中,教育系统夜校教师结合群众生产生活实际,主要采取播放宣传片、文艺演出、发放资料、现场讲授等通俗易懂、喜闻乐见的形式,开展社会主义核心价值观、社会主义道德、中华民族传统美德、农村移风易俗"十反对"、农村乡风文明"十倡导"、科学常识、农村政治文明及精神文明建设典型、教育扶贫资助政策及国情、省情、市情、县情等知识和四川、遂宁、蓬溪等文化知识宣讲,切实增强工作实效。

2. 五个"进村入户"保障入学

县教体局积极"进村入户",以村为单位,深入每个贫困家庭,摸清适龄儿童少年底数,掌握入园入学情况,家庭成员学习志愿,建立完善帮教人员台账。特别关爱进村入户,是把扶贫政策精准落实到人头,协调落实每一个适龄青少年入园入学,特别是义务教育保障一个不少的入学动员协调工作,编印学生资助卡1万余张,宣传各项扶贫政策特别是教育资助政策,抓好政策到人头的协调服务工作,在外地就学的,逐一指导帮助学生完善享受扶持政策的相关要件。送教上门进村入户。对智障、重度等不能入校就读的儿童少年,安排县特校师资100余人次,逐一协调落实送教上门工作,实现全纳教育;同时对有个性化需求的贫困村和贫困户子女开展送教上门和教育咨询服务。终身教育进村入户,是有针对性组织协调开展生产就业技术技能培训,提升贫困村群众劳动致富能力;利用现代信息技术资源,创新宣教方式,增强教育吸引力;全局统筹,各校组织编写7 000余份村民喜爱的教育读物,课程资源适应教育多样化、个性化需求,与农民夜校、相关部门协作,促进联合施教。感恩教育进村入户,是与乡镇、村社等基层组织融合开展正面宣传、感恩教育、传统文化教育、致富奔小康教育,凝聚爱党爱国共识,弘扬文明新风,增强致富奔康的信心和决心。

3. 办农民夜校提高地区"造血"能力

为进一步增强农民自身的"造血"能力，通过再教育可是使农民进一步精进各项生产能力，因此扩大了"农民夜校"教育覆盖面，广泛营造"感恩奋进"自主脱贫的良好氛围，提升在脱贫攻坚中的吸引力和影响力，并创新提出了新的理念：阵地标准化建设升级。努力做到规划与建设同步升级，宣讲与培训同步开展，实践与创新同步推进；整体推进强化督查整改。理清"农民夜校"工作责任清单、问题清单、整改清单三项清单，强化县、乡、村三级主体责任，落实好教学行为规范、教学管理严格，教学资料完善三大成效；结合中心工作智志双扶。上好"公开课"，凝民心促安居，上好"技能课"，聚人气促乐业，上好"文化课"，增民智促勤勉，上好"活动课"，知礼节促崇善。

4. 建强三大平台，创新电商扶贫模式

建强电商平台，解决销售无渠道难题。由县国资委下属的润禾公司、县供销社下属的新兴农资公司和成都老伙计电商公司共同组建蓬溪县三合电子商务有限公司，建成农产品电商购销平台——蓬溪购，负责全县农产品电子商务的整体运营。在县城设立电子商务运营服务中心，在 31 个乡镇实现数据接入并开办服务网点，整合邮政系统服务"三农"村级点、供销社"新网工程"、商务系统"放心农家店"等实现一村至少一个服务站。建强订单平台，解决生产无组织难题。建立"电商＋专合组织＋贫困户"的订单平台。建强创业平台，解决创业无支持难题。成立县电商协会，开通电商微信公众号，建设电商培训、电商创业孵化、电商经纪人服务三大基地，加强对自主创业贫困户的培训指导，帮助贫困户通过参与一村一站建设经营、自营网店、微商经营等形式自主创业，为贫困户网购物资、网销产品提供全程服务。

**(五)贵州省锦屏县多举措智力扶贫模式**

锦屏县位于贵州省东南边隅，该县党委、政府在实施扶贫攻坚工作中认真贯彻落实"文化乐民、文化育民、文化富民"工程，多举措推进"文化精准扶贫"，为贫困群众送文化、种文化，让他们在文化的浸润和熏陶下，逐渐提高自己的精神境界和劳动素养，从而增强生活自信，实现"脑袋与钱袋"同富。"扶贫先扶智"凸显的是文化的力量，"脑袋与钱袋"同富，是隆里乡推进文化精准扶贫的终极目标。

1. 满足人民群众精神文化生活需求

为满足广大群众精神文化生活需求，隆里乡突出"三贴近"，突出寓教于乐的功能作用，全力抓好节庆、广场、村寨等文化娱乐活动，多渠道多形式开展丰富多彩的群众文化活动，"十二五"至今，累计组织各村文艺队和爱好文化活动的村民群众，自编自导各种惠农政策、致富典型、感党恩等节目 58 个，参与群众

680 余人次，观众 18 000 人次。在 3 个村委会组织开展春节文艺联欢晚会 28 场次，篝火晚会 6 次，让贫困村群众看到喜闻乐见的文艺节目和身边的致富典型，提振了致富"精气神"。

2."三大平台"智力扶贫

"党建沙龙"是锦屏 2017 年开发的定期活动平台，目的是按照"众创众筹"的工作模式，将各行各业的带头人整合进来，通过平等对话机制众筹党建扶贫的经验模式、汇聚脱贫攻坚的信息资源。每月一期的主题讨论，总能在该县电商大楼 420 余平方米的创客基地里掀起交流碰撞的"小高潮"。锦屏县的"党建沙龙"，将税务、工商、市监及农业、扶贫、金融、电商等部门的资源整合进来，通过"沙龙对话"，推进信息的汇聚、交流和分享。锦屏"党建沙龙"已举办主题交流活动 4 期，累计分享小故事 30 余个、小经验 70 余条、小做法 60 余个，汇聚各类政策服务信息 20 余条、创业就业信息 40 余条、市场金融信息 30 余条，筹集了一批创业就业的"金点子"，交流了一批致富带富的"好经验"。在隆里古城千户所衙门右边僻静的小巷里，有一个六百年历史的"龙标书院"，"龙标书院"通过"主题读书日"和"24 小时书屋"两个平台，共整合实用技术读物 3 000 余册，提供读书服务时间 1 200 余小时，受益的干部群众达 800 余人次，帮助一大批人实现了由"要我脱贫"向"我要脱贫"的转变。

3."广电云"工程助力开阔视野

近年来，隆里乡在上级业务部门及相关部门的支持和帮助下，大力实施文化惠民工程，特别是正在加紧实施的多彩贵州"广电云"村村通工程，将信息窗口、文化舞台、科技课堂以及电子商务等服务平台送到农村，不仅能使农村群众打开思想"山门""开机看世界"，还能享受"云上贵州"的便捷服务，不断增强生活幸福感和文化获得感。预计 2018 年年底将为全乡 808 用户提供内容丰富、形式多样、安全优质的有线数字广播电视节目，使农村群众享受到"云上贵州"便捷服务的同时，获得"黔货出山"的美好感受，打开思想上的"山门"，是一项既"富口袋"又"富脑袋"的政治工程、扶贫工程、民心工程和文化工程。

# 结 语

2017—2018 年度，我国农村义务教育事业进一步发展，各级各类学校总体教育质量得到提升，教育与经济社会建设和人民生活关联更加紧密。通过全面加强乡村小规模学校和乡镇寄宿制学校建设，使这两类学校办学条件明显改善。将扶贫事业与教育相结合，通过教育扶贫与新农村建设联系起来，为农村地区的振兴贡献力量。进一步优化和完善乡村教师队伍建设，将各类培训学习机会与利好政策等惠及更多乡村教育工作者。县域义务教育向实现区域均衡发展的目标稳步推进，从基本均衡向优质均衡迈进。同时，继续对留守儿童和随迁子女的成长与受教育状况进行关注。教育扶贫工作在本年度涌现多处良好脱贫模式，体现教育对个人的发展、对社会经济的贡献良多。随着距离 2020 年全面建成小康社会目标的更近一步，教育在农村这一攻坚重地将越来越重要并具有长远意义。

【本报告撰写人：李涛、张文婷、王慧杰、李赛格、李文秀。作者单位：教育部人文社会科学重点研究基地中国农村教育发展研究院、东北师范大学教育学部】

# 第三章　农村普通高中教育年度进展报告

## 概　要

　　2017 年 3 月,教育部等四部门联合印发《高中阶段教育普及攻坚计划(2017—2020 年)》,进一步回应了《国家中长期教育改革与发展纲要(2010—2020 年)》中提出的"到 2020 年,高中阶段教育达到 90% 的毛入学率"的战略目标。普通高中教育上承高等教育,下衔义务教育,关系到我国人才培养体系的整体性和连贯性。从全国范围来看,各省皆出台了相关政策,从招生、课程、学校建设等多个维度来推进高中阶段教育普及攻坚。本报告共包括教育大事记、政策议题、发展态势以及学术热点四部分,旨在客观地呈现 2017 年以来我国高中教育事业的发展状况,从而更好地把握普通高中教育改革发展的问题。

　　宏观数据显示,2017 年全国普通高中 1.36 万所,比上年增加 172 所,增长 1.29%;招生 800.05 万人,比上年减少 2.87 万人,下降 0.36%;在校生 2374.55 万人,比上年增加 7.90 万人,增长 0.33%;毕业生 775.73 万人,比上年减少 16.62 万人,下降 2.10%。其中农村地区(镇区和乡村)普通高中 6745 所,比上年减少 10 所,下降 0.15%;招生 421.45 万人,比上年减少 7.28 万人,下降 1.73%;毕业生 402.36 万人,比上年减少 11.12 万人,下降 2.76%。普通高中教职工 266.51 万人,比上年增加 7.31 万人,增长 2.82%;专任教师 177.40 万人,比上年增加 4.05 万人,增长 2.34%。生师比 13.39:1;专任教师学历合格率 98.15%,比上年提高 0.24 个百分点。其中农村地区(镇区和乡村)普通高中专任教师 88.33 万人,比上年增加 0.59 万人,增长 0.67%。生师比 14.07:1。普通高中共有校舍建筑面积 51 511.74 万平方米,比上年增加 2 369.43 万平方米。其中农村地区(镇区和乡村)普通高中校舍建筑面积 24 849.70 万平方米,比上年增加 905.19 万平方米。普通高中设施设备配备达标的学校比例情况分别为：体育运动场（馆）面积达标学校比例 91.14％，体育器械配备达标学校比例 92.97％，音乐器材配备达标学校比例 91.82％，美术器材配备达标学校比例 91.94％，理科实验仪器达标学校比例 93.15％。其中农村地区（镇区和乡村）普通高中体育运动场（馆）面积达标学校比例 49.57％，体育器械配备达标学校比例 49.19％，音乐器材配备达标学校比例 48.95％，美术器材配备达标学校比例 48.87％，理科实验仪器达标学校比例 49.25％。

2017 年以来，普通高中教育受到关注的政策议题主要有加快普及高中阶段教育、进一步推进高考综合改革和普通高中新课程标准的颁布三大部分。一是多措并举，加快普及高中阶段教育。"十三五"时期，普及高中阶段教育成为我国教育改革与发展的重要目标。党的十九大报告强调"普及高中阶段教育，努力让每个孩子享有公平而有质量的教育"。2017 年 3 月，教育部等四部门印发《高中阶段教育普及攻坚计划（2017—2020 年）》，进一步回应了《国家中长期教育改革与发展纲要（2010—2020 年）》中提出的"到 2020 年，高中阶段教育达到 90％的毛入学率"的战略目标。就全国范围而言，目前已有一半以上的省（市、自治区）达到了国家划定的高中阶段教育普及目标，正由"基本普及"走向"全面普及"。二是进一步推进高考改革，实施综合评价多元录取机制。《国家教育事业发展"十三五"规划》提出，在"十三五"期间深化考试招生制度改革，稳妥推进普通高校考试招生制度综合改革试点，逐步在全国推广实施高考综合改革方案，探索基于统一高考和高中学业水平考试成绩、参考综合素质评价的多元录取机制。高考改革牵动着千家万户，更是改变育人模式、实施教育强国战略的一个关键点。经过持续三年的有力推动，作为首批高考综合改革试点的上海、浙江两地，在高考改革的关键领域和重点环节已经取得了突破。三是高中新课程标准出炉，提出核心素养新要求。2017 年版课程标准指出学科核心素养是学科育人价值的集中体现，是学生通过学科学习而逐步形成的正确价值观念、必备品格与关键能力。作为本次课程方案和课程标准修订中的一大关键词的"核心素养"的提出，明确了学生学习该学科课程后应形成的正确价值观念、必备品格和关键能力，并围绕学科核心素养的落实，精选、重组教学内容，设计教学活动，提出考试评价的建议，目的是切实引导各学科教学在传授学科知识过程中，更加关注学科思想、思维方式等，克服重教书轻育人的倾向，把立德树人根本任务落到实处。

学界对目前普通高中教育改革的成就已基本达成共识。近一年来，关于普通高中教育的学术热点主要包括普通高中的办学模式、高考改革和课程改革三部分。一是我国普通高中办学模式在普及高中阶段教育攻坚、普职融通和普通高中转型等方面进行了积极的探索与实践。二是高考改革推进了高考评价录取方式的改革和教学方式的转型。三是基于核心素养的课程改革，推进高中阶段培养模式从单一的知识教育向学生整体生涯发展转型。虽说在实践中上述方面依然面临诸多困境，如异地高考政策、以适应高考改革的"走班制"教学等，但是学界正在不断突破，以期寻找到破解的路径。

## 一、农村普通高中教育大事记

2017年6月29日，安徽省人民政府正式发布《安徽省"十三五"推进基本公共服务均等化规划》，在教育、就业、医疗、住房保障等领域，今后都将有新的变化。"推进普通高中和中等职业教育协调发展，引导普通高中开设职业教育课程。"在安徽省的规划中，明确了职教课程进高中的发展趋势。此外，安徽省今后还将率先从建档立卡等家庭困难学生(含非建档立卡的家庭经济困难残疾学生、农村低保家庭学生、农村特困求助供养学生)中，实施普通高中免除学杂费。

2017年7月5日，北京市教委印发了高考综合改革的配套文件——《北京市普通高中学业水平考试实施办法(试行)》和《北京市普通高中学生综合素质评价实施办法(试行)》，并明确从2017年9月1日起，即2017级高一学生起实行。这标志着普通高等院校基于统一高考和高中学业水平考试成绩、参考综合素质评价的多元录取机制将在北京正式启动。

2017年7月21日，按照《财政部　教育部关于免除普通高中建档立卡家庭经济困难学生学杂费意见》(财教〔2016〕292号)要求，从2016年秋季学期起，免除普通高中建档立卡等家庭经济困难学生(含非建档立卡的家庭经济困难残疾学生、农村低保家庭学生、农村特困救助供养学生)学杂费。为做好学杂费减免工作，近日，中央财政下达2017年免除普通高中建档立卡等家庭经济困难学生学杂费补助经费11.7亿元，其中，西部地区为8亿元，占比68.4%。政策的实施将使全国142.5万建档立卡等家庭经济困难学生受益，助力教育脱贫攻坚工作。

2017年7月25日，广东省教育厅等六部门印发了《广东省贯彻落实〈教育脱贫攻坚"十三五"规划〉实施方案》(粤教规〔2017〕23号)，以确保农村经济困难家庭稳步脱贫，让贫困家庭子女都能接受公平有质量的教育，让贫困家庭劳动力都能学会一项致富技能，阻断贫困代际传递。该方案明确了，坚持以中等职业教育为重点，推进高水平高质量普及高中阶段教育，切实巩固提升高中阶段教育普及成果。其中，普通高中改造计划和教育基础薄弱县普通高中建设项目优先支持贫困地区普通高中改善办学条件，保障建档立卡等贫困家庭学生接受普通高中教育的机会。推动实施职教圆梦行动计划，统筹协调国家示范和重点中等职业学校(含技工学校)，选择就业好的专业，单列招生计划，针对建档立卡等贫困家庭子女招生，确保他们至少掌握一门实用技能。

2017 年 7 月 28 日，海南省教育厅印发《致海南省 2017 级高一新生的一封信》。按照国家的部署，2017 年秋季海南省将启动高考综合改革试点。省教育厅在信中称，这一届的高考招生将采取"两依据、一参考"的模式，即：依据统一高考成绩和高中学业水平考试成绩，参考学生综合素质评价进行择优录取。改革后的高考科目由统一高考的语文、数学、外语 3 科和学业水平考试的 3 个自主选择的等级性考试的 3 科构成，即"3＋3"模式。单科成绩和总成绩均以标准分方式呈现。其中外语考试会提供两次机会，考生可选择最好的一次成绩计入高考录取总成绩。此外，2020 年起，海南省录取批次仅设本科批次和专科批次。

2017 年 8 月 1 日，按照《山西省深化教育领域综合改革的意见（2016—2020年）》的要求，市委全面深化改革领导小组第十六次会议审议通过了《晋城市关于深化教育综合改革提升教育发展水平的实施意见》，该意见成为今后一段时期全市教育改革发展的指导性、纲领性文件。该意见要求：改革普通高中学校办学模式。探索建立普通高中与职业教育资源共享机制，建立普通高中教育和职业教育融通、普通高中和高等院校人才培养有序衔接机制，拓宽学生多样化发展渠道。改进普通高中招生办法。改进高中阶段学校考试招生方式，逐步建立基于初中学业水平考试成绩、结合综合素质评价的高中招生录取机制。完善优质普通高中招生指标科学合理分配到区域内初中学校制度，科学合理确定分配比例。规范和推进普通高中招收特长生工作，扩大特长生招收范围和科目。积极对接新高考改革主动适应新的高考制度改革，聚焦"两依据，一参考"多元录取机制，加强教科研工作，制定具体应对策略和措施，指导高中学校适应新高考，加强教育教学软硬件建设。推动高中教育多样特色发展，进一步优化普通高中学校布局，坚持适度规模办学，有计划撤并 4 轨以下普通高中。实施普通高中办学条件达标工程，改善普通高中办学条件。推进普通高中特色发展，鼓励高中学校办出特色，满足学生多样化成长需求。推进以综合素质评价、选课走班、学生生涯规划教育等为主要内容的高中教育改革。全市高水平普及高中阶段教育，所有普通高中学校办学条件全面达标，建成 2～3 所特色鲜明、质量突出、充满活力的省内一流名校，建成一批特色化、个性化普通高中学校。

2017 年 8 月 3 日，乌鲁木齐市召开实施 15 年免费教育工作会议，对《乌鲁木齐市实施 15 年免费教育的意见》进行了政策解读和工作部署。2017 年将实现农村 15 年、城镇 14 年免费教育，2018 年基本实现全市 15 年免费教育。乌鲁木齐市将从 2017 年秋季学期开始，在实施农村学前三年免费教育基础上，实施城镇学前两年（幼儿园大班、中班）免费教育政策。从 2018 年秋季学期开始，实现全市学前三年免费教育。

2017 年 8 月 16 日，《西昌市国民经济和社会发展第十三个五年规划纲要》明确：全面实行 15 年免费教育，力争用五年时间，建立健全 15 年免费教育保障机制，扩大优质教育资源，鼓励普通高中办出特色。到 2018 年基本普及高中教育，高中阶段毛入学率达到 90%。

2017 年 8 月 25 日，青岛市物价局、市财政局、市教育局联合下发《关于进一步加强公办中小学校学生宿舍收费管理的通知》，以规范学生宿舍收费管理，维护学生和学校的正当权益。新规自今年秋季开学起执行，适用于本市行政区域内公办高中、中等职业学校(中等专业学校)、完全中学的高中部、中等职业学校附设的普通高中班等公办学校。与现行的收费政策相比，义务教育阶段的公办学校住宿费标准没有变化，一律按照青价费〔2000〕232 号文件执行。学校应当按照《青岛市贫困家庭子女就学费用保障办法》精神，对家庭经济困难学生的公寓住宿费应予以减收或免收。

2017 年 9 月 4 日，陕西省教育厅印发《陕西省高中阶段学校招生制度改革实施意见》，陕西省高中阶段学校招生制度改革实施意见正式公布，今后全省中考招生录取将采取"4+4"模式。宝鸡、延安、汉中三市将作为全省高中阶段学校招生制度改革试点市，从 2017 年秋季入学的七年级起，实行基于初中学业水平考试、结合综合素质评价的招生录取模式。2020 年左右将全面推行。

2017 年 9 月 11 日，巴音郭楞蒙古自治州人民政府规定，从 2017 年 9 月 11 日起将全面实现高中阶段免费教育，按照免费标准，将免学费 1 200 元/年/学生，免教材费 670 元/年/学生，免寄宿费 420 元/年/学生。经巴州财政局教育科学文化科测算，从 2017 年秋季学期开始，巴音郭楞蒙古自治州本级高中全年级 6 998 名学生，今年将免除 1 400 余万元教育经费。2017 年秋季学期全州高中生将免除 6 100 余万元的教育经费。

2017 年 9 月 12 日，安徽省教育厅下发《安徽省教育厅关于统筹做好新高考新课程改革背景下普通高中学校教学管理工作的指导意见》，要求 2017 年秋季所有学校都要结合实际，制定试点方案，开展试点，为 2018 年全面实施改革提供经验和案例。

2017 年 9 月 15 日，广西教育厅印发《广西壮族自治区普及高中阶段教育攻坚计划(2017—2020 年)》。自治区政府与教育部签订《关于高中阶段教育普及攻坚备忘录》，推进普及高中阶段教育攻坚工作的政策体系进一步完善。为加强普通高中基础能力建设，下达 2017 年普通高中基础能力建设项目建设资金 6.3 亿元，支持新建普通高中 5 所，改扩建 92 所。扎实推进北部湾四市同城中考改革，实现了考试命题、考试科目、考试形式、考试时间、考试内容、评卷方式、成绩呈现的"七个统一"，圆满完成首次北部湾四市同城中考统一考试工作。实施星级特色普通高中评估制度，推进普通高中多样化特色化发展，自治区星级特色普通高中达 10 所。加强自治区示范性普通高中建设，自治区示范性普通高中达 153 所，实现了县县全覆盖。

2017 年 9 月 25 日，教育部印发了《中小学综合实践活动课程指导纲要》，突出强调综合实践活动课程是义务教育和普通高中课程方案规定的必修课程，与学科课程并列设置，从小学到高中，各年级全面实施，所有学生都要学习，都要参加。

2017 年 10 月 20 日，佛山市教育局关于征求《佛山市普通高中优质多样特色发展实施方案（征求意见稿）》意见的公告发布，提出加大市级财政扶持力度，创建卓越精品、特色优质高中，推进新高考下课程改革与人才培养，创新体制机制，实现佛山市高中教育高品质发展，有力支撑南方教育名城建设。

2017 年 10 月 20 日，兰州市启动星级高中学校建设，初步草拟完成《兰州市普通高中星级学校建设工作实施意见》及评估标准，全市高中学校将按照五个星级等级标准进行规范化办学，建立逐步晋升机制，为兰州市高中学校改革、提质、发展打实基础。

2017 年 10 月 31 日，成都市教育局下发《成都市教育局关于推动普职融通育人模式改革的意见（试行）》，推动普通高中与中职学校"资源共享、课程共建、教师互动、学分互认、学籍互转"，构建普通教育和职业教育开放衔接的教育"立交桥"，为学生提供多次选择机会，促进学生多元成才。

2017 年 11 月 6 日，玉林市召开 2017 年高考总结分析会，为化解大班额、入学难问题，玉林市积极实施中小学校建设提升工程、实施"全面改薄计划"。为了更好解决人民群众对读"好学校"的诉求，玉林市启动以实施高中阶段教育普及攻坚计划为抓手，推进项目建设，积极优化普通高中学校布局，到 2020 年，全市新建城区普通高中 18 所、改扩建普通高中 45 所。2017 年，全市要推进福绵高中、玉林市一中、玉林市十中等 11 所学校新校区建设，加快推进玉林师院附中等学校建成落地，确保 2018 年秋季期顺利招生，缓解城镇普通高中"超大班额"问题。

2017 年 11 月 9 日，广东省教育厅、广东省招生委员会印发《广东省教育厅、广东省招生委员会关于 2018 年深入推进普通高等学校考试招生改革的通知》，明确 2018 年起，将原第一批本科、第二批本科两个招生录取批次合并为"本科批次"，设置本科和专科两个录取批次。

2017 年 11 月 10 日，中共许昌市委办公室、许昌市人民政府办公室印发了《关于进一步深化教育改革创新的实施意见》，提出到 2020 年，形成充满活力、富有效率、更加开放、有利于办好一流教育的指标体系和体制机制。实现更高水平的普及教育。在全省实现"四个率先"，率先普及学前教育，率先普及高中阶段教育，率先消除大班额，率先实现义务教育优质均衡，学前教育三年毛入园率达到 97%，高中阶段教育毛入学率达到 93%，义务教育毛入学率达到 100%。

2017 年 11 月 17 日，洛阳市 2017 年高中工作会议在孟津县明扬国际酒店召开。会议决定，2018 年秋季，河南省将启动新一轮高考改革，洛阳市各普通高中将探索新高考模式下的高中教学工作，实施"走班制"教学。针对洛阳市高中教育目前还存在普及程度不高、学位不足、办学质量不高等问题，会议下发的《关于加强普通高中教育教学工作的意见》提出：到 2020 年，全市高中教育毛入学率在 93% 以上，普通高中在校生 14 万人左右，新增学位 2.1 万个，基本消除大班额；中等职业学校在校生 11.5 万人左右，实现中等职业教育整合提升，普职教育结构合理，招生规模大体相当。

2017 年 11 月 18 日，《新疆维吾尔自治区高中阶段免费教育实施办法》正式出台，从 12 月 1 日起，新疆维吾尔自治区将全面实施高中阶段免费教育，该项教育惠民政策将惠及 85.72 万名学生。此前新疆基本实现从幼儿园到初中的免费教育，至此，新疆实现 15 年免费教育。实施高中阶段免费教育是新疆维吾尔自治区推进民生建设的重要举措，也是深入贯彻落实党的十九大报告提出的"优先发展教育事业"的有效手段，有利于加快推进教育惠民工程建设，在更高层次上促进教育公平和均衡发展。自治区教育资金投入重点向农村倾斜，向南疆四地州倾斜。在现行政策基础上，新疆维吾尔自治区还将优化整合资金，盘活存量，用好增量，建立自治区各级财政共同承担的高中阶段教育经费投入机制。

2017 年 11 月 21 日，四川省教育厅印发了《四川省教育厅关于进一步推进高中阶段学校考试招生制度改革的实施意见》，提出到 2020 年左右，基本形成基于初中学业水平考试成绩、结合综合素质评价的高中阶段学校考试招生录取模式和规范有序、监督有力的管理机制。实行初中学业水平考试方面，我省将全面实行"两考合一"，把初中毕业考试和高中招生考试合二为一。完善学生综合素质评价方面，主要包括思想品德、学业水平、身心健康、艺术素养和社会实践 5 个方面。改革招生录取办法方面，将开展高中阶段考试招生制度改革试点，探索基于初中学业水平考试成绩、结合综合素质评价的招生录取模式，在绵阳市、宜宾市、眉山市开展试点，取得经验后在全省推广。进一步完善自主招生政策方面，可给予省级示范性公办普通高中一定数量的自主招生名额，招收具有学科特长、创新潜质的学生。强化招生管理方面，所有公办、民办高中学校严禁在学生完成初中学业水平考试前，自行组织招生考试和录取新生。

2017 年 12 月 1 日，海南省教育厅、财政厅印发了《海南省普通高中家庭经济困难学生国家助学金管理实施细则》，明确普通高中要按照国家有关规定，从事业收入中足额提取 5% 的经费用于资助家庭经济困难学生。实施细则明确了国家助学金主要资助家庭经济困难学生的学习和生活费用开支。各市县和省属普通高中学校国家助学金的资助名额由省教育厅、省财政厅根据教育部、财政部确定的总人数，以及普通高中在校生人数、所在行政区域、学校生源情况等因素确定。学校所在行政区域为 11 个国定、省定贫困市县的，按普通高中在校生 25% 的比例确定，海口、三亚按 15% 的比例确定，其他区域按 20% 的比例确定。

2017 年 12 月 5 日，昌吉市委、市政府全面贯彻落实国家、自治区中长期教育改革和发展规划纲要精神，根据《关于实施 15 年免费教育的意见》文件要求，成立了昌吉市高中免费教育工作领导小组，制定了高中免费教育实施方案，明确了各成员单位的职能与职责。市教育局负责摸清底数、财政局负责筹措资金并及时拨付、审计局负责加强审计和监管。

2017 年 12 月 12 日，贵州省教育厅发布《贵州省教育厅关于进一步推进高中阶段学校考试招生制度改革的实施意见》，从完善初中学业水平考试、综合素质评价、考试招生录取办法、改革试点时间等方面，进一步推进贵州省高中阶段学校考试招生制度改革。该意见明确了 2018 年贵阳、遵义两市成为试点，从秋季入学的七年级学生开始实行中考改革，2021 年在全省全面实施。

2017 年 12 月 20 日，广东省教育厅公布了《广东省教育厅关于进一步推进高中阶段学校考试招生制度改革的实施意见》，要求基于初中学业水平考试成绩、结合综合素质评价，改革招生录取模式，鼓励采用分数＋等级或仅用等级的招生录取办法。意见提出考试成绩可以采用分数、等级等多种形式呈现，鼓励有条件的市仅以"等级"呈现成绩，避免学生分分计较、过度竞争。语文、数学、外语、体育与健康以分数形式呈现；其他科目可以分数或等级形式呈现。意见要求完善优质高中招生名额按比例合理分配到区域内初中学校的办法，每所优质高中学校招生名额分配比例不低于 50%，名额分配适当向农村初中倾斜。

2017 年 12 月 27 日，湖北省宜昌市教育局发布重大教育利好，市普通高中片区化办学改革启动。为促进教育公平，积极适应新高考带来的变革，做好教育精准扶贫，将实施普通高中片区化办学改革，以夷陵中学和市一中为"核心校"，五峰、长阳、兴山等地的高中为"成员校"，组建江南、江北两大普通高中办学片区化联盟"抱团发展"。今后山区学生可以作为交换生到一中、夷陵中学学习一年。向片区成员学校所在县市倾斜，让更多品学兼优的县市区贫困生享受优质教育资源。

2017 年 12 月 29 日，湖北省教育厅印发了《湖北省推进高中阶段学校考试招生制度改革的实施意见》的通知，这意味着湖北省高中招生改革全面启动。此次改革有五大主要任务：推行初中学业水平考试，完善学生综合素质评价，改革招生录取机制，推进改革试点，加强考试招生管理。改革将从 2017 年秋季招收的初一年级学生开始，确定宜昌市开展试点；其他有条件的市州可从2018年、2019年秋季招收的初一年级学生开始，择时开展改革试点。

2017年12月29日，山西省教育厅印发《山西省高中阶段学校考试招生制度改革实施意见（试行）》，2017年启动新一轮高中阶段学校考试招生制度改革工作，从2017年秋季入学的初中一年级学生开始实施。通过改革学业水平考试办法、科学确定录取计分科目、健全综合素质评价制度、完善优质普通高中指标到校政策、改革高中招生录取方式，建立"全科开考、选科计分、综合评价、多元录取"的考试招生机制。到2020年初步形成基于初中学业水平考试和综合素质评价的高中阶段学校考试招生录取模式和规范有序、监督有力的管理体制，促进学生全面发展，健康成长。

2017年12月29日，海南省教育厅、省发改委、省财政厅、省人社厅、省编办印发了《海南省高中阶段教育普及攻坚实施方案（2017—2020年）》，明确到2020年，全省普及高中阶段教育，高中阶段毛入学率达到92％以上，略高于全国目标。实施方案要求各地各部门要着力提高教育基础薄弱市县特别是高中阶段教育毛入学率较低地区的普及程度；要合理规划学校布局，有效利用高中教育资源，方便学生在县域内就学；要完善学校办学标准，加强学校办学条件建设，完善和落实学生资助政策，不让一名学生因家庭经济困难而失学。

2017年12月29日，黑龙江省确定齐齐哈尔市为黑龙江省高中阶段学校考试招生制度综合改革试点地区，试点工作于2017年秋季学期启动，从初中一年级开始实施。该意见指出黑龙江省高中阶段学校考试招生制度改革目标是：2017年启动高中阶段学校考试招生制度综合改革试点，2020年全面推进，2023年（6·3学制）、2024年（5·4学制）起整体实施。

2017年12月29日，平顶山市教育局等四部门印发《平顶山市高中阶段教育普及攻坚实施方案》，明确提出，到2020年全市普及高中阶段教育，适应初中毕业生接受良好高中阶段教育的需求。全市高中阶段教育毛入学率在92％以上，其中集中连片特困地区毛入学率不低于85％；全面消除普通高中超大班额，大班额比例控制在10％以内；普通高中教育与中等职业教育结构更加合理，招生规模大体相当；学校办学条件明显改善，满足教育教学基本需要；经费投入机制更加健全，生均拨款制度全面建立；教育质量明显提升，办学特色更加鲜明，吸引力进一步增强。该方案要求，各级政府在保证义务教育优先发展的基础上，在高中阶段学校办学经费投入、新建与改扩建方面给予政策、资金支持。

2018年1月2日，黑龙江省教育厅发布《黑龙江省教育厅关于进一步推进高中阶段学校考试招生制度改革的实施意见》，对完善初中学业水平考试制度、完善学生综合素质评价制度、推进考试与录取模式改革、加强考试和招生管理、稳妥进行综合改革试点五方面内容作出规定。根据规定，2017年启动高中阶段学校考试招生制度综合改革试点，2020年全面推进，2023年（6·3学制）、2024年（5·4学制）起整体实施。确定齐齐哈尔市为黑龙江省高中阶段学校考试招生制度综合改革试点地区，试点工作于2017年秋季学期启动，从七年级开始实施。

2018年1月4日，佛山市教育局正式发布《佛山市普通高中优质多样特色发展实施方案》，佛山市普通高中分类创建行动将于2019年9月起全面实施，这也意味着2018年高一学生将享受到高中改革"大红包"。接下来，相关专项资金管理办法、自主招生改革方案等配套措施将同步启动。市教育局相关负责人表示，广东省将于2018年进入新的高考模式和招生模式，对普通高中人才培养提出了新要求，为积极应对新高考改革，响应国家及省的文件精神，佛山从2017年7月起便开始起草相关方案，推动佛山市普通高中深化改革，而该方案最先影响到的就是2018年参加中考的这一届学生。方案最大亮点是提出将通过打造卓越高中、精品高中、特色高中、新优质高中、品牌民办高中，构建普通高中优质多样特色发展体系。

2018年1月8日，根据《北京市教育委员会关于普通高中学业水平考试合格性考试有关问题的补充意见》，在原高中会考政策于2019年6月30日到期截止后，北京将实行全市统一管理的高中学业水平合格性考试。市教委明确规定，全市高中学业水平考试合格性考试将不设免考。普通高中课程方案所设定的13门科目均列入北京高中学业水平考试范围，分为等级性考试和合格性考试。

2018年1月12日，陕西省宝鸡市教育局公示了《宝鸡市中心城区中小学布点规划（2016—2020年）》，为适应建设百万人口大城市的需要，为进一步整合教育资源，改善办学条件，使教育发展与城市发展方向、城市结构、城市规模相协调，宝鸡市出台城区中小学布点规划。规划按照"小学划片就近入学，初高中逐步剥离且初中相对集中，高中扩大规模"的基本原则，通过"撤、并、扩、建"等途径，以义务教育学校标准化建设，普通高中优质、特色、多元发展为目标，保证教育资源总量需求，确定学校建设标准及建设数量，扩大优质教育资源覆盖面，增加优质教育供给。

2018年1月15日，四川省教育厅等四部门印发了《四川省高中阶段教育普及攻坚计划（2017—2020年）》，组织编制了《四川省高中阶段教育普及攻坚计划学校建设项目规划表》。到2020年全省普及高中阶段教育，高中阶段毛入学率达到90%以上，贫困地区、民族地区、边远地区、革命老区毛入学率显著提升；到2020年普通高中与中等职业教育两类教育结构更加合理；教育质量明显提升，办学特色更加鲜明；投入机制更加健全，办学条件明显改善，满足教育教学需要；办学活力和吸引力明显增强，建成一批示范性普高和中职学校及特色专业。

2018 年 1 月 15 日，教育部和国务院扶贫办联合印发了《深度贫困地区教育脱贫攻坚实施方案（2018—2020 年）》。明确普及高中阶段教育，深入实施《高中阶段教育普及攻坚计划（2017—2020 年）》，推动基本消除普通高中大班额现象，建立完善普通高中生均拨款制度和中等职业学校生均拨款制度。

2018 年 1 月 16 日，教育部召开新闻发布会，发布了将在 2018 年秋季开始执行的普通高中课程方案和语文等 14 门学科的课程标准。据教育部教材局负责人介绍，此次推出的方案和标准，是在当前落实立德树人、解决高中课改面临的问题和挑战的需要和推进与高考综合改革相衔接的需要的大背景下修订的新方案和新标准，体现出国家对普通高中课程的基本规范和质量要求。

2018 年 2 月 1 日，为进一步巩固提高基本普及高中阶段教育成果，提高高中阶段教育普及程度和教育教学质量，宁夏回族自治区教育厅等四厅局印发了《宁夏普及高中阶段教育实施方案（2018—2020 年）》。根据该方案，到 2020 年宁夏较高水平普及高中阶段教育，努力让每个孩子都能享有公平而有质量的教育。使绝大多数城乡新增劳动力接受高中阶段教育，以县为单位高中阶段毛入学率达到 93％以上。

2018 年 2 月 6 日，甘肃省教育厅等四部门印发了《甘肃省高中阶段教育普及攻坚计划（2017—2020 年）》。根据此计划，甘肃省将着力改善普通高中和中等职业学校办学条件，基本消除普通高中大班额现象，减少超大规模学校。根据计划到 2020 年，全省高中阶段教育普及程度要稳步提高，能较好地满足初中毕业生接受良好高中阶段教育的需求；中等职业教育规模持续扩大，普通高中优质教育资源不断增加，全省高中阶段教育毛入学率达到 95％以上；教育教学质量明显提升，办学特色更加鲜明，学校布局和专业设置更加适应需求；普通高中与中等职业教育结构更加合理，促进招生规模实现大体相当。

2018 年 2 月 8 日，江西省赣州市人民政府办公厅印发了《赣州市城乡学校建设三年行动计划（2018—2020 年）》，提出三年内新（改、扩）建义务教育学校 142 所、特殊教育学校 5 所，满足学生义务教育就近入学。该行动计划提出的工作目标是，通过实施城乡学校建设三年行动计划，大幅扩充教育资源，缩小城乡、校际办学差距，确保到 2018 年基本消除超大班额；到 2020 年基本消除大班额，基本实现县域内教育均衡发展，努力让每个孩子都能享受公平而有质量的教育。《行动计划》将基本普及高中阶段教育作为主要任务。按高中阶段教育毛入学率达到 92％的总体目标，每个县（市、区）有 1 所起骨干示范作用的中等职业学校的要求，新（改、扩）建普通高中（含完中）34 所、职业学校 10 所，提高高中阶段教育普及水平。

2018 年 2 月 8 日，吉林省教育厅印发了《吉林省教育厅关于进一步推进高中阶段学校考试招生制度改革的实施意见》，指出，到 2020 年吉林省将形成基于初中学业水平考试成绩、结合综合素质评价的高中阶段学校考试招生录取模式，减轻学生过重课业负担。同时发布的"吉林省初中学业水平考试指导意见"中明确，除录取计分科目改革外，改革措施从 2018 年初中一年级新生开始全省同步实施。部分地区将试点采取"4＋4＋1"或"4＋4＋2（地理和生物）"的录取计分科目模式，试点地区中考总分将变成"4＋4＋1"700 分或"4＋4＋2"750 分。

2018 年 3 月 1 日，贵州省铜仁市教育局印发《普通高中教育联盟实施方案》和《义务教育集团化办学实施意见》，方案和意见的出台旨在充分发挥示范性高中的辐射带动作用，推动城乡义务教育一体化发展，实现教育公平和优质均衡发展的目标。贵州市将通过三年实施义务教育集团化发展，充分发挥优质学校示范带动作用，推动义务教育集团化办学高效运行，有效解决"乡村弱"的问题，基本实现城乡义务教育一体化发展，大幅提升全市义务教育阶段学校管理水平，提高教学质量，缩小城乡教育差距，不断提升人民群众对教育的满意程度，真正办成人民满意的教育。

2018 年 3 月 5 日，为进一步推动普通高中优质特色发展，西安市教育局全面启动实施《西安市普通高中优质特色发展五年行动计划（2017—2021 年）》，深化高考制度改革试点工作，制定实施《西安市普通高中学业水平考试实施工作方案（试行）》和《西安市普通高中学生综合素质评价实施细则（试行）》，指导莲湖区稳步实施高考试点工作。同时，深化中招制度改革，制定了西安市初中毕业学业考试与高中阶段学校招生工作意见、高中阶段学校招生录取工作方案，召开跨区域招生、政策照顾类考生验证等专项工作会议，完善招生政策，规范招生行为。实行承诺书制度、预投档制度、防伪成绩单和四区三县实行平行志愿等措施。西安市教育局还不断扩大高中优质资源建设，每年将骨干体系建设纳入市级目标考核任务。市教育局与各区县签署了省级标准化学校建设工作备忘录，明确各区县创建任务，确保到 2018 年所有普通高中学校达到省级标准化高中，在全省提前两年率先完成骨干体系建设任务。

2018 年 3 月 21 日，教育部公布《关于做好 2018 年普通高校招生工作的通知》，全面取消体育特长生、中学生学科奥林匹克竞赛、科技类竞赛、省级优秀学生、思想政治品德有突出事迹等全国性高考加分项目。通知对 2018 年普通高校招生工作进行全面部署，明确全力保障高考工作安全平稳，积极稳妥推进高校考试招生改革，促进城乡区域入学机会公平等六项重点任务。

2018 年 3 月 21 日，上海市教育委员会正式发布《上海市进一步推进高中阶段学校考试招生制度改革实施意见》。除了考试科目和组织形式的变化外，上海"初升高"将推行"名额分配综合评价录取"，中考满分也将由目前的 630 分改为 750

分。根据此实施意见，改革的总体目标是：到2022年，初步建成具有上海特点、体现科学教育质量观，以初中学业水平考试为依据，结合初中学生综合素质评价的初中毕业和高中阶段学校招生录取制度。从具体改革内容看，围绕"完善初中学业水平考试制度""完善初中学生综合素质评价制度"和"深化高中阶段学校招生录取改革"三方面，将出台一系列改革措施。

2018年3月23日，山东省政府办公厅发布了《山东省深化高等学校考试招生综合改革试点方案》。山东省2020年夏季高考将实施"3＋3"模式，招生院校将依据考试科目总成绩，参考学生综合素质评价择优录取。同时采取"专业（类）＋学校"方式，实行平行志愿投档，最大限度满足考生志愿需求。

2018年4月8日，辽宁省人民政府公布了《辽宁省深化考试招生制度改革实施方案》，规定从2018年秋季入学的高一年级学生开始，辽宁省将启动实施高考综合改革。2018年秋季入学的高一新生在2021年参加高考时，将按照"3＋3"模式进行。即考生总成绩由全国统一高考的语文、数学、外语3个科目和高中学业水平考试3个等级性考试科目构成，满分为750分，不分文理科。计入考生总成绩的高中学业水平考试科目，由考生根据自身兴趣特长和报考高校要求，在思想政治、历史、地理、物理、化学、生物6个等级性考试科目中自主选择3个科目，每个科目满分均为100分。

2018年4月10日，为推进高中教育多样特色发展，继续推进全市普通高中学校办学条件标准化建设，山西省政府规定，2018年秋季开学前，全省所有普通高中学校必须达到《山西省普通高级中学办学基本标准（试行）》要求。市县两级教育行政部门要加大工作力度，争取政府资金支持，在新学期开学前确保硬件到位。开展对民办高中办学水平的评估，对不达办学条件标准、办学行为不规范的民办学校采取相应措施，建立退出机制。统筹整合全市普通高中资源，逐步撤销4轨以下小规模高中，适度压缩20轨以上的超大规模高中学校，逐步实行完全中学初、高中分离。深入推动高中学校多样化有特色发展，适应学生不同的发展需求，形成"一校一策"的学校特色。

2018年5月15日，绍兴市教育局召开新闻发布会，公布《2018年市区高中招生实施办法》。2018年考生跨区选择就读高中的机会大大增加，市区考生可凭中考成绩总分跨区报考市区21所普通高中和8所中职学校。在2017年实现全市中考统一命题、统一阅卷"两个统一"的基础上，绍兴市教育部门今年进一步统一了市区高中打通招生所需的考试招生政策。

2018年6月21日，西安市教育局发布了《西安市2018年高中阶段学校招生录取工作方案》，确保西安市2018年高中阶段各类学校（普通高中、职业高中、五年制高职和普通中专、成人中专、技工学校）招生工作顺利进行。西安市教育局要求，所有学校要严格执行招生计划，录取新生总数不得超出公布的招生计划；未经批准，任何学校不得随意变更招生计划和招生范围；任何学校不得自行招收学生，所有考生必须通过正式录取方能取得入学资格。

## 二、农村普通高中教育发展的政策议题

2017 年以来，我国普通高中阶段教育最受关注的政策议题是加快普及高中阶段教育、进一步推进高考综合改革和新修订完成的普通高中课程方案和课程标准的颁布。

### (一) 多措并举，加快普及高中阶段教育

党的十九大报告指出，优先发展教育事业，要"普及高中阶段教育，努力让每个孩子都能享有公平而有质量的教育"。这是党中央、国务院立足全面建成小康社会决胜阶段做出的重大战略决策，也是我国继普及九年义务教育之后进一步提升国民整体素质、劳动力竞争能力、建设人力资源强国的重大举措。高中教育阶段是国民教育体系中的一个特殊阶段。它既是连接九年义务教育和高等教育的重要纽带，也是学生个性形成和自主发展的关键时期，更是提升国民整体素质和建设人力资源强国的基础工程。党的十八届五中全会、国家"十三五"规划明确提出，到 2020 年普及高中阶段教育。2017 年 3 月，教育部等四部门共同印发《高中阶段教育普及攻坚计划 (2017—2020 年)》，对"十三五"期间我国普及高中阶段教育工作进行了系统设计、整体谋划。党的十九大报告再次强调了"普及高中阶段教育"。教育部部长陈宝生在党的十九大新闻中心举行的"满足人民新期待，保障改善民生"为主题的记者招待会上介绍：要全面普及高中阶段教育，到 2020 年，高中阶段毛入学率要达 90％以上；高等教育毛入学率要从现在的 42.7％达到 50％。

从"基本普及"到"普及"，不同表述的背后，既是中国政府站在建设人才强国战略的高度，对于高中阶段教育发展的一次战略确认，又是高中阶段教育发展节奏的一次及时切换。这意味着中国普及高中阶段教育按下了"快进键"。事实上，从 2012 年国家教育事业发展第十二个五年规划提出的"基本普及高中阶段教育，毛入学率达到 87％"，到"2020 年各省(区、市)毛入学率达到 90％，全国普及高中阶段教育"，其意义不只是向上修正了 3 个百分点，其最大价值在于，既正面回应了人民日益增长的美好生活需要与不平衡不充分的发展之间的矛盾转换后的路径选择问题，又为中国因应未来发展以及中国建设人才资源强国战略，画了一道新的起跑线。[①] 推进高中教育普及是提高保障和改善民生水平的重要举措，也

---

① 柯进：《普及高中阶段教育按下"快进键"》，载《中国教育报》，2017-12-30。

是深入贯彻落实党的十九大报告提出的"优先发展教育事业"的有效手段，有利于加快推进教育惠民工程建设，在更高层次上促进教育公平和均衡发展。2016年3月21日，青海省政府印发《关于完善城乡义务教育经费保障机制和实15年免费教育的实施意见》，从2016年春季开学起，建立城乡统一的义务教育经费保障机制，对海北、海南、黄南、果洛、玉树5个藏族自治州及海西蒙古族藏族自治州所有学生和西宁、海东两市贫困家庭学生学前三年、义务教育九年、普通高中和中职三年实施15年免费教育，"十三五"末基本覆盖全省，首批惠及学生近86.1万人。2016年5月12日，福建省政府公布了《福建省"十三五"教育发展专项规划》，"十三五"期间将更加注重惠及民生，实行普通高中免费教育，实现12年免费教育，到2020年，全面实施高中阶段免费教育、毛入学率超过96%。2016年12月，云南省发布《关于加快发展民族教育的实施意见》，明确将逐步在11个人口较少民族和"直过民族"聚居区实行从学前教育到高中阶段的14年免费教育。2017年，云南多县对建档立卡家庭经济困难学生实行了高中免费教育，加大了对贫困地区和特殊地区的教育扶持力度。2017年11月19日出台的《新疆维吾尔自治区高中阶段免费教育实施办法》决定，自2017年12月1日起，新疆将对全疆范围内的普通高中学生，以及全日制中等学历教育的中等职业学校学生（含技工院校全日制在校生）实施免费高中教育政策，免除其学费、教材费和住宿费，同时对家庭困难学生提供助学金。这项政策将惠及85.72万名各族高中学生。2018年2月1日，宁夏回族自治区教育厅等四厅局出台《宁夏普及高中阶段教育实施方案（2018—2020年）》。预期到2020年较高水平普及高中阶段教育，努力让每个孩子都能享有公平而有质量的教育。

推动高中阶段教育的普及发展，是中国梦的教育篇，对于应对国际竞争和未来挑战，对于进一步提升国民整体素质、建设人力资源强国，对于促进教育持续健康发展，满足人民群众对多样化、高质量教育的迫切需求，都具有重要意义。在全国高中阶段教育普及攻坚工作会议上，教育部党组书记、部长陈宝生强调，要牢牢把握高中阶段教育普及和发展的正确方向，进一步明确普及攻坚的目标任务措施，努力形成布局结构合理、学校多样特色、条件保障有力的高中教育体系，推动高中阶段教育迈上新台阶。一是抓理念创新。要在素质教育的轨道上推进普及攻坚，树立科学的教育质量观，着力增强高中阶段教育的多样性、选择性、创新性，决不能把教师变成分数统计师，把学生当成流水线产品。二是抓资源配置。国家层面要继续实施好教育基础薄弱县普通高中建设、普通高中改造计划、现代职业教育质量提升计划3个重大工程项目。地方层面要在办学条件、经费、编制等保障条件上做"加法"，在减少超大规模学校上做"减法"，在明确责任、健全机制上做"乘法"，在消除普通高中大班额上做"除法"；学校层面要充分发挥存量资源效用，在用政策、抓落实、调结构、提质量上下功夫。三是抓结构优化。要优化布局结构，有效利用高中教育资源，方便学生在县域内就学。优化普职结构，提高中等职业教育招生比例，切实落实普职大体相当的要求。优化办学结构，积极扶持民办教育，促进公办民办共同发展。四是抓质量提升。要重点改革普通高中教育人才培养模式，推进学校教育质量综合评价改革，建立学习困难及有特殊需要的学生帮扶机制。要重点增强中等职业教育专业吸引力，积极实行普职融通，为学生提供更多选择机会。五是抓条件保障。要完善经费投入机制，抓紧建立生均经费拨款制度，完善和落实学生资助政策，加强教师队伍建设，为实现普及目标、促进高中阶段教育科学发展提供重要支撑。六是抓加强管理。要规范学校招生行为和办学行为，切实维护正常的招生秩序和良好的教育生态。[①] 通过高中教育多样化发展的顶层设计与政策举措，努力办好公平优质多样的高中阶段教育，确保到 2020 年如期实现普及高中阶段教育的战略目标。

**(二)坚持育人为本，实施综合评价多元录取机制**

2017 年 1 月 19 日，国务院印发《国家教育事业发展"十三五"规划》。规划提出，在"十三五"期间深化考试招生制度改革，稳妥推进普通高校考试招生制度综合改革试点，逐步在全国推广实施高考综合改革方案，探索基于统一高考和高中学业水平考试成绩、参考综合素质评价的多元录取机制。高考改革牵动着千家万户，更是改变育人模式、实施教育强国战略的一个关键点。经过持续三年的有力推动，作为首批高考综合改革试点的上海、浙江两地，在高考改革的关键领域和重点环节取得了突破。2018 年，我国新一轮高考改革将继续有序铺开。[②] 教育部部长陈宝生在讨论党的十九大报告时表示，到 2020 年，我国将全面建立起新的高考制度。他说，这次高考制度改革是 1977 年恢复高考以来规模最大、涉及面最广、难度最艰巨的一次改革。教育改革攻坚要啃好这块"硬骨头"，到 2020 年建成有中国特色的、兼顾质量和公平的、各类教育有机衔接的高考招生制度体系。

2017 年是新一轮教育综合改革试点全面实施第一年，上海、浙江两地 30 多万名高中毕业生参加了"新高考"。2017 年 2 月 15 日，教育部发布《关于做好2017 年普通高校招生工作的通知》，明确北京、天津、山东、海南四省市今年开始第二批高考综合改革试点，同时要求先行启动试点的上海、浙江细化完善录取方案，确保改革措施平稳落地。2018 年 3 月 16 日两会进行时，教育部部长陈宝

---

① 柴葳：《全面实施普及攻坚计划努力办好公平优质多样的高中阶段教育》，载《中国教育报》，2017-04-25。

② 齐林泉、李萍：《新高考改革如何稳妥推进》，载《中国教育报》，2018-03-10。

生在谈及高考招生制度改革时透露，从 2018 年起还有 17 个省份要开启改革进程。高考改革一直是社会关注的焦点，伴随着各地改革新方案的相继出炉，全国范围内高考改革全面推行。

表 3.1 各地区高考改革方案

| 地区 | 实施时间 | 高考改革内容摘要 | 相关政策文件 |
|---|---|---|---|
| 北京 | 2017 年秋季入学高一新生 | 1. 不分文理<br>2. 英语听力一年两考<br>3. 高等院校要求提前公布选考科目要求<br>4. 未来北京高考本科不分一、二、三批<br>5. 2017 年起 13 个科目纳入高中学业水平考试<br>6. 2017 年高考少数民族加分范围调整<br>7. 2017 年高考考纲新变 | 《北京市普通高中学业水平考试实施办法（试行）》《北京市普通高中学生综合素质评价实施办法（试行）》 |
| 天津 | 2017 年秋季入学的高一新生 | 1. 取消文理分科，学考分为合格考与等级考<br>2. 高考模式 3＋3 英语提供两次机会 | 《天津市深化考试招生制度改革实施方案》《天津市完善普通高中学业水平考试实施办法》《天津市高中学生综合素质评价实施办法》 |
| 上海 | 2014 年秋季入学的高一新生 | 1. 不分文理<br>2. 外语有两次考试机会<br>3. 从物理、化学、生物、历史、政治、地理六门中选择 3 门，5 月考试<br>4. 语数外每门 150 分；选考科目分等级打分，最高 70，最低 40；总分 660<br>5. 取消一、二本批次区别 | 《上海市深化高等学校考试招生综合改革实施方案》《上海市普通高中学业水平考试实施办法（试行）》《上海市普通高中学生综合素质评价实施办法（试行）》 |
| 广东 | 2018 年秋季入学的高一新生 | 1. 广东高考统一考试科目将从 6 科减少到 3 科<br>2. 等级性考试成绩计入高考；每学科均有两次考试机会<br>3. 合并本科录取批次<br>4. 平行志愿数从原来两批 11 个增加到 15 个<br>5. 本科批次文理科专业高中学考成绩等级要求为 2 个 C 及以上<br>6. 体育艺术类统考专业、中职"3＋证书"实行平行志愿投档录取 | 《广东省人民政府关于深化考试招生制度改革的实施意见》《广东省关于普通高中学业水平考试的实施办法》《广东省关于普通高中学生综合素质评价的实施办法》 |

续表

| 地区 | 实施时间 | 高考改革内容摘要 | 相关政策文件 |
|------|----------|------------------|--------------|
| 江苏 | 2018 年秋季入学的高一新生 | 1. 高考模式改为 3+3<br>2. 不分文理<br>3. 高考总分 700 分左右<br>4. 英语听力口语一年两考<br>5. 小高考 9 变 13 门，一年两考<br>6. 综合素质评价拓展 6 部分 | 《江苏省关于深化教育领域综合改革的实施意见》《江苏省关于普通高中学业水平考试的实施办法》《江苏省普通高中学生综合素质评价方案》 |
| 山东 | 2017 年秋季入学的高一新生 | 1. 2015 年英语科目使用全国卷，2016 年语文和数学使用全国卷，2018 年全部科目使用全国卷<br>2. 不分文理，2020 年高考实行 3+3 的考试模式<br>3. 未来一批二批合并，除提前批次外，不再分批次录取。志愿填报由学校+专业改为专业(类)+学校形式<br>4. 录取两依据，一参考<br>5. 外语两次机会 | 《山东省深化考试招生制度改革实施方案》《山东省关于普通高中学业水平考试的实施办法》《山东省普通高中学生综合素质评价方案》 |
| 浙江 | 2014 年秋季入学的高一新生 | 1. 不分文理<br>2. 外语与 3 门选考均有两次考试机会，成绩两年有效<br>3. 从物理、化学、生物、历史、政治、技术 7 门中选择 3 门<br>4. 语数外每门满分 150，选考科目按等级打分，最高 100；总分 750<br>5. 取消一、二本批次区别，录取不分批次，按专业平行投档 | 《浙江进一步深化高考综合改革试点若干意见》《浙江省关于普通高中学业水平考试的实施办法》《浙江省普通高中学生综合素质评价方案》 |
| 重庆 | 2018 年秋季入学的高一新生 | 1. 统考语数外，等级考试 6 选 3<br>2. 取消文理分科<br>3. 语数外每门 150 分，6 月考试<br>4. 外语科目考两次，4、6 月考试，取最高成绩 | 《重庆市普通高校考试招生综合改革方案》 |

续表

| 地区 | 实施时间 | 高考改革内容摘要 | 相关政策文件 |
|------|----------|------------------|--------------|
| 河北 | 2018 年秋季入学的高一新生 | 1. 统考科目变为语文数学外语，每门150 分<br>2. 外语提供两次考试机会，取成绩较高者计入总成绩<br>3. 录取依据变为"两依据，一参考"<br>4. 合并本科二批和本科三批，并根据情况逐渐取消录取批次 | |
| 四川 | 2018 年秋季入学的高一新生 | 1. 不分文理，统考科目变为语文数学外语，每门 150 分<br>2. 外语提供两次考试机会，取成绩较高者计入总成绩<br>3. 学业水平考试 6 选 3<br>4. 依据高考总成绩，参考综合素质评价，择优录取 | |
| 湖北 | 2018 年秋季入学的高一新生 | 1. 取消三本<br>2. 平行志愿由 6 个变成 9 个<br>3. 试行"院校＋专业类"分类投档录取 | |
| 河南 | 2018 年秋季入学的高一新生 | 1. 本科三批与本科二批合批录取<br>2. 不分文理科，外语科目提供两次考试机会 | 《河南省深化考试招生制度改革实施方案》《河南省普通高中学生综合素质评价实施办法（试行）》《河南省普通高中学业水平考试实施办法（试行）》 |
| 吉林 | 2018 年秋季入学的高一新生 | 1. 不分文理<br>2. 外语提供 2 次考试机会<br>3. 合格性考试和等级性考试 | 《吉林省深化考试招生制度改革方案》 |
| 山西 | 2018 年秋季入学的高一新生 | 1. 等级性考试和合格性考试<br>2. 外语"一年两考"<br>3. 录取模式调整 | |
| 黑龙江 | 2018 年秋季入学的高一新生 | 1. 不分文理<br>2. 3 门统考＋3 门选考，总分仍为 750<br>3. 将逐步取消高考招生录取批次 | |

续表

| 地区 | 实施时间 | 高考改革内容摘要 | 相关政策文件 |
|------|---------|----------------|------------|
| 陕西 | 2019 年秋季入学的高一新生 | 1. 完善高中学业水平考试<br>2. 规范高中学生综合素质评价<br>3. 推进高职院校分类考试<br>4. 改革高考考试内容 | 《陕西省推进考试招生制度改革实施方案》 |
| 辽宁 | 2018 年秋季入学的高一新生 | 1. 2016 年取消一批本科 A、B 段的设置，统一为一批本科；三批本科合并到二批本科<br>2. 改革统一高考考试科目设置 | |
| 安徽 | 2018 年秋季入学的高一新生 | 1. 3＋X<br>2. 不分文理 | |
| 江西 | 2018 年秋季入学的高一新生 | 1. 二三本合并为新二本<br>2. 体育类增设一批本<br>3. 艺术类平行志愿进一步扩大 | |
| 贵州 | 2018 年秋季入学的高一新生 | 1. 合并文史、理工、体育类二本、三本录取批次，并入二本<br>2. 改革后不再分文理科<br>3. 改革后的高考成绩由"3＋3"构成<br>4. 录取机制为"两依据一参考" | |
| 云南 | 2019 年秋季入学高一新生 | 1. 不分文理科<br>2. 外语一年考两次<br>3. 考试科目：3＋3 | |
| 海南 | 2017 年秋季入学高一新生 | 1. 不分文理<br>2. 3 门统考＋3 门选考<br>3. 一本二本合并录取 | 《海南省深化考试招生制度改革实施方案》《海南省普通高中学业水平考试实施办法》《海南省普通高中学生综合素质评价实施办法》 |
| 湖南 | 2018 年秋季入学高一新生 | 1. 不分文理<br>2. 3 门统考＋3 门选考<br>3. 逐渐取消招生录取批次 | 《湖南省教育综合改革方案（2015—2020 年）》 |
| 甘肃 | 2019 年秋季入学高一新生 | 1. 统考科目变为语文数学外语，每门150 分<br>2. 外语提供两次考试机会，取成绩较高者计入总成绩<br>3. 地理、政治、历史、生物、化学、物理 6 选 3，计入高考总成绩 | |

| 地区 | 实施时间 | 高考改革内容摘要 | 相关政策文件 |
|---|---|---|---|
| 广西 | 2016 年秋季入学高一新生 | 1. 统考科目变为语文数学外语，每门 150 分<br>2. 外语提供两次考试机会，取成绩较高者计入总成绩<br>3. 地理、政治、历史、生物、化学、物理 6 选 3，计入高考总成绩，每门 100 分，在高三考试<br>4. 高校招生录取实行"考生总成绩＋综合素质评价"的评价方式<br>5. 高职院校招考与普通高校会相对分开，逐步实行"文化素质＋职业技能"的评价方式，其中文化素质成绩使用高中学业水平考试成绩 | |
| 福建 | 2018 年秋季入学高一新生 | 1. 到 2021 年，形成分类考试、综合评价、多元录取的考试招生模式<br>2. 2015 年，启动考试招生制度改革，实施相关配套专项改革<br>3. 2016 年，开展普通高中学生综合素质评价改革试点<br>4. 2017 年，实行普通高中学业水平合格性考试、中职学校学业水平考试<br>5. 2017 年，全省统一组织实施中考，启动新的高中阶段学校招生考试改革<br>6. 2018 年，启动高考综合改革<br>7. 2020 年，实施新的高职院校分类考试招生制度 | |
| 内蒙古 | 2018 年秋季入学高一新生 | 1. 高考改革时间安排和科目设置<br>2. 改革招生录取机制。逐步整合高校招生录取批次<br>3. 减少和规范考试加分<br>4. 增加农村牧区学生上重点高校人数<br>5. 完善自治区高校招生选拔机制 | 《内蒙古自治区深化考试招生制度改革实施方案》 |

续表

| 地区 | 实施时间 | 高考改革内容摘要 | 相关政策文件 |
|---|---|---|---|
| 青海 | 2018 年秋季入学高一新生 | 1. 统考科目变为语文数学外语,每门150 分<br>2. 外语提供两次考试机会,取成绩较高者计入总成绩<br>3. 地理、政治、历史、生物、化学、物理 6 选 3,计入高考总成绩 | |
| 西藏 | 2018 年秋季入学高一新生 | 1. 统考科目变为语文数学外语,每门150 分<br>2. 外语提供两次考试机会,取成绩较高者计入总成绩<br>3. 录取依据变为"两依据,一参考"<br>4. 合并本科二批和本科三批,并根据情况逐渐取消录取批次 | 《西藏自治区深化考试招生制度改革实施方案》 |
| 宁夏 | 2019 年秋季入学高一新生 | 1. 不分文理,统考科目变为语文数学外语,每门 150 分<br>2. 外语提供两次考试机会,取成绩较高者计入总成绩<br>3. 学业水平考试 6 选 3<br>4. 依据高考总成绩,参考综合素质评价,择优录取,<br>录取依据变为"两依据,一参考" | |

　　通过对各地区新高考改革方案的梳理发现,多地根据地方实际情况出台了有针对性的具体实施办法,绝大多数省份明确要改革高考科目设置、考生录取机制,促进学生全面而有个性发展。看似复杂的新高考综合改革方案体系,其背后的价值指向十分明确:鼓励学生个性需求、高校多元选拔,同时保证制度的公平性和科学性。高考招生制度改革是一个牵一发而动全身的改革,在教育综合改革中居于龙头地位。新高考改革的核心是"选择",尊重学生的自主选择权,是未来高考招生录取的大势所趋。①

　　在新一轮高考招生考试制度推进的过程中,突出体现了"育人为本"的教育本质诉求。新高考规则的改变,促进了人才的选拔和有序流动,更大程度上实现了教育公平和社会公平。在考试形式和要求上,新高考要求学生在学完所有 13 门

　　① 万玉凤、董鲁皖龙:《新高考来了,高校招录政策变化几何》,载《中国教育报》,2018-05-21。

课程之后，要参加一项"合格性考试"，考试合格证明满足了高中毕业的基本条件，可以获得高中毕业证书。除合格性考试之外，还有一种叫"等级性考试"的考试，即从政治、历史、地理、物理、化学、生物 6 门课中，根据报考高校要求和自身特长，自由选取 3 门作为自己的科目参加考试。新高考改革之后，学生的高考成绩，除了统一考试中全部考生都必须参加的语文、数学、外语之外，还要加上等级性考试的成绩。新高考外语不再是一次性考试，一年可获得两次考试机会，选取其中最高成绩。高考改革后，与之前大不相同的是，等级性考试成绩将不再是简单的卷面分数了。此时，将会采用"等级赋分"的方式。即按照所有考生成绩从高到低，按照百分制去排位次，前 3% 就代表只被 3% 的考生超过，即全体考生的前 3%；50% 就代表被一半的人超过，依此类推。这种等级赋分制度是比较符合统计学规律的，因此对所有考生是公平的。经历三年一届高中学生一次完整的试点后，浙江省加入了"选考科目保障机制"。所谓保障机制，是指当某一个等级性考试科目的全省选择人数少于一定数量时，将会以最低保障数量为等级赋分的基数。保障机制是一种国家整体调控的政策导向，也是相对公平的一种制度。

新高考改革在考生录取方式上也进行了调整改进，新高考录取将采用"两依据，一参考"的原则，实施综合评价的多元录取机制。所谓"两依据、一参考"，即指依据统一高考成绩、依据高中学业水平考试成绩，参考学生综合素质评价，进行择优录取的招生录取机制。与以往相比，新高考不再只是以考试成绩为唯一标准，而是加入了综合素质评价的内容。另外，合并减少高校招生录取批次，让学生从兴趣和特长出发，选择合适的专业和学校，也是此次改革的重点之一。新高考改革后，填报志愿的方式也会发生极大改变。填报单位将由学校改为专业，以专业优先。志愿平行的填报方式，极大地扩大了考生的选择权，考生滑档的几率大幅降低。新高考在录取批次上逐渐淡化了批次的划分，填报与录取的基本单位改学校为专业，使得专业间的竞争不断加剧，专业建设越好，分数就会越高，不同学校间的相同专业分数会有所拉大，同一个学校内不同专业的分数也同样如此。高职的招生录取将会与本科的招生分开，高职院校会有更大的招生自主权，通过文化素质和职业技能测评结合的方式，寻找适合的人才。通过多项举措使高考招生考试制度更趋于合理，新高考改革体现了着眼于学生未来发展的目的与本质。

**(三)高中新课程标准出炉，提出核心素养新要求**

2003 年印发的普通高中课程方案和课程标准实验稿，指导了十余年的高中课程改革实践，在全面推进素质教育中发挥了重要作用。为落实党的关于立德树人要求，进一步深化基础教育课程改革，教育部于 2013 年启动了普通高中课程方案和课程标准修订工作。修订工作历时 4 年，反复打磨，不断完善，更加关注学生的终身发展。2017 年 12 月 29 日，《教育部关于印发〈普通高中课程方案和语文等学科课程标准（2017 年版）〉的通知》，决定于 2018 年秋季开始执行，标志着我国高中课程改革进入了"新时代"。

高中阶段教育是学生个性形成、自主发展的关键时期，对提高国民素质、培养担当民族复兴大任的时代新人，具有特殊意义。普通高中课程是实现高中阶段育人目标的重要载体，体现着国家意志，在落实立德树人根本任务中发挥着关键作用。新版课程方案和学科课程标准的出台，意味着我国普通高中教学内容和话语体系的更新，同时也明确了高中教育的新定位。这是我国基础教育发展中的一件大事，是我国基础教育改革的重大政策调整。[①] 与 2003 年颁布实施的普通高中课程方案相比，新课程方案进一步明确了普通高中教育的定位、优化了课程结构、强化了课程有效实施的制度建设。针对长期以来存在的片面追求升学率的倾向，更强调普通高中教育是在义务教育基础上进一步提高国民素质、面向大众的基础教育，不只是为升大学做准备，还要为学生适应社会生活和职业发展做准备，为学生的终身发展奠定基础。同时，适当增加了课程的选择性，为不同发展方向的学生提供有选择的课程。[②] 新课程标准在内容和文本结构上都发生了新变化。内容上，新的课程标准突出两大重点：加强中华优秀传统文化教育和革命传统教育。文本结构上，新课程标准增加了"学业质量"要求，首次凝练提出各学科核心素养。学业质量是对学生多方面发展状况的综合衡量，改变了过去单纯看知识、技能的掌握程度。把学业质量划分为不同水平，可以帮助教师更好地把握教学要求，因材施教，也为考试评价提供了依据。核心素养的凝练是此次课改的一次亮点。北京外国语大学党委书记、普通高中思想政治课程标准修订组组长韩震认为："中观的学科育人目标比较笼统，造成了在微观的教学目标中只关注知识学习，容易形成知识学习与学科育人功能的割裂。"因此，"教育部委托有关高校研究提出了跨学科的中国学生发展核心素养，把党的教育方针具体化、细化，结合学科的特点，将中国学生发展核心素养转化为学科育人目标，即学科核心素养。"[③]《课程标准（2017 年版）》指出："学科核心素养是学科育人价值的集中体现，是学生通过学科学习而逐步形成的正确价值观念、必备品格与关键能力。"作为本次课程方案和课程标准修订中的一大关键词的"核心素养"的提出，明确了学生学习该学科课程后应形成的正确价值观念、必备品格和关键能力，并围绕学科核心

① 杨志成：《高中校长迎接课程"新时代"》，载《中国教育报》，2018-01-24。
② 刘博智：《高中新课程方案和标准今秋起执行》，载《中国教育报》，2018-01-17。
③ 周韵曦：《新高中课程方案和课程标准出炉》，载《中国妇女报》，2018-01-17。

素养的落实，精选、重组教学内容，设计教学活动，提出考试评价的建议，目的是切实引导各学科教学在传授学科知识过程中，更加关注学科思想、思维方式等，克服重教书轻育人的倾向，把立德树人根本任务落到实处。

对人才培养而言，课程方案和课程标准是基本依据，考试招生是重要导向，要把课程改革和高考综合改革有机结合起来，统筹兼顾，有效联动，形成合力。新的高中课程方案和课程标准，在教考关系方面，把学习内容分为必修、选择性必修和选修三类，与高中学业水平考试、统一高考相关要求以及学生兴趣特长发展需要相适应。在考试命题方面，各学科细化了评价目标，加强了对学科素养的测评指导。在课程实施方面，充分吸收了高考综合改革先行试点省份的经验，加强了对学校学生发展指导制度、选课走班教学制度、综合素质评价制度等方面的指导，并有针对性地提出了相关教学管理要求、条件保障措施等。步入新时代，高中教育要与时俱进，既要满足未来社会对创新人才的渴求，又要承担树根立魂、为广大年轻学子打好人生底色，对日常教学产生"指挥棒"作用的课标极为重要。① 新的课程方案和课程标准进一步强化了学科的育人功能，体现了鲜明的育人导向，思想性、科学性、时代性、整体性等明显增强。深化课改，是教育摆脱固化思维，走向创新发展的必由之路；是教育远离功利束缚，回归生态本真的必要举措。修订后的 2017 年版普通高中课程方案和课程标准的颁布，无疑将开启我国普通高中教育发展的一个新阶段。相信随着修订后的课程方案和课程标准的完善和实施，我国普通高中教育的发展将会迈上一个新的台阶。

## 三、农村普通高中教育发展的基本态势

我国普通高中总体发展态势良好，学校基数相对稳定，招生规模稍有减少，教师素质稳步提高，办学条件不断改善。同时，普通高中在发展的过程中也面临着一些问题，尤其是区域间发展差距较为明显。

### (一)普通高中学校数量变化不大

从普通高中学校数量变化的情况来看，全国学校数量变化幅度较小，2017年比 2016 年增加了 172 所，增加了 1.29%。城区普通高中学校数量增加了 182 所，增加了 2.75%，乡村地区普通中学的数量增加了 23 所，增加了 3.53%，而镇区的学校数量略有减少，减少 33 所，减少的比例为 0.54%。从纵向比较的视角出发，镇区普通高中的学校数量呈现逐年下降的趋势(见表 3.2)。

---

① 樊丽萍：《增强文化自信，新课标领航新时代高中教育》，载《文汇报》，2018-01-18。

表 3.2　全国分城乡普通高中学校数量变化情况

| 地区 | 2016 年学校数 | 2017 年学校数 | 数量变化 | 变化幅度/% |
|---|---|---|---|---|
| 全国 | 13 383 | 13 555 | 172 | 1.29 |
| 城区 | 6 628 | 6 810 | 182 | 2.75 |
| 镇区 | 6 103 | 6 070 | −33 | −0.54 |
| 乡村 | 652 | 675 | 23 | 3.53 |

　　全国各地区普通高中的学校数量总体提升，22 个省份的学校数量稍有增加，8 个省份的学校数量略有减少，但减少的幅度较小，还有 1 个省份的学校数量保持不变。其中，5 个省份的普通高中学校数量增加的幅度超过 4%，分别为云南、河北、海南、西藏和湖南，其增长的幅度分别为 6.04%、5.35%、6.42%、9.68% 和 5.01%（见表 3.3）。

表 3.3　全国各地普通高中学校数量变化情况

| 地区 | 2016 年学校数 | 2017 年学校数 | 变化 | 变化幅度/% |
|---|---|---|---|---|
| 全国 | 13 383 | 13 555 | 172 | 1.29 |
| 云南 | 480 | 509 | 29 | 6.04 |
| 江西 | 469 | 475 | 6 | 1.28 |
| 山东 | 580 | 592 | 12 | 2.07 |
| 河北 | 598 | 630 | 32 | 5.35 |
| 上海 | 256 | 258 | 2 | 0.78 |
| 广东 | 1 031 | 1 030 | −1 | −0.10 |
| 内蒙古 | 289 | 293 | 4 | 1.38 |
| 山西 | 503 | 505 | 2 | 0.40 |
| 重庆 | 260 | 255 | −5 | −1.92 |
| 海南 | 109 | 116 | 7 | 6.42 |
| 江苏 | 571 | 564 | −7 | −1.23 |
| 浙江 | 574 | 580 | 6 | 1.05 |
| 西藏 | 31 | 34 | 3 | 9.68 |
| 宁夏 | 62 | 63 | 1 | 1.61 |

续表

| 地区 | 2016 年学校数 | 2017 年学校数 | 变化 | 变化幅度/% |
|---|---|---|---|---|
| 北京 | 305 | 304 | −1 | −0.33 |
| 广西 | 450 | 460 | 10 | 2.22 |
| 黑龙江 | 372 | 371 | −1 | −0.27 |
| 福建 | 533 | 534 | 1 | 0.19 |
| 吉林 | 241 | 244 | 3 | 1.24 |
| 青海 | 106 | 101 | −5 | −4.72 |
| 天津 | 182 | 187 | 5 | 2.75 |
| 辽宁 | 412 | 418 | 6 | 1.46 |
| 河南 | 792 | 813 | 21 | 2.65 |
| 湖南 | 579 | 608 | 29 | 5.01 |
| 四川 | 739 | 754 | 15 | 2.03 |
| 新疆 | 354 | 355 | 1 | 0.28 |
| 贵州 | 437 | 451 | 14 | 3.20 |
| 湖北 | 532 | 532 | 0 | 0.00 |
| 甘肃 | 379 | 384 | 5 | 1.32 |
| 陕西 | 485 | 473 | −12 | −2.47 |
| 安徽 | 672 | 662 | −10 | −1.49 |

**(二)普通高中招生规模略有减少，地域与城乡招生比例存在较大差距**

2016 年，我国普通高中的招生人数有 8 029 206 人，2017 年，其招生人数有 8 000 548 人，减少了 28 658 人，减少了 0.36%。从全国各地区的招生数量上看，山西招生人数的减少幅度最大，减少比例为 7.00%，其次是甘肃和陕西，分别为 5.56%，5.21%。河北招生人数的增长幅度最大，增长比例为 5.64%，其次是西藏和广西，分别为 5.50%，3.61%(见表 3.4)。

表 3.4　全国各地普通高中招生情况

| 地区 | 2016 年招生数 | 2017 年招生数 | 招收人数变化 | 变化幅度/% |
|---|---|---|---|---|
| 全国 | 8 029 206 | 8 000 548 | −28 658 | −0.36 |
| 新疆 | 192 953 | 197 349 | 4 396 | 2.28 |
| 河北 | 432 658 | 457 055 | 24 397 | 5.64 |
| 西藏 | 19 514 | 20 587 | 1 073 | 5.50 |

续表

| 地区 | 2016 年学校数 | 2017 年学校数 | 变化 | 变化幅度/% |
|---|---|---|---|---|
| 河南 | 695 330 | 709 731 | 14 401 | 2.07 |
| 湖南 | 393 932 | 398 100 | 4 168 | 1.06 |
| 福建 | 217 129 | 208 867 | −8 262 | −3.81 |
| 浙江 | 258 898 | 259 298 | 400 | 0.15 |
| 北京 | 53 544 | 53 755 | 211 | 0.39 |
| 云南 | 288 237 | 297 919 | 9 682 | 3.36 |
| 青海 | 42 622 | 42 437 | −185 | −0.43 |
| 吉林 | 139 534 | 141 705 | 2171 | 1.56 |
| 广西 | 338 497 | 350 724 | 12 227 | 3.61 |
| 江西 | 330 240 | 334 383 | 4 143 | 1.25 |
| 上海 | 53 066 | 53 276 | 210 | 0.40 |
| 海南 | 57 268 | 56 627 | −641 | −1.12 |
| 辽宁 | 212 049 | 213 683 | 1 634 | 0.77 |
| 江苏 | 318 236 | 314 573 | −3 663 | −1.15 |
| 黑龙江 | 186 283 | 189 010 | 2 727 | 1.46 |
| 山东 | 557 806 | 550 056 | −7 750 | −1.39 |
| 天津 | 54 143 | 54 984 | 841 | 1.55 |
| 四川 | 476 045 | 464 671 | −11 374 | −2.39 |
| 贵州 | 342 626 | 348 498 | 5 872 | 1.71 |
| 安徽 | 358 775 | 352 692 | −6 083 | −1.70 |
| 山西 | 244 539 | 227 416 | −17 123 | −7.00 |
| 宁夏 | 47 703 | 49 189 | 1 486 | 3.12 |
| 甘肃 | 193 389 | 182 636 | −10 753 | −5.56 |
| 内蒙古 | 146 962 | 143 632 | −3 330 | −2.27 |
| 广东 | 643 293 | 611 384 | −31 909 | −4.96 |
| 重庆 | 199 687 | 201 279 | 1 592 | 0.80 |
| 陕西 | 257 192 | 243 804 | −13 388 | −5.21 |
| 湖北 | 277 056 | 271 228 | −5 828 | −2.10 |

　　2017 年，全国初中毕业生升入普通高中的学生比例是 57.25%，比 2016 年的 56.39% 上升了 0.86%。从全国各地区的初中毕业生升入普通高中的比例来看，增加幅度最大的是广西和贵州，其增加的比例分别为 2.91% 和 3.47%。除了云南以外，其余省份的升学比例均大于 50%（见表 3.5）。

表 3.5　全国各地初中毕业生升普通高中情况

| 地区 | 2016 年初中毕业生数 | 2016 年普通高中招生数 | 2017 年初中毕业生数 | 2017 年普通高中招生数 | 2016 年初中升学例/% | 2017 年初中升学例/% | 变化幅度/% |
|---|---|---|---|---|---|---|---|
| 全国 | 14 238 679 | 8 029 206 | 13 974 699 | 8 000 548 | 56.39 | 57.25 | 0.86 |
| 新疆 | 303 303 | 192 953 | 300 561 | 197 349 | 63.62 | 65.66 | 2.04 |
| 西藏 | 37 239 | 19 514 | 38 038 | 20 587 | 52.40 | 54.12 | 1.72 |
| 吉林 | 205 994 | 139 534 | 204 311 | 141 705 | 67.74 | 69.36 | 1.62 |
| 海南 | 108 282 | 57 268 | 105 107 | 56 627 | 52.89 | 53.88 | 0.99 |
| 四川 | 832 973 | 476 045 | 803 508 | 464 671 | 57.15 | 57.83 | 0.68 |
| 河南 | 1 295 021 | 695 330 | 1 322 926 | 709 731 | 53.69 | 53.65 | −0.04 |
| 山西 | 410 994 | 244 539 | 381 332 | 227 416 | 59.50 | 59.64 | 0.14 |
| 安徽 | 621 331 | 358 775 | 617 011 | 352 692 | 57.74 | 57.16 | −0.58 |
| 广东 | 1 213 188 | 643 293 | 1 114 551 | 611 384 | 53.03 | 54.85 | 1.83 |
| 陕西 | 365 584 | 257 192 | 347 995 | 243 804 | 70.35 | 70.06 | −0.29 |
| 甘肃 | 312 390 | 193 389 | 298 107 | 182 636 | 61.91 | 61.27 | −0.64 |
| 重庆 | 319 126 | 199 687 | 317 673 | 201 279 | 62.57 | 63.36 | 0.79 |
| 黑龙江 | 275 900 | 186 283 | 275 946 | 189 010 | 67.52 | 68.50 | 0.98 |
| 云南 | 600 447 | 288 237 | 605 422 | 297 919 | 48.00 | 49.21 | 1.20 |
| 广西 | 649 589 | 338 497 | 637 407 | 350 724 | 52.11 | 55.02 | 2.91 |
| 江西 | 574 536 | 330 240 | 566 603 | 334 383 | 57.48 | 59.02 | 1.54 |
| 江苏 | 616 009 | 318 236 | 612 498 | 314 573 | 51.66 | 51.36 | −0.30 |
| 北京 | 86 443 | 53 544 | 82 433 | 53 755 | 61.94 | 65.21 | 3.27 |
| 辽宁 | 347 100 | 212 049 | 351 861 | 213 683 | 61.09 | 60.73 | −0.36 |
| 浙江 | 482 452 | 258 898 | 478 932 | 259 298 | 53.66 | 54.14 | 0.48 |
| 山东 | 997 016 | 557 806 | 960 401 | 550 056 | 55.95 | 57.27 | 1.33 |
| 上海 | 91 839 | 53 066 | 89 901 | 53 276 | 57.78 | 59.26 | 1.48 |

续表

| 地区 | 2016 年初中毕业生数 | 2016 年普通高中招生数 | 2017 年初中毕业生数 | 2017 年普通高中招生数 | 2016 年初中升学例/% | 2017 年初中升学例/% | 变化幅度/% |
|------|------|------|------|------|------|------|------|
| 宁夏 | 87 693 | 47 703 | 88 852 | 49 189 | 54.40 | 55.36 | 0.96 |
| 福建 | 375 118 | 217 129 | 360 858 | 208 867 | 57.88 | 57.88 | 0.00 |
| 内蒙古 | 219 748 | 146 962 | 214 631 | 143 632 | 66.88 | 66.92 | 0.04 |
| 湖北 | 448 251 | 277 056 | 444 035 | 271 228 | 61.81 | 61.08 | −0.73 |
| 湖南 | 739 883 | 393 932 | 732 605 | 398 100 | 53.24 | 54.34 | 1.10 |
| 青海 | 69 738 | 42 622 | 68 199 | 42 437 | 61.12 | 62.23 | 1.11 |
| 贵州 | 692 132 | 342 626 | 657 859 | 348 498 | 49.50 | 52.97 | 3.47 |
| 河北 | 774 421 | 432 658 | 809 376 | 457 055 | 55.87 | 56.47 | 0.60 |
| 天津 | 84 939 | 54 143 | 85 760 | 54 984 | 63.74 | 64.11 | 0.37 |

从全国城乡初中升入普通高中的比例来看，城区、镇区、乡村地区之间的升学比例存在着较大差距，尤其是乡村地区的升学比例很低。从 2016 年到 2017 年，全国的升学比例略有提高，但城乡之间的升学比例差距仍然较大，一方面体现了农村初中生源升入高中的比例较低，另一方面体现了农村初中生源不断流向城市，无论是哪一方面，均表示城乡普通高中的教育差距较大（见表 3.6）。

表 3.6　分城乡初中升普通高中情况

| 生源类别 | 2016 年初中毕业生/人 | 2016 年高中招生数/人 | 2017 年初中毕业生/人 | 2017 年高中招生数/人 | 2016 年升学比例/% | 2017 年升学比例/% |
|------|------|------|------|------|------|------|
| 全国 | 14 238 679 | 8 029 206 | 13 974 699 | 8 000 548 | 56.39 | 57.25 |
| 城区 | 4 829 977 | 3 741 850 | 4 836 743 | 3 786 008 | 77.47 | 78.28 |
| 镇区 | 7 161 283 | 4 017 364 | 7 058 957 | 3 936 780 | 56.10 | 55.77 |
| 乡村 | 2 247 419 | 269 992 | 2 078 999 | 277 760 | 12.01 | 13.36 |

## (三)普通高中教师相对数量稳步增加，教师素质不断提高

2017 年全国普通高中的教师数量比 2016 年增加了 40 494 人，其中，河南和河北增加的教师数量最多，分别为 6 821 人和 5 299 人。除了陕西、广东、江苏、重庆、湖北以外，其他地区的教师数量都有所增加。除了江西、青海、黑龙江、河北、广西、重庆、吉林以外，其他地区的生师比都有所下降（见表 3.7）。

表 3.7 分地区普通高中教师数量状况

| 地区 | 2016 年专任教师/人 | 2016 年生师比/% | 2017 年专任教师/人 | 2017 年生师比/% | 生师比变化/% |
|------|------|------|------|------|------|
| 全国 | 1 733 459 | 13.65 | 1 773 953 | 13.39 | −0.26 |
| 新疆 | 41 051 | 13.10 | 44 487 | 12.75 | −0.35 |
| 河北 | 89 131 | 13.61 | 94 430 | 13.68 | 0.07 |
| 福建 | 50 424 | 12.59 | 50 720 | 12.56 | −0.03 |
| 河南 | 117 866 | 16.93 | 124 687 | 16.48 | −0.45 |
| 湖南 | 72 229 | 15.36 | 75 802 | 15.12 | −0.24 |
| 上海 | 17 669 | 8.93 | 17 937 | 8.86 | −0.07 |
| 江西 | 54 829 | 17.20 | 55 727 | 17.35 | 0.15 |
| 黑龙江 | 42 312 | 12.99 | 42 452 | 13.11 | 0.12 |
| 西藏 | 4 985 | 11.41 | 5 187 | 11.33 | −0.08 |
| 广西 | 53 370 | 17.22 | 55 988 | 17.41 | 0.19 |
| 云南 | 53 875 | 14.96 | 56 573 | 14.74 | −0.22 |
| 天津 | 16 401 | 10.00 | 16 504 | 9.91 | −0.09 |
| 浙江 | 67 976 | 11.26 | 69 608 | 11.11 | −0.15 |
| 湖北 | 66 528 | 12.70 | 65 929 | 12.43 | −0.27 |
| 江苏 | 95 070 | 10.01 | 94 719 | 9.96 | −0.05 |
| 北京 | 21 056 | 7.75 | 21 452 | 7.64 | −0.11 |
| 吉林 | 29 262 | 13.81 | 29 934 | 13.82 | 0.01 |
| 山东 | 129 631 | 12.84 | 134 446 | 12.31 | −0.53 |
| 贵州 | 61 030 | 16.28 | 64 094 | 15.77 | −0.51 |
| 四川 | 96 213 | 15.04 | 97 461 | 14.50 | −0.54 |
| 宁夏 | 10 639 | 14.29 | 10 904 | 13.65 | −0.64 |
| 辽宁 | 50 630 | 12.35 | 51 346 | 12.26 | −0.09 |
| 青海 | 8 923 | 13.48 | 9 093 | 13.62 | 0.14 |
| 山西 | 63 339 | 11.90 | 63 941 | 11.26 | −0.64 |
| 海南 | 12 790 | 13.28 | 13 328 | 12.84 | −0.44 |
| 广东 | 151 612 | 13.02 | 151 435 | 12.50 | −0.52 |

续表

| 地区 | 2016 年专任教师/人 | 2016 年生师比/% | 2017 年专任教师/人 | 2017 年生师比/% | 生师比变化/% |
|---|---|---|---|---|---|
| 内蒙古 | 34 823 | 12.89 | 35 652 | 12.22 | −0.67 |
| 陕西 | 57 471 | 13.63 | 57 297 | 13.21 | −0.42 |
| 甘肃 | 45 107 | 13.38 | 45 386 | 12.72 | −0.66 |
| 重庆 | 39 887 | 15.21 | 39 436 | 15.26 | 0.05 |
| 安徽 | 77 330 | 14.31 | 77 998 | 13.91 | −0.40 |

从 2016 年到 2017 年的纵向数据来看，全国、城区、镇区、乡村的生师比例均呈现下降趋势，从城乡这一维度来看，镇区（含镇乡结合部）的生师比例最高，达到 14.11，其次是乡村，生师比为 13.58，城区（含城乡结合部）的生师比例最低，其比例为 12.70（见表 3.8）。

表 3.8　分城乡普通高中教师数量状况

| 地区 | 2016 年学生 | 2016 年教师 | 2017 年学生 | 2017 年教师 | 2016 年生师比/% | 2017 年生师比 |
|---|---|---|---|---|---|---|
| 全国 | 23 666 465 | 1 733 459 | 23 745 484 | 1 773 953 | 13.65 | 13.39 |
| 城区 | 11 125 875 | 856 102 | 11 314 380 | 890 694 | 13.00 | 12.70 |
| 镇区 | 11 783 882 | 822 116 | 11 651 820 | 825 874 | 14.33 | 14.11 |
| 乡村 | 756 708 | 55 241 | 779 284 | 57 385 | 13.70 | 13.58 |

2017 年，研究生学历的教师比例提高，所占比例达到 8.938%，比 2016 年增加了 0.995%，本科、专科、高中毕业及高中以下毕业学历的教师比例下降。纵观各学历教师所占的比例结构，本科学历的教师在普通高中教师群体中占据主体地位，所占比例为 89.213%。2017 年，普通高中教师的学历合格率达到了 98.150%，比 2016 年增加了 0.236%（见表 3.9）。

2017 年各年龄阶段的教师比例变化不显著，25～34 岁和 40～49 岁年龄阶段的教师所占的比例有所下降，分别降低了 2.58% 和 0.09%，其中 30～34 岁年龄阶段的教师降低的比例最多，达到 2.07%，其次是 25～29 岁年龄阶段的教师，减少了 0.52%，最后，45～49 岁年龄阶段的教师比例下降的最少，为 0.01%。24 岁及以下/35～39 岁年龄阶段的教师和 50 岁及以上年龄阶段的教师所占的比例有所提高，增长了 2.67%，其中，35～39 岁年龄阶段的教师所占比例增长幅度最大，达到 0.98%，其次，50～54 岁年龄阶段的教师增加了 0.86%，55～59

表 3.9　各学历教师比例基本状况

| 学历 | 2016 年教师数量 | 2016 年各学历教师比例/% | 2017 年教师数量 | 2017 年各学历教师比例/% | 变化状况/% |
|---|---|---|---|---|---|
| 合计 | 1 733 459 | 100 | 1 773 953 | 100 | — |
| 研究生毕业 | 137 689 | 7.943 | 158 550 | 8.938 | 0.995 |
| 本科毕业 | 1 559 619 | 89.971 | 1 582 588 | 89.213 | −0.758 |
| 专科毕业 | 35 338 | 2.039 | 32 175 | 1.814 | −0.225 |
| 高中阶段毕业 | 754 | 0.043 | 615 | 0.035 | −0.008 |
| 高中以下毕业 | 59 | 0.003 | 25 | 0.001 | −0.002 |

岁年龄阶段的教师增加了 0.49%，最后，24 岁及以下年龄阶段的教师增加了 0.33%，60 岁及以上年龄阶段的教师增加了 0.01%。2017 年的教师年龄结构与 2016 年相比整体变化不大，逐渐趋于合理(见表 3.10)。

表 3.10　各年龄段教师比例基本状况

| 年龄段* | 2016 年教师数量 | 2016 年各年龄段教师比例/% | 2017 年教师数量 | 2017 年各年龄段教师比例/% |
|---|---|---|---|---|
| 合计 | 1 733 459 | 100.00 | 1 773 953 | 100.00 |
| 24 及以下 | 60 322 | 3.48 | 67 522 | 3.81 |
| 25～29 | 254 185 | 14.66 | 250 820 | 14.14 |
| 30～34 | 347 748 | 20.06 | 319 235 | 18.00 |
| 35～39 | 352 430 | 20.33 | 378 096 | 21.31 |
| 40～44 | 267 766 | 15.45 | 272 793 | 15.38 |
| 45～49 | 243 870 | 14.07 | 249 304 | 14.05 |
| 50～54 | 168 972 | 9.75 | 188 202 | 10.61 |
| 55～59 | 36 043 | 2.08 | 45 656 | 2.57 |
| 60 及以上 | 2 123 | 0.12 | 2 325 | 0.13 |

　　2017 年，在教师的职称结构中，中学一级的教师所占比例最高，达到 36.40%，中学高级与中学二级的教师比例基本持平，分别占 27.68%、26.99%，中学三级的教师所占比例最小，仅有 0.59%，还有 8.33% 的教师未定职级。总体而言，从 2016 年至 2017 年，教师的职称结构相对稳定(见表 3.11)。

表 3.11　各职称教师比例基本状况

| 职称 | 2016 年各职称教师 | 2016 年各职称教师所占比例/% | 2017 年各职称教师 | 2017 年各职称教师所占比例/% |
|---|---|---|---|---|
| 合计 | 1 733 459 | 100.00 | 1 773 953 | 100.00 |
| 中学高级 | 476 786 | 27.50 | 491 001 | 27.68 |
| 中学一级 | 634 539 | 36.61 | 645 724 | 36.40 |
| 中学二级 | 482 651 | 27.84 | 478 858 | 26.99 |
| 中学三级 | 11 131 | 0.64 | 10 546 | 0.59 |
| 未定职级 | 128 352 | 7.40 | 147 824 | 8.33 |

**(四)普通高中整体办学条件不断改善，区域与城乡差距依旧明显**

2016 年，我国普通高中的校舍建筑面积有 49 142.31 万平方米，比 2015 年增加了 2006.35 万平方米，增加了 4.26%。全国普通高中设施设备的达标比例在 2015 年达标率的基础上实现了新的增长，具体表现在：体育运动场(馆)面积达标校率为 89.28%，体育器材配备达标校率为 91.17%，音乐器械配备达标校率为 89.82%，美术器材配备达标校率为 89.95%，理科实验仪器达标校率为 91.52%，建立校园网比率为 88.65%，接入校园网比率为 98.77%。

2017 年，我国高中校舍建筑面积有 51 511.74 万平方米，比 2016 年增加了 2 369.43 万平方米，增加了 4.82%。除了校舍建筑面积增加之外，全国普通高中设施设备的达标比例也有所增长，具体表现在：体育运动场(馆)面积达标的学校所占比例为 91.14%，体育器材配备达标的学校所占比例为 92.97%，音乐器械配备达标的学校所占比例为 91.82%，美术器材配备达标学校所占比为 91.94%，理科实验器材配备达标的学校所占比例为 93.15%。

从城乡办学条件的维度来看，在生均校舍面积、生均占地面积、生均图书、生均计算机数、生均固定资产总值等方面，城区与乡村的办学条件都相对优于镇区的办学条件。从 2016 年至 2017 年，办学条件都相对有所改善(见表 3.12)。

表 3.12　2017 年各区域办学条件基本状况

| 办学条件 | 全国 | 城区 | 镇区 | 乡村 |
|---|---|---|---|---|
| 生均校舍面积/平方米 | 21.69(20.76) | 23.56(22.65) | 19.27(18.46) | 30.77(28.94) |
| 生均占地面积/平方米 | 42.89(41.87) | 42.48(41.43) | 41.46(40.65) | 70.31(67.43) |
| 生均图书/册 | 38.86(37.13) | 43.57(42.02) | 34.08(32.33) | 41.96(39.98) |
| 生均计算机数/台 | 0.22(0.17) | 0.27(0.25) | 0.17(0.13) | 0.23(0.19) |
| 生均固定资产总值/万元 | 3.53(3.17) | 4.12(3.72) | 2.84(2.58) | 5.16(4.37) |

注：括号内为 2016 年各区域办学条件基本状况。

从体育场馆、音体美教学器械达标率和理科实验仪器达标率来看，相较于2016 年，2017 年全国普通高中办学条件的达标比例总体上都有提高，城区、镇区、乡村各区域的达标率也稍有提升，其中城区的达标率最高，尤其是接入互联网比率达到 98.55%，乡村地区建立校园网的比例最低，仅有 81.48%（见表 3.13）。

表 3.13　2017 年各区域办学条件达标状况　　　　单位：%

| 办学条件达标率 | 合计 | 城区 | 镇区 | 乡村 |
|---|---|---|---|---|
| 体育运动场(馆)面积达标校率 | 91.14(89.28) | 91.48(90.24) | 90.81(88.24) | 90.67(89.26) |
| 体育器械配备达标校率 | 92.97(91.17) | 94.02(93.06) | 92.03(89.27) | 90.81(89.72) |
| 音乐器械配备达标校率 | 91.82(89.82) | 93.30(91.82) | 90.46(87.91) | 89.04(87.27) |
| 美术器械配备达标校率 | 91.94(89.95) | 93.57(92.31) | 90.41(87.65) | 89.33(87.58) |
| 理科实验仪器达标校率 | 93.15(91.52) | 94.10(93.15) | 92.29(89.92) | 91.26(89.88) |
| 建立校园网比率 | 88.36(88.65) | 92.19(92.00) | 84.83(85.58) | 81.48(83.28) |
| 接入互联网比率 | 98.59(98.77) | 98.55(98.61) | 98.78(99.05) | 97.33(97.85) |

注：括号内为 2016 年各区域办学条件达标状况。

从全国办学条件的基本状况来看，生均校舍面积、生均占地面积、生均图书数量、生均计算机数量、生均固定资产总值逐年增加，办学条件逐渐改善。从各地区办学条件的基本状况来看，北京市的办学条件明显优于其他地区，其生均校舍面积、生均占地面积、生均图书数量、生均计算机数量、生均固定资产总值均位于全国第一，而河南省的生均占地面积、生均图书、生均计算机、生均固定资产总值均处于全国末位，其生均校舍面积位于全国倒数第二位。全国各地区的办学条件存在着较大的差距，尤其是生均图书数的差距最为明显，北京市生均图书有 121.49 册，河南省生均图书仅有 17.13 册。2017 年北京市的生均校舍面积、生均占地面积、生均图书、生均计算机、生均固定资产是全国平均水平的 2.77倍、2.09 倍、3.13 倍、5.77 倍、5.82 倍，上海市是全国平均水平的 2.06 倍、1.55 倍、2.40 倍、3.73 倍、3.74 倍（见表 3.14）。

表 3.14　2017 年各地区办学条件基本状况

| 地区 | 生均校舍面积/平方米 | 生均占地面积/平方米 | 生均图书/册 | 生均计算机数/台 | 生均固定资产总值/万元 |
|---|---|---|---|---|---|
| 全国 | 21.69(20.76) | 42.89(41.87) | 38.86(37.13) | 0.22(0.21) | 3.53(3.17) |
| 北京 | 60.19(59.55) | 89.74(88.32) | 121.49(119.15) | 1.27(1.21) | 15.45(14.39) |

续表

| 地区 | 生均校舍面积/平方米 | 生均占地面积/平方米 | 生均图书/册 | 生均计算机数/台 | 生均固定资产总值/万元 |
|---|---|---|---|---|---|
| 天津 | 29.90(28.99) | 55.80(54.69) | 73.62(69.01) | 0.42(0.40) | 4.97(4.77) |
| 河北 | 18.68(18.23) | 37.54(37.51) | 34.22(33.49) | 0.17(0.17) | 2.47(2.26) |
| 山西 | 24.56(22.99) | 47.44(45.12) | 34.27(31.63) | 0.21(0.19) | 3.61(3.26) |
| 内蒙古 | 22.35(21.11) | 52.56(50.65) | 32.66(29.55) | 0.21(0.19) | 4.71(4.16) |
| 辽宁 | 17.59(16.91) | 37.51(36.93) | 26.09(25.91) | 0.20(0.20) | 2.69(2.53) |
| 吉林 | 14.31(14.16) | 30.59(30.68) | 27.80(26.71) | 0.15(0.15) | 2.36(2.17) |
| 黑龙江 | 15.31(15.32) | 37.62(38.17) | 18.60(17.71) | 0.16(0.15) | 2.36(2.18) |
| 上海 | 44.70(43.74) | 66.43(65.68) | 93.34(92.70) | 0.82(0.79) | 12.55(11.78) |
| 江苏 | 30.73(30.09) | 57.61(57.27) | 55.70(54.74) | 0.33(0.33) | 6.55(6.10) |
| 浙江 | 32.26(31.00) | 60.16(59.10) | 55.71(53.39) | 0.34(0.33) | 5.74(5.29) |
| 安徽 | 23.40(22.10) | 48.24(47.77) | 31.10(30.12) | 0.20(0.18) | 3.32(2.96) |
| 福建 | 30.03(28.90) | 57.68(56.86) | 72.40(71.55) | 0.32(0.30) | 4.54(4.23) |
| 江西 | 18.67(18.27) | 41.31(40.91) | 36.92(33.16) | 0.17(0.17) | 2.36(2.13) |
| 山东 | 19.40(18.09) | 41.16(39.31) | 35.93(34.86) | 0.20(0.19) | 3.37(2.95) |
| 河南 | 14.85(14.68) | 30.16(29.98) | 17.13(17.08) | 0.09(0.09) | 1.69(1.60) |
| 湖北 | 22.58(21.34) | 46.68(44.28) | 25.62(25.18) | 0.15(0.14) | 3.54(3.27) |
| 湖南 | 21.21(20.33) | 41.07(40.13) | 29.86(27.27) | 0.15(0.15) | 3.29(2.75) |
| 广东 | 26.74(25.05) | 48.29(45.69) | 61.76(58.41) | 0.35(0.31) | 4.28(3.72) |
| 广西 | 17.41(17.10) | 32.25(33.09) | 30.07(27.55) | 0.13(0.12) | 1.87(1.64) |
| 海南 | 30.11(28.11) | 60.52(58.06) | 48.06(46.61) | 0.28(0.26) | 5.44(4.92) |
| 重庆 | 22.98(22.08) | 37.30(36.92) | 33.92(33.30) | 0.21(0.20) | 3.13(2.72) |
| 四川 | 21.10(19.50) | 37.60(35.25) | 45.97(42.19) | 0.22(0.20) | 3.41(3.04) |
| 贵州 | 17.46(15.79) | 35.12(33.78) | 35.49(33.75) | 0.15(0.13) | 3.24(2.71) |
| 云南 | 21.74(19.90) | 48.73(46.38) | 38.21(34.69) | 0.21(0.19) | 3.65(3.09) |
| 西藏 | 23.02(22.11) | 62.90(57.58) | 28.11(28.61) | 0.14(0.14) | 4.98(3.71) |
| 陕西 | 18.93(18.15) | 33.82(32.71) | 49.27(44.91) | 0.23(0.21) | 3.31(2.94) |
| 甘肃 | 16.38(15.18) | 32.95(30.85) | 32.78(29.97) | 0.17(0.16) | 2.81(2.26) |
| 青海 | 20.19(19.77) | 47.82(48.62) | 44.69(45.70) | 0.24(0.24) | 4.05(4.18) |
| 宁夏 | 18.36(17.40) | 52.69(50.42) | 37.69(36.21) | 0.23(0.22) | 4.09(3.65) |
| 新疆 | 20.63(20.61) | 51.32(52.39) | 29.81(28.15) | 0.20(0.20) | 3.55(3.21) |

注：括号内为2016年各地区办学条件基本状况。

## 四、农村普通高中教育的学术热点

### (一)我国普通高中办学模式的相关研究

#### 1. 高中阶段教育普及攻坚

"十三五"时期,普及高中阶段教育成为我国教育改革与发展的重要目标。党的十九大报告强调"普及高中阶段教育,努力让每个孩子享有公平而有质量的教育。"2017 年 3 月,教育部等四部门印发《高中阶段教育普及攻坚计划(2017—2020 年)》,进一步回应了《国家中长期教育改革与发展纲要(2010—2020 年)》中提出的"到 2020 年,高中阶段教育达到 90% 的毛入学率"的战略目标。就全国范围而言,目前已有一半以上的省(市、自治区)达到了国家划定的高中阶段教育普及目标,但各省(市、自治区)之间以及各省(市、自治区)内部的普及程度参差不齐,短板依然明显。近一年,学界对高中阶段教育普及攻坚的探讨主要集中在三部分:一是高中受教育机会的城乡差距,二是高中教育普及的路径,三是中等职业教育的发展。

高中受教育机会的城乡差距缩小。2017 年,美国斯坦福大学经济学教授、清华大学经济学院特聘教授罗斯高(Scott Rozelle)发表了一篇题为《63% 的农村孩子一天高中都没上过,怎么办?》的文章,其文章结论的真实性惹人质疑。有学者指出,无论是对城乡的划分、农村孩子的界定,还是对数据的统计,罗斯高团队所使用的统计口径与我国通用的统计口径有所差异,其并没有考虑中国国情和教育情形的复杂性,因此罗斯高团队的研究结论并不真实可靠;另外,其还对现阶段我国农村高中教育的发展情况进行了分析:在高中阶段教育入学方面,包括随迁子女在内的农村孩子在接受普通高中教育机会上与城区孩子的差异在逐渐缩小。[①] 虽然高中受教育机会的城乡差距在缩小,但是农村地区作为高中教育普及攻坚的重点地区,高中入学率依然较低。有学者根据农村义务教育的质量高低来探讨了高中入学率低的原因。他指出,农村学生家庭原生环境、学生与教师方面的主观性因素以及校园欺凌现象的存在导致农村义务教育质量低,因此提升农村义务教育质量是提升高中入学率的关键所在。[②] 另外,农村高中教育的弱势地位直接影响了高中教育普及目标的实现。第一,这种弱势体现在教育资源的配置不均衡上。农村高中的生源和师资一直位于被城市"单向抽水"的处境,皆呈现出了

---

[①] 楼世洲、张家雯、吴海江:《"63% 的农村孩子一天高中都没上过"吗? ——对罗斯高团队研究结论的几点质疑》,载《华东师范大学学报(教育科学版)》,2017(6)。

[②] 宫浩家、田丽娟、马德云、聂雨婷:《从高中入学率看农村义务教育的质量问题——基于关中地区的调查报告》,载《新西部》,2018(23)。

一定的向城性。师资和优质生源向城市单向聚集的结果直接导致了农村高中教育质量的下滑。第二，这种弱势体现在农村落后的文化环境中。教育的功利主义倾向在农村地区根深蒂固，导致"读书无用论"再次生根发芽。第三，这种弱势体现在高考改革给农村高中发展带来的挑战上。高考改革的推进与农村教育资源、农村学校以及农村学生之间的不对称使得高考"公平性"问题变得更加复杂。①

高中教育普及路径丰富化。从国家提出普及高中教育的政策目标至今，高中阶段教育普及发展的路径选择主要经历了普通高中教育为主、中等职业教育为主、以及两者兼顾发展等阶段。② 国际经验也表明，发展结构和功能完善的高中阶段教育是国家现代化和教育现代化的基本趋势。③ 随着高等教育大众化，中等职业教育开始向高等教育延伸，高中教育的功能和定位由单一的国家化逐渐转变为个体多元教育意愿的新供给，也由传统的精英主义取向也逐渐转变为了大众主义取向。在实践层面，普职开始走向融合，多元衔接的高中教育开始呈现，这不但为高中阶段教育普及多了一种路径选择，也为满足个体需求提供了新的教育供给形式。但从个体决策的层面上看，接受普通高中教育仍是初中毕业生的首要选择，重点高中和普通高中的吸引力明显强于中等职业学校。④

中等职业教育成为普及重点。从理论和实践两个层面来看，高中阶段教育普及是包含中等职业发展在内的高中教育结构改革的整体性变革，实现高中阶段教育普及的目标需要中等职业教育的发力。从中等职业教育的发展现状来看，其陷入了办学定位、生源数量与质量、投入保障、资源建设等方面的多重困境，因此如何补齐中等职业教育发展的短板，成为了当下高中阶段教育普及的重点。与此同时，我们不得不思考另一个问题，即怎样的普职结构才有利于实现保质又保量的高中阶段教育普及目标呢？《国家中长期教育改革和规划纲要（2010—2020年）》提出："根据经济社会发展需要，合理确定普通高中和中等职业学校招生比例，今后一个时期总体保持普通高中和中等职业学校招生规模大体相当。"有学者对国际上的普职结构进行了分析指出近二十年，经济合作与发展组织国家呈现出明显的"提高普通高中在校生的比重或者降低中职在校生的比重"，并且大幅度提高普通高中在校生的比重已经成为了许多发达国家的政策选择，但是由于我国高

---

① 蒋承、刘霄、戴君华、金文旺：《当前农村高中教育的发展瓶颈与应对策略》，载《中国教育学刊》，2018(1)。

② 晏成步：《二十年来高中阶段教育普及发展的政策文本分析》，载《现代教育管理》，2017(6)。

③ 谷峥、李玉静：《现代化视域下高中阶段教育普及发展：国际特征与我国策略——基于现代化框架下我国与发达国家的多维度比较》，载《现代教育管理》，2017(5)。

④ 苏丽锋、孙志军、李振宇：《初中后教育选择意愿及影响研究——普高、中职还是不再读书》，载《华中师范大学学报(人文社会科学版)》，2017(5)。

等教育普及程度、普职融通度以及成人继续教育的多样性有待提高，因此不能盲目照搬，我们应继续坚持普职结构"大体相当"的政策。[1] 然而也有学者发出了不同之声，他指出，高中阶段教育在面对经济发展水平和产业结构调整的横向制约、义务教育普及化和高等教育大众化的纵向制约以及新形势下高中教育从精英到大众的根本转型下，我国普职结构"大体相当"的政策已不符合当下形势发展，我们应慎重考虑此政策的长远推进。[2] 但是就实现高中阶段教育普及攻坚目标而言，有学者认为，在我国中西部地区应该将发展中等职业教育作为普及攻坚的主要手段，但基本前提是通过深化教育体系的内外部改革，切实提高中等职业教育的吸引力。[3]

2. 普职融合

根据《国家中长期教育改革和发展规划纲要（2010—2020年）》对促进普通高中多样化发展的要求，有条件的普通高中可以根据需要增加职业教育的教学内容，以创新人才培养模式，满足不同潜质学生的发展需要，实现普通教育与职业教育的融合发展。目前，我国学者对高中阶段普职融合的探讨主要集中在国际经验借鉴和实践探索两个方面，并未形成系统的理论框架和实践范式。

有学者对高中阶段普职融合的典型模式以及普通高中和中等职业学校的合作机制进行了探索。高中阶段普通教育与职业教育融合有三种典型的融合模式。一是校内融合，是指普通高中与中等职业学校在课程中分别增加、渗透职业教育元素与普通教育元素，不同类别的学校之间并无来往；二是校际融合，是指普通高中与中等职业学校之间相互沟通联系，包括课程共开、资源共享、学分互认、学籍互转等，以形成双向互补的融合模式；三是综合高中，这是高中阶段"普职融合"程度最深的一种模式，其将职业教育与普通教育完全融于一所学校之中，完全打破了两种教育形式上的樊篱，受教育者通过选课的形式同时接受职业教育与普通教育。[4] 由此可见，普职校内融合是基于课程的融合；校际融合是包括课程融合在内的整体管理系统的融合；综合高中则是将职业教育和普通教育合二为一，是教学和管理上的完全融合。在此基础上，有学者对校际融合，也就是普通高中和中等职业学校的合作机制进行了探索。他指出，普通高中与中等职业学校合作机制必须在凸显高中阶段教育的整体性、互补性、开放性的基础上，进行教育管理、校长思维、课程项目、教师教学、评价激励、环境营造等合作要素的自

① 余晖：《OECD国家高中阶段普职结构调整的基本经验与发展态势》，载《湖南师范大学教育科学学报》，2018(3)。

② 刘丽群、周立芳：《我国高中阶段普职规模"大体相当"政策分析》，载《中国教育学刊》，2017(8)。

③ 石伟平、郝天聪：《普及高中阶段教育中等职业教育需要发力》，载《中国职业技术教育》，2017(34)。

④ 林玥茹、石伟平：《职业教育与普通教育融合的内涵诠释与典型模式》，载《职教论坛》，2017(34)。

组织运行,产生两类学校合作的系统运行能量,以实现人才培养的共同目标。①

国内外上普遍以课程为载体推进普职融合。国际上,一是英国的普通基础教育与职业教育衔接的典型模式:14 岁至 16 岁学园。14 岁至 16 岁学园通过整合普通中等教育资格课程与职业课程的课程体系,来激发学生对某一职业集群产生感性认知,使其养成初步的职业技能,并不面向就业;毕业后可直接进入 16 岁至 19 岁的正式职业教育阶段,面向技能型岗位就业。② 但由于其在年龄段上的分流标准不一定适合我国,因此我们需要批判地借鉴。二是澳大利亚通过职业教育与培训计划和实施国家资格框架来推进普职融合。职业教育与培训计划包括学校本位学徒制和相关职业教育课程两部分。学校本位学徒制和相关职业教育课程都是联邦政府在普通高中推行职业教育的一种途径,并且也都是通过校企合作的方式进行,区别在于,学校本位学徒制是学生利用业余时间完成相关培训获得职业教育证书,相关职业教育课程是在普通高中教育课程中融入相关职业指导课程或根据培训的要求开发的相关课程;国家资格框架的作用则是实现普职体系的互通互认机制,为整个高中阶段教育提供制度保障。③ 三是美国 K-12 生涯教育的普职融合模式。美国的 K-12 生涯教育是一种"幼儿园—小学—初中—高中"系统连贯的职业教育模式,相对应地贯穿了"启蒙—了解—探索—选择"的阶段特征;在具体实践中,美国开发了多元的普职融合课程体系,有意识地将生涯教育内容和学术教育内容有机融合,使学生从接受教育伊始就明白每个人生存的必备技能和可选择技能分别是什么,为每个学生展现了明确的未来发展蓝图。④

从理论和实践两个层面来讲,我国学者也均主张以课程改革为载体来推进高中阶段教育普职融合。有学者对 2007—2017 年上海市普职融合的教育政策文本进行了分析和解读。他指出,自 21 世纪以来上海市从单独建立综合高中开始,到充分利用职业教育开放实训基地,进而到面向中小学开放共享实训场所、课程、师资等教育教学资源,最后到职业体验课程开发,探索建立普职教师互相兼课,学生互相选课的融通机制,已经形成了深度融合的现代职业教育体系。⑤ 另外据学者对上海市普职融合的实证研究,他指出,目前上海市高中阶段的普职融合存在形式单一、重点不突出、缺乏系统规划等问题。⑥

① 刘茂祥:《为学生适应未来工作与学习奠基:构建普通高中与中职校的合作机制》,载《职教通讯》,2017(25)。

② 陈鹏、邵小雪:《14~16 岁学园:英国普职教育衔接的典型模式解析》,载《外国教育研究》,2017(11)。

③ 过筱:《澳大利亚高中阶段普职融通的经验、挑战与发展趋势》,载《职教通讯》,2018(1)。

④ 汤杰:《美国式普职融合:K-12 生涯教育的经验及启示》,载《职教通讯》,2018(1)。

⑤ 徐峰、石伟平:《新世纪以来上海市关于普职融合教育政策:回顾、特征和展望》,载《职教通讯》,2018(1)。

⑥ 郝天聪、林玥茹:《高中阶段教育普职融合:重要意义与突出挑战》,载《职教通讯》,2018(7)。

3. 普通高中转型

普通高中转型成为教育改革的纵深发展趋势。《国家中长期教育改革与发展规划纲要(2010—2020 年)》明确提出:推动普通高中多样化发展。促进办学体制多样化,扩大优质资源。推进培养模式多样化,满足不同潜质学生的发展需要。文件内容指出了两点高中教育改革趋势。一是以市场化为目标的高中教育办学体制转型,二是高中教育多样化发展的办学模式转型。学界关于普通高中转型的探讨主要包括两部分。一是普通高中为什么需要转型,二是普通高中如何转型。

在新高考改革的背景下,普通高中教育需要被赋予新的理解。高中教育的基本普及说明我国高中教育已由传统的精英主义取向走向了大众主义,并且面临着由规模发展到内涵提升的转型。在新的历史阶段,普通高中教育必须体现教育公平与教育民主的新内涵,走出应试教育的误区,走向高质均衡的发展道路。① 长期以来,高中教育下接义务教育,上衔高等教育,一直处于传统精英主义和工具主义的深水区。有学者表示,高考作为普通高中教育的风向标,与其理想化的拒斥以往的教育惯习,不如现实地剖析普通高中应如何去适应新高考。②

普通高中教育转型需要推进办学体制和办学模式的双转型。在办学体制转型方面,学界分别从政府悖论、经费投入体制和社会文化语境三个角度对普通高中办学体制转型进行了探讨。从政府悖论的角度来看,高中教育办学体制改革的过程,一方面是政府办学权力让渡和职能转变的过程,另一方面也是高中教育资源再配置的过程。政府主导力量下的办学体制改革利用其行政、权利等因素促进了教育市场化目标的实现;另外,由于政府在教育改革中的单线思维和高度集中化的教育行政管理体制,教育市场化体制转型的过程中又存在权力渗透、整体设计不足和办学趋同化等抑制改革的消极行为。③ 从经费投入体制的角度来看,长期以来地方政府办学政策的差异性和财政资源的分配不均,发达地区的普通高中逐渐走向了"特色高中"的发展道路,但就财力不足的中西部县域内的普通高中而言,其无法催生多元化的特色高中,而满足以高考升学为主的教育形式,实现升学机会在地区之间、群体之间的均衡才是其现实所需。④ 从社会文化语境的角度来看,受实用主义、功利主义等价值观的影响,传统的应试教育思维已深深植入学校、教师、家长以及基层政府的行为决策模式中,短期内难以发生改变,那么普通高中教育转型要实现学生多样化和个性化的发展目标,就必须要在正视当前

---

① 张华:《深刻理解普通高中教育的性质、定位与发展方向》,载《人民教育》,2018(Z1)。
② 李润洲:《新高考背景下普通高中面临的挑战与应答》,载《南京社会科学》,2018(6)。
③ 陈恩伦、梁剑:《高中教育办学体制改革中的政府悖论及消解》,载《教育科学》,2017(3)。
④ 赵俊婷、刘明兴:《我国普通高中经费筹措体制回顾与评析:1980—2016》,载《教育学报》,2017(3)。

改革所面临的文化处境。①

在办学模式转型方面，普通高中多样化发展、特色化办学成为了讨论的焦点。国际经验表明，高中教育的内涵提升需要通过多样化的办学路径来实现，并且需由普通高中率先启动、进一步分化，最终逐渐形成多样的高中学校类别。② 多样的高中学校类别有两种理解，一种是在不打破普通高中与职业高中双轨制的情况下，通过整合不同类型高中的优势资源，建立和完善普通高中、中等职业学校、中等技术学校、综合高中之间的合作机制，并打通不同类型高中的融通渠道，利用新技术共享教育资源，如跨校选课、项目学习、学分互认等，以满足不同学生的多样化、差异化、个性化需求。③ 另一种则是打破普通高中与职业高中二分法，通过学科间的关联和互通，在科技、外语、体育、艺术、人文等方面形成学校内部专业和领域的特色，探索创办科技高中、人文高中、艺术高中、体育高中等特色高中，为学生提供更多的选择。④

高中教育多样化发展意味着高中办学地域特色及学校特色的形成。有学者对国内普通高中特色办学的实践路径进行了探讨。一是浙江省的"选择性教育"。"选择性教育"现已成为了多数发达国家在基础教育阶段的价值取向。"选择性教育"围绕着人的主体特征展开，加强教育的选择性，弱化教育的选拔性，以实现人的全面而有个性的发展。浙江省普通高中的转型性变革以"选择性教育"为教育理念，基于课程改革和高考改革，发起了育人模式、评价标准与管理体制等多方面的系统性变革，推动普通高中从"社会本位"到"育人本位"、从"因规施教"到"因材施教"、从"同质发展"到"特色发展"的教育转型。⑤ 这种基于课程选择性的高中转型性变革不但对师资等教育资源的配置提出了较大挑战，而且面对高考，学生需要做出整体的生涯发展规划，方能实现学生全面而有个性的发展与教育的功利化取向殊途同归。

二是名校集团化办学的杭州探索。杭州为促进基础教育的优质均衡发展，探索出了高中新名校集团化办学的实践模式。所谓新名校集团化办学，是指以优化教育供给侧结构性改革为指导，以"跨域突破、师资融通、技术带动、治理跟进"为主要特征，打破县域界限，探索跨区办学，形成不同区域、不同层级之间共建

---

① 梁剑、陈恩伦：《制约高中办学体制改革的文化语境探析》，载《教学与管理》，2017(22)。

② 袁桂林：《促进高中教育多样化发展的三个关键点》，载《人民教育》，2018(2)。

③ 薛二勇、傅王倩：《发展公平而有质量的教育——中国教育改革和发展的形势与政策分析》，载《中国青年社会科学》，2018(3)。

④ 李颖：《普通高中多样化发展的现实基础和路径选择——基于对辽宁省115所普通高中的调查》，载《中国教育学刊》，2017(5)。

⑤ 李润洲：《普通高中转型性变革的实践探索与理论思考——基于浙江的"选择性教育"》，载《当代教育科学》，2018(6)。

共享优质教育资源的新路径。在实践层面，杭州探索出了市属优质高中出"市"入"县"、师资跨层级转编、招生一体化、一区带一镇、信息化带动等具体措施，有效促进了普通高中教育转型。[1]

三是宁波中学的学术性普通高中的实践路径。学术性高中最早起源于 14 世纪前后英国创办的文法学校和公学，以文法和修辞学等带有浓厚学术色彩的课程著称，被认为是英国社会培养精英最好的中等教育机构。[2] 宁波市政府以宁波中学为改革起点，积极推进学术性高中建设，探索宁波普通高中教育发展新路径。第一，宁波中学明确了学校的未来发展定位是学术性，并且达成了包括校长、管理人员、教师、学生和家长等群体关于学校发展目标和状况决策的价值共识；第二，构建了"智、意、趣"三位一体的学术课程体系，并在课程目标和内容、实施和管理等方面与学术性高中的特质保持一致，以实现学生深度学习、自主探索、全面而具个性的发展；第三，基于学术特质推进教育教学方式变革，通过开放课堂、注重学习构成、增加课堂留白时间等措施使得学生获得良好的创新思维、主动探究和合作学习等学术基础能力；第四，以学术引领师资队伍建设，从而在育人方式上探索学术导师制，引领学生全面而有深度的学习。[3]

由此可见，普通高中依托特色课程开展特色教育，是当下较为普遍的做法。普通高中特色办学意味着包括学校育人模式、管理与实践模式、评价方式等在内的整体性变革，旨归于教育质量的提升。如何使升学率不再成为好学校的标签；如何构建富有学校内涵的、包容个性的特色教育体系；如何使学校特色服务于课堂教学、服务于学生的个性化发展；如何使学校教学、管理、制度等的改进总体上应呈现出"内生式"的特点等是普通高中特色办学下一步需应对的难题。[4]

**(二)我国高考改革的相关研究**

1. 新高考

我国高考改革 40 年来，最明显特征就是其经历了由"精英立场"到"草根取向"的价值取向上的变化。在建国初期我国人口受教育程度普遍较低、知识理论匮乏、科技创新停滞的背景下，我国确立了以知识多寡来选拔人才的标准，形成一种"知识记忆型"的"精英立场"。改革开放后，经过 40 年的发展，以"精英立场"为价值取向的高考并不能满足人民对于高等教育的需求和国家科教兴国、人

① 沈建平：《名校集团化办学的杭州探索》，载《上海教育科研》，2018(2)。
② 孔凡琴、邓涛：《英国学术型高中探析》，载《教育理论与实践》，2013(26)。
③ 邵迎春：《建设学术性普通高中的实践路径》，载《人民教育》，2018(10)。
④ 武秀霞：《普通高中特色化发展：机遇、困境及其提升路径》，载《教育发展研究》，2017(22)。

才强国的要求,我国高考的价值取向逐渐由"精英立场"向"草根取向"变化。① 这些变化不但体现出来国家对高考政策的调整与把控,另外也体现了民众对高考公平的渴求。目前学界对新高考的研究主要包括两部分:一是高考评价方式的改革,二是高考考试科目设置的改革。

(1)新高考的评价方式改革

新高考改变了以往仅以学生学业成绩为标准的评价方式。2014年9月国务院颁布的《关于深化考试招生制度改革的实施意见》中明确提出要"探索基于统一高考和高中学业水平考试成绩、参考综合素质评价的多元录取机制",即"两依据一参考"的高考评价方式。同年12月,教育部又专门出台了《关于加强和改进普通高中学生综合素质评价的意见》。目前学界就综合素质评价的意义、实践探索以及实践中出现的问题进行了探讨。但就全国范围而言,综合素质评价并未制度化。

综合素质评价推动着育人方式的变革。综合素质评价不同于以往以"甄别、选拔、淘汰"为核心的传统评价方式,其强调评价的"观察、记录及分析"功能,其目的是发现和培育学生良好的个性。② 通过改变传统的评价方式,学生的个性和闪光点得到挖掘和发展,教师和家长不再唯分数至上。综合素质评价也推动着高中人才培养模式的转型。③ 过去,高考就是高中教育的"指挥棒",高考指哪儿,高中教育就相应的侧重于哪个方向。高校招生在一定程度上参考高中的综合素质评价,在一定程度上倒逼着高中在日常教学活动中注重学生综合素质的提升,推动着高中教育从以"应试"到以"育人"目标的转变。另外,综合素质评价在一定程度上也满足了高等院校招生改革现实的需要,实现高校招生选拔信息多样化。在传统高考模式下,高校录取招生主要是按照高考分数来招考,忽视了学生的个体差异性,不能全面综合的考查学生的综合素质,显然无法满足高等院校选拔人才的需要。在新高考改革下,高校招生录取需参考考生的综合素质评价,这就使得高校在招生录取时不仅要看学生的学业水平,还同时考查了学生在思想品德、身体健康、艺术素养等方面。为高校招生提供了全面、立体、丰富的学生信息。

综合素质评价的实践探索。江苏省海安中学在"去功利化"理念下建立了综合评价电子平台,不仅在一定程度上减轻了教师的负担,还保证了综合素质评价的

① 钟秉林、王新凤:《我国高考改革的价值取向变迁与理性选择——基于40年高考招生政策文本分析的视角》,载《教育研究》,2017(10)。
② 王洪席:《高中学校实施综合素质评价的内在逻辑》,载《中小学教师培训》,2018(9)。
③ 刘志军、张红霞、王洪席、王萍、王宏伟:《新高考背景下综合素质评价的意蕴、实施与应用》,载《华东师范大学学报(教育科学版)》,2018(36)。

便捷性、真实性、常态化。① 而且记录了学生的成长过程，分析了学生的发展状态，发现学生的个性成长，也为学生指明了努力的方向。清华大学附属中学利用先进的信息技术，研发了名为"清中诚志"的综合素质评价系统。② 在高校招生方面，综合素质评价作为参考的一个方面，各高校增加了考生面试环节。复旦大学和上海交通大学采取了多轮面试的方式，其中，复旦大学采取了专家、考生五轮一对第一的面试模式，上海交通大学采取了"三对一"两轮面试模式。同济大学采取了单轮面试的方式。上海纽约大学借鉴纽约大学阿布扎比校园的做法，依据办学条件设计了校园开放日活动。③ 可见，各大学为了更全面的了解学生，从各自对人才的需要出发，采用了各具特色的面试方式。

综合素质评价操作困难、评价使用程度和尚未制度化等问题依旧存在。由于综合素质具有内隐的特征，内隐的素质并不一定都有外显的行为且外显的行为不一定都具有内隐的素质。因此内隐特征如何外显成为对综合素质评价的一个难点。④ 且现有政策对综合素质的界定不清晰，弱化了综合素质的整体性和个体性。⑤ 评价指标如何分解并合成，评价标准应模糊还是精确，评价结果应软参考还是硬挂钩，⑥ 这些都给综合素质的评价带来了困难。在新高考改革"两依据一参考"的变化下，高中的综合素质评价对于其本身具有重要的利害关系，那么其评价就会有一定程度的"失真"，高校在招生时对于高中给出考生的综合素质评价就会有一定的顾虑，有些高校甚至会"用不了，不敢用"。综合素质评价的政策抽象和规范缺失，造成我国综合素质评价制度化面临着合法性困境；综合素质评价不仅与高考制度、学业水平考试制度紧密相连，又与学校教育制度、课程与教学制度、教师评价制度学校管理制度相互联系，这些"制度从"的牵制，又造成了综合素质评价制度化的制度困境；综合素质评价的定位模糊，逻辑缺乏造成了综合素质评价制度化的认知困境。⑦ 在我国，综合素质评价能够"用起来"和"用得好"还有很长的一段路要走。

① 董裕华：《去功利化愿景下高中综合素质评价路径探析——基于江苏省海安高级中学的实践与思考》，载《中国教育学刊》，2018(5)。
② 王洪席：《高中学校实施综合素质评价的内在逻辑》，载《中小学教师培训》，2018(9)。
③ 田爱丽、严凌燕：《高校综合评价招生的理论、实践与展望——以上海市高考综合改革试点学校为例》，载《华东师范大学学报（教育科学版）》，2018(36)。
④ 刘丽群、屈花妮：《我国普通高中学生综合素质评价的两难困局》，载《课程·教材·教法》，2016(36)。
⑤ 田爱丽、严凌燕：《高校综合评价招生的理论、实践与展望——以上海市高考综合改革试点学校为例》，载《华东师范大学学报（教育科学版）》，2018(36)。
⑥ 刘丽群、屈花妮：《我国普通高中学生综合素质评价的两难困局》，载《课程·教材·教法》，2016(36)。
⑦ 樊亚峤：《综合素质评价的制度化困境及对策——新制度主义的视角》，载《中国教育学刊》，2017(7)。

（2）新高考考试科目设置的改革

2014 年国务院颁发的《关于深化考试招生制度改革的实施意见》中提出"改革考试科目设置……考生总成绩由统一高考的语文、数学、外语 3 个科目成绩和高中学业水平考试 3 个科目成绩组成。"在上海和浙江两个试点中，其分别采取了不同的考试科目组合方式。上海考生有 20 种选择，由于浙江高考考试科目增加了技术科目，考生共有 35 种选择。可见，新高考改革突出了考生在考试科目上的自主选择权。作为教学"指挥棒"的高考考试科目发生了变化，一方面，相应的教学方式也发生了转变；另一方面，传统高考科目的赋分方式也发生了转变。目前学界就新高考考试科目设置改革的探讨主要包括两部分：一是新高考考试科目设置改革引发的相应教学形式变革，二是由新高考考试科目设置改革引发的高考科目赋分问题。

在新高考对考试科目设置的改革下，学校经过对教学方式的多番探索，最终采取了"走班制"的教学形式。目前，学界就"走班制"教学仍还是围绕着江浙沪地区新高考改革试点进行讨论的。上海的华东模范中学早在新高考之前就提出了以走班形式为主的"导师制"，设置学生导师，引导高中生在高中阶段全面发展自我。新高考模式实施后，华东模范中学更是全面深化形成系统的"导师合作制"，让学生和教师尽快地适应新高考的要求。华中师范大学第一附属中学在校本选修课程中研发了一整套学生的选课走班流程，在高考课程中，采取了上午三节课的语文、数学、英语三门课程为固定课程，第四节课开始其余六门课程学生走班学习的形式。但是，在实施选课走班的过程中，由于学生生涯规划教育欠佳、学校资源不足、教育管理制度陈旧等原因，一些问题也凸显出来。首先，活动场所需求量的增加、对教师数量需求的加大以及德育工作的新变化都使学校产生了一些新的压力。其次，学生在选课时会感到茫然与焦虑，以及存在着一定的功利性和随意性。这也给学生带来不小的压力。而且，"走班制"可能降低学生与教师和同学的感情交流的频度与深度，增添了解决学生心理问题的难题。最后，学校的评价制度仍然单一化，缺乏针对性，招生标准的单一等配套制度的滞后，给学校实施走班也带了难度。

由选考科目带来的考试科目赋分问题显现。在传统高考中，同一竞争群体的考试科目是相同的，各科目试卷无论难易，对这一群体的所有考生的来说具有相同影响，原始分数直接相加不影响竞争的公平性。但是对于新高考中的选考科目，同一竞争群体选考的科目是不同的，各科目试卷的难度也不同，若将选考科目的分数直接相加，再以总分进行排序，很显然有违竞争的公平性，且给命题带来极大的压力与风险。因此，浙沪设计了一套"等级分"方案，基本思路是"将卷面分按事先公布的比例确定等级（浙江设 21 级、上海设 11 级），再转换为百分制分数计入总分，相邻等级的分差均为 3 分"。从实施效果看，等级分简单直观、计算简便，各等级比例事先公之于众，容易被公众接受和认可。但是，也存在着一些问题。考生的异质性导致浙沪计分制失灵，浙沪的计分制导致与政策设计的"根据报考高校要求和自身特长"和"为有需要的学生提供同一科目参加两次考试的机会"相矛盾。而且，对于考试科目等级赋分可能诱导考生及家长在选科时的博弈心理，造成学科失衡现象。

新高考是我们党和国家根据我国发展的新情况制定的一项政策，其目的是使高考更加公平、公正和科学。但是，考试科目的改变虽然在一定程度上赋予了考生更多的选择自主权，但是也出现了整体选择中的偏文、偏理现象、学霸科目以及"马太效应"等问题，对于考试科目设置的改革依然任重而道远。另外，新高考在实行的过程中权责不明、保障不够、制度不全、选考复杂、考生压力大和综合素质评价实施困难[1]等问题也依旧存在。这些都体现出了高考改革是一项牵扯到多方利益的复杂系统工程，仍需我们进行不断探索。

2. 异地高考

城市化进程的加快使进城务工人员的数量一直呈现上升趋势，大规模的人口迁移流动，进城务工人员随迁子女的高考问题受到广泛关注。为满足随迁子女能够参加异地高考的公共诉求，2012 年 8 月，国家教育部等相关部委下发《关于做好进城务工人员随迁子女接受义务教育后在当地参加升学考试工作的意见》，要求全国各省、市、自治区都应于 2012 年年底前出台有关随迁子女异地高考的方案，从而切实有效地推进随迁子女的考试工作。[2] 异地高考政策已经出台了 6 年，各地区根据自己的实际情况也颁布了相关政策，由于其复杂性在具体的执行过程中还面临着诸多困难。有学者从利益博弈的角度来探讨了异地高考的复杂性。高等教育资源优劣多寡与高等教育经费来源的不同成为农民工随迁子女流入地政府和流出地政府间进行博弈的利益矛盾。而且，随迁子女及家长与流入地子女和家长之间的利益矛盾又增加了异地高考改革的复杂性。[3]

这种复杂性主要体现在异地高考的政策执行和随迁子女多维的现实情况中。首先，异地高考的政策前提具有不合理性。异地高考政策通过提升心理资本、补偿家庭社会资本和削弱歧视知觉等促进了随迁子女的社会融入。[4] 但是，由于资

① 郅庭瑾：《高考改革如何真正有利于人才培养和社会公平——关于新一轮高考改革的思考与建议》，载《团结》，2018(2)。
② 李婉宜、张运红：《"异地高考政策"的能力限度》，载《教学与管理》，2017(4)。
③ 王燕：《农民工随迁子女"异地高考"中的利益博弈》，载《教学与管理》，2017(33)。
④ 吕慈仙：《异地高考政策与随迁子女社会融入》，载《教育科学研究》，2018(2)。

质信息和行为信息的不对称①，异地高考改革在政策执行和现实中也面临着诸多困境。杨颖秀指出"从国家授权的逻辑来看，随迁子女能否在流入地升学的前提是该地的城市功能定位、产业结构布局和城市资源承载能力，而不是随迁子女享有的宪法赋予的受教育权。"②这一逻辑在某种程度上为随迁子女异地升学设置了障碍。农民工对异地高考政策文本的认可度不高。在各地出台的政策中，对可参加异地高考的考生要求是"父母应缴纳一定年限的社会保险"。这一要求对于生活在城市底层的农民工而言，是很难达到的。③ 诸如此类的要求还很多，所以大部分农民工对于异地高考文本的认可度并不高。其次，政策执行偏离首要原则和政策目标群体不明确导致了异地高考政策在执行时也面临着很大的困难。站在教育公平和教育政策公正性的角度上看，地方政府在执行异地高考政策时应将保障农民工随迁子女公平受教育权以及升学权放在首要地位。但是地方政府在执行该政策时，将其原则进行重新排列，因此很难保证将农民工随迁子女的公平升学权利摆在第一位。④ 最后，招生体制的限制和户籍制度的障碍都为异地高考制造了障碍。当前我国高校招生制度主要采取各省分开、按计划人数进行录取。不同考生在不同地区使用不同的试卷，通过不同的方式参加不同类型的高考，他们的成绩很难放在一起一较高下。随迁子女的高考成绩很难在不同的地区进行评价和权衡。因而在分省按计划录取的制度下，异地高考将会出现一系列问题。⑤

异地高考政策是国家为促进教育公平所采取的一项措施，不仅仅是高考改革的重要一步，也为随迁子女传递着"只要我努力，就可以和另一个群体享受一样的待遇"的积极信号。相信经过各方的积极合作，努力调和各方利益主体的矛盾，最终异地高考政策在执行中能够达到预期效果。

**(三)我国普通高中课程改革的相关研究**

1. 课程改革的最新动向：课标颁布

2018 年 1 月 16 日，教育部印发《普通高中课程方案和语文等学科课程标准（2017 年版）》。这是自 2003 年教育部印发普通高中课程方案和课程标准实验稿以来，首次修订后正式发布。新课程方案和新课程标准的修订完成，是我国基础教育课程改革的重大成果，具有标志性意义，标志着我国普通高中教育从提高普

---

① 姚松：《异地高考政策运行中的信息不对称及其治理》，载《教学与管理》，2018(1)。
② 杨颖秀：《随迁子女异地升学政策的冲突与建议》，载《东北师大学报(哲学社会科学版)》，2013(2)。
③ 周正、刘玉璠：《回顾与展望：随迁子女异地高考问题研究》，载《黑龙江高教研究》，2017(1)。
④ 程思：《农民工随迁子女异地高考政策执行的困境分析》，载《市场周刊(理论研究)》，2017(7)。
⑤ 张娜：《多源流理论视域下异地高考政策分析及困境破解》，载《教学与管理》，2018(3)。

及水平为主转向高质量发展新阶段。① 修订后课程方案和课程标准发生诸多新变化，主要表现在课程方案、课程结构、课程标准、教学内容、质量要求等方面。目前学界对新课标的研究，主要集中在课程方案设计、分学科课程标准以及课程实施三大部分。

修订后的课程方案提升了学生学习课程的选择自由度，也与学生自我发展需求更相符。从课程方案的整体设计上看，明确了高中教育的地位，即不只是为升入大学做准备，还要为学生适应社会生活和职业发展做准备，为终身发展奠基，是基础教育的一部分。从课程结构上看，调整和规划了外语语种。在英语、日语和俄语的基础上，增加了德语、法语和西班牙语；课程类别由原来的必修和选修两类调整为必修、选择性必修和选修三类，以便与高考改革更好地衔接；调整了必修与选修的学分比例，在毕业总学分不变的前提下，增加了选择性课程学分，以更好地体现课程的选择性。同时强化了课程实施制度的建设，比如建立学生生涯规划指导制度、选课指导制度、新的教学管理制度、学分认定制度、综合评价制度等。② 以高中数学课程标准为例，课程结构纵向上分为学习领域、学科、模块 3 个层次，学生可以在同一领域内选择感兴趣的科目多学或少学。从管理上分为国家课程和校本课程两种类型，学生可以在两种类型的课程中选择学习内容。每一个学科的课程，又包括必修、限定选修、任意选修。高中课程目标的变化如数学课程由传统的"三大能力"变更为"五大能力"，是指空间想象能力、抽象概括能力、推理论证能力、运算求解能力、数据处理能力，增加了抽象概括能力和数据处理能力。在内容标准部分，将数学探究、数学建模与数学文化作为独立部分呈现，并提出了要求，对如何实施给出了说明和建议。③

分学科课程标准皆基于学科本质凝练了学科核心素养，并明确了学生学习相应学科课程后应达成的正确价值观念、必备品格和关键能力。由于分学科课程标准的探讨涉及多个学科，因此下文仅分别对主科、文科和理科课程中的某一个学科课程标准进行探讨。主科课程以数学课程标准为例，文科课程以历史学科课程为例，理科课程以生物为例。数学核心素养的本质，是描述一个人经过数学教育后应当具有的数学特质，大体上可以归纳为：会用数学的眼光观察世界，会用数学的思维思考世界，会用数学的语言表达世界。学生获取数学核心素养依赖于经验的积累，因此在教学设计中，要抓住数学内容的本质、知道学生的认知规律，

①　王湛：《为新时代高中教育绘制育人蓝图——〈谈普通高中课程方案和课程标准修订工作〉》，载《人民教育》，2018(Z1)。

②　赵小雅：《把握好修订后高中课标的"新"意》，载《中国民族教育》，2018(2)。

③　胡凤娟、吕世虎、张思明、王尚志：《〈普通高中数学课程标准（2017 年版）〉突破与改进》，载《人民教育》，2018(9)。

创设合适的情境、提出合适的问题，启发学生独立思考、鼓励学生与他人交流，在掌握知识技能的同时理解数学的本质、形成和发展数学核心素养。评价应当与教学融为一体、相辅相成，在考查知识技能的同时关注学生数学核心素养的达成，应当实现评价形式和命题形式的转变。① 数学核心素养是适应个人终身发展和社会发展需要的具有数学特征的思维品质与关键能力。高中阶段数学核心素养包括：数学抽象、逻辑推理、数学建模、直观想象、数学运算和数据分析。这些数学核心素养既相对独立，又相互交融，是一个有机的整体。② 基于数学核心素养的课程目标制订，应当以"知识作为核心素养的生成本源"为逻辑线索，以"数学核心素养贯穿课程体系的整体支配模式"为框架，用体现目标水平的层次结构方式，兼顾学业评价的可操作性。

历史学科的核心素养是学生在学习历史知识的过程中逐步形成、在解决真实情境中的问题时所表现出来的具有历史学科特征的正确价值观念、必备品格与关键能力，是历史学科育人价值的概括性、专业化表述和集中体现。在这次普通高中历史课程标准的修订中凝练出历史学科的五个核心素养，即唯物史观、时空观念、史料实证、历史解释和家国情怀。③ 要开展基于核心素养下的高中历史教学，需要高中历史教师的教学关注点发生转向，即如何从关注知识点的落实转向到核心素养的养成，从原来关注"教什么"转向到关注学生"学会什么"。在历史教学中渗透历史教育，做到教书与育人两不误，既要为学生打下坚实的知识技能的基础，更要培养他们正确的情感、态度、价值观，促进学生核心素养不断提升乃至进阶。

生物科学素养是公民参加社会生活、经济活动、生产实践和个人决策所需的生物科学知识、探究能力以及相关的情感态度与价值观，是公民科学素养构成中重要的组成部分。高中生物核心素养是高中阶段的学生通过高中生物课程的学习，初步形成生命科学的核心素养，提炼出生物学科中关注个人发展和社会发展的必备品格及关键能力，主要包括生命观念、理性思维、科学探究和社会责任。高中生物核心素养关注个人发展和社会发展的必备品格及关键能力，重点培养学生的生命观念、理性思维、科学探究和社会责任。④

新课标在实施上更注重学生学习课程的过程体验性，主要体现在教学内容、

---

① 史宁中、林玉慈、陶剑、郭民：《关于高中数学教育中的数学核心素养——史宁中教授访谈之七》，载《课程·教材·教法》，2017(4)。
② 张淑梅、何雅涵、保继光：《高中数学核心素养的统计分析》，载《课程·教材·教法》，2017(10)。
③ 徐蓝：《基于历史学科核心素养的课程结构与内容设计——2017版〈普通高中历史课程标准〉解读》，载《人民教育》，2018(8)。
④ 肖安庆、颜培辉：《高中生物核心素养的内涵与培养策略》，载《中小学教师培训》，2017(6)。

质量要求和评价目标上。从教学内容上看，根据学生年龄特征与生活经验，从学科特点出发，重新梳理和安排了必修、选择性必修和选修的课程内容，重视以学科大概念为核心，使课程内容结构化，并以活动主题为引领，使课程内容情境化。从质量要求上看，各学科增加了"学业质量"部分，明确了学生完成本学科学习内容后，学科核心素养应达到的等级水平，提出了学业质量标准。从评价目标上看，每一个学科课程标准的主题内容均有"内容要求""教学提示""学业要求"等部分组成，并依据学业质量要求细化了评价目标，增强了指导性和可操作性。[①]

　　实施修订后的普通高中课程方案和课程标准在体现学生自主性的基础上不但完善了课程方案的整体设计，而且使得课程实施更具可操作性，但是就目前而言，依然面临许多严峻的挑战。第一，本次课程修订课程方案所倡导的多样化选修课程、鼓励学生选择学习适合的课程等基本要求，对一些地区和学校而言，学校课程实施存在一定难度。第二，修订后的普通高中课程标准给教学改革、考试命题改革提出了新的更高要求。教师在日常教学中如何落实学科核心素养，学校的日常考试、高中学业水平考试特别是高考如何命题，都是理论上、实践中不容回避的问题，需要下气力系统研究解决。第三，修订后的普通高中课程对学校办学条件提出了新要求。落实修订后的高中课程，实行选课走班、分层教学等，必然打破学校长期习惯的行政班和教学班合二为一的教学组织和运行模式，给一些地区和学校的课程实施形成不能不面对的压力。[②]

　　对于新课程标准的落实实施，学界提出了可行性建议措施。第一，力争形成新的观念体系。修订后的课程标准的灵魂在于其所秉持和追求的观念与价值。立德树人、学科素养、核心能力等是课程方案和课程标准一以贯之的核心。第二，力争构建新的教学结构。从环节性变革走向结构性建设，从不断探索走向相对稳定，从点上尝试走向面上推广。这是落实 2017 年版课程方案和课程标准的基本要求。第三，力争建立新的评价体系。修订后的课程标准将学业质量作为课程标准的重要组成是一个历史性的进步。修订后的课程标准同时对学业水平考试、综合素质评价、高考命题、高校录取等相关工作提出了具体要求。第四，力争强化新的技术支持。各学科课程标准有关教、学、评的许多要求，都是基于新技术支持的。[③] 第五，加强制度环境建设。实施《课程标准（2017 年版）》，迫切需要加快一系列高中教育制度环境的建设、支撑和保障。从物质环境、师资环境、投入环

---

①　王湛：《普通高中课程修订后的主要变化》，载《重庆与世界》，2018(2)。

②　刘月霞：《普通高中课程方案和课程标准修订解读②如何扎实推进修订后的普通高中课程实施》，载《人民教育》，2018(5)。

③　张卓玉：《2017 年版普通高中课程方案与课程标准实施建议》，载《人民教育》，2018(Z1)。

境、教学环境、治理环境、法治环境等方面做出努力。①

2. 课程改革的培养目标：核心素养

学生发展的核心素养，主要指学生应具备的，能够适应终身发展和社会发展需要的必备品格和关键能力。2014 年《教育部关于全面深化课程改革落实立德树人根本任务的意见》首次提出"核心素养体系"这个概念。2016 年《中国学生发展核心素养》总体框架明确提出："中国学生发展核心素养"是以科学性、时代性和民族性为基本原则，以培养"全面发展的人"为核心，分为文化基础、自主发展、社会参与三个方面，综合表现为人文底蕴、科学精神、学会学习、健康生活、责任担当、实践创新六大素养。这六大素养涵盖了学生在接受相应学段教育过程中，逐步形成的适应个人终身发展和社会发展需要的必备品格和关键能力，也可具体为知识、能力和态度的综合表现。新一轮课程改革的实质是育人模式的改革，学生发展核心素养是深化课程改革的最根本、最核心、最关键、最活跃要素。发展学生核心素养也是本次深化课程改革的逻辑起点，统领教育各个环节。学界对于课程改革聚焦核心素养的探讨主要从两方面出发：一是聚焦核心素养对于课程改革的必要性，二是发展学生核心素养的课程实施要求。

课程改革聚焦核心素养是为实现高中育人模式的转变。高中阶段的教育在落实核心素养过程中发挥着至关重要的作用，充分利用好这一学生核心素养发展"关键期"，对于推进新课程改革进程意义重大。普通高中是连接基础教育与高等教育之间的桥梁，同时又承载着核心品格与核心能力培养的艰巨任务。然而，在现实中，人们对考试分数的过度重视，对升学率的片面追求，导致普通高中学生自主发展、责任担当和实践创新等核心能力被弱化。② 新版《普通高中课程方案和学科课程标准》的颁发对于改变传统应试教育中片面强调升学率、忽视学生全面发展的弊端具有进步意义，在深化课程改革的道路上前进了一大步。通过核心素养联结学校育人目标与课程体系，并根据核心素养目标，开发校本特色课程群，构建了适应学生发展和满足学生选择的课程体系，推进了育人模式的转变。高中育人模式的转变为学生选择教育提供了更多可能，也为学生的个性成长铺就了多条道路。这种模式的转变不仅帮助学生在教育选拔中更具优势，也令他们对学科学习上兴致更高。高中学校首要的教育任务是保证学校学科课程的多样性以及相同学科课程在不同水平上的丰富性。③ 随着中国学生发展核心素养的提出，

① 张志勇：《实施 2017 年版普通高中课程方案亟待加强制度环境建设》，载《人民教育》，2018(Z1)。

② 田丽：《以核心素养为引领，探寻普通高中生涯规划教育实施体系》，载《课程·教材·教法》，2017(10)。

③ 周彬：《指向学生个性成长的高中教育转型——基于上海与浙江高考改革试点的实践研究》，载《中国教育学刊》，2017(4)。

中国教育正式从知识时代进入素养时代，学生不再是冷冰冰的分数和知识点的集合，而具化为兼具文化基础、自主发展、社会参与等必备品格和关键能力的"人"，中国式"毕业生形象"也愈发显得具象清晰。[①]

以核心素养为培养目标的课程改革，对学校课程结构和课程实施提出了新的要求。在课程实施方面，素养导向的学校课程需要变革既有学科本位的课程模式，以学生的核心素养发展为主轴，实现各教育阶段的连贯以及各学科之间的统整，增加不同范围和深度的跨学科课程整合。跨学科整合课程对于儿童从经验的方式向理性自觉的方式认识世界和参与社会进行转化具有至关重要的作用。我国学生发展核心素养体系的构建，课程教学是主渠道和主阵地，最终要通过课程实施落地。课程方案与课程标准期望达到预期效果的一个基本前提就是，必须构建与相匹配的核心素养为本的新评价体系，并付诸实施。[②] 在课程结构方面，培养学生的核心素养对既有学科课程在内容组织和呈现方式上提出了挑战。依据新课改，普通高中课程由学习领域、科目、模块三个层次构成。其中，学习领域共有八个，包括语言与文学、数学、人文与社会、科学、技术、艺术、体育与健康和综合实践活动等，每一领域由若干科目组成，科目之下是模块组合。[③] 每门学科本质上都是人类经过长期探索和实践形成的一种认识世界或社会的独特方式和视角，有着其特有的概念或符号系统、知识体系与学科实践。[④] 一门学科的教学涉及四个层面：知识层面教学、方法层面教学、思维层面教学以及文化/价值层面教学。[⑤]

核心素养的评价标准从多维育人目标入手，为真正实现学生的全面发展提供了逻辑依据。开展核心素养评价，应处理好核心素养评价与现有评价的关系，以核心素养为统领，整合、改造、优化现有评价。在评价标准的确定方面，应基于核心素养设置教育质量评价的标准，将核心素养指标各评价维度进一步细化。在评价方法方面要把多种方法结合起来。核心素养评价结果的呈现和使用应遵循其原则，以充分发挥核心素养评价的效用。[⑥] 核心素养的本质是育人目标，而育人目标的本质是教育的价值取向。核心素养体系建构与教育价值取向有着必然的内在联系。中国学生发展核心素养体系与三元教育价值分类体系形成相互对应的关系。在中国学生发展核心素养的三个方面中，自主发展对应的是教育的元价值

① 任学宝：《核心素养培育要落实到学科教学的四个层次》，载《人民教育》，2017(Z1)。
② 孔凡哲、康翠萍：《实施 2017 版高中课程方案与课程标准的评价诉求》，载《教育科学研究》，2018(9)。
③ 乐毅、陈雯：《新一轮高考改革对普通高中教育的影响》，载《教育理论与实践》，2017(26)。
④ 杨向东：《基于核心素养的基础教育课程标准研制》，载《全球教育展望》，2017(10)。
⑤ 任学宝：《核心素养培育要落实到学科教学的四个层次》，载《人民教育》，2017(Z1)。
⑥ 索桂芳：《核心素养评价若干问题的探讨》，载《课程·教材·教法》，2017(1)。

（个体性价值）；文化基础对应的是教育的工具性价值；社会参与对应的是教育的消费性价值（社会性价值）。由此可知，中国学生发展核心素养的顶层逻辑与教育价值的分类逻辑严谨对应，体现了严密的教育价值顶层设计。三个领域分别体现了对人的个体性的发展、工具性的发展和社会性的发展，分别对应了教育的元价值、工具性价值和消费性价值。三个领域相互协同、相互融合、相互促进。中国学生发展六大核心素养都基于教育价值的顶层逻辑，体现了本领域的特征。①

为了落实、践行选择性教育，浙江普通高中以课程改革为抓手，先后经历了以校本课程开发、学校课程顶层设计、高考新政实施为标志的课程改革。嘉兴市第五高级中学就开发、开设与实施了《国学经典诵读》《英语视听室》《现代应用文写作》《第六日工作室》《数学思辨社》等校本课程。杭州二中在"学生的卓越成长"办学理念的引领下，描绘了"一体两翼三层四类"的课程结构图。浙江省积极承担深化考试招生制度改革的试点，把高考改革当作撬动深化高中课改的支点，以"7选3"的高考改革助推和倒逼普通高中课改。浙江普通高中转型性变革显示出其独具特色的教育新形态，但在此过程中一些深层的问题也渐次浮出水面，诸如学生全面而有个性的发展与教育的功利化追求的相背而行，课程改革与高考改革的貌合神离，学生学习选择权的实现与教育教学资源的供给不匹配等，需要在推进普通高中转型性变革中进一步思考与解决。②

3. 课程改革的培养模式：生涯教育

20 世纪初，为解决青年学生毕业即失业和工商业急需人才的矛盾，当时一些教育界和实业界有志之士从我国经济落后的实际情况出发，借鉴西方国家职业生涯教育的理论，开始倡导、实验并实施职业生涯教育。1916 年，清华学校校长周寄梅邀请实业界和教育界专家、名人到校作职业演讲，对学生的职业倾向进行调查，并实施"生涯规划"相关的课程辅导，这是中国职业生涯教育的开山之作。随后成立了职业指导委员会，编辑出版了指导性教材。之后全国一些中学和大学也成立了相应机构，开展职业生涯教育活动。所谓广义的生涯教育，是指社会个体在其整个生命活动的时空中所接受的、以认识自我与职业，和以规划未来生涯为主要内容的一切教育活动。所谓狭义的生涯教育，主要指社会个体在其某一段生命活动的时空里所接受的以认识自我与职业，和以规划未来生涯为核心内容的一切教育活动（主要为学生时代），也可以指社会个体在其某一生命活动的时空里所接受的以认识自我与非职业认知——规划为核心内容的教育（培训）活

---

① 杨志成：《核心素养的本质追问与实践探析》，载《教育研究》，2017(7)。
② 李润洲：《普通高中转型性变革的实践探索与理论思考——基于浙江的"选择性教育"》，载《当代教育科学》，2018(6)。

动（主要为跨入职业界以后）。

在当代，通常我们所说的生涯教育是属于狭义上的，是指渗透于课程教学并与学生的职业觉察、探索和准备等内容密切相关的学校教育的一个有机组成部分，主要指学校形态的生涯发展教育与辅导。① 我国基于经典的生涯教育发展理论，借鉴国外与港台地区生涯教育经验，结合当下教育政策与环境，提出六项本土化的生涯教育内容：生涯意识、自我认知、教育认知、职业认知、选择与行动。生涯教育在普通高中阶段起着承前启后、为升学或就业做准备的重要作用。在新一轮高考改革"增加学生选择权，促进科学选才"的政策导向下，普通高中生涯教育要积极开展符合高中多样化课程设置、高中教育阶段任务本质要求的生涯教育课程探索，促进高中与大学的有效衔接。② 目前学界对高中生涯教育的探讨主要集中在两大部分：一是为什么需要进行高中生涯教育，二是高中生涯教育的现实处境，三是应如何实施高中生涯教育。

学界对高中生涯教育存在的必要性进行了探讨。在新高考改革背景下，生涯规划是学生当下发展和长远发展都不容忽视的一个重要环节。通俗来讲，高中生涯教育是为了更好地适应高考改革和学生自主发展。高中生正处在个体生涯发展的探索期，通过生涯规划，不仅可以帮助学生了解自己的能力倾向、价值观、兴趣、期望、对职业的喜好及彼此间的关系，还能使学生通过选修适当的课程，进行在职训练或制定研究计划，逐渐培养学生具有将来步入社会或进一步深造所需要的资格。③ 第一，高中生涯规划教育是培养学生核心素养的需要。中国学生发展核心素养以培养"全面发展的人"为核心，生涯规划教育同样强调人的全面发展，培养自主发展能力，认识和发现自我价值，对未来发展有明确的人生方向是高度一致的。生涯规划教育是落实学生选择权的必要途径，是培养学生发展核心素养的重要手段。基于"核心素养"培养的高中生涯规划教育课程开发应当成为教学改革的方向。第二，生涯规划教育是新高考改革的需要。通过高中生涯规划教育，指导学生根据自己的性格特征、兴趣爱好、发展目标、学业基础，详细制定高中阶段学业规划，科学合理地选择高中学业水平考试的选考科目、层次和进度，并将高中阶段科目选择与未来专业选择和深度学习进行有效衔接，统筹安排高中三年的学习内容，从容应对新高考的挑战。第三，生涯规划教育是学生自主发展的需要。通过开设高中生涯规划教育课程，使学生意识到根据自身兴趣、个

---

① 南海、薛勇民：《什么是"生涯教育"——对"生涯教育"概念的认知》，载《中国职业技术教育》，2007(3)。
② 王惠燕：《高中生涯教育"学科群"课程体系的构建》，载《教学与管理》，2018(10)。
③ 王爱芬、雷晓：《新高考改革背景下高中生涯规划教育及其实现路径》，载《教育理论与实践》，2018(1)。

性特质、价值追求选择合适发展方向的重要性，其科学规划的能力、学会学习的能力、责任担当的能力，实践创新的能力等都将在课程指导下获得成长。①

新高考改革使学生职业生涯规划被提到新高度，但是实施高中生涯教育的现实处境不容乐观。当前的高中职业生涯规划指导存在理念功利化、目标模糊化、资源不均衡的问题。从当前高中职业生涯规划课程开设的情况看，部分学校的理念偏向于升学教育，存在功利化倾向。高中职业生涯规划课程成为新高考改革下的装饰，偏重于专业介绍和职业介绍，缺乏对学生探索自我、学业、职业等方面能力的培养。由于长期以来高考分数论思想的影响，相当多的学校指导目标是模糊的，不明白职业生涯规划开展的真正意义所在，其指导形式是零散的、不成体系或不完整的。学生仍习惯性地全神贯注于文化课学习，教师仍为学生学科成绩的提高疲于奔命，职业生涯规划课程未能发挥其真正的作用。高中职业生涯规划课程的开设是以测验、讲座、必修课程和职业体验为主要形式的。相对优质的学校可以充分利用校内资源，以及校外专家名流、实践场所、合作高校等社会资源，开展形式多样、内容丰富的职业生涯规划课程。而那些相对弱势的学校难以与优质学校抗衡。② 此外，学校管理者及有关教师对生涯辅导的重视不够、生涯辅导的内容窄化为帮助学生选择适合自己的科目、生涯辅导活动的形式单一，成效不足也是高中生生涯辅导存在的突出问题。③

学界为完善高中生涯教育课程体系建设提出了诸多宝贵意见建议。当下实施的高中生涯规划课程体系仍然存在若干问题，如生涯课堂教学学科渗透有待完善、生涯规划课程形式尚不合理、课程实施资源缺乏有效整合等。针对高中生涯规划课程存在的问题，有学者提出了高中生涯规划课程实施的优化建议。在课程实施模式上，学校可在渗透性教学的生涯学术综合课程基础上，尝试跨学科主题式的学科与生涯相整合的创生性学习，还可将校外组织或机构的创造性生涯规划项目引入学校，给学生带来创生性的生涯规划课程学习体验。在课程实施模块方面，针对高中生涯规划课程实施形式之间存在交叉重合，缺乏常规化和持续化，未能依据不同阶段学生的需求有针对性地安排的问题，学校可将课程实施模式体系化，明确不同课程实施模块给学生带来的不同体验和素养要求。在课程实施资源的整合中，高中生涯规划课程作为一门具有综合性、体验性的课程，在实施过程中要关注到各方资源的整合，如学校、家长、社会、网络资源等，才能为学生

① 张岁玲、王晶：《高中生涯规划教育校本课程开发研究》，载《课程·教材·教法》，2018(5)。
② 包海诚：《"互联网＋"新高考职业生涯规划指导》，载《教育探索》，2017(6)。
③ 陈宛玉、叶一舵、杨军：《新高考背景下高中生涯辅导的必要性、内容及实施途径》，载《教育评论》，2017(11)。

创设生态化的学习环境和多样化的学习方式。① 为了使高中生涯教育突破高等院校生涯教育模式的桎梏，响应深化高校招生录取制度改革，有学者建议建构"学科群"课程体系。"学科群"生涯教育课程着力构建"一体两翼"的实践教育模式，以培养学生的学科情感和能力为中心，将系统化、规范化的课堂教学与灵活性、体验式的实践教学两翼相结合，主要分为学科知识普及、学科素养评估、学科发展与职业展望、学科创新思维培育四大模块，突出了学生在中高等教育衔接中"能选择、会选择、愿选择"的功能指向，体现了普通高中在人才培养系统中的衔接作用，实现了人才培养的终身发展理念。②

新高考下普通高中生涯规划教育的顺利实施要依托完善的保障制度。一是建立开放式的生涯规划教育体系。生涯规划教育涉及学校课程、政府行为、社会就业、社区环境等因素，必须建立开放式的教育体系，各方面形成合力。二是构建丰富的生涯规划教育课程资源。开发成型的生涯规划教育教材资源，全方位实施普通高中生涯规划教育。既要做到将生涯规划教育贯穿普通高中教育全程，也要使生涯规划教育形成系统、全面的教育体系。三是加强普通高中生涯规划教育队伍建设。目前普通高中生涯规划教育师资力量薄弱，生涯规划教育效力低下。普通高中必须加强普通高中生涯规划教育师资队伍建设，要加强现有师资力量的培训，建设一支专业化的职业生涯教学队伍。四是优化普通高中生涯规划教育管理。成立生涯规划教育管理部门，包括生涯规划教育管理协调部门和学校生涯规划教育的专门机构等，此外应注重完善生涯规划教育的法律法规。③

## 结　语

2017—2018 年，我国普通高中教育稳步发展，各地积极推进中高考制度改革，实施符合核心素养新要求的综合评价考核方式，加快普及高中阶段教育。为了顺利且有质量的完成 2020 年全面普及高中教育的目标，还需进一步规划。第一，提升高中教育资源配套水平。科学预测高中阶段学龄人口数量，预留教育用地，合理规划学校布局，保证学位的充足供给。建立健全高中教育财政保障体系，确保普及高中阶段教育经费投入充足。第二，加强高中阶段教师队伍建设。要面向新时代教师队伍建设改革的总体要求，拓宽高中阶段教师补充渠道，合理配置教师资源。全面提升教师的教育教学水平，完善高中教师培训体系，打造

---

① 聂洋溢：《高中生涯规划课程实施及其优化——基于杭州市五所高中的调查研究》，载《教育科学研究》，2018(6)。

② 王惠燕：《高中生涯教育"学科群"课程体系的构建》，载《教学与管理》，2018(10)。

③ 李军靠、丁一鑫：《新高考下普通高中生涯规划教育样态重塑与保障》，载《教育探索》，2018(1)。

"高素质、专业化、创新型"教师队伍。第三，进一步推进高中课程改革。以新课程标准为导向，加快建设基于核心素养的课程体系。创新培养模式，加强职业生涯规划课程建设，以适应学生多元化的未来发展需求。

【报告撰写人：刘善槐、吉慧、王涛、杨颖、朱秀红、王爽、李梦琢。薛芳芳、刘煜、殷美娜、贾罗钰参与了文稿校对工作。作者单位：教育部人文社科重点研究基地东北师范大学中国农村教育研究院】

# 第四章 农村职业教育年度进展报告

## 概 要

  本报告从政策、发展、研究三个方面，主要展示 2018 年我国农村职业教育的发展情况，探索现存农村职业教育的发展现状、政策导向，分析其面向农村的区域服务功能，结合当前的研究热点，以辩证地看待农村职业教育的未来发展。研究显示，该阶段我国农村职业教育进展，主要围绕乡村振兴战略、县级职教中心建设、农村职业教育产教融合、农业供给侧改革等方面开展各项工作。研究发现农村职业教育现阶段总体规模以"量"而言处于不断萎缩的趋势，虽在校生人数近两年基本稳定，但农村职业教育机构持续减少，整体招生数量和教师存量持续下滑。对农村职业教育资源的投入虽持续增长，但增长速度落后于农村普通高中，总体而言农村职业教育的社会地位仍旧处于"边缘化"。在下一阶段，农村职业教育需紧紧围绕乡村产业发展和振兴，并为之提供人力和智力支持的任务，因此精确校正农村职业教育的定位尤为关键。提出的主要措施建议有：深入推进国家现代农村职成教改革试验区建设；围绕服务现代农业产业体系、生产体系、经营体系优化农村职业教育专业体系，打造精准服务现代农业和农村发展的涉农专业集群；深入推进农村产教融合、校企合作，培育一批骨干农业职业教育集团；建好县(市)、乡镇和村三级农村职成(社区)教育网络体系。

## 一、农村职业教育大事记

  2017 年 9 月 14 日，国务院办公厅印发《关于加快推进农业供给侧结构性改革大力发展粮食产业经济的意见》。意见强调发展粮食高等教育和职业教育，支持高等院校和职业学校开设粮食产业相关专业和课程，完善政产学研用相结合的协同育人模式，加快培养行业短缺的实用型人才。

2017年9月24日，中共中央办公厅、国务院办公厅印发《关于深化教育体制机制改革的意见》（以下简称《意见》），指出要完善提高职业教育质量的体制机制，大力增强职业教育服务现代农业、新农村建设、新型职业农民培育和农民工职业技能提升的能力。

2017年9月25日，教育部印发《职业教育东西协作行动计划滇西实施方案（2017—2020年）》。方案提出要发挥职业教育在脱贫攻坚中的重要作用，完善滇西职业教育东西协作内容、模式和机制，加快落实滇西扶贫工作的总体目标，实施东部四省（市）滇西招生兜底行动计划、职业教育基础能力提升计划、新增劳动力东部就业计划和推进滇西职业教育国际交流。

2017年10月9日，由教育部承办的2017年减贫与发展高层论坛之教育扶贫论坛在北京召开，教育部副部长孙尧指出"脱贫攻坚的实践充分证明，职业教育扶贫是见效最快、成效最显著的扶贫方式，职教扶贫要落精准、强基础、抓协作、重就业，实现"职教一人、就业一人、脱贫一家"的目标。目前，我国基本构建了较为完善的职教扶贫制度体系。

2017年10月16日，第18期援埃塞俄比亚农业职业教育技术援助项目行前培训班暨党建工作动员会在北京召开。吴昌学处长介绍了当前中非农业合作大环境和合作重点，并结合援埃塞农业职教项目特点，对如何提高援助成效提出了意见建议，在彰显我农业职教教师专业风姿的同时，适时加大宣传力度，提升中国的国际影响力。

2017年12月2日，全国职业教育与继续教育工作推进会在北京举行。会议强调，要突出服务大局，打造中国特色高水平职业院校和专业，形成人才培养高地；要突出脱贫攻坚，实施好职业教育东西协作行动计划。

2017年12月27日至29日，全国扶贫开发工作会议在北京召开。2017年度减贫任务超额完成，贫困人口减少1 000万以上；2018年，将开展扶贫领域作风专项治理，解决责任落实不到位、工作措施不精准、工作作风不扎实、资金管理使用不规范，及形式主义、官僚主义和腐败等突出问题。

2017年12月28日到29日，2017年中央农村会议在北京召开。会议强调要打好精准脱贫攻坚战，走中国特色减贫之路，并明确指出，要注重扶贫同扶志、扶智相结合，瞄准贫困人口精准帮扶，聚焦深度贫困地区集中发力，激发贫困人口内生动力。

2018年1月15日在《教育部 国务院扶贫办关于印发〈深度贫困地区教育脱贫攻坚实施方案（2018—2020年）〉的通知》中要求精准建立"三区三州"教育扶贫台账，加快发展职业教育，省级统筹职业教育资金，支持"三区三州"每个地级市

(州、盟)建设好一所中等职业学校。面向"三区三州"实施推普脱贫攻坚行动,多渠道加大"三区三州"教育扶贫投入,并加大保障力度。

2018 年 2 月 5 日,教育部印发《中共中央国务院关于实施乡村振兴战略的意见》(下文简称《意见》),对实施乡村振兴战略进行了全面部署,意见强调,优先发展农村教育事业,加强农村职业教育,逐步分类推进中等职业教育免除学杂费,统筹配置城乡师资,建好建强乡村教师队伍。要大力培育新型职业农民,全面建立职业农民制度,完善配套政策体系,实施新型职业农民培育工程。支持新型职业农民通过弹性学制参加中高等农业职业教育,鼓励各地开展职业农民职称评定试点。

2018 年 2 月 8 日,农业部办公厅印发《2018 年农业科教环能工作要点》,并发出通知。通知强调以完善政策和提高质量为重点,大力培育新型职业农民。推进全面建立职业农民制度,将新型职业农民培育工作纳入农业农村经济考核,壮大新型职业农民队伍,完善新型职业农民培育模式,取"一点两线全程分段"方式,分层分类分模块。探索政企合作模式,采取政府购买服务等方式,支持农民专业合作社、龙头企业、农业职业教育集团承担培育任务。支持新型职业农民采取"弹性学制、农学交替"的方式,接受中高等职业教育,提升新型职业农民培育条件能力。

2018 年 3 月 9 日至 12 日,由教育部职业教育与成人教育司副司长谢俐,云南省教育厅副厅长郑毅等一行共 25 人组成的调研组到怒江,就怒江州职业教育工作进行实地调研。谢俐强调抓好教育脱贫攻坚这件大事,真正助力脱贫攻坚,要行成合力,建成可推广的怒江模式,在深度贫困地区建立样板机制。

2018 年 4 月 3 日,农业农村部、财政部发布了《2018 年财政重点强农惠农政策》。政策具体阐述农民直接补贴、支持新型农业经营主体发展、支持农业结构调整等八大方面财政重点强农惠农政策。并强调在支持新型农业经营主体发展方面,主要包括新型职业农民培育、农民合作社和家庭农场能力建设、农业生产社会化服务和农业信贷担保体系建设。

2018 年 4 月 19 日,教育部办公厅发布关于公布第五批国家农村职业教育和成人教育示范县创建入围名单通知,将河北省宁县等 59 个县纳入第五批示范县名单。通知要求建立"职业农民"的制度,增强农村职业教育和成人教育持续发展能力,提高其社会贡献率,成为真正的示范典型。

2018 年 5 月 31 日,中共中央政治局召开会议审议《乡村振兴战略规划(2018—2022 年)》和《关于打赢脱贫攻坚战三年行动的指导意见》,中共中央总书记习近平主持会议。会议强调要集中力量支持深度贫困地区脱贫攻坚,着力改善深度贫困地区发展条件,着力解决深度贫困地区群众特殊困难,着力加大深度贫困地区政策倾斜力度。强化到村到户到人的精准帮扶举措，加大产业扶贫力度，全力推进就业扶贫，深入推动易地扶贫搬迁，加强生态扶贫，着力实施教育脱贫攻坚行动。

2018 年 6 月 14 日，农业农村部办公厅发布关于做好 2018 年新型职业农民培育工作的通知。通知要求准确把握乡村振兴战略新要求，明确新型职业农民培育的目标任务。聚焦乡村振兴人才需求，切实提高新型职业农民培育的针对性、规范性和有效性；狠抓管理机制创新，确保新型职业农民培育工作要求落到实处取得实效。

2018 年 7 月 3 日至 4 日，2018 年职业教育与城市发展高层对话会在陕西省杨凌示范区举办。第十二届全国人大常委会副委员长、中华职业教育社理事长陈昌智出席开幕式并强调：职业院校要充分发挥人才资源优势，主动作为。一要办融合型职业教育；二要办服务型职业教育，培育新时代的新型农民，推动一、第二、第三产业融合发展；三要办创新型职业教育，切实为乡村振兴人才培养和全面建成小康社会作出应有贡献。

2018 年 7 月 15 日，《2018 中国高等职业教育质量年度报告》发布会在北京隆重召开。报告指出高职教育服务脱贫攻坚呈现新态势，形成"专业支撑＋产业扶贫""组团式扶贫"等特色模式。校村合作、校镇合作成为城乡融合新模式，成为乡村振兴人才培养的新特点，一批中西部地区院校正在成为当地发展的新地标。

2018 年 8 月 19 日，中国职业教育国际合作峰会在深圳举行。人力资源和社会保障部原党组副书记、副部长杨志明发表了题为《农民工走入技能新时代》的主旨演讲，指出职业教育已经翻开了新篇章，中国农民工走入了技能新时代。并倡议职业教育界要发出"技能成才，技行天下，技工有限，技能无限，拥抱技工，商机无限"的信号，为打造亿万农民工成为知识型、技能型、创业型的新兴劳动者进行坚持不懈的努力、奋斗。

2018 年 8 月 20 日，农业农村部和浙江省签署《共同建设乡村振兴示范省合作框架协议》共同推动浙江乡村振兴示范省建设，带动全国实施乡村振兴战略。农业农村部党组书记、部长韩长赋表示：农业农村部将充分发挥实施乡村振兴战略的牵头作用，着力构建横向良性协调、纵向有效贯通的运行机制，推动各个相关部门充分发挥优势，助力浙江省做好示范省创建工作。同时，也要进一步加大对浙江的支持力度，高水平打造农业农村现代化浙江样板，为全国实施乡村振兴战略开好局、起好步提供浙江实践和浙江经验。

## 二、农村职业教育事业发展

农村职业教育事业发展状况研究的研究范围包括各层次学历教育以及社会培

训中涉及农村职业教育的相关数据指标,时间范围为 2008 年至 2017 年,指标的基础数据来源于《中国统计年鉴》(2008—2016)、《中国教育统计年鉴》(2009—2016)、《中国劳动统计年鉴》(2009—2017)、《中国教育经费统计年鉴》(2009—2017)、《2017 年教育统计数据》和《中国教育事业发展统计简况》(2017)。

**(一)农村职业教育机构与资源配置状况**

**1. 农村职业教育机构消减加速**

农村职业教育机构持续消减,且消减趋势不断加大。职业技术培训机构数量从 2009 年的 153 128 所降至 2017 年的 89 211 所,降幅为 41.74%。其中农村成人文化技术培训学校(机构)数量从 2009 年的 129 443 所下降至 2017 年的 64 307 所,总体降幅为 50.32%,幅度高于职业技术教育培训机构的整体水平,且年降幅不断增加。农村成人文化技术培训学校(机构)数占职业技术培训机构数的比例不断下降,从 2009 年的 84.53% 下降到 2017 年的 72.08%。

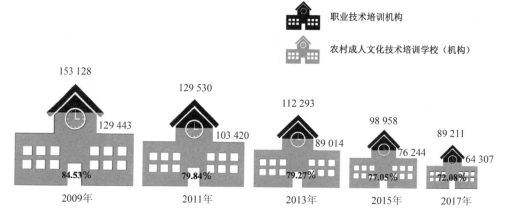

图 4.1 职业技术培训机构、农村成人文化技术培训学校(机构)及其占比

**2. 农村职业教育生均办学条件**

2008—2016 年农村成人文化技术培训学校(机构)各项生均办学条件均低于职业技术培训机构生均办学条件水平(见表 4.1),尤为体现在生均教学行政用房面积、生均图书藏量、生均固定资产值和生均教学实习仪器设备资产值等四个指标。从纵向角度看,两者办学条件在生均占地面积和生均教学行政用房建筑面积两个指标的年差距逐渐拉大。

表 4.1　农村职业技术培训机构生均办学条件状况

| 指标 | 比较维度 | 2008 | 2010 | 2012 | 2014 | 2016 |
|---|---|---|---|---|---|---|
| 生均占地面积/平方米 | 总体 | 2.87 | 2.65 | 2.69 | 2.50 | 2.53 |
| | 其中农村 | 2.52 | 2.61 | 1.87 | 1.75 | 1.86 |
| 生均教学行政用房建筑面积/平方米 | 总体 | 0.88 | 0.91 | 1.00 | 0.95 | 1.11 |
| | 其中农村 | 0.71 | 0.76 | 0.53 | 0.50 | 0.53 |
| 生均图书藏量/册 | 总体 | 3.01 | 2.26 | 3.09 | 3.52 | 3.43 |
| | 其中农村 | 1.28 | 1.26 | 1.40 | 1.48 | 1.63 |
| 生均教学用计算机数/台 | 总体 | 0.01 | 0.01 | 0.02 | 0.01 | 0.02 |
| | 其中农村 | 0.01 | 0.01 | 0.01 | 0.01 | 0.01 |
| 生均固定资产值/万元 | 总体 | 0.17 | 0.09 | 0.10 | 0.44 | 0.23 |
| | 其中农村 | 0.05 | 0.03 | 0.05 | 0.34 | 0.05 |
| 生均教学实习仪器设备资产值/万元 | 总体 | 0.04 | 0.03 | 0.03 | 0.17 | 0.11 |
| | 其中农村 | 0.01 | 0.01 | 0.01 | 0.02 | 0.01 |

3. 农村职业教育经费投入不断加大

农村职业高中生均教育经费支出从 2008 年的 5 357.29 元增长到 2016 年的 14 816.39 元，纵向来看，仍低于全国职业高中生均教育经费支出水平，但差距正逐渐缩小；农村职业高中生均预算内教育经费支出从 2008 年的 3 139.56 上升至 2016 年的 11 725.33 元，农村职业高中生均预算内经费支出落后于农村普通高中的增长速度(见表 4.2)。

表 4.2　农村职业高中与农村普通高中、全国职业高中生均教育经费支出比较

| 指标 | 比较对象与基准 | 2008 年 | 2016 年 |
|---|---|---|---|
| 生均教育经费 | 农村职业高中/农村普通高中(以农村普通高中为 100) | 112.09 | 111.00 |
| | 农村职业高中/全国职业高中(以全国职业高中为 100) | 79.18 | 82.38 |
| 生均预算内教育经费 | 农村职业高中/农村普通高中(以农村普通高中为 100) | 118.56 | 113.39 |
| | 农村职业高中/全国职业高中(以全国职业高中为 100) | 81.92 | 86.09 |

4. 农村职业教育师资存量呈现不断下降趋势

农林牧渔类生师比与总体职业教育生师比依旧存在较大差距(见表 4.3)。

表 4.3　各类职业学校生师比

| 职业学校类别 | 比较维度 | 2009 年 | 2011 年 | 2013 年 | 2015 年 | 2017 年 |
|---|---|---|---|---|---|---|
| 中等职业学校（机构）<br>（不含技工学校） | 总体 | 26.09 | 25.75 | 22.97 | 20.47 | 19.59 |
| | 农林牧渔类 | 65.95 | 104.06 | 75.50 | 47.33 | 41.92 |
| 职业技术培训机构 | 总体 | 198.60 | 168.31 | 164.63 | 148.42 | 145.23 |
| | 其中农村 | 384.04 | 370.15 | 337.70 | 354.47 | 414.79 |

第一，中等职业学校（机构）（不含技工学校）专任教师数从 2009 年的 588 694 人上升至 2015 年的 652 447 人后出现下降趋势，2017 年为 640 398 人。专任教师为其中中等职业学校（机构）（不含技工学校）农林牧渔类专任教师数从 2009 年的 17 902 人上升至 2015 年的 22 137 人，2017 年下降至 18 873 人。中等职业学校（机构）（不含技工学校）生师比在 2009 年至 2012 年为上升趋势，之后到 2017 年则持续下降。生师比不断优化的得益于农林牧渔类专业在校生的大幅减少，而专任教师减少速度相对缓慢。

第二，职业技术培训机构专任教师数从 2009 年的 263 825 人上升至 2017 年的 28 9647 人，其中农村成人文化技术培训学校（机构）专任教师数从 2009 年的 96 967 人下降至 2017 年的 67 702 人。职业技术培训机构生师比在 2009 年至 2017 年共下降了 53.37%，农村成人文化技术培训学校（机构）生师比在 2009 年至 2013 年小幅下降后，2015 到 2017 年共上涨 17.02%。在职业技术培训机构总体师生比不断优化的大背景下，近几年农村成人文化技术培训学校（机构）生师比出现"逆优化"趋势，其生师比仅为职业技术培训机构的 35.01%，农村成人文化技术培训学校（机构）专任教师资源在职业技术培训机构中的弱势较为显著。农林牧渔类等专业的教师资源在整个中等职业学校（机构）体系中也明显处于弱势地位。

2017 年，中等职业学校（机构）（不含技工学校）专任教师各级职称所占比例排序为中级（39.39%）、初级（24.92%）、副高级（24.96%）、无职称（10.34%）、正高级（0.84%），农林牧渔类专任教师各级职称所占比例排序为中级（40.97%）、副高级（31.27%）、初级（21.46%）、无职称（5.45%）、正高级（0.84%）；中等职业学校（机构）（不含技工学校）农林牧渔类专任教师正高、副高和中级职称比例均高于全国水平（见图 4.2），但进一步结合教师年龄数据分析后发现，其师资结构不断优化的背后蕴含着农村职业教育师资队伍无法得到及时补充的隐忧。

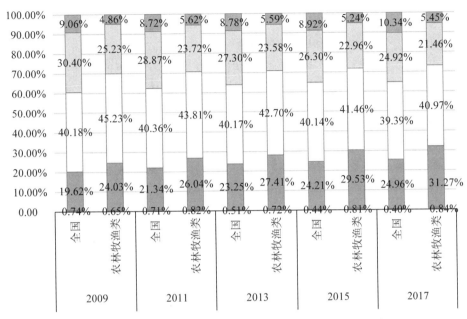

图 4.2　全国和农村中等职业学校专任教师职称结构对比

## (二)农村职业教育招生、在学与就业情况

### 1. 农村职业教育总体招生数量呈现下滑趋势

各类高等学校农学科招生数均呈增长态势,但中等职业学校(机构)和技工学校招收的农学科及农村户口学生数量下降趋势较为明显。

全国高等学校招生数从 2009 年的 10 035 395 人上升至 2017 年的 12 879 131 人,增幅为 28.34%,其中农学科招生数从 2009 年的 170 780 人上升至 2017 年的 238 440 人,增幅为 39.61%,增幅高于总体水平,2017 年占总数的 1.85%,较于上一年份占比有所下降。全国高等学校专科招生数从 2009 年的 5 407 232 人上升至 2017 年的 6 754 363 人,增幅为 24.91%,其中农学科专科招生数从 2009 年的 98 050 人上升至 2017 年的 137 455 人,增幅为 40.19%,高于总体水平,2017 年占总数的 1.73%。

全国普通高等学校招生数从 2009 年的 6 394 932 人上升至 2017 年的 7 614 893 人,增幅为 19.08%,其中农学科招生数从 2009 年的 118 911 人上升至 2017 年的 133 922 人,增幅为 12.62%,增幅低于总体水平,2017 年占总数的 1.76%。全国普通高等学校专科招生数从 2009 年的 3 133 851 人上升至 2017 年的 3 507 359 人,增幅为 11.92%,其中农学科专科招生数从 2009 年的 59 971 人上升至 2017 年的 60 570 人，增幅为 1.00%，增幅低于总体水平，2017 年占总数的 1.73%。

全国成人高等学校招生数从 2009 年的 2 014 776 人上升至 2017 年的 2 403 095 人，增幅为 19.27%，其中农学科招生数从 2009 年的 25 575 人上升至 2017 年的 35 777 人，增幅为 39.98%，增幅高于总体水平，2017 年占总数的 1.49%。全国成人高等学校专科招生数从 2009 年的 1 198 981 人上升至 2017 年的 1 379 114 人，增幅为 15.02%，其中农学科专科招生数从 2009 年的 15 156 人上升至 2017 年的 19 589 人，增幅为 29.25%，2017 年占总数的 1.42%。

全国网络高等学校招生数从 2009 年的 1 625 687 人上升至 2017 年的 2 861 143 人，增幅为 76.00%，其中农学科招生数从 2009 年的 26 294 人上升至 2017 年的 68 741 人，增幅为 161.43%，增幅高于总体水平，2017 年占总数的 2.40%。全国网络高等学校专科招生数从 2009 年的 1 074 400 人上升至 2017 年的 1 867 890 人，增幅为 73.85%，其中农学科专科招生数从 2009 年的 22 923 人上升至 2017 年的 57 296 人，增幅为 149.95%，增幅高于总体水平，2017 年占总数的 3.07%（见表 4.4）。

表 4.4　各类高等教育中农学科招生情况　　　　　　单位：人

| 高校 | 学历 | 类别 | 2009 年 | 2011 年 | 2013 年 | 2015 年 | 2017 年 |
|---|---|---|---|---|---|---|---|
| 普通高校 | 本科 | 总体 | 3 261 081 | 3 566 411 | 3 814 331 | 3 894 184 | 4 107 534 |
| | | 其中农学科 | 58 940 | 60 835 | 68 658 | 70 091 | 73 352 |
| | 专科 | 总体 | 3 133 851 | 3 248 598 | 3 183 999 | 3 484 311 | 3 507 359 |
| | | 其中农学科 | 59 971 | 57 103 | 55 578 | 59 024 | 60 570 |
| 成人高校 | 本科 | 总体 | 815 795 | 897 241 | 1 038 158 | 1 014 675 | 1 023 981 |
| | | 其中农学科 | 10 419 | 14 300 | 16 774 | 16 957 | 16 188 |
| | 专科 | 总体 | 1 198 981 | 1 287 900 | 1 526 776 | 1 352 780 | 1 379 114 |
| | | 其中农学科 | 15 156 | 26 044 | 26 878 | 23 001 | 19 589 |
| 网络高校 | 本科 | 总体 | 551 287 | 643 993 | 804 378 | 748 660 | 993 253 |
| | | 其中农学科 | 3 371 | 4 267 | 6 936 | 7 680 | 11 445 |
| | 专科 | 总体 | 1 074 400 | 1 227 526 | 1 396 351 | 1 285 372 | 1 867 890 |
| | | 其中农学科 | 22 923 | 62 403 | 61 434 | 56 013 | 57 296 |
| 总计 | 本科 | 总体 | 4 628 163 | 5 107 645 | 5 656 867 | 5 657 519 | 6 124 768 |
| | | 其中农学科 | 72 730 | 79 402 | 92 368 | 94 728 | 100 985 |
| | 专科 | 总体 | 5 407 232 | 5 764 024 | 6 107 126 | 6 122 463 | 6 754 363 |
| | | 其中农学科 | 98 050 | 145 550 | 143 890 | 138 038 | 137 455 |

高中阶段农村职业教育招生数在 2011 年后呈现坠崖式的下降趋势,招收初中毕业生的数量持续走低。

中等职业学校(机构)(不含技工学校)招生数从 2009 年的 7 117 770 人下降至 2017 年的 4 515 235 人,降幅为 36.56%,其中招收的初中毕业生数从 2009 年的 6 279 411 人下降至 2017 年的 4 091 506 人,降幅为 34.84%,其中招收的应届初中毕业生数从 2009 年的 5 467 998 人下降至 2017 年的 3 988 053 人,降幅为 27.07%。中等职业学校(机构)(不含技工学校)农林牧渔类招生数从 2009 年的 749 386 人下降至 2017 年的 271 369 人,下降幅度为 63.79%,其中招收的初中毕业生数从 2009 年的 561 274 人下降至 2017 年的 193 919 人,降幅为 65.45%,降幅略高于总体水平,其中招收的应届初中毕业生数从 2009 年的 5 467 998 人下降至 2017 年的 3 988 053 人,降幅为 27.07%(见表 4.5)。

**表 4.5  中等职业学校(机构)(不含技工学校)招生情况**　　　　单位:人

| 指标 | 类别 | 2009 年 | 2011 年 | 2013 年 | 2015 年 | 2017 年 |
|---|---|---|---|---|---|---|
| 招生数 | 总计 | 7 117 770 | 6 499 626 | 5 412 624 | 4 798 174 | 4 515 235 |
|  | 其中农林牧渔类 | 749 386 | 854 314 | 467 279 | 343 258 | 271 369 |
| 招收初中毕业生数 | 总计 | 6 279 411 | 5 624 185 | 4 631 934 | 4 273 824 | 4 091 506 |
|  | 其中农林牧渔类 | 561 274 | 605 606 | 296 524 | 222 786 | 193 919 |
| 招收应届初中毕业生数 | 总计 | 5 467 998 | 5 292 530 | 4 446 788 | 4 125 112 | 3 988 053 |
|  | 其中农林牧渔类 | 317 822 | 548 340 | 278 289 | 213 484 | 184 678 |

技工学校招生数从 2009 年的 1 563 781 人下降至 2016 年的 1 271 983 人,降幅为 18.66%,其中农业户口学生从 2009 年的 1 186 474 人下降至 2016 年的 985 545 人,降幅为 19.93%,农业户口学生占技工学校招生数的比例 75% 上升到 77.48%。

2. 农村职业教育规模基本保持稳定

各类高等学校农学科在校生数近年来基本保持平稳。

全国高等学校在校生数从 2009 年的 31 032 804 人上升至 2017 年的 40 336 565 人,增幅为 28.98%,其中农学科在校生数从 2009 年的 514 494 人上升至 2017 年的 756 459 人,增幅为 47.03%,增幅高于总体水平,2017 年占总数的 1.88%。全国高等学校专科在校生数从 2009 年的 15 404 989 人上升至 2017 年的 18 673 098 人,增幅为 21.21%,其中农学科专科在校生数从 2009 年的 258 520 人上升至 2017 年的 407 759 人,增幅为 57.73%,2017 年占总数的 2.18%,从 2013 年起在校生数一直处于下降趋势,2017 年开始回升。

全国普通高等学校在校生数从 2009 年的 21 446 570 人上升至 2017 年的 27 535 869 人,增幅为 28.39%,其中农学科在校生数从 2009 年的 385 395 人上升至 2017 年的 469 299 人,增幅为 21.77%,增幅略低于总体水平,2017 年占总数的 1.70%。全国普通高等学校专科在校生数从 2009 年的 9 648 059 人上升至 2017 年的 11 049 549 人,增幅为 14.53%,其中农学科专科在校生数从 2009 年的 171 409 人上升至 2017 年的 185 336 人,增幅为 8.13%,在校人数保持稳定,2017 年占总数的 1.68%。

全国成人高等学校在校生数从 2009 年的 5 413 513 人上升至 2017 年的 5 441 429 人,增幅为 0.52%,其中农学科在校生数从 2009 年的 72 932 人上升至 2017 年的 88 790 人,增幅为 21.74%,增幅高于总体水平,2017 年占总数的 1.63%。全国成人高等学校专科在校生数从 2009 年的 3 156 851 人下降至 2017 年的 2 851 620 人,降幅为 9.67%,其中农学科专科在校生数从 2009 年的 38 416 人上升至 2015 年的 62 128 人,之后至 2017 在校生数持续下降到 49 027 人,2017 年占总数的 1.72%。

全国网络高等学校在校生数从 2009 年的 4 172 721 人上升至 2017 年的 7 359 267 人,增幅为 76.37%,其中农学科在校生数从 2009 年的 56 167 人上升至 2017 年的 198 370 人,增幅为 253.18%,增幅高于总体水平,2017 年占总数的 2.70%。全国网络高等学校专科在校生数从 2009 年的 2 600 079 人上升至 2017 年的 4 771 929 人,增幅为 83.53%,其中农学科专科在校生数从 2009 年的 49 695 人上升至 2017 年的 173 396 人,增幅为 256.09%,增幅高于总体水平,2017 年占总数的 3.63%(见表 4.6)。

表 4.6　各类高等教育中农学科在校生情况　　　　　单位:人

| 高校 | 学历 | 类别 | 2009 年 | 2011 年 | 2013 年 | 2015 年 | 2017 年 |
|------|------|------|---------|---------|---------|---------|---------|
| 普通高校 | 本科 | 总体 | 11 798 511 | 13 496 577 | 14 944 353 | 15 766 848 | 16 486 320 |
| | | 其中农学科 | 213 986 | 235 342 | 259 837 | 275 293 | 283 963 |
| | 专科 | 总体 | 9 648 059 | 9 588 501 | 9 736 373 | 10 486 120 | 11 049 549 |
| | | 其中农学科 | 171 409 | 172 439 | 169 938 | 174 872 | 185 336 |
| 成人高校 | 本科 | 总体 | 2 256 662 | 2 336 132 | 2 654 596 | 2 793 354 | 2 589 809 |
| | | 其中农学科 | 34 516 | 34 674 | 40 527 | 45 261 | 39 763 |
| | 专科 | 总体 | 3 156 851 | 3 138 830 | 3 609 549 | 3 565 998 | 2 851620 |
| | | 其中农学科 | 38 416 | 60 931 | 60 889 | 62 128 | 49 027 |

续表

| 高校 | 学历 | 类别 | 2009 年 | 2011 年 | 2013 年 | 2015 年 | 2017 年 |
|---|---|---|---|---|---|---|---|
| 网络高校 | 本科 | 总体 | 1 572 642 | 1 754 760 | 2 175 100 | 2 294 807 | 2 587 338 |
| | | 其中农学科 | 7 472 | 10 618 | 13 698 | 17 626 | 24 974 |
| | 专科 | 总体 | 2 600 079 | 3 170 073 | 3 971 306 | 3 989 864 | 4 771 929 |
| | | 其中农学科 | 48 695 | 189 416 | 213 440 | 193 591 | 173 396 |
| 总计 | 本科 | 总体 | 15 627 815 | 17 587 469 | 19 774 049 | 20 855 009 | 21 663 467 |
| | | 其中农学科 | 255 974 | 280 634 | 314 062 | 338 180 | 348 700 |
| | 专科 | 总体 | 15 404 989 | 15 897 404 | 17 317 228 | 18 041 982 | 18 673 098 |
| | | 其中农学科 | 258 520 | 422 786 | 444 267 | 430 591 | 407 759 |

高中阶段农村职业教育总体在校生数呈下降态势,降幅高于中等职业学校(机构)的总体水平。

中等职业学校(机构)(不含技工学校)在校生数从 2009 年的 17 798 473 人下降至 2017 年的 12 542 893 人,降幅为 29.53%。中等职业学校(机构)(不含技工学校)农林牧渔类在校生数从 2009 年的 1 180 724 人下降至 2017 年的 791 192 人,降幅为 32.99%,降幅高于总体水平。

技工学校在校生数从 2009 年的 4 142 578 人下降至 2016 年的 3 231 523 人,降幅为 21.99%,其中农业户口学生从 2009 年的 3 034 340 人下降至 2015 年的 2 492 114 人,降幅为 17.87%,降幅略低于总体水平。

非学历农村职业教育在校生数均呈下降态势。职业技术培训机构注册学生数从 2009 年的 50 130 275 人下降至 2017 年的 42 064 949 人,降幅为 16.09 %。农村成人文化技术培训学校(机构)注册学生数从 2009 年的 37 239 079 人下降至 2017 年的 28 082 089 人,降幅为 24.59%(见图 4.3)。

3. 学历农村职业教育毕业生规模持续增长

(1)各类高等学校农学科毕业生数从 2011 年后总体上呈现相对稳定的态势

全国高等学校毕业生数从 2009 年的 8 238 437 人上升至 2017 年的 11 606 562 人,增幅为 40.88%,其中农学科毕业生数从 2009 年的 137314 人上升至 2017 年的 208 379 人,增幅为 51.75%,增幅高于总体水平,2017 年占总数的 1.80%。全国高等学校专科毕业生数从 2009 年的 4 512 108 人上升至 2017 年的 6 013 938 人,增幅为 33.28%,其中农学科专科毕业生数从 2009 年的 7 4419 人上升至 2011 年的 137 423 人后,2013 年至 2017 年下降至 117 030 人,2017 年占总数的 1.95%。

全国普通高等学校毕业生数从 2009 年的 5 311 023 人上升至 2017 年的

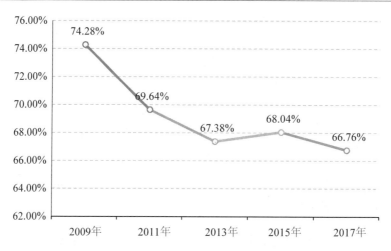

**图 4.3 农村成人文化技术培训机构注册学生数占职业技术**
**培训机构注册学生数的比例**

6 808 866人，增幅为 38.55％，其中农学科毕业生数从 2009 年的 97 392 人上升至 2017 年的 123 061 人，增幅为 26.36％，增幅低于总体水平，2017 年占总数的 1.67％。全国普通高等学校专科毕业生数从 2009 年的 2 855 664 人上升至 2017 年的 3 516 448 人，增幅为 23.14％，其中农学科专科毕业生数从 2009 年的 50 545人上升至 2017 年的 56 420 人，增幅为 11.62％，增幅低于总体水平，2017 年占总数的 1.60％。

全国成人高等学校毕业生总数从 2009 年的 1 943 893 人上升至 2017 年的 2 470 370人，增幅为 27.08％，其中农学科毕业生数从 2009 年的 30 156 人上升至 2017 年的 43 497 人，增幅为 44.24％，增幅高于总体水平，2017 年占总数的 1.55％。全国成人高等学校专科毕业生数从 2009 年的 1 078 472 人上升至 2017 年的 1 379 144 人，增幅为 27.88％，其中农学科专科毕业生数从 2009 年的 15 650人上升至 2017 年的 25 382 人，增幅为 62.19％，2017 年占总数的 1.84％。

全国网络高等学校毕业生数从 2009 年的 983 521 人上升至 2017 年的 1 777 905人，增幅为 80.77％，其中农学科毕业生数从 2009 年的 9 766 人上升至 2017 年的 41 821 人，增幅为 328.23％，增幅高于总体水平，2017 年占总数的 2.35％。全国网络高等学校专科毕业生数从 2009 年的 4 512 108 人上升至 2017 年的 6 013 938 人，增幅为 50.08％，其中农学科专科毕业生数从 2009 年的 62 895人上升至 2017 年的 91 349 人，增幅为 145.24％，增幅高于总体水平，2017 年占总数的 1.63％（见表 4.7）。

表 4.7　　各类高等教育中农学科毕业生情况　　　　单位：人

| 高校 | 学历 | 类别 | 2009 年 | 2011 年 | 2013 年 | 2015 年 | 2017 年 |
|---|---|---|---|---|---|---|---|
| 普通高校 | 本科 | 总体 | 2 455 359 | 2 796 229 | 3 199 716 | 3 585 940 | 3 841 839 |
| | | 其中农学科 | 46 847 | 51 148 | 58 752 | 60 908 | 66 641 |
| | 专科 | 总体 | 2 855 664 | 3 285 336 | 3 187 494 | 3 222 926 | 3 516 448 |
| | | 其中农学科 | 50 545 | 59 580 | 56 295 | 56 327 | 56 420 |
| 成人高校 | 本科 | 总体 | 865 421 | 755 402 | 811 159 | 962 495 | 1 091 226 |
| | | 其中农学科 | 14 506 | 10 885 | 13 162 | 15 306 | 18 115 |
| | 专科 | 总体 | 1 078 472 | 1 151 238 | 1 186 570 | 1 400 098 | 1 379 144 |
| | | 其中农学科 | 15 650 | 17 907 | 24 920 | 23 103 | 25 382 |
| 网络高校 | 本科 | 总体 | 405 549 | 460 149 | 536 702 | 649 086 | 659 559 |
| | | 其中农学科 | 1 542 | 2 335 | 3 493 | 5 441 | 6 593 |
| | 专科 | 总体 | 577 972 | 839 104 | 1 024 060 | 1 150 671 | 1 118 346 |
| | | 其中农学科 | 8 224 | 59 936 | 57 671 | 54 708 | 35 228 |
| 总计 | 本科 | 总体 | 3 726 329 | 4 011 780 | 4 547 577 | 5 197 521 | 5 592 624 |
| | | 其中农学科 | 62 895 | 64 368 | 75 407 | 81 655 | 91 349 |
| | 专科 | 总体 | 4 512 108 | 5 275 678 | 5 398 124 | 5 773 695 | 6 013 938 |
| | | 其中农学科 | 74 419 | 137 423 | 138 886 | 134 138 | 117 030 |

（2）高中阶段农村职业教育毕业生数量呈现增长态势

中等职业学校（机构）（不含技工学校）毕业生总数从 2009 年的 4 973 849 人下降至 2017 年的 4 063 981 人，降幅为 18.29％，其中获得职业资格证书毕业生数从 2009 年的 3 091 409 人上升至 2017 年的 3 218 321 人，增幅为 4.11％。中等职业学校（机构）（不含技工学校）农林牧渔类毕业生数从 2009 年的 172 664 人上升至 2017 年的 327 628 人，增幅为 89.75％，其中获得职业资格证书毕业生数从 2009 年的 102 645 人上升至 2017 年的 253 383 人，增幅为 147.85％，增幅高于总体水平。中等职业学校（机构）（不含技工学校）农林牧渔类毕业生数占其毕业生总数比例呈现出提高趋势，2009 年比例较 2017 年比例提高 4.59％。农林牧渔类获得职业资格证书毕业生数占毕业生总数比例呈现出上升趋势，2017 年较 2009 年比例上升 4.55％。

技工学校培训社会人员结业人数从 2009 年的 3 829 483 人下降至 2016 年的 3 499 458 人，降幅为 8.62％，其中农村劳动者人数从 2009 年的 1 323 319 人下降至 2016 年的 881 859 人，降幅达 33.6％％，降幅高于总体水平。经技工学校培训结业农村劳动者占结业人员总数比例由 2009 年的 34.55％下降到 25.20％。

（3）非学历农村职业教育毕业生数量大体呈现萎缩态势，但相较于去年萎缩态势趋缓

职业技术培训机构结业学生数从 2009 年的 54 305 125 人下降至 2017 年的 42 800 768 人，降幅为 21.18％，其中农村成人文化技术培训学校（机构）结业学生数从 2009 年的 41 306 680 人下降至 2017 年的 29 703 643 人，降幅为 28.09％，降幅略高于总体水平。农村成人文化技术培训学校（机构）结业学生数占职业技术培训机构结业学生数的比例也从 2009 年的 76.06％下降至 2017 年的 69.40％。

经就业训练中心训练结业人员数从 2009 年的 7 710 226 人下降至 2016 年的 4 084 783 人，降幅为 47.02％，其中农村劳动者数从 2009 年的 3 645 721 人下降至 2016 年的 1 854 025 人，降幅为 49.15％，降幅略高于总体水平，经就业训练中心训练结业农村劳动者占结业人员总数的百分比从 2009 年至 2016 年下降了 1.89％（见图 4.4）。

2009　　　　　　　　2016

47.28%　　　　　　　45.39%

**图 4.4　经就业训练中心训练结业农村劳动者占结业人员总数的百分比**

经民办职业培训机构培训结业人数从 2009 年的 9 765 334 人上升至 2016 年的 10 531 816 人，增幅为 7.85％，其中农村劳动者人数从 2009 年的 3 723 628 人上升至 2016 年的 4 420 234 人，增幅为 18.71％，增幅高于总体水平。经民办职业培训机构培训结业农村劳动者占结业人员总数的百分比呈现上升趋势，从 2009 年至 2016 年上升了 3.84％（见图 4.5）。

2009　　　　　　　　2016

38.13%　　　　　　　41.97%

**图 4.5　经民办职业培训机构培训结业农村劳动者占结业人员总数的百分比**

## 三、农村职业教育政策观察

观察 2017—2018 年我国农村职业教育政策进展，其主要集中在乡村振兴战略、东西部扶贫协作、国家级农村职业教育和成人教育示范县创建、新型职业农民培育等方面。

### （一）统筹乡村振兴战略，推进农业农村现代化

改革开放 40 年，我国在推进社会主义现代化过程中，一直高度重视"三农"问题，农业、农村、农民为改革开放和社会主义现代化建设作出了重大贡献。2017 年 10 月 18 日，习近平同志在党的十九大报告中强调，中国特色社会主义进入新时代，我国社会主要矛盾已转化为人民日益增长的美好生活需要和不平衡不充分的发展之间的矛盾。解决新时代我国社会主要矛盾，必须坚持农业农村现代化发展，大力实施乡村振兴战略。

乡村振兴战略是习近平同志在 2017 年 10 月 18 日党的十九大报告中提出的战略。乡村振兴的最终目标，就是要不断提高村民在产业发展中的参与度和受益面，彻底解决农村产业和农民就业问题，确保当地群众长期稳定增收、安居乐业，农业农村现代化是实施乡村振兴战略的总目标。党的十九大报告指出，农业农村农民问题是关系国计民生的根本性问题，必须始终把解决好"三农"问题作为全党工作的重中之重，实施乡村振兴战略。按照党的十九大提出的决胜全面建成小康社会、分两个阶段实现第二个百年奋斗目标的战略安排，中央农村工作会议明确了实施乡村振兴战略的目标任务：到 2020 年，乡村振兴取得重要进展，制度框架和政策体系基本形成；到 2035 年，乡村振兴取得决定性进展，农业农村现代化基本实现；到 2050 年，乡村全面振兴，农业强、农村美、农民富全面实现。2017 年 12 月 29 日，中央农村工作会议首次提出走中国特色社会主义乡村振兴道路，让农业成为有奔头的产业，让农民成为有吸引力的职业，让农村成为安居乐业的美丽家园。

2018 年 1 月 2 日，国务院公布了《中共中央　国务院关于实施乡村振兴战略的意见》。2018 年 3 月 5 日，国务院总理李克强在《政府工作报告》中讲到，大力实施乡村振兴战略。科学制定规划，健全城乡融合发展体制机制，依靠改革创新壮大乡村发展新动能。推进农业供给侧结构性改革。健全自治、法治、德治相结合的乡村治理体系。坚持走中国特色社会主义乡村振兴道路，加快实现农业农村现代化。2018 年 3 月 8 日，习近平总书记在参加山东代表团审议时提出，实施乡村振兴战略是一篇大文章，要推动乡村产业振兴、乡村人才振兴、乡村文化振兴、乡村生态振兴和乡村组织振兴。

乡村振兴战略是未来促进我国农业农村现代化的总战略，也是未来我国"三

农"工作的总抓手。在未来国家现代化进程中真正做到乡村振兴，必须以改革创新的思路，清除阻碍农业农村优先发展和城乡融合发展的体制机制障碍，激发农村各类资源要素的潜能和各类主体的活力，不断为农业农村发展注入新动能。

2018 年 1 月 18 日，农业部发布《关于大力实施乡村振兴战略加快推进农业转型升级的意见》，提出"以实施乡村振兴战略为总抓手，以推进农业供给侧结构性改革为主线，以优化农业产能和增加农民收入为目标，以保护粮食生产能力为底线，坚持质量兴农、绿色兴农、效益优先，加快转变农业生产方式，推进改革创新、科技创新、工作创新，大力构建现代农业产业体系、生产体系、经营体系，大力发展新主体、新产业、新业态，大力推进质量变革、效率变革、动力变革，加快农业农村现代化步伐，朝着决胜全面建成小康社会的目标继续前进。"

2018 年 4 月 26 日，农业农村部颁布《关于大力实施乡村就业创业促进行动的通知》，强调围绕培育主体促进就业创业。依托返乡创业培训五年行动计划、新型职业农民培育工程、农村实用人才带头人和大学生村官示范培训、农村青年创业致富"领头雁"计划、贫困村创业致富带头人培训工程、农村创业致富女带头人等项目，有针对性地开展创业创新人才培训。开展农村创业创新"百县千乡万名带头人"培育工作和百万人才培训行动，以农民合作社、家庭农场、专业大户、农业企业和纯农户、兼业户和职业户为重点，培育一批新型农业经营主体和新型职业农民。

2018 年 4 月 23 日，习近平同志作出重要指示强调，要结合实施农村人居环境整治三年行动计划和乡村振兴战略，进一步推广浙江好的经验做法，建设好生态宜居的美丽乡村。浙江省自 2003 年实施的"千村示范、万村整治"工程有力支撑浙江乡村面貌、经济活力、农民生活水平走在全国前列，为我国建设美丽中国、实施乡村振兴战略等带来实践经验。截至 2017 年年底，浙江省累计有 2.7 万个建制村完成村庄整治建设，占全省建制村总数的 97%；74% 的农户厕所污水、厨房污水、洗涤污水得到有效治理；生活垃圾集中收集、有效处理的建制村全覆盖，41% 的建制村实施生活垃圾分类处理。

2018 年 5 月 31 日，中共中央政治局召开会议审议《乡村振兴战略规划(2018—2022 年)》(下文简称《规划》)，要求各地区各部门结合实际认真贯彻落实。本规划以习近平总书记关于"三农"工作的重要论述为指导，按照产业兴旺、生态宜居、乡风文明、治理有效、生活富裕的总要求，对实施乡村振兴战略作出阶段性谋划，分别明确至 2020 年全面建成小康社会和 2022 年召开党的二十大时的目标任务，细化实化工作重点和政策措施，部署重大工程、重大计划、重大行动，确保乡村振兴战略落实落地，是指导各地区各部门分类有序推进乡村振兴的重要依据。

《乡村振兴战略规划（2018—2022 年）》提出，到 2020 年乡村振兴的制度框架和政策体系基本形成，各地区各部门乡村振兴的思路举措得以确立，全面建成小康社会的目标如期实现。到 2022 年乡村振兴的制度框架和政策体系初步健全。探索形成一批各具特色的乡村振兴模式和经验，乡村振兴取得阶段性成果。到 2035 年乡村振兴取得决定性进展，农业农村现代化基本实现。到 2050 年乡村全面振兴，农业强、农村美、农民富全面实现。

2018 年 9 月 21 日，中共中央政治局就实施乡村振兴战略进行第八次集体学习。中共中央总书记习近平在主持学习时强调，乡村振兴战略是党的十九大提出的一项重大战略，是关系全面建设社会主义现代化国家的全局性、历史性任务，是新时代"三农"工作总抓手。

实施"乡村振兴"战略，核心是从根本上解决"三农"问题。中央制定实施乡村振兴战略，是要从根本上解决目前我国农业不发达、农村不兴旺、农民不富裕的"三农"问题。实施乡村振兴战略，坚持党管农村工作，坚持农业农村优先发展，坚持农民主体地位，坚持乡村全面振兴，坚持城乡融合发展，坚持人与自然和谐共生，坚持因地制宜、循序渐进。

实施乡村振兴战略，加快推进农业农村现代化，核心在于深化农业供给侧结构性改革，推进农村一二三产业融合发展，构建现代农业产业体系。国家层面的政策出台，推动全国各地实施乡村振兴战略，在党的十九大会议精神和乡村振兴战略的引领下，各地积极探索乡村振兴的新思路。

2018 年 1 月 3 日，湖北省委书记蒋超良主持召开省委常委会(扩大)会议强调要深刻领会习近平新时代中国特色社会主义思想中关于"三农"工作的新理念新思想新战略，科学谋划和有序推进新时代湖北省"三农"工作，在乡村振兴新征程上迈出坚实步伐。2018 年 1 月 29 日，中共河南省委、河南省人民政府颁布《关于推进乡村振兴战略的实施意见》。2018 年 2 月 13 日，中共安徽省委、安徽省人民政府发行《关于推进乡村振兴战略的实施意见》；同日，中共江西省委发布《江西省人民政府关于实施乡村振兴战略的意见》。随后，甘肃、湖北、河北、陕西、贵州、福建、广西、北京、江苏等省相继颁布《关于实施乡村振兴战略的实施意见》，积极响应中央乡村振兴战略，呈现自上而下的政策移植浪潮。2018 年 4 月 10 日，上海市农科院科技兴农办和市农业广播电视学校在市农科院签订联合培育上海新型职业农民协议，市农科院和市农业广播电视学校将联合遴选和组织有合作意向的学员参加培养计划，安排专项资金，共同制订培养计划或方案，接收学员到各相关研究所进行学习培训，安排与相关研究所专家、青年科技人员对接交流，重点培养青年农场主和青年科技人员结对实施乡村振兴战略典型。2018 年 4 月 23 日，荆州市召开新闻发布会，提出在习近平新时代中国特色社会主义"三农"思想指导下，探索建设江汉平原乡村振兴战略示范区，力争到2020年取得重大进展，到2050年实现乡村全面振兴。2018年9月7日，湖南省人民政府发布《湖南省乡村振兴战略规划（2018—2022年）》，这是湖南实施乡村振兴战略的第一个五年规划。湖南将强力推进品牌强农、特色强农、质量强农、产业融合强农、科技强农、开放强农六大强农行动；重点在十大特色优势产业上发力，打造"湘"字号特色农产品品牌。2018年年底，济南正式启动2018年乡村振兴齐鲁样板百村示范创建活动，计划2019年样板村基本达到创建标准，2020年全面完成创建任务，建成20条乡村振兴齐鲁样板示范线路。

## （二）创新教育扶贫模式，助力农村脱贫攻坚

消除贫困依然是当今世界面临的最大的全球性挑战，是各国人民追求幸福生活的基本权利。为促进全球减贫事业，2000年联合国制定了千年发展目标，2015年联合国发展峰会制定了2015后发展议程。中国坚定不移走精准扶贫道路，是世界减贫事业的积极倡导者和有力推动者。

党的十八大以来，以习近平同志为核心的党中央把脱贫攻坚摆到治国理政的重要位置，采取超常规的举措，全面打响脱贫攻坚战。五年来，我国创造了减贫史上的最好成绩。全国农村贫困人口从2012年年末的9 899万人减少至2017年年末的3 046万人，累计减少6 853万人，减贫幅度接近70％；贫困发生率从2012年末的10.2％下降至2017年年底的3.1％，年均脱贫人数1 370万人。建立了中国特色脱贫攻坚制度体系，中办、国办出台13个配套文件，中央和国家机关出台230多个政策文件或实施方案。各地相继出台和完善"1＋N"的脱贫攻坚系列配套措施。

2018年1月15日，教育部、国务院扶贫办印发了《深度贫困地区教育脱贫攻坚实施方案（2018—2020年）》，计划用3年时间，聚焦深度贫困地区教育扶贫，以西藏、四省藏区、南疆四地州和四川凉山彝族自治州、云南怒江傈僳族自治州、甘肃临夏回族自治州（简称"三区三州"）为重点，以补齐教育短板为突破口，采取超常规举措，推动教育新增资金、新增项目、新增举措进一步向"三区三州"倾斜，切实打好深度贫困地区教育脱贫攻坚战。

### 专栏1 《深度贫困地区教育脱贫攻坚实施方案
### （2018—2020年）》摘要
#### ——加快发展职业教育

省级统筹职业教育资金，支持"三区三州"每个地级市（州、盟）建设好一所中等职业学校。在"三区三州"率先实施职业教育东西协作行动计划，建立工作协调机制和管理平台，全面落实东西职业院校协作全覆盖行动、东西协作中职招生兜

底行动、职业院校参与东西劳务协作等三大任务。为就读职业学校的"三区三州"贫困家庭学生，开辟招生绿色通道，优先招生，优先选择专业，优先安排在校企合作程度较深的订单定向培训班或企业冠名班，优先落实助学政策，优先安排实习，优先推荐就业。广泛开展公益性职业技能培训，实现脱贫举措与技能培训的精准对接。

东西部扶贫协作作为中国特色贫困治理体系的重大创新，已成为推动区域协调发展、协同发展、共同发的关键举措，是构建人类命运共同体的重要支撑。2017年9月7日，《教育部办公厅关于印发〈职业教育东西协作行动计划滇西实施方案（2017—2020年）〉的通知》，强调搭建上海、天津、江苏、浙江〔以下简称东部四省（市）〕和东部10个职教集团对口帮扶滇西10州市职业教育发展的平台，精准识别和组织动员滇西地区建档立卡贫困家庭"两后生"到东部地区省（市）接受优质职业教育，完善滇西职业教育东西协作长效机制，同步提升滇西职业教育基础能力和办学质量，全面落实职业教育东西协作计划确定的工作目标和各项任务。2018年7月4日，全国东西部扶贫协作工作推进会在北京召开，中共中央政治局委员、国务院扶贫开发领导小组组长胡春华出席会议并讲话，他强调，要务实推进东西部扶贫协作，必须有明确目标要求。要强化产业合作，发挥东西部各自优势，建立企业参与扶贫协作长效机制，促进西部产业发展。要加强劳务协作，提高劳务输出组织化程度，精准做好劳务对接。要突出人才支援，推进干部人才双向交流，探索"组团式"帮扶。要深化携手奔小康行动，广泛动员社会各界参与，形成帮扶合力。西部地区要强化开放意识、市场意识，主动对接、积极协作。

东西部扶贫协作创造了贫困治理的中国范式、中国经验和中国方案，但中国脱贫攻坚道路依旧漫长，需从脱贫能力和教育质量上找寻突破口。2018年3月7日举行的党的十三届全国人大一次会议记者会上，国务院扶贫办主任刘永富强调要激发脱贫的内生动力，一是要在政策上加以引导，防止扶贫政策"养懒汉"。二是要加强教育和培训，引导转变思想观念，培训、提高贫困人口的技能和脱贫能力。三是典型引导，宣传借鉴成功脱贫的典型、地方经验。2018年6月15日，中共中央国务院颁布《关于打赢脱贫攻坚战三年行动的指导意见》，这是今后三年脱贫攻坚工作的一个纲领性文件，明确了打赢脱贫攻坚战三年行动的工作要求，提出着力实施教育脱贫攻坚行动，以保障义务教育为核心，全面落实教育扶贫政策，进一步降低贫困地区特别是深度贫困地区、民族地区义务教育辍学率，稳步提升贫困地区义务教育质量。

当前，技能培训作为教育扶贫的重要依托，国家政策大力推行技能扶贫。

2018年4月18日，国务院总理李克强主持召开国务院常务会议，确定推行终身职业技能培训制度的政策措施，提高劳动者素质、促进高质量发展。他强调职业技能培训与劳动者素质的提升，与劳动者的成长成才是密切相关的，是提高就业质量、解决结构性就业矛盾的一个根本举措，是培育经济发展新动能、适应经济高质量发展必然要求，是打赢脱贫攻坚战非常有效的措施。2018年9月26日，人力资源社会保障部、国务院扶贫办联合下发《关于开展深度贫困地区技能扶贫行动的通知》（以下简称《通知》）。《通知》明确，技能扶贫行动坚持精准扶贫和就业导向，对建档立卡贫困人口加大帮扶力度，目标任务是努力实现每个有培训需求的建档立卡贫困劳动力（以下简称贫困劳动力）都有机会接受职业技能培训，每个有就读技工院校意愿的建档立卡贫困家庭应往届初高中毕业未能继续升学的学生（以下简称贫困家庭学生）都有机会接受技工教育。

2018年10月17日，在第五个国家扶贫日到来之际，中共中央政治局常委、国务院总理李克强作出批示指出，各地区各部门要以习近平新时代中国特色社会主义思想为指导，认真贯彻党中央、国务院决策部署，结合实施乡村振兴战略加大精准脱贫力度，特别要加强对深度贫困地区脱贫的支持，针对特殊贫困人口采取更有力的帮扶措施。严格资金监管，完善扶贫考核评估和督察巡查。把扶贫和扶志、扶智结合起来，更有效激发贫困地区贫困人口脱贫内生动力，确保完成今年再减少1 000万以上贫困人口的任务，确保到2020年我国现行标准下农村贫困人口实现脱贫，解决区域性整体贫困。

各级政府也积极出台政策措施，大力创新教育扶贫模式。例如，山东省积极开展全省技工院校服务脱贫攻坚工作行动计划，力争到2020年，使每个有就读技工院校意愿的建档立卡贫困家庭应往届初、高中毕业未能继续升学人员和退役士兵都能免费接受技工教育，每个有劳动能力且有参加职业培训意愿的建档立卡贫困家庭劳动者每年都能够到技工院校接受至少1次免费职业培训，帮助接受技工教育或职业培训的贫困家庭学生（学员）实现就业愿望，达到"教育培训一人，就业创业一人，脱贫致富一户"的目标，为与全国同步全面建成小康社会打下坚实基础。

2018年以来，北川强力推进教育扶贫各项工作，全面落实资助政策，大力改善办学条件，实现入学率、贫困学生资助率、标准中心校达标率"三个100％"，有效斩断贫困代际传递。实施四大工程，创新教育扶贫模式。一是学前教育"普及"工程。二是义务教育"提升"工程。三是普通高中"优质"工程。四是职业教育"富民"工程。

2018年8月14日，由贵州省政府办公厅、省质监局牵头，省委组织部、省扶贫办等16个部门共同编制的《贵州省精准扶贫标准体系》正式颁布实施。这一标准体系由基础通用、项目管理、基础设施、社会保障 4 个部分构成，首批发布26 个贵州省地方标准。社会保障部分，包括教育扶贫学生资助、医疗保障救助、大病专项救治管理等 9 项标准。

2018 年 9 月 3 日，湖南省人社系统依托全省技工院校，大力开展技能扶贫、职业培训扶贫，"青苗班"和易地扶贫搬迁"订单培养班"的模式，为探寻技工院校在技能扶贫中精准施策的科学模式，提供了很好的范本。

2018 年 12 月 6 日，青岛市委、青岛市政府日前出台《关于打赢脱贫攻坚战三年行动的意见》，明确了各项工作的时间表和路线图。强调实施就业扶贫行动计划、技能脱贫专项行动，确保有劳动能力、有就业需求的贫困人口就业帮扶全覆盖，对有意愿、有条件的贫困劳动力，实现免费职业技能培训全覆盖等。有效避免贫困家庭子女因贫失学，全面落实教育扶贫政策，健全更加精准的教育帮扶保障体系，实现学前教育到高等教育资助政策全覆盖，让贫困家庭子女都能接受公平有质量的教育；鼓励为贫困家庭中小学生提供"一对一"课业辅导、心理关爱和法治教育、安全教育，为不能到校就读的重度残疾学生送教上门；推进农村义务教育学生营养改善计划等。

青海坚持把就业作为贫困群众最直接、最有效的脱贫方式，通过开展职业技能培训、扶持自主创业、开发公益性岗位等措施，拓展贫困群众就业渠道，实现"就业一人、脱贫一户"的目标。2016 年以来累计完成短期技能培训和致富带头人培训 3.9 万人次，70％的受训人员找到了就业门路，稳定就业率达到 60％以上。

**（三）培育新型职业农民，加快农村产业发展**

乡村振兴，核心是产业、关键在人才，新型职业农民作为振兴乡村的主体力量，对推进农村的现代化、农业的产业化、农民的职业化中具有特殊的重要作用。农业产业的发展，迫使部分农民逐步从农业生产中脱离出来，转移到非农产业，为新型职业农民的诞生提供了现实条件，而新型职业农民的培育为农业产业化提供了智力支撑，促进了农业产业的发展。

我国农村产业强调可持续发展。2017 年 12 月 2 日，农业部联合其他七个部委发布《关于启动第一批国家农业可持续发展试验示范区建设开展农业绿色发展先行先试工作的通知》，强调经营方式创新，加快发展多种形式的适度规模经营，积极培育新型农业经营主体和服务主体，着力构建新型现代农业经营体系，鼓励率先开展绿色生产。把节约利用农业资源、保护产地环境、提升生态服务功能等内容纳入农业人才培养范畴，培养一批具有绿色发展理念、掌握绿色生产技能的农业人才和新型职业农民。在产业发展中高校也应承担一定的培训职责。2017 年 12 月 21 日，农业部 教育部颁布《关于深入推进高等院校和农业科研单位开展农业技术推广服务的意见》，强调大力培养农业农村人才。引导农业科研院校多渠道、多形式开展农业技术推广等农业农村人才教育培训。积极推广定向培养、定向就业的农业技术推广人才培养和办学模式。支持和鼓励农业科研院校对农业技术人员、新型职业农民、新型农业经营主体负责人、农村实用人才等开展常态化的培训。

随着我国社会发展，农村劳动力大量向二三产业转移，留在土地上的新生代农民工对土地相对"陌生"。这导致我国农村，尤其是留守农业人群呈现出总量相对不足、结构不尽合理等问题。针对这一问题，2012 年中央一号文件就曾提出，着力解决农业生产力发展问题，明确提出大力培育新型职业农民。2013 年中央一号文件则突出农业经营体制机制创新，着力完善农业生产关系，进一步强调加强农业职业教育和职业培训。2018 年 4 月 19 日，国家发改委网站发布《农村一二三产业融合发展年度报告（2017 年）》。报告指出，各地区各有关部门把培育融合主体作为推进农村一二三产业融合发展的关键，培育发展了一大批基础作用大、引领示范好、服务能力强、利益联结紧的专业大户、家庭农场、农民合作社、农业产业化龙头企业等融合主体。目前，农村一二三产业融合主体已实现从数量增加到质量提升、从单纯生产到综合带动、从收益独占到利润共享的转变，展现出较强的经济实力、发展活力和带动能力，进入成长成型的蓬勃发展期。据有关部门统计，截至 2017 年年底，全国家庭农场、农民合作社、农业企业等各类新主体超过 300 万家，新型职业农民超过 1 500 万人，社会化服务组织达到 22.7 万家，已服务 3 600 多万农户，托管面积 2.32 亿亩。

新型职业农民培育是 2018 年的工作重点。2018 年 5 月 4 日，农业农村部办公厅发布《关于举办 2018 年全国新型职业农民培育管理培训班的通知》。培训内容分为三部分，第一部分，深入学习党的十九大关于"实施乡村振兴战略"有关精神，以及中央农村工作会议、全国农业工作会议和中央一号文件部署要求。第二部分，总结 2017 年新型职业农民培育工作，交流新型职业农民培育、农民职业教育、体系发展建设、信息化建设等方面的经验模式，实地观摩河南省职业农民培育工作典型，研究落实推进 2018 年新型职业农民培育工作的有效措施。第三部分，部署 2018 年新型职业农民培育工作。

基于区域化农业发展，2018 年 9 月 21 日，农业农村部提出《关于支持长江经济带农业农村绿色发展的实施意见》，强调"加快培育龙头企业、农民合作社、农业社会化服务组织等新型经营主体，强化脱贫致富带头人和新型职业农民培育，吸引资本、技术、人才等要素向乡村流动，引导新型经营主体与贫困村、贫困户建立联动发展的利益联结机制。"

资金安排上，2018 年中央财政安排 20 亿元补助资金开展新型职业农民培育工作，农业农村部计划分层分类培育新型职业农民 100 万人以上。农业农村部今年将重点实施好万名农机大户和农机合作社带头人、万名种粮大户、万名果菜茶种植大户、万名畜牧养殖大户培育工作，抓好 8 个省市的农村实用人才带头人培训和 8 个省市新型职业女农民试点培训。

2018 年，国家对新型职业农民的重视有增无减，各省在响应中央政策中凸显地方特色，新型职业农民培育体系已然形成。

2017 年年底，陕西省农业厅下发《关于 2017 年省级新型职业农民实训基地认定结果的通报》，为加强新型职业农民实训基地建设，提升新型职业农民培育效能，陕西省从 2014 年起每年在全省范围内择优认定 50 个省级新型职业农民培育实训基地，截至目前，已认定省级新型职业农民实训基地 200 个。

2018 年 4 月 10 日，上海市农委介绍上海全面建立职业农民制度，深入实施新型职业农民培育工程，搭建职业农民成长通道。目前累计认定的新型职业农民已超万名。仅 2017 年一年，上海全市培训的新型职业农民就达 4 091 名。目前，已累计认定新型职业农民 10 098 人。

山东提出大力培育新型农业经营主体和新型职业农民，今年，山东将全力打造 30 个农科教强县、表彰 100 名最美农技人员、评选 1 000 名优秀新型职业农民。山东省乡镇公务员考录也将放宽资格条件，打通人才向农村流动的通道，真正开辟出一条人才、智力、技术下乡的"绿色通道"，为乡村振兴注入新动能。

2018 年，甘肃省将按照"一市一区、一县一园"要求，开展现代农业示范区提升行动，建成 100 个左右的更高水平的省级现代农业示范园区。同时，进一步完善园区建设标准和相关扶持政策，以园招商、引商建园，科学布局生产、加工、物流、研发、示范等功能板块，集成各类现代化元素，切实提高示范园区产业化水平，力争通过 2 至 3 年的努力，建成各级各类农业示范园区 1 000 个左右，形成由点到线、由线到面的发展格局。

2018 年，贵州省出台了 5 万人的新型职业农民培训任务，目前已培训 1.4 万余人，其中，建档立卡贫困户 5 769 人。

山西省委办公厅、省政府办公厅近日下发《关于在全省开展百万农民冬季培训活动的通知》，要求各地全面开展百万农民冬季培训活动，抓紧培养一支懂农业、爱农村、爱农民的农业干部队伍，造就一批善经营、会管理、有技术的新型职业农民，强化乡村振兴人才支撑。从 2018 年 12 月上旬到 2019 年 2 月下旬，山西省将培训 100 万农村干部、农业专业技术人员和农村劳动力，为实施乡村振兴战略提供人才保障和智力支撑。

### 专栏2 《乡村振兴战略规划(2018—2022年)》摘要
#### ——强化乡村振兴人才支撑

第三十二章　强化乡村振兴人才支撑

实行更加积极、更加开放、更加有效的人才政策,推动乡村人才振兴,让各类人才在乡村大施所能、大展才华、大显身手。

第一节　培育新型职业农民

全面建立职业农民制度,培养新一代爱农业、懂技术、善经营的新型职业农民,优化农业从业者结构。实施新型职业农民培育工程,支持新型职业农民通过弹性学制参加中高等农业职业教育。创新培训组织形式,探索田间课堂、网络教室等培训方式,支持农民专业合作社、专业技术协会、龙头企业等主体承担培训。鼓励各地开展职业农民职称评定试点。引导符合条件的新型职业农民参加城镇职工养老、医疗等社会保障制度。

第二节　加强农村专业人才队伍建设

加大"三农"领域实用专业人才培育力度,提高农村专业人才服务保障能力。加强农技推广人才队伍建设,探索公益性和经营性农技推广融合发展机制,允许农技人员通过提供增值服务合理取酬,全面实施农技推广服务特聘计划。加强涉农院校和学科专业建设,大力培育农业科技、科普人才,深入实施农业科研杰出人才计划和杰出青年农业科学家项目,深化农业系列职称制度改革。

第三节　鼓励社会人才投身乡村建设

建立健全激励机制,研究制定完善相关政策措施和管理办法,鼓励社会人才投身乡村建设。以乡情乡愁为纽带,引导和支持企业家、党政干部、专家学者、医生教师、规划师、建筑师、律师、技能人才等,通过下乡担任志愿者、投资兴业、行医办学、捐资捐物、法律服务等方式服务乡村振兴事业,允许符合要求的公职人员回乡任职。落实和完善融资贷款、配套设施建设补助、税费减免等扶持政策,引导工商资本积极投入乡村振兴事业。继续实施"三区"(边远贫困地区、边疆民族地区和革命老区)人才支持计划,深入推进大学生村官工作,因地制宜实施"三支一扶"、高校毕业生基层成长等计划,开展乡村振兴"巾帼行动"、青春建功行动。建立城乡、区域、校地之间人才培养合作与交流机制。全面建立城市医生教师、科技文化人员等定期服务乡村机制。

### (四)创建国家级示范县,推动农村职成教建设

国家级示范县创建是推进农村职成教育现代化建设,实现农业现代化、全面建成小康社会和学习型社会的重要保障。改革开放40多年,我国已出台多项农业改革政策。职成教育特别是农村职成教育,在加快构建新型职业农民队伍、提

升新型经营主体带动农户能力、促进农村人才创业就业、推动城乡基本公共服务均衡配置、推进农业转移人口市民化等方面均负有不可推卸的责任。创建一批示范县，创新农村职成教育发展模式，加快农村职成教育现代化建设，不仅可以把现代的技术、生活方式以及经营理念导入农村，提高农业生产效益和农产品竞争力，而且可以在农村催生新业态、新模式，为农村经济发展灌注新动能，为实现农业现代化提供坚实的人才保障。

2018年4月19日，《教育部办公厅关于公布第五批国家级农村职业教育和成人教育示范县创建入围名单的通知》，强调要根据《教育部关于开展国家级农村职业教育和成人教育示范县创建工作的通知》(教职成〔2013〕1号)和《教育部办公厅关于公布第四批国家级农村职业教育和成人教育示范县创建入围名单及开展第五批示范县创建工作的通知》(教职成厅函〔2017〕24号)的工作部署，为切实推动各地做好国家级农村职业教育和成人教育示范县(以下简称示范县)创建工作，发挥他们在农村职业教育和成人教育改革发展方面发挥示范引领作用。

国家级示范县建设是推动农村职业教育与成人教育建设的核心，因此，教育部2018年工作要点强调"继续推进国家级农村职业教育和成人教育示范县创建。国家级农村职业教育与成人教育示范县从2013年创建至今，农村职成教建设问题得到较大改善，现阶段工作重心一是继续开展创建工作，二是对前四批示范县进行评估。2018年8月24日，教育部颁布《关于开展第四批国家级农村职业教育和成人教育示范县抽查复检的通知》(教职成司函〔2018〕114号)，示范县抽查复检依据为国家级农村职业教育和成人教育示范县创建工作要求，重点检查各创建入围县(市、区)是否完成创建申报书承诺的目标任务，尤其是各县推动职成教发展对于促进当地经济社会发展的重要举措和成绩。

2018年，各省市初步形成了多部门合作支持农村职成教育发展的机制。多个省级教育行政部门与发改、财政、农业、人社等部门进行了协商并转发了示范县创建通知，如河南省教育厅与发改、财政、人社、农业等部门联合发文推进这项工作。还有部分省联合相关部门进行了对示范县创建工作进行了评估。

河南新密农村职业教育和成人教育示范市作用显现，大隗镇政府始终把职成教育放在优先发展的重要位置，牢固树立抓职成教就是抓经济、抓发展、抓民生、抓和谐的理念，先后投入100多万元，改善了乡村两级成人社区学校的办学条件，完善了设施设备，构建了办学网络，搭建了服务平台，创设了育人环境，造福了一方群众。

充分认识到做好示范县创建工作是解决"三农"问题的重要举措，要从基本实现教育现代化和基本建成学习型社会的教育目标出发，全面理解做好示范县创建工作是补农村职成教短板的重要抓手。国家级农村职业教育和成人教育示范县创建，为农村职成教育现代化建设提供了有序的组织保障。各县级政府高度重视创建工作，积极探索区域农村职成教育改革发展的新机制、新途径和新模式，构建了以县级职业教育中心为龙头，乡镇成人文化技术学校为骨干，村级成人文化技术学校为基础的县域职业成人教育培训网络，城乡教育一体发展。各地政府统筹、部门合作、企业参与、资源共享的职成教育运行机制初步形成。

当然，国家级示范县创建工作不仅是简单加强农村职业与成人教育，同时也对乡俗民风的形成、党群关系的改善、社区治理能力有效提升、助推精准扶贫、弘扬传统文化形成积极推动，更为农业增效、农村发展、农民致富提供了有效的服务保障。为"三农"问题解决打下根基农村职成教育机构肩负着重大历史使命。农村职成教育示范县创建工作更需要关注"人"的教育培训问题。这里的"人"是指生活工作在县及县以下的人群，因为所有涉及"三农"的话题，都离不开他们的素质提升。农村职成教示范县创建，是推进农村职成教育现代化建设，落实党和国家推进"三农"工作的重要举措。随着农村职成教育的推动，技术培训实现了农民转型、技术帮扶实现了农民增收、信息化平台的搭建又助力了农民素养提高、技术的支持助力了新农村建设，为解决"三农"问题发挥了重要的积极作用。

当前，我国已进入全面建成小康社会的决胜阶段。职成教育特别是农村职成教育，在加快构建新型职业农民队伍、提升新型经营主体带动农户能力、促进农村人才创业就业、推动城乡基本公共服务均衡配置、推进农业转移人口市民化等方面均负有不可推卸的责任。国家级农村职业教育和成人教育示范县是推动农村经济社会发展的智力支撑，是推进一二三产业融合发展人才培育、服务产业转型的有效途径。大力推动农村产业全面升级，深入推进农业供给侧结构性改革，农村职业教育和成人教育在提高农民综合素质、培养新型职业农民方面发挥着重要作用。努力让农业成为有奔头的产业，让农民成为有吸引力的职业，要从以下几个方面推动农村职业教育和成人教育的切实发展。

第一，农村职成教示范县建设要立足服务乡村振兴战略的实施，以加快省部共建国家现代农村职业教育改革试验区建设为引领，以推动县域经济社会发展为目标，以服务构建体现终身教育理念的现代农村教育体系为宗旨，在农村职成教发展的重点领域和关键环节进行改革创新试验，探索农村职成教发展的新路径、新模式，在助力农业产业结构调整、农村产业融合发展、新型农业经营主体培育、破解依赖"原字号"发展瓶颈、推进小农户与现代农业发展有机衔接等方面提供良好的人才保障、智力支持和技术支撑。

第二，深入推进农村职业教育和成人教育供给侧改革，加快农村职成教转型。"三教统筹"和"农科教结合"，是深化农村职业教育和成人教育改革的有效手段。各级教育部门和农村中等职业技术学校、成人文化技术学校，要在当地政府统筹领导下，加强与农业、科技、扶贫、劳动等部门的合作，共同培养新型农业经营主体。推动农村职成教育由扫盲教育、农业实用技术培训向文化生活、就业创业、职业技术培训转轨；由关注农村经济建设向精神文明、物质文明建设两手抓转轨。大力推动一批职教中心向社区学院转型，加快推动一大批农村成人文化技术学校向社区教育中心转型。坚持以服务发展为宗旨，以促进就业创业为导向，以丰富农村居民精神文化生活为核心，整合资源，拓宽办学功能，全面增强农村成教办学活力与服务能力。

第三，重点对农村重要人群开展职业技术培训。一是做好新型职业农民培养培训任务，稳定和壮大现代农业生产经营者队伍。二是开展好社会生活教育，传播文明生活方式，引领形成充满正能量的社会新风尚。三是要继续做好面向农村劳动力实施转移培训和新市民培训，增强职业能力，提高就业创业机会。四是继续开展好农业实用技术培训，积极引进和开发农民致富示范项目，普及推广先进农业生产技术，带动农民增收增富。五是开展好老龄人口，尤其是孤寡老人和病残老人社会关爱培训，切实增进老年人幸福感。六是做好留守妇女和留守儿童方面的培训。

第四，加强农村职业教育和成人教育示范县的经费投入和队伍建设。落实党中央、国务院关于加强农村劳动力培训，不断增加经费投入的有关要求，从地方财政和教育经费中，划分适当比例专门用于支持农村职业教育和成人教育培训，专款专用，改善基本办学条件。加快推进农村成教融资体制改革，逐步建立政府、基层、用人单位、学员个人共同承担、共同筹集农民教育培训经费的制度体系。

第五，推进农村职业教育和成人教育队伍专业化建设。明确定位农村职业教育和成人教育工作者岗位职责，选齐配强农村职业教育和成人教育机构领导班子；选配协调组织能力强、工作热情高的青年教师补充到专职队伍中来；吸引一批有一定影响力和农业技能的优秀人才担任兼职教师；继续开展好农村职成教工作者培养培训工作，鼓励有关高校开设农村职业教育和成人教育专业，为农村职业教育和成人教育培养专业化师资。

第六，进一步发挥涉农协会、学会等社会机构及部门的作用。在全国范围内广泛开展经验交流、信息共享、课题研究、交流考察及人员培训等方面的活动，鼓励其继续推动学习型农村建设，有力推动农村优秀学习型组织的创建工作和质量水平提升，使之能够继续以"城乡大课堂"和"乡土课程成果展"等载体，整合优化农村职成教资源，深入推进全国农村职业教育与继续教育数字化学习资源共建共享。通过推进"城乡社区教育特色学校"和"全国农村职成教特色培训基地"遴选活动，强化农村职成教特色品牌建设，引领农村职成教品牌化、优质化、特色化、现代化发展。

## 四、农村职业教育研究进展

### (一)研究文献总体概况

#### 1. 论著

以"农村职业教育"为题名检索词,在"中国知网"上检索,时间截取 2017 年 8 月1日至 2018 年 7 月 31 日,共获得 132 篇相关文献。进一步通过内容筛选,获取相关文献 104 篇,硕士学位论文 5 篇,期刊学术论文 99 篇,其中 CSSCI 收录论文 5 篇,北大中文核心期刊收录论文 10 篇。在研究主题分布上,主要分布于农村职业教育和与农村职业教育相关的新型职业农民、乡村振兴战略、精准扶贫、职业学校、农村职教中心等(如图 4.6)。

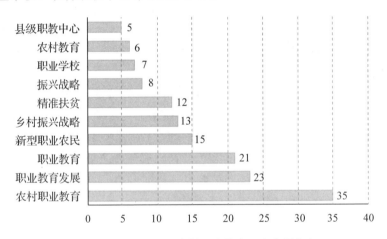

**图 4.6　2017—2018 农村职业教育研究主题分布**

在当当网、亚马逊网站、京东商城三大网站,分别以"农村职业教育"和"农职教"为关键词,选取 2017 年 8 月 1 日至 2018 年 7 月 31 日出版的相关书籍,获得 3 本相关著作,分别为《新型城镇化进程中农村转移劳动力职业教育研究》(郑爱翔著,厦门大学出版社 2017 年 9 月版)、《农村职业教育发展新论》(马建富著,知识产权出版社 2017 年 12 月版)、《空间经济学视阈下武陵山区农村职教扶贫研究》(柳劲松著,科学出版社 2018 年 6 月版)。

#### 2. 立项课题

2018 年国家社科基金年度项目立项中,共有 3 505 项课题,2018 年国家社科基金青年项目立项中,共有 1 001 项课题,均未发现有与农村职业教育相关的课题。在全国教育科学"十三五"规划 2018 年度课题中,共有 511 项课题,关于

"农村职业教育"的课题有 4 项，其中国家一般课题有 3 项，课题名称分别是《乡村振兴下职业教育促进农村"空心化"治理的机理与模式研究》（刘奉越，河北大学）、《新型职业农民培养机制创新研究》（王丽萍，华南农业大学）、《乡村振兴背景下新型职业农民培育云平台研究》（潘军，华南农业大学）；教育部重点课题 1 项，为《乡村振兴战略下新型职业农民培育的社会支持系统研究》（屠明将，重庆市教育科学研究院）。

### （二）研究主要内容分类

2017—2018 年，研究者的主要关注点集中在以下几个方面。

1. 以乡村振兴战略为研究背景

习近平同志于 2017 年 10 月 18 日在党的十九大报告中首次提出乡村振兴战略：农业农村农民问题是关系国计民生的根本性问题，必须始终把解决好"三农"问题作为全党工作的重中之重，实施乡村振兴战略。2018 年 2 月 4 日，国务院公布了 2018 年中央一号文件，即《中共中央国务院关于实施乡村振兴战略的意见》。基于以上国家政策文件及研究者对农村形式的判断，2017—2018 年有多数文献以乡村振兴战略为背景，对农村职业教育进行研究。根据研究侧重点不同，主要分为以下研究方向。

部分研究者对此政策以农村职业教育的视角解读，提出发展农村职业教育对于乡村振兴战略的重大意义。张志增通过对党的十九大报告中乡村发展战略政策的分析，指出改革发展农村职业教育是实施乡村振兴战略的重要抓手，并以此提出农村职业教育在实施乡村振兴战略过程中的具体作用机制。① 马建富基于政策与数据，对乡村振兴战略的核心特征，尤其是与人力资源开发相关层面的特征进行阐释，并以此提农村职业教育如何把握实现乡村振兴战略机遇的策略。②

部分研究者侧重于乡村振兴战略下对农村职业教育发展问题的剖析，并基于此提出相应理论对策。如张祺午指出我国农村职业教存在职教中心投入不足、办学活力不足、培养质量不高等突出问题。据此他提出以下建议：要大力发展城乡融合的职业教育；不断提升农村职业院校的基础能力；建立农职教改革创新试验园区的建议。③ 刘军通过理论分析，指出在乡村振兴背景下，我国农村职业教育陷入公共性危机，表现为"普教化"倾向；代际跃迁功能沦落；经费投入不足，资源利用率偏低；价值取向和目标定位异化，陷入"离农""去农""轻农"的旋涡；农村职业教育质量薄弱，缺乏社会认同度和吸引力。④ 刘奉越以职业教育在乡村振

---

① 张志增：《实施乡村振兴战略与改革发展农村职业教育》，载《中国职业技术教育》，2017(34)。
② 马建富：《乡村振兴战略实现的职业教育机会与应对策略》，载《中国职业技术教育》，2018(18)。
③ 张祺午：《服务乡村振兴亟待补齐农村职教短板》，载《职业技术教育》，2017(36)。
④ 刘军：《乡村振兴战略下农村职业教育的公共性危机及破解路径》，载《教育与职业》，2018(13)。

兴大背景下农村"空心化"治理中遇到的阻力为视角，认为农村职业教育供给与农村"空心化"治理需求脱节，师资队伍建设滞后，布局结构不均衡，治理主体"碎片化"等问题。针对上述问题，他提出职业教育与农村"空心化"治理的耦合路径要以增强内生力为旨归，并彰显地方性，加强"双师型"教师队伍建设，注重资源整合等应对策略。[①]

**2. 研究立足于农业供给侧改革**

2015 年中国中央农村工作会议首次强调，要着力加强农业供给侧结构性改革，提高农业供给体系质量和效率。"农业供给侧结构性改革"这一新鲜表述，通过中国最高级别的"三农"会议，首度进入公众视野。在国家的农业供给侧改革的政策背景下，农村职业教育如何发挥应有之意，保质保量的完成在新时代的使命成为研究者的关注点。

有研究者以宏观的角度对农业供给侧改革下农村职业教育的体系构建进行研究，如李延平、王雷认为现代农村职业教育体系是国家现代职业教育体系的重要组成部分，因此农村职业教育应该放在国家现代职业教育体系大背景中去考量。他首先论述农业供给侧结构改革背景下农村职业教育的新使命，由此引出对农村职业教育的目标定位与功能定向和农村职业教育对象的重新审视。最后他提出现代农村职业教育体系的构建策略，打通新型职业农民培育与职业学校教育的壁垒，建立政府为主、多主体参与的"一主多元"培育体系，以期建立适应供给侧改革的农村职业教育体系。[②]

还有部分研究者围绕农业供给侧改革的具体要求研究农村职业教育的应对策略，并从农村经济社会需求端和供给端两方面进行剖析并提出相应对策。如马建富对农业供给侧改革下农村经济社会需求端与供给端的发展现状与问题进行研究，在此基础上提出了农村职业教育供给侧改革的着力点：着力新型职业农民培育，积极服务农民终身教育；完善新型职业农民培育体系，注重教育培训效能提升；着力城乡职业教育功能统合，强化分工基础上的协同；着眼新型职业农民培育制度创新，激发农村职业教育办学活力。[③] 廖策权从我国农村经济社会需求端的基本特点与现实诉求及农村职业教育供给侧改革的现实问题与反思出发，提出了农村职业教育供给侧改革的基本路径：调整农村职业教育办学定位，构建农民终身教育体系；完善农村职业教育培训体系，提升教育培训效能；强化城乡职业

① 刘奉越：《乡村振兴下职业教育与农村"空心化"治理的耦合》，载《国家教育行政学院学报》，2018(7)。

② 李延平、王雷：《农业供给侧结构性改革背景下农村职业教育的使命及变革》，载《教育研究》，2017(11)。

③ 马建富、马欣悦：《基于新型职业农民培育的农村职业教育供给侧改革》，载《河北师范大学学报（教育科学版）》，2017(6)。

教育功能互动，提升教育培训的协同力；推进农村职业教育制度创新，提升办学活力。①

### 3. 对农村职业教育产教融合的研究

深化产教融合是解决人才培养供给和产业需求矛盾的关键，也是调整产业结构和转变经济发展方式的重要举措。2017 年 7 月，国务院印发了《国务院关于强化实施创新驱动发展战略进一步推进大众创业万众创新深入发展的意见》；2017 年 12 月国务院办公厅印发《关于深化产教融合的若干意见》；2018 年 2 月教育部等六部门出台《职业学校校企合作促进办法》；2018 年 10 月国家发改委等四部门联合印发《关于加强实训基地建设组合投融资支持的实施方案》。在这样的政策背景下，农村职业教育作为深化产教融合的关键一环作为研究视角具有独特的意义。

有部分学者指出产教融合是农村职业教育的未来发展趋势，农村职业教育需响应国家战略要求，不断调整农村产业结构和经济发展方式。王慧从阐释农村职业教育对乡村振兴的推动作用出发，认为农村职业教育是实现乡村振兴提供人才保障、教精准扶贫助推器，助力新产业、新业态、新模式的发展，担负着传承乡村文化的使命。他提出推动乡村振兴的农村职业教育发展的根本方向是产教融合，产教融合有助于推动农村职业教育精准扶贫，有助于全面带动农村职业教育的教学改革。而推动农村职业教育产教融合的根本性举措是创新体制机制，具体而言就是完善政策法规，建立经费保障机制，完善运行机制，构建按需定向的人才培养模式，加强"双师型"教师队伍的建设等。②

### 4. 县级职教中心建设研究

乡村振兴需优先发展农村教育事业，大力发展面向农村的职业教育，加快推进职业院校布局结构调整，加强县级职业教育中心建设，有针对性地设置专业和课程，满足乡村产业发展和振兴需要。结合政策话语和长久建设实践，县级职教中心建设研究成 2017—2018 年的研究热点之一。

伴随产业结构的转型升级、城镇化进程加速和人民群众对职业教育需求水平的提高，县级职教中心在新时代的发展中面临诸多困难和问题，多数县级职教中心办学条件有待改善，双师型教师匮乏，特别在校企合作、产教融合上受到了区域环境的极大制约。基于上述问题，戴建兵等人认加强县级职教中心建设需要以下几个方面：全面深化改革，需要加强省级政府统筹；需要依法治教，落实政府

① 廖策权：《基于农村经济社会需求端的农村职业教育供给侧改革》，载《职业技术教育》，2018 (16)。

② 王慧：《产教融合：农村职业教育发展方向》，载《教育研究》，2018(7)。

统筹职责；需要强化内涵建设，提高教育教学质量，主动适应当地及区域产业转型升级和经济高质量发展新常态；需要选好校长，全面提升职教中心治理水平；综合型的县级职教中心是县域职业学校改革发展的方向，也是其他类型县级职教中心未来发展模式和趋势。①

5. 农村职业教育的新视角研究

随着科技水平与信息化社会的不断发展，带动了工作世界的发展，进而对农村职业教育提出了新的机遇与挑战，部分学者将研究视角转向新领域视角下农村职业教育怎样适应、如何发展的问题。如李延平等对西部农村"互联网＋"职业教育精准扶贫的制度创新进行了探究，通过政策分析和实地调研，以"互联网＋"的思路，探索出一种能更有效地落实精准扶贫战略的西部农村职业教育制度。具体包括建立以职业教育统筹多元主体协同的网络扶贫运行和管理机制；开发独具西部农业特色的网络培训课程；打造一支专业化、本土化、信息化的教师队伍；建立健全基于大数据支持的农村职业教育精准扶贫评价机制，以切实实现教育强民、技能富民、就业安民的目的。②

在经济增长放缓的大环境下，农业领域推进"机器换人"是现代农业发展的必然选择。在这一过程中，农村职业教育面临着前所未有的挑战，亟待培育一支数量庞大、素质高的新型职业农民队伍来加快农业"机器换人"的步伐。为此，如何突破新型职业农民的培育困境，是农村职业教育发展的当务之急，也是农业领域"机器换人"顺利推进的人才保证，有部分学者对此视角下的农村职业教育进行了探析。孙凤敏等人认为农村职业教育要从明确目标、优化方式、完善内容、强化师资四个方面着手，着力提高新型职业农民与农业领域"机器换人"的匹配度与耦合性，为加快推进农业现代化做好充足的人才储备，提供坚实的智力支持。③

职业教育作为提高收入和降低贫困程度的重要渠道，在理论上已经得到广泛认同，既有学者在理论政策分析上阐释职业教育对提升收入和降低贫困程度的作用，也有学者用实证方法检验职业教育与降低贫困程度的关系。如王善平通过选取 H 省 51 个贫困县 2009—2015 年面板数据，实证检验了职业教育投入与贫困程度降低之间的关系，以及这种关系在贫困程度不同地区间的差异。他的研究证实了职业教育投入能够降低贫困程度且效果具有可持续性，但是降低贫困程度存

① 王梦迪：《县级职业教育发展变迁研究——以 Y 县为例》，硕士学位论文，陕西师范大学，2018。
② 李延平、陈琪：《西部农村"互联网＋"职业教育精准扶贫的制度创新》，载《电化教育研究》，2017(12)。
③ 孙凤敏、孙红艳、沈亚强：《新型职业农民培育与农业领域"机器换人"的动态对接》，载《中国职业技术教育》，2017(29)。

在地区性差异。①

**（三）研究的特点及评价**

**1. 研究成果呈递减趋势**

从 2017 年 8 月 1 日至 2018 年 7 月 31 日，以"农村职业教育"为题名检索词，在"中国知网"上高级检索，发现与近年来相比与其相关主题的研究呈现递减的趋势，研究给予农村职业教育的关注度逐年降低（具体每年发文数量见表 4.8）。

表 4.8　以"农村职业教育"为主题检索知网年度发文数量

| 年份 | 2011 | 2012 | 2013 | 2014 | 2015 | 2016 | 2017 | 2018 |
|------|------|------|------|------|------|------|------|------|
| 数量 | 368 | 282 | 233 | 193 | 189 | 168 | 138 | 132 |

**2. 研究方法运用较为单一**

本年度对于农村职业教育领域的研究大多是采用思辨研究方法，只有极少数研究者采用实证研究方法。研究者大多通过政策分析解读、文献梳理指出农村职业教育的发展困境以及给出相应建议，缺少对于农村职业教育的实地调查研究，导致了本年度的研究大多站在宏观的视角把握农村职业教育问题，对于农村职业教育实际现状的解读往往存在乏力。但也有部分实证研究如通过对农村职业教育与农村减贫关系的量化分析证实乡村振兴下发展农村职业教育的必要性，具有较好的说服力。

**3. 研究紧跟国家政策**

通过分析 2017—2018 年文献，不难发现近一年农村职业教育领域的研究多数与国家政策紧密结合，研究者们结合乡村振兴战略、农业供给侧结构性改革、精准扶贫、县级职教中心建设对农村职业教育的发展现状进行研究，对农村职业教育在特定背景下的发展路径进行分析探讨，以期通过农村职业教育响应国家对于农村建设的号召，促进农村经济的发展和乡村振兴的实现。

**4. 发表期刊代表性不足**

筛选后得到 104 篇文献中，除去 5 篇硕士论文，其余文献刊发于学术期刊，刊物横跨教育学、农学、经济学等学科门类。按照目前按学术期刊来源划分而言，其中仅有 5 篇发表在中文社会科学引文索引期刊，另有 10 篇发表在北大中文核心期刊。除上述外，文献来源还有《农民科技培训》《科学大众》《现代经济信息》等。在刊源分布上，虽然文献分布较为广泛，但刊源的质量仍有较大提升空间。

---

① 王善平、蒋亚丽：《职业教育对农村贫困程度的降低效果研究——基于区域异质性的角度》，载《职业技术教育》，2018(1)。

## 结　语

2018年我国农村职业教育取得重要进展，乡村振兴战略持续深化，农村供给侧结构性改革不断优化，东西部扶贫协作能力显著增强。但从总体情况来看，农业产业化水平低、农民科学文化素质不高等"三农"问题仍然阻碍着我国农村职业教育的快速发展。

下一阶段，工作重点应做好以下几方面的改革与建设：一是转变农村经济发展方式，从主要依靠资源扩张转变为依靠科技创新驱动。在实施乡村振兴战略中，要通过科技创新、科技进步、科技水平提升来提高我国农业竞争力，减少国际市场、进口农产品的冲击。二是深入推进省部共建国家现代农村职成教改革试验区建设，形成具有地方特色的现代农村教育体系，提升农村职业教育和成人教育对乡村振兴的支撑度，形成特色模式，带动全国农村职成教创新发展。三是围绕服务现代农业产业体系、生产体系、经营体系优化农村职业教育专业体系，打造精准服务现代农业和农村发展的涉农专业集群，助力一二三产融合，支撑新产业新业态发展。四是深入推进产教融合、校企合作，培育一批骨干农业职业教育集团，打造协同发展共同体，提高职业教育服务区域经济发展的贡献度。五是建好县(市)、乡镇和村三级农村职成(社区)教育网络体系，创新管理体制，实施职业教育、成人教育、社区(老年)教育统筹，形成有机发展合力。六是培养与培训并举，培育大批懂得农业基本特性和乡村价值体系，传承"三农"工作价值理念的优秀"三农"人才。探索以"精准瞄准、分类培训、按需供给"为核心的新型职业农民培训机制，培育大批新型职业农民。七是发挥好"造血器"职能，助力精准脱贫。聚焦集中连片特困区域和扶贫开发工作重点县，落实职业教育帮扶计划，东西部扶贫协作计划，实现精准招生、精准资助、精准培养、精准培训、精准就业，打造技能精准扶贫的体制机制，使农村教育成为精准扶贫的"造血器"。八是健全政策支撑体系，增强服务乡村振兴的吸引力。加大对涉农职业院校和涉农专业支持力度、学生资助力度和毕业生、农民工返乡创业扶持力度，提升"三农"工作人员待遇，建立完善的晋升机制，加强对"三农"人才的激励，使"三农"人才安心扎根乡村工作。

【本报告撰写人：陈衍、李阳、祝叶丹、斐珊珊、柳玖玲。作者单位：浙江工业大学教育科学与技术学院，中国职业教育发展与评价研究院】

专题研究报告

学校是农村社区的公共利益所在。研究已经证实，有学校的农村不仅有更高的房地产价值、更先进的基础设施、更高的就业率、更多的中产阶段人口、更低的社会福利依赖率，而且更有助于形成农村社区认同、更有助于村民政治参与、更有助于形成地方自豪感和社区团结力。随着城镇化率的快速攀升和乡村学校的大量撤并，农村形成了乡村小规模学校和乡镇寄宿制学校格局。那么，新世纪以来农村学校布局究竟走过了怎样的历程？有什么样的发展趋势？当下面临怎样的挑战，下一步应该怎么走？在高等学校服务乡村振兴的大背景下，如何在政策上支持高等学校服务乡村振兴？如何实现高等教育的优势与农村地区的弱势紧密结合，形成有效的互通互助机制？如何健全农业科技支持和推广体系？这是前2个专题报告拟给予回答的问题。

教师是提高农村教育质量的关键所在。《中共中央 国务院关于全面深化新时代教师队伍建设改革的意见》明确提出要"全面提高中小学教师质量""开展中小学教师全员培训""加强紧缺薄弱学科教师培养"。那么，农村教师的培训情况是什么样的？国家投入那么多培训资金究竟取得了怎样的效果？农村学校除了急缺音乐、体育、美术、信息技术等学科教师之外，还特别缺少科学课教师。那么，农村小学科学课教师的生存状态是什么样的？其群体结构、工作量、教学水平、工资福利、培训与流动情况又是什么样的？为了促进农村中小学教师质量的提升，应该采取什么样的策略？这些是第3个和第4个专题拟回答的问题。

学生发展是农村教育的最根本目的。习近平总书记在全国教育大会上指出"要努力构建德智体美劳全面培养的教育体系"，"要树立健康第一的教育理念，开齐开足体育课，帮助学生在体育锻炼中享受乐趣、增强体质、健全人格、锤炼意志。"那么，农村中小学生的身体健康现状究竟怎么样？如何促进农村学生身体健康发展？最后1个专题以期对上述问题作出回应。

# 第五章 21世纪以来农村义务教育阶段学校布局调整情况研究报告

## 概　要

　　21世纪以来，农村义务教育学校经历了有史以来力度最大、范围最广的布局调整。但是，随着2012年《国务院办公厅关于规范农村义务教育学校布局调整的意见》的颁布，各地陆续出台政策文件，逐步规范了农村义务教育学校布局调整工作。在"后撤点并校"时代，农村义务教育阶段学校布局又呈现出新的发展态势：首先，学校数与在校生数减少不同步，学校减幅远远大于在校生减幅；其次，乡村学校"小规模化"特征显现，镇区学校大规模化和大班额化问题突出；再次，村庄学校逐渐消失，城镇寄宿学校与寄宿生规模同步扩大；最后，义务教育城镇化率显著高于常住人口城镇化率，义务教育城镇化趋势明显。地方政府通过调整学制结构、谨慎撤并态度、坚守底线标准、精准对接扶贫等多种手段保障了农村义务教育阶段学校布局调整的公平性、正义性、有序性，并体现了制度创新性。

　　但是，随着城镇化进程加快、乡村振兴战略提出、教育扶贫纵深推进，农村学校布局调整仍面临多重挑战：第一，新型城镇化背景下城乡布局调整面临负荷；第二，乡村振兴战略背景下农村学校面临发展困境；第三，不合理布局调整有可能阻断贫困家庭子女的受教育机会。同时，围绕农村学校布局调整这一热点议题，学术界也开展许多研讨。就目前来看，学术界对一些问题并未完全达成一致，形成了不少争议，譬如乡村小规模的发展困境问题——如何办好乡村小规模学校？寄宿制学校真的是农村教育问题的解决方案吗？注重"规模效应"的农村学校布局调整逻辑正确吗？"效率"与"公平"问题——乡村教育的价值指向最终该走向何方？"逃离"与"回归"——乡村教育文化大厦该如何建构？在现实条件复杂、学术争论汹涌的今天，我们下一步更应当纵观全局，加强共识，凝聚力量。通过推进城乡义务教育一体化，合理规划城乡义务教育学校布局建设；稳定当前布局格局，积极探索制度创新；以提升农村教育质量为核心，鼓励多方参与农村教育改革发展。

自 1974 年以来我国全面推行计划生育政策效果显现和 20 世纪末以来农村富余劳动力向城市大规模转移，导致农村学龄人口自然减少，迫使教育行政部门对农村学校进行较大力度的布局调整。在 1977—2017 年的 40 年间，全国共撤并小学和初中 79.67 万所，其中 21 世纪以来（2001—2017 年）共减少了 35.03 万所，占学校减少总量的 43.97%，平均每天约有 72 所学校消失。① 21 世纪以来，中国农村学校布局调整的力度之大、范围之广，可见一斑。

随着《国务院办公厅关于规范农村义务教育学校布局调整的意见》《国务院关于深入推进义务教育均衡发展的意见》《国务院关于统筹推进县域内城乡义务教育一体化改革发展的若干意见》《国务院办公厅关于全面加强乡村小规模学校和乡镇寄宿制学校建设的指导意见》等系列政策文件的相继颁布，政府从制度上规范了农村义务教育调整，农村学校"撤并浪潮"在一定程度上得到遏制。各省（自治区、直辖市）陆续以工作意见、工作方案、短期规划、中期评估、专项检查、专项督查等工作形式稳步推进义务教育学校布局调整工作，并涌现出了一大批具有地方特色的创新模式与有效经验。

规范农村学校布局调整初见成效。然而，在城镇化进程加快、乡村振兴战略提出、教育扶贫改革纵深持续推进过程中，农村学校布局调整又呈现出了新态势、新格局与新挑战。并且，学界对于农村学校布局调整的争议也没有停止，在"进城"与"留乡"，在"寄宿"与"回家"，在"效益"与"公平"，在"传统"与"现代"的现实与价值双向选择中，农村学校该如何栖身？农村学校这座摇摆的"精神绿洲"在城镇化发展与政策调整的浪潮中，其最终归途到底指向何方？以上种种，皆是当前改革发展必要面临的根本性问题。

基于国家统计局、教育部公开的教育统计数据和中国农村教育发展研究院 2015 年开展的中国农村教育综合调查研究数据，本报告分析了 21 世纪以来农村

① 本报告数据来源于教育部发展规划司编《中国教育统计年鉴 1977》及《中国教育统计年鉴（2001—2016）》（人民教育出版社 1978 年版，2002—2017 年版）、《中国教育事业发展统计简况 2017》。本报告采用国家统计局颁布的《统计用城乡划分代码》。新的城乡划分标准，将原来的城市、县镇、农村三个分类调整为三大类七小类，即城区（含主城区、城乡结合部）、镇区（含镇中心区、镇乡结合区、特殊区域）、乡村（含乡中心区、村庄）。此外，城市均指城区，县域指代镇区和乡村之和，农村指镇区与乡村之和。

学校布局调整的变动趋势，重点考察了近十年来农村学校布局调整变动态势、政策趋势以及有关争议，旨在进一步摸清情况，梳理分析当前面临的困难问题，提出下一步有针对性的工作建议。

# 一、当前农村学校布局调整的基本态势

## (一)学校数与在校生数减少不同步，学校减幅远远大于在校生减幅

2001 年国务院颁布的《关于基础教育改革与发展的决定》明确指出，"因地制宜调整农村义务教育学校布局。按照小学就近入学、初中相对集中、优化教育资源配置的原则，合理规划和调整学校布局。"自此，中国农村学校经历了历史上力度最大的布局调整，大量农村义务教育学校在布局调整过程中被撤并。2012 年《国务院办公厅关于规范农村义务教育学校布局调整的意见》出台开启了农村义务教育学校"后撤并时代"。"后撤并"是不撤并吗？"后撤并"等于少撤并吗？对于农村义务教育学校而言，"后撤并"究竟意味着什么呢？

从学校数量变化的绝对数来看，2001—2012 年，全国范围内小学学校数量均呈现减少趋势，其中乡村小学减少最为明显，年均减少 23 745 所，乡村教学点年均减少 4 352 个。全国初中学校数呈现"城增乡减"的态势，其中城区初中学校数量年均增加 190 所，镇区初中学校数量年均增加 423 所，乡村初中学校数量年均减少 1 829 所，初中学校向城镇集中趋势明显。2012 年至 2017 年，全国范围内除城区小学数呈增加趋势(年均增加 203 所)外，镇区小学和乡村小学数依然呈现减少的趋势，年均分别减少 727 所和 11 791 所；教学点数量自 2012 年后均呈现增加趋势，其中乡村教学点增加尤为明显，年均增加 5 550 所。全国初中学校数依然呈现"城增乡减"态势，其中城区初中年均增加 285 所，镇区初中年均增加 275 所，乡村初中年均减少 824 所。总体看来，农村义务教育学校数量仍然呈现减少趋势，从学校数量减少的绝对数量来看，2012 年后农村义务学校年均减少量与之前相比确实有所放缓(见表 5.1)。

表 5.1　全国义务教育阶段学校数量变化情况统计表　　　　单位：所

| 项目 | | 学校数年平均变化量 | |
| --- | --- | --- | --- |
| | | 2001—2012 年 | 2012—2017 年 |
| 小学 | 城区 | −15 | 203 |
| | 镇区 | −121 | −727 |
| | 乡村 | −23 745 | −11 791 |
| | 总体 | −23 881 | −12 315 |

续表

| 项目 | | 学校数年平均变化量 | |
|---|---|---|---|
| | | 2001—2012 年 | 2012—2017 年 |
| 教学点 | 城区 | 8 | 174 |
| | 镇区 | 291 | 917 |
| | 乡村 | −4 352 | 5 550 |
| | 总体 | −4 053 | 6 640 |
| 初中① | 城区 | 190 | 285 |
| | 镇区 | 423 | 275 |
| | 乡村 | −1 829 | −824 |
| | 总体 | −1 216 | −264 |
| 义务教育阶段 | 城区 | 175 | 487 |
| | 镇区 | 302 | −452 |
| | 乡村 | −25 574 | −12 615 |
| | 总体 | −25 097 | −12 580 |

资料来源：教育部发展规划司编：《中国教育统计年鉴（2001—2016）》，人民教育出版社 2002—2017 年版；《中国教育事业发展统计简况 2017》。表中数据为计算所得。学校年平均学校变化幅度保留两位小数，正数表示增加，负数表示减少。

从学校数量变化幅度来看，2012 年，全国范围内小学学校数量均呈现减少趋势，其中乡村小学减幅最为明显，年均减少 5.71％，乡村教学点年均减少 3.94％。全国初中学校数呈现"城增乡减"的态势，其中城区初中学校数量年均增加 2.15％，镇区初中学校数量年均增加 2.32％，乡村初中学校数量减幅尤为明显，年均减少 4.63％。2012 年至 2017 年，全国范围内除城区小学数量呈增加趋势（年均增加 0.75％）外，镇区小学和乡村小学数量依然呈现减少的趋势，年均减幅分别为 1.66％和 12.28％，减幅较 2012 年之前有所扩大；教学点数量自 2012 年后呈现增加趋势，其中城区和乡村教学点年增幅均较 2012 年之前有所上升。全国初中学校数量依然呈现"城增乡减"态势，其中城区初中学校数量年均增加 2.30％，镇区初中学校数量年均增加 1.13％，乡村初中学校数量较 2012 年之前减幅有所扩大，为 5.39％。总体看来，农村义务教育学校数量仍然呈现减少趋势，2012 年之前农村义务教育学校减幅为 5.61％，2012 年之后减幅为 11.33％，由学校数量变化幅度观之，"后撤并"时代农村义务教育学校减少的速

① 本报告初中统计口径为初级中学、九年一贯制学校与职业中学之和。

度并未放缓(见表5.2)。

**表 5.2　全国义务教育阶段学校数变化幅度统计表**　　　单位:%

| 项目 | | 学校数年平均变化幅度 | |
|---|---|---|---|
| | | 2001—2012 年 | 2012—2017 年 |
| 小学 | 城区 | −0.06 | 0.75 |
| | 镇区 | −0.25 | −1.66 |
| | 乡村 | −5.71 | −12.28 |
| | 总体 | −4.86 | −7.37 |
| 教学点 | 城区 | 1.05 | 10.34 |
| | 镇区 | 9.00 | 8.32 |
| | 乡村 | −3.94 | 6.15 |
| | 总体 | −3.54 | 6.45 |
| 初中 | 城区 | 2.15 | 2.30 |
| | 镇区 | 2.32 | 1.13 |
| | 乡村 | −4.63 | −5.39 |
| | 总体 | −1.83 | −0.51 |
| 义务教育阶段 | 城区 | 0.50 | 1.23 |
| | 镇区 | 0.45 | −0.66 |
| | 乡村 | −5.61 | −11.33 |
| | 总体 | −4.50 | −5.75 |

资料来源:教育部发展规划司编:《中国教育统计年鉴(2001—2016)》,人民教育出版社2002—2017年版;《中国教育事业发展统计简况 2017》。表中数据为计算所得。学校年平均学校变化幅度保留两位小数,正数表示增加,负数表示减少。

　　农村学校数与学生数分布不一致,农村学生并未完全实现就近入学。一方面,乡村教学点数量在增加,而在乡村小学就读的学生数量却在减少,农村小学有进一步"小型化"的趋势;2016年全国不足100人的小学有36 519所,其中乡村30 849,占全国小规模学校总数的84.47%;在30 849所乡村小规模学校中,其中0人小学1 797所(占5.83%),1~10人小学1 553所(占5.03%),11~50人小学10 376所(占33.63%),51~99人小学17 123所(占55.51%),50人以下的小规模学校接近一半。另一方面,有调查显示,某地3个县15个乡镇1 200名小学生中,每天往返路程超过5千米的约为40%,超过10千米的近10%。全国人大教科文卫委员会在西部三个省、自治区的调研也表明,有近1/3的学生每天单程超过 3 千米，近 1/8 的学生单程在 5～10 千米。①

## （二）乡村学校"小规模"特征显现，镇区大规模学校和大班额问题突出

校均规模和班级规模是判断农村学校布局调整力度的重要指标，也是判断学校布局调整价值的重要维度。一般来说，学校数与在校生数之间存在一个相对稳定的比例关系，这个比例就是校均规模。② 同样，校均规模与校均班级数之间也存在一个相对稳定的比例关系，这个比例就是班级规模。③

从校均规模看，2001 年镇区内小学（加上教学点）平均规模为 187.73 人，到 2017 年则上升到 274.97 人，十七年间平均每校增加了 87.24 人，年均增加 5.13 人。2001 年到 2017 年，镇区小学校均规模扩大明显（见图 5.1），乡村小学校均规模呈缩小趋势。2001 年镇区小学（加上教学点）的校均规模是 434.18 人，到 2010 年则猛增到 882.03 人，此后校均规模有所回落，到 2017 年降到 703.39 人，但在这十七年间平均每校仍增加了 269.21 人，平均每年增加 15.84 人。2001 年乡村小学（加上教学点）的校均规模是 163.40 人，到 2017 年为 148.94 人，十七年减少了 14.46 人（见表 5.3）。21 世纪以来，从小学校均规模变动情况来看，学校布局调整始终保持着城区、镇区为主的"规模效益"价值取向，并呈现持续上升

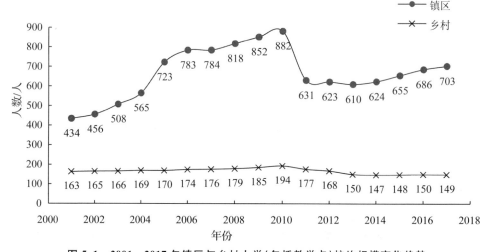

图 5.1　2001—2017 年镇区与乡村小学（包括教学点）校均规模变化趋势

① 庞丽娟：《当前我国农村中小学布局调整的问题、原因与对策》，载《教育发展研究》，2006(4)。
② 校均规模＝在校生数/(学校数＋教学点数)。其中，在校生数指某一阶段教育的在校学生数，如小学在校生数或初中在校生数；学校数加教学点数也是指某一阶段教育的学校总数。我们认为，在计算校均规模时，应该把教学点放在分母之中，因为教学点是中国农村教育的一个重要事实，缺少教学点的计算既不符合事实也不完整。
③ 班级规模＝校均规模/校均班级数。校均班级数＝总班级数/总学校数(包括教学点)。本文的校均规模和班级规模均按小学和初中分段计算。

表 5.3　2001—2017 年城区、镇区、乡村小学校均人数

单位：人

| | 2001 | 2002 | 2003 | 2004 | 2005 | 2006 | 2007 | 2008 | 2009 | 2010 | 2011 | 2012 | 2013 | 2014 | 2015 | 2016 | 2017 |
|---|---|---|---|---|---|---|---|---|---|---|---|---|---|---|---|---|---|
| 全国 | 207.11 | 213.55 | 219.93 | 226.88 | 235.81 | 248.57 | 260.81 | 271.92 | 285.58 | 306.48 | 321.58 | 324.95 | 315.92 | 325.51 | 341.80 | 359.08 | 373.83 |
| 城区 | 621.65 | 645.17 | 687.88 | 756.28 | 832.39 | 929.87 | 988.93 | 1 027.03 | 1 071.61 | 1 096.34 | 963.86 | 997.27 | 1 019.47 | 1063.47 | 1 113.48 | 1 159.40 | 1 200.47 |
| 镇区 | 434.18 | 455.76 | 507.55 | 564.66 | 722.84 | 783.47 | 784.25 | 817.98 | 851.88 | 882.03 | 630.58 | 622.78 | 610.45 | 624.18 | 655.30 | 686.47 | 703.39 |
| 乡村 | 163.40 | 165.40 | 166.42 | 169.46 | 169.59 | 174.47 | 176.22 | 179.24 | 185.36 | 193.61 | 176.73 | 167.89 | 150.41 | 147.15 | 148.15 | 149.67 | 148.94 |
| 县域内 | 187.73 | 192.33 | 195.59 | 199.69 | 207.62 | 220.17 | 227.32 | 235.31 | 246.76 | 263.86 | 259.90 | 258.18 | 244.80 | 247.76 | 258.66 | 268.10 | 274.97 |

资料来源：教育部发展规划司编：《中国教育统计年鉴（2001—2016）》，人民教育出版社。2002—2017年版；《中国教育事业发展统计简况 2017》。

表 5.4　2001—2017 年城区、镇区、乡村小学年均规模变化

| | 17 年来校均增加人数 /人 | 17 年来增幅 /% | 年均增幅 /% |
|---|---|---|---|
| 全国 | 166.72 | 80.50 | 4.74 |
| 城区 | 578.82 | 93.11 | 5.48 |
| 镇区 | 269.21 | 62.00 | 3.65 |
| 乡村 | -14.46 | -8.85 | -0.52 |
| 县域内 | 87.24 | 46.47 | 2.73 |

注：表中数据由表 5.3 计算所得。

趋势。乡村学校规模呈现逐渐下降趋势，2017 年校均规模不到城市小学的 1/7，勉强接近镇区的 1/6，乡村学校小规模特征日益凸显。

在初中阶段，校均规模总体呈现下降趋势。2001 年县域内初中平均规模为 943.16 人，2003 年达到最高，为 995.58 人，之后开始波动下降，到 2017 年为 727.11 人，比 2001 年减少了 216.05 人，减幅为 25.68%（见图 5.2）。从图 5.2 看，尽管镇区和乡村初中校均规模均在缩小，但乡村初中校均规模缩小更为显著。2001 年乡村初中校均规模为 802.64 人，2004 年增至 830.47 人，此后又下降到 2017 年的 420.86 人，净减少 381.78 人，降幅达 47.57%（见表 5.5）。

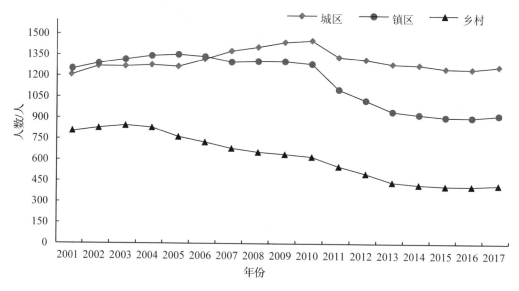

**图 5.2　2001—2017 年镇区与乡村初中校均规模变化趋势**

从班级规模看，虽然县域内小学平均班额在增加，但增加并不显著。2001 年县域内小学（加上教学点）平均班额为 32.84 人，到 2010 年增加到 36.34 人，2017 年又回落至 34.57 人，十七年仅增加了 1.73 人。但是，如果把镇区小学与乡村小学加以区分后就会发现，乡村小学的班级规模呈波动下降趋势，从 2001 年的 31.13 人逐渐降至 2017 年的 27.38 人；而镇区小学的班级规模经历了先增长再缩减的变动态势，由 2001 年平均 41.54 人增加到 2010 年的 48.88 人，十年间增加了 7.12 人，增幅为 17.14%，后又回落至 2017 年的 42.61 人，但在十七年中仍有八年（2004—2011 年）超过了国家规定的每班 45 人标准线，且在 2005—2010 年镇区班级规模一直高于城市（见表 5.7）。如果按 56～65 人为大班额、66 人及以上为超大班额标准计算，镇区小学的大班额比例由 2001 年的 22.16% 上升到 2006 年的 32.39%，此后大班额比例逐步下降，到 2016 年，大班额比例将至

单位：人

表 5.5　2001—2017 年城区、镇区、乡村初中校均人数

| | 2001 | 2002 | 2003 | 2004 | 2005 | 2006 | 2007 | 2008 | 2009 | 2010 | 2011 | 2012 | 2013 | 2014 | 2015 | 2016 | 2017 |
|---|---|---|---|---|---|---|---|---|---|---|---|---|---|---|---|---|---|
| 全国 | 978.28 | 1 018.73 | 1 033.65 | 1 023.81 | 978.56 | 994.61 | 965.95 | 964.36 | 966.08 | 961.80 | 936.27 | 895.04 | 840.87 | 833.22 | 822.81 | 830.69 | 855.99 |
| 城区 | 1 207.75 | 1 269.30 | 1 268.25 | 1 277.79 | 1 319.53 | 1 267.37 | 1 378.20 | 1 406.62 | 1 442.00 | 1 454.18 | 1 335.19 | 1 318.17 | 1 285.53 | 1 278.57 | 1 253.16 | 1 249.09 | 1 268.43 |
| 镇区 | 1 248.03 | 1 290.60 | 1 317.36 | 1 343.20 | 1 337.77 | 1 352.61 | 1 299.81 | 1 305.75 | 1 305.70 | 1 287.69 | 1 103.40 | 1 026.38 | 946.57 | 925.12 | 906.73 | 904.51 | 920.17 |
| 乡村 | 802.64 | 828.40 | 845.65 | 830.47 | 725.48 | 764.27 | 681.74 | 655.51 | 640.59 | 622.33 | 553.88 | 501.91 | 440.65 | 422.69 | 413.45 | 412.49 | 420.86 |
| 县域内 | 943.16 | 979.77 | 995.58 | 983.28 | 932.79 | 953.51 | 905.38 | 897.60 | 894.68 | 886.48 | 837.29 | 785.65 | 722.19 | 708.85 | 701.84 | 706.56 | 727.11 |

资料来源：教育部发展规划司编：《中国教育统计年鉴（2001—2016）》、人民教育出版社 2002—2017 年版；《中国教育事业发展统计简况 2017》。

表 5.6　2001—2017 年城区、镇区、乡村初中校均规模变化

| | 2001—2017 年校均增加人数 /人 | 2001—2017 年变化幅度 /% |
|---|---|---|
| 全国 | -122.29 | -12.50 |
| 城区 | 60.68 | 5.02 |
| 镇区 | -327.85 | -26.27 |
| 乡村 | -381.78 | -47.57 |
| 县域内 | -216.05 | -25.68 |

注：表中数据由表 5.5 计算所得。

表 5.7　2001—2017 年城区、镇区和乡村小学平均班额人数

| | 2001 | 2002 | 2003 | 2004 | 2005 | 2006 | 2007 | 2008 | 2009 | 2010 | 2011 | 2012 | 2013 | 2014 | 2015 | 2016 | 2017 |
|---|---|---|---|---|---|---|---|---|---|---|---|---|---|---|---|---|---|
| 全国 | 33.84 | 34.48 | 34.75 | 35.11 | 35.48 | 36.29 | 36.78 | 37.12 | 37.39 | 37.99 | 38.49 | 37.78 | 37.46 | 37.42 | 37.72 | 37.71 | 37.61 |
| 城区 | 42.14 | 43.63 | 44.68 | 45.69 | 46.29 | 46.91 | 47.71 | 47.74 | 47.54 | 47.70 | 47.09 | 46.45 | 46.53 | 46.23 | 46.22 | 45.77 | 45.25 |
| 镇区 | 41.54 | 43.15 | 43.74 | 45.10 | 47.29 | 48.64 | 48.68 | 48.81 | 48.66 | 48.88 | 45.63 | 44.61 | 44.09 | 43.65 | 43.71 | 43.29 | 42.61 |
| 乡村 | 31.13 | 31.31 | 31.28 | 31.39 | 31.21 | 31.64 | 31.59 | 31.64 | 31.82 | 32.08 | 30.98 | 29.56 | 28.25 | 27.81 | 27.74 | 27.60 | 27.38 |
| 县域内 | 32.84 | 33.32 | 33.39 | 33.60 | 33.97 | 34.90 | 35.17 | 35.45 | 35.75 | 36.34 | 36.14 | 35.25 | 34.61 | 34.45 | 34.75 | 34.71 | 34.57 |

资料来源：教育部发展规划司编：《中国教育统计年鉴（2001—2016）》，人民教育出版社 2002—2017 年版；《中国教育事业发展统计简况 2017》。

表 5.8　2001—2017 年城区、镇区和乡村小学平均班额变化

| | 2001—2017 年校均增加人数/人 | 2001—2017 年变化幅度/% |
|---|---|---|
| 全国 | 3.77 | 11.14 |
| 城区 | 3.11 | 7.38 |
| 镇区 | 1.07 | 2.58 |
| 乡村 | −3.75 | −12.05 |
| 县域内 | 1.73 | 5.27 |

注：表中数据由表 5.7 计算所得。

15.96%，净减少 6.2 个百分点；镇区超大班额比例由 2001 年的 9.50%上升到 2006 年的 14.66%，后又逐步将至 5.57%，净减少了 3.93 个百分点(见表 5.9)。镇区小学大班额和超大班额比例的回落现象体现了政府治理大班额的效果。但是，当前城乡教育质量仍存在差距，如果不及时治理，出于对优质教育的追求与农民市民化的加快，城镇的"大班额"现象仍有反弹的可能。

表 5.9　2001—2016 年城乡小学大班额和超大班额所占比例变化　　单位：%

| 年份 | 小学大班额比例 | | | 小学超大班额比例 | | |
|------|------|------|------|------|------|------|
| | 城区 | 镇区 | 乡村 | 城区 | 镇区 | 乡村 |
| 2001 | 24.60 | 22.16 | 6.30 | 9.67 | 9.50 | 1.85 |
| 2002 | 23.08 | 22.35 | 6.52 | 8.70 | 9.15 | 1.97 |
| 2003 | 23.49 | 23.39 | 6.68 | 8.37 | 9.51 | 2.04 |
| 2004 | 25.45 | 26.29 | 6.98 | 8.90 | 11.25 | 2.14 |
| 2005 | 26.22 | 29.73 | 7.11 | 9.18 | 12.89 | 2.22 |
| 2006 | 27.00 | 32.39 | 7.51 | 9.49 | 14.66 | 2.39 |
| 2007 | 27.82 | 31.54 | 7.21 | 10.08 | 14.19 | 2.29 |
| 2008 | 27.11 | 30.85 | 7.02 | 10.01 | 13.84 | 2.21 |
| 2009 | 26.20 | 29.92 | 6.90 | 9.52 | 13.18 | 2.10 |
| 2010 | 25.81 | 29.65 | 6.93 | 9.18 | 12.90 | 2.02 |
| 2011 | 24.39 | 24.16 | 6.10 | 8.89 | 10.09 | 1.82 |
| 2012 | 22.47 | 21.81 | 5.21 | 7.81 | 9.02 | 1.47 |
| 2013 | 21.20 | 20.54 | 4.20 | 7.39 | 8.71 | 1.15 |
| 2014 | 19.14 | 18.41 | 3.67 | 6.47 | 7.70 | 0.95 |
| 2015 | 18.43 | 17.86 | 3.56 | 6.03 | 7.33 | 0.91 |
| 2016 | 16.50 | 15.96 | 3.03 | 4.94 | 5.57 | 0.69 |

　　资料来源：教育部发展规划司编：《中国教育统计年鉴(2000—2016)》，人民教育出版社 2001—2017 年版。表中数据为计算所得。

　　初中阶段大班额现象比小学更为严重。尽管县域内初中班级规模在十七年时间里呈现波动下降的总体态势，由 2001 年的 56.87 人下降到 2017 年的 47.02 人(见表 5.10、表 5.11)。2001—2008 年镇区初中大班额比例均超过了 50%，超大班额比例也都在 23%以上。值得欣喜的是，2010 年以来，县域内初中大班额和超大班额比例有了明显下降，到 2016 年，镇区和农村初中大班额比例分别降到 20.94%、12.97%，较 2000 年分别下降了 23.55 个、32.63 个百分点；超大班额比例分别降到 7.16%、3.90%，减少了 9.00 个、13.23 个百分点(见表 5.12)。

**表 5.10　2001—2017 年城乡初中平均班额人数**

单位：人

| | 2001 | 2002 | 2003 | 2004 | 2005 | 2006 | 2007 | 2008 | 2009 | 2010 | 2011 | 2012 | 2013 | 2014 | 2015 | 2016 | 2017 |
|---|---|---|---|---|---|---|---|---|---|---|---|---|---|---|---|---|---|
| 全国 | 55.69 | 56.68 | 56.82 | 56.59 | 55.92 | 55.72 | 55.16 | 54.61 | 53.80 | 52.90 | 51.83 | 50.27 | 48.82 | 48.30 | 47.72 | 47.30 | 46.85 |
| 城区 | 50.36 | 51.51 | 51.30 | 51.10 | 50.73 | 50.42 | 51.28 | 51.27 | 51.00 | 50.54 | 50.27 | 49.52 | 48.65 | 48.06 | 47.17 | 46.76 | 46.54 |
| 镇区 | 57.38 | 57.99 | 58.23 | 57.90 | 58.12 | 58.03 | 57.68 | 57.26 | 56.35 | 55.27 | 53.70 | 51.77 | 50.17 | 49.65 | 49.20 | 48.73 | 48.07 |
| 乡村 | 56.51 | 57.75 | 58.03 | 57.85 | 56.25 | 55.78 | 54.51 | 53.48 | 52.39 | 51.32 | 50.04 | 47.99 | 45.77 | 45.20 | 44.65 | 44.22 | 43.68 |
| 县域内 | 56.87 | 57.85 | 58.12 | 57.87 | 57.09 | 56.85 | 56.11 | 55.46 | 54.52 | 53.53 | 52.47 | 50.60 | 48.90 | 48.43 | 48.00 | 47.59 | 47.02 |

资料来源：教育部发展规划司编：《中国教育统计年鉴（2001—2016）》，人民教育出版社，2002—2017 年版；《中国教育事业发展统计简况 2017》。

**表 5.11　2001—2017 年城乡初中平均班额变化情况**

| | 2001—2017 年校均增加人数 /人 | 2001—2017 年变化幅度 /% |
|---|---|---|
| 全国 | -8.85 | -15.88 |
| 城区 | -3.82 | -7.59 |
| 镇区 | -9.31 | -16.23 |
| 乡村 | -12.83 | -22.71 |
| 县域内 | -9.86 | -17.33 |

注：表中数据由表 5.10 计算所得。

但镇区初中大班额和超大班额比例一直高于城市,2010 年以后,农村初中大班额和超大班额比例才开始略低于城市;且在十六年中有十二年(2001—2012 年)县域内初中平均班级规模均超过了国家规定的 50 人警戒线。所以说,在农村学校布局调整中县域内班额过大矛盾突出,镇区尤为明显。

**表 5.12　2001—2016 年城乡初中①大班额和超大班额所占比例的变化情况**

单位:%

| 年份 | 初中大班额比例 | | | 初中超大班额比例 | | |
|---|---|---|---|---|---|---|
| | 城区 | 镇区 | 乡村 | 城区 | 镇区 | 乡村 |
| 2001 | 38.73 | 52.92 | 49.00 | 15.82 | 23.99 | 21.42 |
| 2002 | 38.59 | 56.14 | 52.05 | 15.30 | 27.44 | 23.61 |
| 2003 | 38.42 | 56.56 | 53.81 | 15.27 | 26.90 | 25.79 |
| 2004 | 37.39 | 55.12 | 52.01 | 13.58 | 26.40 | 24.39 |
| 2005 | 34.31 | 54.01 | 48.80 | 11.80 | 25.69 | 22.42 |
| 2006 | 33.59 | 53.29 | 45.84 | 11.39 | 26.22 | 20.47 |
| 2007 | 35.09 | 51.99 | 42.18 | 12.53 | 24.73 | 17.86 |
| 2008 | 34.37 | 50.17 | 38.68 | 12.34 | 23.79 | 16.03 |
| 2009 | 33.15 | 46.79 | 35.10 | 11.85 | 21.67 | 13.70 |
| 2010 | 31.02 | 43.13 | 31.65 | 10.96 | 18.92 | 11.81 |
| 2011 | 29.85 | 37.86 | 27.77 | 10.75 | 15.75 | 9.96 |
| 2012 | 27.15 | 31.49 | 22.79 | 9.28 | 12.80 | 8.05 |
| 2013 | 23.75 | 27.61 | 18.73 | 8.09 | 11.23 | 6.84 |
| 2014 | 20.93 | 24.37 | 16.11 | 6.54 | 9.73 | 5.50 |
| 2015 | 17.82 | 23.18 | 14.57 | 5.21 | 8.75 | 4.86 |
| 2016 | 15.55 | 20.94 | 12.97 | 4.12 | 7.16 | 3.90 |

资料来源:教育部发展规划司编:《中国教育统计年鉴(2000—2016)》,人民教育出版社,2001—2017 年版。表中数据为计算所得。

**(三)村庄学校逐渐消失,城镇寄宿学校与寄宿生规模同步扩大**

1985 年,村校比②为 1.24∶1,基本上是"村村有小学";到 2001 年,这个比值扩大到 1.68∶1,已经是一个半村庄才能有一所小学了;到 2017 年时,村校比

---

①　由于职业中学数量在统计年鉴中并未记录大班额数据,故 2001—2008 年的初中数据统计口径为初级中学和九年一贯制之和。

②　村校比=行政村数/农村小学校数。由于行政村是农村居民的主要聚落形态,村校比可以在一定程度上代表农村小学生的上学距离,村校比越大,则学生上学距离越远。

更是扩大到 5.77：1，即近六个村庄才能有一所小学，村庄学校消失迅速。实际上，不仅村庄学校在持续消失，而且行政村数也在合村并镇改革中不断减少。从 2001 年到 2017 年的十七年时间里，全国行政村数由 70.00 万个减少到 2017 年的 55.42 万个，实际减少 14.58 万个，减幅达 20.83%。从村点比[①]看，2001 年为 6.34：1，到 2011 年已上升到 9.67：1，2017 年又下降至 6.14：1。如果按 2001 年不变行政村数计算，那么 2001 年的不变村校比[②]为 1.68：1，到 2017 年时则高达 7.29：1，超七个村庄才能有一所小学（见表 5.13）。

表 5.13　2001—2017 年农村的小学校数、教学点数和行政村数

| 年份 | 小学校数/所 | 教学点数/个 | 行政村数[③]/个 | 村校比/% | 村点比/% | 不变村校比/% |
|---|---|---|---|---|---|---|
| 2001 | 416 198 | 110 419 | 699 974 | 1.68 | 6.34 | 1.68 |
| 2002 | 384 004 | 108 250 | 681 277 | 1.77 | 6.29 | 1.82 |
| 2003 | 360 366 | 101 674 | 663 486 | 1.84 | 6.53 | 1.94 |
| 2004 | 337 318 | 98 096 | 644 166 | 1.91 | 6.57 | 2.08 |
| 2005 | 316 791 | 92 894 | 629 079 | 1.99 | 6.77 | 2.21 |
| 2006 | 295 052 | 87 590 | 623 669 | 2.11 | 7.12 | 2.37 |
| 2007 | 271 584 | 83 118 | 612 709 | 2.26 | 7.37 | 2.58 |
| 2008 | 253 041 | 77 519 | 604 285 | 2.39 | 7.80 | 2.77 |
| 2009 | 234 157 | 70 954 | 599 078 | 2.56 | 8.44 | 2.99 |
| 2010 | 210 894 | 65 447 | 594 658 | 2.82 | 9.09 | 3.32 |
| 2011 | 169 045 | 60 972 | 589 653 | 3.49 | 9.67 | 4.14 |
| 2012 | 155 008 | 62 544 | 588 475 | 3.80 | 9.41 | 4.52 |
| 2013 | 140 328 | 73 555 | 588 547 | 4.19 | 8.00 | 4.99 |
| 2014 | 128 703 | 78 565 | 585 451 | 4.55 | 7.45 | 5.44 |
| 2015 | 118 381 | 81 818 | 580 856 | 4.91 | 7.10 | 5.91 |
| 2016 | 106 403 | 86 800 | 559 186 | 5.26 | 6.44 | 6.58 |
| 2017 | 96 052 | 90 293 | 554 218 | 5.77 | 6.14 | 7.29 |

资料来源：教育部发展规划司编：《中国教育统计年鉴（2001—2017）》，人民教育出版社，2001—2017 年版；《中国教育事业发展统计简况 2017》；中华人民共和国国家统计局编：《中国统计年鉴 2001—2017》，中国统计出版社，2001—2017 年版。表中数据为计算所得。

---

①　村点比＝行政村数/农村教学点数。比值同样可以作为一种折射变量代表农村小学生上学距离。

②　不变村校比＝2001 行政村数/（2001—2017 年历年农村小学数）。由于 2001—2017 年行政村数也在合村并镇的改革中不断减少，为了排除行政村减少对村庄学校消失状况的干扰，"不变村校比"是一个比较好的显示指标。

③　本报告行政村数即为村民委员会单位数。

与农村学校消失并行的是城镇寄宿制学校不断增加与城镇寄宿生规模不断扩大。从寄宿制学校数看，2013—2016 年城镇小学、初中寄宿制学校分别增加 775 所、733 所(见表 5.14)。其中，城区义务教育阶段年均增长 2.82%，小学年均增长 1.90%，初中年均增长 3.37%；镇区义务教育阶段年均增长 1.42%，小学年均增长 1.88%，初中年均增长 1.04%；乡村寄宿制学校减少数量与村庄消失学校数量同步递减，小学年均减幅 4.88%，初中年均减幅 5.37%，义务教育阶段总体减幅 5.00%。

表 5.14　2013、2016 年寄宿制学校数

| 项目 | | 2013 年/所 | 2016 年/所 | 增加数量/所 | 年度平均变化幅度/% |
|---|---|---|---|---|---|
| 小学 | 城区 | 1 531 | 1 620 | 89 | 1.90 |
| | 镇区 | 11 926 | 12 612 | 686 | 1.88 |
| | 城镇 | 13 457 | 14 232 | 775 | 1.88 |
| | 乡村 | 30 951 | 26 635 | −4 316 | −4.88 |
| | 总体 | 44 408 | 40 867 | −3 541 | −2.73 |
| 初中 | 城区 | 2 527 | 2 791 | 264 | 3.37 |
| | 镇区 | 14 841 | 15 310 | 469 | 1.04 |
| | 城镇 | 17 368 | 18 101 | 733 | 1.39 |
| | 乡村 | 10 077 | 8 540 | −1 537 | −5.37 |
| | 总体 | 27 445 | 26 641 | −804 | −0.99 |
| 义务教育阶段 | 城区 | 4 058 | 4 411 | 353 | 2.82 |
| | 镇区 | 26 767 | 27 922 | 1 155 | 1.42 |
| | 城镇 | 30 825 | 32 333 | 1 508 | 1.60 |
| | 乡村 | 41 028 | 35 175 | −5 853 | −5.00 |
| | 总体 | 71 853 | 67 508 | −4 345 | −2.06 |

　　资料来源：数据来源教育部，表中数据为计算所得。

　　从全国范围看，2006 年全国镇区小学寄宿生 166.78 万人，占镇区小学寄宿生总数的 24.89%；到 2016 年，全国镇区小学寄宿生达到 476.47 万人，占镇区小学寄宿生总数的 50.55%；2006—2016 年的十年间，镇区小学寄宿生增加了 2.86 倍，年均增速 11.07%(见表 5.15)。从义务教育镇区寄宿生总数来看，与 2006 年相比，2016 年城区、镇区、乡村寄宿生同步增加，年均增长速度分别为 19.84%、8.39%、9.39%。

表 5.15　2006—2016 年寄宿生数

| 项目 | | 2006 年/个 | 2016 年/个 | 年度平均增长幅度/% |
|---|---|---|---|---|
| 小学 | 城区 | 338 865 | 1 211 826 | 13.59 |
| | 镇区 | 1 667 842 | 4 764 698 | 11.07 |
| | 乡村 | 5 032 137 | 4 660 530 | −0.76 |
| | 县域内 | 6 699 979 | 9 425 228 | 3.47 |
| | 总体 | 7 038 844 | 10 637 054 | 4.22 |
| 初中 | 城区 | 1 143 936 | 12 256 205 | 26.76 |
| | 镇区 | 9 980 382 | 12 256 205 | 2.08 |
| | 乡村 | 11 082 448 | 4 400 631 | −8.82 |
| | 县域内 | 21 062 830 | 16 656 836 | −2.32 |
| | 总体 | 22 206 766 | 17 020 903 | −2.62 |
| 义务教育阶段 | 城区 | 1 482 801 | 9 061 161 | 19.84 |
| | 镇区 | 11 648 224 | 26 082 064 | 8.39 |
| | 乡村 | 16 114 585 | 39 550 095 | 9.39 |
| | 县域内 | 27 762 809 | 65 632 159 | 8.14 |
| | 总体 | 29 245 610 | 74 693 320 | 8.90 |

资料来源：数据来源教育部，表中数据为计算所得。

**（四）义务教育城镇化率显著高于常住人口城镇化率，义务教育城镇化趋势明显**

城镇化进程意味着城市数量的增加和城市规模的扩大，是农村人口不断向城市迁移和聚集的过程，同时又表现为地域景观的变化、产业结构的转变、生产生活方式的变革等。由此推之，义务教育城镇化反映了学龄人口不断向城镇地区聚集，以及学校空间布局的调整、学校功能样态的转换。通过对 21 世纪以来常住人口城镇化率和义务教育城镇化率数据的对比分析，得出了两个结论。

第一，与常住人口城镇化率相比，义务教育城镇化率增幅更大、增速更快，且趋势更为波动。

第二，与初中教育城镇化率相比，小学教育城镇化率较低，但增速更快。

新世纪以来，我国常住人口城镇化率以每年 1 个百分点左右的速度平稳增长，从 2001 年的 37.66% 上升到 2017 年的 58.52%。与此同时，义务教育阶段学生城镇化率总体上也呈现快速增长趋势，从 38.20% 上升到 76.48%，年均增幅为 2.39%，与常住人口城镇化发展平稳趋势不同，义务教育城镇化率上升趋势波动较大。2010 年前义务教育城镇化率与常住人口城镇化率的增长速度相对均衡，2011 年义务教育城镇化率突增，并在之后一直显著高于常住人口城镇化率。在义务教育城镇化率内部比较中，21 世纪以来初中教育城镇化率一直显著高于小学，但小学教育城镇化率增速略高于初中，二者年均增幅分别为 2.57％和 2.14％；2011 年后小学教育城镇化率增速较快的趋势更为明显，2011 年至 2017 年的七年间，小学教育城镇化率年均增幅为 2.17％，初中为 1.41％（见图 5.3）。

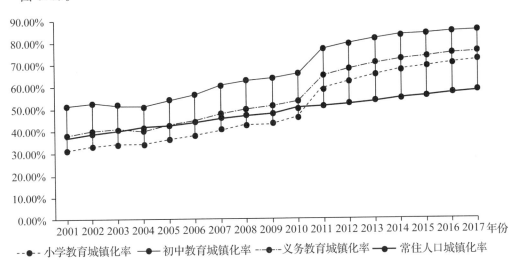

**图 5.3　义务教育城镇化率与常住人口城镇化率对比图**

资料来源：教育部发展规划司编：《中国教育统计年鉴（2001—2017）》，人民教育出版社 2001—2017 年版；《中国教育事业发展统计简况 2017》；中华人民共和国国家统计局编：《中国统计年鉴 2001—2017》，中国统计出版社 2001—2017 年版。表中数据为计算所得。

　　从原因方面看，义务教育城镇化率显著高于常住人口城镇化率这一现象背后蕴藏着深层的教育问题，解决路径指向农村教育质量的提高、城乡教育的均衡发展。义务教育快速城镇化主要有三重动因，分别为人口城镇化的助推、学校布局调整的牵引以及教育质量不均衡的推拉，其中本质症结在于城乡教育质量的差异。近年来，国家出台系列文件助力农村教育质量提升，从普及九年义务教育到推行"两免一补"、从"全面改薄"到乡村教师支持计划，在政策扶持和财政倾斜下，农村教育质量发生了革命性的变化，然而与发达的城市地区相比，偏远农村教育质量依然存在相当大的差距。近日，湖南新化县水车镇荆竹小学期末考试成绩单在网上流传，多名学生在全镇的统考成绩为个位数，荆竹村地处偏远山区，整个小学仅有 4 名教师，其中两名还是代课教师，师资力量薄弱可见一斑，学生考试成绩为个位数与不合格教师有很大关系，反映出偏远地区师资力量的不足，农村学校教育质量存在很大问题。教育部人文社科重点研究基地东北师范大学中国农村教育发展研究院 2015 年全国农村教育调查数据显示，若农村教育质量和城市教育质量相同，仅有 7.42% 的乡村家长明确表示不会让子女留在农村学校读书，79.82% 的乡村家长会让子女在农村学校读书，另外 12.76% 的家长持犹豫心态。换言之，如果城乡教育质量达到均质化状态，92.58% 的乡村学生家长均有可能为子女选择农村学校，保留、恢复和建设、发展农村学校具有可行性和必要性。

从影响方面来看，目前义务教育城镇化率对义务教育学校布局调整的进一步推进产生了重要影响，城镇地区成为义务教育学校布局调整的重要阵地，义务教育学校布局调整的关涉范围不断扩大，将兼具动态性和长期性。

图 5.4 为 2001—2017 年城镇和乡村义务教育在校生数占义务教育阶段在校生总数百分比的变化情况。数据显示，21 世纪以来，乡村占比逐渐减少，城镇地区(城区和镇区相加)占比越来越多，到 2017 年，城镇义务教育在校生数已经占总数的近 80%。因此，义务教育学校布局调整的影响范围逐渐超越乡村范围，城镇地区将成为义务教育学校布局调整的重要阵地。义务教育学校的布局调整不仅涉及农村地区，对城镇学校的布局规划建设同样具有指导意义。伴随着各大中城市落户条件的放宽，农村进城务工人口逐渐走向常住化，城镇地区义务教育学校面临着巨大的承载压力，教学条件、教师队伍、学位数量等教育资源出现了不同程度的不足，如何整合优化优质教育资源满足新型城镇化对优质教育资源的需

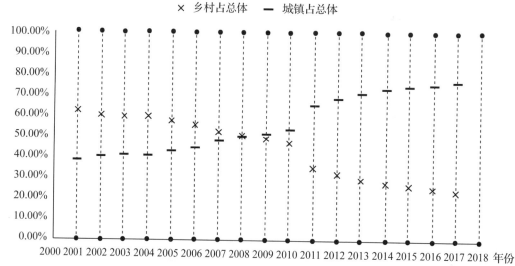

**图 5.4    城镇、乡村占义务教育阶段学生数的百分比变化情况**

资料来源：教育部发展规划司编：《中国教育统计年鉴(2001—2017)》，人民教育出版社 2001—2017 年版；《中国教育事业发展统计简况 2017》；中华人民共和国国家统计局编：《中国统计年鉴 2001—2017》，中国统计出版社 2001—2017 年版。表中数据为计算所得。

求，将成为义务教育学校布局调整的关注重点和解决难点。

2016年年末，国务院印发了《国家人口发展规划（2016—2030年）》，预计2016—2030年，农村向城镇累计转移人口约2亿人，转移势头有所减弱，城镇化水平持续提高，到2030年常住人口城镇化率规划达到70％。已有现实数据和权威预测数据显示，我国城镇化正处于快速发展时期，国际经验也表明，未来很长时间我国城镇化会持续推进，但与此同时，我国城镇化将逐渐进入缓慢发展阶段，加上农业在经济领域不可取代地位和农民群体"安土重迁"文化传统的影响，农村地区将长期存在。因此，农村义务教育学校布局调整是一个具有动态性、长期性的工作，不是能一次性完成的阶段性任务。一方面，应顺应协调城镇化的趋势，适度将学校布局的重心调整到人口集中的城镇地区，在交通不便等地区保留必要的教学点；另一方面，也应关注农村教育质量，继续推进学校标准化建设和加强乡村教师队伍建设，保证农村学校基本的办学条件和教师水平，同时发展有地域特色、有文化生命的扎根乡土社会的农村教育。

## 小　结

透过农村义务教育学校布局调整17年间的演进态势，我们可以得出以下结论。

一是农村义务教育学校布局调整的力度依然较大。一方面，2001年全国有农村小学41.62万所，到2017年减少为9.60万所，17年间减少32.02万所，减幅为76.92％。2001年农村小学在校生数为8 604.80万人，到2017年减少为3 172.82万人，17年间减少5 431.98万人，减幅为63.13％，农村小学学校数减幅与小学在校生减幅之间的幅差达13.78个百分点。2001年农村有初中3.95万所，到2017年减少到1.53万所，减幅为61.33％。农村初中在校生数17年减幅为76.82％，农村新增的初中在校生基本都转移到镇区初中了。2012年国务院出台规范农村义务教育学校布局调整的意见后，农村义务教育学校数量的减幅相较于2012年之前仍未放缓。另一方面，镇区学校规模和班级规模依然较大，某种程度上折射出农村义务教育学校布局调整的力度依然较大。

二是城乡义务教育还存在较大差距。城乡教育质量差距是与农村义务教育学校布局调整密不可分的重要因素。2001年我国常住人口城镇化率是37.66％，义务教育城镇化率为38.20％，二者相差0.54个百分点。2017年我国常住人口城镇化率是58.52％，义务教育的城镇化率为76.48％，义务教育城镇化率高出常住人口城镇化率17.96个百分点。城乡义务教育质量客观存在的差距迫使一部分农村学生家长"以足投票"送孩子到城镇学校去接受相对优质的教育。江西弋阳在大力改善农村学校办学条件的同时着力提升农村学校师资水平，提高农村学校办学质量，缩小城乡教育质量的差距，实现了农村学校生源的"回流"。数据显示（见表 5.16），弋阳全县小学生数量由 2013 年的 35 746 人增加至 2016 年的 40 089 人，共增加了 4 343 人，增加比例为 12.15%。其中，城镇小学增加了 535 人，增加比例为 4.26%；乡村小学增加了 3 808 人，增加比例为 16.42%，增幅高于县镇小学 12 个百分点以上；同时 2016 年弋阳县镇小学学生数较 2015 年减少 510 人，而近年来弋阳乡村小学学生数呈现稳中有升态势。这一具体案例说明缩小城乡教育差距，实现城乡义务教育均衡发展，不仅关涉农村学校的办学质量，还关涉农村义务教育学校的布局调整。

表 5.16　2013 年至 2016 年弋阳县小学教育阶段学生数量情况　　单位：人

| 小学 | 2013 年 | 2014 年 | 2015 年 | 2016 年 |
|------|---------|---------|---------|---------|
| 全县小学 | 35 746 | 38 438 | 40 598 | 40 089 |
| 城镇小学 | 12 560 | 13 268 | 13 605 | 13 095 |
| 乡村小学 | 23 186 | 25 170 | 26 993 | 26 994 |

资料来源：数据由弋阳县教育体育局相关股室提供。

　　三是未来农村义务学校布局调整在稳定现有布局的基础上，要注重提升农村义务教育质量。一方面，在实施乡村振兴战略和"全面二孩"的背景下，当前农村义务教育学校的数量要保证适度规模，提前做好谋划，为农村学校预期学龄人口的增加留足学位。另一方面，通过提高农村义务教育质量，稳住当前农村学校生源，甚至吸引进城读书学生"回流"，保障农村义务教育学校的学生规模，提高农村学校教育资源的投入和使用效益，优化学校布局，真正实现农村学生在家门口就能够享受优质的教育服务。

## 二、地方的重要举措与创新

### （一）调整学制结构，优化学校布局

　　《国务院办公厅关于全面加强乡村小规模学校和乡镇寄宿制学校建设的指导意见》指出"农村学校布局既要有利于为学生提供公平、有质量的教育，又要尊重未成年人身心发展规律、方便学生就近入学；既要防止过急过快撤并学校导致学生过于集中，又要避免出现新的'空心校'。原则上小学 1—3 年级学生不寄宿，就近走读上学，路途时间一般不超过半小时；4—6 年级学生以走读为主，在住宿、生活、交通、安全等有保障的前提下可适当寄宿，具体由县级人民政府根据当地实际确定。"与这一原则相伴，各地以提高农村学校办学效益、促进城乡教育均衡发展为目的，采取新建、改建、扩建、合并、置换等多种方式，加快了中小

学布局结构调整，积极促进义务教育学校布局结构优化，基本解决了"有学上"的问题。部分地方政府从当地教育发展实际出发，通过优化学制结构，来优化学校布局调整，实现农村学校功能最大化。一方面，在义务教育阶段学制年限范围内进行结构调整，如甘肃省教育厅指导各地结合实际开展"三六"或"四五"分学段探索。"三六"学段即小学1～3年级学生就近在村小学或教学点就读，4—9年级转入乡镇中心小学或城区学校就读。"四五"学段即小学1—4年级学生就近在村小学就读，5—9年级在乡镇或城区初中学校就读。另一方面，在布局结构调整效益初显的同时，在原有教育管理机制下，出现了低龄儿童入学入园困难、学校撤并后富余资源闲置、教学点管理效益较低、家庭教育责任缺失等问题。在此背景下，甘肃省张掖市临泽县开创了以村教学点为基本单位实行"幼儿园大、中、小班3年"加"小学一至二年级2年"的村"3＋2"幼小一体新五年制办学模式，聘任熟悉幼儿园工作的农村骨干教师担任教学点负责人，小学、幼儿园分别依据标准按比例配置教师、教学分段独立运行，作息分开执行，工作分开考核，分层确定质量评价指标，有效推动了村教学点幼儿园和小学教育标准化、规范化发展，实现幼小无缝衔接。目前，临泽县七大学区所辖的78个农村教学点(幼儿园)均实行村"3＋2"幼小一体新五年制办学模式，实现了学前教育公办园高普及率、高入园率(学前教育三年毛入园率达99.85％)，带动了义务教育小学阶段高入学率(小学适龄儿童入学率为100％)。通过"重构"和"优化"农村学校学制结构，盘活了教育资源，深化了农村学校发展，强化了农村学校布局结构性转型。

**(二)农村义务教育学校撤并态度趋于谨慎，保障学生就近入学**

撤并农村学校的态度直接影响政府相关工作安排，进而对区域内学校布局产生影响。2012年《关于规范农村义务教育学校布局调整的意见》颁布后，各地对农村学校撤并的态度普遍趋于谨慎稳妥，以优先保障学生就近入学为原则，力求标准科学、程序规范、过程有序。

根据《教育部办公厅关于农村义务教育学校布局调整有关问题的通报》(教基一厅〔2016〕5号)的要求，各地组织开展了学校布局调整专项检查，并上报了专项检查报告。在撤并态度部分，多数省份明确指出要尊重群众意愿、审慎推进学校撤并，保障学生就近入学权利。云南省坚持先建后撤原则，维持正常的教育教学秩序，确保学生不因学校撤并而失学；湖南省对不按程序和要求撤并学校导致当地学生上学难的行为进行追责；辽宁省慎重稳妥撤并乡村学校，正确处理当前学校布局与中长期布局规划、群众当下利益与教育长远发展之间的关系，严格撤并条件，切实办好必要的乡村小规模学校和教学点，优先保障学生就近上学需要。天津市严格学校撤并条件，规范撤并程序，强化督促检查，进一步规范农村义务教育学校布局调整，优先保障农村学生就近入学需要，切实维护社会和谐稳定。吉林省慎重做好撤并学校的调整工作，在广泛征求意见的基础上实施布局调整，对确因没有生源需要撤并的学校进行撤并。充分考虑学生就近入学需要和照顾偏远农村交通不便现状，坚持成熟一所，撤并一所。河南省统筹考虑城乡人口流动、学龄人口变化趋势，以及当地农村地理环境、交通状况、教育条件保障能力、学生家庭经济负担等因素，充分考虑学生的年龄特点和成长规律，积极稳妥推进农村中小学布局调整，优化资源配置。广西坚持先建后撤，不搞"一刀切"。对于暂不具备条件调整的不得撤并。自然环境恶劣地区小学低年级原则上不予撤并。为保障国防需要，边境地区教学点不予以撤并。江西省将规范农村义务教育布局调整纳入督导评估，在县级政府教育工作省级综合督导评估中，把规范农村义务教育布局调整、充分尊重群众意愿、审慎推进农村学校网点布局工作等作为督导评估的重要内容。

**（三）坚守"布局调整"底线标准，撤并过程体现程序正义**

农村义务教育学校布局调整标准的合理性和科学性体现了地方政府的技术水平和价值选择。在农村义务教育布局调整规划中，各地不断关注主体利益，审慎推出农村义务教育布局调整标准，统筹考虑，规范实施。农村义务教育布局调整坚守"底线标准"，决不搞"一刀切""齐步走"，对于多数学生家长反对或群众代表多数人反对且造成学生上下学不便、交通安全得不到保障，或者并入学校住宿就餐条件不能满足需要的，均不列入地方政府布局调整撤并规划之中，农村义务教育学校布局调整要保障每一位儿童的受教育权。并且，在坚持"底线标准"的基础上，各地遵循实事求是、因地制宜的原则，结合各地城乡人口流动趋势、学龄人口变化趋势及分布状况、农村地理环境、交通条件、计生政策调整、推进新型城镇化发展等情况，统筹考虑现有教育资源、义务教育服务半径、建设标准和教学保障能力等，科学合理地规划农村义务教育布局调整工作。

程序是否规范直接影响政策的科学性以及执行的顺畅性，同时也对政府的公信力产生影响。农村义务教育学校撤并程序的正义性主要体现在两个方面，分别是撤并过程的合理安排和撤并问题的有效处理。

第一，合理安排撤并过程，主要涵盖两类主体间的互动过程。首先，履行向上级政府报批的程序，进一步明确政府层级间的责任分工。河北省在撤并方案经县级政府研究公示后，报设区市政府审核，设区市政府审核通过后，再报省级政府审批。江西省将规范布局调整纳入督导评估重要内容，从2013年开始，在县级政府教育工作省级综合督导评估中，把规范农村义务教育布局调整、充分尊重群众意愿、审慎推进农村学校网点布局工作等作为督导评估的重要内容，并在"评估要点"和"评分细则"中予以明确规定，赋予相应的分值权重。其次，撤并方案、过程和结果向社会公开公示，对确实需要撤并的学校，通过举行听证会，广泛吸取学生家长、学校师生、村民自治组织和乡镇政府等利益相关主体参与政府决策过程。广东省佛山市高明区在确定撤并学校时，坚持在做好干部群众思想工作后才实施的原则，深入自然村召开村干部、家长座谈会，邀请各界人士参与研究，倾听意见，使布局调整工作顺利推进，取得较好效果。四川省在《关于开展农村义务教育布局调整专项检查有关情况的报告》中指出，对于需要撤并或恢复的学校，都是按照"一校一议"的原则举行听证会，参加听证会的代表包括学生家长、学校师生、村民委员会、乡镇人民政府的代表以及教育教学专家。以公开表决的方式形成是否同意撤并或恢复的意见，切实保证群众充分参与并监督决策过程，保障每一个学生接受义务教育的权利。

第二，有效处理撤并问题。在撤并学校过程完成后，制定程序以有效处理和妥善解决因撤并学校产生的学生住宿、就餐和上下学交通、大规模学校和大班额等问题，对于发现的问题及时处理，督促当地部门整改，确保布局调整平稳、顺利完成。浙江省出台《浙江省人民政府办公厅关于规范农村义务教育学校布局调整的实施意见》，明确坚决制止盲目撤并农村义务教育学校。多数学生家长反对或听证会多数代表反对，学校撤并后学生上学交通安全得不到保障，并入学校住宿和就餐条件不能满足需要，以及撤并后将造成学校超大规模或"大班额"问题突出的，均不得强行撤并现有学校或教学点。已经撤并的学校或教学点，确有必要的由当地人民政府进行规划、按程序予以恢复。江苏省宜兴市实现乡镇校车全覆盖，保证农村学生上学距离在三千米以上的乘坐校车。为减轻学生经济负担，由政府财政给客运单位一定的经济补助。许多县（市、区）加大了学生宿舍、食堂等基础设施建设力度，有效缓解了部分学生上学路远的矛盾。甘肃省武威市制定了校车服务实施方案，为农村寄宿学生提供周末上下学乘车服务，做到"三专、七定、五转变、两保障"。"三专"即"专线、专车、专座"，"七定"即"定乘车对象、定乘车人数、定线路、定站点、定车次、定时间、定每辆车管理人员"，"五转变"即"从无车乘到有车乘的转变，从随机乘车到乘固定车的转变，从乘不合格车到乘有资质车的转变，从乘市场车到乘优惠车的转变，从乘无保障车到乘放心车的转变"，"两保障"即"保障乘车学生人身安全，保障寄宿学生按时离返校"。

**（四）对接精准教育扶贫，合理规划农村学校布局**

扶贫攻坚是"十三五"规划的重中之重，是落实四个全面战略布局的关键举措，2016教育部等六部门联合印发了《教育脱贫攻坚"十三五"规划》，响应国家重大决策部署。教育在促进扶贫、防止返贫方面具有基础性作用，只有通过教育扶贫，贫困地区才能真正"拔掉穷根"，才能使得贫困地区人口具有可持续的发展能力，从根本上摆脱贫困。

随着精准扶贫工作的推进，异地搬迁人口越来越多，学校布局必然随着搬迁而进行调整。各地针对人口变动情况，将异地搬迁与"全面改薄"和基本公共教育服务保障工程等重大项目结合起来，加快推进标准化农村寄宿制学校、农村薄弱学校建设，努力办好必要的村小和教学点。山西省针对采煤沉陷区贫困人口搬迁、易地扶贫搬迁提前规划中小学校建设，通过学生规模建设好移民学校，确保搬迁学生就学。海南省实施教育扶贫移民工程，在县城附近建设标准化学校，接收核心生态保护区、边远贫困地区中小学生入学。贵州省在乡镇建成 3 000 余所农村寄宿制学校，推动大山里的群众带着孩子自发走出恶劣生产生活环境，推进教育移民和教育扶贫。四川省在四大片区实施育精准扶贫计划的同时，支持基础薄弱的寄宿制学校改善条件。通过政府购买服务等方式为寄宿制学校提供工勤和教学辅助服务，并由同级财政保障经费正常运转。河北省石家庄市针对深山区学校条件差、规模小、布局散、教学质量低的问题，从 2011 年开始保留条件较好的教学点，新建、改建一批标准化寄宿学校，实施"山区教育扶贫工程"。通过利用"全面改薄"和基本公共教育服务保障工程等重大项目，全面改善义务教育薄弱学校基本办学条件，为农村义务教育布局调整规划的顺利实施奠定了基础。

在微观实践层面上，地方政府教育扶贫工作向精细化设计发展。四川省为了防止因贫失学，严格落实县长、乡镇长、校长等"五长"负责制，不让一个孩子失学。制定精细化"一家一案，一生一案"扶贫方案，因地制宜通过增加寄宿床位、增加公共交通线路和站点这样的治标之法。贵州省各级地方政府积极出台扶贫生态移民工程实施方案，落实就学配套政策。铜仁市政府在《铜仁市 2015 年扶贫生态移民工程实施方案》明确提出"扶贫生态移民子女在迁入地享有同等教育的权利，迁入地学校不能以任何借口和理由拒收移民子女入学。迁入地政府教育部门应根据扶贫生态移民情况，做好各学龄段移民子女规模分析预测，制定科学合理的中小学布局结构调整规划，确保移民子女能上学，并提供更多优质教育资源。"

在教育扶贫战略工作部署与实施过程中，各地尤其是西部偏远贫困地区，结合农村义务教育学校布局调整规划，提高农村学校布局的科学性，将学校布局调整与学校规划、学校建设、控辍保学、生态保护有机结合起来，保障了每一位学生享受优质教育资源，达到"上好学"的教育目标。

## 三、宏观挑战

### (一)新型城镇化的布局调整负荷

当前，我国已进入全面建成小康社会的决胜阶段，正处于新型城镇化深入发展的关键时期，这对整体提升义务教育发展水平提出了新要求。发展要先行，规划是龙头。2016 年颁布的《国务院关于统筹推进县域内城乡义务教育一体化改革发展的若干意见》提出了要"合理规划城乡义务教育学校布局建设"的新要求。政策的出台有效地引导了全国各地农村学校的布局调整改革,为各地农村学校的布局调整工作提供了新思路。但是,在城镇化进程高速推进,生育政策调整,城乡二元结构壁垒还未消除的现实背景下,城乡义务教育学校规划布局仍然面临巨大挑战。

一方面,随着农村剩余劳动力向城镇转移,进城务工人员随迁子女大量涌入城区,城区学校出现学位紧张和大班额现象。同时,各大中城市落户条件的放宽使得农村进城务工人口逐渐走向常住化,城镇地区义务教育学校面临着巨大的承载压力。在短时间内,义务教育无法提供充足的教育资源来满足不断增加的外来人口教育需求,义务教育资源供给严重不足。

另一方面,大量进城务工人员及其子女的向城转移也造成了乡村生源急剧减少,"两类学校"问题凸显。截至 2017 年年底,全国有农村小规模学校 10.7 万所,其中小学 2.7 万所,教学点 8 万个,占农村小学和教学点总数的 44.4%,教学点数量比重较高,且分布形态分散。反观农村教学点在校生 384.7 万人,占农村小学生总数的 5.8%。教学点学生数占比相对较少,部分教学点甚至出现了教师多于学生的情况,表现出"空心化"的趋势。其次,受到地区经济、自然、观念的影响,学生寄宿需求近年来不断增大,寄宿制学校一直处在"供不应求"的建设状态。2006 年,全国有农村小学寄宿生 503.21 万人,占农村小学生总数的 7.54%。截至 2017 年年底,全国有农村小学寄宿生 934.6 万人,占农村小学生总数的 14.1%。与 2006 年相比,2017 年农村小学寄宿生增幅达 6.6%,年均增幅 0.55 个百分点。然而,寄宿生的增加除给办学条件增加压力外,还给学校管理工作带来巨大挑战。这些学校增加学生中低年级学生较多,他们年龄小、自理能力差,生活、学习、饮食、起居、卫生、安全等都需要老师照料,教师既要完成教育教学任务,又要照顾学生的生活起居和安全,工作量增大,增加了管理难度,对教学效果必然产生影响。而另一方面,学校生活管理员、校务管理员、工勤人员等缺乏编制,管理力量不足,学校管理能力和水平需要进一步提高。

在这样的现实背景下,义务教育学校布局调整工作将如何做到在公共资源配置上统筹规划、优先发展?义务教育学校布局调整工作将如何在城乡软硬件、标准化建设上持续发力,重点保障并努力实现城乡教育质量均衡?义务教育均衡发展作为人类教育起点公平的理想诉求,城乡义务教育一体化作为学校布局调整的技术路径,在面临条件性障碍时,该如何协同发力,走好城乡义务教育一体化发展之路?

### (二)乡村振兴战略的发展困境

习近平总书记在党的十九大报告中提出要实施"乡村振兴战略",并强调要优先发展农村农业,加快推进农业农村现代化进程。任何一个国家要实现现代化,农村教育都具有基础性、全局性的重要作用。因此，振兴乡村教育是乡村振兴战略的基础工程。

目前，乡村教育存在较多问题，已成为阻碍乡村振兴的重要因素。首先，在城镇化加速发展的背景下，义务教育城镇化率也随之逐年提高，进入 21 世纪以后更以每年 2.25 个百分点的速度递增。至 2017 年年底，义务教育城镇化率已高达 76.48%，相比同年的城镇化率高出 17.96 个百分点。基于对优质教育资源的追求，适龄儿童进城的趋势锐不可当。从城乡在校生分布状态看，2001 年全国在校生总量 1.91 亿，其中，城镇在校生 0.73 亿，乡村在校生 1.18 亿；2017 年全国在校生总量 1.45 亿，其中，城镇在校生 1.11 亿，乡村在校生 0.34 亿；17 年间，城镇在校生增加 3 836.77 万，乡村在校生减少 7 280.02 万。具体来看，2001 年全国有乡村学生 1.18 亿，到 2017 年减少到 3 418.77 万，17 年间共减少 8 358.85 万，减幅为 70.97%，年均减幅 4.17 个百分点。在全国学生总量下降的总体趋势下，城镇学生数量不减反增，乡村学生数量锐减，乡村教育面临"后继无人"的发展窘境。乡村经济社会永续发展的根本动力在于乡村人力资本的充盈与激活。当乡村适龄儿童大量迁出，乡村人口老龄化不断加剧成为常态之时，活生生的乡村人薪火相传之佳话则会覆灭，乡村人力资本的激活更会成为无源之水，无本之木。

其次，在基于效能考虑的"撤点并校"行动逻辑下，农村学校布局对达成"产业兴旺、生态宜居、乡风文明、治理有效、生活富裕"的乡村振兴战略总目标提出了挑战。乡村学校不仅是乡村的教育机构，也是乡村社会的文化符号。乡村学校的撤并打破了"一村一校"的文化格局，学校与乡村的互动过程被割裂，甚至成为了乡村衰败的重要影响因素。"生态宜居"是乡村振兴的环境基础，乡村学校的消亡使得"生态宜居"内涵式发展难以延续；"乡风文明"是乡村振兴的文化基础，乡村学校的消亡必然使得私德相约的文化图景不再。在义务教育城镇化率不断提高与乡村学校逐渐消亡的双重发展趋势下，乡村振兴战略该如何在这片文化消亡的沃土上施展拳脚呢？

最后，城乡教育质量的巨大差距是乡村振兴战略难以维系的根本问题。杜育红（2018）等学者认为，在乡村振兴战略和乡村教育之间的关系上，乡村教育的建设发展是乡村振兴的应有内容与要求，是乡村振兴的重要战略支撑，其内在逻辑就在于教育作用于人而厚植乡村人力资本，通过良好的教育公共资源与服务，通过促成文化的繁荣与价值观念进步，通过实现劳动者知识更新与技能的形成，来调动人的积极性、主动性和创造性，进而推动乡村经济社会的全面振兴。然而，由于大量农村人口向城镇流动，导致人口分布不稳定、人口素质不对等，加剧了城乡教育质量差距，这是城镇化与城乡二元结构"对撞"后的结果。农村义务教育办学条件、教师队伍建设、教学质量等与城市相比都处于相对弱势水平。

乡村小规模学校办学质量差、寄宿制学校管理不到位、农村地区教师队伍整体上超编导致的教师队伍老龄化、结构性缺编导致的国家规定课程开不齐等具体问题都亟待解决。

### (三)不合理布局调整有可能阻断贫困家庭子女的受教育机会

国家统计局发布的《2017 年国民经济和社会发展统计公报》显示，按照每人每年 2 300 元(2010 年不变价)的农村贫困标准计算，2017 年年末农村贫困人口仍有 3 046 万人。到 2020 年，我国脱贫目标指向在现行标准下的农村贫困人口全部脱贫、消除绝对贫困、贫困县全部摘帽。2020 年之后，新阶段的扶贫工作将从主要消除绝对贫困向缓解相对贫困转变、从主要解决收入贫困向解决多维贫困转变、从重点解决农村贫困问题向统筹城乡扶贫转变。新的扶贫目标将超越"两不愁、三保障"的基础标准，对教育也将提出新的要求。2015 年 10 月 16 日，习近平总书记在减贫与发展高层论坛上首次将"发展教育脱贫一批"纳入"五个一批"脱贫措施中，"五个一批"随后被写入《中共中央国务院关于打赢脱贫攻坚战的决定》，其中教育扶贫明确指出要"着力加强教育脱贫。加快实施教育扶贫工程，让贫困家庭子女都能接受公平有质量的教育，阻断贫困代际传递"。

学校布局调整系列政策文件颁布以来，农村地区义务教育学校经历了大规模的撤销和合并，被撤并的学校普遍具有学生数量少、招生工作难、办学条件差、教育质量低等问题，这类学校大多分布在经济发展相对落后、地理位置相对偏僻的农村山区，在此类学校就读的学生家庭大多经济资本较为薄弱，所从事的职业和家庭经济水平处于社会中下层的居多，这类人群与扶贫对象存在高度交叉。教育部人文社科重点研究基地东北师范大学中国农村教育发展研究院 2015 年全国农村教育调查数据显示，在 5 868 名参与调查的家在乡村的小学生中，父亲职业为"农民""进城打工"或"城市里无工作者"的达 4 123 人，占总体的 70.26%，根据陆学艺以职业分化为基础的阶层划分标准，商业服务业员工、产业工人、农业劳动者和城乡无业失业半失业者分别类属于第七到十层，换言之，超七成的乡村小学生家庭处于社会中下层或社会下层。[①] 农村学校布局调整作为整合优化教育资源的一种途径，在为贫困家庭子女提供公平而有质量的教育、阻断贫困代际传递过程中应能起到一定作用，但从现实情况来看，在学校布局调整过程中，教育的公平和质量都尚未得到有效保障，相关补偿机制亟待完善。一方面，一些学校撤并之后学生只能去距离更远的其他学校就读，无论是选择在学校寄宿还是选择走读，往返于家校之间的路途都存在一定的安全隐患，此外还容易引发学生心理

---

① 陆学艺：《当代中国社会阶层研究报告》，北京，社会科学文献出版社，2002。

健康问题、教师工作负担加重、学校日常管理复杂等诸多挑战，与以往相比，新增的学生午餐、在校住宿、往返交通等费用也可能给学生家庭带来一系列额外的人力、物力、财力负担；另一方面，更远的上学距离和更重的经济负担可能加剧贫困家庭子女的辍学，直接使其丧失受教育机会。针对此类问题，近年来国家颁布实行了农村义务教育学生营养改善计划，并为家庭经济困寄宿生提供了生活费补助，在国家和地方经费的支持下，农村学生的食宿问题得到了一定程度的解决，但相关体制机制尚待完善，补助规划的制定和执行需更加精准化、细致化、系统化。与此同时，学校布局调整理念仍存在"向城性"导向，在教育资源配置过程中以城市为主要对象。然而，优质教育资源是否存在向农村地区流动的可能？只有集中办学才能提高教育质量吗？如何满足农村学生就近接受优质教育的需求？教育的扶贫功能何以发挥？这些都是需要进一步思考的问题。

## 四、学术争议

围绕农村学校布局调整这一热点议题，学术界也开展许多研讨。就目前来看，学术界对一些问题并未完全达成一致，形成了不少争议。有些争议聚焦于农村教育现实问题，譬如乡村小规模的发展困境问题——如何办好乡村小规模学校？寄宿制学校真的是农村教育问题的解决方案吗？注重"规模效应"的农村学校布局调整逻辑正确吗？有些议题则聚焦于价值判断与价值选择。例如，"效率"与"公平"问题——乡村教育的价值指向最终该走向何方？"逃离"与"回归"——乡村教育文化大厦该如何建构？

要正确审视农村学校布局调整的发展逻辑，必须充分认识和正视这些发展改革中的学术争议。只有厘清当前农村布局调整的学术议题，才能为下一步农村学校布局调整工作提供行动依据，为实现中国特色社会主义教育现代化打好基础。

### 争论 1：如何办好乡村小规模学校

2012 年之前，学术界关于农村小规模学校的讨论主要集中在"存""留"之争，2012 年规范农村学校布局调整后，学术界关注的焦点开始转向关注农村小规模学校发展所面临的困境以及如何办好乡村小规模学校。

农村小规模学校面临办学经费困境。首先，现行义务教育财政投入体制缺少对乡村小规模学校的实际关照，投入主体重心偏低、经费投入主体责任不明确、配套制度缺位等，导致小规模学校经费长期短缺，阻碍教育质量提升。[①] 其次，公用经费拨付标准基于"学生数"单维指标存在严重缺陷，[②] 拨付体系单向静态，[③]

---

① 赵丹：《农村小规模学校公用经费投入体制研究》，载《中国教育学刊》，2017(8)。
② 刘善槐、韦晓婷、朱秀红：《农村学校公用经费测算标准研究》，载《中国教育学刊》，2017(8)。
③ 周兆海：《农村小规模学校公用经费精准管理研究》，载《中国教育学刊》，2017(8)。

拨款方式未能考虑学校类型差异。① 再次，公用经费在层级式管理与责权空间分离和教育管理重城镇轻乡逻辑下，中心校在分配公用经费时可能将本应用于乡村小规模学校发展的经费用作中心校自身发展，导致经费配给与需求错位、报销难和被挤占。② 最后，农村小规模学校在经费总量不足的同时，还面临经费使用效率困境。

随着义务教育的发展，办学标准要求不断提高，而小规模学校自身获得的教育经费有限，并且许多地区对农村小规模学校的存在价值认识不统一，特别是在乡村出现了许多空巢学校、乡村小规模学校的存留很难预期的背景下，有限的教育资源更不会选择投入小规模学校。小规模学校较难获得教育资源和小规模学校撤留难以预期这两个问题，使乡村小规模学校陷入了办学条件达标与更新的困境。再加上学校运行过程中教学设施和办学条件不断地老化，学校的办学条件已经逐渐不能满足学校的教学需要了，③ 全面改善乡村小规模学校硬件条件是一个长期的过程。只有硬件条件合格才能保证学校的安全和运转，因此，应该推进小规模学校办学条件标准化建设。④

农村小规模学校师资队伍建设面临数量表面富余但实际不足的困境：优质师资供给不足；专业结构不合理，对口教学难度大；年龄和性别结构不合理，师资多样化水平不足；师资政策完备但执行力度不足，小规模学校和教学点师资配备、流动和补充机制不完备；乡村教师职业环境欠佳、发展空间有限等。⑤ 其次，农村小规模学校教师专业成长面临基础薄弱、动力不足、渠道狭窄、条件缺乏等挑战。⑥ 最后，农村小规模学校教师职业倦怠感严重，教师待遇普遍偏低，经济负担重；工作时间长、压力大；业余生活单调，精神生活匮乏。⑦

农村小规模学校将会长期存在，而不是一个过渡形态，不是随着教育现代化将要消失的落后形态。⑧ 乡村小规模学校有着很大的教育优势——小规模、小班化，适合进行个性化教育，开展交互式学习、探究式学习。⑨ 但也有学者研究发现乡村小规模学校课程与教学质量仍面临危机，存在小规模学校因为师资力量不

① 汪传燕：《农村义务教育经费保障新机制研究》，博士学位论文，华中师范大学，2014。
② 周兆海：《农村小规模学校公用经费精准管理研究》，载《中国教育学刊》，2017(8)。
③ 于海英、秦玉友：《城乡教育一体化视域下农村小规模学校问题研究》，载《现代教育管理》，2012(11)。
④ 秦玉友：《乡村小规模学校办学成本解决之道》，载《中国教育报》，2015-11-19。
⑤ 姚翔、刘亚荣：《优化乡村小规模学校师资队伍结构的路径分析》，载《湖南师范大学教育科学学报》，2017(7)。
⑥ 安晓敏、殷丽：《农村小规模学校教师专业发展调查研究》，载《上海教育科研》，2017(7)。
⑦ 高政、刘胡权：《农村小规模学校教师队伍现状与改进对策》，载《中国教育学刊》，2014(8)。
⑧ 杨东平：《建设小而优、小而美的乡村小规模学校》，载《人民教育》，2016(2)。
⑨ 熊丙奇：《教育强县也要发展好小规模学校》，载《中国青年报》，2017-12-21。

足，教师难以胜任小科课程、无法开齐国家规定课程以及一名教师任教多门学科等现象；校本课程开发比较缺乏，教学改革尝试少；教师教学投入与教学方法特色较少；[1] 教师的师生观念较陈旧，师生间缺乏沟通，课堂缺乏活力；学生课堂学习参与度低，学习积极性不高；教师缺乏对学生差异的了解，个别指导教学不足等问题。[2]

**争论 2：寄宿制学校真的能解决农村教育问题吗**

在农村学校布局调整过程中，短时间内农村生源减少的不可逆性导致了学校服务半径必然扩大，从而使得农村寄宿制学校发展有了生长空间。截至 2016 年，镇区寄宿制学校已经达到 27 922 所，镇区寄宿学生规模为 1 702.09 万人，占镇区在校生总数的 47.83%，镇区初中生寄宿率达 56.40%。农村寄宿学校规模如此之大，已然成为当前农村主要学校形态之一。然而，目前学界对于寄宿制学校是否能解决农村教育问题还存在非议与争论。

这里，我们需要分清两类争论。

一类争论主要侧重于"寄宿制"学校的概念与功能的"本体论"研究。有学者认为，农村寄宿制学校是符合中国国情需要的学校形态，寄宿制学校教育也是符合教育规律的教育形式；农村寄宿制学校作为乡村教育的重要组成部分，有助于提高农村教育教学质量和促进城乡教育均衡发展；实行寄宿制受益最多的是学生，尤其是留守儿童；学生寄宿解决了家长的后顾之忧，减少了流失率和辍学率；在集体生活中，有利于培养孩子的自控能力。[3]

但也有学者对农村寄宿制的存在形态持怀疑观点。有些学者认为，在农村寄宿制学校学生的身体受到全景敞视性的监控与管制，并时常遭受到老师的体罚和责骂，这种身体是被操纵、被塑造、被规制、被驾驭的对象。[4] 农村寄宿制学校不过是继"留守"之后，家长和孩子在择校困境中的无奈选择。农村寄宿制学校教育并不符合教育规律。并且，住校生活中的负面经历对学生可能造成的持久影响。史耀波等人基于 1881 名初中学生的调研访谈数据显示，在校寄宿比其父母

---

① 赵阔、赵丹：《农村小规模学校教育质量评估的必要性及指标设计》，载《领导科学论坛》，2016 (19)。

② 潘兴竹：《农村小规模班级教学现状调查及对策研究——以丹东市 6 所农村小学为例》，硕士学位论文，辽宁师范大学，2015。

③ 杨卫安、邬志辉：《农村学校布局调整后寄宿制学校利弊的总体判断与政策选择》，载《教育导刊》，2014(5)。

④ 高雪莲：《完美的"铁笼"：规训"在场"的农村寄宿制学校——主体视角的柳溪村儿童学校教育考察》，载《北京社会科学》，2015(1)。

外出务工更容易导致农村初中生辍学。① 祝玉红等人对西安市 18 所中学进行抽样调查后发现，相比市区学校学生，农村地区学校学生更可能卷入各类校园欺凌事件。② 陆伟等人基于两省五县 137 所学校 17 000 多名学生的抽样调查数据显示，农村寄宿制学校中的霸凌水平高达 31.5%，高于国内城市地区的中小学校水平，也远超过国际平均水平；在农村寄宿制学校住校显著提高了学生遭遇霸凌的可能性；言语威胁、肢体冲突以及人际排斥等校园霸凌现象在住校生中都更为常见。③

第二类争论主要侧重于对"寄宿制学校"问题产生的外在问题研究，属于政策研究范畴。由于区域自然条件、经济发展、教育水平差异较大，尽管地方政府已经加大了农村寄宿制学校的投入力度，但仍然无法满足所有农村寄宿制学校建设的需要。一些学者的实证研究表明，近半数寄宿学校达不到"一人一床"住宿条件。很多学校都是"大通铺"，一间宿舍住几十个学生，一张床上能挤好几个学生。④ 不少寄宿学校存在食堂、住宿等生活设施不配套，大多数学校无室内厕所，学生饮水或洗澡等设备设施缺乏，食堂餐厅消毒设施不完善等问题。此外，寄宿制学校生活老师配备也存在问题。由于编制限制，农村中小学对于寄宿生一般都没有配备专门的生活教师，寄宿生的管理基本上是由任课教师和班主任负责，导致农村寄宿制学校教师除了教学任务之外，还要承担学生生活管理、学校治安工作。寄宿制学校生活教师呈现待遇低、数量不足、队伍不稳定、聘用随意性、年龄结构不合理等特征。除了教育投入不足外，寄宿制学校也增加了学生和家庭的教育支出。如在家就餐与在学校吃饭费用的差距、新增的住宿费以及交通费等。尽管从 2006 年开始，国家开始对农村贫困寄宿生提供补助，并且从 2011年秋季学期起，补助标准每生每天提高 1 元，达到每生每天小学 4 元、全年1 000元，初中 5 元、全年 1 250 元。但对于贫困家庭而言，孩子寄宿的开销仍然是一个沉重的负担。⑤ 同时，低龄寄宿的风险也逐渐凸显，表现在寄宿生个体上，诸如生活不适应、心理出现焦虑、阅读能力降低等。

在人类发展过程中，教育制度是不断变动的，但这并不是一种骇人听闻的转变，而是出于因功能增加而引起的形式上的逐渐分化作用。作为教育制度的实施场所，作为适应农村人口居住分散，解决学生上学远、上学难问题的一种特殊办

① 史耀波、赵欣欣：《父母外出务工与寄宿制：哪个对农村学生辍学影响更大？——基于西部三省1881 名初中生的实证分析》，载《教育与经济》，2016(5)。

② Zhu Yuhong, Chan Ko Ling. Prevalence and Correlates of School Bullying Victimization in Xi'an China. Violence and Victims, 2015, 30(4): 714 - 732.

③ 陆伟、宋映泉、梁净：《农村寄宿制学校中的校园霸凌研究》，载《北京师范大学学报(社会科学版)》，2017(5)。

④ 王瑜、张静：《广西边境寄宿制学校的困境及思考》，载《民族高等教育研究》，2018(2)。

⑤ 郭清扬：《义务教育均衡发展与农村寄宿制学校建设》，载《教育与经济》，2014(4)。

学模式，作为教育资源利用最大化的一种教育管理模式，其不断发展到底是满足了谁的需要？寄宿制学校真的是解决乡村教育问题的最好方式吗？当寄宿制学校成为"家"的替代品，当生活老师成为农村父母养育责任的转移对象时，我们不仅要考虑寄宿制的衍生管理问题，更需要考虑家庭的缺失与父母的缺位对农村儿童的成长究竟意味着什么的问题。因为这不仅关系到教育管理的外延，更关系到每一位农村儿童的健康成长与发展。隐匿与突围，农村寄宿制学校这所承载着农村教育希望的小船能否负重前行？在多种学校类型并行的农村场域中，农村寄宿制学校该如何自处才能成为一株可持续的生态发展之花呢？

**争论 3：学校布局调整的"规模效益"逻辑正确吗**

班级规模大好还是小好？按照规模效应的逻辑，更大的班级规模似乎代表了教育资源的更高效利用，然而事实上是这样的吗？什么样的班级规模才是合适的？班级规模对教育教学究竟产生了哪些影响？学界就这一问题从物质和精神两个方面、从学生和教师两个主体、从教学环境、教学过程和教学结果三个视角进行了多年的反复探讨。

大部分研究从我国大班额的现状出发，探讨过大班额的负面影响。首先，班级规模影响教室物理环境。其一，空气质量。邹木荣、李谋指出在大班额中，人均空间面积相对较小，通风换气条件较差，室内二氧化碳浓度和空气污染率都比较高，容易引起呼吸道疾病的流行，对学生的身体健康极为不利。[1] 裴闺儒于2001 年对铁岭市部分学校教室空气细菌污染情况的调查显示，随着教室内人数的增加，室内空气受污染率增加，这与人员的活动量有直接关系。[2] 其二，光线不足。邹木荣、李谋指出过大的班级规模会使部分学生难以获得充足的阳光。坐在角落里或靠墙坐的学生光线较暗，会使这部分学生阅读吃力，不仅不能引起大脑足够的兴奋强度，而且会使人容易疲劳。[3] 其三，噪声较强。班级中人数过多会集聚更多与教学无关的噪声。尤其是小学低年级班级里，课堂上不专心听课、随便讲话的现象普遍，在这样的大班里教师又很难管好纪律，整个教室里噪声很大，对学生和教师都造成很大的影响。其四，座位安排。大班教室只能采取秧田式座位排列，适于以教师为中心的灌输、注入式讲解，难以开展各种形式的学生讨论和质疑活动。贺芬认为，"大班额"使学生课桌摆放十分密集，学生活动空间基本没有。如此拥挤，学生在上课时上讲台、课间出入座位或教室去如厕、玩耍等相当不易。拥挤的教室使人际距离缩小，当人际距离低于安全、舒适的指标

① 邹木荣、李谋：《"大班额"的教育生态学思考》，载《教学与管理》，2009(24)。
② 裴闺儒：《铁岭市部分学校教室空气细菌污染情况》，载《中国学校卫生》，2001(3)。
③ 邹木荣、李谋：《"大班额"的教育生态学思考》，载《教学与管理》，2009(24)。

时，就会带来心理压力，产生压抑烦躁的情绪，增加师生之间、学生之间的人际摩擦。①

其次，班级规模影响教学质量。其一，学习机会的不平等。李方安、张良才指出，在一个拥挤的、大规模的班级内，座位拥挤，人数众多，客观上阻碍了每个学生参与课堂活动的机会。班级规模所影响的不仅仅是学生参与课堂的行为和表现，实际上它无形中造成了学生学习机会的不平等。② 其二，教师关照度的有限性。教师视野覆盖的有限性使得教师视野范围内的学生和教师视野范围外的学生在课堂教学过程中所接受的信息流并不均等，教师视野范围内的学生所接受的信息流以及和教师的信息交换流均要明显高于教师视野范围外的学生。潘颖、李梅引入了教育关照度的概念，教育关照度的指数越大表明教师对学生的关心与照顾越多，师生个别交往的机会与时间越多，学生的发展可能会越好。课堂教育观察表明，教师课堂提问的覆盖率随班级规模的增加而减少，特别是当班级人数超过33人时，课堂提问覆盖率减少幅度较大。其三，班级规模影响学生的学习成绩。在关于班级规模和学生成绩相关性影响的研究中，形成了著名的格拉斯—史密斯曲线。研究表明，当班级规模缩小时，学生的学习成绩会提高，特别是学生人数在15人以下时教学效果迅速提高。③ 李方安、张良才认为，过大的班级规模限制了师生之间、学生之间的交往和学生参加课堂活动的机会，阻碍了课堂教学的个别指导以及可能导致的较多的纪律问题，从而间接影响学习成绩。④ 其四，班级规模影响教师教学。班内学生越多，学生间的个体差异就越大，难免发生争论，产生利害冲突，甚至形成破坏力量。统一认识越困难，教师对课堂的控制就越难，为维持纪律花费的精力就越多，而用于实际教学的时间和精力就越少。

再次，班级规模影响班级文化。班级规模大容易形成更多的非正式团体以及更为复杂的人际关系，影响师生、生生的交往合作和情感纽带。和学新认为，班级规模对课堂教学管理的影响主要表现在人际关系和情感交流两个方面：一方面，班级规模的大小影响成员间情感联系；另一方面，班级规模大小影响成员间的交往模式。班级越大，成员间交往的频率就越低，相互了解就越少，建立集体规范就越困难，成员间合作就越不易进行，集体任务难以接受和完成，对班集体管理越难，对管理技能的要求也越高⑤。最后，班级规模越大，内部越容易形成

① 贺芬：《论"大班额"现象对我国中小学教育的不良影响》，载《教学与管理》，2011(10)。
② 李方安、张良才：《班级规模：一个不容忽视的学习资源》，载《教育科学》，2001(3)。
③ 潘颖、李梅：《班级规模与学生发展的问题研究》，载《东北大学报(哲学社会科学版)》，2006(6)。
④ 李方安、张良才：《班级规模：一个不容忽视的学习资源》，载《教育科学》，2001(3)。
⑤ 和学新：《班级规模与学校规模对学校教育成效的影响——关于我国中小学布局调整问题的思考》，载《教育发展研究》，2001(1)。

各种非正式小群体，而这些小群体又常违背班集体的目标，影响课堂教学目标的实现。长此以往，就会影响到学生的社会化，影响到学生的个性健康发展。

此外，也有研究者从布局调整后的班级规模扩大探讨过小班额的问题，认为班级数量的增加有利于教学环境的改善和教学方式的变革。宋维玉等通过对班级规模变化亲历者——农村教师的访谈，总结认为班级数量的增加主要对教育教学产生了三个方面的影响，一是能够激发教师的"表演"欲望，为产生更投入的教学表演提供环境。二是改变了教师认为十分重要的学生"学的气氛"。同学间的差异可以推动学生在学业上保持持续努力，让学生"比着学"，学生与学生之间的相互学习，师生、生生之间也更能相互启发。三是生源差异的增加，能够促使教师积极地进行教学变革。在班级规模增加后，当教师不能直接指导学生时，会有意无意地把优秀学生作为"小先生"，学生间的差异也就被教师当作教育资源加以开发。①

综上所述，班级规模对教育教学方式质量、学生身心健康发展产生多重影响，在教育质量提高和教育公平实现方面具有不可替代的重要作用，教育发展需要必要的班级规模，但过大的班额必然存在一定问题。同时，我们也不应扩大理解班级规模的影响，班级规模本身并不是直接地对教学效果发生作用的，它是通过与学生的学习行为和态度以及教师的教学方式、方法的相互作用间接地影响教学效果、为其提供可能成长土壤的。

**争论 4："逃离"与"回归"——乡村教育文化大厦该如何建构**

回望曾经的乡土本色，农村的孩子可以叫出各种草间虫儿的名字，他们自由自在地奔跑在乡间田野。晨钟暮鼓，村落里传出的是袅袅的读书声以及教书"先生"肃穆的讲学之音。作为乡村的文化符号，乡村学校与山峦、森林、河流、农田一道，构成了乡村自然开阔、环境闲适的生态环境。乡村学校虽然是一座简朴的建筑，但是它却建构了乡村文化的核心内容，并为乡村发展带来原初动力。然而，在传统向现代社会转型的大潮中，乡村社会受裹挟后无意识地跃进和离乡离土的变动，使得乡村教育文化图景不再。伴随着乡村学校逐渐减少的明显特征，乡村生活方式逐渐改变，乡村文化隐匿甚至衰退与消亡。

在"后撤点并校"的今天，乡村学校的消失使得乡村教育和乡村文化传承走入了困境。代静亚、龙红霞指出乡村学校的大量撤并、学校进城、文字上移，学生大量走向"他乡"，在精神上也走向"异乡"。无疑从根部打破了纵向的本地文化体

---

① 宋维玉、秦玉友、单成蔚、曾文婧：《班级规模意蕴的本土诠释——倾听班级规模变化亲历者农村教师的声音》，载《四川师范大学学报（社会科学版）》，2015(4)。

系与横向的外周文化影响的平衡，使本地文化受到觊觎、失去活力。① 赵贞、邬志辉指出，撤点并校给乡村文化的生存与发展带来了前所未有的危机，即学校消失使乡村文化的传承通道受阻。② 唐开福认为乡村文化是一种"地方性"文化，需要个体长时间浸润其中，才能领悟到该文化的深刻内涵和精神要义。乡村儿童要汲取当地文化的精髓，须在时间和空间两方面得到满足，即长时间"在乡村"。随着大规模乡村学校的消逝，有的乡村少年儿童每天奔波于城镇与乡村之间，有的甚至因为学校离家太远而不得不长期寄宿在城镇学校。这就意味着乡村少年儿童的乡村生活时间与空间遭到挤压，"在乡村"的时间少之又少。③ 然而，也有学者对乡村教育发展持不同观点，胡俊生认为：农村教育城镇化已成大势所趋，农村教育的希望不在乡村在城镇。乡校的衰败与城校的繁荣是同时并存的。无论我们在乡村学校建设上下多大力气、投多大成本，终究是"青山挡不住，毕竟东流去"。基础教育上的"离村不离乡""进乡（镇）不进城"的设计没有前途。对农村孩子而言，无奈而又明智的选择也许只有一条：到城里去，找寻他们迷茫的希望与失落的理想。④

乡村学校曾经理所当然地被认为是"闻忠善以损怨"的场所，但是在城镇化快速发展的今天，人们却为了乡村教育、乡村学校的实用价值争论不休。在社会整体现代化的架构之中，为何乡村教育、乡村学校的所处位序十分尴尬，其根本原因就在于城市经济的高速发展为城市文明在现代教育体系中构建主导地位提供了经济基础。无论是农业支持工业带来的驱动优势，还是对外开放城市发展的战略成功，从当前的发展状态来看，城市教育确实优于农村教育很多。但是，正如费孝通先生所言，乡村原始的自治精神盖有此始，这种"原始"色彩却是中华文明的主题。乡村文明的传承，影响着文化载体的续存乃至中华民族精神家园的回归与守护。因此，乡村学校仍然是现代化教育体系的重要一环。

从当前发展态势看来，乡村学校能否重塑价值，乡村教育能否重返社会整体现代化的架构之中，不仅取决于国家与政府能否为乡村教育提供充足的教育资源，更取决于整个社会在城市现代化发展的祛魅之后，能否重新审视乡村教育，能否在现实世界与理想世界的摇摆中，重新确立心中所属的"善"与"真实生活"。

---

① 代静亚、龙红霞：《"后撤点并校时代"的乡村教育与乡村文化传承》，载《教学与管理》，2014(12)。

② 赵贞、邬志辉：《撤点并校带来的乡村文化危机》，载《现代中小学教育》，2015(1)。

③ 唐开福：《城镇化进程中乡村文化的传承困境与学校策略》，载《湖南师范大学教育科学学报》，2014(2)。

④ 胡俊生：《农村教育城镇化：动因、目标及策略探讨》，载《教育研究》，2010(2)。

# 五、下一步怎么走

## （一）城乡义务教育学校一体化布局

作为推进城乡义务教育发展的结构性思维，城乡义务教育一体化发展已经获得政府和社会各界的认同，并引起了广泛关注和高度重视。统筹城乡义务教育一体化发展作为改变城乡教育制度性区隔，消除教育双轨制，缩小城乡之间教育差距，确保教育公平的理想之境，保障了"不削峰"前提下的"但填谷"需求。随着《国务院关于统筹推进县域内城乡义务教育一体化改革发展的若干意见》的颁布，各地政府应当积极落实"合理规划城乡义务教育学校布局建设"的工作要求。

首先，各地政府在农村学校布局规划实施工作中，应当确立教育规划的优先发展地位。通过跨部门联动，实现教育、土地、编制等诸多政府职能部门协同规划，运用联席会议机制、目标分解机制等手段，实现学校布局与城乡教育布局同步发展。综合运用统筹视角，构建与常住人口增长趋势和空间布局相适应的城乡义务教育学校布局建设机制，通过掌握中小学资源利用特征，合理布局中小学学点位。全面实施城乡教育规划一体化发展政策，合理规划城乡义务教育学校布局建设，积极实现"薄弱学校"全覆盖，"两类学校"补短板工作。城乡义务教育一体化学校布局建设的难点在于底部攻坚。在同步建设城镇学校的同时，必须要努力办好乡村学校。通过努力完善城乡学校布局体系，提升城乡学校布局能力现代化水平。要把办好两类学校列入重要工作议事日程，加强省级政府统筹，健全协调机制，及时解决两类学校在规划布局、经费投入、建设运行、教师队伍建设等方面的突出问题。

其次，各地政府应当以资源配置为重点，构建城乡资源配置的动态均衡机制。资源配置是义务教育均衡发展机制的核心内容，在学校布局调整过程中，只有确保资源配置的动态均衡，才能实现学校布局的合理性与科学性。因此，应当在人员保障、经费保障、办学条件保障三方面进行重点建设，寻求软件"人员"与硬件"经费""办学条件"上的实质性均衡。通过人事、教育、编办、人社、财政等跨部门通力合作，通过优化教师管理、发展及退出机制，实现干部教师流动多元化、教师需求满足人性化，消除教师流动的制度性障碍，促进教师的良性流动，以缩小教师资源配置的差距，实现教师管得好、留得住、出得去。针对城乡义务教育经费差距，动态调整城乡义务教育经费标准，保障教师工资和学生人均公用经费，实现乡村教育经费的持续增加，并赋予乡村学校经费使用更大的自主权。在办学条件上面，积极推进改善农村义务教育薄弱学校工作。通过学校标准化建设与提升工程，整体提高学校办学条件，为教育教学的有效开展提供物质保障。

最后，推进城乡义务教育一体化是一个不断完善的过程，在实施过程中，必然会存在不足。定期对城乡义务教育进行有效的、客观的、准确的监测，才能准确把握城乡教育差距以及改革的变化差距，及时发现问题，并提出干预措施和预警方案。通过教育监测指标体系、数据采集和核查、数据分析、报告运用等机制，构建城乡义务教育一体化发展监测指标体系，促进城乡义务教育一体化监测迈向可操作性和可行性。

### (二)稳定当前布局格局，积极探索制度创新

传统观点认为城市的教育质量高于农村，教育资源的集聚有利于取得规模效益，这也是农村学校布局调整政策出台之初的政策意图之——期望通过教育的规模化发展提高教育质量。然而农村学生进城读书真的能提高学习成绩吗？调查显示，乡村学生进城读书未必能取得预设中成绩效果，相反还可能产生预料之外的适应困境。根据教育部人文社科重点研究基地东北师范大学中国农村教育发展研究院 2015 年全国农村教育调查公布的数据分析结果，乡村进城初中生(语数外)成绩既低于县城学生，也低于乡村学生，而且他们感知到的教师关心程度、对县城(或乡镇)学校的适应性均是最差的，想离开当前学校的比例最高。与此同时，国家大力发展乡村振兴战略，2017 年年底，中央针对 2018 年"三农"工作连续作出重要部署。2018 年中央一号文件《中共中央国务院关于实施乡村振兴战略的意见》继续聚焦三农问题，鲜明指向乡村振兴，这是农村经济的重大机遇，同样也是农村教育的重大机遇。在乡村振兴思想指导下，涌现了一大批乡村资源利用的创新形式，如"美丽乡村""共享农庄""乡村创客"等概念的提出为乡村社会的发展提供了新空间，注入了资金、技术和活力，也为乡村教育提供了更为优渥的发展环境。乡村振兴离不开乡村文明的传承，传承乡村文明离不开乡村学校的发展，因此，义务教育学校布局调整应保持相对稳定，保留和恢复必要的乡村小学和教学点，提高其教育质量，这既是保障乡村振兴有序推进的需要，更是保障乡村儿童接受优质教育基本权利的需要。提高农村教育质量的关键在于紧扣时代发展脉搏，扎根乡土社会，把握乡村振兴机遇，探索开发一些低成本、高效益、有特色、可推广的农村教育管理新模式。

在中小学布局结构调整以后，农村地区出现了低龄儿童安全方便就近入学入园问题、农村教学点管理松散教育质量不高问题、农村文化发展需求问题等一系列新的挑战。随着布局调整的深入，学校功能的改进和结构的转型逐渐成为各界关注的焦点，农村小规模学校如何发展？乡村儿童的受教育权益如何保障？打破传统学制限制，探索幼小一体化发展可能成为农村教育的可行路径。幼小一体、幼小衔接并不是一个全新的概念，20 世纪中叶日本就已开始探索幼小衔接，并形成了较为完善的策略体系。已有的概念主要指向课程内容和教学安排的精神层面，目的是从孩子的情感、态度、个性、能力、习惯等对个人终身发展有益的素

质上去进行一种准备，为了保障儿童身心发达与学习接续的连续性和一贯性。而在农村地区开展幼小一体的实践探索的重点略有不同，相对来说更具基础性，主要指向物质资源的一体化，包括校产资源、教师任用、财务拨款、教学管理等方面，目的在于高效利用农村学校教育资源，提高教育质量，满足保障适龄儿童就近入学入园的需求和权利。通过探索学制创新，完善"幼小一体"改革新路径，争取农村教育发展新空间，推动新时期农村教育实现内涵式发展。

在布局结构调整效益初显的同时，在原有教育管理机制下出现了低龄儿童入学入园困难、学校撤并后富余资源闲置、教学点管理效益较低、家庭教育责任缺失等问题。在此背景下，甘肃省张掖市临泽县开创了以村教学点为基本单位实行的"幼儿园大、中、小班 3 年"加"小学一至二年级 2 年"的村"3＋2"幼小一体新五年制办学模式，聘任熟悉幼儿园工作的农村骨干教师担任教学点负责人，小学、幼儿园分别依据标准按比例配置教师、教学分段独立运行，作息分开执行，工作分开考核，分层确定质量评价指标，有效推动了村教学点幼儿园和小学教育标准化、规范化发展，实现幼小无缝衔接。目前，临泽县七大学区所辖的 78 所农村教学点(幼儿园)均实行村"3＋2"幼小一体新五年制办学模式，实现了学前教育公办园高普及率、高入园率(学前教育三年毛入园率达 99.85％)，带动了义务教育小学阶段高入学率(小学适龄儿童入学率为 100％)。

**(三)以提升农村教育质量为核心，鼓励多方参与农村教育改革发展**

中国还要不要农村教育，未来需要什么样的农村教育呢？答案是肯定的，不仅需要，而且需要高质量的农村教育。党的十九大报告明确提出，要"努力让每个孩子都能享有公平而有质量的教育"，农村教育要实现长足发展必须抓住"推动城乡义务教育一体化发展，高度重视农村义务教育"的重大历史机遇，结合乡村振兴战略的实施，深化农村教育综合改革，探索中国农村教育优质发展的新路子。农村教育实现由量的增长向质的提升转变，需要以提升教育质量为核心开展多元主体积极参与的农村教育改革实验；这离不开政府部门的高度重视和广大农村中小学的实践探索，还需要高等院校的智力支持以及社会力量的助力。

1. 鼓励地方教育创新，释放农村教育发展活力

在我国农村教育发展实践中，地方已经开展了一些积极的探索和创新，并收到了良好的效果。

(1)农村教育多元教育模式的探索

四川蒲江的"现代田园教育"是在传承中国古代书院优秀教育传统基础上，以现代教育思想为指导，以现代教育技术为支撑，服务于现代田园城市建设，服务于农村人口现代化、社会现代化和产业现代化，输出了以"自然－绿色－开放－融合"为特征的内生型现代化农村教育。蒲江县从教育理念、内部管理、办学模

式、校园文化等方面，进行全方位挖掘和整体化构建，形成了蒲江县实验中学的"幸福教育"、寿安中学的"信任教育"、成佳学校的"茶人教育"、蒲江中学的"卓越教育"、职业中学的"敬业教育"等规划方案，该县学校"一校一品、一校一景"的发展格局已具雏形。四川阆中利用乡土资源改善校园文化，秉持"生活教育"的理念，实施"朴素而幸福的教育"。江西弋阳立足"以良好校风影响家风改变民风"的教育愿景，帮助乡村学校改善办学条件，搭建乡村教师专业发展平台、深化乡村教育评价改革，帮扶乡村学校挖掘乡村文化，走乡村内涵发展之路，乡村教育发展得到了学生家长的参与和认可，弋阳乡村学校教育教学质量全面提升，出现了大量在城区就读学生的"回流"现象。

（2）乡村教师补充稳定成长创新

湖南省实施"农村小学教师专项培养计划"，定向、免费、精准培养能够在农村小学安心工作的优秀师资。同时泸溪县通过提升乡村教师经济待遇、改革职称评定与评价制度等系统措施，让乡村教师获得"实惠"，愿意留在乡村任教。河南濮阳支持多个学校发展共同体和教师成长自组织，成立了农村小规模学校共同体"濮阳县微型学校联盟"，联盟内部教育资源共享共用，开展"一专多能"的教师培训，通过教师走教，弥补教师队伍的结构性缺编问题，并切实提升了教育质量。

（3）教育教学形式探索

甘肃平凉崇信县从教室环境创设、教师教学方式、课外活动等方面进行"小班化教学"探索，将以教学功能为主的教室改造为服务于教学、游戏、阅读和生活的"多功能空间"，将讲授方式的大课堂变为师生互动、生生互动的学习小组，跨年级组织丰富的课间和课外活动。

多样化的地方教育创新，让我们看到农村教育发展的新希望，未来我国农村教育的内涵式发展，要大力鼓励地方上开展农村教育实验，探索独具地方特色的农村教育发展之路。

2. 发挥高校智慧引领，助力农村教育改革创新

高校与中小学协同办学来促进各自办学水平与质量的提升，不仅在理论上引发了持续关注，在实践上也进行了丰富的探索。20世纪八九十年代，我国一些高校就已经开始进行与中小学合作办学实验，一大批具有代表性的合作研究项目在教育领域内产生了很大的影响力，这些项目包括"优质学校"建设项目（东北师范大学）、"香港跃进学校计划、优质学校改进计划"（香港中文大学）、"新基础教育"（华东师范大学）、"教师发展学校"（TDS）（首都师范大学）。进入21世纪，我国开始推进高校与中小学协同办学中的顶层制度设计和实践探索。《国家中长期教育改革与发展规划纲要（2010—2020年）》指出要树立系统培养观念，推进小学、中学与高校办学系统的有机衔接，使得教学与科研、教学与实践紧密结合，

强化学校之间合作等；2014 年《教育部关于实施卓越教师培养计划的意见》强调高校与中小学可在制定教育目标、设计培育标准、建设课程资源、组建教学团队、建设实践基地、开展教学研究、评价培养质量等方面展开协同性活动，高校与地方政府、中小学要建立"权责明晰、优势互补、合作共赢"的长效机制。政策的出台，给高校与中小学开展合作办学、开展教育实验提供了机遇。在实践层面，国内一些高校在进行积极的探索和尝试：北京师范大学裴娣娜教授领衔的专家团队以国家级重点课题《中国农村教育发展阶段判断与未来趋势预测研究》为引领，在理县举行了《阿坝州理县教育现代化发展战略学术研讨会》；专家团队在理县实地调研和考察后，为理县民族教育发展制订了十二年行动计划，与当地教育工作者一道，深入分析理县社会、经济发展状况，有序进行了理县基础教育区域性主体功能区构建、学校课程顶层设计及学校发展、课堂教学思维转变及策略创新等一系列研究工作，对每所学校进行办学定位指导，对一线教师和教研员就新课程改革、学校办学特色、教师专业发展等教育发展的热点问题作专题报告。东北师范大学专家团队在辽宁鞍山、福建厦门、山东青岛、浙江永嘉、内蒙古包头等地开展中小学学校改进实验，围绕学校内涵式发展、办学理念、课堂教学、师资队伍建设及学校课程建设等方面进行深入诊断、评估和改造，为学校量身定制关于学校改进与区域教育质量提升的计划。兰州大学西部基础教育研究与培训中心探索开发"同动同静"复式教学模式，并在甘肃省多个地区进行试点和培训。除此之外，还有众多高校也参与到中小学教育改革的实验中来。高等院校专家团队深入中小学办学实践，积极开展实验，探索提升学校质量的路径，给学校发展提供智力支持。未来我国农村教育质量的提升要构建政府引领下的高师院校参与农村中小学教育改革支持机制，鼓励国内高校与农村中小学开展教育实验，共同探索农村教育内涵发展的多样化模式。

3. 扩大社会力量参与，补齐农村教育发展短板

社会组织的一大特点是灵活，可以根据现实需要，灵活调整支持方向与方式。我国教育事业的发展仅靠政府教育部门的推动是不够的，农村教育发展亟待社会力量参与。《国家中长期教育改革和发展规划纲要（2010—2020 年）》提出，"社会投入是教育投入的重要组成部分，扩大社会资源进入教育的途径"。教育公益组织获得了广阔的发展空间和历史机遇。2015 年，我国教育领域基金会数量多达 2078 家，在各类基金会中数量居于首位，这些社会力量的参与给我国教育事业的发展注入了活力。"美丽中国"成立至今已有超过 750 名项目教师到中国数个边陲省份任教，由于优质教育资源涌入边陲省份，使得将近 240 000 名贫困农村地区学生受益。北京市"西部阳光"农村发展基金会开展以推进新课程改革为主的中小学教师培训，以专业化的服务为农村中小学教师专业成长提供支持，教育

质量明显上升。"农村教育行动计划"(REAP)由中美学者共同发起并成立，致力于中国农村教育公平发展研究，关注贫困地区学生的营养、健康和教育，通过开展行动研究发现问题，尝试去干预解决问题。21世纪教育研究院以教育公共政策研究、教育创新研究为主，通过专业化的研究和广泛的公众参与，推动中国农村教育的改革和发展。此外，从中国青少年发展基金会或教育体制中的教育学会到具有一定专业能力与经济实力的南都公益基金会、真爱梦想基金会等，再到由学生、教师和普通公民组成的各种草根志愿者团体，都可直接投身于各地中小学的课程改革与教学进步，推动各地中小学的课程发展与教学革新。教育公益组织关注的重点不再仅仅局限在硬件的投入和助学帮扶，其活动领域已经拓展到学校课程开发、教师培训以及教学改革等方面。社会组织不仅是现有体制的补充，更是教育创新的实践者，未来我国农村教育质量的提升和创新发展需要社会力量的持续关注和支持。

【本报告撰写人：邬志辉、许程姝、徐萌、王晓生。作者单位：教育部人文社会科学重点研究基地东北师范大学中国农村教育发展研究院】

# 第六章　高等教育服务农村社会的
## 政策支持及其扩展路径

## 概　要

　　高等教育在经济社会发展中发挥作用，是伴随着大学的产生与职能的扩展而实现的。服务社会是高等院校的核心职能，也是大学义不容辞的责任和义务。相对于基础教育和职业教育，高等教育在服务农村社会方面具有显著的优势，集中体现在大学是高层次人才的主要集聚地、学科专业设置更加考虑社会需求的变化、拥有丰富的教育教学资源和发达的网络资源、大学与政府、市场间形成了较为紧密的联系且自身具有服务社会的强烈动机，这决定了大学能够在农村经济社会发展中发挥重要作用。当前，在乡村振兴和精准扶贫的时代背景下，在城乡二元对立到城乡一体化的转变进程中，充分发挥高等教育的作用显得尤为必要。近年来，中央政府陆续出台多项政策，包括实施农村贫困地区专项招生政策、特岗教师计划与免费师范生政策、"三支一扶"计划、引导和鼓励高校毕业生到基层工作的意见、一村一名大学生计划、自学考试面向农村工作的意见、直属高校定点扶贫工作、大学生暑期"三下乡"活动以及高校学生资助政策，寄望以此提升农村存量人口的人力资源质量并吸引高素质人才服务于农村社会，从根本上破解困扰农村发展的人才瓶颈。就整体而言，中央政府在政策层面进行的积极尝试，切中了人口素质这一困扰农村发展的最大难题，在此基础上提出了针对性的政策设计，使得高等教育在农村社会发展中的作用日益显现。然而，从实施的过程来看，政策本身依然存在有待完善的空间，集中表现在未能将高等教育的优势与农村地区的弱势紧密结合，未能在两者间形成有效的互通机制，导致集聚在城市的高等教育资源未能充分传递到农村。因此，在现行政策之外，政府有必要进一步发展农业高等教育、创办农村社区学院、健全农业科技支持和推广体系、实现城乡高等教育的优势互补、扩展高等教育扶贫路径以充分发挥高等院校参与扶贫的能力，可以有效释放高等教育活力，助力高等教育担负起推进城乡二元结构消解的时代角色，进而加快城乡一体化进程。

高等教育的发展有其自身的规律。一方面，与社会其他子系统一样，高等教育不可能脱离整个社会系统孤立发展，要受一定社会的经济、政治、文化所制约；另一方面，高等教育通过人才培养、科学研究和社会服务对一定社会的经济、政治、文化的发展产生推动作用，从而主动适应着社会的发展。[①] 从结构上来看，社会的构成不止有城市，还包括广大农村地区，高等教育大众化乃至普及化的实现有赖于城市和农村共同在生源、资金等方面提供源源不断的支持。长期以来，受制于我国城乡二元结构的影响，高等教育发展表现出明显的城市化特征，与农村社会的联系较为疏远，这种"离农"倾向导致高等教育不仅未能在城乡一体化进程中发挥应有的作用，反而随着高等教育资源向城市的单向集中固化了城乡二元结构。从应然的角度看，高等教育在人才、技术方面具备天然优势，有助于弥合区域间发展差距，打破畸形的城乡二元结构。而现实中高等教育与农村社会之间关系的疏离使我们有必要重新审视现行的相关政策，以积极推进高等教育社会角色的置换，凸显高等教育发展的时代逻辑，实现城乡的一元发展。

## 一、高等教育服务于农村社会的比较优势

高等教育在经济社会发展中发挥作用，是伴随着大学的产生与职能的扩展而实现的。西方大学最早产生于中世纪的欧洲，在意大利诞生了西方第一所大学——博洛尼亚大学。中世纪的欧洲，天主教会是最高统治者，大学的产生、发展与天主教会有着千丝万缕的联系。尽管大学的教育目的首先是培养神职人员，但人才培养作为大学的第一大职能却由此形成并传承下来。大学从政府或教会那里获取办学"特许证"，又通过教授会、同乡会等学者行会，保护自己不受政府与教会过多的干涉，由此确立了大学独立、学术自治、民主管理的传统。

同时，大学适应了社会（尤其是教会）对专业人才的需要，分专业培养人才，学科以神学、法学和医学为主，大学教学职能开始形成。在这其中，中世纪大学建立了学位制度，保障了接受高等教育者的特殊权益，使之成为现代高等教育的标志之一。1809 年，德国著名学者、教育改革家威廉·冯·洪堡创立了柏林大

① 潘懋元：《理论自觉与实践建构：高等教育的历史、现实与未来》，152 页，北京，北京师范大学出版社，2014。

学，推行学术自由、大学自治和教授治校等现代大学的办学理念，重视培养学者，使得科学研究成为继教学之后现代大学的第二大职能。19 世纪中叶，第二次工业革命蓬勃兴起，自然科学的新发展开始同工业生产紧密结合，科学在推动生产力发展方面发挥更为重要的作用，由此产生了三方面的影响。其一，工业界和政府更加关注高校的人才培养，寄望高校培养的人才能够满足工业生产发展的需求；其二，面对外界社会的压力，高校在课程设置上开始重视与工业生产关联紧密的自然科学，在功利主义的影响下，自然科学逐渐在大学课堂上占据主导地位；其三，基于高深知识的研究要求高校不断增加投入，导致经费的外部依赖性增强，同时也促使高校之间在生源、师资和资金上展开激烈的竞争。随着 1862年美国《莫里尔法案》之后赠地学院的创办以及威斯康星思想的推行，使得大学服务于社会成为一种新的办学理念，从而进一步提升了美国大学大众服务使命的地位，并由此形成了现代大学的第三大职能——服务社会。这实际上反映出大学基于传统职能之上，适应外部社会环境的变化对于自身使命进行了必要的调整，承担起越来越多的社会重任。从发展的角度看，高校针对政治和经济环境变化的改革实质上是在坚守其原有职能，亦即传统职能基础上不断拓展其新的职能，也就是说，这种改革实际上是在坚守大学内在逻辑的基础上，针对外部办学环境的变化进行的渐进性的适应性调整。

　　服务社会是高等院校的核心职能，也是大学义不容辞的责任和义务。相对于基础教育和职业教育，高等教育在服务农村社会方面具有显著的优势。其一，大学是高层次人才的主要集聚地，集中了大量的优质智力资源，拥有 80% 以上的社会科学研究力量、近半数的两院院士、60% 以上的"千人计划"入选者，以及规模庞大的研究生本科生队伍。[①] 如此庞大且优质的人力资源为知识、技术的传递和创新提供了源源不断的支持，成为我国农村经济社会发展的基本保障。其二，大学的学科专业设置更加考虑社会需求的变化，由此培养的学生和催生的知识技术可以为农村地区提供直接支持。尤其是农林类高校，其特色和优势学科专业设置与农村经济社会具有很高的契合度，可以为农村地区量身打造更具针对性的扶贫项目。其三，高校拥有丰富的教育教学资源和发达的网络资源，能够提供成人教育培训、网络远程培训等形式多样的培训方式，为农村地区发展提供多种不同的路径选择。其四，高校与政府、市场间的联系较为紧密，三者间良好的沟通和协作使得高校能够更好地把握和发挥三农政策的作用，促进人才、信息、技术等核心要素进入农村贫困地区。其五，高校自身具有服务社会的强烈动机，服务农

---

　　① 杨亚辉：《教育扶贫是高校义不容辞的责任——访全国政协委员、华中师范大学党委书记马敏》，载《中国高等教育》，2017(6)。

村能够使大学更多地接触社会，推进产学研的合作，并为大学拓展更多的实践基地，最终有助于提升高校的人才培养和科学研究的核心竞争力。因此，大学服务于农村经济社会，不仅具有很大的优势，而且也有推动自身发展的强烈动机，这也决定了大学能够在农村经济社会发展中发挥重要作用。

## 二、高等教育服务农村社会发展的相关政策梳理

从城乡二元结构到城乡一元发展，关键在于如何将有限的高等教育资源实现城乡间的流动与共享，实质上是将集聚在城市的高等教育资源有序流向农村，主动服务于农业、农村和农民。近年来，中央政府已出台多项政策，引导高等教育主动服务于农村社会发展。

### (一)保障农村学生优质高等教育入学机会的公平——农村贫困地区专项招生政策

教育公平是现代教育的基本价值，其原因在于教育具有促进社会平等的社会功能，没有教育的公平，社会公平将失去基本保障。教育公平是社会公平价值在教育领域的延伸和体现，包括教育权利平等和教育机会均等两方面。时至今日，高等教育权利平等作为一项基本人权，在世界大多数国家已得到保障，高等教育机会均等作为教育公平的核心内容，正成为各国关注的焦点。由于个体所处的社会阶层、经济地位、成长环境等的差异，高等教育机会均等的核心价值指向在于改变处于社会弱势群体的教育状况，使之在经济、文化、环境等社会现实方面的不平等，都尽可能从高等教育中得到补偿(高等教育能够给人提供公平竞争、向上流动的机会)。1999 年高校扩招以来，我国高等教育入学人数迅速增长，2002 年高等教育毛入学率达到 15%，实现了高等教育大众化。之后扩招力度进一步增大，2017 年高等教育毛入学率达到 45.7%，逼近 50% 的普及化阶段。[①] 高校的大规模扩招极大地满足了个人的高等教育需求，农村户籍学生的入学人数占高校招生总额的比例逐年递增。2000 年农村学生占招生总数的 48%，2012 年达到 59.1%，其中本科生由 44.1% 提高到 52.5%。但是，农村学生进入重点大学的比例仍然偏低。高等教育入学机会的城乡差距，正在从显性的总量不均衡，转为更为深层的、隐性的教育差距，主要体现为城乡学生在不同层次、不同类型高校的分布。造成这一状况的原因在于，扩招尽管使得普通大学的入学门槛降低，但重点大学依然保持精英教育传统导致报考难度居高不下，由于城乡基础教育的巨大差距以及招生制度的不尽合理，使得农村学生在竞争优质高等教育机会上处于劣势。基于此，自 2012 年起，中央政府开始组织实施面向贫困地区定向招生专项计划，即在部分重点高校招生计划中专门安排适量招生计划，面向集中连片特

---

① 《2017 年全国教育事业发展统计公报》，2018 年 7 月 19 日。

殊困难地区生源，实行定向招生，引导和鼓励学生毕业后回到贫困地区就业创业和服务。[1] 为此，国家不断完善"重点高校"招收农村和贫困地区学生相关政策，至今已形成和实施了三大专项计划，包括国家专项计划、地方专项计划和高校专项计划。国家专项计划（即贫困地区定向招生专项计划）自启动以来，招生规模不断扩大，从每年定向招收 1 万人，一路走高"扩招"至 2017 年的 6.3 万人，比2016 年增加 3 000 人；地方专项计划（即地方重点高校招收农村学生专项计划）定向招收各省（区、市）实施区域的农村学生，2016 年招生计划不少于有关高校年度本科一批招生规模的 3%，2017 年安排招生计划原则上比 2016 年增加 10% 以上；高校专项计划（农村学生单独招生简称高校专项计划）主要招收边远、贫困、民族等地区县（含县级市）以下高中勤奋好学、成绩优良的农村学生，安排招生计划不少于有关高校年度本科招生规模的 2%，2017 年全国共 95 所高校具有高校专项计划招生资格。[2] 数据显示，经过多年努力，重点高校面向贫困地区农村招生规模逐年增加。2017 年三个专项计划共录取农村和贫困地区学生 10 万人，较2016 年增加 8 500 人，增长 9.3%。其中，国家专项计划录取集中连片特殊困难县、国家级扶贫开发重点县以及新疆南疆四地州学生近 6.4 万人，比 2016 年增加 3 400 人，增长 5.6%；地方专项计划录取各省（区、市）农村学生近 2.7 万人，比 2016 年增加 3 700 人，增长 16.2%；高校专项计划录取边远、贫困、民族等地区县以下优秀农村学生 9 500 人，比 2016 年增加 1 380 人，增长 17.1%，重点高校招收农村学生比例继续扩大，农村学生接受高等教育机会显著增加。[3]

**（二）依托高等院校建设高水平的农村教师队伍——特岗教师计划与免费师范生政策**

　　教师是影响学生健康成长的关键，是一切重大教育变革的核心力量，教师的主导地位直接决定了教育活动的整体实施效果。城市和农村基础教育发展水平的高低，不仅仅是基础设施的差距，最主要还是体现在师资力量的巨大差别。农村学校，尤其是老少边穷地区的教师队伍仍面临职业吸引力不强、补充渠道不畅、整体素质不高等突出问题，制约了农村教育的均衡持续发展。为此，2006 年中央政府颁发了《农村义务教育阶段学校教师特设岗位计划实施方案》，决定组织实施"农村义务教育阶段学校教师特设岗位计划"（简称"特岗教师计划"）。通过公开

---

　　[1]　《教育部　国家发展改革委　财政部　人力资源社会保障部　国务院扶贫办关于实施面向贫困地区定向招生专项计划的通知》，教学〔2012〕2 号，2012 年 3 月 19 日。

　　[2]　教育部阳光高考信息平台：《2017 年三大专项计划考生需关注的 5 个重点》，https：//gaokao.chsi.com.cn，2017 年 4 月 21 日。

　　[3]　《2017 年贫困地区农村学生上重点高校人数再增长 9.3% 专项计划招生政策成为保障农村和贫困地区学生上重点高校的长效机制》，http：//www.moe.gov.cn，2017 年 8 月 28 日。

招聘高校毕业生到西部"两基"攻坚县县以下农村义务教育阶段学校任教，引导和鼓励高校毕业生从事农村教育工作，逐步解决农村地区师资力量薄弱和结构不合理等问题，提高农村教师队伍的整体素质，促进城乡教育均衡发展。[①] 受政策环境变化与新形势需要的影响，自 2006 年以来，"特岗教师计划"进行了一系列的政策调整。其一，政策实施范围逐步扩大。2006 年"特岗教师计划"出台时，其政策实施范围以国家西部地区"两基"攻坚县为主，2009 年政策实施范围由西部扩大到中部，由"两基"攻坚县扩大到国家扶贫开发工作重点县。2012 年，"特岗教师计划"的政策实施范围再次扩大到《中国农村扶贫开发纲要（2011—2020 年）》所确定的 11 个集中连片特殊困难地区和四省藏区县、中西部地区国家扶贫开发工作重点县、西部地区原"两基"攻坚县、纳入国家西部开发计划的部分中部省份的少数民族自治州以及西部地区一些有特殊困难的边境县、少数民族自治县和少小民族县。2015 年，"特岗教师计划"的政策实施范围又进一步扩大到中西部老少边穷岛等贫困地区。其二，发放的工资补贴标准不断提高。2006 年"特岗教师计划"规定所需资金由中央和地方财政共同承担，以中央财政为主；中央财政设立专项资金，用于特设岗位教师的工资性支出，按照人均每年 1.5 万元的标准，与地方财政据实结算，其他津贴补贴由各地根据当地同等条件公办教师年收入水平和中央补助水平综合确定。2012 年西部地区提高到每年 2.7 万元，中部地区提高到每年 2.4 万元；2014 年西部地区提高到每年 3.1 万元，中部地区提高到每年 2.8 万元。其三，岗位安排由侧重初中向优先满足村小、教学点转变。2006 年"特岗教师计划"明确规定：特岗教师岗位原则上安排在县以下农村初中，适当兼顾乡镇中心学校。2013 年的"特岗教师计划"指出：要努力提高村小、教学点特岗教师招聘比例，推进偏远农村乡村学校教育质量的提高。2014 年"特岗教师计划"则提出：优先满足村小和教学点的教师补充需求，进一步提高村小和教学点的特岗教师招聘比例，将做好村小、教学点的教师招聘工作作为工作重点。2015 年"特岗教师计划"规定：县城学校不再补充新的特岗教师。2016 年"特岗教师计划"提出：特岗教师优先满足连片特困地区和国家扶贫开发工作重点县村小和教学点的教师补充需求。从规定变化看，"特岗教师计划"的岗位安排逐步实现了从侧重初中向满足村小及教学点的转变。特岗教师计划的实施，补充了乡村学校教师数量的不足（2006—2016 年共为乡村学校补充了 57.2 万名特岗教师）；有效缓解了乡村学校教师学科结构性短缺问题，特岗教师计划的岗位设置优先加强了体音美、外语、信息技术等紧缺薄弱学科教师的补充；提高了乡村地区教师队

---

① 《教育部 财政部 人事部 中央编办关于实施农村义务教育阶段学校教师特设岗位计划的通知》，教师〔2006〕2 号，2006 年 5 月 15 日。

伍的质量，大量第一学历为本科的年轻教师补充到农村乡村学校，极大地提高了乡村地区教师队伍的整体质量；实现了乡村学校教师补充与管理机制创新，特岗教师计划的实施一方面将乡村教师生源扩展到其他全日制普通高校以扩大乡村教师的补充范围，另一方面通过合同管理的方式规定特岗教师方与政府方的权责利，既保障了特岗教师的权利与自由，也实现了对特岗教师的规范管理，确保特岗教师安心履行义务，实现筛选适合的乡村中小学教师。[①]

当前，我国教育发展进入全面提高教育质量的阶段，教育质量的提升关键在于高素质的教师队伍。2007 年 5 月，中央相关部门联合出台了《教育部直属师范大学师范生免费教育实施办法（试行）》，决定在北京师范大学、华东师范大学、东北师范大学、华中师范大学、陕西师范大学和西南大学六所部属师范大学实行师范生免费教育。免费教育师范生在校学习期间免除学费，免缴住宿费，并补助生活费；学生入学前与学校和生源所在地省级教育行政部门签订协议，承诺毕业后从事中小学教育十年以上；到城镇学校工作的免费师范毕业生，应先到农村义务教育学校任教服务两年。[②]截至 2017 年，全国已累计招收免费师范生 10.1 万人，在校就读 3.1 万人，毕业履约 7 万人，其中 90% 到中西部省份中小学任教，许多中西部地区中小学实现了接收北京师范大学、华东师范大学等高校毕业生"零的突破"，为地方源源不断补充了具有较高素质的优秀教师，受到了地方教育行政部门、基层学校、学生家长的热烈欢迎。师范生免费教育试点工作达成了制度探索、积累经验、示范引领的预期目标，在优化教师培养补充机制、完善优秀生源吸引激励政策等方面发挥了补短板、促公平的导向作用，带动了 28 个省（区、市）实施地方师范生免费教育，每年培养补充 4 万余名毕业生到农村中小学任教，在改善和均衡薄弱地区师资配置、帮助寒门学子圆大学梦等方面社会效果显著。2018 年 7 月，教育部、财政部、人力资源社会保障部、中央编办联合颁发《教育部直属师范大学师范生公费教育实施办法》，提出建立师范生公费教育制度。其一，将"师范生免费教育政策"调整为"师范生公费教育政策"，国家公费师范生享受免缴学费、住宿费和补助生活费"两免一补"公费培养，以及毕业后安排就业并保证入编入岗等优惠政策，增强师范生就读师范、毕业后当老师的自豪感。一些地方根据当地实际已经初步建立了师范生公费教育制度，新政策将地方制度探索正式纳入国家制度体系并逐步健全。其二，调整履约任教年限，将公费师范生履约任教服务年限调整为 6 年以上，政策调整将惠及约 10 万名公费师范

① 刘佳：《我国"特岗教师计划"实施十年后的回顾、反思与展望》，载《现代教育管理》，2017(2)。

② 《国务院办公厅转发教育部等部门关于教育部直属师范大学师范生免费教育实施办法（试行）的通知》，国办发〔2007〕34 号，2007 年 5 月 9 日。

生。任教 6 年刚好能完成小学 6 年、初中或高中 3 年的完整教学周期，也为公费师范生营造更大发展空间，进一步焕发政策的"生命力"。同时，新政策体现倾斜支持农村地区教师队伍建设，规定"到城镇学校工作的公费师范生应到农村学校服务 1 年"。其三，改进履约管理政策。新政策明确要求制定在校期间非公费师范生进入、公费师范生退出的具体办法，以及公费师范生进行二次专业选择的具体规定。对于在执行过程中出现的新问题，特别是公费师范生因特殊原因跨省就业、工作调动、协议中止或终止、违约处理等方面做了政策调整和补充规定。原签订《师范生免费教育协议》且正在履约任教的免费师范生全部适用公费师范生政策管理，违约或已经按照规定程序解除协议的，不再适用新政策的规定。其四，加大政策保障力度。通过改进招生选拔方式、完善学习激励机制、整合集中优质培养资源、政府或社会出资奖励、加大师范专业支持力度等激励措施，吸引优秀人才报考公费师范生，提升师范生培养质量。支持各地探索免费培养、到岗退费、学费补偿和国家助学贷款代偿等多种方式，扩大公费师范生培养规模和质量。制订优惠政策和保障措施，鼓励支持公费师范生毕业后到农村学校任教服务。①

## （三）构建大学生面向基层、面向农村的就业通道——"三支一扶"计划以及引导和鼓励高校毕业生到基层工作的意见

人力资本理论告诉我们，以知识、技能为外显形态的人力资本是现代经济增长的核心要素和不竭动力。我国农业长期的粗放经营形成的落后困局，根本原因在农村人口素质不高，人才资源匮乏。"三支一扶"，是指大学生在毕业后到农村基层从事支农、支教、支医和扶贫工作。2006—2015 年，中央组织部、人社部等部门已联合组织实施完成两轮、每轮为期 5 年的"三支一扶"计划，目前第三轮计划正在实施中。计划的实施为基层公共服务机构补充了新生力量，在一定程度上缓解了农村基层公共服务组织高素质专业技术人才匮乏的状况，推动了基层公共服务事业发展，培养了大批青年人才，促进了高校毕业生就业观念转变，政策功效明显。其一，建立基层高素质人才长期输送管道。2011—2015 年，全国共招募 13.3 万人，每年全国招募的总量基本保持稳定，为发展农村基层公共服务提供了稳定的人才保障，使得艰苦边远地区农村基层公共服务人才洼地现象有所改善。其二，培育人才发展新平台。经过了近 10 年发展，计划的人才培养功能已经充分显现。经过 2 到 3 年或更长时间的历练，这一群体了解了国情，磨炼了意志、增长了才干，成为党政干部队伍、专业技术人才队伍、优秀创新创业人才队伍的重要来源，显现出人才培养的倍加效应。其三，凸显人才带动作用，促进农

① 《实施师范生公费教育，吸引优秀人才从教》，http://edu.163.com，2018 年 8 月 10 日。

村基层发展。实践证明，经过多年发展，"三支一扶"岗位覆盖了基层经济和社会发展的多个领域，"三支一扶"大学生已经成为促进农村基层经济社会发展的重要力量。其四，鼓励引导大学生向基层发展。"三支一扶"计划的实施，拓宽了大学生就业渠道，矫正了大学生就业观念，培育了大学生到基层发展的政策品牌，对于促进高校毕业生到基层发展具有较好的政策和实践引导作用。其五，健全政策体系，完善制度环境。第二轮计划实施期间，中央和地方均注重政策供应，已经形成了比较全面系统有效的政策规范体系，创新了体制机制，保障了计划的规范有序实施，营造了"下得去、干得好、留得住、流得动"的制度环境。其六，优化治理格局，健全运行管理机制。完善管理工作机制，优化管理工作格局；完善招募机制，提高人岗适配度；完善培养机制，提高人才成长效率；完善履职管理机制，提高人员工作质量；完善服务保障机制，提高人员待遇合理性；完善期满就业机制，培育人员职业发展的制度优势。①

　　高校毕业生是国家宝贵的人才资源。党中央、国务院高度重视高校毕业生就业工作，把基层作为高校毕业生成长成才的重要平台，对引导和鼓励高校毕业生到基层工作提出了明确要求。2017 年 1 月，中共中央办公厅、国务院办公厅印发《关于进一步引导和鼓励高校毕业生到基层工作的意见》，引导高校毕业生投身扶贫开发和农业现代化建设。按照统一征集岗位、统一发布公告、统一组织考试、统一服务管理的原则，统筹实施大学生村官、"三支一扶"计划（支教、支农、支医和扶贫）、志愿服务西部计划和农技特岗计划等专门项目，并做好项目间政策的协调平衡，进一步落实对服务期满考核合格人员的就业政策措施。围绕打赢脱贫攻坚战和农业现代化部署，结合推进农业科技创新、扶贫开发需求，积极引导和鼓励高校毕业生投身现代种业、农业技术、农产品加工、休闲农业、乡村旅游、农村电子商务、农村合作经济和基层水利等事业。鼓励高校毕业生到贫困村从事扶贫工作，到贫困村创业并带领建档立卡贫困人口脱贫致富的高校毕业生，可按规定申报扶贫项目支持、享受扶贫贴息贷款等扶贫开发政策；到农业生产经营主体就业的高校毕业生，可按规定享受就业培训、继续教育、项目申报、成果审定等政策，符合条件的可优先评聘相应专业技术资格。② 同时，支持高校毕业生到基层创新创业。落实国家关于清障减负各项政策，为高校毕业生创新创业营造良好环境。加快发展众创空间，依托大学生创业园、国家农业科技园区、创业孵化基地等，为高校毕业生搭建低成本、全方位、专业化的创新创业平台。发挥

---

① 人社部"三支一扶"计划实施效果评估研究课题组：《第二轮"三支一扶"计划实施成效研究》，载《中国人力资源社会保障》，2017(6)。

② 《中共中央办公厅　国务院办公厅印发〈关于进一步引导和鼓励高校毕业生到基层工作的意见〉的通知》，中办发〔2016〕79 号，2017 年 1 月 24 日。

财政、信贷、创投以及社会公益等各类资金的作用，为高校毕业生创业创新提供多渠道资金支持。充分挖掘社会组织吸纳高校毕业生就业的潜力，积极发挥社会组织帮扶高校毕业生创新创业的作用。鼓励高校毕业生根据自身专长和区域经济特色，在基层创办企业、从事个体经营或网络创业，并按规定给予就业创业政策支持。支持高校毕业生以资金入股、技术参股等方式，加入农民专业合作社等经济组织，鼓励其兴办家庭农场，对其中符合扶贫扶持政策、农业补贴政策条件的，按规定给予政策支持。鼓励高校毕业生充分利用闲暇时间，通过互联网远程技术为基层和艰苦边远地区提供公益性志愿服务或兼职工作，以多种形式为基层发展贡献才智。

**（四）发展农村成人高等教育以提升农村人口的整体素质——自学考试面向农村工作的意见和一村一名大学生计划**

农村经济社会的发展，关键在人口素质的提高。一方面，通过引导大学毕业生到基层农村工作，从增量上提升人口质量；另一方面，则是通过发展农村成人高等教育，提高现有存量人口的人力资源质量。1997年原国家教委与农业部联合颁布《关于推进自学考试面向农村工作的意见》，开始大力发展面向农村的成人高等教育，将自学考试通往农村。在此基础上，1999年印发《教育部关于积极推进农村乡镇自学考试服务体系建设的意见》，积极推进农村乡镇自学考试服务体系的建设，在农村建立乡镇自学考试服务站，直接为当地广大农村青年接受高等教育、参加自学考试提供服务。根据工作需要，依托县（市）的教育教学基地和资源优势（职教中心、电大工作站、农业广播学校等），建立自学考试辅导中心；在当地发挥助学辅导的辐射功能；根据工作需要，依托当地乡镇教育教学基地（成人文化技校、农业广播学校等），建立乡镇自学考试服务站，逐步形成以当地已有的教育基地为依托的自学考试服务网络体系。县、乡自考服务体系通过多种形式，有组织地开展咨询服务和助学活动。乡镇自学考试服务机构的主要职责是：在本乡镇开展自学考试宣传、咨询工作，为考生代办报名手续；订购和发送自学教材、辅导资料；组建自学互助小组；组织考生参加助学辅导活动等。乡镇自学考试服务站的经费，主要采取自收自支、以考养考的办法解决。各级人民政府及行政部门适当给予经费投入，各地教育行政部门、自学考试工作部门可根据实际情况给予适当补助或奖励，以保证工作的正常开展。乡镇自学考试服务站应有固定的办公场所，配置必要的工作设施和通信设备等。①

在社会主义新农村建设的大背景下，2004年教育部开始实施"一村一名大学

---

① 《教育部关于积极推进农村乡镇自学考试服务体系建设的意见》，教考试〔1999〕8号，1999年10月13日。

生计划"，借助中央广播电视大学及全国广播电视大学系统，通过采用互联网等现代远程教育技术手段，将高等教育输送到县和中心乡镇的学习点，以培养"用得上、留得住"的农村实用科技人才和基层管理人才。一村一名大学生计划在招收对象、入学方式、实施单位、经费支持、教学形式以及教材的选择及编制等方面严格以为"三农服务"为目的、以农村居民的学习特点和农村的实际情况为出发点，坚持"合理建设、相互配合、资源共享、农民实惠"的实施原则，将丰富的高等教育资源直接面向农村办学。从政策层面看，该计划主要从四个方面推动了农村成人高等教育的发展。其一，积极开展为"三农"服务的大、中专层次学历教育，以满足农业和农村经济结构调整所需的技术、管理、经营等方面的人才需求。其二，适应农村经济社会发展的需要，大力开展农村实用技术培训，帮助农民尤其是青年农民掌握最新农业科技知识和实用技术。其三，适应农村城镇化的进程和农村劳动力向非农产业转移的需要，利用遍布全国的电大系统教学网络，为向非农产业转移的农村劳动力提供不同层次、不同形式的教育培训，重点是提高进城务工人员的思想文化素质和实际就业能力。其四，利用远程继续教育的优势，面向农村边远地区中小学教师实施本、专科学历教育和非学历培训。[①] 一村一名大学生计划的实施可谓一举三得。这项新举措的意义不仅在于发展了农村高等教育，满足了农村居民对高等教育的强烈需求；还在于培养了高素质的能够适应社会主义农村经济发展需要的村级管理者、农民致富带头人和发展农村先进文化带头人，解决了农村现代化建设急需高素质人才的问题。此外，一村一名大学生计划的实施在我国进一步探索和建立面向农村开放式的远程与继续教育新模式、建立农村学习型组织和构建终身教育体系等方面都有十分重要的意义。[②]

## （五）推进多样化的高等教育扶贫路径——直属高校定点扶贫工作

贫困与教育有着紧密而复杂的联系。有数据显示，全国建档立卡贫困人口中90%为初中以下学历，其中小学、半文盲、文盲的比例超过50%，远高于全国平均水平。[③] 因此，要积极发挥高校力量，精准发力，阻断贫困代际传递。贫困地区定向招生计划以及高校学生资助政策主要针对于贫二代群体，寄望贫困家庭子女接受高等教育后社会阶层的跃升可以使其家庭彻底摆脱贫困。对于贫困地区扶贫，教育部于2013年1月专门出台了《关于做好直属高校定点扶贫工作的意见》，推动75所教育部直属高校积极参与定点扶贫工作，支持定点帮扶县经济社会发展。根据该项政策，各所直属高校以当地脱贫攻坚的目标、任务为重要参

---

① 《教育部办公厅关于转发〈中央广播电视大学关于广播电视大学进一步面向农村开展现代远程教育的若干意见〉的通知》，教高厅〔2004〕8号，2004年2月5日。

② 耿富云：《高等教育服务农村的路径研究》，硕士学位论文，浙江师范大学，2011。

③ 焦新：《发挥高校优势 探索多样化扶贫路径》，载《中国教育报》，2016-04-18。

照，科学制定了定点扶贫方案；进一步明确帮扶对象，深层次推进精准扶贫，研究建立了贫困户的参与机制、受益机制；充分发挥自身优势，找准贫困县需求与学校优势的结合点，在教育扶贫、产业扶贫、卫生扶贫、咨政服务、宣传培训和社会动员等方面探索多样化扶贫路径，以真正让贫困家庭、贫困人口受益。[1] 其中，浙江大学、贵州大学联合开展我国西南喀斯特山区高效生产优质牛奶、肉牛配套技术研究，以现代畜牧业带动当地贫困人口脱贫致富。复旦大学对口帮扶云南省大理州永平县，通过推广农业先进技术、协助建立专家工作站、发展电子商务等工作，帮助该县做强核桃、生态茶、畜牧养殖等优势高原特色农业。同济大学 2005 年对口支援井冈山大学、新疆大学等高校以来，采取支持学科专业建设、联合培养学生等措施，帮助受援高校提升办学质量，提高服务地方经济社会发展能力。厦门大学与宁夏回族自治区固原市隆德县建立定点扶贫结对关系，对该县 80 余名副处级以上领导干部、县党政部门和乡镇主要负责人进行了轮训。云南工商学院牵头实施滇西"农村青年创业人才培养计划"，两年招生培养 400 人，70％已开展小微企业创业，带动就业 2 000 多人，帮助实现脱贫致富。[2] 开展定点扶贫工作以来，部委直属高校发挥学科、人才、科研等方面的优势，结合定点扶贫县的实际情况，在帮扶贫困地区提升人力资源开发水平、助推贫困地区产业发展升级、支持贫困地区社会事业发展及提供多样化决策咨询服务等方面开展了系列卓有成效的工作，取得了明显成效，为实现到 2020 年贫困县全部摘帽、贫困人口全部脱贫奠定了基础。

### (六)高校服务农村社会的重要补充——大学生暑期"三下乡"活动

1996 年开始，中央 14 部委联合开展了大学生"三下乡"活动，通过开展"文化、科技、卫生"下乡，提高在校大学生的社会实践能力和综合素质。大学生"三下乡"使大学生能够将自己在校所学的先进科学的生活观念在广大农村传播，紧密结合他们所学专业技术知识，在农村开展多种形式的先进科技文化知识和生活观念的宣讲活动。大学生参与新农村建设的进程，为大学生了解中国国情开启了一扇窗口，密切了高等教育与新农村建设的关系，同时提高了大学生的社会实践能力和综合素质，为国家未来的发展储备了相关人才。总体而言，大学生暑期社会实践活动主要表现出以下几种形式。其一，深入基层开展理论宣讲，2016 年暑假期间，清华大学结合纪念建党 95 周年，组织近 300 支团队 28 00 余人奔赴全国各地宣讲党中央治国理政新理念新思想新战略，调研各地经济建设和社会治理中的举措和经验；其二，多种形式弘扬长征精神，上海交通大学实践团赴江西瑞

① 《各地各高校深入推进教育扶贫》，http：//www.moe.edu.cn，2015 年 12 月 9 日。
② 焦新：《发挥高校优势 探索多样化扶贫路径》，载《中国教育报》，2016-04-18。

金、四川阿坝、陕西延安，对当地红军后人进行采访，收集长征故事，创作手绘漫画，通过网络发布的方式传承和弘扬长征精神；其三，拓宽路径助力精准脱贫，大连理工大学招募师生 600 余人组建 53 支"绿芽公益行动"实践团队，赴西藏、青海、云南、贵州等地贫困地区开展县域扶贫调研、扶贫开发系统设计、义务支教等帮扶行动；其四，发挥优势服务基层需求，北京大学、北京师范大学、华北电力大学、河海大学等高校结合办学优势和学科特色，组织大学生深入农村乡镇、城市社区、厂矿企业等开展专家培训、项目嫁接、科技服务；其五，着眼长远完善长效机制，浙江大学启动"一个教授，带领一个团队，实践一个公益项目，形成一项实践成果"的实践计划，推进社会实践与专业能力结合，促进科技成果服务社会发展。[①]

　　事实上，除了上述较具针对性的服务于农村的相关教育政策，还有一项公共政策尽管针对所有经济困难家庭的学生，但获益群体最大的依然是农村学生，即我国现行的大学生资助政策。从 1999 年国家助学贷款政策开始实施以来，我国已建立起包括国家奖助学金、国家助学贷款、学费补偿贷款代偿、校内奖助学金、勤工助学、困难补助、伙食补贴、学费减免、"绿色通道"等多种方式的混合资助体系。2017 年，政府、高校及社会设立的各项高校学生资助政策共资助全国普通高等学校学生 4 275.69 万人次，资助资金 1 050.74 亿元。其中，中央财政 301.23 亿元，占高校资助资金总额的 28.67%；地方财政 207.60 亿元，占高校资助资金总额的 19.76%；银行发放国家助学贷款 284.20 亿元，占高校资助资金总额的 27.05%；高校事业收入中提取并支出资助资金 238.21 亿元，占高校资助资金总额的 22.67%；社会团体、企事业单位及个人捐助资助资金 19.50 亿元，占高校资助资金总额的 1.85%。[②] 高校学生资助政策的实施对于贫困学生及其家庭产生了三个方面的影响：其一，充分保障了贫困家庭学生的入学，实现了不同阶层学生高等教育入学机会的公平；其二，把扶困与扶智，扶困与扶志结合起来，构建物质帮助、道德浸润、能力拓展、精神激励有效融合的资助育人长效机制，实现无偿资助与有偿资助、显性资助与隐性资助的有机融合，形成"解困—育人—成才—回馈"的良性循环，着力培养受助学生自立自强、诚实守信、知恩感恩、勇于担当的良好品质，达到了资助育人的效果；其三，对于经济困难学生的充分资助，大大缓解了其原生家庭的经济压力，间接有助于家庭精准脱贫目标的实现。

---

　　① 《各地各高校深入开展 2016 年大学生暑期社会实践活动》，http：//www.moe.gov.cn，2018 年 8 月 29 日。

　　② 教育部全国学生资助管理中心：《2017 年中国学生资助发展报告》，载《人民日报》，2018-03-02。

## 三、高等教育服务农村社会发展的扩展路径

面对城乡二元结构的现实背景，高等教育理应发挥其在缩小城乡差距、实现城乡一元发展中的优势。从国际视野看，高等教育服务于农村社会主要有两条路径：其一，转移部分城市教育资源，建立适应农村经济社会发展的农村高等教育体系；其二，引导城市高等教育资源直接服务于农业、农村、农民。

从现行的公共教育政策看，我国主要选择的是第二条路径，即通过政策引导高等教育直接通向农村。其中，农村贫困地区专项招生政策的实施，是为了保障和扩大农村户籍学子获取优质高等教育资源的机会，逐渐增加农村学子在重点大学的录取比例，是实现高等教育公平，进而推进社会公平的有效举措。农村户籍学生进入重点大学的比例不高，非常重要的原因在于城乡基础教育质量的巨大差距，而差距的最核心方面就是师资水平，国家相关部委颁发的特岗教师计划与免费师范生政策就是为了培养和建设一支高水平的农村教师队伍，从根本上提高农村教育质量。引导和鼓励高校毕业生到基层工作，是为了吸引高素质人才投入现代农业发展和新农村建设中来，破解农村发展急需的人才瓶颈。发展农村成人高等教育则是为了提升农村存量人口的整体素质，将农村丰富的人力资源深度开发成人才资源，提高农村居民为农村发展服务的能力。

总体而言，为推动高等教育更好地服务于农业、农村、农民，中央政府在政策层面进行了积极尝试，切中了人口素质这一困扰农村发展的最大瓶颈，在此基础上提出了针对性的政策设计，使得高等教育在农村社会发展中的作用日益显现。然而，从实施的过程来看，政策本身依然存在有待完善的空间，集中表现在未能将高等教育的优势与农村地区的弱势紧密结合，未能在两者间形成有效的互通机制，导致集聚在城市的高等教育资源未能充分传递到农村。因此，后续的政策设计与实践应重点关注现行公共教育政策的盲点，做好新旧政策间的统筹与衔接，从多方面保障高等教育充分发挥自身优势，更为有效地服务于农村社会发展。

### (一)完善政策支持，助力农业高等教育发展

我国是农业大国，农村人口无论比重还是数量都比较大，农村人口过量涌入城市不符合我国国情。一方面，会出现拉美和非洲过分加速城市化发展所出现的一系列问题；另一方面，中国庞大的人口都需要农业作为支撑，如果过多的农业人口涌入城市，那么农业发展受到影响，粮食短缺，整个国家的命运和安全都会受到影响。因此，解决城乡二元结构的问题并不能采取城镇化的办法，而是让农村发展起来，让农业兴旺起来，让农民富裕起来。中国农民是国家的主体，农民富，则国富；农业强，则国强；农村好，则国好。因此，要千方百计地促使农民

的富裕和农村的富有魅力，这样可以为农村教育的发展奠定基础，使农民有更多的财力去支持子女接受高等教育，使高等教育能够更多的惠及农村。[1]

就目前来看，高等教育系统中与农村关联最紧密的当属农业高等教育，也就是我国的农林类高校以及部分大学的涉农学科。农林高校的大规模建立始于1952年前后的院系调整，为适应当时国民经济发展的现实需要，我国在调整部分综合大学相关院系的基础上建立了一批农林类高校。至今，全国农林类高等院校已经达到85所，其中公立本科高校34所(含合并前的西南农业大学，现今的西南大学)，成为我国高等教育系统中非常重要的组成力量。农林类院校在推进高等教育通向农村的进程中具有天然优势，体现在学科设置直接面向农业相关产业，生源很大比例来自农村，科研成果更具针对性。然而，现实中农林类高校的优势并未得到有效发挥，这其中既有高校自身的因素，农林类高校在高教系统中居于相对发展劣势，且主动服务农村的意识不强；同时也缺乏政策引导，未能在农村与农林类高校间形成紧密联系的纽带。对此，中央政府有必要出台相关政策，扶持农业高等教育的发展。政策的关键点应体现在三个方面：其一，重点扶持农林类高校以及相关学校的涉农专业，在项目、资金、人才计划等方面给予适当倾斜，助力农林高校发展，提升人才培养质量；其二，高考招生中对农林类高校增加提前批次录取，扩大涉农学科专业自主招生比例，鼓励农村青年积极报考，提高生源质量；其三，尝试构建农林类高校服务农村经济社会的长效机制，将服务农村作为政府对农林高校办学评价与绩效拨款的主要指标之一，大力支持农林高校和涉农高校向农村输出人才和技术服务。

**(二)借鉴美国社区学院的办学经验，建立立足社区、服务社区的农村社区学院**

自1901年美国第一所公立社区学院——乔利埃特初级学院创立以来，社区学院凭借开放的招生方式、灵活的专业设置以及低廉的学费等诸多优势迅速发展起来，成为美国高等教育系统的重要组成部分。根据美国社区学院协会(AACC)的统计，2012—2013学年有超过770万学子进入美国社区学院就读，2015—2016学年美国社区学院的招生人数占到美国高等教育生源市场46％的份额，承担起了美国高等教育普及化的主要任务，同时成为美国建立终身教育体系的重要平台。社区学院在美国的大获成功，根本原因在于确立了面向社区、服务社区的办学宗旨，实现了补偿教育、转学教育、职业技术教育、继续教育以及社区文化教育五大职能的衔接，并在不断满足社会需求的过程中实现自身的发展与壮大。在高等教育序列中，美国社区学院对应于我国的高等职业院校。当前，我国高等职业教育发展面临的最大问题在于其不上不下的尴尬处境，向上没有可进一步拓

---

① 靳占忠、孙健敏：《城乡二元结构：我国高等教育发展的隐忧》，载《高等农业教育》，2012(5)。

展的空间，向下则没有稳定的后援与支撑。发展社区学院则可以解决高等职业教育下位支撑的问题，农村社会将成为社区学院发展最可靠的"大本营"和"根据地"。因此，在我国发展、创办农村社区学院，符合我国农村和农村教育的实际，也为高等职业教育突破发展瓶颈带来新的机遇。农村社区学院的建立需要注意几个关键问题：其一，打通现有高等职业教育的上行空间，逐步发展多层次的高职教育，有必要在高职教育体系内发展本科和研究生层次教育，以逐步建立学历层次齐全的高职教育系统；其二，农村社区学院的举办，应考虑农村的地区差异和区域高职教育的发展状况，采取灵活的发展方式，可以在调整和分流部分高职院校办学资源的基础上与社区联合办学，或者利用社区内成人高校、中等专业学校的现有资源扩建或联办成社区学院，还可以根据强化社区服务功能的需要创办新的农村社区学院；其三，农村社区学院的发展，必须立足农村、服务农村，这是社区学院与普通高等职业院校最大的区别，在学科专业设置、人才培养和科研服务等方面加强与社区的互动合作，不断适应当地农村经济发展和社区文化生活的需要。

**（三）健全农业科技支持和推广体系，提高科技对农业经济增长的贡献率**

现代农业是科技化农业，主要依靠科学基础上的实验技术创新来提升农业技术水平，因此由传统农业向现代农业转变，必须依靠农业科技创新。近年来，随着高校科研水平的不断提升以及农业科研体制改革的稳步推进，我国农业科技取得重要进步。然而与之对应，我国农业科技成果的转化和推广应用水平仍然不高。"十一五"期间，农业科技成果转化率只有40%左右，远低于发达国家80%以上的水平。[①] 成果转化的低效制约了科技对农业经济增长的贡献，也在一定程度上影响到农业现代化的实现。究其原因，在于科技人员想把成果转化为生产力的激励低，同时农民想要使用农产品增产新技术的需求也较低。对此，进一步健全农业科技支持和推广体系，着力点也应落在这"两低"上。其一，激励科技人员进行成果转化，除对成果发明人实施直接经济奖励外，还应在工作考核、职务晋升等方面对农业科技成果转化予以重点支持，使成果推广与论文、课题间实现相互替代。其二，依托乡镇国家农技推广机构，定期向农户宣传科技兴农政策和致富案例，不断创新农技推广方式，探索国家农技推广机构服务新型经营主体的新机制，充分调动农户使用农业新技术的积极性。其三，完善平台建设，为科技人员和农民搭建互联互通的桥梁，探索建立政府推动、市场引导、企业化运作的农业科技成果转移新模式、新机制，促进创新成果与农业产业对接。

---

① 余靖静、王政：《我国农业科技成果转化率仅四成左右》，http：//scitech.people.com.cn，2011年11月9日。

## (四)实现城乡高等教育的优势互补，共生共荣

城乡关系的核心问题，简单地说，就是在资源相对匮乏的情况下，用什么样的方式使得这些资源在城乡之间，或者说在同一社会中按不同形态生活的群体之间实行有效的分配与流通，从而达到社会的整体进步。在统筹城乡背景下研究高等教育的发展，才能克服孤立看待城市教育和农村教育的问题，在双方互动与互惠中促进高等教育的发展，来弥补目前高等教育发展城市取向的弊端与缺憾。城乡统筹是解决高等教育城市取向的基本思路，但城市教育和农村教育在功能定位上各有侧重，两者要齐头并进，成为城乡教育一体化的"双支撑点"。需要强调的是，城乡高等教育一体化并不是城乡高等教育一样化，并不是要农业高等教育完全仿效城市模式，而是要强调自己的特色，实现优势互补，共生共荣。从源头上说，城市与农村的高等教育在空间发展、职能定位等方面客观上存在差别。在价值取向上，则应改变以往将高等农业教育放在弱势地位的思路，城乡高等教育是完全平等的，必须发掘高等农业教育的特色，从而符合农村的真正需要。统筹城乡高等教育发展，不是通常意义上的通过较为发达的城市给予农村资金、人才等简单做法来支持农村高等教育的发展，而是加大城乡资源整合和对接力度，挖掘城乡双方的高等教育潜力，发挥各自优势，实现城乡高等教育共生共荣。高等教育的发展不是孤立或隔绝的，它的核心要义就是通过人才培养、科学研究和服务社会的方式来促进整个社会的均衡和谐发展，通过城乡高等教育的双向沟通、良性互动，实现缩小城乡差距，共同发展的目标才是统筹城乡高等教育的最终落点。①

## (五)高等教育参与扶贫的路径反思

从理论层面看，个体主义贫困论将致贫原因归结为个体的能力缺陷或贫困文化的代际传递。基于该理论，教育扶贫政策的取向应是补偿教育，工作重心着眼于贫困学生的能力缺陷及教育补救措施，以提升贫困学生的能力，打破贫困的恶性循环。结构主义贫困论将致贫原因归结为经济、政治和社会体制对个体机会和资源获取的制约。根据该理论，贫困学生的学业成就低下是由于教育结构对于他们学习机会和资源的制约，贫困学生就读的学校不仅缺乏充足的教育资源，而且教师的流动和流失比例也相对较高，教育资源的匮乏限制了贫困学生的学习机会，从而使贫困学生遭遇家庭贫困和学校贫困效应的"双重叠加"，因此教育扶贫必须破除阻碍学生成功的结构性因素，对贫困生相对集中的薄弱学校进行改造和转型，提高贫困地区学校的整体教育质量。② 当前，贫困地区专项招生计划、高

① 靳占忠、孙健敏：《城乡二元结构：我国高等教育发展的隐忧》，载《高等农业教育》，2012(5)。
② 孟照海：《教育扶贫政策的理论依据及实现条件——国际经验与本土思考》，载《教育研究》，2016(11)。

校学生资助政策以及高校定点扶贫是国家层面高等教育参与扶贫的几项主要政策，从高校招生、学生资助和定点帮扶层面对贫二代群体和贫困地区进行了针对性的支持，具有扶助对象明确、精准度高的特点，因此扶贫效果显而易见。事实上，高等教育在人才技术、教育教学资源的优势以及强烈的社会服务动机决定了高校可以在教育扶贫中做得更多，而高校与政府、市场间的紧密联系也有助于高等教育更好地发挥扶贫政策的作用。结合贫困理论（个体主义贫困论、结构主义贫困论）、当前高等教育扶贫的相关政策以及高等教育服务社会的自身优势，我们可以对高等教育在扶贫中的作用有更多的期待，积极探寻高等教育扶贫的扩展路径。其一，关注贫困学生的学业和综合素质，提升其就业能力。贫困地区专项招生计划和高校学生资助政策能够帮助贫困学生顺利接受高等教育，为贫困学生家庭脱贫带来可能，但要真正实现脱贫目标还需要通过较高质量的就业来实现。在当前高校毕业生规模保持较快增长的背景下，大学生的学业表现以及综合素质是影响其就业质量的关键，因此高等教育扶贫应格外关注贫困生的能力提升，从日常学业和综合能力发展方面给予学生必要的支持。其二，扶持贫困地区高校发展，提高片区高等教育质量。片区高等学校应明确服务当地经济社会发展的办学定位，重点发展支撑当地特色优势产业的学科、专业。中央相关高等教育项目和资金应对片区给予适当倾斜，将片区高等学校纳入东部高等学校对口支援西部高等学校计划，建立对口支援长效机制。其三，扩大高等教育定点扶贫范围，充分发挥高校的教育资源优势。目前高等教育定点扶贫主要集中在教育部所属高校，实施范围相对有限，为扩大受益面，应将包括省市属高校在内的不同学科门类的高校纳入其中，使其按照自身的优势学科来承担扶贫责任。譬如，综合性大学应该承担多样化的教育扶贫责任，强化对口支援、培育新兴产业、促进产业升级和科技成果转化等责任；理工类高校重点开展科技扶贫，做好科研和科技成果转化工作以及高级技能型人才的培养工作；财经类高校应开展经济脱贫理论研究，加大对经济或金融人才的培养和培训工作；师范院校应着重各级学校师资的培养和培训工作；农林类高校应以农业产业升级、农民技能培训为主开展扶贫工作等。[①] 其四，增加贫困生家长培训，深入推进精准扶贫。对于贫困学生的资助尽管有利于减轻其原生家庭的经济负担，但其家庭的贫困问题短期内依然难以解决，因此对于贫困生家长的培训成为可供考虑的扶贫选项，此举不仅有利于精准扶贫的目标定位，而且具有现实的可操作性，具体可依托贫困生就学的高校进行有针对性的远程教育培训，提高其家庭成员的整体就业能力。其五，重视扶贫工作实施效益，完善高等教育扶贫评价机制。高等学校尽管有服务社会的强烈动

---

① 熊文渊：《可行能力视角下高校教育扶贫的转向》，载《重庆高教研究》，2017(5)。

机，但这种动机更多地取决于双方各取所需，高校在回馈社会的同时得到所需的办学资源。基于功利主义的角度，如若高校在参与扶贫的过程中未能获取相应的回报，则很难表现出持续强烈的积极性。对此，政府需要完善高等教育扶贫的评价机制，增强高校扶贫的积极性，譬如对扶贫较为成功的高校给予额外的经济激励或补偿，以吸引更多高校参与到扶贫工作中来。

总之，在城乡二元结构转型的时代背景下，人口素质的提升和农业科技的研发推广是解决农村问题的中心环节，而高等教育在人才技术方面恰好具备优势。因此，相关公共教育政策的设计与实践都应聚力于此，包括农村贫困地区专项招生、特岗教师、免费师范生、农村自学考试、一村一名大学生、引导大学生到农村工作等政策实施的最终目的都是借助高等教育提升农村存量人口的整体素质以及增量人口中的人才储备。与此同时，农村经济社会的深入发展仍然需要高等教育进一步挖掘自身优势以及服务农村的能力，通过发展农业高等教育、创办农村社区学院以及健全农业科技支持和推广体系，可以有效释放高等教育活力，助力高等教育担负起推进城乡二元结构消解的时代角色，进而加快城乡一体化进程。

【本报告撰写人：孙涛。作者单位：教育部人文社会科学重点研究基地东北师范大学中国农村教育发展研究院/东北师范大学教育学部】

# 第七章　农村义务教育教师培训现状研究
## ——基于 18 个省（市、区）的培训调查

# 概　要

教师培训是提高教师素质的重要路径，对推进我国教师队伍建设、提高教育质量、促进教育事业发展具有重大意义。农村义务教育教师作为教师队伍中的薄弱环节更需重点关照。本研究基于全国 18 个省（市、区）35 个县（区）中小学分层抽样调查数据，从培训的规模、培训的内容与形式、培训的经费保障、培训的效果四个维度进行分析。研究发现：第一，总体上县级与校级培训比例较大，农村教师培训层级的重心较低，四大区域中东北地区的培训力度稍显弱势，还需补齐短板。第二，从农村教师接受的培训内容看，培训供给位居前三位的依次是：教育教学能力、师德教育、信息技术应用；培训需求位居前三位的依次是：安全教育、心理健康教育、教育教学能力。现有培训内容供给和需求不完全匹配。不同学段、职称、教龄教师对培训内容的诉求存在显著差异。第三，从农村教师接受的培训形式看，培训频次位居前三位的依次是：网络研修、校本研修、专家讲座；培训有效性位居前三位的依次是：专家指导、专家讲座、校本研修。部分培训形式的有效性不足。网络研修作为目前最广泛的培训形式，教师给予的评价不高。第四，关于培训经费，从微观上看，学校培训经费占公用经费的比重和培训经费的满足率不成正比，存在培训经费占比越高越不满足的情况，不同类型学校的培训经费需求占公用经费比重具有差异。从宏观上看，虽然西部地区客观上受中央大力支持，培训总投入大、规模大，但学校公用经费中培训经费占比低，培训需求满足率较低。根据以上发现并结合相关理论，本研究对农村教师培训提出了改进建议。

## 一、研究背景

教育大计，教师为本，教师培训是加强教师队伍建设的重要环节，是推进素质教育，促进教育公平，提高教育质量的重要保证。2015 年《国务院办公厅关于印发乡村教师支持计划（2015—2020 年）的通知》提出全面提升乡村教师能力素质；2018 年《中共中央 国务院关于全面深化新时代教师队伍建设改革的意见》提出开展中小学教师全员培训，促进教师终身学习和专业发展；2018 年《教师教育振兴行动计划（2018—2022 年）》提出建立健全乡村教师成长发展的支持服务体系，高质量开展乡村教师全员培训。系列农村教师培训的利好政策是对教师培训需求的现实回应。

现阶段教师从"职业"向"专业"的成功转变需要培训来支撑，加之终身教育理念和学习型社会浪潮袭来，知识更新周期不断缩短，培训成为不可或缺的现实需要。2017 年，全国义务教育阶段专任教师数为 949.36 万人，其中镇区 391.44 万人，乡村 249.22 万人，义务教育阶段农村专任教师占比为 67.48%。从教育统计数据看，农村教师占有较大比例，是教师队伍的一个重要组成部分，教师队伍整体质量的提高关键在农村教师。农村教师培训是农村教师质量提升的重要途径，是补齐农村教育短板的着力点，具有重大理论和实践意义。

## 二、文献综述

随着我国教育事业的稳步发展，全国范围内教师培训正在大规模、常态化开展。对教师培训相关研究的梳理发现，学者们主要从以下几方面进行研究，包括培训的规模、内容与形式、保障机制、评价体系与效果。对已有相关研究的系统梳理有利于生成教师培训的相关理论，为教师培训进一步有效开展做准备。

### (一)教师培训的规模与内容及形式研究

对教师培训规模和内容及形式的理论研究与实证调查，主要集中在教师培训的学时、培训机会、组织层级和教师培训的内容与形式。

#### 1.培训学时、培训机会与培训组织层级

从培训学时的要求看，教师培训政策对学时标准的规定一直在不断提高，从五年一周期的 240 学时增加到 360 学时。具体来看，对新任教师、骨干教师等教师群体设置了学时要求，对教育技术培训内容设置了学时要求。1999 年《中小学教师继续教育规定》提出为教师适应岗位要求而设置每五年至少 240 学时的培训周期；2003 年《教育部关于印发〈中小学教师继续教育工程方案（1999—2002 年）〉及其实施意见的通知》要求在"工程"结束时大多数地区的中小学教师通过多种形

式普遍完成不少于 190 学时的培训；2005 年《教育部关于启动实施全国中小学教师教育技术能力建设计划的通知》提出 2005—2007 年利用多种途径和手段，组织全国中小学教师完成不低于 50 学时的教育技术培训；2015 年《国务院办公厅关于印发乡村教师支持计划（2015—2020 年）的通知》提出到 2020 年前对全体乡村教师校长进行 360 学时的培训。在培训学时上，诸多调查研究的结果显示，工学矛盾是外出集中培训最大的困难，教师普遍希望能够更加合理的安排培训时间。党小超的调查结果显示教师每年平均接受 50 学时继续教育[1]；邹联克的实证研究表明，选择培训时间为 6～10 天的教师占 25%，选择 5 天以下的占 51%，因工学矛盾突出，大多数参训教师希望能在较短时间内完成培训学习[2]。

从培训机会看，大部分教师有培训机会，但区域间、城乡间教师的培训机会存在差异性。《国家教育督导报告 2008（摘要）——关注义务教育教师》（简称《督导报告（2008）》）的抽样调查结果显示，91.8% 的教师在近 3 年中参加过培训，39.3% 参加过 1 个月以上的培训，83.7% 工作以后接受了更高学历层次的继续教育；92.9% 的校长参加过校长岗位培训。[3] 王全旺等对山西省农村中小学教师教育技术能力培训的调查显示，参加过一次及以上培训与从未参加过培训的教师分别占 79.9%、18.3%。[4] 罗儒国的调查显示地区间、城乡间的教师参加校外培训情况均有差异，东南地区、中部地区、西北地区分别有 51%、60.5%、72.3% 的教师参加过 1～4 次培训，26.9% 的中部地区教师反映从未参加过校外教师培训，远高于东南地区的 5.3% 和西北地区教师 9.2%；7.9% 的城市教师和 31.8% 的农村教师从未参加过校外培训。[5] 陈向明等人对全国 11 个省份的调查结果显示，中西部农村贫困地区教师的培训机会明显少于城市教师，同时培训学员大多数来自各级重点中小学和部分完中，乡镇以下学校的教师参与省级培训的机会比较有限。[6]

从培训组织层级看，教师培训层级的重心较低，校级、县级培训比例较大，农村教师的培训层级重心更低。如王全旺等的调查显示，培训级别主要是以校级

① 党小超、赵鸿章、李焱：《贫困地区教师培训现状调查及远程培训策略研究》，载《电化教育研究》，2005(3)。

② 邹联克：《参与式方法在农村教师培训中应用的调查研究——以贵州省为例》，载《课程·教材·教法》，2012(4)。

③ 《国家教育督导报告 2008（摘要）——关注义务教育教师》，载《教育发展研究》，2009(1)。

④ 王全旺、赵兵川、张军征：《基于 Moodle 平台的农村中小学教师教育技术能力培训系统设计》，载《中国远程教育》，2009(11)。

⑤ 罗儒国：《中小学教师培训状况的调查与分析》，载《现代教育管理》，2011(12)。

⑥ 陈向明、王志明：《义务教育阶段教师培训调查：现状、问题与建议》，载《开放教育研究》，2013(4)。

和县市级为主，个别教师参加过省级培训。① 张虹等人通过调查发现，农村小学教师参加培训次数不多，特别是市级以上的教师培训明显严重不足，该比例仅为33.5％，培训机会不均等且随意性较大。② 陈向明等人的调查结果显示，义务教育阶段教师培训层级的重心在逐渐下移，校本研修已占所有培训层级的最大比例。③

2. 教师培训内容的适切性

随着培训阶段的变迁培训目标也在变化，培训内容应契合不断变化的培训目标。我国教师培训内容经历了从最初的教材教法培训、学历培训，到加强教师政治思想、师德修养、教育理论、教学艺术、工作能力等各方面素质的培训，再到重视师德培训、信息技术能力培训，在当前重视农村教师培训的背景下，又提出了针对农村教育教学特点的培训内容。

在教师培训内容的选择上，绝大部分政策规定内容在培训实践中均已落实，但其中一些培训内容开展相对较差，如新课改培训、计算机培训、心理健康教育培训。除了这些开展较差的内容外，教师最期待的培训内容是学科专业知识、学科专业技能，教师的培训内容需求呈现多样化的趋势。其一，关于农村小学教师培训内容的研究，党小超的调查结果显示基本上所有小学教师都接受过师德教育和教学技能培训，同时，调查结果显示计算机培训和新课程知识培训开展得较差④，张虹等的调查显示农村小学教师渴望的前三种培训内容分别是：教学方法和技能、学科专业知识的更新、新课程改革教育理念，分别占比62％、54.7％、50.7％⑤。其二，关于农村初中教师培训内容的研究，杨光等的调查显示农村中学教师最需的培训内容位居前三的是：学科专业技能、学科专业知识、心理健康教育，但从培训现状看，心理健康教育的培训尚未纳入到教师培训的通识课程中，往往仅针对负责心理健康教育的教师展开培训⑥，漆国生等的调查显示无论是否为骨干教师，农村中学教师最需要的培训内容首先是教育教学科研方法，其

① 王全旺、赵兵川、张军征：《基于Moodle平台的农村中小学教师教育技术能力培训系统设计》，载《中国远程教育》，2009(11)。
② 张虹、刘建银：《"国培计划"实施中农村小学教师的培训需求分析——以重庆市农村小学教师培训为例》，载《教育理论与实践》，2012(11)。
③ 陈向明、王志明：《义务教育阶段教师培训调查：现状、问题与建议》，载《开放教育研究》，2013(4)。
④ 党小超、赵鸿章、李焱：《贫困地区教师培训现状调查及远程培训策略研究》，载《电化教育研究》，2005(3)。
⑤ 张虹、刘建银：《"国培计划"实施中农村小学教师的培训需求分析——以重庆市农村小学教师培训为例》，载《教育理论与实践》，2012(11)。
⑥ 杨光、王海燕：《U-D合作的农村教师培训现状及其效果研究》，载《首都师范大学学报(社会科学版)》，2011(3)。

次是教学技能的提高①。其三，关于义务教育教师培训内容的研究，邹联克的调查结果显示超过一半的参训教师在新课程、师德教育、新理念、信息技术和学科教育方面有学习的需要，教师还提到了班主任工作、学校发展、教学技能、简笔画等方面的学习需求，这在一定程度上反映了教师在学习需求方面的多元化②；陈向明等的大规模调查结果显示，较高比例的被调查者认为自己接受最多的培训内容位居前三的是：教育教学理论、学科教学、教学方法及策略，较高比例的被调查者希望从培训中所学到内容位居前三的是：教学方法及策略、学生发展及心理健康、学科教学，不同地区的教师对培训内容的诉求基本一致③。

　　教师培训内容存在的问题，第一，教师培训存在理论太多、针对性差，缺乏需求侧分析，对农村教师的培训不符合农村教育教学实际的问题。唐如前的调查显示，72.1%的中学教师认为现行的继续教育课程设置理论性太强实践性较弱，不能满足中学教师的实际工作需求。④《督导报告(2008)》的数据显示，有25%的教师认为教师培训的内容不能满足他们的实际需要。⑤陈向明等人通过调查发现培训的内容理论太多，大部分培训内容过于抽象、概括，对日常教学工作的针对性不强、实效性较差。⑥但也有学者认为教师教育教学理论知识仍然匮乏，如冯丽霞通过调查提出，学员的专业化发展水平较低、教育教学理论知识匮乏，自己不会对教学实践理性反思。⑦此外，薛海平等人、张小情等人的调查显示，当前我国中小学教师培训不重视培训需求分析，内容脱离教师专业发展和教学实践的需要⑧，张虹等人提出目前的培训内容大多"城市化"或"前沿化"，远离农村小学教师的教学实际⑨。第二，培训内容未与时俱进，缺乏时代性与创新性。唐如前、周德义等人的调查均表明现行的培训课程内容太过陈旧空洞，课程理念过于

　　①　漆国生、张守荣：《广州市农村中学骨干教师培训质量的调查》，载《教育探索》，2011(6)。

　　②　邹联克：《参与式方法在农村教师培训中应用的调查研究——以贵州省为例》，载《课程·教材·教法》，2012(4)。

　　③　陈向明、王志明：《义务教育阶段教师培训调查：现状、问题与建议》，载《开放教育研究》，2013(4)。

　　④　唐如前：《中学教师继续教育课程设置的调查研究——以湖南省永州市为例》，载《中国成人教育》，2007(10)。

　　⑤　《国家教育督导报告2008(摘要)——关注义务教育教师》，载《教育发展研究》，2009(1)。

　　⑥　陈向明、王志明：《义务教育阶段教师培训调查：现状、问题与建议》，载《开放教育研究》，2013(4)。

　　⑦　冯丽霞：《农村学校"特岗教师"培训需求调查研究——以山西省初中数学教师为例》，载《教育理论与实践》，2015(20)。

　　⑧　薛海平、陈向明：《我国中小学教师培训质量调查研究》，载《教育科学》，2012(6)。张小情、周利君：《西部农村小学英语教师培训问题及对策探讨——以西部Z市培训为例》，载《课程·教材·教法》，2011(2)。

　　⑨　张虹、刘建银：《"国培计划"实施中农村小学教师的培训需求分析——以重庆市农村小学教师培训为例》，载《教育理论与实践》，2012(11)。

传统，缺乏新颖性、前沿性、操作性以及缺乏对教师专业发展现实需要的足够关注。① 第三，培训内容的课程体系不够完备，质量不高。唐如前的调查显示，3.8%的中学教师认为现行的继续教育课程设置中学科专业课程太多，教育专业课程太少，普通教育课程几乎没有，59.4%的中学教师认为现行的继续教育课程设置太强调某一门学科的系统性和完整性，忽视了学科之间的横向联系。② 周德义等提出现有的培训内容体系不完备，课程总量不足、门类不全与内容陈旧、质量不高现象并存，优质资源极为匮乏。③ 张志越和梁威等的研究均提出目前已开展的项目仍不能满足农村教师发展需求，在实际执行过程中因乡村教师区域位置等特殊性原因，出现了课程设置与实际脱离问题。④

3. 教师培训形式的有效性

关于培训形式需求，不同调查研究中的结果存在差异性。部分研究显示较大比例的教师群体希望能够进行脱产学习和进修，教师对培训方式的需求趋于多样化，且越来越注重参与性。罗儒国、杨光等、张虹等的调查均发现，广大中小学教师都希望有机会脱产学习和进修，希望开展的培训形式有外出考察和拓展训练、小组交流和合作学习，以及教学观摩、案例分析和研讨交流。⑤ 邹联克的调查显示，教师比较倾向于接受专题讲座和示范观摩形式的培训⑥；王晓玲发现教师最倾向的前三种培训方式分别是网络培训（平台、远程）、短期集中培训和校本培训。⑦ 此外，薛海平等、陈向明等的调查均显示当前我国培训方法主要以传统的集中讲授和听课评课为主，采用大班讲授的方式很难满足教师对教学实际操作

① 唐如前：《中学教师继续教育课程设置的调查研究——以湖南省永州市为例》，载《中国成人教育》，2007(10)。周德义、于发友、李敏强、史云峰、周赞梅、薛剑刚：《农村中小学教师培训的实践探索——以湖南省为例》，载《教育研究》，2012(7)。

② 唐如前：《中学教师继续教育课程设置的调查研究——以湖南省永州市为例》，载《中国成人教育》，2007(10)。

③ 周德义、于发友、李敏强、史云峰、周赞梅、薛剑刚：《农村中小学教师培训的实践探索——以湖南省为例》，载《教育研究》，2012(7)。

④ 张志越：《农村教师培训现状调查与策略研究》，载《教育理论与实践》，2011(1)。梁威、朱凌泽、卢立涛、刘姣：《"U-N-G"农村教师培训模式的构建与实施——以北京师范大学振豫农村小学全科教师培训项目为例》，载《教育理论与实践》，2016(26)。

⑤ 罗儒国：《中小学教师培训状况的调查与分析》，载《现代教育管理》，2011(12)。杨光、王海燕：《U-D合作的农村教师培训现状及其效果研究》，载《首都师范大学学报(社会科学版)》，2011(3)。张虹、刘建银：《"国培计划"实施中农村小学教师的培训需求分析——以重庆市农村小学教师培训为例》，载《教育理论与实践》，2012(11)。

⑥ 邹联克：《参与式方法在农村教师培训中应用的调查研究——以贵州省为例》，载《课程·教材·教法》，2012(4)。

⑦ 王晓玲：《国培计划下教师对远程培训模式的学习态度及其影响因素——基于 Moodle 平台的个案调查研究》，载《山西财经大学学报》，2012(S3)。

的需求，不能充分调动教师的积极性。① 于伟等的调查结果显示，初中教师和小学教师在最好的培训形式的选择上具有显著差异。②

关于培训具体形式的研究主要集中在校本研修、顶岗置换、混合式培训。其一，关于校本研修的研究主要集中在校本培训的优势、问题。高丽、何泳忠论述了校本培训本身所具有的优势，如节约学习成本、让教师自主专业成长等；③ 陈向明等人则从教师学习的特点来论述校本培训的重要性，即学习形态的整体性、学习方式的缄默性、学习内容的情境性；④ 罗少成等人、胡秀丽等人和高丽论述了校本培训存在的问题，如校外培训师资建设薄弱、物质保障不满足、精神保障错位、管理服务不到位、教师主体意识丧失等问题。⑤ 此外陈向明等提出在中西部地区尤其是农村地区，校本研修活动的开展面临缺乏专家引领、教师自主研究的动力不足等困难。⑥ 其二，关于顶岗置换的研究主要集中在优势、劣势以及实践探索上。苏勇提出顶岗置换的一体化新模式使师范生、农村中学教师、地方教育部门、农村学校均受益；⑦ 郎耀秀调查了河池学院面向贫困山区农村小学的顶岗置换项目，将实习、培训、支教相结合，探索出三方联动的管理机制、双向互动的培训机制和科学的教学计划调整机制；⑧ 苏星发现在置换培训项目实施过程中，参训教师学到了最新的教学理论，了解了更多关于新课改的内容，但同时也对学生学习成绩、教师工资和家庭生活等产生不利影响⑨。其三，为突破单一培训形式效果不佳的难题，诸多研究提出了混合式培训。部分学者提出了集中培训＋

① 薛海平、陈向明：《我国中小学教师培训质量调查研究》，载《教育科学》，2012(6)。陈向明、王志明：《义务教育阶段教师培训调查：现状、问题与建议》，载《开放教育研究》，2013(4)。

② 于伟、梁建、杨玉宝：《新课改教师培训效果调查报告》，载《中国教育学刊》，2008(10)。

③ 高丽：《农村教师校本培训的困境与对策》，载《大学教育科学》，2008(3)。何泳忠：《改革教师培训模式 促进教师专业化发展》，载《教育研究》，2014(1)。

④ 陈向明、张玉荣：《教师专业发展和学习为何要走向"校本"》，载《清华大学教育研究》，2014(1)。

⑤ 罗少成、陈亮、王慧红：《中小学教师校本培训保障机制调查与分析》，载《现代教育管理》，2011(2)。胡秀丽、苗培周、祁丽莎：《当前中小学教师校本培训现状分析与对策思考——基于河北省部分县区的调查》，载《教育理论与实践》，2012(8)。高丽：《农村教师校本培训的困境与对策》，载《大学教育科学》，2008(3)。

⑥ 陈向明、王志明：《义务教育阶段教师培训调查：现状、问题与建议》，载《开放教育研究》，2013(4)。

⑦ 苏勇：《顶岗实习 置换培训——构建师范生教育实习与农村中学教师培训一体化新模式》，载《教育研究》，2009(8)。

⑧ 郎耀秀：《面向贫困山区 创新农村教师教育模式——河池学院"顶岗实习、置换培训"的探索》，载《教育研究》，2011(4)。

⑨ 苏星：《置换培训中教师的收获与失落——基于湖北大学"顶岗实习置换培训"项目中置换教师的调查与访谈》，载《东南大学学报(哲学社会科学版)》，2011(S1)。

网络培训的混合式培训方式，如唐烨伟等人提出智慧型教师培训①，金彦红等提出基于网络的分级分层混合式培训模式②，蒋福良提出在传统培训中结合教师网络进行培训③，周德义等分析了以校本培训为基础、现代远程教育网络为依托的培训方式④。

**（二）教师培训的保障机制研究**

培训的组织、师资状况、管理方法以及经费等一系列因素是教师培训顺利进行的重要保障条件，在这些方面的研究与实践也是确保培训有效开展和顺利进行的关键所在。

1. 培训的师资队伍

关于培训师资的研究，一些学者对培训师资数量不足且质量不高的现状进行了研究，还有一些学者对教师期待、认可的培训师资进行了实证调查，大部分教师倾向于更有实践经验的培训者。张志越、梁威等人、陈向明等人、薛海平等人均提出培训的师资队伍质量不高、数量不足。⑤ 张虹等人的研究发现重庆市农村小学教师由中小学一线教师来培训，其次是高校教育教学专家⑥；于伟等对新课改教师培训的调查结果显示"教研员"最受一线教师尤其是农村教师的欢迎⑦。

2. 培训的组织与管理

关于培训组织及管理，研究多从培训组织层级和不同组织主体的系统合作来开展，此外还对培训的管理主体、管理方式等问题进行了研究。如陈向明等的调查结果显示较多教师认为省级师范大学或学院以及省级教师进修学院的培训效果较好，其次是综合性高校、地市级教师进修学院和县教师进修学校。⑧ 梁威等对北京师范大学振豫农村小学全科教师培训项目进行了研究，经验表明由"大学—

---

① 唐烨伟、王梦雪、庞敬文、钟绍春、王伟：《混合学习环境下智慧型教师培训模式研究》，载《电化教育研究》，2015(8)。

② 金彦红、郭绍青：《基于网络的分级分层混合式中小学教师培训模式研究》，载《中国远程教育》，2010(11)。

③ 蒋福良：《教师网络培训心理需求的调查与对策研究》，载《中国电化教育》，2009(4)。

④ 周德义、于友友、李敏强、史云峰、周赞梅、薛剑刚：《农村中小学教师培训的实践探索——以湖南省为例》，载《教育研究》，2012(7)。

⑤ 张志越：《农村教师培训现状调查与策略研究》，载《教育理论与实践》，2011(1)。梁威、朱凌泽、卢立涛、刘姣：《"U-N-G"农村教师培训模式的构建与实施——以北京师范大学振豫农村小学全科教师培训项目为例》，载《教育理论与实践》，2016(26)。陈向明、王志明：《义务教育阶段教师培训调查：现状、问题与建议》，载《开放教育研究》，2013(4)。薛海平、陈向明：《我国中小学教师培训质量调查研究》，载《教育科学》，2012(6)。

⑥ 张虹、刘建银：《"国培计划"实施中农村小学教师的培训需求分析——以重庆市农村小学教师培训为例》，载《教育理论与实践》，2012(11)。

⑦ 于伟、梁建、杨玉宝：《新课改教师培训效果调查报告》，载《中国教育学刊》，2008(10)。

⑧ 陈向明、王志明：《义务教育阶段教师培训调查：现状、问题与建议》，载《开放教育研究》，2013(4)。

非政府组织—地方政府"共同参与的"U-N-G"农村教师培训模式,充分发挥了三个组织主体的不同作用并且协同合作产生共赢效果。① 周德义等提出培训应由政府、教师教育机构和中小学协同管理。② 张虹等提出大部分农村小学教师认同学分制管理,希望根据自身的实际情况自主选择课程,进而加强培训管理的制度化和规范化。③

3. 培训的经费保障

在学习型社会中教师往往不缺乏培训的愿望,但客观上培训经费的紧张,制约了许多地区尤其是贫困地区教师培训的开展。一些研究以省为单位考量地区间培训经费差异,如陈向明等发现,东部省份大多在教育经费中划拨一定的比例作为教师培训的经费,中西部大部分省级以上培训项目的经费大多来自中央财政的专项经费,中西部农村贫困地区用于教师培训的经济支出负担过重,出现了"中部低洼"现象。④ 卢德生等提出经费短缺是制约西部农村中小学教师培训工作的"瓶颈"。还有一些研究以学校为单位对培训经费进行考量,教师培训经费的短缺制约了培训的展开,培训经费过多转嫁给教师个人,严重影响了教师参培的积极性。⑤《督导报告(2008)》的数据显示,65.7%的教师反映个人承担了半数以上的培训费用,个人负担过重;59.3%的校长反映目前没有稳定的教师培训经费来源,不能满足教师专业发展的培训需求。⑥ 罗儒国的研究表明许多学校尤其是农村中小学校经费紧张,没有专项经费或额外经费支付教师培训。⑦ 党小超、郭正等、周德义等的调查均表明,由于培训经费短缺,政府经费保障政策难以落实,培训经费过多地转嫁给教师个人,导致教师参训动力不足。⑧

**(三)教师培训的评估和效果研究**

教师培训的评价是推动教师培训的重要动力之一,是改进培训质量的重要环

① 梁威、朱凌泽、卢立涛、刘姣:《"U-N-G"农村教师培训模式的构建与实施——以北京师范大学振豫农村小学全科教师培训项目为例》,载《教育理论与实践》,2016(26)。

② 周德义、于发友、李敏强、史云峰、周赞梅、薛剑刚:《农村中小学教师培训的实践探索——以湖南省为例》,载《教育研究》,2012(7)。

③ 张虹、刘建银:《"国培计划"实施中农村小学教师的培训需求分析——以重庆市农村小学教师培训为例》,载《教育理论与实践》,2012(11)。

④ 陈向明、王志明:《义务教育阶段教师培训调查:现状、问题与建议》,载《开放教育研究》,2013(4)。

⑤ 卢德生、巴登尼玛:《论西部农村教师培训体系建设》,载《中国教育学刊》,2008(5)。

⑥《国家教育督导报告2008(摘要)——关注义务教育教师》,载《教育发展研究》,2009(1)。

⑦ 罗儒国:《中小学教师培训状况的调查与分析》,载《现代教育管理》,2011(12)。

⑧ 党小超、赵鸿章、李焱:《贫困地区教师培训现状调查及远程培训策略研究》,载《电化教育研究》,2005(3)。郭正、赵彬:《农村义务教育教师培训现状及改善策略》,载《现代教育管理》,2010(2)。周德义、于发友、李敏强、史云峰、周赞梅、薛剑刚:《农村中小学教师培训的实践探索——以湖南省为例》,载《教育研究》,2012(7)。

节。用好教师培训评价能更好地推进培训效果的提升，目前一些学者对培训的评价标准进行了研究，并用研制出的培训评价标准对培训效果进行评估。

1. 教师培训的评价标准

对教师培训评价维度与指标的研究内容主要集中在培训过程与培训结果两个方面，培训过程包括培训内容、培训形式、学习动机等，培训结果包括培训效果、教师主观的结果评价、教师的满意度或认同感等。杨光等的调查发现，参与式教师培训效果主要从教师培训的认同感、培训的形式和城乡差异三个因素考察，其中认同感包括发展愿望与投入、培训内容、组织保障、培训期望四个子维度。[①] 卢德生等提出教师培训的评价包括对培训工作本身的评价和对教师培训效果的考核。[②] 漆国生等从培训的整体评价、培训的满意度调查、课程的具体评价和教师参加培训的学习动机四个维度对广州市农村中学骨干教师培训质量进行调查研究。[③] 杨建军等、周德义等均认为培训评价是通过系统地信息收集、分析、整理，对农村中小学教师培训相关过程和培训结果进行价值判断，还可以把参训教师培训前的前测数据和培训后的后测数据加以对比分析，从而为后续的培训工作中是否采用分层培训提供参考。[④] 陈向明等提出对培训方评估的侧重点应包括培训内容和方法的科学性和实效性。[⑤] 此外还有一些研究提出，要注重过程性评价和实际应用的评价，目前缺少培训对教学改进长期影响的评价。[⑥]

2. 教师培训效果及其差异

关于教师培训效果，一些研究从教师主观感受方面进行了描述性统计，如郭正等的调查结果显示培训后农村教师普遍感觉专业素质有所提升，其中31%的农村教师感觉培训对自身有明显帮助，68%的农村教师认为培训有一定帮助但不明显。[⑦] 于伟等对新课改教师培训的调查结果显示，三分之二的被调查者对于培

---

① 杨光、王海燕：《U-D合作的农村教师培训现状及其效果研究》，载《首都师范大学学报（社会科学版）》，2011(3)。

② 卢德生、巴登尼玛：《论西部农村教师培训体系建设》，载《中国教育学刊》，2008(5)。

③ 漆国生、张守荣：《广州市农村中学骨干教师培训质量的调查》，载《教育探索》，2011(6)。

④ 杨建军、焦中明：《农村中小学教师信息技术能力培训效果的评估研究》，载《现代教育技术》，2011(1)。周德义、于发友、李敏强、史云峰、周赞梅、薛剑刚：《农村中小学教师培训的实践探索——以湖南省为例》，载《教育研究》，2012(7)。

⑤ 陈向明、王志明：《义务教育阶段教师培训调查：现状、问题与建议》，载《开放教育研究》，2013(4)。

⑥ 王永花、张军征：《农村学校教师教育技术能力培训网络平台的设计》，载《现代教育技术》，2009(1)。薛海平、陈向明：《我国中小学教师培训质量调查研究》，载《教育科学》，2012(6)。邹联克：《参与式方法在农村教师培训中应用的调查研究——以贵州省为例》，载《课程·教材·教法》，2012(4)。张虹、刘建银：《"国培计划"实施中农村小学教师的培训需求分析——以重庆市农村小学教师培训为例》，载《教育理论与实践》，2012(11)。

⑦ 郭正、赵彬：《农村义务教育教师培训现状及改善策略》，载《现代教育管理》，2010(2)。

训工作的效果持肯定态度。① 还有一些研究在比较视角下从地理位置、学段、性别、学历、年龄、教龄、学科等维度进行了差异研究。如边琦等的调查显示培训效果在性别、年龄和学科方面均存在显著差异;② 于伟等对新课改教师培训调查结果显示,不同学段、教龄、年龄段、性别、学历、地理位置的教师对培训总体效果的评价均具有显著差异,其中小学教师、低教龄教师、年轻教师、农村教师的评分较高。③

**(四)研究不足与空间**

梳理当前学界对教师培训的相关研究,发现如下三个特征。

一是在研究对象上,虽然部分研究是以农村教师为研究对象,但缺少专门针对农村教师进行的全国性、跨区域的大样本横向对比调查。农村教师作为我国农村教育的第一资源,对其进行系统研究并合理建设是农村教育发展的前提基础。

二是在研究内容上,多数研究是分城乡进行对比,或直接针对农村教师这个大群体进行研究,对农村教师群体内部鲜有从地理位置、学段、性别、年龄、教龄等维度进行全面地细致比较,缺少对农村教师群体内部多维度横向的对比研究。农村教师是教师队伍建设的薄弱环节,而在农村教师群体内部也存在一定的系统差异,准确把握农村教师群体内部差异是分层分类施训的前提基础,具有重大的理论意义和现实意义。

三是在研究方法上,目前相关研究中多为理论研究或实证调查研究,但缺少全国性、跨区域的实证分析。多数实证研究是以一个省份、一个县或一个培训项目的样本进行分析,很少从全国范围内进行大数据的横向对比,对教师培训现状进行全国范围内的大样本调查是必要的,这也是为教师培训更好的开展提供宏观数据上的分析与支持。

综合以上分析,虽然有很多学者对农村义务教育教师培训进行了研究,但依然存在样本覆盖面小、缺乏内部多维度的系统分析等问题。基于此,我们对农村义务教育教师培训进行实证分析,采用全国 18 个省(市、区)的大样本调查数据,综合考察衡量教师培训的规模、内容、形式、经费与效果。

## 三、培训政策梳理与阶段划分

对我国各时期的教师培训政策进行梳理与阶段划分,有利于我们在把握历史

① 于伟、梁建、杨玉宝:《新课改教师培训效果调查报告》,载《中国教育学刊》,2008(10)。

② 边琦、田振清:《中小学教师教育技术培训效果调查与分析——以内蒙古鄂尔多斯市为例》,载《中国电化教育》,2013(8)。

③ 于伟、梁建、杨玉宝:《新课改教师培训效果调查报告》,载《中国教育学刊》,2008(10)。

的基础上更准确的定位当下教师培训阶段，提出与时代相契合的培训目标，对教师培训进行科学的统筹规划与顶层设计。

部分学者从中华人民共和国成立以来对教师培训历史进行梳理，多数研究以"文化大革命"、改革开放等作为重要节点进行阶段划分。余柏民将中华人民共和国成立以来的中学教师继续教育分为初级、发展、恢复和加强四个阶段;[①] 王全乐将教师培训划分为中华人民共和国成立前的起步阶段、中华人民共和国成立后至改革开放前的正规化阶段、改革开放至今的规范化与法制化阶段;[②] 吴文风把中小学教师继续教育划分为中华人民共和国成立初期至改革开放前的正规化阶段、改革开放后的法制化阶段、基于新课程改革的继续教育模式创新阶段;[③] 何雪峰的划分较为细致，将我国教师继续教育的历史进程划分为五个阶段，包括教师培训的萌芽阶段、教师培训的停滞阶段、教师培训的恢复阶段、教师培训向教师继续教育转变阶段、教师继续教育不断深化阶段。[④]

还有一部分学者从"文化大革命"后或改革开放后对我国教师培训阶段进行更为细致的划分，多数研究以重大政策的颁布以及培训目标的更迭作为划分标准，也有学者按培训的内容或形式行进划分。李新宇将中小学教师继续教育分为以教材教法"过关"为目标、以学历补偿为重点、学历培训和非学历培训交织进行且重点逐渐后移、以提高全体教师的整体素质为根本目的四个阶段[⑤];张"贵新按照继续教育的内容和形式分类，将我国教师继续教育划分为补偿型继续教育、实验型继续教育和工程型继续教育三个阶段，并提出今后的发展趋势是形成制度和提高水平[⑥];王文彦等把中华人民共和国成立以来教师培训历史划分为六个阶段:补充教学人员的教师培训阶段、教师培训的停滞阶段、教材教法为重点的教师培训阶段、学历补偿教育为重点的教师培训阶段、学历补偿与继续教育并举的教师培训阶段、继续教育阶段[⑦];吴遵民将"文化大革命"后我国教师继续教育分为学历补偿教育时期、学历补偿向素质提升的发展时期、全面提升教师能力素质的时

① 余柏民:《我国解放以来中学教师继续教育办学模式回顾与思考》，载《湖北大学成人教育学报》，1999(S1)。

② 王全乐:《我国中小学教师培训制度的历史研究》，载《继续教育研究》，2005(5)。

③ 吴文风、曾健萍:《建国以来我国中小学教师继续教育的历史反思》，载《湘潮(下半月)》，2010(6)。

④ 何雪峰:《试论当代教师培训模式的历史变迁》，载《现代教育论丛》，2010(7)。

⑤ 李新宇:《我国中小学教师继续教育的进程和新的使命》，载《河南教育学院学报(哲学社会科学版)》，2001(1)。

⑥ 张贵新:《我国中小学教师继续教育的发展阶段与走向》，载《东北师大学报(哲学社会科学版)》，2001(1)。

⑦ 王文彦、安宝生:《新论我国中小学教师培训历史阶段的划分》，载《继续教育研究》，2007(3)。

期①；陈向明等提出从 1978 年至今我国经历了补偿性培训、探索性继续教育、普及性继续教育和国家级培训四个阶段②。

本研究以改革开放为起始时间点对我国教师培训政策进行梳理，结合相关研究，以培训目标作为标准，创新地将改革开放后的教师培训划分为三个阶段：学历补偿（1978—1998 年）、全面素质提升（1999—2007 年）、面向全员培训（2008 年至今）。

## （一）1978—1998：学历补偿

我国教师培训在 1978—1998 年为补偿性培训时期，以教师的基本能力和学历达标为基础目标。1958 年我国小学、初中专任教师数分别为 310.8 万、36.3 万，此后教师数量呈现不断急剧上升的趋势，到 1978 年分别为 522.6 万、244.1 万③。在教师数量迅速增长的大背景下，加之"文化大革命"的影响，教师队伍建设存在一定的短板，为了满足教育发展对教师数量的基本需求，很多能力素质、学历未达标的教师进入教师队伍，在此后一段时间内，教师培训工作以教师的基本能力和学历达标为目标。所谓"学历补偿"，是根据国家规定的教师合格学历（小学教师达到中师或高中毕业，初中教师达到专科毕业，高中教师达到本科毕业），对学历尚未达标，但又符合成人学历教育入学条件的在职中小学教师进行培训。④

1977 年颁布的《关于加强中小学在职教师培训工作的意见》和 1978 年颁布的《关于加强和发展师范教育的意见》均提出小学、初中教师职后培训的目标分别是多数达到中等师范、师范专科和师范学院毕业程度，前者还要求尽快建立和健全师资培训机构，争取三五年内，使现有水平较低的教师绝大多数达到合格程度。⑤ 1980 年的《教育部关于进一步加强中小学在职教师培训工作的意见》提出对于教学有困难的教师，首先组织进行教材教法学习，然后再系统进修文化、专业知识；对基本胜任教学工作，但未系统学习过所教学科专业知识的教师，组织其进行系统学习；对学历不合格的教师进行学历提升培训。1985 年颁布的《中共中央关于教育体制改革的决定》提出要争取在 5 年或者更长一点的时间内使绝大多数教师能够胜任教学工作。在此之后，只有具备合格学历或有考核合格证书者，才能担任教师。1986 年颁布的《国家教育委员会印发〈关于加强在职中小学教师培训工作的意见〉的通知》明确提出教师职后培训的工作重点是学历补偿，按国家

① 吴遵民、秦洁、张松龄：《我国教师继续教育的回顾与展望》，载《教师教育研究》，2010(2)。
② 陈向明、王志明：《义务教育阶段教师培训调查：现状、问题与建议》，载《开放教育研究》，2013(4)。
③ 《中国教育年鉴》编辑部：《中国教育年鉴 1949+1981》，上海，中国大百科全书出版社，1984。
④ 王文彦、安宝生：《新论我国中小学教师培训历史阶段的划分》，载《继续教育研究》，2007(3)。
⑤ 何雪峰：《试论当代教师培训模式的历史变迁》，载《现代教育论丛》，2010(7)。

要求提高不合格教师的学历，使之具备基本的合格学历。1986 年，在 802 万中小学和农业、职业中学教师中，不具备国家规定学历的约占半数，不胜任教育、教学工作的教师所占比例较大。在此后五年或者更长一点时间内，师资培训工作的重点是通过认真的培训，使现有不具备合格学历或不胜任教学的教师，绝大多数能够胜任教学工作，并取得考核合格证书或合格学历。对于少数不具备最基本的文化基础知识和初步教学能力的教师，组织他们参加教材、教法进修，使他们熟悉所教学科的教学大纲和教材，掌握基本的教学原则和方法，具有初步的教学能力。

在恢复和建立师资培训基地和网络的过程中，教育学院和教师进修学校起到很大作用，经过调整、补充和培训，我国小学教师达到国家规定合格学历的比率由 1977 年的 47.1% 上升到 1990 年的 73.9%，另有 32 万人取得了小学教师《专业合格证书》。[①] 1990 年小学教师和初中教师的学历合格率分别为 74%、46%，到 1995 年该比例提高到 89%、69%[②]，在这一阶段培训工作的重点是继续补偿与提高教师学历，此外，在提高教师素质的同时扩大了培训的覆盖面，并使之法制化与普及化。1991 年颁布的《国家教育委员会关于开展小学教师继续教育的意见》（教师〔1991〕8 号）提出在提高小学教师学历层次的同时，加强教师政治思想、师德修养、教育理论、教学艺术、工作能力等方面的素质，并将培训的层次分为新教师见习期培训、教师职务培训和骨干教师培训等方面。1993 年《国家教委关于印发〈关于加强小学骨干教师培训工作的意见〉的通知》贯彻了《国家教育委员会关于开展小学教师继续教育的意见》提出的通过教育教学实践与培训使每个教师的政治业务素质不断得到提高，从中成长出一批教育教学骨干的目标，同年颁布的《中华人民共和国教师法》将"参加进修或者其他方式的培训"列为教师六项权利之一。1994 年《国家教委关于印发〈关于开展小学新教师试用期培训的意见〉的通知》（教师〔1994〕5 号）提出对新分配到小学任教的中等师范学校、其他中等学校及以上层次学校的毕业生在一年试用期内进行不少于 120 课时的培训。

该时期还进行了诸多的培训试点工作，并且在一定程度上关注了培训的薄弱环节，如农村地区、贫困地区、民族地区等，将教师培训普及化。1996 年颁布的国家教育委员会《关于印发〈关于"九五"期间加强中小学教师队伍建设的意见〉的通知》（教人〔1996〕89 号）提出计划到 2000 年全国小学、初中教师学历合格率应分别达到 95%、80% 以上；45 岁以下的中小学教师全部达到《教师法》规定的

---

① 《国家教育委员会关于开展小学教师继续教育的意见》，教师〔1991〕8 号，1991 年 12 月 3 日。

② 《关于印发〈关于"九五"期间加强中小学教师队伍建设的意见〉的通知》，教人〔1996〕89 号，1996 年 12 月 31 日。

合格学历标准；有条件的地区要逐步提高中小学教师的学历层次。1998 年《关于加强中小学教师继续教育区域性实验工作的几点意见》(教师司〔1998〕18 号)对1997 年 9 月批复的 19 个省(区、市)和 3 个计划单列市教委(教育厅)上报的中小学教师继续教育区域性实验方案进一步提出几点意见，旨在通过区域性实验推动全国的中小学教师继续教育工作。1999 年国务院批转教育部《面向 21 世纪教育振兴行动计划》的通知(国发〔1999〕4 号)，提出 3 年内对现有中小学校长和专任教师进行全员培训和继续教育，巩固和完善中小学校长岗位培训和持证上岗制度，还提出要加强中小学教师继续教育的教材建设；同年《教育部办公厅关于在民族贫困地区开展"中小学教师综合素质培训"工作的通知》(教民厅〔1999〕10 号)提出对培训工作的薄弱环节－民族贫困地区－重点进行关照。

以上政策文件均是在教师数量不足、队伍不稳定、教师的业务文化水平比较低的背景下提出的，该阶段的培训特征是以补偿学历为主，教师培训的法制化与普及化并行。同时，在补偿学历的过程中，经历了从重点关注教材教法的基本能力培训到同时关注教师其他业务素质能力，培训水平渐次提升。经过该阶段的培训，广大教师的业务素质和教育教学能力有了不同的程度提高，此前大量教师不能胜任教学工作的局面得到了改善。

### (二)1999—2007 年：全面素质提升

从 20 世纪 90 年代末开始，我国进入了以提高教师全面素质为目标的培训阶段。1999 年教育部颁布的《中小学教师继续教育规定》(中华人民共和国教育部令第 7 号)将中小学教师继续教育界定为，对取得教师资格的中小学在职教师开展以提高思想政治和业务素质为目的的培训，并将此作为教师法定的权利与义务，与此同时将继续教育分为新任教师培训、教师岗位培训、骨干教师培训的非学历教育以及专门为提高学历层次的学历教育。2000 年《教育部关于印发〈中小学教师继续教育工程方案(1999—2002 年)〉及其实施意见的通知》(教师〔2000〕3 号)延续了 1999 年《中小学教师继续教育规定》(中华人民共和国教育部令第 7 号)的内容，并设立诸多基础建设项目，包括中小学教师继续教育法规建设、中小学教师继续教育课程和教材建设、中小学教师继续教育网络建设、中小学教师继续教育监测评估体系建设。

基础教育课程改革后，诸多政策又将教师培训的要求不断提高，2001 年颁布的《教育部办公厅关于积极配合和推动基础教育课程改革进一步加强和改进教师培养培训工作的几点意见》(教师厅〔2001〕2 号)和《关于开展基础教育新课程师资培训工作的通知》根据基础教育课程改革对培训工作提出新要求，通过新课程师资培训以及新课程实验推广的实施，广大教师进一步更新教育观念、改进教学方法和教学手段、扩大知识面、完善知识结构，提高实施素质教育的能力和水平。2002 年《教育部关于加强县级教师培训机构建设的指导意见》(教师〔2002〕3号)针对义务教育阶段教师学历达标任务基本完成的现状，为中小学教师培训工作逐渐转入以提高教师整体素质为目标的继续教育新阶段提出了诸多指导意见。2003 年颁布的《教育部关于印发〈中小学教师继续教育工程方案(1999—2002 年)〉及其实施意见的通知》(教师〔2003〕3 号)提出中小学教师继续教育工程面向全体中小学教师，突出骨干教师培养，以提高教师实施素质教育的能力和水平为重点，以提高中小学教师的整体素质为目的，从工程目标、行动计划、基础建设项目和条件保障四个方面对中小学教师在职培训予以规定。

此外，除基础教育课程改革外，"农村中小学现代远程教育计划"的实施也需要教师培训与之相适应。提升中小学教师教育技术能力，是推进教育信息化、实施素质教育、促进基础教育课程改革、提高教育质量的迫切需要，因此教师教育技术能力建设亦是该阶段的重点内容与目标。2004 年《教育部办公厅关于印发〈中小学教师信息技术应用能力标准(试行)〉的通知》(教师厅〔2014〕3 号)明确规定了教学人员的教育技术意识与态度、知识与能力、应用与创新以及社会责任四部分的绩效指标，同年还颁布了《教育部关于加快推进全国教师教育网络联盟计划，组织实施新一轮中小学教师全员培训的意见》(教师〔2004〕4 号)、《教育部关于启动新一轮民族、贫困地区中小学教师综合素质培训项目暨新课程师资培训计划(2004—2008 年)的通知》(教民〔2004〕8 号)。2005 年 4 月 4 日颁布的《教育部关于启动实施全国中小学教师教育技术能力建设计划的通知》(教师〔2005〕5 号)以《中小学教师教育技术能力标准(试行)》(教师〔2004〕9 号)为依据，在全面提高教师教育技术应用能力、促进技术在教学中的有效运用的目标下，建立教师教育技术培训和考试认证体系，组织开展以信息技术与学科教学有效整合为主要内容的教育技术培训，全面提高广大教师实施素质教育的能力水平。

该阶段的培训是在义务教育阶段教师学历达标任务基本完成的情况下，以教师的全面素质提升为目标，结合基础教育课程改革和"农村中小学现代远程教育计划"的新需要推进教师全面素质的提升，同时，培训相关法规的进一步健全与完善为培训工作的展开提供了保障。

### (三)2008 年至今：面向全员培训

进入 2008 年，培训体系的层级不断扩展、重心持续上移，培训的目标与重点转向对全体教师进行培训，并且在政策上先后对中西部农村地区和全国农村地区大力倾斜。"国培计划"是"中小学教师国家级培训计划"的简称，2008 年由教育部初步实行，2010 年由教育部和财政部全面实施，包括"中小学教师示范性培训项目"和"中西部农村骨干教师培训项目"两项内容。2008 年初步实行"国培计划"，中央财政加大了对教师培训的投入，特别是对中西部省份边远地区教师培训的倾斜力度加大。《教育部办公厅关于印发〈2008年中小学教师国家级培训计划〉的通知》(教师厅〔2008〕1号)、《教育部办公厅关于印发〈2009年中小学教师国家级培训计划〉的通知》(教师厅〔2009〕3号)以及《教育部办公厅关于组织实施2009年中西部农村义务教育学校教师远程培训计划的通知》(教师厅函〔2009〕4号)、《教育部办公厅关于组织实施中西部中小学体育、艺术骨干教师国家级培训的通知》(教师厅函〔2009〕5号)、《教育部办公厅关于组织实施2009年中西部地区中小学骨干教师培训项目的通知》(教师厅函〔2009〕6号),一系列利好政策的颁布都为"国培计划"的全面展开与实施进行了保障。

2010年"国培计划"真正意义上全面实施,该年颁布了《教育部 财政部关于实施"中小学教师国家级培训计划"的通知》(教师〔2010〕4号)、《教育部关于印发〈2010年中小学教师国家级培训计划——示范性项目实施方案〉的通知》(教师〔2010〕1号)、《教育部办公厅关于加强国培计划项目绩效考评工作的意见》(教师厅〔2010〕1号)。2011年继续实施"国培计划",同年颁布的《教育部关于大力加强中小学教师培训工作的意见》(教师〔2011〕1号)明确提出,以农村教师为重点,有计划地组织实施中小学教师全员培训,此外还颁布了《教育部办公厅 财政部办公厅关于做好2011年"中小学教师国家级培训计划"实施工作的通知》(教师厅〔2011〕2号)、《教育部办公厅关于举办"国培计划(2011)-中小学少数民族双语教师普通话培训班"的通知》(教语用厅函〔2011〕3号)、《教育部办公厅关于组织实施"国培计划(2011)"——中小学教师示范性集中培训项目的通知》(教师厅函〔2011〕18号)、《教育部办公厅 共青团中央办公厅 全国少工委办公室关于组织实施"国培计划(2011)"——中小学骨干少先队大队辅导员培训项目的通知》(教师厅函〔2011〕20号)、《教育部办公厅关于组织实施"国培计划(2011)"——县级教师培训机构培训者远程培训项目的通知》(师厅函〔2011〕21号)、《教育部办公厅关于组织实施"国培计划(2011)"——义务教育骨干教师远程培训项目的通知》(教师厅函〔2011〕22号)、《教育部 财政部关于实施幼儿教师国家级培训计划的通知》(教师〔2011〕5号)、《教育部办公厅关于做好少数民族双语教师培训工作的意见》(教民厅〔2011〕7号)等一系列具有针对性的培训文件。此后,针对"国培计划"的课程标准、培训模式等又出台了具体政策,对中小学教师信息技术应用能力的提升亦重点进行关注。2012年颁布了《教育部办公厅关于实施〈"国培计划"课程标准(试行)〉的通知》(教师厅函〔2012〕5号)和《教育部办公厅 财政部办公厅关于做好2012年"国培计划"实施工作的通知》(教师厅〔2012〕3号);2013年颁布了《教育部办公厅 财政部办公厅关于印发〈"国培计划"示范性集中培训项目管理办法〉等三个文件的通知》,同年还印发了《教育部关于深化中小学教师培训模式改革全面提升培训质量的指导意见》(教师〔2013〕6号)、《教育部关于实施全国中小学教师信息技术应用能力提升工程的意见》（教师〔2013〕13 号）；2014 年颁布《教育部关于印发〈网络研修与校本研修整合培训实施指南〉的通知》（教师司函〔2014〕20 号），同年还颁布了《教育部办公厅 财政部办公厅关于做好 2014 年中小学幼儿园教师国家级培训计划实施工作的通知》（教师厅〔2014〕1 号）、《教育部印发〈中小学教师信息技术应用能力培训课程标准（试行）〉的通知》（教师厅函〔2014〕7 号）。

从 2015 年开始，培训政策开始对全国范围内的农村教师重点关注。早在《国家中长期教育改革和发展规划纲要（2010—2020 年）》中就提出以农村教师为重点，提高中小学教师队伍整体素质。但教师培训真正向农村倾斜是从 2015 年开始，自 2015 年起"国培计划"集中支持中西部农村教师校长培训，2015 年颁布了《教育部办公厅 财政部办公厅关于做好 2015 年中小学幼儿园教师国家级培训计划实施工作的通知》（教师厅〔2015〕2 号），6 月颁布的专门指向乡村教师的《国务院办公厅关于印发乡村教师支持计划（2015—2020 年）的通知》（国办发〔2015〕43 号）为乡村教师培训画上浓墨重彩的一笔，8 月颁布了《教育部 财政部关于改革实施中小学幼儿园教师国家级培训计划的通知》（教师〔2015〕10 号），一系列利好政策推动着农村教师培训工作的开展。2016 年 1 月《教育部办公厅 财政部办公厅关于做好 2016 年中小学幼儿园教师国家级培训计划实施工作的通知》（教师厅〔2016〕2 号）延续了 2015 年"国培计划"主要面向农村教师的基本要求，并明确了"国培计划"重心下移，重点向中西部贫困地区基层倾斜，并且提出优化培训模式与内容，着力提升农村教师教育教学能力，通过深入推进培训互联网＋、提供贴近农村学校实际的培训内容、强化实践性课程的设计与实施、加强本土化培训资源建设等方式，使培训更加行之有效。同年颁布了《教育部办公厅关于印发乡村教师培训指南的通知》（教师厅〔2016〕1 号），在总结各地经验基础上教育部研究制定了《送教下乡培训指南》《农村教师网络研修与校本研修整合培训指南》《农村教师工作坊研修指南》《农村教师培训团队置换脱产研修指南》等农村教师培训指南。此外，为完善五年一周期的教师校长全员培训制度，进一步激发教师参训动力，促进教师终身学习，不断提升教师能力素质，教育部于 2016 年出台了《教育部关于大力推行中小学教师培训学分管理的指导意见》（教师〔2016〕12 号）。2017 年颁布了《教育部办公厅 财政部办公厅关于做好 2017 年中小学幼儿园教师国家级培训计划实施工作的通知》（教师厅〔2017〕2 号）延续了国培继续向农村、贫困县等地倾斜的基调，同年《教育部办公厅关于印发〈乡村校园长"三段式"培训指南〉等四个文件的通知》（教师厅〔2017〕7 号）继续深入贯彻落实《国务院办公厅关于印发乡村教师支持计划（2015—2020 年）的通知》（国办发〔2015〕43 号）精神，推动各地创新乡村校园长培训模式，提升乡村校园长培训针对性和实效性。2018

年颁布的《教育部办公厅 财政部办公厅关于做好 2018 年中小学幼儿园教师国家级培训计划组织实施工作的通知》(教师厅〔2018〕3 号)仍对乡村进行了重点关注，提出以乡村教师校长为重点培训对象，以"减负增效"为实施原则，对接乡村教师校长实际需求，分类开展培训。

国家级教师培训引领着这一阶段对教师全员的培训，教师培训层级重心的上移、对中西部农村地区及全国农村地区的倾斜均是培训新阶段的表征。"国培计划"的持续开展表明中央财政对教师培训的投入在不断加大，在关注教师全面素质的基础上，国家级培训使得培训组织级别更具有层次性，国家、省、市、县、学校的五级培训体系基本健全。此外，在以提高教育质量和促进教育公平为目标的大背景下，实现公平且有质量的教育目标需要培训资源向农村倾斜，这一培训阶段的重点从中西部农村教师扩大到全国农村教师。

## 四、数据来源与分析框架

### (一)数据说明

#### 1. 数据来源与抽样说明

本研究采用中国农村教育发展研究院开发的"农村义务教育学校调查教师(A卷)""农村义务教育学校调查教师(B 卷)"和"农村义务教育学校调查校长问卷"，对全国 18 个省(市、区)的 35 个县(区)的中小学进行分层抽样调查，共计发放教师 A 卷 43 268 份，回收 43 268 份，回收率为 100.00%，在剔除不合格问卷后，共计有效问卷 43 265 份，有效率为 99.99%；共计发放教师 B 卷 57 766 份，回收 57 766 份，回收率为 100.00%，在剔除不合格问卷后，共计有效问卷 57 765 份，有效率约为 100.00%；共计发放校长问卷 3 268 份，回收 3 268 份，回收率为 100.00%，在剔除不合格问卷后，共计有效问卷 3 268 份，有效率率为 100%。有效样本的分布在性别、年龄、教龄、学段和学校地理位置等方面与中小学教师总体结构比例均十分接近，具有较好的代表性。

#### 2. 数据整理

在学校地理位置上，本研究根据学校所在省份，我们将样本学校划分为东部地区、中部地区、西部地区和东北地区四类，分别赋值为 1~4。东部地区包括山东、福建、广东 3 个省份；中部地区包括山西、安徽、江西、河南、湖北、湖南 6 个省份；西部地区包括广西、重庆、四川、贵州、云南、陕西、甘肃、宁夏 8 个省(市、区)；东北地区包括辽宁 1 个省份。

在学校类型上，本研究从学校所在具体地理位置以及学段两个维度进行了分析。依照学校类型，我们将学校划分为三类，依次是县城学校、乡镇学校、村屯学校，分别赋值为 1~3，其中乡镇学校包括乡上的学校和镇上的学校。关于教

师任教学段，本研究按照二分变量，将小学阶段与初中阶段教师分别赋值为 1
和 2。

在教师个人职业发展上，从教师的职称、学历、教龄、年龄维度进行了分
析。关于教师职称，本研究按照 2015 年《关于深化中小学教师职称制度改革的指
导意见》中规定的中小学教师职称（职务）制度体系，将中学高级教师对应高级教
师；中学一级教师和小学高级教师对应一级教师；中学二级教师和小学一级教师
对应二级教师；中学三级教师和小学二级、三级教师对应三级教师。本研究将未
评职称的教师与三级职称教师合并，将职称划分为未评与三级、二级教师、一级
教师和高级教师，分别赋值 1～4。关于教师学历，本研究将学历为小学及以下、
初中、高中、中专/中师、大专、本科、研究生分别赋值为 1～7；关于教师第一
学历所学专业是否为师范类，按照二分变量，将师范类和非师范类分别赋值为 1
和 2。关于教师教龄阶段的划分，本研究根据伯顿的三阶段理论、柏林纳的五阶
段理论、司德菲的教师生涯发展模式并结合我国的培训政策及实际，将教师的教
龄阶段划分为三个大阶段，其一，新手生涯阶段，包括无教学经历阶段（职后 0～
1 年）和熟练新手阶段（职后 2 年）；其二，胜任生涯阶段，包括积累阶段（职后
3～4 年）和成熟阶段（职后 5～9 年）；其三，专家生涯阶段，包括业务精干型阶
段（职后 10～20 年）和研究阶段（职后 20 年以上）。将教师职业生涯分为 0～1 年、
2 年、3～4 年、5～9 年、10～20 年、20 年以上六个教龄阶段，分别赋值 1～6。
关于教师年龄阶段的划分，在考虑教师工作特性的基础上，结合国家统计局对年
龄阶段划分标准将教师的年龄阶段划分为 25 岁及以下、26～30 岁、31～40 岁、
41～50 岁、51 岁及以上五个年龄段，分别赋值 1～5。

3. 统计方法

本文主要用描述性统计的方式来呈现数据，采用均值比较、百分数进行直观
的数据呈现，采用差异性检验对数据的内在关系进行了细致分析。本文数据均使
用 SPSS 21.0 生成导出。

## （二）分析框架

教师培训是教师素质提升的重要途径之一，那么，当前农村教师群体的培训
机会是否都能得到保障？培训的内容与形式是否具有适切性？培训经费能否有力
支撑农村教师培训？最后农村教师培训的效果如何？准确把握当前培训的现状与
水平是提升培训质量的基础，为此，本文主要从培训的规模、培训的内容与形
式、培训的经费保障、培训的效果四个维度进行分析。首先，从农村义务教师培
训的人数、学时与培训组织层级三个方面来分析农村义务教育教师培训的规模，
考察农村教师的培训机会是否能够得到保障；其次，根据培训现状结合教师主观
评价与倾向，分析培训内容与形式的适切性；再次，考察培训经费是否充足，并

进行不同维度的比较；最后，对农村义务教师培训效果进行描述分析与差异比较。

## 五、数据分析与结果

### (一)农村义务教育教师的培训规模

从宏观上对现在农村义务教育教师的培训规模进行分析，可以从三个方面进行考量，一是农村教师培训人数，二是农村教师培训学时，三是农村教师培训层级。这三个方面在不同维度之间可能会存在系统差异，本部分将从学校的地理位置、学段、学历、职称、师范类专业与否、教龄、年龄多个维度来考察农村义务教育教师的培训规模。

1. 农村教师培训人数占比与差异

对 2017 年农村教师参与培训数占实际在岗教职工数的比重的分析发现，农村教师参培人数占实际在岗教职工数的比例为 77.68%，参培比例较高。从区域层面看，中部地区的农村教师培训人数占比为 74.28%，在四个地区中比重最低，东部地区与西部地区农村教师培训人数占比相对持平，分别为 79.30% 和79.31%，东北地区(78.31%)稍低于东部地区和中部地区(见表 7.1)。受西部大开发政策以及"国培计划"的影响，地缘条件最不利的西部地区因政策倾斜获得培训优势，在农村教师培训人数占比上与东部地区相对持平。

表 7.1 不同地理位置学校类型的农村教师培训人数占比

| | | 培训人数均值/人 | 教职工人数均值/人 | 占比/% |
|---|---|---|---|---|
| 总体 | | 26.63 | 34.28 | 77.68 |
| 区域 | 东部地区 | 39.96 | 50.39 | 79.30 |
| | 中部地区 | 19.54 | 26.31 | 74.28 |
| | 西部地区 | 27.26 | 34.37 | 79.31 |
| | 东北地区 | 43.28 | 55.27 | 78.31 |
| 学校类型 | 县城 | 80.67 | 106.35 | 75.85 |
| | 乡镇 | 40.02 | 51.21 | 78.13 |
| | 村屯 | 11.92 | 15.20 | 78.39 |

注：$N=3176$，有效百分比 87.54%，缺失值 $=452$。

从学校类型看，县城学校、乡镇学校、村屯学校的农村教师培训人数占比呈现由低到高的趋势，分别为 75.85%、78.13%、78.39%(见表 7.1)。虽然县城学校教师培训的机会多，但是也因学校规模大、教职工多而稀释了占比，总体来看县城学校教师培训比例并低于村屯学校。

　　从学段方面分析农村教师培训人数占比及其差异，总体来看，农村教师参与培训的人数占实际在岗教职工数的比重不到 80%。其中农村初中教师培训人数占比为 80.97%，超过 80%，而农村小学教师培训人数占比为 77.65%，低于初中教师（见表 7.2）。小学教师的培训机会是否少于初中教师呢？不同学段教师培训存在着系统差异吗？这些尚需进一步的关注与分析。

表 7.2　不同学段的农村教师培训人数占比

| 学段 | 参与培训人数<br>均值/人 | 教职工人数<br>均值/人 | 占比/% |
|---|---|---|---|
| 农村初中 | 55.79 | 68.90 | 80.97 |
| 农村小学 | 18.95 | 24.40 | 77.65 |
| 农村义务教育阶段 | 24.19 | 30.74 | 78.71 |

　　注：$N=2908$，有效百分比 80.15%，缺失值 $=720$。

　　2. 农村教师培训学时现状与差异

　　总体上看，2017 年教师培训学时的平均数为 65.96 学时，与国家规定的标准还存在一定差距。国家政策规定的教师培训学时标准一直在不断提高，从 1999 年《中小学教师继续教育规定》规定的五年一周期 240 学时提高到 2015 年《国务院办公厅关于印发乡村教师支持计划（2015—2020 年）的通知》规定的五年一周期 360 学时。从培训学时的均值比较看，区域层面上，西部地区的农村教师培训学时均值最高，为 69.54 学时，中部地区与东部地区稍低，分别为 68.45 学时和 61.97 学时，东北地区农村教师培训学时均值最低，为 42.11 学时，呈现西部地区＞中部地区＞东部地区＞东北地区的状态。进行下一步具体的差异比较，单因素方差结果显示，不同区域农村教师培训的平均学时存在显著差异（$F=615.93$，$p<0.001$），中部地区和西部地区农村教师培训学时均值显著高于东部地区和东北地区，东部地区显著高于东北地区，东北地区培训学时数低于其他三个地区（见表 7.3）。

　　从学校类型看，单因素方差分析结果显示，县城、乡镇、村屯学校的教师培训学时均值存在显著差异（$F=21.18$，$p<0.001$），乡镇教师的培训学时均值显著高于县城和村屯教师，呈现巨班大校特点的县城学校与呈现小规模化的村屯学校中教师工作量较大，培训学时会因工作时间的挤压而缩短。从学段上看，单因素方差结果显示，初中教师和小学教师的培训学时存在显著差异（$t=36.58$，$p<0.001$），初中教师培训学时数显著高于小学教师，分别为 69.64 学时和 63.9 学时，结合上文发现的初中教师培训人数占比高于小学，可以发现小学教师的培训

机会少于初中教师的培训机会(见表7.3)。

表7.3 不同地理位置、学段教师培训学时的均值比较

| | | 人数/人 | 培训时间/学时 | 标准差 | 差异检验 |
|---|---|---|---|---|---|
| 总体 | | 94 922 | 65.96 | 43.44 | |
| 区域 | 东部地区(a) | 26 417 | 61.97 | 39.18 | $F=615.93^{***}$;<br>b, c>a>d |
| | 中部地区(b) | 24 563 | 68.45 | 44.54 | |
| | 西部地区(c) | 39 835 | 69.54 | 45.10 | |
| | 东北地区(d) | 4 107 | 42.11 | 36.29 | |
| 学校类型 | 县城(a) | 20 474 | 64.86 | 43.34 | $F=21.18^{***}$;<br>b>a, c |
| | 乡镇(b) | 46 126 | 66.90 | 43.35 | |
| | 村屯(c) | 28 322 | 65.24 | 43.63 | |
| 学段 | 小学(a) | 60 793 | 63.90 | 43.46 | $t=36.58^{***}$;<br>b>a |
| | 初中(b) | 34 129 | 69.64 | 43.16 | |

注：$N=94\ 922$，有效百分比95.56%，缺失值$=4\ 409$。* 表示 $p<0.05$，** 表示 $p<0.01$，*** 表示 $p<0.001$。

从教师的学历看，不同学历的教师培训学时数存在显著差异($F=63.44$，$p<0.001$)，事后比较发现，除了小学及以下和研究生学历外，大体上呈现学历越高，教师培训学时数越多的总体趋势，其中大专和本科学历教师的培训学时要显著高于初中、高中、中专/中师、研究生学历的教师，本科学历教师又显著高于大专学历的教师。从职称层面看，不同职称教师的培训学时数存在显著差异($F=536.12$，$p<0.001$)，事后比较发现，二级教师和一级教师的培训学时数要显著高于未评职称、三级教师和高级教师。从所读专业是否为师范类看，教师培训学时数存在显著差异($t=19.53$，$p<0.001$)，所读专业为师范类的教师的培训学时数要显著高于专业为非师范类的教师(见表7.4)。

从教龄上看，单因素方差结果显示，不同教龄教师的培训学时数存在显著差异($F=809.92$，$p<0.001$)，事后比较发现，大体呈现教龄越高教师的培训学时数越高；从年龄上看，单因素方差结果显示，不同年龄教师的培训学时数存在显著差异($F=795.85$，$p<0.001$)，除51岁及以上教师外，基本呈现年龄越高培训学时数越多的趋势，这与教龄维度教师培训学时的分布大体一致。培训学时分布的现状是否符合教师的职业生涯发展呢？这需要进一步结合教师职业发展周期进行分析(见表7.5)。

表 7.4　不同学历、职称、师范类与非师范类专业教师培训学时的均值比较

| | | 人数/人 | 培训时间/学时 | 标准差 | 差异检验 |
|---|---|---|---|---|---|
| 最高学历 | 小学及以下(a) | 19 | 62.21 | 38.89 | $F=63.44^{***}$；e，f>d，g>b，c；f>e |
| | 初中(b) | 111 | 34.59 | 35.87 | |
| | 高中(c) | 484 | 41.11 | 45.70 | |
| | 中专/中师(d) | 3 217 | 59.56 | 41.96 | |
| | 大专(e) | 29 811 | 64.80 | 42.46 | |
| | 本科(f) | 60 799 | 67.20 | 43.83 | |
| | 研究生(g) | 481 | 56.73 | 46.13 | |
| 职称 | 未评与三级(a) | 97 | 57.94 | 39.58 | $F=536.12^{***}$；b，c>a，d |
| | 二级教师(b) | 7 552 | 72.99 | 42.22 | |
| | 一级教师(c) | 32 741 | 72.37 | 41.13 | |
| | 高级教师(d) | 54 532 | 61.16 | 44.33 | |
| 师范类 | 是(a) | 76 919 | 67.25 | 43.27 | $t=19.53^{***}$；a>b |
| | 否(b) | 18 003 | 60.47 | 43.76 | |

注：$N=94\ 922$，有效百分比 95.56%，缺失值 $=4\ 409$。* 表示 $p<0.05$，** 表示 $p<0.01$，*** 表示 $p<0.001$。

表 7.5　不同教龄、年龄教师培训学时的均值比较

| | | 人数 | 培训时间（学时） | 标准差 | 差异检验 |
|---|---|---|---|---|---|
| 教龄 | 0 至 1 年(a) | 5 468 | 34.15 | 40.29 | $F=809.92^{***}$；e，f>d>c>b>a |
| | 2 年(b) | 3 878 | 53.40 | 46.39 | |
| | 3 至 4 年(c) | 6 532 | 62.01 | 46.70 | |
| | 5 至 9 年(d) | 13 031 | 64.74 | 43.34 | |
| | 10 至 20 年(e) | 25 923 | 69.91 | 42.29 | |
| | 20 年以上(f) | 40 081 | 70.01 | 41.64 | |
| 年龄 | 25 岁及以下(a) | 5 948 | 41.14 | 44.03 | $F=795.85^{***}$；d>c>e>b>a |
| | 26 至 30 岁(b) | 15 742 | 58.42 | 45.91 | |
| | 31 至 40 岁(c) | 32 973 | 68.53 | 42.50 | |
| | 41 至 50 岁(d) | 27 630 | 72.03 | 41.46 | |
| | 51 岁及以上(e) | 12 629 | 67.08 | 41.30 | |

注：教龄中 $N=94\ 913$，有效百分比 95.55%，缺失值 $=4418$；年龄中注：$N=94\ 922$，有效百分比 95.56%，缺失值 $=4\ 409$。* 表示 $p<0.05$，** 表示 $p<0.01$，*** 表示 $p<0.001$。

### 3. 农村教师培训层级现状与差异

从总体上看 2017 年农村教师培训的层级现状，约 6.57％的农村教师未参加培训，72.15％的教师参加过县级培训，县级培训在所有培训层级中参与比例最高；校级培训稍低，为 63.75％；市级培训、省级培训、国家级培训的占比相对较低，分别为 25.39％、20.74％、16.02％，基本符合金字塔结构分布的特点，层级越高的培训占比越低，这也与培训实践中的资源分布一致，县级培训是培训的主力，因此对于县级培训机构的建设极其必要且具有重大价值(见表 7.6)。

从区域层面看，东部地区和东北地区国家级培训占比很低，分别为 8.28％、2.21％，该培训层级分布与"国培计划"的实施有关，由于"国培计划"重心下移，重点向中西部贫困地区基层倾斜，因此东部地区和东北地区国家级培训占比与中部地区和西部地区相比更低；中部地区和东北地区的校级培训占比与东部地区和西部地区相比更低，东北地区的省级培训占比与其他地区相比偏低(见表 7.6)。从学校类型看，县城、乡镇、村屯学校五个培训层级的比例大体相当，市级培训和省级培训从村屯到乡镇再到县城的培训占比呈现逐渐升高的趋势，村屯＜乡镇＜县城，与之不同，县级培训和国家级培训的培训占比呈现村屯＞乡镇＞县城的趋势(见表 7.6)。从学段上看，有 5.43％的初中教师未参加过培训，而小学教师的这一比例为 7.22％，与前文所述的初中教师培训机会多于小学教师相符，此外，五个培训层级中初中教师的培训占比均高于小学教师(见表 7.6)。

**表 7.6  不同地理位置、学段教师培训层级占比**　　　　　单位：%

| | | 未参加 | 校级 | 县级 | 市级 | 省级 | 国家级 |
|---|---|---|---|---|---|---|---|
| 总体 | | 6.57 | 63.75 | 72.15 | 25.39 | 20.74 | 16.02 |
| 区域 | 东部地区 | 7.00 | 63.20 | 75.69 | 30.58 | 24.46 | 8.28 |
| | 中部地区 | 5.86 | 57.83 | 71.47 | 26.54 | 23.52 | 21.05 |
| | 西部地区 | 6.66 | 68.42 | 70.34 | 21.18 | 17.71 | 19.23 |
| | 东北地区 | 7.41 | 58.33 | 71.51 | 26.40 | 9.16 | 2.21 |
| 学校类型 | 县城 | 6.19 | 63.97 | 69.86 | 30.20 | 25.38 | 14.94 |
| | 乡镇 | 6.64 | 63.36 | 72.47 | 26.44 | 20.35 | 16.01 |
| | 村屯 | 6.74 | 64.21 | 73.28 | 20.23 | 18.03 | 16.81 |
| 学段 | 小学 | 7.22 | 63.67 | 71.34 | 22.82 | 18.95 | 14.99 |
| | 初中 | 5.43 | 63.88 | 73.58 | 29.95 | 23.91 | 17.85 |

注：$N=99\,331$，有效百分比 100％，缺失值＝0。

从教师的学历看，除小学及以下和研究生学历外，大体呈现学历越高各层级培训占比越高的总体趋势，这也与前文对培训学时的分析相互印证，大专与本科学历的教师参与各个层级的培训较多，而小学及以下学历的教师国家级培训占比达到 20％。从教师的职称看，高级教师 2017 年未参与培训的比例最大，为 8.49％，未评职称教师与三级教师为 7.00％。纵观五个培训层级可以看出，二级教师和一级教师参与培训的占比位居前两位。从教师所学专业是否为师范类看，师范专业出身的教师在各个层级的培训占比均大于非师范专业出身的教师（见表 7.7）。

表 7.7　不同学历、职称、师范类与非师范类专业教师培训层级占比　单位：％

| | | 未参加 | 校级 | 县级 | 市级 | 省级 | 国家级 |
|---|---|---|---|---|---|---|---|
| 学历 | 小学及以下 | 15.00 | 45.00 | 65.00 | 20.00 | 5.00 | 20.00 |
| | 初中 | 31.25 | 51.79 | 41.07 | 12.50 | 8.93 | 6.25 |
| | 高中 | 23.69 | 54.22 | 48.39 | 8.43 | 5.82 | 6.83 |
| | 中专/中师 | 9.41 | 64.75 | 66.44 | 15.13 | 14.50 | 12.45 |
| | 大专 | 7.08 | 63.47 | 70.05 | 20.97 | 18.21 | 15.43 |
| | 本科 | 5.97 | 64.02 | 73.74 | 28.25 | 22.43 | 16.60 |
| | 研究生 | 9.13 | 52.58 | 69.05 | 26.79 | 23.21 | 13.69 |
| 职称 | 未评与三级 | 7.00 | 63.00 | 66.00 | 26.00 | 19.00 | 15.00 |
| | 二级教师 | 4.27 | 65.56 | 70.75 | 28.16 | 24.27 | 18.82 |
| | 一级教师 | 3.95 | 66.09 | 74.36 | 27.42 | 23.17 | 18.03 |
| | 高级教师 | 8.49 | 62.06 | 71.01 | 23.76 | 18.76 | 14.40 |
| 师范类 | 是 | 6.02 | 64.33 | 72.66 | 26.27 | 21.47 | 16.15 |
| | 否 | 8.94 | 61.24 | 69.94 | 21.60 | 17.61 | 15.45 |

注：$N=99331$，有效百分比 100％，缺失值＝0。

从教龄上看，职后 0～1 年无教学经历阶段、职后 2 年熟练新手阶段、职后 3～4 年积累阶段的教师未参加培训的比例较高，分别为 28.10％、8.68％、8.17％；按教龄从小到大来看，五个培训层级总体比例呈现先升后降的趋势。从年龄上看，25 岁及以下和 26～30 岁的教师未参加培训的比例最高，分别为 20.86％、9.19％；按教师年龄从小到大来看，五个培训层级基本呈现和教龄一样的趋势，年龄越高各培训层级参加的比例越高，在 51 岁及以上这个阶段略有降低。教师培训学时呈现教龄、年龄越高培训学时数越多的态势，相对年长成手教师而言，年轻新手教师培训的培训机会略少（见表 7.8）。

表 7.8    不同教龄、年龄教师培训层级占比 单位:%

|  |  | 未参加 | 校级 | 县级 | 市级 | 省级 | 国家级 |
|---|---|---|---|---|---|---|---|
| 教龄 | 0 至 1 年 | 28.10 | 39.30 | 57.58 | 12.61 | 6.64 | 3.97 |
|  | 2 年 | 8.68 | 56.79 | 74.20 | 23.19 | 13.17 | 9.66 |
|  | 3 至 4 年 | 8.17 | 61.48 | 71.57 | 25.02 | 17.61 | 14.59 |
|  | 5 至 9 年 | 5.91 | 66.86 | 73.71 | 27.43 | 22.30 | 17.74 |
|  | 10 至 20 年 | 4.39 | 65.81 | 74.58 | 28.55 | 23.12 | 17.36 |
|  | 20 年以上 | 4.89 | 65.66 | 71.90 | 24.64 | 21.78 | 17.02 |
| 年龄 | 25 岁及以下 | 20.86 | 46.22 | 63.07 | 17.82 | 10.11 | 6.99 |
|  | 26 至 30 岁 | 9.19 | 60.40 | 71.61 | 24.38 | 17.27 | 14.07 |
|  | 31 至 40 岁 | 5.06 | 65.80 | 74.24 | 27.76 | 22.61 | 17.01 |
|  | 41 至 50 岁 | 4.17 | 65.28 | 73.61 | 26.87 | 23.78 | 17.44 |
|  | 51 岁及以上 | 6.03 | 67.19 | 68.27 | 20.64 | 18.29 | 16.85 |

注:$N=99331$,有效百分比 100%,缺失值=0。

## (二)农村义务教育教师的培训内容与形式

培训的内容与形式是培训工作中的主体部分,与当前教师的培训需求是否适切直接影响培训效果。下文根据培训内容与形式的现状调查,结合教师对培训内容与形式的主观评价,分析培训内容与形式的适切性。

### 1. 农村教师培训内容的现状与差异

总体上看,2017 年农村教师接受的培训内容中,教育教学能力、师德教育、信息技术应用、安全教育在培训中占比均超过 50%,分别为 76.37%、73.59%、68.34%、50.27%,法治教育、心理健康教育、教育科研能力的占比均低于40%,分别为 36.93%、35.63%、33.81%,占比最低的是管理能力(18.01%)。

从学段看,在师德教育、教育教学能力、信息技术应用、教育科研能力、管理能力、法治教育这些培训内容上,初中教师培训的占比均高于小学教师,仅有安全教育和心理健康教育小学教师培训占比比初中教师高,其中安全教育小学教师培训占比为 51.80%,高于初中教师培训占比的 47.57%,因小学阶段其教育对象年龄较低,学生的安全问题更需被重点关照。从教师所学专业师范类与否看,除安全教育和心理健康教育,其他内容上所学专业是师范类的教师的培训占比均高于非师范类教师,这与分学段的分析结果一定程度上一致。学段越高入职门槛也会随之提高,初中师范类专业教师的比例一般高于小学教师,在培训内容占比的分析上,不同学段教师的情况与所学专业师范类与否具有一致性(见表 7.9)。

表 7.9　不同学段与师范类、非师范类专业教师的培训内容占比　　单位：%

| 培训内容 | 总体 | 学段 | | 师范类 | |
|---|---|---|---|---|---|
| | | 小学 | 初中 | 是 | 否 |
| 师德教育 | 73.59 | 73.04 | 74.57 | 73.87 | 72.50 |
| 教育教学能力 | 76.37 | 75.47 | 77.96 | 76.71 | 75.00 |
| 信息技术应用 | 68.34 | 67.79 | 69.31 | 69.07 | 65.30 |
| 教育科研能力 | 33.81 | 31.78 | 37.38 | 34.66 | 30.30 |
| 管理能力 | 18.01 | 17.27 | 19.32 | 18.22 | 17.20 |
| 安全教育 | 50.27 | 51.80 | 47.57 | 50.06 | 51.10 |
| 法治教育 | 36.93 | 35.83 | 38.89 | 37.29 | 35.50 |
| 心理健康教育 | 35.63 | 35.64 | 35.61 | 35.59 | 35.80 |
| 其他 | 17.67 | 18.17 | 16.79 | 17.52 | 18.30 |

注：$N=40\ 136$，有效百分比 94.41%，缺失值＝2 375。

从职称视角看教师培训内容的差异性，师德教育、教育教学能力与信息技术应用能力上，二级教师与一级教师培训占比较大。教育科研能力、管理能力、安全教育、法治教育、心理健康教育方面，未评职称与三级教师的培训占比高于一级教师（见表 7.10）。

表 7.10　不同职称教师的培训内容占比　　单位：%

| 培训内容 | 总体 | 未评与三级 | 二级教师 | 一级教师 | 高级教师 |
|---|---|---|---|---|---|
| 师德教育 | 73.59 | 70.27 | 76.88 | 76.87 | 71.10 |
| 教育教学能力 | 76.37 | 59.46 | 79.86 | 76.75 | 75.70 |
| 信息技术应用 | 68.34 | 64.86 | 71.80 | 71.48 | 65.90 |
| 教育科研能力 | 33.81 | 37.84 | 43.55 | 36.08 | 31.00 |
| 管理能力 | 18.01 | 24.32 | 24.17 | 18.64 | 16.80 |
| 安全教育 | 50.27 | 59.46 | 51.41 | 54.15 | 47.70 |
| 法治教育 | 36.93 | 45.95 | 41.61 | 40.19 | 34.30 |
| 心理健康教育 | 35.63 | 51.35 | 36.19 | 37.35 | 34.50 |
| 其他 | 17.67 | 24.32 | 17.95 | 17.29 | 17.90 |

注：$N=40\ 136$，有效百分比 94.41%，缺失值＝2 375。

从教龄上看教师培训内容，在师德教育、教育科研能力、安全教育、法治教育、心理健康教育的培训上，大体呈现教龄越高接收培训机会越高的趋势；在教育教学能力、管理能力的培训上，各个教龄阶段的培训占比相当、差距不大；在信息技术应用能力的培训上，0～1年教龄的教师培训占比，为50.21%，与其他教龄阶段教师较低，一方面是因为新手教师入职后更需要通过培训提高教育教学能力，另一方面也可能是因为新手教师较年轻，对信息化设备的使用能力相对较好(见表7.11)。

表 7.11　不同教龄教师的培训内容占比　　　　　　　　单位:%

| 培训内容 | 总体 | 0 至 1 年 | 2 年 | 3 至 4 年 | 5 至 9 年 | 10 至 20 年 | 20 年以上 |
|---|---|---|---|---|---|---|---|
| 师德教育 | 73.59 | 61.86 | 68.22 | 67.61 | 73.07 | 74.62 | 76.10 |
| 教育教学能力 | 76.37 | 74.02 | 74.16 | 75.73 | 77.20 | 76.36 | 76.70 |
| 信息技术应用 | 68.34 | 50.21 | 63.30 | 70.10 | 69.16 | 70.58 | 69.00 |
| 教育科研能力 | 33.81 | 28.45 | 29.95 | 29.96 | 31.08 | 34.60 | 35.90 |
| 管理能力 | 18.01 | 17.89 | 16.16 | 16.61 | 17.00 | 18.37 | 18.60 |
| 安全教育 | 50.27 | 36.29 | 42.27 | 43.96 | 45.33 | 50.98 | 54.90 |
| 法治教育 | 36.93 | 23.87 | 26.49 | 31.77 | 34.99 | 37.78 | 40.50 |
| 心理健康教育 | 35.63 | 27.47 | 28.76 | 33.35 | 36.36 | 35.97 | 37.30 |
| 其他 | 17.67 | 20.67 | 17.41 | 17.65 | 17.48 | 17.23 | 17.70 |

注: $N=40\ 127$, 有效百分比 94.39%, 缺失值$=2\ 366$。

2. 培训内容对农村教师的重要程度分析

在不同培训阶段，依据各阶段的培训目标因时因人安排教师培训内容以提升培训效果。在同一培训阶段，有针对性的对不同教师群体提供"菜单式"培训，教师根据个体需要选择相应的培训内容。从均值比较的结果看，教师群体视角对培训内容重要性的排序为：安全教育＞心理健康教育＞教育教学能力＞师德教育、法治教育＞信息技术应用＞教育科研能力＞管理能力。(见表7.12)在义务教育阶段，教师对于学生的安全、心理健康方面尤为重视，而教育科研能力与管理能力相对不太受到义务教育教师的重视。

从不同学段上看教师群体对培训内容的重要性评价，小学教师对各项内容的评价均高于初中教师，其中在师德教育、教育教学能力、教育科研能力、安全教育、法治教育、心理健康教育的评价上小学教师显著高于初中教师。这说明，小学教师对各种培训内容的期望要高于初中教师。从教师所学专业师范类与否看，所学专业为非师范类的教师对八个培训内容的重要性评价均高于师范类专业教师，其中在师德教育、教育教学能力、教育科研能力、安全教育、法治教育、心理健康教育六个培训内容上，非师范类教师评价显著高于师范类教师，这个结果与学段视角的分析相一致，也与前文对培训内容现状调查的分析结果一致（见表 7.12）。

表 7.12　培训内容对各学段与师范类、非师范类专业教师的重要程度分析

| | | 总体 | 学段 | | 师范类 | |
|---|---|---|---|---|---|---|
| | | | 小学(a) | 初中(b) | 是(a) | 否(b) |
| 师德教育 | M±SD | 4.45±0.84 | 4.49±0.81 | 4.37±0.89 | 4.44±0.85 | 4.49±0.82 |
| | 差异检验 | | $t=13.71^{***}$ | | $t=-5.02^{***}$ | |
| 教育教学能力 | M±SD | 4.51±0.78 | 4.54±0.76 | 4.45±0.81 | 4.50±0.78 | 4.53±0.77 |
| | 差异检验 | | $t=10.94^{***}$ | | $t=-2.74^{***}$ | |
| 信息技术应用 | M±SD | 4.30±0.83 | 4.35±0.81 | 4.21±0.85 | 4.30±0.83 | 4.32±0.82 |
| | 差异检验 | | $t=16.71$ | | $t=-1.93$ | |
| 教育科研能力 | M±SD | 4.25±0.88 | 4.30±0.86 | 4.16±0.92 | 4.24±0.89 | 4.29±0.86 |
| | 差异检验 | | $t=15.92^{***}$ | | $t=-4.58^{***}$ | |
| 管理能力 | M±SD | 4.23±0.87 | 4.27±0.85 | 4.15±0.90 | 4.22±0.87 | 4.25±0.86 |
| | 差异检验 | | $t=14.19$ | | $t=-2.33$ | |
| 安全教育 | M±SD | 4.54±0.78 | 4.60±0.74 | 4.44±0.83 | 4.54±0.78 | 4.58±0.76 |
| | 差异检验 | | $t=19.37^{***}$ | | $t=-4.45^{***}$ | |
| 法治教育 | M±SD | 4.45±0.80 | 4.49±0.78 | 4.37±0.84 | 4.44±0.81 | 4.48±0.79 |
| | 差异检验 | | $t=14.94^{***}$ | | $t=-4.28^{***}$ | |
| 心理健康教育 | M±SD | 4.52±0.77 | 4.55±0.75 | 4.46±0.80 | 4.52±0.77 | 4.54±0.76 |
| | 差异检验 | | $t=11.07^{***}$ | | $t=-2.57^{***}$ | |

注：$N=42\,511$，有效百分比 100%，缺失值＝0。* 表示 $p<0.05$，** 表示 $p<0.01$，*** 表示 $p<0.001$。

从职称视角上对培训内容重要性评价进行分析，发现不同职称教师对部分培训内容的评价存在显著差异，在教育教学能力、信息技术应用、教育科研能力、管理能力、安全教育、法治教育、心理健康教育这七个培训内容上，不同职称的教师对其重要性评价上具有显著差异。具体来看，在教育教学能力上，高级教师对其重要性的评价显著高于一级教师；在信息技术应用、教育科研能力、管理能力、法治教育四个培训内容上，一级教师对其重要性的评价显著高于二级教师，高级教师对其重要性的评价显著高于二级教师和一级教师；在安全教育上，高级教师对其重要性的评价显著高于一级教师，一级教师的评价显著高于二级教师；在心理健康教育上，高级教师对其重要性的评价显著高于二级教师和一级教师（见表 7.13）。

**表 7.13　培训内容对不同职称教师的重要程度分析**

| | | 总体 | 职称 | | | |
|---|---|---|---|---|---|---|
| | | | 未评与三级<br>(a) | 二级教师<br>(b) | 一级教师<br>(c) | 高级教师<br>(d) |
| 师德教育 | M±SD | 4.45±0.84 | 4.39±0.92 | 4.44±0.85 | 4.44±0.85 | 4.45±0.84 |
| | 差异检验 | $F=1.44$ | | | | |
| 教育教学能力 | M±SD | 4.51±0.78 | 4.39±0.92 | 4.50±0.76 | 4.48±0.78 | 4.53±0.78 |
| | 差异检验 | $F=9.20^{***}$；d>c | | | | |
| 信息技术应用 | M±SD | 4.30±0.83 | 4.29±0.90 | 4.21±0.82 | 4.27±0.83 | 4.33±0.83 |
| | 差异检验 | $F=30.17^{***}$；d>c>b | | | | |
| 教育科研能力 | M±SD | 4.25±0.88 | 4.13±1.04 | 4.14±0.90 | 4.20±0.89 | 4.29±0.87 |
| | 差异检验 | $F=53.84^{***}$；d>c>b | | | | |
| 管理能力 | M±SD | 4.23±0.87 | 4.18±0.93 | 4.10±0.89 | 4.15±0.88 | 4.29±0.85 |
| | 差异检验 | $F=100.4^{***}$；d>c>b | | | | |
| 安全教育 | M±SD | 4.54±0.78 | 4.47±0.89 | 4.48±0.79 | 4.54±0.78 | 4.56±0.77 |
| | 差异检验 | $F=9.394^{***}$；d>c>b | | | | |
| 法治教育 | M±SD | 4.45±0.80 | 4.42±0.89 | 4.38±0.82 | 4.43±0.81 | 4.47±0.80 |
| | 差异检验 | $F=14.36^{***}$；d>c>b | | | | |
| 心理健康教育 | M±SD | 4.52±0.77 | 4.37±1.00 | 4.45±0.78 | 4.49±0.78 | 4.55±0.76 |
| | 差异检验 | $F=29.50^{***}$；d>b, c | | | | |

　　注：$N=42\,511$，有效百分比 $100\%$，缺失值$=0$。* 表示 $p<0.05$，** 表示 $p<0.01$，*** 表示 $p<0.001$。

　　从教龄视角对不同培训内容的重要性评价进行分析，根据单因素方差结果显示，不同教龄阶段的教师对教育教学能力、信息技术应用、教育科研能力、管理能力、心理健康教育这五个培训内容的重要性评价存在显著差异。结合均值比较可以发现，在教育教学能力上，0～1 年、3～4 年、5～9 年教龄教师对其重要性评分显著高于 20 年以上教龄教师，3～4 年教龄教师对其重要性评分显著高于10～20 年教龄教师。在信息技术应用能力上，0～1 年、3～4 年、5～9 年、10～20 年教龄教师对其评分显著高于 20 年以上教龄教师，3～4 年、5～9 年教龄教师的评分显著高于 10～20 年教龄教师，5～9 年教龄教师的评分显著高于 2 年教龄教师。在教育科研能力、管理能力、心理健康教育上，基本呈现教龄较短教师的评价显著高于教龄较长的教师。教师在新手生涯阶段需要最基础的培训与学习，在职后 0～1 年的无教学经历阶段教师需要获取教学所需知识和技能，学习一些教学情境下的应对规则，熟悉课堂教学的步骤，获得初步的教学经验；在职后 2 年的熟练新手阶段，教师在教学活动中积累了一些经验，形成了最基本的教育教学能力，但还需要进一步学习与提升。在胜任生涯阶段，教师开始重点关注专业发展，在职后 3～4 年的积累阶段与职后 5～9 年的成熟阶段，教师的培训需要区别于新手生涯阶段，为教师专业发展做好基础的外部支持。在专家生涯阶段，教师致力于研究自身多年来教育教学的经验，优秀的教师会进行相关的知识生产与创新，在职后 10～20 年业务精干型阶段与职后 20 年以上的研究阶段，对教师的培训也应因时而变，增强针对性（见表 7.14）。

表 7.14　培训内容对不同教龄教师的重要程度分析

| | | 教龄 | | | | | |
|---|---|---|---|---|---|---|---|
| | | 0～1 年<br>(a) | 2 年<br>(b) | 3～4 年<br>(c) | 5～9 年<br>(d) | 10～20 年<br>(e) | 20 年以上<br>(f) |
| 师德<br>教育 | M±SD | 4.48±0.80 | 4.45±0.85 | 4.47±0.82 | 4.44±0.86 | 4.43±0.85 | 4.44±0.84 |
| | 差异检验 | $F=1.92$ | | | | | |
| 教育教<br>学能力 | M±SD | 4.55±0.76 | 4.51±0.81 | 4.56±0.76 | 4.54±0.77 | 4.50±0.78 | 4.49±0.78 |
| | 差异检验 | $F=8.15^{***}$；a，c，d>f；c>e | | | | | |
| 信息技<br>术应用 | M±SD | 4.33±0.81 | 4.30±0.84 | 4.34±0.83 | 4.35±0.82 | 4.30±0.84 | 4.28±0.83 |
| | 差异检验 | $F=9.69^{***}$；a，c，d>e>f；d>b | | | | | |
| 教育科<br>研能力 | M±SD | 4.38±0.82 | 4.31±0.87 | 4.33±0.86 | 4.29±0.89 | 4.24±0.89 | 4.20±0.89 |
| | 差异检验 | $F=31.36^{***}$；a>d；a，b，c，d>e>f | | | | | |
| 管理<br>能力 | M±SD | 4.41±0.78 | 4.33±0.84 | 4.35±0.82 | 4.30±0.85 | 4.21±0.88 | 4.15±0.88 |
| | 差异检验 | $F=80.87^{***}$；a>b，d；a，b，c，d>e>f | | | | | |
| 安全<br>教育 | M±SD | 4.54±0.75 | 4.52±0.79 | 4.55±0.78 | 4.54±0.80 | 4.55±0.78 | 4.54±0.77 |
| | 差异检验 | $F=0.35$ | | | | | |
| 法治<br>教育 | M±SD | 4.47±0.77 | 4.44±0.82 | 4.46±0.81 | 4.46±0.81 | 4.45±0.81 | 4.44±0.79 |
| | 差异检验 | $F=0.88$ | | | | | |
| 心理健<br>康教育 | M±SD | 4.57±0.74 | 4.53±0.79 | 4.58±0.76 | 4.56±0.77 | 4.53±0.77 | 4.48±0.77 |
| | 差异检验 | $F=18.56^{***}$；a，c，d，e>f | | | | | |

注：$N=42\,511$，有效百分比 100%，缺失值=0。* 表示 $p<0.05$，** 表示 $p<0.01$，*** 表示 $p<0.001$。

## 专栏1　教师培训需要一场供给侧改革

教师的专业能力直接影响学生发展，教师培训是提升教师专业发展的有效途径，也是促进教师终身学习的必然要求。面对未来教育的挑战，教师培训必须跟上教师专业成长的需要。但现实中一些教师不愿意参与培训，存在教师培训机构"抢教师培训"的问题。近日，在中国教育学会主办的"创新教师专业成长"论坛上，专家呼吁创新教师专业发展模式与方法，以支撑未来课堂的挑战。

近年来，随着国家对教师培训工作的重视，教师培训经费增加、培训机会增多、培训方式和手段不断丰富。然而，当前教师培训还不能完全满足教师需求，不能完全顺应未来教育的挑战，突出表现为注重理论灌输、培训内容针对性不强、培训方式单一、实效性不强等。尤其是不同地区、不同年龄段的教师有着不同的教学实际和专业成长需求，而一些培训的内容没有有效结合一线教学实际，没有结合教师的专业成长需求，缺乏针对性，制约了培训效果的提高和教师专业成长的提升。这也是部分教师参加教育培训的兴致不高的原因所在。

伴随着对教师培训的重视，教师的培训需求其实也在水涨船高，教师已不满足于一些常规性、一般性的培训方式，而是希望有更高质量的培训资源、更具实效性的培训活动，满足其个性化的培训需求。因此，提升培训课程内容与一线教育教学实际的关联度，进一步增强教师培训的针对性和实效性，是全面提升教师培训工作质量的一个重要课题。

2016年12月，《教育部关于大力推行中小学教师培训学分管理的指导意见》指出："以教师发展阶段为基础，以能力诊断为依据，根据教师年度发展和周期性发展需求，进行递进式设计，推动教师持续成长。"前不久，教育部发布《中小学幼儿园教师培训课程指导标准（义务教育语文、数学、化学学科教学）》，为提高教师培训针对性、实效性提供了指导标准。《指导标准》分为培训目标、能力诊断、课程内容、实施要求等四个主要模块，旨在建立分学科的教学能力标准体系，科学设立培训目标，通过帮助教师对照"能力表现级差表"进行自我诊断，发现培训需求，然后为教师培训提供针对性的培养，从而破解教师培训难题，提高教师培训质量和效益。

建立教师专业测评体系，科学设立教师培训目标，在掌握教师培训需求的基础上，推进分层分类、分科分段的教师全员培训工作，是破解教师培训针对性、实效性不强的突破点。在实践方面，从2016年开始，中国教育学会成立了教师专业发展项目，在山东、四川、江苏等多地建立了教师专业发展实验区。通过开展教师专业测评，对教师专业水平进行数据量化分析，发现问题、了解需求，然后组织专家，针对不同教师群体，形成分层、分类、个性化的解决方案，有效解决了教师专业培训针对性不强的问题，取得了不错成果，为教师培训模式改革积累了诸多经验。

21世纪的教育面临着无法预测的全球挑战，在对教育的内容、方法产生挑战的同时，也会对教育的主体——教师，对忽视教师个体需求的传统教育培训模式提出尖锐挑战。学生需要个性化的教学，前提当然是教师拥有个性化教学的能力，那么对教师的培训又岂能不针对教师个性化的成长需求而展开呢？教师培训迫切需要来一场供给侧改革。

资料来源：杨三喜：《教师培训需要一场供给侧改革》，载《中国教育报》，2018-04-26。

### 3. 农村教师培训形式的现状与差异

总体上来看，2017 年农村教师参与的培训形式中，网络研修、校本研修、专家讲座这些培训形式参与占比较高，分别为 81.2%、78.3%、50.3%，教师工作坊、送教下乡、专家指导的占比相对较低，分别为 32.2%、28.7%、18.8%，占比最低的是 2.7% 的影子培训和 2.2% 的顶岗置换（见表 7.15）。

从学校的地理位置看，在多数培训形式上，县城学校的占比高于乡镇，乡镇学校的占比高于村屯，如校本研修、教师工作坊、顶岗置换、专家指导；在网络研修和影子培训这两种培训形式上，乡镇学校的占比高于县城学校，县城学校高于村屯学校；在专家讲座培训形式上，县城学校高于村屯学校，村屯学校高于乡镇学校；在送教下乡培训形式上，呈现村屯学校高于乡镇学校，乡镇学校高于县城学校的趋势。从不同学段看，在大部分培训形式上，农村初中教师的培训占比均高于小学教师，除了送教下乡这种培训形式中小学教师的占比为 29.66%，初中教师为 27.11%，小学教师略高于初中教师（见表 7.15）。

表 7.15　不同类型学校、不同学段教师培训形式占比　　　　单位：%

| 培训形式 | 总体 | 学校类型 | | | 学段 | |
|---|---|---|---|---|---|---|
| | | 县城 | 乡镇 | 村屯 | 小学 | 初中 |
| 网络研修 | 81.20 | 81.20 | 82.30 | 79.40 | 80.09 | 83.15 |
| 校本研修 | 78.30 | 80.40 | 78.90 | 76.80 | 77.06 | 80.50 |
| 教师工作坊 | 32.20 | 34.70 | 32.30 | 31.60 | 31.19 | 34.10 |
| 顶岗置换 | 2.20 | 2.80 | 2.40 | 1.90 | 2.12 | 2.45 |
| 专家讲座 | 50.30 | 58.40 | 49.10 | 50.30 | 49.74 | 51.20 |
| 专家指导 | 18.80 | 24.80 | 18.60 | 17.60 | 18.15 | 19.84 |
| 影子培训 | 2.70 | 2.80 | 2.90 | 2.40 | 2.75 | 2.75 |
| 送教下乡 | 28.70 | 21.90 | 28.20 | 31.20 | 29.66 | 27.11 |
| 其他 | 13.40 | 11.00 | 13.00 | 14.70 | 14.34 | 11.75 |

注：$N=40\ 288$，有效百分比 94.8%，缺失值 $=2\ 223$。

4. 培训形式对农村教师的有效程度分析

总体上看，教师对培训形式有效性的评价较高。教师对专家指导培训形式的评价最高，对顶岗置换培训形式的评价最低，培训形式有效性由高到低依次为专家指导、专家讲座、校本研修、送教下乡、网络研修和教师工作坊、影子培训、顶岗置换。从学校类型上进行差异性分析，在网络研修、校本研修、教师工作坊、顶岗置换、送教下乡这几种培训形式中，村屯学校教师对其评价显著高于县城学校和乡镇学校，在专家指导、专家讲座、影子培训这三种培训形式上，村屯学校教师对其评价显著高于乡镇学校。从学段上进行差异分析，发现除教师工作坊外培训形式外，小学和初中教师的评价存在显著差异，小学教师的评价要显著高于初中教师的评价(见表7.16)。

表 7.16　不同类型学校、不同学段教师对培训形式有效性评价分析

| | | 总体 | 学校类型 | | | 学段 | |
|---|---|---|---|---|---|---|---|
| | | | 县城(a) | 乡镇(b) | 村屯(c) | 小学(a) | 初中(b) |
| 网络研修 | M±SD | 3.58±0.98 | 3.52±0.99 | 3.54±0.99 | 3.66±0.96 | 3.65±0.96 | 3.46±1.00 |
| | 差异检验 | $F=68.77^{***}$ ; c>a, b | | | | $t=18.94^{***}$ | |
| 校本研修 | M±SD | 3.75±0.90 | 3.72±0.91 | 3.73±0.91 | 3.80±0.89 | 3.81±0.89 | 3.64±0.92 |
| | 差异检验 | $F=32.25^{***}$ ; c>a, b | | | | $t=19.13^{***}$ | |
| 教师工作坊 | M±SD | 3.58±0.93 | 3.60±0.94 | 3.55±0.93 | 3.64±0.92 | 3.65±0.92 | 3.47±0.93 |
| | 差异检验 | $F=40.41^{***}$ ; c>a, b | | | | $t=18.91$ | |
| 顶岗置换 | M±SD | 3.23±0.99 | 3.14±1.01 | 3.22±0.99 | 3.26±0.99 | 3.26±0.99 | 3.17±0.99 |
| | 差异检验 | $F=21.91^{***}$ ; c>a, b | | | | $t=9.97^{***}$ | |
| 专家讲座 | M±SD | 3.85±0.90 | 3.91±0.87 | 3.80±0.91 | 3.91±0.90 | 3.92±0.89 | 3.72±0.92 |
| | 差异检验 | $F=71.38^{***}$ ; c>b | | | | $t=21.17^{***}$ | |
| 专家指导 | M±SD | 3.92±0.91 | 4.00±0.88 | 3.89±0.92 | 3.97±0.91 | 3.99±0.90 | 3.81±0.93 |
| | 差异检验 | $F=44.20^{***}$ ; c>b | | | | $t=19.37^{***}$ | |
| 影子培训 | M±SD | 3.45±0.95 | 3.45±0.95 | 3.43±0.95 | 3.49±0.95 | 3.52±0.95 | 3.34±0.95 |
| | 差异检验 | $F=14.66^{***}$ ; c>b | | | | $t=18.40^{***}$ | |
| 送教下乡 | M±SD | 3.72±0.96 | 3.65±0.98 | 3.68±0.96 | 3.79±0.96 | 3.80±0.94 | 3.57±0.98 |
| | 差异检验 | $F=76.63^{***}$ ; c>a, b | | | | $t=23.56^{***}$ | |

注：N=42 511，有效百分比100%，缺失值＝0。$^{*}$ 表示 $p<0.05$，$^{**}$ 表示 $p<0.01$，$^{***}$ 表示 $p<0.001$。

### 专栏 2　暑期网络培训为何成了"陪训"

借信息技术飞速发展之东风，远程培训目前已成为教师的暑期必修课。但从实际情况来，一些地方的暑期教师网上培训，其实只是在花时间"陪训"：很多教师登录自己的账号后，就挂在网上，播放视频耗时间，然后剪辑、粘贴几句话，权且作为作业或讨论。

网络教师培训本来是为了发挥信息技术之长，弥补教师专业发展之短。但为什么在实施过程中，却出现了这种懒惰应付的情况？据我个人的观察，这与某些远程培训项目管理与考核不到位有很大的关系。时下各地的网络教师培训考核成绩主要由三部分组成：以满分 100 分来计算，观看视频时间一般占 40%，作业占 40%～50%（作业评价分为优秀、良好，有不同程度的加分），参与讨论、跟帖评价等占 10%。

不难看出，不管学员是否真正观看视频接受培训，只要时间挂足，40 分已然是囊中之物。学员再象征性地做点作业，攒足及格的 60 分，实在是简单又轻松。特别需要指出的是，某些网络远程培训项目作业的质量监督与检测机制比较薄弱，学员看与不看教学视频没有多大不同，不看视频从讲座提纲上摘录相关知识点，照样能拿到 40 分的基本分。有些作业质量评价缺乏科学设计与严格标准，显得比较随意。最近曾听到一位朋友说，今年暑假网络培训上的一道作业题，他所在学校的某位教师摘录粘贴了不到 400 字，被评为"优秀"，而另一位教师结合实际写了一篇颇有启迪意义的近 2 000 字文章，却只被评为属于普通等级的"良好"。

著名经济学家亚当·斯密曾提出"经济人假设"的理论，他指出，人"有理性、追求自身利益最大化"。可以说，利己性是人们的一种行为动机和本能，管理者不妨用物质和经济上的利益，来刺激人努力工作。由此观之，倘若要让网络远程培训变得有意义、效率高，我以为可以借鉴"经济人假设"的思路，适当改进眼下的网络培训管理模式。

首先，多途径倒逼教师认真而实在地看完指定的教学视频。其一，改变作业设计。除了固定的论述题之外，还可以设计随机的填空题，这些填空题可如广告插入那样，每隔一段时间自由弹出，且每次题目不一定相同，答完才可继续观看下面的视频。这些填空题要认真看过视频方能基本完成；其二，改变网络远程培训时间。这些项目不一定要死盯住教师的暑假，不妨解放思想，将暑假培训与教师学期中的政治或业务学习时间有机衔接。既然在暑假教师自主看视频不能保障效果，为何不可以分散到平时集中而有组织地观看呢？在我看来，这样既可以将完整的暑假还给教师，不给教师增加额外负担，还强化了观看效果，可谓"一举多得"。

其次，改进相关的培训作业设计和评价机制。视频后作业是网络远程培训考核相对刚性的部分，没有严格的机制保障，或许是"培训"变"陪训"的最大祸根。为此，布置作业时要从全面考核出发，不但要考核视频培训的直接、固化效果，如讲了哪些知识、哪些新观点等，还应当考核学习者的"举一反三"能力，毕竟学以致用才是教师培训的终极目标。此外，对培训学员的作业评价，不宜过于随意，建议相关培训机构要制定严格的评分标准，或者探索一套新的评分机制。比如，是否可以参照高考阅卷的形式，组建有较高水平的评价小组，由多人背对背评价，按规则自动生成结果，这样可能更为公允、公平，也让那些懒惰者无空子可钻。

最后，只有改变分数结构，才能保证培训效果。既然视频培训是众所周知的"软肋"，不如干脆缩小视频观看部分的赋分权重，如变目前通行的 40％ 为 30％ 或 25％，而将更大的权重转移到可以刚化考核的作业上，增加考核的精准度。同时，建议相关部门，考虑提高继续教育学分的"标准线"，如将原来的及格分从 60 分提高到 80 分，让参培教师不能期望单纯从某一个角度"单兵突进"就能轻松及格拿到学分积分。

上述所有建议，其实都是旨在敦促教师实实在在走好网上培训的每一步。

资料来源：邓文圣：《暑期网络培训为何成了"陪训"》，载《中国教育报》，2018-09-19。

### (三)农村教师培训的经费保障

培训经费是对教师培训工作最有力支持，培训经费中最为稳定的来源是公用经费。那么在教育实践中培训经费到底能占公用经费多大比例呢？结合 5％ 的政策规定及目前培训经费的实际使用看，教师的基本培训需求是否能被满足呢？

#### 1. 农村教师培训经费的区域差异

从区域视角看公用经费中用于培训的经费使用情况，2017 年农村学校的公用经费用于培训的比例为 2.93％，这与国家政策规定的不低于 5％ 的标准还存在一定的差距。2006 年出台的《农村中小学公用经费支出管理暂行办法》中明确规定，教师培训费按照学校年度公用经费预算总额的 5％ 安排，用于教师按照学校年度培训计划参加培训所需的差旅费、伙食补助费、资料费和住宿费等开支。但在教育实践中，由于学校运转中存在着教育理论上未能完全考虑的现实因素，所以培训经费占比存在不达标准的情况。具体来看，2017 年东部地区和东北地区学校培训经费占公用经费的比重达到 8.15％、6.58％，而中部、西部地区这一比例分别是 3.76％、1.73％，但在前文的分析中，占比相对较低的中部地区和西部地区的培训力度并不小于东部低于和东北部地区，这是受国家政策对中西部地区倾斜的影响以及"国培计划"大力支持带来的比较优势，也就是中西部地区教师培训占用的更多的是额外的资源,而非学校自身维持运转的公用经费(见表 7.17)。

表 7.17    各区域培训经费占公用经费的比重分析

|  | 公用经费均值/元 | 培训经费均值/元 | 培训经费占公用经费比重/% |
| --- | --- | --- | --- |
| 总体 | 975 466.53 | 28 623.58 | 2.93 |
| 东部地区 | 661 332.43 | 53 896.94 | 8.15 |
| 中部地区 | 543 447.43 | 20 447.81 | 3.76 |
| 西部地区 | 1 536 197.30 | 26 560.48 | 1.73 |
| 东北地区 | 407 557.60 | 26 827.02 | 6.58 |

注:$N= 3\ 176$,有效百分比 92.31%,缺失值= 279。

结合各区域公用经费中培训经费使用的满足情况调查看,总体样本的满足率达到 67.25%,分区域看,中部地区的满足率最高,为 69.94%,东部地区和东北地区的占比稍低,分别为 66.50%、66.36%,西部地区培训经费的满足率最低为 65.03%。中央对西部地区的大力支持可能会形成"挤出效应",导致西部地区学校因有额外经费可用而降低自身投入,这也与上面分析的中西部地区学校培训经费占公用经费比重较低的现实情况相吻合,经费投入的不足引发西部地区的培训经费满足率低,难以满足教师的基本培训需要,影响教师培训的力度与效果,进而会直接影响教师素质、教育教学质量,这一现实情况应引起重视(见表7.18)。

表 7.18    各区域培训经费的满足情况                     单位:%

|  | 满足 | 不满足 |
| --- | --- | --- |
| 总体 | 67.25 | 32.75 |
| 东部地区 | 66.50 | 33.50 |
| 中部地区 | 69.94 | 30.06 |
| 西部地区 | 65.03 | 34.97 |
| 东北地区 | 66.36 | 33.64 |

注:$N= 3\ 176$,有效百分比 100%,缺失值=0。

2. 农村教师培训经费的地理位置差异

从不同类型学校角度来分析培训经费的充足情况,2017 年乡镇学校培训经费占公用经费的比重最高,为 5.85%,这一比例达到了政策规定的不低于 5% 的

标准，县城学校的占比稍低为 3.97％，培训经费占公用经费的比重最低的是村
屯学校，该比例仅为 1.15％（见表 7.19）。结合不同类型学校培训经费使用的满
足情况看，总体上满足率为 67.25％。其中县城学校的满足率最高，为 70.37％；
村屯学校的占比稍低，为 68.42％；满足率最低的是乡镇学校，占比为 64.62％。
从以上的调查数据中可以看出公用经费占比最高的乡镇学校反而是满足率最低
的，这从侧面说明了不同类型的学校由于在教育实践中的教师配备情况不同，培
训经费的占比不应一概而论，应该根据学校类型上的差异性有所区分（见表
7.20）。

**表 7.19 不同类型学校培训经费占公用经费的比重分析**

| 学校类型 | 公用经费均值/元 | 培训经费均值/元 | 培训经费占公用经费比重/％ |
|---|---|---|---|
| 总体 | 975 466.53 | 28 623.58 | 2.93 |
| 县城学校 | 2 327 321.92 | 92 477.11 | 3.97 |
| 乡镇学校 | 780 051.30 | 45 653.88 | 5.85 |
| 村屯学校 | 926 893.38 | 10 672.65 | 1.15 |

注：$N=3\ 176$，有效百分比 92.31％，缺失值＝279。

**表 7.20 不同类型学校培训经费的满足情况** 单位:％

| 学校类型 | 满足 | 不满足 |
|---|---|---|
| 总体 | 67.25 | 32.75 |
| 县城学校 | 70.37 | 29.63 |
| 乡镇学校 | 64.62 | 35.38 |
| 村屯学校 | 68.42 | 31.58 |

注：$N=3\ 176$，有效百分比 100％，缺失值＝0。

3. 农村教师培训经费的学段差异

从学段的视角看公用经费中培训经费的使用情况，总体来看 2017 年农村义
务教育学校培训经费占比为 3.77％，其中初中阶段比例为 6.6％，小学比例为
3.2％，小学的培训经费占比低于初中学校（见表 7.21）。结合培训经费使用的满
足情况看，农村初中的满足率高于小学，占比分别为 61.93％和 69.25％。结合
前文的研究数据，虽然农村初中培训的力度要大于小学、培训的经费要多于小
学，培训经费对教师基本培训需要的满足反而低于小学，这说明初中教师的培训
需求比小学教师更为旺盛（见表 7.22）。

表7.21　不同学段学校培训经费占公用经费的比重分析

| 学段 | 公用经费均值/元 | 培训经费均值/元 | 培训经费占公用经费比重/% |
|---|---|---|---|
| 总体 | 5 103 224.23 | 192 367.05 | 3.77 |
| 初中 | 859 002.98 | 56 667.08 | 6.60 |
| 小学 | 4 244 221.25 | 135 699.97 | 3.20 |

注：$N=3\ 073$，有效百分比91.76%，缺失值=555。

表7.22　不同学段学校培训经费的满足情况　　　　　单位：%

| 学段 | 满足 | 不满足 |
|---|---|---|
| 总体 | 68.18 | 31.82 |
| 农村初中 | 61.93 | 38.07 |
| 农村小学 | 69.25 | 30.75 |

注：$N=3\ 322$，有效百分比91.57%，缺失值=306。

**(四)农村教师培训效果**

培训效果是培训工作改进的一个重要指标，其评价指标体系也是复杂多样的，本研究选取农村教师和农村校长两个视角来进行培训效果的探究，主要从两个方面来论述，一是培训对农村教师的作用，包括教师对培训促进自身教学工作与专业发展力度的评价、校长对培训提升教师能力素质力度的评价；二是培训本身的针对性与实效性的情况。

**1. 农村教师培训效果总体情况**

从农村教师的视角看，绝大多数教师认为培训对自身有促进作用，98.35%的教师认为培训促进其教学工作及专业发展，其中15.12%的教师认为具有非常大的促进作用，53.87%的教师认为促进作用比较大(见表7.23)。

表7.23　农村教师对培训效果的评价　　　　　单位：%

| 培训内容 | 没改善 | 非常小 | 比较小 | 比较大 | 非常大 |
|---|---|---|---|---|---|
| 促进教学工作及专业发展 | 1.65 | 3.36 | 26.00 | 53.87 | 15.12 |

注：$N=42\ 511$，有效百分比100%，缺失值=0。

从农村校长的视角看，总体上绝大多数校长认为培训对教师的能力素质提升起到了正面作用，同时也认为培训的针对性和实效性有所增强。具体来看，关于教师能力素质的提升，96.22%的校长认为培训对教师能力素质的提升起到了改善作用，其中14.03%的校长认为教师的能力素质提升了非常多，53.89%的校长认为教师的能力素质提升了比较多;关于培训针对性和实效性的增强情况,96.60%的校长认为培训的针对性和实效性有所增强,其中15.50%的校长认为增强了非常多,56.90%的校长认为增强了比较多(见表7.24)。

表7.24 农村校长对培训效果的评价　　　　　　　　　　单位:%

| 培训 | 没改善 | 非常少 | 比较少 | 比较多 | 非常多 |
|---|---|---|---|---|---|
| 教师能力素质提升 | 3.78 | 6.26 | 22.05 | 53.89 | 14.03 |
| 培训针对性实效性增强 | 3.40 | 5.00 | 19.10 | 56.90 | 15.50 |

注: $N=3\,628$,有效百分比100%,缺失值=0。

2. 农村教师培训效果差异分析

在培训效果差异性方面,从教师的视角上主要从学校的地理位置、学段以及教师自身的职称几个维度进行分析,从校长的视角上主要从学校的地理位置进行分析,包括区域和学校类型两个维度。

基于教师的视角来分析培训对促进教学工作及专业发展程度的差异,从区域层面看,单因素方差结果显示东部和中部地区教师教学工作及专业发展的改善要显著高于西部地区教师;从学校类型看,培训对村屯学校教师教学工作及专业发展的改善要显著高于县城和乡镇学校;从学段上看,培训对小学教师教学工作及专业发展的改善要显著高于初中教师;从职称角度看,高级教师和一级教师的改善要显著高于二级教师(见表7.25)。

表7.25 培训促进教学工作及专业发展程度的差异分析　　　　单位:%

| | | M±SD | 差异检验 | 没改善 | 非常小 | 比较小 | 比较大 | 非常大 |
|---|---|---|---|---|---|---|---|---|
| 总体 | | 3.77±0.80 | | 1.65 | 3.36 | 26.00 | 53.87 | 15.12 |
| 区域 | 东部地区(a) | 3.80±0.78 | $F=24.40^{***}$; a, b>c | 1.52 | 2.76 | 25.41 | 54.93 | 15.38 |
| | 中部地区(b) | 3.81±0.81 | | 1.63 | 3.18 | 24.59 | 54.05 | 16.54 |
| | 西部地区(c) | 3.74±0.81 | | 1.69 | 3.89 | 27.42 | 53.19 | 13.81 |
| | 东北地区(d) | 3.79±0.83 | | 2.17 | 2.83 | 25.51 | 53.06 | 16.44 |
| 学校类型 | 县城(a) | 3.76±0.84 | $F=62.71^{***}$; c>a, b | 2.08 | 3.83 | 26.46 | 51.19 | 16.45 |
| | 乡镇(b) | 3.74±0.81 | | 1.78 | 3.67 | 27.34 | 53.18 | 14.03 |
| | 村屯(c) | 3.83±0.78 | | 1.34 | 2.76 | 23.74 | 55.59 | 16.57 |
| 学段 | 小学(a) | 3.84±0.78 | $t=21.78^{***}$ | 1.30 | 2.70 | 23.70 | 55.50 | 16.80 |
| | 初中(b) | 3.66±0.83 | | 2.30 | 4.50 | 30.20 | 51.00 | 12.00 |

续表

| | | M±SD | 差异检验 | 没改善 | 非常小 | 比较小 | 比较大 | 非常大 |
|---|---|---|---|---|---|---|---|---|
| 职称 | 未评与三级(a) | 3.95±0.70 | F=12.92***; c, d＞b | 0.00 | 2.63 | 18.42 | 60.53 | 18.42 |
| | 二级教师(b) | 3.69±0.77 | | 1.57 | 3.88 | 28.69 | 55.20 | 10.65 |
| | 一级教师(c) | 3.77±0.79 | | 1.40 | 3.47 | 25.99 | 54.73 | 14.40 |
| | 高级教师(d) | 3.79±0.81 | | 1.80 | 3.24 | 25.66 | 53.17 | 16.12 |

注：$N=42\,511$，有效百分比 $100\%$，缺失值 $=0$。* 表示 $p<0.05$，** 表示 $p<0.01$，*** 表示 $p<0.001$。

　　基于校长的视角来分析培训对教师能力素质提升程度的差异，从区域层面看，单因素方差结果显示东部地区、中部地区和西部地区学校校长对培训的评价显著高于东北地区学校校长；从学校类型看，村屯学校校长对培训的评价要显著高于县城和乡镇学校校长（见表 7.26）。

表 7.26　教师能力素质提升程度的差异分析　　　　　单位：%

| | | M±SD | 差异检验 | 没改善 | 非常小 | 比较小 | 比较大 | 非常大 |
|---|---|---|---|---|---|---|---|---|
| | 总体 | 3.68±0.92 | | 3.80 | 6.30 | 22.10 | 53.90 | 14.00 |
| 区域 | 东部地区(a) | 3.63±0.95 | F=8.21***; a, b, c＞d | 3.87 | 7.91 | 22.73 | 52.02 | 13.47 |
| | 中部地区(b) | 3.71±0.92 | | 4.11 | 5.37 | 20.57 | 55.23 | 14.71 |
| | 西部地区(c) | 3.70±0.87 | | 2.62 | 6.11 | 23.49 | 54.03 | 13.76 |
| | 东北地区(d) | 3.28±1.24 | | 14.55 | 10.91 | 18.18 | 44.55 | 11.82 |
| 学校类型 | 县城(a) | 3.55±1.03 | F=7.12***; c＞a, b | 6.67 | 7.41 | 22.96 | 50.37 | 12.59 |
| | 乡镇(b) | 3.63±0.92 | | 4.07 | 6.79 | 22.44 | 55.11 | 11.58 |
| | 村屯(c) | 3.73±0.91 | | 3.23 | 5.79 | 21.70 | 53.61 | 15.67 |

注：$N=3\,628$，有效百分比 $100\%$，缺失值 $=0$。* 表示 $p<0.05$，** 表示 $p<0.01$，*** 表示 $p<0.001$。

　　基于校长的视角来分析培训针对性和实效性提高程度的差异，从区域层面看，单因素方差结果显示东部地区、中部地区和西部地区的学校校长的评价要显著高于东北地区的学校校长；从学校类型看，村屯学校校长对培训的评价要显著高于县城学校校长（见表 7.27）。

表 7.27　培训针对性实效性提高程度的差异分析　　　　单位:%

| | | M±SD | 差异检验 | 没改善 | 非常小 | 比较小 | 比较大 | 非常大 |
|---|---|---|---|---|---|---|---|---|
| | 总体 | 3.76±0.89 | | 3.40 | 5.00 | 19.10 | 56.90 | 15.50 |
| 区域 | 东部地区(a) | 3.72±0.92 | $F=12.92^{***}$ ; a, b, c>d | 3.70 | 6.23 | 18.86 | 56.73 | 14.48 |
| | 中部地区(b) | 3.79±0.90 | | 3.56 | 4.88 | 17.78 | 56.90 | 16.88 |
| | 西部地区(c) | 3.79±0.83 | | 2.28 | 4.36 | 20.27 | 58.05 | 15.03 |
| | 东北地区(d) | 3.26±1.22 | | 14.55 | 9.09 | 22.73 | 42.73 | 10.91 |
| 学校类型 | 县城(a) | 3.64±0.99 | $F=4.08^{***}$ ; c>a | 6.30 | 5.19 | 20.37 | 54.44 | 13.70 |
| | 乡镇(b) | 3.74±0.87 | | 3.19 | 5.19 | 19.57 | 58.63 | 13.42 |
| | 村屯(c) | 3.79±0.89 | | 3.13 | 4.89 | 18.71 | 56.22 | 17.05 |

注:$N=3\,628$,有效百分比100%,缺失值=0。* 表示 $p<0.05$,** 表示 $p<0.01$,*** 表示 $p<0.001$。

# 六、研究发现与政策建议

## (一)研究发现

本文从培训的规模、培训的内容与形式、培训的经费保障、培训的效果四个方面对当前农村教师培训的现状与水平进行了考察,得出如下研究发现。

1. 农村教师培训层级重心较低,东北地区培训力度稍显弱势

总体上农村教师培训层级的重心较低,县级培训与校级培训占比较大,四大区域中东北地区的培训力度稍显弱势,还需补齐短板。东部地区在天然地理优势及经济领先的背景下培训情况较好;处于弱势地位的西部地区依靠着政策比较优势,受西部大开发精神以及"国培计划"倾斜的影响,在教师培训人数比例、培训学时和培训层级上均较高,培训力度较大;中部地区虽培训人数比例较低但培训学时数较多,四个区域中东北地区的培训规模与力度稍显弱势。

2. 培训内容和教师需求不契合,不同学段教师培训期待不同

在培训内容上,根据调查数据显示,农村教师接受的培训内容位居前三位是:教育教学能力、师德教育、信息技术应用,被调查者认为培训内容中最重要的前三位是:安全教育、心理健康教育、教育教学能力,培训内容设置与教师培训需求的匹配性有待增强;不同学段、职称和教龄的教师对培训内容的诉求存在显著差异。在义务教育阶段,相比初中教师,小学教师对于学生的安全、心理健康方面尤为重视,目前该培训内容的比例虽然不高但教师对其重要性评价很高,此外,不同职称、教龄的教师对于不同培训内容的评价也具有显著差异。

3. 培训形式的有效性尚需提升，网络研修效果不佳

培训形式的调查结果显示，农村教师接受最多的培训形式前三位依次是：网络研修、校本研修、专家讲座，被调查者认为培训内容中最重要的前三位是：专家指导、专家讲座、校本研修，培训形式的有效性有待提升；作为目前最广泛培训形式的网络研修，教师给予的评价不高。在实地调研的访谈中发现，农村教师对网络培训总体表现出的积极性不高，认为网络培训效果不佳，甚至与正常的教学工作相冲突，增加了繁重的工作量。从网络培训的特点看，由于网络授课与集中授课相比，难以调节讲课速度，并且缺乏互动条件，所以培训效果与集中授课相比有一定效果差距。

4. 培训经费占公用经费比例不达标，西部地区农村学校投入低

总体来看，调查样本学校 2017 年培训经费占公用经费的比重为 2.93%，与国家政策规定的不低于 5% 的标准还存在一定差距，当前相关的执行与监督环节较为薄弱，培训政策的过"软"导致培训经费投入不足。从微观上看培训经费，公用经费中培训经费的占比和培训经费的满足率不成正比。在公用经费中培训经费占比最高的乡镇学校反而是满足率最低的，农村初中学校培训经费占比大于小学，但其培训经费的满足度反而要低于小学。从宏观上看培训经费，中央对中西部地区的倾斜可能会产生"挤出效应"，使得西部地区农村学校减少自身投入，虽然客观上西部地区培训总投入大、力度大，但培训需求满足率仍较低。受国家政策对中西部地区倾斜的影响以及"国培计划"大力支持带来的比较优势，中西部地区教师培训占用的更多的是上级的资源，而非学校自身维持运转的公用经费。西部地区培训经费占公用经费比重呈现较低的态势，在中央大力支持的背景下，西部地区的培训经费依然不能够满足教师的基本培训需要。

**(二)政策建议**

农村教师培训是农村教师质量提升的重要途径，对提高农村教育质量有着重要的意义。在系统分析农村教师培训现状的基础上，结合相关理论检视及思考，对农村教师培训的推进思路进行探索。

1. 创新培训模式增强培训适切性，分层分类分岗按需施训

加强培训目标定位的准确性，增强培训内容和形式的针对性，充分考虑农村教师的分层与差异。第一，在个性化培训目标的引导下，创新培训模式。注重探索教师自主选学的培训方式，进一步依据教师需求开发优质培训资源，建立教师选学机制，实现个性化研修，探索、建立与完善"菜单式"的全员培训制度，给予教师按需选择培训的权利，提升教师培训的自主性，深化教师培训模式改革。第二，在培训对象质量不均衡的现状下，根据不同类型学校或不同类型教师设计与改进培训内容，要充分考虑农村教师的本土特征与局限性，结合农村教育教学实

践需求按需施培，切实提高教师培训内容与培训需求的匹配性，增强实效，提升农村教师能力素质，促进农村教师专业化发展。

2. 加强培训的专业化与本土化，积极建设并完善县级专业发展平台

调查数据显示，作为最基础、最广泛培训层级的县级培训在整个培训体系中占比最大，它也是教师群体口中常说的最"接地气"的培训。为推进农村教师培训的专业化与本土化，第一，为基层培训储备培训师资，进一步提升承担机构和管理人员的专业化施训水平，逐步建成一批发挥示范引领作用的教师培训基地，实现农村教师不离乡、不离土、就地就近培训的常态化。第二，要整合县级教师培训资源，构建集信息、培训、教研为一体的教师学习和资源中心，充分发挥县级教师发展中心研训一体、服务教师专业发展的职能优势，各地应加快省示范性县级教师发展中心创建步伐。第三，还要发挥县级教师发展中心在提高农村教师队伍素质中的主心骨作用，落实县级教师发展中心的培训主体责任，形成"以县为主"的教师培训平台和机制，实现高等学校、培训机构、县级教师发展中心和中小学校共建、共享优质资源，形成共生一体化的农村教师校长专业发展支持服务体系，加大对县域内教师专业发展的服务与指导。

3. 严格把关培训经费的使用，按学校类型合理界定培训经费比重

根据调查结果，第一，公用经费中培训经费的占比和培训经费的满足率不成正比，这从侧面说明了不同类型的学校由于在教育实践中的教学任务目标、学校规模、教师配备情况等的不同，培训经费的占比不应一概而论，应该根据学校类型上的差异性有所区分，此外也要充分考虑学校的规模差异。第二，从宏观上看，中央政策的倾斜使得西部地区农村学校自身培训经费投入较少，影响了教师培训的力度与效果，并直接影响农村教师素质、教育教学质量，这一现实情况需要被重视，应对公用经费中的固定培训经费应当进行严格把关，为最基本的培训经费投入建立坚实的保障基础。

4. 研制教师培训质量评价体系，科学评估改进培训质量

研制教师培训质量评价体系，合理评估培训质量，并据此改进培训项目及培训模式与内容，这是对培训结果的有效应用，有利于教师培训进一步科学开展。第一，通过构建教师精准培训评价指标体系、第三方监测评估机制、评价结果应用机制等，全面监测培训过程、科学评估培训效果、改善培训质量，为农村教师精准培训提供支撑。第二，注重培训评价的双向性，将学员评价授课教师与授课教师评价学员两种评价方式相结合，避免由于单一的评价方式而出现"讨好型"授课倾向。目前培训存在娱乐化倾向，学习的过程本就枯燥无味，应当将培训内化成教师终身学习的基本需求，以此作为教师专业发展与学习的长久动力。这是每一位教师在专业发展生涯中必经的重塑阶段，培训的定位应当是教师主动需求、

是一个挑战自我的过程，而不是强加的任务，如何让教师切实的自我生成学习需要也是需要重点研究的主题。第三，继续实施并加强培训学分管理及认定，增强有效性，避免形式化，通过培训学分的统一管理，确保全员培训的系统性和规范性，也能起到督促各地培训责任主体有效落实培训工作的作用，这对于提高农村教师培训质量，切实全面提升农村教师的能力素质，促进农村教育发展有着重大意义。

【本报告撰写人：秦玉友、郑美娟。许怀雪、张宗倩、隋悦参与了文稿校对。作者单位：教育部人文社会科学重点研究基地东北师范大学中国农村教育发展研究院】

# 第八章　农村小学科学教师调研报告

## 概　要

随着我国新型城镇化建设的快速推进，更多的教育资金、物力设施、优质人力资源逐步流入农村，带动了农村教育模式的转型。但局部地区的城乡教育质量还存在较大差距。缩小城乡教育质量差距的关键是要提高农村义务教育阶段的教育质量，重点是要提升农村义务教育阶段教师队伍的整体素质。对农村小学科学教师群体特征的审视与剖析，有助于总结农村小学科学教师师资培养与交流的经验，对农村小学科学教师队伍整体结构的优化提出建议。本报告以分层抽样和随机抽样的方式抽取全国12个省份131名农村小学科学教师为样本，对其群体结构、工作量、教学水平、工资福利、培训情况、流动情况等方面进行了调查分析。调查发现，国家实行的农村地区的教师补充机制和给予的政策倾斜已经取得了较大成效，部分农村地区小学科学教师队伍结构逐步完善，教师培训与交流逐渐形成规模；但农村小学科学教师队伍老龄化、专业对口率较低、专业发展受阻等问题仍有待解决。调查还发现，农村小学科学教师渴望提高工资福利待遇，期待灵活多样的交流形式，以及针对性更强的培训内容。因此，为了整体优化农村学校科学教师队伍结构，提高教师专业素养，应着眼于改革农村小学科学教师聘任制度，增强农村小学科学教师队伍活力；积极推进县域城乡教育一体化，提高城乡小学科学教师交流质量；积极推行差异化培训，提高农村小学师资培训的实效性；提高教师文化适应能力，加快农村小学科学教师专业发展；创新教师激励政策，提高农村小学科学教师工作积极性；培养教师开发乡土化课程资源能力，提高教学的适切性；调整师范院校教育专业设置，保证农村小学科学教师储备充足。

## 一、引言

随着我国城乡教育一体化的发展，城乡义务教育均衡发展的重心也随之发生了改变，逐渐由初级均衡向高级均衡过渡，即由注重硬件基础设施数量与规模向注重教育质量与公平过渡。而提升教育质量、追求教育公平的关键就是雄厚的师资力量。作为教育的第一资源，教师具有其他教育资源不可替代的作用，农村教师队伍结构的完善程度、专业化程度和教育教学水平等都直接影响着农村教育质量。因此，农村教师是使农村教育摆脱"教育系统中薄弱部分"这一地位的重要因素。

近几年，国家出台了一系列推进农村教师队伍建设的政策，积极探索农村教师补充机制，并在农村教师激励方面予以政策倾斜，使得农村义务教育阶段的教师总体数量大幅提升，基本满足开展农村义务教育工作的需要。但纵观区域间、城乡间、校际间的师资配置情况，部分农村小学科师资配比不均衡，教师专业素养参差不齐，教师编制、待遇、晋升等管理模式存在差异。

2017 年 2 月，教育部出台《义务教育小学科学课程标准》，小学科学课程被列为与语文、数学同等重要的"基础性课程"，重点培养学生的动手能力、科学思维和科学精神。为了执行新的课程标准，教师需要转变教育理念，创新教育实践，从而提高科学教学质量。因此，农村小学科学教育急需一支结构合理、素质优良、师德高尚的科学教师队伍。

## 二、研究背景

### (一)科学教育对提升农村人口科学素质具有重大意义

随着人类社会向知识经济时代的迈进，科学发现、技术突破、重大创新不断涌现，推动了社会和经济的快速发展和繁荣，促进了生产、生活方式的变革。这种革新依靠的是全民科学素质的提高，而全民科学素质的提高离不开科学普及。习近平总书记曾强调，"科技创新、科学普及是实现创新发展的两翼，要把科学普及放在与科技创新同等重要的位置。没有全民科学素质普遍提高，就难以建立起宏大的高素质创新大军，难以实现科技成果快速转化。"[①]为了提高全民的科学素质，学校科学教育必须承担起科学普及的重要责任，树立科学教育要从源头抓起的战略思想，将基础教育阶段的科学教育摆在人才培养体系中的战略地位。

据中国科协发布的第九次中国公民科学素质调查结果显示，我国公民的科学

---

① 习近平：《为建设世界科技强国而奋斗——在全国科技创新大会、两院院士大会、中国科协第九次全国代表大会上的讲话》，载《人民日报》，2016-06-01。

素质水平大幅提升，但城乡居民科学素养水平提升幅度差异较大。① 提升全民科学素质的关键在于提升农村人口的科学素质。《全民科学素质行动计划纲要实施方案(2016—2020 年)》中指出，科学教育的困境主要体现在"面向农民、城镇新居民、边远和民族地区群众的全民科学素质工作仍然薄弱，青少年科技教育有待加强"。农村小学科学教育作为农村学生早期科学素质养成的启蒙教育，承担着培养每一个农村学生科学素质的重大责任，影响着农村人口整体科学素质的可持续发展。农村义务教育阶段的小学科学课程是落实科学教育目标，提升学生科学素养的重要途径，对学生的身心发展有着不可取代的作用。

### (二)新课标对农村小学科学教育提出新要求

随着课程改革的深入，科学教育也步入了新的发展阶段，逐步从关注学生"有学上"的基本需求过渡到"上好学"的教育品质追求。为了提升科学教育的品质，教育部在印发《义务教育小学科学课程标准(2017 年版)》(以下称为《课程标准》)中明确指出，"科学课程起始年级调整为一年级"，首次将"技术与工程"作为课程内容纳入到科学课程，将科学探究作为重要学习内容，培养学生良好的科学态度。新课标的出台，标志着科学教育重要地位的提升，重点强调以 STEM 课程为载体，将科学学科与其他学科的整合，注重理解自然与解决问题的结合，以此强化学生的综合能力，并大力推进实验室建设。

但和语文、数学学科相比，科学课程始终处于边缘和弱势地位，其重要性没有得到充分认识和体现；农村地区小学科学学科师资力量不足，科学教师培训压力较大，农村地区实验室建设全覆盖难以实现等问题还有待解决。为此，教育行政部门、学校和科学教师要充分认识小学科学课程对培养学生的科学素养、建设创新型国家的独特价值，在确保落实规定课时的同时，全面加强教师培训工作，严格落实科学课程标准，克服各种困难，创造开好科学课程的条件。

### (三)农村小学科学学科教学质量差强人意

义务教育阶段免费制度实施之后，如何提高农村学校教学质量已成为巩固和发展农村义务教育既有成果、缩小城乡教育差距的焦点问题，也成为农村学校提升办学质量的现实诉求。在《中国学生发展核心素养》总体框架中，强调了核心素养对学生终生学习和发展的作用。核心素养不仅将成为课程设计的依据和出发点，也将作为检验和评价教育质量的重要依据。基于科学学科核心素养培养的理念，在学生发展科学学科核心素养的理论框架下，我国农村小学科学教学质量还存在着不少值得深思的问题。

目前，农村小学科学教师的教学方法和手段单一，学生学习被动，城乡小学

---

① 中国科协科普部：《中国科协发布第九次中国公民科学素质调查结果》，载《科协论坛》，2015(10)。

科学水平测试成绩存在差异；"知识本位"的学习观致使家长和学生更加关注科学学科考试成绩的功利性作用，农村学生思维品质不高，科学探究能力不强，实践能力薄弱。影响农村小学科学教学质量的因素是复杂的，其中科学教师作为科学课程的实施者、教学的组织者、学素养的启蒙者，其自身科学素养和专业水平直接影响着科学教育的水平。因此，合理的农村小学科学教师队伍结构和较高的教师专业化水平，是提升农村小学科学学科教学质量的突破口。

**(四)农村小学科学师资力量薄弱，难以满足农村科学教育的需求**

全面建成小康社会，基本实现教育现代化的薄弱环节和短板在乡村，在中西部老少边穷岛等地区。党和国家始终把乡村教育发展摆在首要地位，高度重视乡村教师队伍建设。受城乡发展的不均衡、学校办学条件等因素限制，在部分农村小学仍按照"师生比"配置科学师资，导致科学学科教师队伍总量稀缺、队伍结构不合理等问题更为突出；大部分农村小学科学教师自身缺乏理科专业背景，许多教师还是兼职的，且普遍学历水平不高，教师职业专业化水平较低。例如，农村小学科学教师对新课程的理念停留于口头表述的表层理解，甚至是错误理解，缺乏付诸教学实践的能力，在课堂教学实践中更难以整合科学知识、科学探究与科学情感的教学以提升学生科学素养。所以，为了解决农村地区小学科学教育教学存在的诸多问题，培养出能终身学习和满足社会发展需求的农村人才，我国农村小学科学教育发展迫切需要一支具备广博知识基础、积极情感和创新能力等专业素养的教师队伍。

为了解决当前农村小学科学教师队伍建设存在的问题，吸引更多优秀人才到农村任教，缩小城乡师资水平差距，提高农村小学科学教学质量，《乡村教师支持计划(2015—2020 年)》(国办发〔2015〕43 号)中明确指出："合理规划乡村教师队伍规模，集中人财物资源，制定实施优惠倾斜政策，加大工作支持力度，加强乡村地区优质教师资源配置，有效解决乡村教师短缺问题，优化乡村教师队伍结构。"目的在于造就一支素质优良、甘于奉献、扎根乡村的教师队伍，为基本实现教育现代化提供坚强有力的师资保障。

# 三、调研目的、对象及工具

**(一)调研目的**

农村小学科学教师是影响农村科学教学质量，是培养农村学生科学素养的重要因素。谁来当农村小学科学教师？现有的农村小学科学教师专业素养如何？在现有的师资条件下，如何最大限度地发挥农村小学科学教师的作用？这些问题都引起了社会各界的广泛关注。为了了解农村小学科学教师工作和生活概况，总结教师培训与交流的经验，加强农村小学科学教师队伍建设，东北师范大学农村教育研究所研究团队于 2016 年 7 月对全国 12 省(自治区、直辖市)开展了为期两周的实地调查。具体来看,这次调查主要关注以下几个方面的问题。

第一,农村小学科学教师队伍的整体状况。谁成了农村小学科学教师?其中包括农村小学科学教师的性别结构、年龄结构、职称结构、学历结构、专业对口率、身份构成的调查。在考察农村小学科学教师队伍整体情况的基础上,为分析农村小学科学教师工作量、教学水平和科学教师职业吸引力奠定基础。

第二,农村小学科学教师的工作量。任教农村小学科学的教师是否还担任其他职务?是否多个学科、多个学年同时任教?教学工作和非教学工作的时间如何分配?农村小学科学教师工作量的调查与分析,反映出农村小学科学教师工作的负担与压力,也关系着农村小学科学教师培训和交流的意愿,影响教师队伍的稳定性。

第三,农村小学教师教学水平现状。农村小学科学教师的教学理念是什么样的?通常采用何种教学方法?对教学手段的使用状况如何?深入调查与分析农村小学科学教师教学水平的现实状况,探索提升农村小学科学教师教学水平的策略,对教师培训的形式、内容提出有针对性的建议。

第四,农村小学科学教师的工资及福利情况。农村小学科学教师的工资水平如何?都享受了哪些福利待遇?教师对工资是否满意?这些问题是影响农村小学科学教师生活品质和工作动力的重要因素,也是影响教师职业对农村小学科学教师吸引力的关键。

第五,农村小学科学教师培训情况。目前,农村小学科学教师参加的培训有哪些形式?培训的内容是否能解决教师的实际问题?进修期限是否合适?教师对培训和进修还有哪些期待?这些问题的考察不仅有助于了解农村小学科学教师的培训现状,也有助于了解其职业发展的需求,为提高农村小学科学教师培训实效性提出策略。

第六,农村小学科学教师的交流情况。当前农村小学科学教师交流的目的、交流的形式有哪些?阻碍农村小学科学教师交流的因素有哪些?教师对交流的形式和期限有哪些期待?教师对交流带来的影响有哪些顾虑?这些干扰教师流动的因子影响着农村小学科学教师队伍的整体结构变化,是促进城乡科学学科师资配置均衡发展的关键所在。

**(二)调研对象**

本次调研采用问卷调查的方式对全国义务教育阶段公办学校的在岗教师进行抽样调查。调查样本分别从东、中、西部共抽取 12 个不同的省(自治区、直辖市),兼顾了不同经济发展水平、不同城镇化水平、地理环境和气候类型存在差异的省份,具有较好的代表性;从抽取的省(自治区、直辖市)中抽取市(区)和县各 1 个，这些县级样本的社会、经济、教育发展情况要接近本省的平均水平；将所调研县域内乡镇以下地区的小学视为"农村小学"，学校类型选择兼顾了中心校、教学点、村小，并尽可能地涵盖了不同规模、不同办学质量的农村学校。

本调研共采集到现在岗任教农村小学科学的教师问卷样本 131 份，其中乡镇中心校 51 份、乡镇其他小学 11 份、村小 50 份以及教学点 19 份。本研究主要是考察农村小学科学教师队伍的自然概况、工作情况、教师培训和流动情况，虽然调查了大量的农村小学，但由于每所学校内的科学教师数量相对较少，因此样本容量比较小。在实地调查过程中，除了对在岗任教的农村小学科学教师进行问卷调查和访谈外，还与当地教育主管部门、校长、教研员等进行了广泛交流，为教师队伍现状和相关问题的分析提供线索和依据。

### (三)调研工具与方法

在调研的前期准备阶段，研究团队通过对有关农村教师政策的研究，借鉴其他农村教师问题的研究成果，在文献梳理和资料分析的基础上初步设计了一套调研工具。为了提高教研工具的效度、信度和可行性，研究团队听取了相关专家的建议，对研究工具进行反复的修改和完善，形成了最终的调研工具。

调研工具主要包括调查表、调查问卷、访谈提纲等。调查表包括教育局调查表和学校调查表，问卷为教师问卷；访谈提纲包括教育局负责人、校长以及农村小学科学教师的访谈提纲。问卷数据主要通过 SPSS 21.0 和 Excel 2007 统计分析软件对所得数据进行了分析处理。为了达到调研目的，尽可能全面深入地审视农村小学科学教师相关问题，做到静态分析和动态分析相结合、局部分析和整体分析相结合，在调研过程中，调研团队还搜集了与农村小学科学教师相关的政策、法规、文件和数据，作为研究的重要佐证。

## 四、农村小学科学教师相关问题的调查分析

### (一)农村小学科学教师群体结构概况

教师群体结构是对教师队伍的基本情况及其职能的描述，一定程度上反映了教师队伍的质量以及教师群体发挥职能的潜力。对农村小学科学教师群体结构的考察，可以反映出农村小学科学学科师资水平如何？是促进了科学教育事业的发展，还是严重制约了学生科学素养的养成？本调查分别从性别、年龄、职称、学历、专业对口率和身份构成等方面分析农村小学科学教师群体的整体状况。

1. 农村小学科学教师性别结构特征

教师的价值观念、教育理念、教学风格以及管理方式在男女性别中展现出较大差异。有研究显示，男性教师在思维逻辑、创新性、幽默感和激情方面比女性

教师更加突出，女性教师在知识传授、语言运用和教学行为习惯上有更好的表现。① 这些差异对学生认知发展、人格成长、身心健康等方面都有重要的影响。因此，农村小学科学教师性别结构是影响科学教学质量与效率的潜在因素。

第一，农村小学科学教师队伍中男女教师所占比例约为 1∶1。

我国农村小学教师群体基本呈"女性化"特征，并且这种性别失衡在农村地区更为严重。据本次调查显示，我国农村小学男女教师比例约为 3∶7，农村教师职业对男性的吸引力较弱，尤其是在数学、语文等学科中，女教师数量明显多于男教师数量，农村小学教师总体性别比例失衡。在对农村小学科学学科教师性别结构进行统计时发现：男女科学教师分别占调查总数的 50.38％和 49.62％，男女科学教师比近似为 1∶1。由此可以看出，科学教师性别结构与农村小学教师总体性别结构存在差异，性别比例基本均衡。

农村小学科学教师群体的性别结构与传统文化观念、两性在社会中的角色定位和地位、以及教育系统中的性别歧视等诸多因素交织在一起。随着经济发展和职业门类的增加，社会和家庭对男性有更高的职业期待，因此男性逐渐淡化了对中小学教育尤其是小学教育职业的选择，以谋求更高的社会地位、更高收入；女性在遵从传统文化"男强女弱"观念的同时，大多顺应了社会和家庭对女性的职业期待，选择了"保障性"好、有稳定收入的教师职业。因此，近几年来农村女教师数量大幅增加，部分西部农村小学新录用女教师比例开始超越男教师。女教师在补充男教师空缺的过程中，逐渐成为农村教师队伍的重要力量，同时农村教师职业性别结构向女性化发展。② 但在学校中的学业期待、教材内容、专业划分以及学校设施不可避免地复制和延续着性别角色刻板印象，这些严重影响了学生的个性发展，也在社会分工以及未来职业抉择中有所反映；高等教育中存在着明显的性别差异，女生更偏重文科，而在科学技术领域男性比重更大。③ 因此，与其他学科相比，在科学学科中男性教师数量较多，男性科学教师与女性科学教师比重基本均衡。

第二，经济发展水平越低的地区，男性科学教师数量越多。

调查显示，东、中、西部农村小学科学学科男性教师比例分别为 45.45％、61.76％、46.88％，与其他地区相比，东部农村小学男性科学教师所占比例最低；在乡镇和村屯小学中，男性教师所占比例分别为 43.55％、56.52％，村屯

① 王云峰、田一：《小学学生与教师性别对学业成绩的影响——基于大规模学业质量监测的多水平模型》，载《教师教育研究》，2015(27)。

② 郝文武主编：《西部教育报告 2013（总第 3 卷）》，北京，教育科学出版社，2013。

③ 参见池瑾、张莉莉、李国庆：《入学、质量与赋权——中国农村女童教育发展 20 年经验与创新》，广州，世界图书出版广东有限公司，2016。

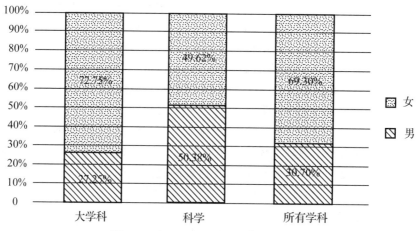

**图 8.1　农村小学科学教师男女比例①**

小学男性科学教师较多。这种科学教师群体性别分布的局面，主要是受各地区经济发展水平的影响。在经济水平相对较高的农村地区，男性获得薪酬和提高社会地位的途径较多，教师职业对男性吸引力相对较弱；在经济发展水平相对较低的农村地区，教师职业的稳定性和社会地位相对较高，教师职业对男性吸引力较强，且男性教师在考核评聘、进修培训等方面有更多发展机会。② 因此，在选择职业时，男性拥有更多的选择权和机会，占有大量的优质资源。

要改变社会对男女教师职业选择上的性别偏见，政府要逐步提高中小学教师的社会地位和收入，使其实现专业化、职业化，增强教师职业吸引力，使中小学教师真正感受到从事教育工作的幸福与尊严；在经济发展水平较高的地区，要吸引更多优秀的男性报考师范专业，鼓励其主动投身农村教育事业。

**表 8.1　东、中、西部男性教师在乡镇和村屯的分布情况表**

| 所处地区 | 指标 | 乡镇 | 村屯 | 合计 |
|---|---|---|---|---|
| 东部 | 科学教师总人数/人 | 18 | 15 | 33 |
| | 男教师人数/人 | 6 | 9 | 15 |
| | 男教师百分比/% | 33.33 | 60.00 | 45.45 |
| 中部 | 科学教师总人数/人 | 12 | 22 | 34 |
| | 男教师人数/人 | 6 | 15 | 21 |
| | 男教师百分比/% | 50.00 | 68.18 | 61.76 |

---

① 这里的大学科是指语文、数学、英语三门学科；所有学科是指小学课程中开设的所有学科。

② 李伯玲：《群体身份与个体认同》，博士学位论文，东北师范大学，2013。

续表

| 所处地区 | 指标 | 乡镇 | 村屯 | 合计 |
|---|---|---|---|---|
| 西部 | 科学教师总人数 / 人 | 32 | 32 | 64 |
| | 男教师人数 / 人 | 15 | 15 | 30 |
| | 男教师百分比 / % | 46.88 | 46.88 | 46.88 |
| 总计 | 科学教师总人数 / 人 | 62 | 69 | 131 |
| | 男教师人数 / 人 | 27 | 39 | 66 |
| | 男教师百分比 / % | 43.55 | 56.52 | 50.38 |

2. 农村小学科学教师年龄结构特征

教师年龄结构是衡量教师队伍状态的重要指标。合理的教师年龄结构标志着教师队伍新陈代谢能力较强，教学生产力较高，专业发展潜力较大，有助于教学质量和学校办学质量的提升。因此，对农村小学科学教师年龄的调查，不仅可以反映教师队伍的发展活力，在一定程度上可以了解现有的农村小学科学教师的教学质量。

第一，农村小学科学教师平均年龄较大。

据本次调查数据显示，农村小学教师平均年龄为 35.63 岁，年龄结构曲线大致呈"倒 U 型"的分布形态，符合正态分布。农村小学科学教师平均年龄为 40.12 岁，整体年龄结构曲线呈波浪型。与农村小学教师整体年龄结构相比，农村小学科学教师平均年龄较大，青年教师少，老龄教师多；骨干教师不具备年龄优势，准退休教师比例较高。从教师职业发展阶段性的理论角度来看，农村小学科学教师年龄初显"老龄化"趋势，反映出农村小学科学教师已进入职业发展的高原期，即已过了教学生产率的高峰期，可能会导致教师专业发展缺乏动力。

表 8.2    农村小学科学教师年龄分布描述统计表

| 学科 | N | | 均值 | 均值的标准误 | 中值 | 众数 | 标准差 | 方差 | 极小值 | 极大值 |
|---|---|---|---|---|---|---|---|---|---|---|
| | 有效 | 缺失 | | | | | | | | |
| 小学 | 1 872 | 80 | 35.63 | 0.223 | 34.00 | 28 | 9.647 | 93.062 | 17 | 62 |
| 科学 | 129 | 2 | 40.12 | 0.93 | 40.00 | 45、48 | 10.55 | 111.34 | 23 | 60 |

农村小学科学教师年龄结构图像出现的第一次"波谷"，可能是由于师资流失所导致的。有调查显示，农村义务教育阶段小学教师在 26 岁至 35 岁流动意愿最强烈。因此，处于这一阶段的农村小学科学教师流动可能性较大。一方面，可能该年龄段教师精力充沛、对工作充满激情，教学经验逐渐积累，希望通过职业内流动谋求更好的个人发展空间，流入城市学校或转教其他学科；另一方面，可能

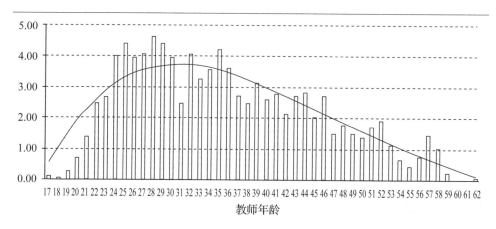

图 8. 2    乡镇和村屯地区教师年龄分布情况

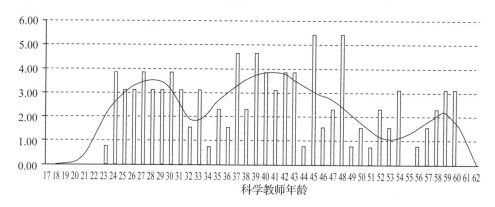

图 8. 3    农村小学科学教师年龄分布

是由于该年龄段教师精力、上进心相对较强，内心对实现自我价值充满了期待，希望通过职业间的流动寻求各方面更适合自己的工作。

农村小学科学教师年龄结构图像出现的第二次"波谷"，可能是由于"准退休"教师数量增加所引起的。由于小学科学学科长期处于"边缘"地位，得不到农村地区学校、教师和家长的高度重视，常常将年龄较大的老教师，或者是准退休教师任命为科学学科教师，致使 55 岁以上的准退休教师数量骤增，形成教师年龄结构比例中的第二次"波谷"和第三次"波峰"。

第二，与东部和西部教师相比，中部科学教师老龄化现象严重。

对比东、中、西部农村小学科学教师的年龄结构发现：东、中、西部教师的平均年龄分别为 39.91 岁、44.68 岁、37.78 岁，中部教师整体年龄偏大；东、中、西部 50 岁以上教师分别占到各地区科学教师总数的 18.72%、38.23%、7.93%，中部科学教师老龄化问题较为严重，西部地区教师更为年轻化。造成中西部农村小学科学教师年龄结构差异，主要是由于中西部地区整体经济发展水平不高，为了实现各地区师资配置的均衡发展，国家实行了大量的教师补充政策，例如"西部教师支持计划""特岗教师计划""乡村教师支持计划"等，在西部地区学校起到了非常积极的作用；反观中部地区，虽受到教师补充政策的辐射，但可能由于中部地区人口流动性较大，农村教师流失率较高，并且随迁儿童数量较多，学生规模处于收缩期等原因，造成中部教师结构性失衡，教师队伍吸纳能力降低，教师队伍结构老龄化。这也反映出中部地区农村小学科学教师职业吸引力较低，新生力量补充困难等问题。

表 8.3　东、中、西部农村小学科学教师各年龄段分布

| | 东部 | | 中部 | | 西部 | |
|---|---|---|---|---|---|---|
| | 人数/人 | 百分比/% | 人数/人 | 百分比/% | 人数/人 | 百分比/% |
| 25 岁以下 | 5 | 15.63 | 1 | 2.94 | 4 | 6.35 |
| 26～30 岁 | 3 | 9.38 | 6 | 17.65 | 13 | 20.63 |
| 31～35 岁 | 3 | 9.38 | 2 | 5.88 | 9 | 14.29 |
| 36～40 岁 | 3 | 9.38 | 4 | 11.76 | 15 | 23.81 |
| 41～45 岁 | 9 | 28.13 | 3 | 8.82 | 10 | 15.87 |
| 46～50 岁 | 3 | 9.38 | 5 | 14.71 | 7 | 11.11 |
| 51～55 岁 | 4 | 12.47 | 4 | 11.76 | 2 | 3.17 |
| 56～60 岁 | 2 | 6.25 | 9 | 26.47 | 3 | 4.76 |

注：$N=129$，有效百分比$=98.47\%$，缺失值$=2$。

表 8.4　东、中、西部农村小学科学教师各年龄情况

| 学科 | N | | 均值 | 均值的标准误 | 中值 | 众数 | 标准差 | 方差 | 极小值 | 极大值 |
|---|---|---|---|---|---|---|---|---|---|---|
| | 有效 | 缺失 | | | | | | | | |
| 东部 | 32 | 1 | 39.91 | 1.861 | 41.00 | 45 | 10.526 | 110.797 | 24 | 58 |
| 中部 | 34 | 0 | 44.68 | 2.086 | 48.00 | 48、59 | 12.165 | 147.983 | 23 | 60 |
| 西部 | 63 | 1 | 37.78 | 1.118 | 38.00 | 40 | 8.873 | 78.724 | 24 | 60 |

第三，青年女科学教师和老龄男科学教师所占比重较大。

从现阶段的性别发展趋势上看，男女教师在不同年龄段所占比重不同。在25 岁以下的教师中，男性教师仅占十分之一，但随着年龄的增大，男性教师占所在年龄组的比例基本呈上升趋势，女性教师比例基本呈下降趋势。随着国家对女性教育的重视，农村女性受教育程度明显上升，劳动参与率提高，并且大部分

农村女性会选择在本地或周边地区工作；同时，受教师职业的工作特点、工资收入和社会地位等因素影响，教师职业对女性特别是农村女性更有吸引力，因此在农村地区年龄段越低，女性教师越多。

农村小学老龄男教师比例过大从根本上来说是一个历史遗留问题。改革开放初期，我国教育事业进入了一个崭新的历史发展阶段，九年制义务教育普及较快，当时教师奇缺。但由于经济体制改革的步伐相对缓慢，教师的基本工资没有也不可能由国家财政统一支付，相当一部分教师，尤其是小学教师的基本工资均由乡村负担，因此农村小学聘用了大批民办教师，这批教师基本上被安排在所在乡镇任教，后经多批转正，大部分成了国家正式教师。由于当时受过一定程度教育的女性较少，因此这部分转正的民办教师绝大部分是男性。随着后来初、高中教育的迅速发展，初、高中教师严重缺编，相当一部分优秀中师毕业生被抽调到初、高中任教。这部分被抽调的教师大部分为中年教师，新补员的教师又以年轻女教师为主。这就造成了农村小学科学男教师老龄化且比女教师少的局面。①

从农村小学科学教师男女年龄比例可以看出，随着年龄的升高，女教师数量呈下降趋势。这可能也是导致农村地区小学科学教师师资紧张的重要的原因。因此，在现有的农村小学师资储备情况下，不仅仅要吸引年轻教师从事科学教师职业，还要吸引不同年龄的女教师从事农村小学科学学科教师职业，对于科学教师极为贫乏的地区或学校，对拥有高级职称或高水平的准退休女教师解除"一刀切"的退休机制束缚，延迟退休期限，实行差异化的退休政策。

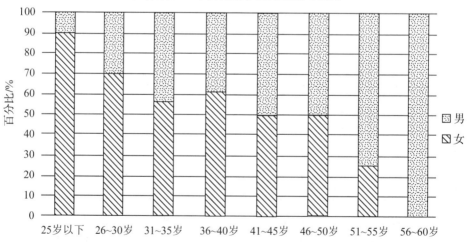

图 8.4　各年龄段男女教师所占比例

①　杜学元主编：《当代教育热点问题专题研究：女性教育问题研究卷》（下），184 页，北京，中国石油大学出版社，2014。

3. 农村小学科学教师职称结构特征

教师职称作为衡量教师专业水平和工作质量的重要指标，职称等级评定是对教师的工作能力的认可，对教师职业专业化发展的肯定，关系着教师工资待遇和社会地位的提高，还影响着教师参加培训与交流的意愿。因此，了解农村小学科学教师职称的结构，对调动教师工作积极性、提高教师队伍整体素质、促进城乡教育均衡发展具有重要作用。

第一，农村小学科学教师拥有一级教师职称比例相对较高，村屯未评定职称的教师较多。

从调查总体上看，农村小学科学高级教师、一级教师、二级教师、三级教师①和未评定职称教师比例分别为 2.31%、48.46%、31.54%、2.31%、15.38%。与其他学科相比，一级教师数量较多，但也存在着大量未评定职称教师，这部分没有评职称的教师大约有三分之二来自偏远的村屯地区。由于城乡教育资源的不均衡，职称评定指标的配额也不均衡，以往的评定标准并无城乡差异，致使农村教师在职称评定过程中始终处于劣势地位。评定职称级别越高，农村小学科学教师所处地位越不利。人力资源社会保障部办公厅、教育部办公厅印发的《关于深化中小学教师职称制度改革的指导意见》统一了中小学教师职称的等级和名称，强调中小学教师有机会评正高级职称，具体评价标准条件要综合考虑乡村小学和教学点实际，对农村教师予以适当倾斜，稳定和吸引优秀教师在边远贫困地区乡村小学和教学点任教。

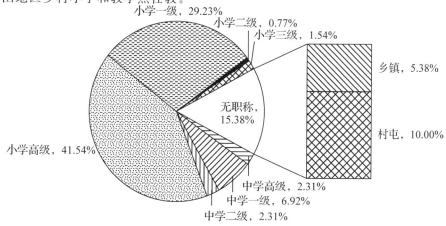

**图 8.5  农村小学科学教师职称分布**

① 统一后的中小学教师职称（职务），与原中小学教师专业技术职务的对应关系是：原中学高级教师（含在小学中聘任的中学高级教师）对应高级教师；原中学一级教师和小学高级教师对应一级教师；原中学二级教师和小学一级教师对应二级教师；原中学三级教师和小学二级、三级教师对应三级教师。

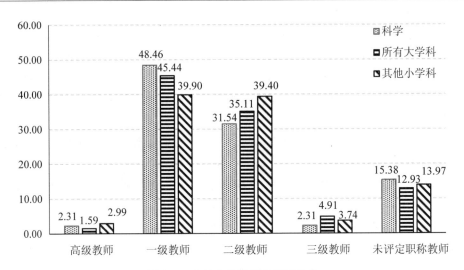

**图 8.6　农村小学科学教师职称①**

第二，男性教师职称等级普遍高于女性教师。

从职称级别的性别差异来看，随着职称等级的升高，男性教师所占比例升高，女性教师所占比例下降，整体上男性教师等级高于女性教师。女性教师在职称评定时难以具有优势，主要是受职称评定标准的影响。我国中小教师职称评定方式是对教师的教育教学表现进行考核，主要是考核教学工作业绩、职业道德和教育教学工作量。女性教师在工作承担量上本身就不具有明显优势，因此女性教师职称晋升时间较长、整体职称等级比男性低。这也符合社会排斥理论中的假设：社会普遍认为男性教师与女性教师的能力存在差异，如果男性教师和女性教师在工作中具有不同的劳动生产率，必然要提高男性教师的晋升机会和工资福利待遇，以此提高教育质量；反之，给予男性教师更多的晋升机会和福利待遇，维持了农村小学科学男性师资的稳定，提高了教师职业对男性教师吸引力，势必削弱了女性教师在职称评定时的优势，使得女性教师整体的职称等级低于男性教师。

4. 农村小学科学教师的学历结构特征

教师学历结构是指教师群体中学历层次的分布状态，是教师专业水平、科研水平和潜在能力的重要标志。虽然"高学历"不能等同于"高素质"，但两者有高度正相关。因此，教师在取得学历的过程被视为规范与提升教学素养的过程，教师高学历比例越大，证明教师队伍专业素养越强。对学历结构的考察，可以反映出

---

① 其他小学科是指除科学外，音乐、体育、美术、劳动、书法、综合实践等学科。

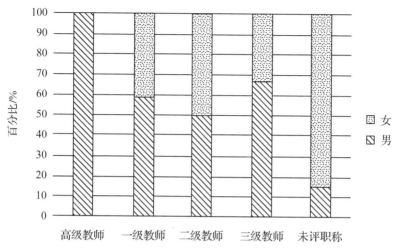

**图 8.7　男女教师职称分布**

农村小学科学教师队伍的潜力与发展前途。

第一，农村小学科学教师学历达标率较低。

《中华人民共和国教师法》规定："取得小学教师资格，应当具备中等师范学校毕业及其以上学历"，并且也鼓励"非师范高等学校毕业生到中小学或者职业学校任教"。从调查的结果来看，师范类专业科学教师专业达标率为 83.78%，非师范类专业达标率为 38.89%，农村小学科学教师队伍的学历达标率 77.52%。[①]和农村小学教师整体学历达标率 85.39% 相比，差 7.87 个百分点。

造成农村小学科学教师整体学历达标率偏低的原因是复杂的：第一，农村小学科学教师平均年龄较大，由于各个年代我国的师范教育培养模式和教师招聘条件的不同，造成部分低学历的教师入职农村教师岗位，这些学历学历不达标教师的平均年龄在 50 岁。第二，本次调研的所有学校都是公立学校，但其中的部分农村小学是由民办小学转制而来，因此在当时的办学条件下，学校对教师的选择权力较小，造成学历整体达标率低。第三，理科教师本身属于比较有竞争力的教育人力资源，在择业时，多数高学历教师选择竞聘城市学校，或经济发展水平相对较高的农村学校任职，农村小学科学岗位只能流于"备胎"之选。

从乡镇和村屯地区来看，农村小学科学教师的专业达标率存在着较大差异。调查显示，乡镇小学中师范类专业科学教师专业达标率为 90.57%，非师范类专

---

① 统计与分析过程中，"师范专业学历达标率"是指中师及中师以上学历的师范专业教师与所有教师的比率；"非师范专业学历达标率"是指大专及大专以上学历的非师范专业教师教师占教师总体的比率。教师整体学历达标率是师范专业学历达标教师与非师范专业学历达标教师之和占教师总体的比率。

业达标率为 50.00％，总达标率为 85.25％；村屯小学教师中师范类专业科学教师专业达标率为 77.59％，非师范类专业达标率为 30.00％，总达标率为 70.59％。可见，虽然我国在农村教师配置的政策倾斜取得了明显的效果，但是在村屯地区部分小规模学校中，小学科学教师专业达标率仍然较低，这也表明部分村屯地区教师职业吸引力不大，只能依靠放宽教师招聘条件要求来吸引体制外教师入职。因此，提高村屯地区教师职业的吸引力，才是解决农村地区整体师资力量薄弱的关键。

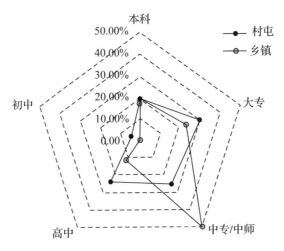

图 8.8　乡镇和村屯地区农村小学科学教师第一学历分布

第二，农村小学科学教师的第一学历起点较低，高学历教师较少。

农村教师的第一学历结构代表着教师初次配置的均衡程度。从总体上看，农村小学科学教师的第一学历多为中专和大专，两者占到教师总数的 52.79％，本科及本科以上学历占到 17.05％。虽然第一学历不能完全代表教师的个人的专业水平，但教师作为学校教育最重要的资源，其初次配置的均衡程度决定了二次配置调节和辅助的方向与程度。因此，改善教师的初次配置，继续实施并逐步完善农村义务教育阶段学校教师特设岗位计划，发挥教育部直属师范大学师范生免费教育的示范引领作用，吸引优秀高校毕业生到农村学校或薄弱学校任教，是解决城乡教育资源均衡发展最根本的方法。

第三，农村小学科学教师多毕业于中师院校。

调查显示，农村小学科学教师的第一学历毕业院校多数为中师，占教师总数的 27.91％，可以看出，中师为农村小学教师的培养作出了重要贡献。长期以来，中师教育发挥了它独特的作用，一方面它为广大的农村培养最基层的师资，是培养地方人才资源最成功的范例；另一方面是基于中等师范教育的教育体制，

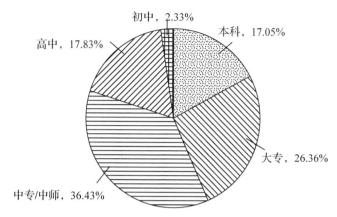

**图 8.9　农村小学科学教师第一学历分布**

它没有高中的升学压力，多数学生多来自农村，而且多是农村中最优秀的一批青年，他们毕业后也往往被分回到自己出生的地方。与那些从外地分配过来的教师或支教的志愿者相比，他们与乡土有着"血缘"上的联系，对农村有一种天然的感情和责任感，同时也了解农村社会实际情况。近几年，一些具有"中师情怀"的地区或院校，逐步恢复了中师制度并实施了中师免费政策，并通过这种方式为农村地区提供可靠的教师资源。

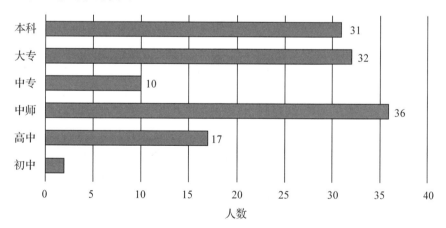

**图 8.10　农村小学科学教师的毕业院校情况**

5. 农村小学科学教师专业对口率

教师专业对口率是检验学校人员使用的合理性和师资配置均衡程度的重要指标。在教育部启动的《卓越教师培养计划》中，重点探索小学全科教师培养模式，鼓励教师根据个人喜好开设校本课程。因此，农村小学教师兼任多学科教学的情况实属正常，存在一定比例的专业不对口现象也是必然，但这一比例过高则会影响教学质量的提升。

第一，农村小学科学教师专业对口率低。

纵观我国小学科学课程的发展历史，要从"格致""博物"谈起，经历了"自然"和"常识"的不断改革，直到 2001 年才更名为"科学"，但我国各类高校是从 2002 年才开始开设科学教育专业，是在科学课程正式成立之后才对高校师范生进行专业培养。目前，绝大多数从教的农村小学科学教师都不具有科学教育专业背景，其中多数为其他自然科学学科教师，也不乏社会科学学科教师兼职。调查显示，被调查的 131 名农村小学科学教师中仅有一名教师毕业于科学专业，仅占教师总体的 0.76％，教师专业为师范全科的教师所占比例最高，达到 30.65％，专业为物理、地理、化学和生物学科的教师总和占的 5.65％，专业对口教师占到 37.06％[1]。

当前师范院校培养出的小学师资能力并未完全满足发展小学教育事业的要求，单纯的高学历化的小学教师培养没有达到预期设想的高质量、高层次、具有未来竞争力的教育效果，尤其是在地缘偏远的农村地区学校，在师资力量更加薄弱的村小和教学点，在得不到广泛重视的紧缺学科中，看似高学历的小学专职教师往往没有办法解决农村小学教育教学中的原生问题，导致从中师本已孕育成熟的"小学教育"品牌专业黯然失色，小学教师"定向农村，综合培养"的特色传统也被削弱。[2]

第二，与东部、西部教师相比，中部农村小学科学教师专业对口率最低。

从区域农村小学科学教师专业对口情况来看，东部、中部、西部教师专业对口率分别为 35.29％、25.81％、40.63％中部农村小学科学教师专业对口率最低，且这些教师全都毕业于中师的"小学教育"专业。在对教师访谈的过程中发现，部分教师的原专业是"小学教育"，在"全科教师"提出后，这部分教师默认为自己的专业是全科培养，实际上这部分教师并不具备全科教师或科学教师的专业知识与专业技能，不属于严格的专业对口；具有"全科培养"学历背景的科学教师多数是"80 后"的青年教师，在培养这些全科教师过程中，大部分的课程仍然是语文、数学这些主科课程，只有极少部分的科学领域课程，冲淡了自然科学类课程在全科培养中的比重与意义，也没有凸显出科学教师专有的素养，使得这部分青年教师成了"低水平"的专业对口。

---

[1] 这里将科学、物理、化学、生物、地理专业以及师范全科培养的教师任教科学课程均算作专业对口。通常教师专业对口率是指所学某专业的教师总体中任课该专业课程教师所占百分比。

[2] 张虹：《全科小学教师教育促进城乡义务教育均衡发展的路径分析》，载《教育导刊》，2016(4)。

6. 农村小学科学教师队伍身份构成

教师队伍的身份构成一定程度上影响着教师队伍的稳定性，关乎教育主管部门和学校对人员的管理与发展。对农村小学科学教师身份构成的调查，区域内统筹科学教师师资力量，有助于解决农村小学科学教师聘用、培训、流动等一系列问题。

第一，东部代课教师比例较高，西部特岗教师和支教教师较多。

调查数据显示，本校在编教师是构成农村小学科学教师的主体。其中，东部、中部、西部农村小学科学的本校在编教师和特岗教师比例呈线性上升趋势，代课教师比列呈线性下降趋势。东部地区农村小学科学代课教师所占比例过高，反映出东部地区农村小学本校在编科学学科教师数目不能满足科学课程的开课需求，在编制缺乏的情况下，只能通过临聘教师的方式缓解师资短缺压力；而在"西部计划""三支一扶"等乡村教师补充政策积极推动下，西部地区学校在编教师数目增多，特岗教师、轮岗教师和支教教师所占比例也超过了东部地区。

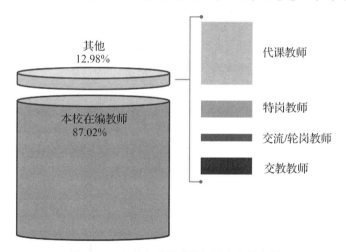

图 8.11　农村小学科学教师的身份特征情况

表 8.5　东、中、西部农村小学科学教师的身份特征情况

| | | 教师身份 | | | | | |
|---|---|---|---|---|---|---|---|
| | | 本校在编教师 | 代课教师 | 特岗教师 | 交流（轮岗）教师 | 支教教师 | 合计 |
| 东部 | 计数 | 27 | 5 | 0 | 1 | 0 | 33 |
| | 百分比/% | 81.82 | 15.15 | 0.00 | 3.03 | 0.00 | 100.00 |
| 中部 | 计数 | 30 | 3 | 1 | 0 | 0 | 34 |
| | 百分比/% | 88.24 | 8.82 | 2.94 | 0.00 | 0.00 | 100.00 |

续表

| | | 本校在编教师 | 代课教师 | 特岗教师 | 交流（轮岗）教师 | 支教教师 | 合计 |
|---|---|---|---|---|---|---|---|
| | | 教师身份 | | | | | |
| 西部 | 计数 | 57 | 2 | 2 | 0 | 3 | 64 |
| | 百分比/% | 89.06 | 3.13 | 3.13 | 0.00 | 4.69 | 100.00 |
| 合计 | 计数 | 114 | 10 | 3 | 1 | 3 | 131 |
| | 百分比/% | 87.02 | 7.63 | 2.29 | 0.76 | 2.29 | 100.00 |

注：$N=131$，有效百分比 $=100\%$，缺失值 $=0$。

第二，村屯青年代课女教师较多。

从性别差异来看，本校在编男女教师比例分别为 54.87% 和 45.13%，两者相差 9.74 个百分点；而在代课教师中，有九成为女教师，这些代课女教师平均年龄为 33.44 岁，有三分之二的女教师为"85 后"，并且这些年轻的代课女教师一半以上任职村小或教学点。有调查显示，男性教师对工资薪酬、专业发展、考核晋升的期望比较高，因此男性教师流失率高于女性教师。[1] 但男性教师的社会认可度明显高于女性教师，所以学校更愿意给予男性教师编制，以此降低男性师资流失的风险。受农村小学编制数量的限制，为了保障科学课程的开足开齐，女性教师更多的是通过"代课"这种临聘方式竞争上岗。

表 8.6　乡镇和村屯地区男女教师的身份特征情况

| | 男 | | | | 女 | | | |
|---|---|---|---|---|---|---|---|---|
| | 乡镇 | | 村屯 | | 乡镇 | | 村屯 | |
| | N | 百分比/% | N | 百分比/% | N | 百分比/% | N | 百分比/% |
| 本校在编教师 | 26 | 95.38 | 36 | 94.74 | 30 | 85.71 | 21 | 70.00 |
| 代课教师 | 0 | 0 | 1 | 2.63 | 3 | 8.57 | 6 | 20.00 |
| 特岗教师 | 0 | 0 | 0 | 0 | 2 | 5.71 | 1 | 3.33 |
| 交流（轮岗）教师 | 0 | 0 | 0 | 0 | 0 | 0 | 1 | 3.33 |
| 支教教师 | 1 | 3.08 | 1 | 2.63 | 0 | 0 | 1 | 3.33 |
| 合计 | 27 | 100 | 38 | 100 | 35 | 100 | 30 | 100 |

注：$N=130$，有效百分比 $=99.24\%$，缺失值 $=1$。

[1]　参见邬志辉、秦玉友：《2013—2014 中国农村教育发展报告》，北京，北京师范大学出版社，2015。

## (二)农村小学科学教师的工作量

教师的工作量是指教师在履行教师职业角色过程中,直接或间接从事教育教学相关工作的总和。教师工作量的大小,影响着教师工作压力大小和工资福利的满意程度。从工作职务、工作时间以及任教情况三个方面对教师工作量进行调查与分析,有助于探索农村小学科学教师激励机制,提高教师工作积极性。

### 1. 农村小学科学教师担任的职务

在调查的 131 名科学教师中,专职教师和兼职教师分别占科学教师总体的 29.01% 和 70.99%。其中,兼职情况大致可以分为三类:第一类是兼任其他学科的教师。这类教师一般兼任两门或两门以上学科,并且兼任语文、数学等"主科"课程的教师占到这类教师总体的 73.28%。第二类是兼任教育教学管理工作,主要包括班主任、后勤教师、生活教师等,有 61.08% 的科学教师担任此类兼职工作。第三类是兼任学校管理工作,如校长、中层干部(如教导主任、德育主任、总务主任、少先队辅导员等)、教学领导(如学科组长、年级组长)等,这类科学教师占教师总体的 28.24%,部分教师同时担任多种管理职务。这三类兼职身份并不冲突,一名教师可以同时担任多种兼职。造成农村小学科学教师多重教师职务的主要原因是师资短缺,为了保证课程、教学和管理机制的顺利进行,最大限度地发挥现有教师资源,部分教师可能要承担多学科教学或多职务的工作。

### 2. 农村小学科学教师任教情况

农村小学科学教师任教年级数量也是衡量教师工作量和工作压力的重要因素。相同课节数的情况下,教师所任教的年级越多,备课、课后反思、批改作业时间越长,工作量大大增加。在对农村小学科学教师任教年级数量进行分析统计的过程中发现,平均每名农村小学科学教师担任 1.67 个学年的课程,54.17% 的教师担任一个学年的任教,30.00% 的教师跨两个学年,10.83% 的教师跨三个年级任教,5.00% 的教师跨四个或四个以上年级任教。究其根本原因,主要是由于我国农村地区整体师资力量匮乏,在低学段、小学科上体现的更加明显,因此农村小学科学学科师资力量薄弱就显得更加"理所当然"。多数农村小学属于小规模学校,班额较小,为了最大限度地发挥科学教师的作用,科学教师只能被迫多学年任教。

### 3. 农村小学科学教师的工作时间

教师的工作时间主要包括教师做教学工作(如授课、备课、批改作业、课余辅导和教研活动)和非教学工作(如学生活动、行政会议、寄宿管理等)时所花费的时间。教师每周平均工作时间的分配情况,能呈现教师教育教学工作的繁重程度,也间接反映出教师所在学校对课程安排是否科学,对教师任课分配是否合理。

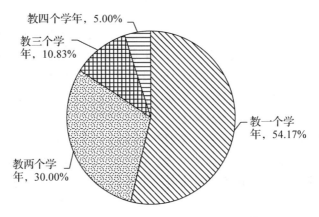

**图 8.12　农村小学科学教师跨学年任教情况**

在调查的 131 名农村小学科学教师中，每名教师平均每周课时数为 11.57 节（若每节课时长 40 分钟，则教师平均每周上课 7.71 小时），平均每周其他教学工作 14.79 小时，其他非教学工作 12.83 小时，每周课内总工作量 35.33 小时。农村小学科学教师整体工作量较大的原因，主要是由于小学科学课教师数量较少，大部分教师多学年任教，部分教师兼任其他学科教学和其他行政职务，因此整体工作量较大。这样既不能保证科学教师有充分的时间和精力投入到科学教学当中，又无闲暇时间提升自身生活质量，这也是导致农村小学科学教师对工作满意度不高的原因之一。

**表 8.7　农村小学科学教师各项工作量情况一**

| 工作量 | N | 极小值 | 极大值 | 均值 | 标准差 |
|---|---|---|---|---|---|
| 课时数/节 | 81 | 0.5 | 31.00 | 11.574 | 7.940 8 |
| 备课/小时 | 66 | 0.5 | 20.00 | 5.830 | 4.465 1 |
| 辅导/小时 | 51 | 0 | 30.00 | 6.412 | 5.693 6 |
| 教研/小时 | 42 | 0 | 15.00 | 2.551 2 | 3.025 03 |
| 会议/小时 | 40 | 0.75 | 6.00 | 2.018 8 | 1.446 02 |
| 学生活动/小时 | 81 | 0 | 36.00 | 9.100 6 | 9.534 16 |
| 寄宿/小时 | 73 | 0 | 20.00 | 1.712 | 2.269 8 |
| 其他/小时 | 54 | 0 | 400.00 | 81.769 | 117.733 6 |
| 下班其他/小时 | 9 | 0 | 20.00 | 4.778 | 6.180 2 |

## （三）农村小学科学教师教学水平

教师教学水平是衡量教师专业素养的重要指标，是判断教学质量能否提升的潜在依据。我国农村小学科学教师在面临教师队伍结构不优的同时，还面临着质量不佳的现状，与城市小学科学教师相比，教学水平还存在一定差距。在对农村小学科学教师的教学水平现状深入调查与分析，有利于探索提升农村小学科学教师专业素养的策略，逐渐缩小城乡小学师资质量差距。

### 1. 农村小学科学教师的教学理念

教学理念是教师对人才培养目标的理解，是教师发生教学行为的内在驱动，体现为教师的教和学生的学的认识与价值判断。通过调查农村小学科学教师教学理念，可以了解农村地区小学科学教师对科学课程和学科教学的理解。

第一，教师对自身信念性知识的关注度不高。

在对农村小学科学教师"自身实践性知识认识"考察的过程中，教师们更加关注教学实践类的知识，反而对信念、价值观念这类"教师的信念知识"始终没有过多关注，但恰恰是这类知识影响着教师的教育理念。

在科学教学过程中，科学教师的教学信念与自身的科学本质观、人格特质有很大的关联。在分析农村小学科学教师对自身知识认识过程中发现，仅有22.81%的教师认为教师信念知识是比较重要的，大多数教师反映对"教师信念知识掌握较少"，"在实际教学中不需要"。造成这种矛盾的认知的原因是教师对信念知识认识不深入，致使自身知识观的扭曲。在实际教学中，教师直接应用信念知识解决教育、教学、管理等问题的直观体验较少，即使教师已经对"信念知识"产生了"可以指导教育教学行为"的初步认知，但在遇到实际的教育教学情境时，几乎不能找到统一的、完全正确的处理方法，教师必须根据问题的特殊性并结合自身的特点选择不同的处理方式；即使处理不当，教师也未能将原因归结为教师信念知识掌握较少。所以，即使绝大多数教师认为信念知识很重要，在还缺乏信念知识的情况下，仍然认为最不需要加强教师信念知识的学习。

第二，教师在教学过程中更加注重学生知识的学习，忽视了思维品质和动手能力。

在实际教学过程中，农村小学科学教师对学生最注重培养的排在前三位的是"习惯养成""品德养成"和"知识学习"，百分比分别为96.83%、77.78%和73.02%。这与其他学科教师相比，重视排序并无本质差别，但在重视程度上，农村小学科学教师更加重视学生的知识学习，忽视了"思维品质"和"动手能力"对学生科学素养的影响。造成农村小学科学教师"知识本位"教学理念的原因主要有以下两点：第一，多数农村小学科学教师并未认识到"科学"这类课程是培养学生科学素养的重要平台，而是与其他文科类课程无太大区分的记忆课程，强调的也并非科学课程中开阔视野、思维训练、动手实践能力等内容。第二，一部分小学科学教师在赞同科学课程重要性的同时，将"科学"课程赋予了功利色彩，一方面，满足结业和升学需要；另一方面，将科学教育理解成"精英教育"，掌握知识才是最重要的，也将学生"科学素养"的养成误解成纸笔测试成绩的提高。

表 8.8  农村小学科学教师教学理念情况

| | 科学 | | 农村小学所有学科 | |
|---|---|---|---|---|
| | 频次 | 百分比/% | 频次 | 百分比/% |
| 知识学习 | 46 | 73.02 | 636 | 67.59 |
| 习惯养成 | 61 | 96.83 | 847 | 90.01 |
| 思维品质 | 37 | 58.73 | 586 | 62.27 |
| 纪律遵守 | 34 | 53.97 | 602 | 63.97 |
| 品德养成 | 49 | 77.78 | 720 | 76.51 |
| 审美情趣 | 17 | 26.98 | 260 | 27.63 |
| 动手能力 | 29 | 46.03 | 463 | 49.20 |
| 团队合作 | 37 | 58.73 | 491 | 52.18 |
| 其他 | 0 | 0 | 17 | 1.81 |
| 总计 | 310 | 492.06 | 4622 | 491.2 |

注：农村小学科学教师人数 $N=63$，有效百分比＝94.03％，缺失值＝4。农村小学教师人数 $N=941$，有效百分比＝95.92％，缺失值＝40。由于此题为多选题，因此表格中的百分比实际为个案百分比（频次÷教师人数 $N×100％$），故百分比之和大于100％。

2. 农村小学科学教师的教学方法

《课程标准》中明确指出，"小学科学课程的学习方式是多样的，探究式学习是学生学习科学的重要方式"，"科学教师应尽可能掌握多种科学教学方式和策略"，"使学生愿意主动学习"。事实上，教学方法既受到教学目标、教学内容、设备仪器等制约，[①] 也受到教师个人教学水平和学生认知特点的影响。

农村小学科学教师在课堂上最常用的教学形式主要是集体讲课、探究学习和自主学习，百分比分别为80.95％、58.73％和50.79％。在访谈过程中发现，大部分教师能认识到合作式学习或探究式学习对学生能力发展的重要作用，但迫于大量的工作任务和教学压力，只能采取"效率更高"的讲授式教学方法。也有部分教师对"探究式教学"和"自主学习"的流程一知半解，在实际教学中，将演示实验改成学生实验就叫探究式教学，让学生自己看书就叫做自主学习等现象屡见不

---

① 钟启全：《教学方法：概念的诠释》，载《教育研究》，2017(1)。

鲜。因此，科学教师在指导学生探究式学习时，要根据学生能力精心设计探究问题，注重探究活动的各个要素，让学生充分练习科学思维方法，避免程式化、表面化的科学探究。

**专栏1 教师访谈**

Q：贵校校现在科学教师是否够用？

A：还算够用吧。但从我的角度来说还是有些压力，毕竟我还得负责实验设备管理、准备实验，同时也要上课，感觉压力挺大。按说应该有实验员的。

Q：目前学校对科学教师不够用这一问题如何解决？

A：我跟学校反映过，不过学校说没人呐，目前也没办法，说是有困难。

Q：您觉得教小学科学最需要的知识是什么？

A：那挺多方面的呢。比如知识积累啊，实验操作能力方面等的。

Q：您常用的教学方法有哪些？

A：我也正在适应。原来小学自然做实验少，主要讲。现在主要是培养学生动手能力为主吧。前后差距挺大的。

Q：您平时对课程资源的利用与开发状况如何？

A：说实在的，反正我做得也不太到位，但也在尽量在做。

Q：您对科学课程整体的看法？比如对学生的影响？课程的设置、实行？

A：总体来看，这课程还可以。实施时有些困难，尤其在农村和城里不一样，有些学生、家长需要配合时有难度。

Q：学生和家长对科学课重视吗？

A：农村还不行，城镇还可以。我们那属于某某区最偏远的地方。

在调查和访谈过程中发现，农村小学科学教师掌握最多的是"有关学科教学方法知识"，认为多种教学方法都能灵活运用，但迫于实际教学内容较多，准备实验器材相对更加耗时，因此教学方法仍然以集体讲授为主，不同程度地穿插实验教学。另外，由于农村小学科学教师老龄化严重，这些教师更加熟悉讲授法的教学方法，所以认为讲授法更方便控制课堂节奏。因此，教师对自身专业素养的认识与定位可能是影响其进一步提升专业水平的阻碍，也可能成为学生科学素养发展的隐患。

3. 农村小学科学教师对教学手段的使用

教学手段通常是指为达到预期的教学目的，教师与学生用来完成教学活动，作用于教学对象的信息的、精神的、物质的形态的总和。[①] 随着科学技术的发展，教学手段经历了口头语言、文字书籍、印刷教材、电子视听和多媒体网络技术五个使用阶段。传统的教学手段与现代化教学手段的融合既能保证教学效率，又能提高学生的学习兴趣。农村小学科学教师处理好传统教学手段与现代教学手段之间的关系，对科学学科教学质量的提高必将事半功倍。

在硬件设施配备方面，一半以上的农村小学科学教师表示，在科学课上使设备仪器遇到的最大阻碍是"设备仪器达不到教学要求""实验设备数量不足"，分别占到总体的 53.23% 和 51.61%。从东、中、西部仪器和设备配备程度来看，教师认为"不太齐全"或"非常不齐全"的分别占到各地区教师总体的 15.38%、61.12%、57.14%，东部地区硬件设施配备相对齐全。近年来，我国财政对农村义务教育投入大幅增加，注重农村地区学校教育信息化基础设施和数字化教学资源的建设，逐步提升农村学校办学质量。受地理条件和经济发展水平的影响，东部地区的农村小学教育基础设施建设较为完善。中西部农村小学因基数大、底子薄、历史遗留问题较多，设备仪器不足等问题并未得到根本上的解决，区域间资源配置不均问题十分突出。

在仪器设备使用方面，有 24.19% 的科学教师表示，"有些设备不会操作"。从不同区域教师使用设备情况来看，东、中、西部教师"经常使用"或"每堂课都使用"仪器设备的分别占到各地区教师总体的 92.31%、5.56%、51.43%，东部地区农村小学科学教师对设备的使用频次最多，中部教师使用频次最少。综上，农村小学教育信息化进程缓慢，信息化教学能力普遍偏低，主要受主客观多方面因素影响：从客观因素来看，部分农村小学科学教师教学知识储备匮乏，实践和培训机会较少，教师新知识更新较慢，接受新的教学手段和技术较难，加上设备仪器的不足和落后等原因，阻碍了农村小学科学教师对设备仪器的使用；从主观因素来看，受传统教育观念影响，部分科学教师更加注重学生知识的习得，因此在教学过程中更加习惯选择传统的教学手段，将信息化教学手段使用视为"花瓶"，"不利于学生知识记忆的效率"，因此主观上不愿意使用多媒体设备和实验仪器。

---

① 刘克兰：《现代教学论》，重庆，西南师范大学出版社，1993。

表8.9 东部、中部、西部农村小科学教学需要的仪器和设备配备情况

| | | 教学需要的仪器和设备 | | | | 合计 |
|---|---|---|---|---|---|---|
| | | 非常齐全 | 基本齐全 | 不太齐全 | 非常不齐全 | |
| 东部 | 计数 | 1 | 10 | 2 | 0 | 13 |
| | 百分比/% | 7.69 | 76.92 | 15.38 | 0.00 | 100.00 |
| 中部 | 计数 | 0 | 7 | 10 | 1 | 18 |
| | 百分比/% | 0.00 | 38.89 | 55.56 | 5.56 | 100.00 |
| 西部 | 计数 | 1 | 14 | 14 | 6 | 35 |
| | 百分比/% | 2.86 | 40.00 | 40.00 | 17.14 | 100.00 |
| 合计 | 计数 | 2 | 31 | 26 | 7 | 66 |
| | 百分比/% | 3.03 | 46.97 | 39.39 | 10.61 | 100.00 |

注：$N=66$，有效百分比$=98.51\%$，缺失值$=1$。

表8.10 农村小学科学教师教学理念情况

| | | 借助多媒体设备进行教学情况 | | | | 合计 |
|---|---|---|---|---|---|---|
| | | 一般不用 | 偶尔会用 | 经常用 | 每堂课都用 | |
| 东部 | 计数 | 0 | 1 | 8 | 4 | 13 |
| | 百分比/% | 0.00 | 7.69 | 61.54 | 30.77 | 100.00 |
| 中部 | 计数 | 4 | 13 | 1 | 0 | 18 |
| | 百分比/% | 22.22 | 72.22 | 5.56 | 0.00 | 100.00 |
| 西部 | 计数 | 9 | 8 | 14 | 4 | 35 |
| | 百分比/% | 25.71 | 22.86 | 40.00 | 11.43 | 100.00 |
| 合计 | 计数 | 13 | 22 | 23 | 8 | 66 |
| | 百分比/% | 19.70 | 33.33 | 34.85 | 12.12 | 100.00 |

注：$N=66$，有效百分比$=98.51\%$，缺失值$=1$。

## (四)农村小学科学教师的工资待遇

### 1. 农村小学科学教师工资收入水平

教师收入问题一直深受社会各界广泛关注。近年来，经过各级政府的努力，农村学校教师工资得到较快的提高。在农村教师工资增长的过程中，进一步了解农村小学科学教师工资收入水平和教师对工资收入的期待，将有助于发现并解决教师工资制度改革进程中所出现的问题，保证农村小学科学教师的基本生活和

工作。

第一，农村小学科学教师对工资待遇满意度低。

根据期望差异理论，教师对工资待遇的满意度是由实际感知收入水平与内心期望收入水平间的差异决定的。当教师实际感知收入水平高于内心期望水平时，教师对工资待遇满意度高；反之，实际感知收入水平低于内心期望水平，教师对工资待遇满意度低。调查显示，教师认为工资收入"比较满意"或"非常满意"的仅占17.19%，认为"工资待遇一般"的占到46.88%，"不太满意"或"非常不满意"占到35.94%。相对于同等学历、工作年限和相同职称的城市小学科学教师而言，农村小学科学教师对当前工资待遇满意度较低。

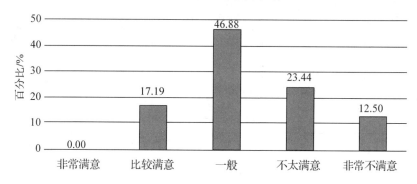

图 8.13　农村小学科学教师的满意度情况

从乡镇和村屯角度来看，乡镇教师对工资收入"非常满意"和"比较满意"的占到总体的8.57%，"非常不满意"和"不太满意"的占到总体的40.00%；村屯教师"非常满意"和"比较满意"的占到总体的10.35%，"非常不满意"和"不太满意"的占到总体的37.93%。村屯小学科学教师对当前的工资待遇满意度略高于乡镇教师。造成乡镇和村屯地区教师对工资满意度差异的原因主要是教师衡量工资的参照不同。与乡镇地区相比，村屯地区教师生活成本更低，因此教师个人对工资收入期望值相对不高；与村屯其他职业相比，村屯教师本身收入较高且稳定。因此无论是以个人需求为参照，还是以他人收支比率为参照，村屯小学科学教师对工资满意度都略高于乡镇教师。

第二，经济发展水平越高，教师月基本工资收入越高。

总体上看，农村小学科学教师月基本工资为 2 293.92 元，东、中、西部教师月基本工资分别为 3 062.31 元、1 992.86 元和 1 951.49 元，东部地区教师的月基本工资收入与中西部存在明显差异（$F = 6.825$，$p < 0.05$；$F = 4.663$，$p < 0.05$），中部和西部教师月基本工资收入无明显差异（$F = 0.697$，$p = 0.407 > 0.05$）。受经济发展水平影响，东部地区受教育水平明显高于中西部；同时由于

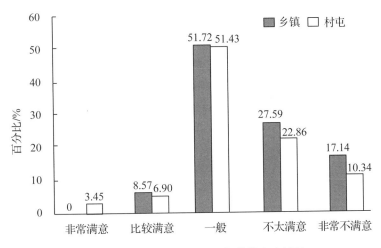

图 8.14 乡镇和村屯地区教师的满意度情况

知识经济时代的到来，受过高等教育的教师有更多获得高等收入的机会，因此东部教师平均基本工资高于中西部。

表 8.11 农村小学科学教师月工资情况

| 地区 | N | | 均值 | 均值的标准误 | 中值 | 标准差 | 极小值 | 极大值 |
|---|---|---|---|---|---|---|---|---|
| | 有效 | 缺失 | | | | | | |
| 东部 | 26 | 7 | 3 062.31 | 270.066 8 | 2 900.00 | 1 377.076 1 | 750.00 | 6 000.00 |
| 中部 | 22 | 12 | 1 992.86 | 166.497 6 | 1 905.00 | 780.942 9 | 1 000.00 | 3 573.00 |
| 西部 | 39 | 25 | 1 951.49 | 154.165 8 | 1 700.00 | 962.765 4 | 700.00 | 5 000.00 |
| 总体 | 87 | 44 | 2 293.92 | 125.240 6 | 2 000.00 | 1 168.166 2 | 700.00 | 6 000.00 |

2. 农村小学科学教师福利待遇

教师的福利待遇通常是指除工资收入外的待遇，主要包括现金、物质、保险、休假和培训等方面的待遇。这些福利待遇的设置与落实一方面标志着国家政策与法规对教师群体的重视，另一方面也反映出教师这一职业本身的吸引力。

第一，农村小学科学教师绩效工资占基本工资比例较低。

传统的教师福利待遇主要是指经济上的补助、津贴以及保险、带薪休假等。对于公立学校来说，城乡教师不仅工资收入存在差异，在绩效、奖金、补贴等薪酬上，以及教师的工作环境、角色价值等心理感受上也存在较大差异。调查显示，农村小学科学教师的平均绩效工资、乡村教师生活补助、伙食补助以及其他津贴补助共计 1 239.24 元。从区域差异上来看，东部地区教师平均津贴补助共计 1 276.72 元，中部地区教师平均津贴补助共计 1 255.26 元，西部地区教师平均津贴补助共计 1 189.73 元。通过比较分析，东、中、西部教师的绩效工资分别占基本工资的 36.80％、47.35％、37.15％，其中，中部地区农村小学科学教师绩效工资占基本工资总额度比例最大。教师绩效工资资金主要来源于财政拨款、学校收费收入和教师工资。伴随着农村税费体制改革、"以县为主"以及农村免杂费政策的实施，改革后学校的经费支配自主权却普遍下降，对于教师收入的调节能力和激励机制的设计能力严重削弱。因此在学校绩效工资资金有限的情况下，教师人数越多，人均绩效工资越少。

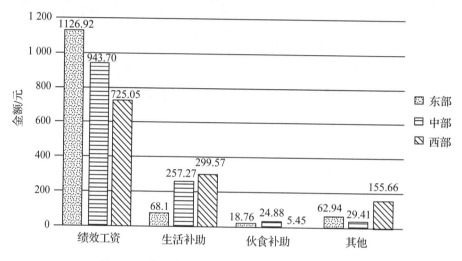

图 8.15　东、中、西部农村小学科学教师补助情况

第二，教师的医疗保险制度不透明，对重大疾病保障政策不了解。

从群体特征看，农村小学科学教师群体享受最多的社会福利待遇位居前三的是医疗保险、住房公积金和养老保险。农村小学科学教师都有比较完善的医疗保障，但教师普遍对医疗保险缴纳额度以及重大疾病保障政策缺乏全面和系统的了解，这种情况反映了医疗保险政策在基层的宣传力度比较差，政策缺乏透明度。由于教师无法见到自己每月收入的明细表，无法得知医疗保险的缴纳额度，也没有看到相关医疗保障的政策性文件，同时，相关管理机构并没有在基层进行各种形式的医疗保险政策宣传，基层教师缺乏知晓重大疾病保障政策的途径。

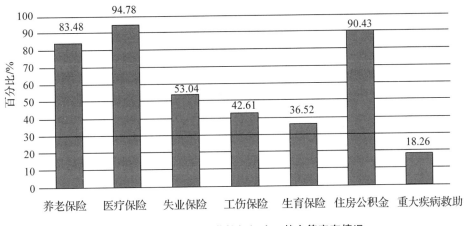

图 8.16  农村小学科学教师保险、基金等享有情况

### 专栏 2  教师访谈

Q：您了解村小学科学教师的工资水平如何？

A：没啥福利待遇，就是在编教师工资。

Q：五险一金都有吗？

A：这些都正常有。

Q：您校有兼职教师吗？

A：我们校没有。

Q：与当地公务员比待遇如何？

A：好像差不多，我也不太了解。但公务员福利待遇高，相当高了。

Q：教师您满意现在的工资及福利待遇吗？

A：还行吧，还可以。

　　调查过程中也发现，农村小学科学教师普遍对"五险一金"的保障制度更为熟知，但对"五险一金"的缴纳额度和重大疾病救助政策缺乏了解。这种情况反映出教师的福利待遇保障政策缺乏应有的透明度，有关部门对各类保险、福利、津贴政策的宣传力度不够，教师自身不了解享受了何种待遇。因此，这些福利待遇虽然维持了一部分教师的生活与工作秩序，但对于大部分教师而言，已有的福利待遇并没有起到激励工作积极性的作用。

　　第三，住房公积金制度未能得到全面贯彻，农村小学科学教师住房问题难解决。

　　根据访谈及调查问卷结果，农村小学科学教师多数在家庭住址所在地任教，半数以上教师有独立住房，有 21.38％ 的教师住在学校宿舍或教师周转房，17.56％ 的教师寄住在父母或亲戚朋友家里，有 9.92％ 教师在外租房。整体教师住房呈多样化特征。随着近几年房地产市场的发展，农村小学科学教师对县城购房意愿强烈，但现有商品房购房成本已成为教师沉重的经济负担。这主要是由于住房公积金制度贯彻得并不彻底，甚至有单位未给教师缴纳住房公积金。即使正常缴纳，但额度较小，青年教师住房公积金额度更是"杯水车薪"。由于没有完整的收入明细表，教师对于自己住房公积金的缴纳额度，单位补贴额度及个人账户目前余额几乎无从得知。

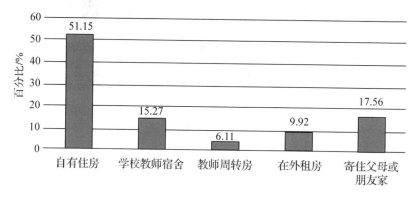

图 8.17　农村小学科学教师住房情况

**(五)农村小学科学教师的培训情况**

教师培训是促进教师专业成长、提升教师队伍素质的重要途径。自 2010 年国家启动实施中小学教师国家级培训计划(简称"国培计划")以来，中央和地方不断加大培训力度，建立了国家、省市、区县、校本四级教师培训体系，投入大量的物力、人力和资金，保证了中小学教师特别是农村教师培训工作的顺利开展。但在农村教师培训工作取得了快速发展的同时，也暴露出了一些亟待解决的问题。

1. 培训形式

《乡村教师支持计划(2015—2020)》中指出，应"按照乡村教师的实际需求改进培训方式，采取顶岗置换、网络研修、送教下乡、专家指导、校本研修等多种形式，增强培训的针对性和实效性"。然而实际的调查显示，多数地区或教育主管部门对农村义务教育阶段的教师培训形式都略显单一，以短期集中培训为主，多数以校本研修和网络研修的方式组织培训，甚至有教师反应获取实践性知识的主要途径是教师的自我反思，其次才是培训进修和网络学习。

在培训的教学方法方面，农村小学科学教师的培训多采用传统的讲授法，少部分培训会采用实验演示法。传统的讲授法是保证培训内容顺利完成的重要方法，本身方法无可厚非。但大量地使用讲授法对农村小学科学教师进行培训，必将忽视受培训教师本身就是良好的教学资源，忽略了对科学教师实验教学和实践操作能力的着重培养，导致教师参加培训的积极性不高，培训流于形式，成效不高。其实一些骨干教师本身具有丰富的教育教学经验，完全有能力根据自身的教学经验与原有的认识对所传授的内容和理论进行创造式理解，因此可以利用教学案例分析，组织受培训教师共同研讨、分析交流，从实际教学现象、教学活动中获得教学示范和指导。

2. 培训内容

教师培训的内容应根据培训对象特点而设定，深化教师的职业专业化。目前，我国农村小学科学教师培训的主要内容有教师知识（如学科知识、教育学与心理学理论知识、教法知识等）、教学技能（如多媒体技术应用、课程开发与实施技术等）、师德教育、教育法规教育等。我国农村教师培训的内容虽然广泛，但大部分培训内容没有切合农村教育教学的实际需要，对农村教师的专业素养的提升缺乏相应的指导意义。

在调查与分析过程中，农村小学科学教师培训内容呈现以下特征：第一，内容相对分散。部分教师反映，每次培训内容都相对孤立，呈现出碎片化的特点，与先前培训缺乏关联和呼应，缺乏一定的系统性和全面性。第二，重知识。数据显示，教师培训内容主要集中在学科知识（57.89％）、教育教学方法（52.63％）和信息技术应用（52.63％），教师培训内容多为绕教师的教学知识与技能展开，教学研究、课程设计与实施和教育法律法规方面的培训内容少。第三，缺乏针对性。在对农村小学科学教师实践性知识掌握情况调查过程中，有65.00％的教师认为掌握最多的是学科和教学方法知识，仅有8.20％的教师认为最缺乏这类知识，但培训内容仍以"知识培训"为主。

介于以上原因，我国农村小学科学教师培训实际效益并不明显，究其原因主要有以下几点：第一，农村教师培训缺乏顶层设计。各级培训主管部门在规划农村教师培训项目时，缺乏沟通与交流，使得各类培训内容之间缺乏连贯性设计，甚至出现内容重复的情况。第二，"知识本位"的教育观根深蒂固。在农村小学教师培训中过于重视教师知识的传授，将农村小学科学教师的职业专业化"等价"为知识专业化。第三，忽视了教师发展的阶段性与个性化。教师的发展是一个长期的持续不断的贯穿教师终生的过程，在这一过程中教师发展呈现阶段性的特点，每个阶段教师的经验积累和专业水平发展也有所差异，其教学行为也会呈现出不同的特征。因此，培训内容不能一概而论，应根据教师的不同特点与个性有所差异。

### 3. 培训频次

虽然教师培训的频次不能全面地反映出学校与教育主管部门对教师培训的重视程度，不能完全地展现教师培训的成效，但能在一定程度上可以体现出农村小学教师专业发展的机会以及教师对培训的态度与需求。在调查对象中，平均每位教师近三年参加培训 24.22 次，培训层级主要为校级培训，占到总体的 67.26%。

造成农村小学科学教师参加培训频次教少的因素是多方面的。从客观因素看，主要是由于农村小学科学教师参加培训"机会少、费用高、没时间"。第一，教师培训的名额基本是由上级教育行政主管部门分配的，优质的培训通常都会规定和限制名额和人数，但实际分配给农村小学的名额相对较少，一些教学点的教师甚至没有名额。第二，财政部和教育部制定了大量有关教师培训的专项资金，但大多数农村中小学地处偏远，交通不便，教师在参加培训过程中，可能还要承担交通、住宿、饮食等费用，造成教育主管部门、学校或教师的负担，因此部分农村学校和教师选择少参加或不参加。第三，由于农村小学师生比不尽合理，造成科学教师紧缺，学校为了维持最基本的教学秩序，只能减少教师培训的机会，或缩短培训时间。

从主观因素来看，教师参加培训的次数少主要是由于校长和教师"不重视、不愿意、懒得去"参加教师培训。第一，学校校长和领导不重视培训，没有为教师提供培训的便利条件，"胁迫"教师放弃培训机会。第二，这些被调查的教师表示，当教不熟悉的学科或对自己学科产生教学困惑时，首先会选择自己琢磨这门学科的内容与特点，其次是向教这门学科的骨干教师请教，最后才会考虑到参加培训。第三，教师自身扭曲了培训的目的，更多是为了晋升，评定职称等功利的取向，因此在考核和评优之后的一段职业生涯中，惰于提升自身教学水平，较少主动参加培训或进修。

### (六)农村小学科学教师的流动

教师流动制度是实现义务教育资源均衡发展，促进教育公平的重要举措。合理、科学的教师流动有利于整体优化城乡学校人才结构，有利于增强城乡学校的办学活力。但是教师流动的这种积极作用是建立在学校教师流动的动态平衡的基础之上的，即高素质的教师流进，低素质的教师流出，在教师总体流动中达到动态平衡。通过对当前农村小学科学教师流动现状的调查，能洞察教师流动的意愿，以此探寻有效的流动条件、流动形式以及鼓励策略。

### 1. 流动目的

积极有序的教师流动对学校发展和教师自身成长有重要作用。对于学校而言，"新"教师的流入可能为学校带来新的教育理念、教学方式，激发了学校新鲜活力，也可能使流动教师自身发展缺陷和原学校教育教学质量不高等问题得以暴露。对于教师而言，教师通过交流接触到新的环境和挑战，消除职业倦怠，学习新的知识、理念和教学方法，促进自身专业发展。然而目前，很多学校和教师并没有认识到这一点，只是把教师流动当作一项任务或者获取晋升职称和评优机会的手段，严重影响了学校和教师参与流动的积极性。调查显示，近三成的教师认为，教师参加交流的目的，主要是为了晋升职称的需要，其次才是学习教学经验。

农村小学科学教师以晋升职称为主要交流目的绝非偶然，这一现象在农村义务教育阶段教师，甚至在城市教师中都非常普遍。主要是因为教师群体普遍主观认为教师职业与其他行业相比薪酬较少，在现有的教师工资待遇政策下，教师只能通过增大工作量，提升学生成绩等方式在评优和晋升职称时才能获得更多优势，而"交流"作为评优和评定职称中重要的一项考核标准，既可以获得考核加分，同时又可提高教学水平，自然更多教师希望通过凭此途径获得更多晋升福利。

### 2. 流动方式

目前教师流动多表现出流动的单向性，即教师流失严重。我国正处于改革开放深入发展、社会主义市场经济体制建立并日益完善的阶段，经济与社会的发展还很不平衡，国家对教育投入不足，教师待遇不高的情况下学校优秀人才流失严重。

调查中发现，54.84%的农村小学科学教师表示参加过教师交流，采取的最多的交流方式是在学区内交流、集团化办学内部交流或跟岗学习，分别占到参加过交流的教师总数的26.47%、14.71%、14.71%。在实施交流政策过程中，部分农村小学科学教师会表现出矛盾心理：既想通过交流的方式拥有评定职称的资本，获取更多的教学经验，又不想放弃稳定的工作与生活，因此他们更愿意选择离家较近的学校，交流较短的时间等"折中"的方式进行交流。由此可以看出，农村小学科学教师为了方便交流，主要采取就近、便捷的校内交流或有合作关系的校际间交流。

在现有的学校布局下，多数教师的常住地与任教学校相距较近。如果实行教师流动政策，就可能导致部分教师家校距离变远，由此可能引发一系列不利于教师稳定与交流的问题。在对农村小学科学教师的交流效果影响因素调查时，教师非常在意的前三位分别是"子女需照顾"占69.8%，"老人需赡养"占61.6%，"晋升职称"占52.9%，因此，农村教师交流政策必须控制在一定的区域空间范围内，根据教师所在年级的特性设置交流时间。对于交流后家校距离变远的教师，地方教育主管部门可以在交通、住房、甚至是子女教育上给予政策倾斜。

### 3. 流动类型

从流动的去向上看，农村小学科学教师的流动主要分为两种：第一种流动是教师岗位内部流动。部分教师因为工作压力大、薪酬待遇低或学校人事派遣等原因，从一所学校流动到另一所学校从事科学教学工作；也有一部教师不满足教授科学这类小学科课程，或是学校任命补充到语文、数学等大学科教师中，从而转教语文、数学等学科课程。另一种流动是教师职业外的流动，教师因为自身原因，放弃现有的教育教学岗位，转向其他行业。由以上两种类型的流动教师可以看出，不具有教育优势资源的农村小学很容易在教师流动中成为弱势群体，农村优质的骨干教师向上流动量较大，城市教师逆向流动意愿不高。随着农村教师大量流入到城市学校，城市学校的主体利益往往也受到忽视，由于大多数交流教师和交流学校缺乏自主选择的权力，导致交流教师的委派与接收学校缺口不匹配，接收学校难以合理安置交流教师，难以形成学校和教师"双赢"的局面。

从流失的教师类型看，高学历、高职称、年轻教师流失严重。高学历、高职称教师往往在一定程度上是优秀教师的代名词，学校是培养人的地方，学校的办学质量的高低很大程度上取决于教师的质量，当前人才竞争日益激烈的情况下，高学历、高职称教师成为各级各类学校争夺的对象。年轻教师无家庭负担，流动成本小，再加上精力旺盛，对自己的未来期望值较高，因而流动率较高。

4. 流动时间

交流时间主要指两个方面：一是教师在什么年龄，什么职称或多少年教龄情况下交流；二是每次交流的时长。这两方面的考察，有助于洞察教师交流的期望，从而分析出教师在何种情况下适宜交流，制定出合适的、科学的交流时限。教师在一所学校任教的时间较短，往往难以形成学校认同感和职业归属感，非常不利于学校教研文化的形成。但如果一个教师在一所学校任教的时间过长，又容易使教师产生职业倦怠，使学校形成定式思维，让学校失去活力。近四成教师认为以 1 年为期的教师交流比较合理，并且更愿意在小学高级或小学一级阶段就参加教师交流的占到教师总数的三分之二，这可能与教师目前所具有的教师职称有

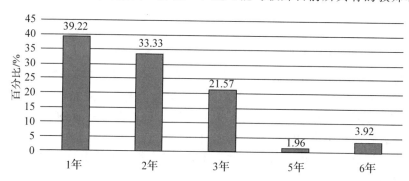

图 8.18　农村小学科学教师心中理想的交流年限

关，多数小学科学教师都具有以上两个职称，所以他们更希望在目前阶段就进行教师交流。

若抛开晋升压力，农村小学科学教师最希望在 31 岁到 35 岁进行教师流动，这部分教师已经成为成手教师，有了一定的教学经验，而且个人生活和婚姻问题基本解决，后顾之忧较少，此时更希望在工作中施展抱负。其次是在 26 岁至 30 岁，这主要是因为这些新手教师希望得到更多学习的机会，得到更好的教育资源。

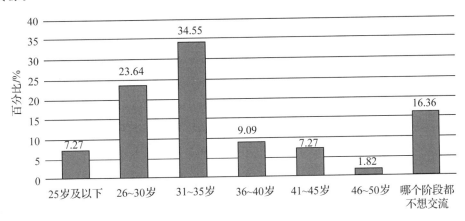

图 8.19　农村小学科学教师心中理想的交流年纪

## 五、优化策略

### (一)优化教师聘任制度，增强农村小学科学教师队伍活力

教师聘任是影响农村小学科学教师队伍质量的重要因素。科学合理的教师聘任制度，是改善农村小学科学教师队伍结构，提高科学学科教学质量的前提。鉴于农村小学科学教师整体老龄化严重、专业对口率较低、专业发展受阻等问题，要求我们重新审视农村小学科学教师聘用的制度，提出优化方案。

首先，吸引青年教师，改善农村小学科学教师队伍结构。利用教师退休高峰的契机，实行"省考、县管、校用"模式，严格把控农村学校新聘教师的质量。对于应聘到岗的免费师范生、特岗教师、高校应届毕业生给予补助津贴、住房、专业发展机会等优惠政策，提高农村教师职业吸引力，提高中青年教师比重，为农村小学科学教师队伍注入新鲜活力。其次，综合考虑招聘条件，优化农村小学科学教师队伍素质。在招聘农村小学科学教师时，要考虑教师的学历背景和专业背景，同等条件下优先录用物理、化学、生物、地理等专业教师。最后，实行职称晋升和聘期考核相结合，提高农村小学科学教师的从业积极性。签订聘期合同，约定聘期职责和任务，对于聘期考核优秀者，在职称评定和奖励评比时获得加分；对于聘期考核不合格者先组织其参与培训，经二次考核仍不合格者可转岗分流或调离教师岗位。

**（二）积极推进县域城乡教育一体化，提高城乡小学科学教师交流质量**

与城市学校师资相比，农村地区的小学师资力量整体薄弱，一些小学科教师严重匮乏，难以保证小学课程开足开齐。为了缩小义务教育阶段城乡师资配置的差异，促进城乡教育均衡发展，应积极推进县域统筹，促进城乡教育一体化进程，城市学校应尽量发挥优势力量，创设城乡学校联动发展平台，寻求城乡学校间的"二元"互动，构建共同发展机制。

第一，学区内、校际间形成城乡教育共同体。将"学区制"的"入学地域范围"观念转变为教育统筹管理的基本模式，以学区为单位，建立城乡教育共同体。根据地理位置、办学规模和教学质量等因素，选择合适的城市学校，并通过"双向选择"和"定点对接"的方式选择农村小学，每所城市学校可以辐射两到三所农村学校，建立校际联盟，对农村小学薄弱学科进行"教育精准扶贫"，推进义务教育发展的高水平均衡发展。

第二，建立城乡教师的双向交流模式。根据农村小学薄弱学科的师资情况，以及城市小学与联盟内的农村小学科学学科"在校教师比例"，综合考虑交流教师的数量和学科，一方面激励了城市教师的工作热情，扩大优质教育资源覆盖面，另一方面激活了农村学校闲置已久的教育资源，拓展了农校教师专业发展的视野。在交流时间上，教师可以根据所教科目的课程设置灵活选择交流时间，原则上每次交流不少于一年。

第三，促进校长交流轮岗。校长交流轮岗作为教育人力资源管理的实践活动，是我国解决优质基础教育资源配置不均衡问题而出台的重大决策部署之一。从轮岗的任务要求来看，城市学校校长交流的主要任务是引导优质教育资源向相对薄弱的地区辐射，督查农村学校各项工作以及直接参与农村学校的行政管理和教学科研管理，推动学校的管理体制改革及管理水平和教育质量的提高，农村学校校长交流的主要任务是学习先进和成功的管理理念与方法，根据自身学校和教师特点以及发展需要，健全并完善管理制度与体系。从交流对象来看，要保证城市学校和农村学校、优势学校和薄弱学校的校长双向交流，对校长的教育资质、管理能力等指标做出明确规定；从交流周期来看，根据学校的实际情况自行调整交流时间，原则上校长轮岗不能少于两年。

第四，采取丰富的交流方式。例如，在校际联盟内各学校联合组织教学交流开展区域教研活动，例如公开课、观摩课等，力求有效促进联盟内各学校教学管理水平、师资水平及教学成绩等全方位提高。也可以组建课例研习组，共同确定教学主题，各教师或学校分别进行教学实施，并形成视频资料或语音资料，整合小组力量共同分析，协同同伴互助，实现个人的教学反思，形成校际间同课异构。教师可以通过个人或学校的联系互动访学，这种访学与教师交流相比，时间和形式更加自由，教师访学内容除了要切磋教学技能，还要相互体会不同区域、学校、学生的差异对教育教学的影响，分享教育经验，增进教师间、教师与学校间以及学校之间的情感关系。

除此之外，还要推进城乡校际联盟内部教学实施质量检测工程，要建立统一的教学质量检测系统和反馈体系，加强联盟学校合作与管理质量。

### (三)积极推进差异化培训，提高农村小学师资培训的实效性

为了提高师资培训内容的针对性，增强师资培训形式的实效性，教师培训与进修应聚焦不同年龄、不同学历背景、不同专业背景、不同能力水平的教师专业化水平差异，分层分类地提出个性化"定制菜单"，从培训形式、培训内容、培训时间等方面差异化地为教师提供专业发展平台，提高农村师资培训的成效。因此，科学地分类、分科、分层次实施农村教师培训，提高培训的实效性，是破解义务教育阶段农村学校小学科教师培训效果不佳的关键。

第一，注重骨干教师和一般教师的能力差异。一般教师业务水平不高，教学经验较少，对教育、教学研究能力较低，在实际的教育教学过程中难以承担较为重要的工作；骨干教师业务能力和职业素质相对较高，具有较为丰富的教育教学经验，对一般教师具有示范和带头的作用。因此，在培训内容上，一般教师的培训要更加注重教师知识、教学技能的训练；骨干教师的培训不强调基础知识的习得，重点关注教师的反思能力和创新水平。在培训形式上，不拘于单一的讲授法，可采用实验演示的方式，重点培养科学教师的实验技能；也可直接利用骨干教师资源，形成骨干教师与一般教师的"一对一"帮扶，这种方式不受时间和场地的限制，最大限度地发挥骨干教师的优长，也提高了教师培训的效率。

第二，兼顾不同年龄教师的认知特点和认知差异。青年教师好奇心强，接受新鲜事物的速度较快，对电子信息技术较为熟悉，精力充沛，但耐心不足；老教师知识更新速度慢，对传统的教学手段较为擅长，有一定的家庭负担。鉴于青年教师与老教师的特点，在培训形式和手段上，农村青年教师培训可以采用网络研修的方式，建立数字化网络平台，教师间可以做到无空间、无时间隔阂的资源共享；而对于年龄较大科学教师，要灵活设计研修时间，主要采用面对面授课与实验演示相结合的方式。也可以使老教师与年轻教师形成"师徒制"，但这种师徒制和传统的师徒制略有差别，即老教师与年轻教师间互为师长，老教师主要负责指导年轻教师教学实践，而年轻教师主要负责教授老教师信息化技术知识，以及拓展科学课程前沿知识。

第三，关注不同学科背景科学教师的专业水平差异。由于农村小学科学教师队伍中存在着大量的"非科学"专业背景教师，其学科知识基础、教学技能等与科学专业教师相比还存在着一定差异。因此，在对非科学专业背景教师培训时，以科学学科知识、科学课程与教学论为主，增设实验操作、教具设计、科学前沿知识等选修类培训内容；对理科专业背景教师培训，除了要强化科学学科知识的学习，还要整合多学科之间的联系，提高教师的综合能力。

**（四）提高教师文化适应能力，加快农村小学科学教师专业发展**

农村小学科学教师中部分教师来自城市，或者接受过城市教育，初任农村小学科学教师时，由于缺乏本土人生存和发展的思维方式和生存智慧，教师的生活和工作陷入了乡村文化适应的困境。在教学知识、教学技能等层面，教师可以通过模仿练习获得，但是其背后文化的、价值观的冲突往往被忽视，致使广大教师常常感到不知所措。教师自身所秉持的固有的城市文化在乡村文化中还处于孤立状态，与乡村文化出现了冲突。因此，提高教师的文化适应能力，可以加快教师在农村教学环境中的专业发展，提高教师教学效率。提高教师文化适应能力可以从以下三点入手。

第一，营造适合农村小学科学教师生存的文化氛围。对于新入职的农村小学科学教师而言，城乡文化的差异使得他们不仅要面对其他新手教师所面临的入职适应，而且要面对与自己迥然不同的生活和教育教学环境，这无疑加大了农村教师生活和入职适应的难度，影响特岗教师的生活质量、教育教学效果以及专业发展。因此，此时的农村教师正从不适应阶段向调整阶段过渡。为了缓解农村新入职教师面临的文化冲击，农村社会和学校要努力营造适合农村小学科学教师生存的文化氛围，使其侵染在群体文化环境中，通过耳濡目染的方式习得乡村文化，逐步适应乡村文化。

第二，有针对性地培养教师乡土意识。教师进入文化调整阶段后，逐步适应农村文化环境，了解了农村文化的地缘性和亲缘性特点，开始向农村文化融合阶段过渡。为了加快农村教师自身文化与乡村文化的融合，各级各类教师培训与进修要培养教师的乡土意识，重点培养教师在教育教学过程中乡土教学素材的挖掘，促进教师主动地进行文化融合。

第三，将教育教学实践与乡土文化有机结合。教师进入乡土文化融合阶段后，教师文化和乡村文化开始双向互动。一方面，教师在整合乡村文化的同时，逐渐同化乡村地方性文化，从而影响农村学生的文化结构，甚至是转变乡村地方性的生产与生活。另一方面，乡村文化自身也在发展与革新，教师在适应了已有的乡村文化后，又能适应"新农村"文化的转变。因此，为了培养农村教师发展性的文化适应能力，在不同文化接触过程中，应避免"文化霸权"的出现，教师应有意识地在教育教学实践中内化乡村文化，搭建自身文化与学生乡村生活经历、直觉经验的桥梁，促进农村学生的文化构建。

**(五)创新教师激励政策，提高农村小学科学教师工作积极性**

　　教师激励主要是通过设计适当的外部奖酬形式，营造适合的工作环境，调动和发挥教师的工作积极性，并采取一定的政策和措施，引导、激发、规范教师的行为，提高教师职业尤其是农村薄弱学校教师职业的吸引力，稳定教师队伍，引导教师科学、合理地有序流动，提高教师队伍整体素质。当前，农村小学科学教师的整体的外部激励水平较低，缺乏人文关怀和精神支持，激励方法单一，评价体系与激励制度难以协调，激励效果较差等一系列问题降低了激励管理应有的效应，影响了农村小学科学教师工作的满意程度与积极性，削弱了教师队伍的稳定性。通常影响教师工作积极性和稳定性的因素是多样、复杂和有差异的。其中有些因素可以保持教师工作持续动力，提高教师对工作的满意度，例如人际关系、工作环境、薪酬、管理和政策等；有些因素是可以激发教师工作热情，提高工作效率，如工作性质、成就感、社会认可度和自身发展等。因此，建立农村小学科学教师高效的激励管理机制可以从以下路径进行选择。

　　第一，科学考核与发放津贴福利。在教师的工资薪酬方面，将教学质量、工作量、工作热情和教学态度、交流与培训频率和质量等全部计入绩效评比，并按各项比例综合评分，提高科学教师的整体绩效工资；依据农村学校的边远程度实行阶梯式工资设置，削弱由于区域经济发展水平不同引起的教师收入差异。

　　第二，注重非物质福利的差异发放。对进行长期交流或轮岗的教师除了要提高政策性补助和优先评优、晋升外，还要辅助其解决赡养父母和子女受教育问题；对参加培训的教师取消培训期间的坐班制度，并根据培训距离长短补助交通费用或提供交通工具；对年轻科学教师的住所、婚恋情况给予关怀，提供更多的进修机会；对年龄较大的科学教师的身体状况予以关心，肯定其以往的工作成就。学校要对有能力和有意愿开发校本课程的教师提供更多课程实施的权利，鼓励更多教师对课程与教学进行思考与开发。

　　第三，新增教师编制优先分配紧缺学科教师。以各农村小学实际学生数、班额数为基础，统筹现有科学教师人数和编制，测算出所需科学教师数量和编制，拟定聘用人数；新增教师编制和自然减员腾出的空编，要优先用于科学等紧缺学科教师招聘，或直接分配给考评合格的农村小学科学代课教师；根据各学校需求按比例分配，增加小规模补充编制。

　　第四，改善农村小学科学教师工作环境，在现有实验设备与教学设施基础上，尽可能地利用农村地区的硬件设施创设具有区域特色的教学资源。

**(六)开发乡土化课程资源，提高农村小学科学教师教学的适切性**

　　受传统的教育理念的影响，科学教师习惯于"忠实"地扮演课程执行者的角色，忽视了课程、教学和教师三者之间的相互作用。正是这种盲目的照本宣科，使得科学教育的内容与教学方式脱离了农村学生的实际生活，学生难以将书本上知识迁移和运用到实际生活中，也无法利用熟悉的事实性知识佐证课堂上学习的内容，间接地影响了科学教育教学的质量，阻碍了学生科学素养的养成。因此，教师要打破课程实施"消极接受者"角色的禁锢，将角色定位为"课程决策者"，促使其对科学课程结构与自身教学行为进行反思，借助学生对乡土文化产生的归属感，从而顺利展开科学课程，防止教材与生活脱节，提高学生的学习质量。

为了更好地开发本土化的课程资源，首先，教师要形成鲜明的课程资源开发意识。课程资源开发意识实质是一种问题意识，是教师对理论或事物产生的一种积极的质疑、探索的心理状态。这种心理状态促使教师对有利于课程实施和教学活动的资源进一步加工成课程资源。课程资源开发意识的形成，主要源于教师课程活动的实践与反思。其次，深度挖掘教材内容与乡土文化的联系。为了更好利用教材这一重要的课程资源，提高农村小学科学课程设计的适切性，教师要深度剖析教材的设计与内容，将其与农村文化氛围、生活环境、劳动生产等相联系，利用这些关联与逻辑展开科学教学。再次，改造已有的资源，提高课程资源的本土性。农村课程资源是丰富的、动态的。同一资源在不同教师的开发与利用过程中可能体现出不同的功能。根据教学目标和内容，教师可以从不同维度审视课程素材，对其进行本土化改造。最后，当已有的课程资源与课程内容不适切或适切性不高时，教师需要创生新的课程资源。当课程资源不能自然融入具体的教与学的活动之中时，需要教师发挥意识活动的能动性才能够在实际的课堂教学中选择和开发利用。这就要求教师要对课程资源要有明确而清晰的识别能力，要有切实开发并加以有效利用课程资源的方式和技术，将游离于课堂外的丰富的资源的转换、变革为课程资源。

**（七）调整师范院校教育专业设置，保证农村小学科学教师储备充足**

目前，我国的科学教育专业课程改革和实施仍处于起步阶段，各类高等院校在培养模式、课程设置等方面不尽相同，培养的科学教育专业师范生素质参差不齐，对科学教师岗位输送的人才数量和质量都有限，具体表现为：从科学专业设置现状来看，科学教育专业师范生主要是由各类高校的教育学院（教师教育学院）和科学学院（或物理、化学学院）共同培养，致使师范生的综合素质培养相互推诿。从课程设置来看，多采用仿分科式课程模块，选修课程较少，整体课程缺乏科学学科特色。从高师配置来看，现有任教科学专业的高师自身专业是科学，难以具备跨学科的综合知识与能力。所以，为了向基础教育教师岗位，尤其是教育资源更加薄弱的农村中小学输送高素质的科学教师，各类高校必须合理定位科学专业，构建综合性更强的课程框架，为师范生的科学教育做出必要的探索。

第一，将科学教育专业定位于培养能胜任中小学科学教学的"一专多能"的科学教师，又能从事分科课程教学的分科教师。考虑各级各类院校培养能力的不同，以及区域性教师结构的差异，在师范类院校制定小学科学教师专业设置时可以分为以下两种：一是将小学教师作为专任教师培养，可设置"小学科学教育"专业，聘请综合类课程教师任教，并探索科学专业免费师范生与农村小学定向就业结合的新方式，确保培养的专任科学教师能对口支援当地的农村小学，保证"精准扶贫"。二是培养"一专多能"的全科教师，可设置"小学教育（科学方向）"专业，在培养师范生通识的小学教育知识外，还要具有针对性地加强科学专业的培育，同时还要增加对儿童生活方面知识的学习，保证低学段科学课程的顺利实施。

第二，要结合师范院校的特色，创新课程设置模式，促进学生科学素养和人文素养的融合。目前，高校中采用最多课程设置模式为仿分科课程和"平台＋模块"课程，但仍未能解决科学课程的综合性不强的难题，反而增加了学生的课业负担。因此，在课程模式中，可以将科学教育分为两个阶段：前两年以分科课程为主，科学技术史为辅，达成对学生的通识培养；后两年以综合教育为主，分科教学教法为辅，并根据学生的专长，自主选择分科专长继续学习与研究，按照专业方向进行教育实习与见习。创新的培养模式使得科学教师既能从事基础教育中的科学课程教学，又能胜任分科课程和选修课程的教学，还为教师的进一步提升与学习奠定了基础。

【本报告撰写人：于海波、张文婷。作者单位：教育部人文社会科学重点研究基地东北师范大学农村教育发展研究院】

# 第九章　我国城乡中小学生身体健康现状及其影响因素分析

## 概　要

　　青少年的体质与健康状况关系到我们中华民族未来的兴衰。本研究对全国12个省、直辖市、自治区22 530名中小学生的健康状况进行了调查，以了解当前我国城乡中小学生身体状况的现状，并运用多层线性模型对相关的影响因素进行了分析。我们研究发现：第一，中小学生大部分身体健康状况良好，约有四分之一的学生为低体重、超重或肥胖；第二，在学生个人层面中父母学历、零花钱数量以及食宿情况等变量对学生身体健康状况有着显著性的影响，家庭社会经济地位越高学生身体质量指数（Boby Mass Index，BMI）越大，吃早饭的学生身体质量指数较不吃早饭的值低，住宿生出现超重或肥胖的概率大于非住宿生；第三，在学校层面的变量中学校规模、学校所在地区和学校的社会经济地位对学生身体健康状况有着显著性的影响，学校规模越大学生身体质量指数越高，学校社会地位越高，学生身体质量指数越低。为此，我们提出如下建议：第一，切实加强饮食健康教育宣传，培养家长和学生健康饮食意识和行为，进而保障义务教育阶段学生的身体健康发展；第二，增加财政投入，改善学生早餐状况，培养孩子们良好的饮食习惯；第三，学校作为学生活动的重要场所，也应多关注学生的膳食营养摄入与吸收，一方面应为学生安排一定量的体育锻炼，另一方面应着力打造"膳食均衡食堂"，积极引导孩子们食堂就餐。

## 一、前言

　　健康在每个人的生活中扮演着重要的角色，健康能够满足个体社会角色的常态需要，疾病则会使个体处于社会偏差的状态，影响社会的正常秩序，干扰社会系统的稳定平衡。中小学阶段是个体成长发展的重要阶段，更是身心健康和各项身体素质发展的关键时期，其体质和健康水平不仅关系到个人健康成长和每个家庭的正常生活，也关系到当前国家人才培养的质量。要实现个体体力以及智力的完备发展就要把握好青少年时期，尤其要注重中小学生的身体健康状况。

体质人类学资料显示，近一个世纪以来世界各国、各地区的儿童、青少年，年龄和身高持续增长，成年身高明显增长。中国大规模的开展青少年身体形态、技能与素质研究始于 1979 年，此后每 5 年组织一次全国学生体质健康调查，其抽样方式、抽样点、样本构成、测试指标等内容均保持一致，其中 1985—1995 年我国青少年生长发育与营养状况 10 年动态调查结果显示学生除了运动速度和爆发力提升外，其他各项指标均有所下降，且 7～18 岁青少年中男生体重超重和肥胖者比例从 2.75% 升至 8.65%，女生从 3.38% 升至 7.18%。2000 年全国学生体质健康调研显示学生身体素质下降，其中耐力、柔韧性、力量素质及肺活量与 1995 年、1985 年相比均呈下降趋势，学生近视眼患病率仍居高不下，且肥胖学生明显增多，这已然成为城市青少年学生的重要健康问题。2006 年 8 月 3 日《中国体育报》载文"学生体质下降该怪谁"，一次又一次地"惊呼"学生体质下降了，学生身体健康状况是一个严肃而又重大的课题。从 1985—2010 年，这 25 年中国在学生营养改善方面取得空前进展，但由于各地区经济发展的不平衡，无论生长迟缓（长期型营养不良）还是消瘦（即时性营养不良），在所有群体中仍不同程度地普遍存在，尤其是西部欠发达乡村，男生营养不良高达 21.9%，女生营养不良比例为 16.3%。2010 年中小学生身体健康状况调查结果显示我国 7～18 岁城市男生、城市女生、乡村男生、乡村女生的超重和肥胖检出率为 23.23%、12.72%、13.76%、8.56%。从 1985 年到 2014 年，中国儿童青少年身高、体重、胸围三大基本特征指标均显著增长，但儿童青少年身体质量指数增长值存在性别、城乡、东中西、经济发展区域差异，即男生身体质量指数增长值大于女生，城市身体质量指数增长值大于农村，东部增长值大于中部和西部增长值，好片区身体质量指数增长值大于中片和差片区。

那么当下中国青少年学生的身体健康状况如何？他们的身体健康又受什么因素影响？通过全国中小学生身体健康现状研究，我们可以了解到当前我国中小学生的身体健康总体状况，分析影响其身体健康的因素，这对于增强青少年体质具有重要指导意义。

## 二、文献梳理

青少年是民族和国家的未来，当下青少年的身体健康状况受到越来越多的学者关注。通过对国内外相关文献的汇总、分析、综合，发现当前学生的身体健康状况研究多与医学相关联，这些研究主要集中在以下几个方面。

### (一)学生身体健康状况现状研究

美国有 18% 的儿童和青少年患有肥胖；加拿大超过四分之一的儿童患有超重和肥胖(分别为 17% 和 9%)；包括西班牙、意大利、希腊在内的一些欧洲国家，儿童、青少年超重和肥胖的比率为 20%～30%。发展中国家也存在同样的现象：巴西已经有 15.7% 的青少年存在超重现象；印度、墨西哥，尼日利亚和突尼斯学龄前儿童超重患病率令人担忧。中国 7～18 岁的儿童和青少年调查中肥胖率持增长趋势，1985 年肥胖率为 0.25%，1995 年为 2.3%，2005 年增加至7.8%。另一方面，营养不良是婴幼儿死亡率的重要根源。营养不良会减少寿命，国际上已将 5 岁以下儿童的营养状况作为生存与发展的重要问题，每年全世界大约 1 000 万 5 岁以下儿童死亡，其中超过 1/2 死于营养不良。世界健康组织估计在发展中国家约 5 岁以下体重过轻的儿童约有 1 亿 5 千万，还有 2 亿儿童属于发育不良。1995 年在南非进行的全国家庭调查报告显示，将近 2 千 5 百万南非人营养不良，其中大多数是 0～15 岁的儿童和非裔人。孟加拉国儿童营养不良水平惊人，该国人口研究所最近的一项研究显示，5 岁以下的儿童中 43% 为发育迟缓(慢性营养不良)，17% 为瘦弱(急性营养不良)，41% 为低体重(营养不良)。

中国是世界上最大的发展中国家，伴随着经济和城镇化的发展，医疗卫生服务的普及和生活条件的提高，学龄儿童的健康状况在过去半个世纪有了明显的改善，但目前中国儿童的身体健康状况仍存在低体重、超重、肥胖等问题。儿童体重状况与成年后的健康状况有直接联系，研究显示儿童期的肥胖增加了成年肥胖的可能性，且肥胖与高血压、糖尿病、高胆固醇血症、冠心病等心血管疾病有关。中国肥胖问题工作组指出：身体质量指数与总肥胖率之间呈现 U 型曲线关系，体重过低和过高都会引起总死亡率上升。随着医疗卫生服务的普及和生活条件的提高，中国义务教育阶段学生的健康状况在过去半个世纪有了明显的改善。

中小学阶段作为个体智力体力的储备阶段，尤其要注意身体健康状况发展。张勇对江西省 7～22 岁学生身体质量指数分布及健康状况进行研究，结果发现身体质量指数随年龄变化趋势性别差异显著，男女生同年龄段身体质量指数城乡差异显著；颜玮等指出从身体质量指数数值可以看出男生大于女生，且身体质量指数随着年龄的增加而增加，到 15 岁及以后身体质量指数趋于稳定；2010 年针对 7～18 岁儿童和青少年的全国调查显示，6.7% 的男孩和 3.4% 女孩均患有肥胖，而且在大的沿海城市分别达到 13.7% 和 7.9%。2010—2014 年，武汉市中小学生体质健康状况喜忧参半，其中 7～18 岁学生身体机能在提高，武汉市城区学生的营养状况有大幅度改善，但乡村多数女学生的营养状况呈变差趋势，且学生超重率和肥胖率呈快速上升趋势，部分学生在某些年龄段身体素质有所下降。2013年四川省农村中小学男生营养不良率（25.36％）高于女生（20.39％），2014年四川省农村中小学男生营养不良率（25.96）高于女生（20.80％）。2013年四川省农村中小学男生肥胖率（3.80％）高于女生（3.30％）；2014年四川省农村中小学男生肥胖率为2.99％，略高于高于女生的肥胖率（2.62％）。[①] 从2000年到2014年，北京市学生超重和肥胖率一直在持续增长，且2014年北京市城乡学生超重和肥胖检出率男生均高于女生（$p<0.01$）。广东省2014年学生身体健康数据显示广东省体质健康评分及格率为84.5％，男生、女生的及格率分别为84.0％和82.9％；且随年龄增长，体质健康状况呈下降趋势，城市男生、女生的下降趋势更为明显，体质健康状况不容乐观。

**（二）学生身体健康的影响因素研究**

大量研究表明影响学生身体健康状况的因素有很多，我们可以将这些因素分为学校方面、家庭方面、饮食方面。

1. 学校方面主要指的是学校的课外活动、体育锻炼、饮食政策、学校规模、学校氛围等都会对学生的身体健康状况产生影响

学生的身体健康与否在很大程度上与其所在的学校有关系，因为中小学阶段的学生在学校的时间更长，一天中近三分之一的时间都在学校中度过，而那些寄宿的学生在学校的时间更长。在学校中，学校的体育活动及相关政策、教师以及同伴都会对学生的身体状况产生影响。

国内研究中，朱玉芳在文中提到学校不良的教育观念、繁重的课余学习负担、学校体育的缺位、不良的卫生习惯和生活环境是导致我国学生体质健康水平下降的主要影响因素。2008年"全国青少年健康危险行为检测"显示，不同学生群体中看电视、玩游戏机、上网等超时现象都很严重，加上大量的课外作业、课外补习班等，构成我国青少年静态生活方式的主体。这些与动态生活方式缺乏相辅相成，对我国儿童群体超重和肥胖的流行起了很大作用。陈润等人在研究中发现男女生身体健康的影响因素有所不同，其中初中男生的体质健康受到3个主要因素的影响，即每天做课间操情况、是否喜欢上体育课和是否经常参加课外体育活动，女生身体健康状况则主要取决于其是否愿意参加课外体育活动和认为体育锻炼对增强体质的有用程度。宋逸对2010年中国学生体质与健康调研资料分析发现，与体重正常学生相比，肥胖学生参加体育锻炼的意愿较低，每天写作业等静态活动的时间也较长，肥胖和体育锻炼不足相互作用，进一步削弱了超重肥胖

---

① 参见杨依锦、刘祖阳、刘蒙蒙：《2013—2014年四川省农村义务教育中小学生营养状况调查分析》，载《预防医学情报杂志》，2016(8)。

学生的体质健康水平。国外研究中，Miller 2011 年收集 11 400 名美国儿童 1998 年到 2004 年的数据，从幼儿园到小学 5 年级了解其身体质量指数变化的影响因素，其中涉及学校的因素主要有：学生在校吃早餐和午餐的次数、食堂和体育馆的适用性、体育教育和比赛的时间、学校性质、学校的规模等，结果发现：在学校吃的午餐就越多，学校食堂的充足程度和学校体育馆的适用性都与较低的初始体重指数有显著的联系，在校活动时间长与学生体重指数增长速度降低有关系，而在校吃早餐、午餐，学生去学校体育馆次数都与学生身体质量指数增长速度快有关。Evans 的研究中论述了学校、邻里环境、社交对学生身体健康状况的影响，其中学校层面的变量，像社会经济地位、学校饮食、学校建筑风格、学校规模、学校课程、学校体育课的频率和时间、体育教师的资格、学校的营养计划等因素会对学生的身体质量指数、体育活动水平、饮食产生重要影响。

另外王翎懿、Neumarksztainer 均提到学校健康的饮食政策会增加学生健康食品的摄入，减少高脂肪和高糖分食品的摄入，以此降低学生的肥胖水平；学校的不健康的政策也会增加学生超重或肥胖，例如设置早餐俱乐部（breakfast club），吃午餐外带（packed）而不是在校吃饭，学校自动售货机的使用等这些因素会增加学生肥胖的可能性。学校层面的干预会影响学生校外的活动行为，学校应减少学生看电视时间和肥胖情况。

2. 家庭方面指的是父母的教育水平、社会经济地位、家庭联系程度等因素

法国教育家福禄贝尔提到，国民的命运与其说在掌权者手中，倒不如说掌握在母亲手中。在西方，非白人孩子比白人孩子更容易患肥胖征，这在很大程度上是受家庭方面的（父母教育和家庭收入）影响。家庭中母亲的年龄、教育水平对孩子身体健康状况有重要影响，这已经得到广泛证实与认同。国外研究数据显示：低收入家庭学生更容易肥胖，所以导致相对于私立学校，公立学生身体质量指数更高，猜测是因为公立学校中学生家庭社会经济地位水平较低，不能选择私立学校。

父母的外出务工频率以及与子女之间的亲密程度影响孩子的身体健康，父母半年和一年回家一次的留守儿童四周患病风险分别为一个季度回家一次的 0.18 和 0.23，说明父母外出务工频繁回家是留守儿童身体健康的危险因素。[①]

社会经济地位与身体健康之间呈负相关关系，社会经济地位较低的个人超重和肥胖的发病率要高于社会经济地位较高的个人。英国流行病学家和公共卫生专家迈克尔·马尔默特将这一现象称为"地位综合征"（status syndrome），强调社会

---

① 吴剑明、王薇、石真玉：《留守儿童身体健康影响因素研究》，载《南京体育学院学报（自然科学版）》，2015(1)。

地位本身已经成为影响一个人健康状况、导致社会健康不平等的决定性因素。社会经济地位对一个人是否肥胖起着关键的作用，因为社会经济地位可能会影响一个人的生活方式(个人饮食习惯和健康活动模式)，从而影响了个人的能量平衡。1999 年，国家食品消费调查局(NFSC)报道，1～9 岁的儿童中体重不足的有10.3%，发育迟缓的有 21.6%，瘦弱的有 3.7%，这些营养不良的儿童大多是在农村地区、商业农场和非正规住区。从 2003 年至 2006 年美国健康与营养调查显示：城市儿童患有肥胖的比例为 21.8%，高出农村患有肥胖的儿童近 5 个百分点。中国的调查研究中显示生活在城市地区的儿童和成人超重和肥胖的趋势高于农村地区的儿童和成人。季成叶指出"除了自然环境影响外，青少年的生长发育状况还受社会经济发达程度的影响，而且城市青少年所受环境因素影响的程度低于农村青少年"。吴礼剑认为乡镇地区学生体质下降的趋势比城市更明显。徐勇对 1985—2010 年近 30 年的数据进行研究，发现我国东西部地区青少年平均身高、体重差异增大幅度大于东中部地区，特别是东西部地区的乡村差异更加明显；邢文华指出：7～18 岁城乡学生肥胖检出率增长了 7.9%，城市学生已高达14.2%。也有研究发现社会经济水平欠发达的地区学生的体质健康水平较高，中小学生体质及格率均高于社会经济水平较好的地区，这一结果可能是因为经济水平欠发达地区交通设施不够完善，上下学过程仍需要人力步行或骑车，这一过程中增加的体力活动量，以及学生群体中超重和肥胖的数量相对较少，因此拥有更健康的体魄和较好的身体素质。

3. 饮食情况中，水果蔬菜、饮料牛奶等视频的摄入都会对健康造成影响。

哈佛大学的研究表明，女性饮酒与身体质量指数之间呈负相关。加拿大科学家的两项研究中，有一项是对 351 名平均年龄为 44 岁的男性和 350 名平均年龄为 42 岁的女性，研究其饮食记录，结果发现这些男女的每天饮酒量与其每天卡路里摄入总量有显著的相关性，饮酒增加了蛋白质的摄入和减少了碳水化合物的消耗。

受西方快餐文化饮食的影响，中国学生的营养膳食结构失衡，学生营养状况出现两极分化：一方面是优质蛋白质及钙、镁、锌等微量元素的缺少和摄取不足带来的营养不良；另一方面是脂肪和热能量的过高造成的超重和肥胖。杜发强、樊晶晶提到与饮食结构不合理的青少年学生相比，饮食结构合理和饮食结构一般的青少年学生的体质健康等级倾向下降的比数分别是 0.173、0.454，说明饮食结构越合理其体质健康状况越理想。① 其原因在于，合理的饮食结构不仅可以为处于生长发育关键阶段的青少年学生提供生长发育所需的蛋白质、脂肪、维生

---

① 杜发强、樊晶晶：《我国青少年学生体质健康致因探析》，载《体育与科学》，2014(3)。

素、矿物质等营养素，而且可以促进蛋白质、脂肪等营养素的吸收，更为重要的是，合理的饮食结构大大降低了心血管病和高血压等疾病的患病率。根据 2002 年中国居民营养与健康状况调查结果，我国 6～17 岁的学龄儿童和青少年饮奶量城乡平均为 7.9 千克，城市儿童显著高于农村，分别为 24.6 千克和 3.3 千克。[1] 但是可能因为农村儿童相比城市儿童的牛奶消费更少，所以农村孩子才呈现出数据上的显著，另外城市中不肥胖的儿童明显比城市中肥胖儿童耗费更多的甜食，但是农村地区两者没有显著性差异。官方调查结果显示，喝牛奶对身体健康有积极影响，乡村女生每天喝一袋牛奶发生肥胖的风险低于从来不喝或偶尔喝牛奶的学生，表明营养摄入适当可促进学生健康，降低肥胖发生风险。借助 2004—2011 年的数据，健康与营养研究中心调查中国农村和城市 26 244 个样本后发现：离家越远吃饭对城市人的身体质量指数有显著积极影响，但对农村没有显著影响。但目前多数家长并没有认识到食物结构、生活作息和饮食习惯等会对中小学生的健康成长造成影响，很多中小学教师表示，随着经济条件的好转，"独生子女"的增加，家长们唯恐孩子在学校"受罪""营养跟不上"，他们往往在孩子的书包中放入大量的零食，还给孩子大量的零用钱，孩子们于是就在上学途中或课间购买一些零食，回家后家长又做各类好吃的"犒劳"孩子，这样造成孩子们营养过剩或营养不均衡的肥胖[2]。

此外研究人员也越来越重视同伴在青少年体重增加所扮演的重要作用。同伴体重对同一群体中其他人体重的影响来自两个方面：一方面，同伴体重的增加可能会从观念上改变青少年对可接受体重的看法；另一方面，同伴可能会通过食物消费行为对其体重产生重要影响[3]。

### (三)提高学生身体健康状况的相关措施研究

高铭提到校方应加强管理，督促学生参与体育锻炼，且适当扩展课外体育锻炼渠道，丰富学生体育锻炼生活；陈德钦提出应完善各行政主管部门组织领导机构，杜绝实施过程中"形象工程""政绩工程"的存在，转变校长的教育观念，强化"校长第一责任人"的制度，切实保证对学校体育工作的重视和投入，加强管理，合理调整配置体育资源；杜发强，樊晶晶提出改进青少年学生体质的建议：优化青少年社会支持网络，减缓压力事件带来的负面影响；继续深化教育改革，切实减轻青少年学生的学习压力和学习负担；优化生活环境，为青少年提供安全、方

---

[1] 马冠生：《中国居民营养与健康状况调查报告之九——2002 行为和生活方式》，北京，人民卫生出版社，2006。

[2] 张大超、李敏：《影响我国中小学生体质健康发展的主要因素与对策研究》，载《北京体育大学学报》，2009(11)。

[3] 李强：《同伴效应对中国农村青少年体重的影响》，载《中国农村经济》，2014(3)。

便、友好的健身场所和环境；采取有力措施，提升青少年学生的饮食水平；采取有效措施，改进青少年学生的睡眠；完善青少年学生综合评价体系，鼓励青少年学生参与体育锻炼；加强健康教育，提升青少年学生的健康生活知识和技能；加强家族遗传病研究，尽量做到早干预、早治疗；优化卫生保健服务体系，提供优质卫生保健服务。

在膳食营养摄入方面，刘磊提到可以通过学校、家庭、社会三个层面关注义务教育阶段学生的饮食营养与身体健康知识教育和行为管理，首先家庭可以营造良好的教育氛围，孩子的父母与孩子的祖辈和直系亲属要形成对孩子科学进行饮食营养与身体健康教育的共识；学校应培养孩子良好的饮食习惯，教育和引导孩子一日三餐都要饮食，避免形成不吃早餐、晚餐的不良习惯；社会部门应加强宣传教育，例如新闻宣传部门应把青少年饮食营养与身体健康的宣传作为一项重要工作，卫生、教育、食品监督等部门可编印青少年饮食营养与身体健康的知识读书和宣传手册。

这些文献多是以某个省份或某个民族为切入点进行研究，样本数量有限，且问题较少涉及学生所在家庭和学校等相关因素对于学生身体健康状况的影响。学龄儿童每天有三分之一的时间在学校学习、生活、娱乐，但学校层面对学生营养状况的影响却很少在文献中被提及。近来，国外越来越多的学者开始使用多层线性模型（Multilevel Linear Model）研究身体质量指数的社会决定因素，我们可以借助多层线性模型了解义务教育阶段学生身体质量指数分布情况，同时在学生个人层和学校层进行区分与描述。针对已有研究的不足，本研究使用多层线性回归模型来探讨学校对身体质量指数的影响，分析不同学校类型间学生身体质量指数的差异，及学校相关因素在多大程度上影响着学龄儿童的身体质量指数，从而对学生的身体健康状况进行研究分析。

身体健康指的是个体的生理状态，包括身体机能、患病率和住院率、分年龄和性别的身体质量指数和生活方式。随着医疗卫生服务的普及和生活条件的提高，中国儿童的健康状况在过去半个世纪有了明显的改善。我国每5年进行全国性学生体质与健康调查，对全国学生调查内容分为形态指标、机能指标、素质指标和健康指标，其中形态指标包括学生身高、体重、胸围、坐高、皮褶厚度（上臂部、肩胛部、腹部）、腰围、臀围，技能指标包括学生的脉搏、血压、肺活量、月经初潮、首次遗精，素质指标包括起坐、立定跳远、1 000米跑、800米跑、坐位体前屈、50米×8往返跑、握力，健康指标包括儿科体检、视力、龋齿、血红蛋白、粪蛔虫卵。据此我们选用问卷中学生的身高和体重算出学生的身体质量指数作为学生的身体健康状况的衡量标准。

以身体质量指数为指标来研究我国中小学生身体质量现状，并分析影响中小学生身体质量指数的影响因素，从而提出改善中小学生健康状况的建议，进一步提高中小学生身体质量。本研究要解决的问题：中小学学生的身体健康现状如何？影响中小学生身体健康状况的显著性因素有哪些？中小学生身体健康状况是否存在学校地域位置（东中西，城镇与乡村）的差异？在控制学校所在地区和学生人口学因素的基础上，父母的学历以及学生的食宿情况对学生的身体健康状况是否有影响？

## 三、数据说明与计量模型

### (一)数据来源

本文采用东北师范大学中国农村教育发展研究院设计的"义务教育阶段学生问卷"，对全国 12 个省（市）（东部 3 省：山东、浙江、广东；中部 4 省：河南、湖南、湖北、江西；西部 5 省（市）：甘肃、重庆、广西、贵州、云南）的 23 个市（县）243 个学校 25 330 名中小学生进行分层抽样。其中东部地区学生有 5 991人，所占比例为 23.65%；中部地区学生有 9 250 人，所占比例为 36.52%，西部地区有 10 089 人，所占比例为 39.83%。根据学生的认知理解水平，问卷调查从小学三年级开始，其中涉及学生身高体重等信息由教师指导进行填写。

### (二)变量与测量

根据研究的需要，本研究选用变量情况如下。

1. 学生个人层面的变量

本研究选用学生层面的变量来自学生问卷，包括学生的人口学变量、学生的家庭背景信息和学生在校用餐情况，其中学生的人口学变量包括学生性别、是否为独生子女、家庭结构、年级，学生的家庭背景信息包含家庭所在地区、父母的教育年限、父母工作、零用钱的数量、家庭经济地位自评，学生食宿情况为是否在校住宿、是否吃早餐以及早餐地点。

社会地位是一个综合性指标，包括主观社会地位和客观社会地位。《中国大百科全书》中将社会地位定义为：人们在社会关系网中所处的位置。通常是根据财富、声望、受教育或权力的高低和多寡做出的社会排列。主观社会地位是人们对其所处社会层级位置的主观认知，这种认知既依赖于客观实际，又受社会比较的心理过程影响。它包含了人们对自身客观社会地位的多重理解，不仅反映了客观地位与个体主观期待的差距，还允许不同社会背景的人们依照自己的标准把绝对收入、财富与地位等放入特定的社会情境中去进行比较，获得对自己社会地位的主观定位。社会地位自评是参照 Goodma 等人一项对儿童和青少年的社会接纳度研究，选用麦克阿瑟梯子（Macarthur Ladder）对个体所处群体中的地位进行评估。在问卷中提到的社会地位指的是主观社会地位，主要调查学生对家庭经济状况的主观判断，分为"上等、中上等、中等、中下等和下等"这 5 个选项。

人口受教育程度是人口的一个重要特征，是反映人口素质的一项重要内容。平均受教育年限是反映人口素质的重要指标之一，指 6 岁及以上人口平均接受教育的年数。父母的教育年限在问卷中呈现为"没上过学、小学、初中、高中、大学本科、研究生及以上"等选项，我们根据国家统计局数据标准将其转换为对应教育年限时长，其中没上过学为 0 年，小学对应为 6 年，初中对应为 9 年，高中、中专和中师学历的均对应为 12 年，大专、大学本科对应为 16 年，研究生对应为 19 年[①]。

2. 学校层面的变量

学校层面的变量来自于学校调查表，包括学校所在区域（东中西分类和城乡分类）、学校类型、学校规模（班级数和学生数）、学校的社会经济地位，其中学校类型分为教学点、中心校、普通小学、普通中学，学校的社会经济地位为该学校内学生父母教育年限的均值。

3. 因变量—学生的身体质量指数

身体质量指数即一个人的体重（千克）除以身高（米）的平方，可用来区分肥胖或超重等可能导致的健康问题，同样年龄条件下身体质量指数值越高，其肥胖程度越严重。我们根据 2016 年《国家学生体质健康标准》（见附件 1）对不同年级男女生的身体健康状况划分为四个等级：正常、低体重、超重和肥胖。

## （三）模型变量赋值情况表

表 9.1　模型变量赋值表

| | 变量名称 | 定义赋值参照 |
|---|---|---|
| 人口学特征 | 性别 | 1 男　2 女 |
| | 独生子女 | 1 是独生子女　2 不是独生子女 |
| | 家庭结构 | 1 正常家庭　2 单亲家庭　3 孤儿 |
| | 年级 | 3 三年级　4 四年级　5 五年级　6 六年级　7 初一　8 初二　9 初三 |
| 家庭背景 | 家庭所在地 | 1 村子　2 乡镇　3 县城　4 城市 |
| | 父母工作 | 1 农民　2 进城打工　3 村干部　4 教师　5 服务员　6 专业技术人员　7 政府工作人员　8 公司员工　9 做生意　10 城市里无工作者 |
| | 零用钱数量 | 1 没有　2"小于 10 元"　3"10～50 元"　4"50～100 元"　5"大于 100 元" |
| | 自评地位 | 1 上等　2 中上等　3 中等　4 中下等　5 下等 |

---

[①]　http://www.bjstats.gov.cn/tjsj/zxdcsj/rkcydc/xts _ 4598/201512/t20151216 _ 331079.html.

续表

| 变量名称 | | 定义赋值参照 |
|---|---|---|
| 住宿饮食情况 | 住宿与否 | 1 住校　2 不住校 |
| | 早餐情况 | 1 吃　2 不吃 |
| | 早餐地点 | 1 家里　2 学校　3 校外 |
| 学校 | 东中西 | 1 东部　2 中部　3 西部 |
| | 学校类型 | 1 小学　2 初中 |
| | 城乡分类 | 1 城市　　2 乡村 |

## (四)数据处理

研究进行前期数据清理后，采用 SAS 9.3 进行描述性统计分析进而建立具体模型如下：

1. 零模型(Model_0)

零模型是进行多层线性的第一步。该模型将学生的身体质量指数总差异分解为学校内部学生间差异和校际间差异两部分，主要用于探讨学生身体质量指数在学校内部学生之间以及学校间是否存在差异，模型如下。

Model_0：

学生层：$Y_{ij} = \beta_{0j} + \gamma_{ij}$，$\gamma_{ij} \sim N(0, \sigma^2)$         (1)

学校层：$\beta_{0j} = \gamma_{00} + \mu_{0j}$，$\mu_{0j} \sim N(0, \tau_{00}^2)$      (2)

其中公式(1)中 $Y_{ij}$ 表示在学校 $j$ 学生 $i$ 的身体质量指数，$\beta_{0j}$ 表示学校 $j$ 的所有学生的平均身体质量指数，$\gamma_{ij}$ 表示学生内部身体质量指数的差异，$\sigma^2$ 表示学校内部学生身体质量指数的差异；公式(2)中 $\beta_{0j}$ 表示学校 $j$ 的所有学生的平均身体质量指数，$\gamma_{00}$ 表示所有学校的学生身体质量指数(BMI)的均值，$\mu_{0j}$ 表示学校之间的随机效应，$\tau_{00}^2$ 表示学校之间学生身体质量指数的差异。

2. 控制模型(Model_1)

在 Model_0 的基础上加上学生层面的人口学变量构建 Model_1，用来说明学生层面人口学变量对学生身体质量指数的影响情况，模型如下。

Model_1：

学生层：

$Y_{ij} = \beta_{0j} + \beta_{1j}$性别$+ \beta_{2j}$是否为独生子女$+ \beta_{3j}$家庭结构$+ \beta_{4j}$年级$+ \gamma_{ij}$，

$\gamma_{ij} \sim N(0, \sigma^2)$         (3)

学校层：$\beta_{0j} = \gamma_{00} + \mu_{0j}$，$\mu_{0j} \sim N(0, \tau_{00}^2)$      (2)

其中，公式(3)$\beta_{1j} \sim \beta_{4j}$ 分别表示学生的性别、是否为独生子女、家庭结构和年级对学生身体质量指数的影响程度。

3. 解释模型（Model_2）

在 Model_1 的基础上加上学生家庭背景情况的变量构建 Model_2，主要用来考察家庭背景情况对学生身体质量指数的影响程度。如下所示。

Model_2：

学生层：

$$Y_{ij} = \beta_{0j} + \beta_{1j}性别 + \beta_{2j}是否独生子女 + \beta_{3j}家庭结构 + \beta_{4j}年级 + \beta_{5j}家庭所在地 + \beta_{6j}父亲学历 + \beta_{7j}母亲学历 + \beta_{8j}父亲工作 + \beta_{9j}母亲工作 + \beta_{10j}零花钱数量 + \beta_{11j}社会经济地位自评 + \gamma_{ij}，\gamma_{ij} \sim N(0，\sigma^2) \tag{4}$$

学校层：$\beta_{0j} = \gamma_{00} + \mu_{0j}，\mu_{0j} \sim N(0，\tau_{00}^2)$ （2）

其中，公式（4）中 $\beta_{5j} \sim \beta_{11j}$ 分别表示学生家庭背景情况信息：家庭所在地、父亲的学历、母亲的学历、父亲工作、母亲工作、零花钱数量和社会经济地位自评对于学生身体质量指数的影响程度。

4. 解释模型（Model_3）

在 Model_2 的基础上加上学生住宿饮食情况，主要用来考察学生食宿情况对学生身体质量指数（BMI）的影响程度。模型如下。

学生层：

$$Y_{ij} = \beta_{0j} + \beta_{1j}性别 + \beta_{2j}是否独生子女 + \beta_{3j}家庭结构 + \beta_{4j}年级 + \beta_{5j}家庭所在地 + \beta_{6j}父亲学历 + \beta_{7j}母亲学历 + \beta_{8j}父亲工作 + \beta_{9j}母亲工作 + \beta_{10j}零用钱数量 + \beta_{11j}社会经济地位自评 + \beta_{12j}是否住宿 + \beta_{13j}吃早餐 + \beta_{14j}早餐地点 + \gamma_{ij}，\gamma_{ij} \sim N(0，\sigma^2) \tag{5}$$

学校层：$\beta_{0j} = \gamma_{00} + \mu_{0j}，\mu_{0j} \sim N(0，\tau_{00}^2)$ （2）

其中，公式（5）的 $\beta_{12j} \sim \beta_{14j}$ 分别表示学生是否住宿、是否吃早餐和学生早餐地点对于学生身体质量指数（BMI）的影响程度。

5. 解释模型（Model_4）

在 Model_3 的基础上加上学校层面因素，主要用来考察学校层变量对学生身体质量指数（BMI）的影响程度。模型如下。

学生层：

$$Y_{ij} = \beta_{0j} + \beta_{1j}性别 + \beta_{2j}是否独生子女 + \beta_{3j}家庭结构 + \beta_{4j}年级 + \beta_{5j}家庭所在地 + \beta_{6j}父亲学历 + \beta_{7j}母亲学历 + \beta_{8j}父亲工作 + \beta_{9j}母亲工作 + \beta_{10j}零用钱数量 + \beta_{11j}社会经济地位自评 + \beta_{12j}是否住宿 + \beta_{13j}吃早餐 + \beta_{14j}早餐地点 + \gamma_{ij}，\gamma_{ij} \sim N(0，\sigma^2) \tag{5}$$

学校层：

$$\beta_{0j} = \gamma_{00} + \gamma_{01}东中西 + \gamma_{02}城乡 + \gamma_{03}学生数量 + \gamma_{04}班级数量 + \gamma_{05}学校类型 + \gamma_{06}学校社会地位 + \mu_{0j}，\mu_{0j} \sim N(0，\tau_{00}^2) \tag{6}$$

其中公式（6）$\gamma_{01} \sim \gamma_{06}$ 则表示学校所在东中西部的地理位置、学校城乡分区、学生数量、班级数量、学校类型和学校社会地位对于学生身体质量指数(BMI)的影响程度。

## 四、数据结果与分析

### (一)中小学生身体健康状况现状

#### 1. 中小学生身体状况总体分布

按照 2016 年《国家学生体质健康标准》(附件 1),我们将学生的身体健康状况分为四种类型,即低体重、正常体重、超重和肥胖。据调查结果显示,25 330 名学生中有 4 374 名学生为低体重(17.27%),19 028 名学生为正常体重(75.12%),1 354 名学生为超重(5.35%),574 名学生为肥胖(2.27%)(见表 9.2)。

#### 2. 中小学生身体健康状况的性别差异

从表 9.2 中我们可以看到男生总人数为 13 035,所占比例为 51.46%,身体状况正常的男生有 9 552 人,占男生总人数的 73.3%,低体重的男生有 2 425 人,占男生总人数的 18.6%,超重的男生有 744 人,占男生总人数的 5.7%%,肥胖的男生有 314 人,占男生总人数的 2.4%;女生总人数为 12 295 人,身体状况正常的女生有 9 476 人,占女生总人数的 77.1%,低体重的女生有 1 949 人,占女生总人数的 15.9%,超重的女生有 744 人,占女生总人数的 5.0%,肥胖的女生有 260 人,占女生总人数的 2.0%。各情况下所占总人数的比例如表 9.2 所示。

表 9.2　学生身体健康状况统计表

| | | 总计 | | 正常 | | 低体重 | | 超重 | | 肥胖 | |
|---|---|---|---|---|---|---|---|---|---|---|---|
| | | N | % | N | % | N | % | N | % | N | % |
| 总计 | | 25 330 | 100.00 | 19 028 | 75.12 | 4 374 | 17.27 | 1 354 | 5.35 | 574 | 2.27 |
| 性别 | 男 | 13 035 | 51.46 | 9 552 | 37.71 | 2 425 | 9.57 | 744 | 2.94 | 314 | 1.24 |
| | 女 | 12 295 | 48.54 | 9 476 | 37.41 | 1 949 | 7.69 | 610 | 2.41 | 260 | 1.03 |
| 年级 | 3 | 40 | 0.16 | 16 | 0.06 | 6 | 0.02 | 14 | 0.06 | 4 | 0.02 |
| | 4 | 4 982 | 19.67 | 3 121 | 12.32 | 1 238 | 4.89 | 378 | 1.49 | 245 | 0.97 |
| | 5 | 4 933 | 19.47 | 3 638 | 14.36 | 929 | 3.67 | 238 | 0.94 | 128 | 0.51 |
| | 6 | 4 745 | 18.73 | 3 690 | 14.575 7 | 746 | 2.95 | 237 | 0.94 | 72 | 0.28 |
| | 7 | 3 478 | 13.73 | 2 705 | 10.68 | 580 | 2.29 | 144 | 0.57 | 49 | 0.19 |
| | 8 | 3 551 | 14.02 | 2 833 | 11.18 | 517 | 2.04 | 155 | 0.61 | 46 | 0.18 |
| | 9 | 3 601 | 14.22 | 3 025 | 11.94 | 358 | 1.41 | 188 | 0.74 | 30 | 0.12 |

中小学生身体健康状况存在显著性别差异（$p<0.001$）。我们从以上数据分析得知：男女生总人数占比相当，但女生体重正常的比例要高于男生，男生患低体重、超重和肥胖的比例都明显高于女生，即男生相较于女生更容易患低体重、超重和肥胖。可见女生的身体健康状况要优于男生，这与先前加拿大学者 Tremblay[①] 的研究结果一致。

3. 中小学生身体健康状况的年级差异

从表 9.2 中我们可以看到三年级到九年级的人数分别为 40 人、4 982 人、4 933人、4 745 人、3 478 人、3 551 人、3 601 人，所占总人数的比例为 0.16%、19.67%、19.47%、18.73%、13.73%、14.02%、14.22%。

其中在小学阶段，四年级学生身体健康状况正常的占比为 12.32%，低体重的学生占比为 4.89%，超重和肥胖所占比例分别为 1.49% 和 0.97%；五年级学生身体健康状况正常的占比为 14.36%，低体重的学生占比为 3.67%，超重和肥胖所占比例分别为 0.94% 和 0.51%；六年级学生身体健康状况正常的占比为 14.57%，低体重的学生占比为 2.95%，超重和肥胖所占比例分别为 0.94% 和 0.28%。很明显，四年级学生患低体重、超重和肥胖的比例最大，五年级学生患低体重、超重和肥胖的比例次之，六年级学生患低体重、超重和肥胖的比例最小。而身体状况正常的学生六年级所占的比例最多，五年级次之，四年级最少。（因为三年级所占比例较少，可参考性不大，所以在分析时并没有过多强调三年级学生的身体健康状况）

在中学阶段，七年级学生身体健康状况正常的占比为 10.68%，低体重的学生占比为 2.29%，超重和肥胖所占比例分别为 0.57% 和 0.19%；八年级学生身体健康状况正常的占比为 11.18%，低体重的学生占比为 2.04%，超重和肥胖所占比例分别为 0.61% 和 0.18%；九年级学生身体健康状况正常的占比为 11.94%，低体重的学生占比为 1.41%，超重和肥胖所占比例分别为 0.74% 和 0.12%。很明显，七年级学生患低体重和肥胖的比例最大，八年级学生患低体重和肥胖的比例次之，九年级学生患低体重和肥胖的比例最小。而身体状况正常的学生九年级所占的比例最多，八年级次之，七年级最少。

小学生身体健康状况存在显著年龄差异（$p<0.001$）。就年龄阶段而言，小学阶段四年级学生患低体重、超重和肥胖的比例较大，（除三年级以外）年级越高，学生患低体重、肥胖、超重的比例也就越低；在中学情况亦然（见表 9.2、表

---

① Tremblay, M. S., Shields, M., Laviolette, M., Craig, C. L., Janssen, I., & Gorber, S. C. (2010). Fitness of Canadian children and youth: results from the 2007—2009 Canadian Health Measures Survey. Health Reports, 21(1), 7-20.

9.3)年级越高，学生的身体健康总体状况越好。

4. 中小学生身体健康状况的地区差异

如表 9.3 样本分布情况所示，我们可以发现东部、中部、西部地区学生人数分别为 5 991 人、9 250 人、10 089 人，所占比例为 23.65%、36.52%、39.83%。通过计算得出东部地区学生身体质量指数均值为 17.21，中部地区学生身体质量指数均值为 16.96，西部地区学生身体质量指数均值为 17.41。就学生身体健康状况分类而言，东中西学生正常体重占比均在 75% 左右，但另一方面，中部地区学生低体重的占比最高，东部学生低体重占比次之，西部学生低体重占比最低。东西部地区学生超重和肥胖的学生比例在 8.2% 左右，高于中部地区超重和肥胖学生比例的 6.58%。

表 9.3 样本分布情况

| 特征 | 分类 | 正常 | 低体重 | 超重 | 肥胖 | 学生总数 | 占比 | BMI 均值 |
|---|---|---|---|---|---|---|---|---|
| 地区 | 东部 | 4 484 | 1 015 | 347 | 145 | 5 991 | 23.65 | 17.21 |
| | 中部 | 6 878 | 1 763 | 437 | 172 | 9 250 | 36.52 | 16.96 |
| | 西部 | 7 666 | 1 596 | 570 | 257 | 10 089 | 39.83 | 17.41 |
| 城乡 | 村屯 | 6 753 | 1 618 | 527 | 245 | 9 143 | 36.10 | 17.24 |
| | 乡镇 | 4 646 | 1 058 | 307 | 123 | 6 134 | 24.22 | 17.18 |
| | 县城 | 3 335 | 703 | 252 | 82 | 4 372 | 17.26 | 17.22 |
| | 城市 | 4 294 | 995 | 268 | 124 | 5 681 | 22.43 | 17.12 |
| 家庭类型 | 正常家庭 | 17 773 | 4 103 | 1 290 | 522 | 23 688 | 93.52 | 17.19 |
| | 单亲家庭 | 1 168 | 248 | 55 | 46 | 1 517 | 5.99 | 17.29 |
| | 孤儿 | 87 | 23 | 9 | 6 | 125 | 0.49 | 17.51 |
| 独生子女 | 是 | 4 910 | 1 113 | 341 | 116 | 6 480 | 25.58 | 17.21 |
| | 不是 | 14 118 | 3 261 | 1 013 | 458 | 18 850 | 74.42 | 17.19 |
| 近视与否 | 近视 | 7 310 | 1 453 | 496 | 166 | 9 425 | 37.21 | 17.52 |
| | 不近视 | 11 718 | 2 921 | 858 | 408 | 15 905 | 62.79 | 17.00 |
| 住宿与否 | 住校 | 5 741 | 1 186 | 406 | 167 | 7 500 | 29.61 | 17.61 |
| | 不住校 | 13 287 | 3 188 | 948 | 407 | 17 830 | 70.39 | 17.02 |
| 早餐情况 | 不吃 | 1 272 | 295 | 132 | 63 | 1 762 | 6.96 | 17.62 |
| | 吃 | 17 756 | 4 079 | 1 222 | 511 | 23 568 | 93.04 | 17.16 |
| 早餐就餐地点 | 家里 | 8 931 | 2 292 | 664 | 297 | 12 184 | 48.10 | 16.96 |
| | 学校 | 7 061 | 1 478 | 461 | 194 | 9 194 | 36.30 | 17.44 |
| | 校外 | 3 036 | 604 | 229 | 83 | 3 952 | 15.60 | 17.35 |

城乡分布中，村屯、乡镇、县城、城市学生人数分别为 9 143 人、6 134 人、4 372 人、5 681 人，其中占比例分别为 36.10%、24.22%、17.26% 和 22.43%。通过计算得出村屯学生身体质量指数均值为 17.24，乡镇学生身体质量指数均值为 17.18，县城学生身体质量指数均值为 17.22，城市学生身体质量指数均值为 17.12。就学生身体健康状况分类而言，乡镇、县城、城市学生正常体重占比均在 76% 左右，只有村屯学生为正常体重比例略低，约为 74%；另一方面，村屯学生低体重的占比最高（17.70%），城市和乡镇学生低体重比例次之（17.50%），县城学生低体重比例最低（16.08%）。村屯学生超重和肥胖的学生比例为 8.44%，高于城市学生超重和肥胖比例（6.90%）。

由此可见中小学学生身体质量指数在东中西地区、城乡区域之间存在显著差异（$p<0.05$），其中，东部地区学生身体质量指数均值最大，西部地区学生身体质量指数次之，中部地区学生身体质量指数值最低；且东西部地区学生中，东部和西部学生超重和肥胖比例较高，中部地区学生低体重比例较高。城乡差异中，学生的身体健康状况与区域经济状况又显著相关，村子、乡镇学生的身体质量指数均值都要大于城市学生身体质量指数均值，且村屯学生低体重、超重和肥胖的比例都高于乡镇和城市，城市中学生的超重的肥胖比例最低。

5. 其他情况

从表 9.3 中我们发现：家庭类型为正常家庭的学生有 23 688 人，占调查总数的 93.52%，其身体质量指数均值为 17.19；单亲家庭学生为 1517 人，占调查总人数的 5.99%，其身体质量指数均值为 17.29；孤儿的学生有 125 人，占调查总人数的 0.49%，其身体质量指数均值为 17.51。因此学生为孤儿的身体质量指数最高，单亲家庭学生身体质量指数次之，正常家庭学生身体质量指数最低。就学生身体健康状况分类而言，正常家庭学生体重正常占比最高（75.03%），孤儿学生体重正常的占比最低（69.60%），且孤儿学生中患低体重、超重和肥胖的占比都要高于单亲家庭学生和正常家庭学生。由此可见中小学学生身体质量指数在学生是家庭类型一项存在显著差异（$p<0.05$），家庭类型正常的学生其身体健康状况要优于单亲家庭和孤儿学生。

独生子女人数为 6 480 人，占调查总人数的 25.58%，其 BMI 均值为 17.21；非独生子女为 18 850 人，占调查总人数的 74.42%，其身体质量指数均值为 17.19。因此独生子女的身体质量指数略高于非独生子女体质量指数。就学生身体健康状况分类而言，独生子女和非独生子女正常体重占比均在 75% 左右；但另一方面，非独生子女低体重的占比（17.30%）略高于独生子女低体重的比例（17.18%），且非独生子女患有超重和肥胖的比例（7.8%）也要高于独生子女患超重和肥胖的比例（7.05%）。由此可见中小学学生身体质量指数在学生是否为独生子女一项存在显著差异（$p<0.05$），独生子女的患低体重、超重和肥胖的比例均低于非独生子女。

近视人数为 9 425 人，占调查总人数的 37.21%，其身体质量指数均值为 17.52；不近视的学生有 15 905 人，占调查人数的 62.79%，其 BMI 均值为 17.00。因此近视学生的身体质量指数略高于不近视学生体质量指数。就学生身体健康状况分类而言，近视学生中正常体重的占比为 77.56%，高于不近视学生正常体重占比（73.67%），不近视学生中低体重（18.37%）、超重（5.39%）和肥胖（2.57%）的比例都要高于近视学生患低体重（15.42%）、超重（5.26%）和肥胖（1.76%）的比例。由此可见中小学学生身体质量指数在学生是否近视一项存在显著差异（$p<0.05$），近视学生患低体重、超重和肥胖的比例均低于不近视的学生患低体重、超重和肥胖的比例，即近视学生的身体状况要优于不近视的学生。

在校住宿的学生有 7 500 人，占调查总人数的 29.61%，其身体质量指数均值为 17.61；不住校学生有 17 830 人，占调查总人数的 70.39%，其 BMI 均值为 17.02。因此在校住宿学生的身体质量指数略高于不住校学生的身体质量指数。就学生身体健康状况分类而言，住宿学生中为正常体重的占比为 76.55%，高于不住宿学生正常体重占比（74.52%），另一方面不住宿学生中为低体重的比例（17.88%）高于住宿学生患低体重比例（15.88%），超重和肥胖情况中二者比例相当。由此可见中小学学生身体质量指数在学生是否住宿一项存在显著差异（$p<0.05$），不住宿学生患低体重比例高于住宿学生患低体重比例，即住宿学生的身体状况要优于不住校的学生。

每天吃早餐的学生数为 23 568 人，占调查总人数的 93.04%，其身体质量指数均值为 17.16；不吃早餐的学生有 1762 人，占调查总人数的 6.96%，其 BMI 均值为 17.62。因此不吃早餐的学生其身体质量指数略高于吃早餐学生的身体质量指数。就学生身体健康状况分类而言，吃早餐学生中为正常体重的占比为 75.34%，高于不吃早餐学生正常体重占比（72.19%），另一方面不吃早餐学生超重、肥胖的占比均高于吃早餐学生患超重和肥胖比例。由此可见中小学学生身体质量指数在学生是否吃早餐一项存在显著差异（$p<0.05$），不吃早餐学生患潮红和肥胖的比例高于吃早餐学生患肥胖、超重的比例，即吃早餐学生的身体状况要优于不吃早餐的学生。

早餐就餐地点不同，学生的身体质量指数存在差异（$p<0.05$）。在家吃早餐的学生有 12 184 人，占调查总人数的 48.10%，其 BMI 均值为 16.96；在学校吃早餐的学生有 9 194 人，占调查总人数的 36.30%，其身体质量指数均值为 17.44；在校外吃早餐的学生有 3 952 人，占调查总人数的 15.60%，其 BMI 均值为 17.35。因此在学校吃早餐的学生其身体质量指数最高，在校外吃早餐的学

生其身体质量指数次之，在家里吃早餐的学生其身体质量指数最低。就学生身体健康状况分类而言，在家吃早餐学生中为正常体重的占比为 73.30%，低于在学校和校外吃早餐学生正常体重占比（均约 76.80%），另一方面在家吃早餐学生患低体重和肥胖的比例均高于在学校和校外吃早餐学生患低体重和肥胖的比例。

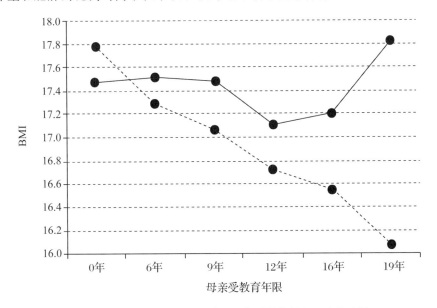

**图 9.1  母亲受教育年限与学生身体质量指数（BMI）关系图**

从图 9.1 中我们能够看到：母亲的受教育年限对男女生的身体质量指数的影响程度略有不同。随着母亲受教育年限的增加，女生的身体质量指数呈下降趋势，男生的身体质量指数则呈现波动性增长，且母亲受教育年限对女生的身体质量指数（BMI）影响更大（$p < 0.05$）。但是另一方面，父亲对学生的身体质量指数（BMI）并没有显著性影响，这可能是因为在中国家庭中母亲陪伴孩子的时间更长，且母亲受教育水平越高，愿意花更多时间与孩子相处，相应对子女饮食情况、身体健康状况的关注度较高。

**（二）多层线性模型的结果**

1. 中小学生身体健康状况校际间差异的影响

最初学生个人层和学校层都不放入任何变量的零模型中（具体结果可参照表 9.5）可以看出校际之间存在显著差异，中小学生身体质量状况总差异的 6.42% 来自于不同的学校，具体可见多层线性模型 Model_0 至 Model_4 的分析表（见表 9.4）。

表 9.4 多层线性模型 Model _ 0 至 Model _ 4 的分析结果

| 固定效应 | | Model _ 0 | Model _ 1 | Model _ 2 | Model _ 3 | Model _ 4 |
|---|---|---|---|---|---|---|
| | | $\beta(se)$ | $\beta(se)$ | $\beta(se)$ | $\beta(se)$ | $\beta(se)$ |
| 截距 | | 17.122*** (0.065) | 15.946*** (0.063) | 16.327*** | 16.559*** (0.155) | 16.677*** (0.292) |
| 学生层 | | | | | | |
| 人口学 | 性别 | | 0.404*** (0.404) | 0.399*** (0.041) | 0.395*** (0.041) | 0.394*** (0.041) |
| | 独生子女 | | −0.046 (0.050) | 0.016 (0.054) | 0.019 (0.054) | 0.027 (0.054) |
| | 家庭结构 | | 0.375 (0.288) | 0.3540 (0.289) | 0.332 (0.289) | 0.307 (0.289) |
| | 年级 | | 2.587*** (0.091) | 2.4861*** (0.093) | 2.474*** (0.094) | 2.620*** (0.161) |
| 家庭背景 | 家庭位置 | | | −0.051 (0.060) | −0.053 (0.061) | −0.090 (0.062) |
| | 父亲学历 | | | −0.0003 (0.008) | 0.0004 (0.008) | 0.002 (0.007) |
| | 母亲学历 | | | −0.01504* (0.0068) | −0.015* (0.007) | −0.012 (0.007) |
| | 父亲职业 | | | −0.367** (0.138) | −0.365** (0.139) | −0.334* (0.139) |
| | 母亲职业 | | | −0.215* (0.108) | −0.214* (0.108) | −0.202 (0.108) |
| | 零花钱数 | | | 0.361** (0.130) | 0.349** (0.130) | 0.353** (0.130) |
| | 经济地位 | | | −0.029 (0.099) | −0.028 (0.099) | −0.039 (0.099) |
| 食宿 | 住宿 | | | | −0.081 (0.059) | −0.053 (0.058) |
| | 早餐 | | | | −0.215** (0.082) | −0.185* (0.083) |
| | 早餐地点 | | | | 0.172** (0.062) | 0.168** (0.062) |

续表

| 固定效应 | | Model _ 0 | Model _ 1 | Model _ 2 | Model _ 3 | Model _ 4 |
|---|---|---|---|---|---|---|
| | | $\beta(se)$ | $\beta(se)$ | $\beta(se)$ | $\beta(se)$ | $\beta(se)$ |
| 学校层 | | | | | | |
| 地区 | 东中西 | | | | | 0.332*** |
| | | | | | | (0.076) |
| | 城乡 | | | | | −0.131 |
| | | | | | | (0.093) |
| 学校类型 | | | | | | 0.5246** |
| | | | | | | (0.1765) |
| 规模 | 学生数量 | | | | | 0.0001* |
| | | | | | | (0.00006) |
| | 班级数 | | | | | −0.009* |
| | | | | | | (0.004) |
| 学校 SES | | | | | | −0.081** |
| | | | | | | (0.027) |
| 随机效应 | | | | | | |
| 学校 | | 0.716*** | 0.161*** | 0.142*** | 0.138*** | 0.089*** |
| | | (0.084) | (0.026) | (0.024) | (0.024) | (0.018) |
| 学生 | | 10.42*** | 10.200*** | 10.195*** | 10.191*** | 10.188*** |
| | | (0.093) | (0.091) | (0.091) | (0.091) | (0.091) |
| ICC | | 0.0642 | 0.0156 | 0.0137 | 0.0136 | 0.00863 |
| | | (6.42%) | (1.56%) | (1.37%) | (1.36%) | (0.863%) |
| 校内差异 model i+1 比 model i 差异的解释力提高/% | | | 2.19 | 0.05 | 0.04 | 0.02 |
| 校际间差异 model i+1 比 model i 差异的解释力提高/% | | | 77.45 | 12.14 | 2.75 | 35.71 |

注：* 表示 $p<0.05$，** 表示 $p<0.01$，*** 表示 $p<0.001$。

2. 学生人口学变量对学生身体健康状况的影响

表中 Model _ 1 结果显示：学生的性别和年级对学生的身体健康状况有显著性影响，而学生是否为独生子女、所处家庭结构对其身体质量指数并无显著性影响，其中在同样的情况下：①男生的身体质量指数高于女生身体质量指数；②独生子女身体质量指数比非独生子女身体质量指数低；③学生是单亲家庭或孤儿的，其身体质量指数要比正常家庭中学生的身体质量指数高；④年级越高，其身体质量指数越高；⑤在 Model＿0 的基础上加上学生人口学变量后，Model＿1 中变量对校内学生身体健康状况解释力比 Model＿0 提高了 2.19％，校际间差异解释力提高 77.45％。这说明学生人口学因素对其身体健康状况影响较小，但校际间差别较大。由模型 4 可知学校所处的地理位置、学校规模和学校的社会经济地位对学生的身体健康状况影响较为显著($p < 0.05$)。

3. 学生家庭背景情况对学生身体健康状况的影响

表中 Model＿2 结果显示：母亲学历、父母职业和零花钱数量对学生的身体健康状况有显著性影响，而学生家庭所在地、父亲学历、家庭经济地位自评对其身体质量指数并无显著性影响，其中在同样的情况下家在县城的学生，其身体质量指数要高于家在乡村学生的身体质量指数；父母学历越高，其身体质量指数越低；零花钱数量越多，学生身体质量指数就越高；自评家庭经济地位低的学生，其身体质量指数高；在 Model＿1 的基础上加上学生家庭背景变量后，Model＿2 中变量对校内学生身体健康状况解释力比 Model＿1 提高了 0.05％，校际间差异解释力提高 12.14％。这说明校际间学生家庭背景情况对学生身体健康状况影响大，且由表格可知，母亲的学历和职业对学生身体健康状况的影响受学校层面变量影响较大。

4. 学生食宿情况对学生身体健康状况的影响

表中 Model＿3 结果显示：是否吃早餐以及早餐就餐地点对学生的身体健康状况有显著性影响，而学生住宿情况对其身体质量指数并无显著性影响，其中在同样的情况下在家住的学生其身体质量指数要高于在校住宿的学生；吃早餐的学生身体质量的指数低；学生在校外吃早餐，其身体质量指数要高于在家吃早餐学生的身体质量指数；在 Model＿2 的基础上加上学生食宿变量后，Model＿3 中变量对校内学生身体健康状况解释力比 Model＿2 提高了 0.04％，校际间差异解释力提高 2.75％。这说明校内和校际间学生自身的人口学因素对学生身体健康状况影响不大。

5. 学校层面变量对学生身体健康状况的影响

表中 Model＿4 结果显示：学校所在地理位置东、中、西区域、学校规模（学生数量和班级数）、学校的社会经济地位对学生的身体健康状况有显著性影响，而学校所在地区城乡分类对学生身体质量指数并无显著性影响，其中在同样的情况下学校内学生数量多，学生的身体质量指数越高；东部和西部地区学校学生的身体质量指数高于中部学生身体质量指数，城市学校学生的身体质量指数要低于乡村学校学生的身体质量指数；学校类型中，村小的学生身体质量指数最低；学校社会地位高，学生身体质量指数低；在 Model＿3 的基础上加上学校层变量后，

Model_4 中变量对校内学生身体健康状况解释力比 Model_3 提高了 0.02%，校际间差异解释力提高 35.71%。由此可见，学校层面的因素对学生身体健康状况起着极为重要的作用。

## 五、分析与讨论

学生身体健康状况对其学习和生活具有重要影响，身体质量指数作为身体健康状况的重要指标对我们认识中小学生身体健康状况具有重要作用。学生身体健康状况是各种因素相互作用的结果，我们可以从学生层面和学校层面进行具体分析。

### (一)从学生层分析学生身体健康状况的影响因素

1. 学生人口学因素中，性别、年级对学生身体健康状况具有显著影响

世界范围内的儿童低体重、超重和肥胖都存在性别差异。从调查中我们发现年级越高，学生的身体质量指数越高，且男生的身体质量指数要高于女生的身体质量指数。这符合身体发展的基本规律，一般随着学生年龄增大、年级升高，其身体质量指数会逐渐增加。这同 2011 年一项针对山东 4 898 个 6～17 岁的儿童和青少年的调查情况结果显示一致[①]。出现这种情况，一方面是因为随着年龄增长，学生了解到健康知识也逐渐增多，更注意自身的健康和体质情况，学生审美意识增强，越来越注重自己外在形象，超重和肥胖的比例有所减少。另一方面，中国传统重男轻女观点导致的男女食物供应量差别可能是一个独特的原因。但现在随着社会经济发展、思想观念(尤其是生育观念)的转变，男女生的身体健康状况的差异逐渐转小。

内因在个体发展过程中往往起着至关重要的而作用，学生体质与健康的决定因素在于学生本人。调查显示，学生体质下降与其参与热情不高、时间不足、强度不够、方法单一有关，尤其是学生"怕吃苦、怕累"的懒惰心理在其活动中起阻碍作用。学生可以结合自身的身体特点和兴趣爱好参与适当的体育活动锻炼，真正想运动、爱运动，才能从根本上保障学生进行必要的体育锻炼，增强自身的身体素质。

2. 学生家庭背景因素和学生食宿情况中，父母学历和零花钱数量、学生是否吃早餐及早餐地点对学生身体健康状况具有显著影响

父母学历高，其子女的身体质量指数低，即不容易患超重和肥胖。父母教育

---

① Dong, J., Guo, X. L., Lu, Z. L., Cai, X. N., Wang, H. C., Zhang, J. Y., & Xu, A. Q. (2014). Prevalence of overweight and obesity and their associations with blood pressure among children and adolescents in Shandong, China. BMC public health, 14(1), 1080.

程度高，相应对子女饮食情况的关注度会更高，确保营养均衡的膳食能为子女的身体发展提供必要的蛋白质和维生素等，为其身体健康保驾护航。学生零花钱数量越多，其身体质量指数越高，学生更容易患超重和肥胖。且在同样条件下，学生不吃早餐或者在校外吃早餐，其身体质量指数相对较高，患超重和肥胖的概率也会加大。学者张大超和李敏[1]在一项调查中指出，随着经济条件逐渐好转，家长担心学生在校"吃不好"会给孩子大量的零用钱，这增加了学生接触不健康饮食的风险，学生也会因此养成不健康的饮食习惯。

饮食方式和饮食习惯对一个人的身体健康状况有重要联系，学生身体健康与否很大程度取决于日常饮食是否规律、营养是否均衡。健康规律的早餐供给会为学生一天的学习和课外活动带来充沛能量；而长期饮食不规律，特别是不吃早餐会严重损坏肠胃健康，诱发一系列肠胃疾病，也会导致内分泌紊乱，影响人体新陈代谢。我国儿童青少年的超重和肥胖流行比发达国家晚 30～40 年，伴随经济全球化的"肥胖易感环境"的全面形成，所受影响要远高于发达国家。"肥胖易感环境"是由过多高热量食物摄入、生活方式"静态化"、不健康饮食方式、高热能商业促销广告等因素构成。那些生活在"肥胖易感环境"的青少年儿童比其环境中的人更容易导致超重和肥胖。

家庭环境对儿童身体状况发展有着重要影响，在不能快速大幅度提高家庭中父母的学历、文化水平前提下，我们能够采取的具体措施如下。

第一，可以切实加强饮食健康教育宣传，一日三餐要讲究营养均衡，谷物粮食、动物蛋白类、豆类及其制品、蔬菜水果、油脂等要合理搭配，确保摄入食物的多样性和营养的均衡性，培养家长健康饮食意识和行为以构建"膳食均衡厨房"。

第二，督促家长和学生养成体育活动锻炼行为以促成"全家锻炼总动员"，进而保障义务教育阶段学生的身体健康发展。有调查显示，家庭对学生体育参与积极性的影响是非常重要的；然而理想与现实情况的矛盾点在于大多数家长对学生参与体育活动的态度是积极支持的，但自己却从来不参与或很少参与体育活动。我们会看到很多家长一边严厉要求孩子去做运动和体育锻炼，自己却在一旁懒洋洋的看电视或者休息，并没有起到良好的榜样示范作用。"只能言传不能身教"的家庭氛围如何能让孩子"心服口服"？家长自身的威信缺失，更难培养学生形成良好的饮食和体育锻炼习惯。身体健康状况的决定因素在于个体，但中小学生的认识能力、坚持度有限，就需要家长营造良好的家庭氛围督促学生进行体育锻炼。家长应多抽出时间陪孩子参加户外运动，做好榜样示范，与孩子共同进行体育活

① 张大超、李敏：《国外体育风险管理体系的理论研究》，载《体育科学》，2009(7)。

动锻炼，提高子女的身体素质。

第三，倡导家长树立正确的家庭教育观念，从小培养孩子独立自主的品质，适当控制零花钱的数量，避免溺爱孩子，提防不节制的"食物灌输"所造成的营养过剩。许多父母将带孩子选购膨化食品或高热量食物当成生活乐趣，久而久之孩子养成了花钱购买零食的习惯，那些不经意间的食品选择正是家长日常行为的"投射"。

第四，纠正不良食物奖惩形式。有部分家长喜欢将"不准吃好吃的"作为惩罚，将"吃肯德基、麦当劳等快餐食品"作为奖励。在无形中将日常饮食变成心理好恶倾向的奖惩，这样不利于青少年儿童养成健康的饮食习惯。

### （二）从学校层分析学生身体健康状况的影响因素

学生身体健康状况存在显著地区性的特点。在学校层面中我们可以发现东中西区域分布、城乡分区以及学校的社会地位对学生的身体健康状况有显著影响。

其中学校社会经济水平越低，学生的身体质量指数越高，学校规模越大（班级数和学生数越多），学生的身体质量指数越低，农村地区学校学生的身体质量指数值要高于城市地区学校学生的身体质量指数值，这与 Procter[①] 研究相符合。长期以来，我们了解到国家内部健康状况是以经济为特征的，中东部和西部学生超重和肥胖的原因不同，但根本原因是地区社会经济发展水平不同。社会发达程度与学生超重、肥胖情况密切相关，过去 20 年来中国大城市、中小城市、乡村社会经济发展差异导致儿童青少年肥胖率呈现大城市＞中小城市＞乡村的显著特征，这均与已有研究相互验证，学校性质（公立/私立）、学校规模、城区分类、人口密度等都会对学生的身体质量指数产生影响。农村地区学生营养摄入不均衡而导致的"虚胖"问题比较突出，且与农村地区相比，城市中可获取的饮食卫生、身体锻炼等信息途径更多、信息量也更大且身体健康活动方式也更多样，因而城市的学生身体质量指数值比农村学生低，即城市学生相对不易患超重和肥胖。

有研究表明学校的营养计划、饮食政策会对学生的身体质量指数产生重要影响。青少年正处于身体发展的关键时期，合理的饮食结构能为其生长发育提供必要的营养元素和能量。学校是学生活动的重要场所，因此除了在家庭中注意学生的膳食营养均衡之外，学校也应重视学生的身体健康教育，采取有力措施做好学校体育卫生工作，且还需要多关注学生的膳食营养摄入与吸收。

1. 学校应将重视学生的体育活动锻炼

学校加强管理，开足体育课程，并在一定程度上配备相应的体育设施设备，

---

① Procter, K. L., Rudolf, M. C., Feltbower, R. G., Levine, R., Connor, A., Robinson, M., & Clarke, G. P. (2008). Measuring the school impact on child obesity. Social science & medicine, 67(2), 341-349.

增加体育运动器材。如果农村或偏远乡村地区学校经费有限，也可以鼓励教师和学生共同制作简单且充满趣味性的体育装备，增强学生参与体育活动的积极性，力争每一节体育课都能看到学生奔跑在体育活动区域，挥洒着成长和青春的汗水。

2. 学校应严格推进体育教师的准入和培训

确保体育教师能够在课程活动中给学生讲解必要的体育运动知识和身体机能常识，从教学目标、教学内容、教学方法、教学过程、教学评价等环节入手，建立起学生参与体育活动锻炼的科学体系，调动学生主动参与体育活动，培养其树立终身运动的意识和体育锻炼习惯。

3. 学校应安排丰富的体育活动项目

除了开设体育课、举办校运动会、参加区级或市级运动会外，还可以在学校大课间活动中设立一些团队竞赛、小组合作竞赛、师生联合竞赛等趣味性较高的体育竞赛项目，充分带动学生参与体育活动的热情和信心，确保学生增加必要的体育锻炼以增进学生体内细胞反应速度，促进新陈代谢和能量转化。

4. 至少每学期一次组织学生进行身体健康检查

应包括学生的身高、体重、胸围、肺活量、视力水平、龋齿、营养状况等，做好学校的卫生保健工作。这样可以及时对学生低体重、超重、肥胖、近视等成长状况进行监测和干预，有针对性地对学生的身体健康发展提出相应的建议，并且在家校合作过程中与家长共同协力改善学生身体健康状况，增强学生身体素质，从"源头"开始减少低体重、超重、肥胖等问题。

5. 学校食堂应参照中国居民膳食指南制定科学食谱

日常供应必须包含人体所需的营养素，开设"低油低盐窗口"，确保食物种类丰富多样化，吸引学生去学校食堂就餐，着力打造"膳食均衡食堂"。另一方面针对农村地区低体重和营养不良问题，应全面加强乡村学校营养改善工作。有研究表明牛奶和鸡蛋中的优质蛋白易被人体消化吸收，同时也含有种类较为齐全的维生素和矿物质。同时，牛奶和鸡蛋都是价格较低而营养较高的食品，尤其是鸡蛋作为相对经济实惠的食品，能够为生活在资源贫乏环境中的弱势群体提供营养。从2011年以来国家一直在农村地区实施农村义务教育学生营养改善计划，应坚持让农村地区学生每天补充鸡蛋和牛奶，降低农村地区学生低体重比例，助力儿童健康成长。

6. 关注城乡地区均衡发展

在一些温饱问题尚未解决的乡村，学生的身体素质保障难以得到家庭(经济困难、家长外出务工或营养知识欠缺)、社区(商品流通不畅、儿童保健覆盖率低)的长久支持。因此除了国家实施的农村义务教育学生营养改善计划外，还应做好政策、财政经费、人力资源等方面的后续支持，推动乡村地区或经济欠发达地区的经济发展，改善基础设施设备，有效推广试点取得的成熟经验。宣传教育并不能针对改善青少年身体健康状况、增强青少年身体素质起到实质性的作用，必须要有法律、政策和行政干预的积极配合。不能把青少年的身体健康问题全部归责于个人，这需要个人、家庭、社区、各级政府和社会工作者（尤其是广大新闻媒体工作者）携手努力。

**附件：2016 年《国家学生体质健康标准》**

**表 9.5　男生体重指数(BMI)单项评分表**　　　单位：千克/平方米

| 年级 | 健康类型 | | | |
| --- | --- | --- | --- | --- |
| | 正常 | 低体重 | 超重 | 肥胖 |
| 一年级 | 13.5～18.1 | ≤13.4 | 18.2～20.3 | ≥20.4 |
| 二年级 | 13.7～18.4 | ≤13.6 | 18.5～20.4 | ≥20.5 |
| 三年级 | 13.9～19.4 | ≤13.8 | 19.5～22.1 | ≥22.2 |
| 四年级 | 14.2～20.1 | ≤14.1 | 20.2～22.6 | ≥22.7 |
| 五年级 | 14.4～21.4 | ≤14.3 | 21.5～24.1 | ≥24.2 |
| 六年级 | 14.7～21.8 | ≤14.6 | 21.9～24.5 | ≥24.6 |
| 初一 | 15.5～22.1 | ≤15.4 | 22.2～24.9 | ≥25.0 |
| 初二 | 15.7～22.5 | ≤15.6 | 22.6～25.2 | ≥25.3 |
| 初三 | 15.8～22.8 | ≤15.7 | 22.9～26.0 | ≥26.1 |

**表 9.6　女生体重指数(BMI)单项评分表**　　　单位：千克/平方米

| 年级 | 健康类型 | | | |
| --- | --- | --- | --- | --- |
| | 正常 | 低体重 | 超重 | 肥胖 |
| 一年级 | 13.3～17.3 | ≤13.2 | 17.4～19.2 | ≥19.3 |
| 二年级 | 13.5～17.8 | ≤13.4 | 17.9～20.2 | ≥20.3 |
| 三年级 | 13.6～18.6 | ≤13.5 | 18.7～21.1 | ≥21.2 |
| 四年级 | 13.7～19.4 | ≤13.6 | 19.5～22.0 | ≥22.1 |
| 五年级 | 13.8～20.5 | ≤13.7 | 20.6～22.9 | ≥23.0 |
| 六年级 | 14.2～20.8 | ≤14.1 | 20.9～23.6 | ≥23.7 |

| 年级 | 健康类型 | | | |
|------|------|------|------|------|
| | 正常 | 低体重 | 超重 | 肥胖 |
| 初一 | 14.8～21.7 | ≤14.7 | 21.8～24.4 | ≥24.5 |
| 初二 | 15.3～22.2 | ≤15.2 | 22.3～24.8 | ≥24.9 |
| 初三 | 16.0～22.6 | ≤15.9 | 22.7～25.1 | ≥25.2 |

【本报告撰写人：霍明、陈梦瑶、赵娜。作者单位：教育部人文社会科学重点研究基地东北师范大学农村教育发展研究院】

经典个案报告

在农村教育发展问题上，人们一般会惯性地认为"中西部地区发展农村教育比较困难，东部地区发展农村教育比较容易"。这一惯性思维的逻辑基础是经济决定论，似乎有钱就可以解决一切问题。实践证明，经济基础决定上层建筑，钱可以解决许多物质性和精神动力性问题，但不一定能解决所有问题。东部地区的农村教育发展更需要创新的精神和勇气。浙江嘉善的城乡教育一体化探索就体现了这一可贵的精神和勇气。

　　曾几何时，嘉善教育也是择校盛行。作为东部发达地区，嘉善不仅面临城乡教育二元结构的压力，还面临外来人口子女和本地人口子女教育二元结构的挑战，呈典型的县域"三元教育结构"特征。三元教育格局不仅导致乡村学生和乡村教师向城镇流动，而且还导致外来人口子女向嘉善流动，结果导致城镇大班巨校、乡村小班小校。针对上述问题，嘉善教育人从抓"关键环节"入手，用"创新思维"促进城乡教育一体化发展，不仅实现了城乡学校标准化建设的全覆盖，还实现了城乡师资的优质均衡配置；不仅实现了外来务工人员子女和本地居民子女教育的一体化，还实现了职业教育和县域产业的一体化，创造了县城教育一体化发展的"嘉善经验"。

　　嘉善经验给我们的启示是：教育发展之路从来都是靠"两条腿"走出来的，一条腿是经济，另一条腿是创新。创新促进公平、创新促进发展、创新提升质量是农村教育发展的关键一招。国际社会越来越看重"创新"在农村教育发展中的重要作用，越来越看重"改革"对农村教育收益的积极价值。嘉善教育的成功从根本上说是机制的成功，而许多地方教育的落后从根本上说也是机制的落后，而好机制的出现一定是以好的教育思想为前提的。我们见证了嘉善教育人的改革进取精神和敢为人先的气魄。我们有幸记录今天的嘉善教育，更愿意为明天的嘉善教育作证！

# 第十章 城乡教育一体化的实践逻辑
## ——嘉善县域教育改革与发展的探索

# 概 要

　　2017年7月8日，中央电视台《新闻调查》栏目播放了《择校变局》，详细介绍了浙江省嘉善县是如何实现从之前择校盛行到如今基本实现零择校的转变。尽管国家要求义务教育阶段学生免试就近入学，由电脑排位划定学生所要就读的学校，但是城乡教育的二元结构使得优质教育资源集中在县城，农村学校落后于城镇，特别是城乡间优质师资的不均衡导致择校问题依然屡禁不止。择校现象不同程度地出现在各个学校，对学校产生了不良影响——县城学校面临巨班大校的压力，而农村学校却处于生源频频减少的状态。由于优秀生源向城流动，城乡教育的差距越发拉大。

　　在这一背景下，嘉善县不断进行改革创新以推动义务教育优质均衡发展，推进城乡教育一体化进程。嘉善县加大教育经费投入力度，城乡学校标准化建设实现全覆盖，为城乡教育一体化内涵式发展奠定基础。在义务教育方面，嘉善县不断深化城乡教师流动改革，创新县域教师培训模式与分层培养机制，优化了城乡优质师资结构，提升了县域优质师资均衡配置水平，有利于实现城乡教育一体化内涵式发展。在民办教育方面，嘉善县通过改变办学主体提升民办外来务工人员子女学校办学水平，保障外来务工人员子女受教育质量，实现服务不同人群的城乡教育一体化发展。在职业教育方面，嘉善县将职业教育与县域产业发展充分结合起来，激发职业教育多方主体动力，提升学生专业能力，激发城乡教育一体化发展活力。通过多方位的探索与实践，嘉善县不断推进各类教育的优质均衡发展，城乡教育一体化建设取得了显著成效。嘉善县城乡教育一体化改革与发展的实践经验启示我们，在不断强调教育均衡发展的大背景下，要以"多城乡之别、少城乡之差"的原则，大力发展经济为城乡教育一体化发展奠定基础，不断创新体制机制为城乡教育一体化发展形成制度保障，充分利用自身区位优势为城乡教育一体化发展寻求更多的支持，通过城乡统筹促进县域内城乡教育一体化全方位、立体式、内涵化发展。

浙江作为经济强省，是中国省内经济发展程度差异最小的省份之一。2017年浙江省全年地区生产总值（GDP）51 768亿元，全国排名第四；城镇居民和农村居民人均可支配收入分别为 51 261 元、24 956 元，人均生活消费支出分别为31 924元、18 093元，①均高于全国城镇、农村居民人均水平。嘉善县位于浙江省嘉兴市东北部，是江浙沪两省一市交汇点，具有独特的区位优势。作为全国唯一一个经国家发改委批复同意的"县域科学发展示范点"，嘉善县充分发挥其独特的区位优势，紧抓经济发展机遇，实施城乡一体化战略，在县域内城乡统筹上列浙江省前十，进入城乡相互促进、全面融合发展的新阶段。

近年来，浙江省嘉善县围绕实现教育现代化的目标，不断深化教育改革，着力于促进教育公平、均衡、优质的发展，先后被评为全国首批义务教育发展均衡县、第三批全国农村职业教育和成人教育示范县、全国社区教育实验区、国家义务教育学校教师流动改革项目唯一试点县、全国教育改革先进县、浙江省教育强县、浙江省教育基本现代化县。嘉善县在城乡教育一体化改革与发展中取得了显著成效，为了探究其城乡教育一体化发展的实践逻辑，寻求有益经验以推广至更多地区，教育部人文社会科学重点研究基地东北师范大学中国农村教育发展研究院调查人员于 2018 年 7 月至 12 月，先后 2 次专程来到浙江省嘉善县，对这里的教育改革与发展开展实地调研，试图通过此次调查研究揭示出嘉善县是如何全方位实现城乡教育一体化的，并呈现出其背后的实践逻辑，从而为我国城乡教育一体化发展提供有益借鉴。

## 一、嘉善县教育发展背景与概况

城乡教育一体化的实质是教育的城乡一体化，理解"城乡一体化"是理解城乡教育一体化的关键。②改革开放以来，嘉善县积极推进县域发展，高度重视城乡

① 浙江省统计局 国家统计局浙江调查总队：《2017 年浙江省国民经济和社会发展统计公报》，http://www.zj.gov.cn，2018 年 2 月 27 日。
② 褚宏启：《城乡教育一体化：体系重构与制度创新——中国教育二元结构及其破解》，载《教育研究》，2009(11)。

统筹发展，把城市和农村作为一个整体统筹规划布局、设施建设和资源配置。2004 年嘉善县制定实施《嘉善县城乡一体化发展规划纲要》推进"六个一体化"①建设，城乡教育一体化发展亦取得了显著成效。

## (一)嘉善县教育发展背景

嘉善县因"民风淳朴，地嘉人善"而得名，毗邻苏沪杭，是典型的江南水乡，素有"鱼米之乡""银嘉善"之美誉。根据当地实际发展状况，嘉善县提出紧紧围绕"劳有所得、学有所教、病有所医、老有所养、居有所宜(住有所居)、困有所济、行有所畅、心有所怡、民有所依、安有所保"的"十有"目标，以经济发展促进社会事业的全面提升，不断增进民生福祉，全面建设物质富裕、精神富有的"两富"民生幸福新家园，为城乡教育一体化发展提供了有力的保障。

### 1. 地理区位

嘉善县地处太湖流域杭嘉湖平原，位于浙江省嘉兴市东北部，北纬 $30°45'36''\sim31°1'12''$、东经 $120°44'22''\sim121°1'45''$。嘉善县既是江浙沪两省一市交汇点，也是浙江接轨上海的桥头堡。嘉善县境域轮廓呈田字形，东邻上海市青浦、金山两区，南连平湖市、嘉兴市南湖区，西接嘉兴市秀洲区，北靠江苏省吴江市和上海市青浦区。全县总面积 506.6 平方千米，其中陆地占 85.71%，水域占 14.29%。地势南高北低，平均高程 3.67 米(吴淞标高)。嘉善县辖 6 个镇 3 个街道，104 个行政村、43 个社区。县城东距上海市 90 千米，西至杭州 110 千米，南濒乍浦港 35 千米，北接苏州 91 千米，处于长江三角洲的中心地带。②

嘉善县境内自然条件独特，人均耕地多、水域面积多、无山地，交通相对便捷。近年来，嘉善县完成了通沪公共交通，开通了嘉善至青浦、松江、金山 3 条省际直达客运班线和往返上海的地铁 9 号线松江站的通勤巴士，新增姚庄至枫泾、客运中心至枫泾新兴村 2 条省际毗邻公交线路，投放 250 辆与上海互通的分时租赁新能源汽车。沪杭高速公路、申嘉湖高速公路、320 国道、杭州湾跨海大桥北岸连接线、沪杭铁路、杭申航道甲线穿境而过，并有善江公路连接平湖市、320 国道和 318 国道。沪杭客运专线在嘉善境内设立了嘉善南站，从嘉善南站到上海虹桥站仅需约 20 分钟、到杭州东站仅需约 30 分钟。此外，杭州萧山国际机场、上海虹桥国际机场、上海浦东国际机场、宁波栎社机场、乍浦港、上海港、洋山国际深水港和宁波港均在距嘉善县城一小时车程的半径内。③ 紧邻发达城市、交通便利的地理区位条件为嘉善县统筹城乡一体化发展提供了有利资源。

---

① 即城乡规划布局一体化、城乡基础设施一体化、城乡产业发展一体化、城乡劳动和社会保障一体化、城乡社会发展一体化、城乡生态建设和保护一体化。

② 嘉善县人民政府：《嘉善概貌地理环境》，http://www.jiashan.gov.cn，2008 年 3 月 9 日。

③ 嘉善新闻网：《嘉善——浙江接轨上海第一站》，http://jsxww.zjol.com.cn，2010 年 8 月 25 日。

2. 政治地位

近年来，习近平总书记始终高度关注嘉善发展，先后 4 次到嘉善县视察指导，4 次对嘉善工作予以讲话肯定，14 次对嘉善发展作出重要批示，并亲自为嘉善勾画了发展蓝图。2008 年，嘉善县成为习近平同志学习实践科学发展观活动的基层联系点。2013 年 2 月，国家发改委批复了《浙江嘉善县域科学发展示范点建设方案》，嘉善县正式被国务院确立为全国唯一一个县域科学发展示范点，并于 2015 年年底基本完成了示范点第一阶段任务。2016 年 4 月 12 日，习近平总书记作出重要批示，要求进一步总结嘉善经验，继续制定新的发展改革目标，争取取得全面建成小康社会的新成绩。随后，中央调研组对嘉善经验做了系统总结。2017 年 2 月 9 日，《浙江嘉善县域科学发展示范点发展改革方案》经国务院审定，由国家发改委正式批复。6 月，中央媒体在迎接党的十九大专题宣传中，对嘉善深入践行新发展理念全力打造县域科学发展示范点升级版的情况进行了集中报道，引起了全国的广泛关注。① 嘉善县域发展在全国具有典型示范性，受到国家相关部门及领导人的高度重视，为嘉善县大力推行县域城乡科学发展提供了有力保障。

3. 经济发展

嘉善县毗邻苏沪杭，具有产业转接优势，以第二、三产业发展为主，经济运行稳中有进。经嘉善县统计部门初步核算，2017 年嘉善县生产总值 520.95 亿元，可比增长 8.6%。其中第一产业增加值 22.00 亿元，可比下降 1.8%；第二产业增加值 289.85 亿元，可比增长 9.9%；第三产业增加值 209.11 亿元，可比增长 8.0%。从三次产业的结构来看，全县三次产业结构比调整为 4.22：55.64：40.14。按户籍人口计算，人均生产总值 133 206 元（按年平均汇率折算为 19 729 美元），比上年增长 7.8%。2017 年，嘉善县财政总收入 88.40 亿元，比上年增长 20.8%，其中一般公共预算收入 51.72 亿元，比上年增长 22.5%。一般公共预算支出 59.50 亿元，比上年增长 25.2%。

近年来，嘉善县充分利用其区位优势，大力发展经济，城乡居民人均可支配收入和消费支出水平不断提高。2017 年，嘉善县城镇居民人均可支配收入 54 138 元，比上年增长 8.2%，高于全国城镇居民人均可支配收入（36 396 元）17 742 元；嘉善县农村居民人均可支配收入 31 976 元，比上年增长 8.3%，高于全国农村居民人均可支配收入（13 432 元）18 544 元。2017 年，嘉善县城镇居民人均消费支出为 29 232 元，比上年增长 4.6%，高于全国城镇居民人均消费支出（24 445 元）4 787 元；嘉善县农村居民人均消费支出 17 663 元，比上年增长

---

① 嘉善县教育局：《城乡教育优质均衡发展的"嘉善实践"》，2018 年 7 月 4 日。

6.7%，高于全国农村居民人均消费支出（10 955 元）6 708 元。（见表 10.1）2017 年，嘉善县城乡居民家庭恩格尔系数（即居民家庭食品消费支出占家庭消费总支出的比重）差距较小，分别为 28.5% 和 30.4%，略低于全国城乡家庭恩格尔系数（城镇为 28.6%，农村为 31.2%）。[①] 坚实的经济基础为嘉善县创新城乡一体化发展模式提供了资金支持。

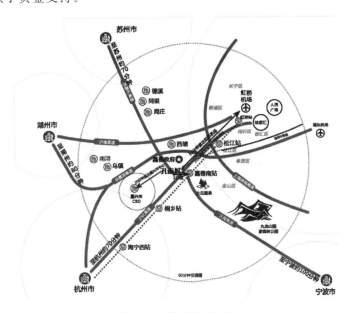

**图 10.1　嘉善地理区位**

### 4. 人口特征

由于嘉善县经济发展迅速，许多企业纷纷落户，众多的就业岗位吸引了较多外来人口。截至 2017 年 11 月底，嘉善县户籍人口 393 055 人，比上年末增加 3 934 人。据 1‰ 人口抽样调查结果推算，嘉善县常住人口为 57.64 万人，比上年增加 0.39 万人，其中城镇常住人口为 35.56 万人，占全县总人口比重（常住人口城镇化率）为 61.7%，比上年提高 2.7 个百分点。外来人口约为 18.33 万人，占嘉善县常住人口的 31.8%，占嘉善县户籍人口的 46.6%。

① 嘉善县统计局：《2017 年嘉善县国民经济和社会发展统计公报》，http：//open. jiashan. gov. cn，2018 年 5 月 8 日。国家统计局：《中华人民共和国 2017 年国民经济和社会发展统计公报》，http：//www. stats. gov. cn，2018 年 2 月 28 日。

表 10.1  2017 年城乡居民人均可支配收入、城乡居民人均消费支出情况

单位：元

| | | 居民人均可支配收入 | 居民人均消费支出 |
|---|---|---|---|
| 全国 | 城镇 | 36 396 | 24 445 |
| | 农村 | 13 432 | 10 955 |
| 嘉善县 | 城镇 | 54 138 | 29 232 |
| | 农村 | 31 976 | 17 663 |

数据来源：嘉善县统计局：《2017 年嘉善县国民经济和社会发展统计公报》，http：//open. jiashan. gov. cn/gov/jcms ＿ files/jcms1/web25/site/art/2018/5/8/art ＿ 1147 ＿ 116051. html，2018 年 5 月 8 日。国家统计局：《中华人民共和国 2017 年国民经济和社会发展统计公报》，http：//www. stats. gov. cn/tjsj/zxfb/201802/t20180228 ＿ 1585631. html，2018 年 2 月 28 日。

按户籍人口计算，嘉善县人口密度为 775.88 人/平方千米。按性别分为男性 193 010 人，女性 200 045 人，人口性别比为 96.48(以女性为 100)。2017 年，嘉善县户籍人口出生率为 8.47‰，低于全国人口出生率(12.43‰)；嘉善县人口死亡率为 7.83‰，略高于全国人口死亡率(7.11‰)；嘉善县人口自然增长率为 0.64‰，远低于全国人口自然增长率(5.32‰)。全年嘉善县迁入人口 5 016 人，迁出人口 1 331 人，人口机械增长率 9.38‰。[1] 嘉善县外来人口较多，在对当地经济发展做出贡献的同时，如何让外来务工人员子女享受公平而有质量的教育，妥善处理外来务工人员子女与本地生源的关系是嘉善县统筹城乡一体化，特别是城乡教育一体化发展的关键一环。

**(二)嘉善县教育概况**

近年来，嘉善县把城乡教育优质均衡发展作为城乡一体化建设的重中之重，2005 年嘉善县在全省率先出台了关于进一步落实农村义务教育"以县为主"管理体制和经费保障机制改革的实施意见，将农村义务教育公用经费、校舍建设与维修、设备购置、教师收入待遇等全面纳入县财政保障范围，实行城乡同标准、同步骤推进，保障了城乡教育资源的一体化配置。在嘉善县实施城乡一体化发展战略的背景下，2014 年嘉善县成功获评"全国首批义务教育发展基本均衡县"称号，城乡教育一体化取得显著成效。

---

① 嘉善县统计局：《2017 年嘉善县国民经济和社会发展统计公报》，http：//open. jiashan. gov. cn，2018 年 5 月 8 日。国家统计局：《中华人民共和国 2017 年国民经济和社会发展统计公报》，http：//www. stats. gov. cn，2018 年 2 月 28 日。

1. 学校、学生与教师数量

据嘉善县教育部门统计显示，2017/2018 学年初，嘉善县拥有各级各类学校（含幼儿园）83 所，其中普通高中 4 所（含十二年一贯制学校 1 所），初级中学 17 所（含九年一贯制学校 7 所），职业中学 3 所，小学 24 所，特殊学校 1 所，幼儿园 34 所。① 目前，嘉善县小学学生人数不足 500 人的小规模学校有 6 所（不含九年一贯制学校）。农村学校均位于乡镇。

2017/2018 学年初，嘉善县共有在校学生 69 931 人，其中普通高中在校学生 5 610 人，初级中学在校学生 13 436 人，职业中学在校学生 3 811 人，小学在校学生 33 447 人，特殊学校在校学生 48 人，幼儿园在校学生 13 579 人。目前，嘉善县人数最少的学校有 315 人，在校学生人数最多的学校有 2 312 人。学龄儿童入学率达到 100%，初中毕业生升学率达到 98.9%，高考报名 1 800 人，高校录取率达到 97.11%。全年高等自学考试报考 1 555 人，获得大专以上文凭 11 人。②

2017/2018 学年初，嘉善县共有教职工 5 482 人，其中专任教师 4 674 人。普通高中教职工 586 人，其中专任教师 546 人；初级中学教职工 1 166 人，其中专任教师 1 112 人；职业中学教职工 338 人，其中专任教师 326 人；小学教职工 1 930 人，其中专任教师 1 843 人；特殊学校教职工 18 人，其中专任教师 13 人；幼儿园教职工 1 444 人，其中专任教师 834 人。③ 目前，嘉善县小学本科及以上学历的专任教师 1 324 人，占小学专任教师总数的 71.84%；初级中学本科及以上学历的专任教师 1 051 人，占初中专任教师总数的 94.51%。

2. 教育经费投入力度大

嘉善县城乡一体化发展水平较高，特别是受近城因素影响，连续多年保持着接近 10% 的经济平均增长率，经济发展迅速，财力雄厚。在这一背景下，嘉善县始终把教育作为财政支出的重点领域予以优先保障，依法落实教育经费"三个增长"，均衡配置城乡教育经费。2017 年，嘉善县共投入财政经费 12.98 亿元，其中安排约 2 亿元项目经费；2017 年教育经费支出 15.66 亿元，基本支出 10.1 亿元，④ 并且在一些经费项目上对农村地区学校予以倾斜。均衡配置城乡教育财力资源是城乡教育一体化发展的经济基础，充沛的教育经费投入为嘉善县城乡教育一体化发展提供了财力支持，解决了后顾之忧。

---

① 嘉善县统计局：《嘉善县 2017/2018 学年初教育事业统计资料汇编》，2017 年 11 月。
② 嘉善县统计局：《2017 年嘉善县国民经济和社会发展统计公报》，http://open.jiashan.gov.cn，2018 年 5 月 8 日。
③ 嘉善县教育局：《嘉善县 2017/2018 学年初教育事业统计资料汇编》，2017 年 11 月。
④ 数据由嘉善县教育局提供。

在公用经费方面，嘉善县早从 2007 年起就坚持城乡中小学生均公用经费、生均事业费同一标准。2017 年，嘉善县生均公用经费达到小学 700 元、初中 900 元，并加大对农村小规模学校的补助力度，其中学生数在 500 人以下的小学、初中生均公用经费增加 80 元，学生数在 500～800 人的增加 40 元。2019 年起，学生数在 500 人以下的小学、初中生均公用经费增加 300 元，学生数在 500～800 人的增加 200 元。公办幼儿园生均公用经费补助标准按小学标准执行，提高到每生每年 700 元。对寄宿制学校按照住宿生人数以每人每年 400 元的标准安排公用经费补助。

在硬件投入方面，主要包括教育装备与基建项目两部分，同时每年暑期会组织进行维修。2018 年，嘉善县公办学校教学设备购置经费预算达到 1 129.28 万元；基建项目经费预算 6 000 万元，暑期维修经费预算 920 万元，① 保障了嘉善县办学条件的改善与提升。此外，嘉善县积极争取、统筹安排各项专项经费，不断加大专项经费投入力度，保障了各项目的有序推进。如在教育装备上，县财政每年安排不少于 1 000 万元的专项经费，并且向农村地区予以倾斜，其中 80% 用于农村学校。在职业教育经费投入上，嘉善县 2011 年起设立职业教育专项经费 600 万元并逐年增加，2016 年增加到 900 万元。在提高教师待遇上，县财政每年安排 400 万专项经费、43 辆教师接送车用于解决流动教师的福利、培养和交通费用问题。

### 3. 城乡学校标准化建设全覆盖

均衡配置城乡教育物力资源是城乡教育一体化发展的硬件保障。近年来，嘉善县不仅在城乡学校办学条件的经费投入上提供了大力支持，并且不断出台、完善相关政策，为城乡学校办学条件的均衡配置提供政策保障，省公办标准化学校建有率达到 100%，其中农村学校占 68%，实现了城乡学校办学条件标准化建设全覆盖。

2004 年，嘉善县编制了嘉善县城乡学校布局专项规划，并制定出台关于优化农村学校布局加快推进农村教育现代化的实施意见。2010 年，嘉善县修编了《嘉善县城乡学校布局专项规划（2010—2030）》，对未来二十年的教育设施进行总体布局。2013 年，嘉善县将义务教育优质均衡发展纳入县域经济社会发展规划和科学发展示范点建设方案之中，切实从体制机制上为推进城乡学校办学硬件的均衡提供了保障。在学校建设上，嘉善县主要实施了"浙江省万校标准化建设工程""校安工程"和"新一轮高标准义务教育标准化学校建设工程"，共新（迁）建、改扩建学校 37 所，累计投资近 5 亿元。学校体育运动场地、塑胶跑道、卫生室

---

① 数据由嘉善县教育局提供。

和心理健康咨询室全县公办中小学实现全覆盖，15 所学校建有风雨操场，城乡学校面貌焕然一新。据嘉善县教育部门统计显示，2017/2018 学年初，嘉善县生均校舍建筑面积小学为 7.01 平方米/人，初中为 19.46 平方米/人，高中为 29.11 平方米/人；城乡中小学生均用地面积、集中绿地面积、生均建筑面积分别达到 30.09 平方米/人、9.02 平方米/人和 13.48 平方米/人；生均图书占有量小学为 29.26 册/人，初中为 65.72 册/人，高中为 65.60 册/人；计算机拥有量小学为 0.15 台/人，初中为 0.34 台/人，高中为 0.46 台/人。① 此外，嘉善县计划于"十三五"期间，新建、改扩建 13 所中小学校，扩容班级 408 个，扩容学位 18 360 个；新建、改扩建幼儿园 26 所，扩容班级 315 个，扩容学位 9 450 个。

在教育装备上，目前嘉善县城乡学校电脑、多媒体和校园网络系统配置率达到 100%，实现校校通、班班通、师师通，一批微格教室、创新实验室等新型教学资源在城乡学校逐步配置，64% 的农村学校成为"微课程""翻转课堂""慕课"的试点学校。以创建省教育技术装备规范管理示范县为契机，惠及农村学校，有效提升了学校装备管理水平。2017 年年底，嘉善县完成教育主网站升级改造，提升了教育网和校园网的安全性、稳定性。以数字化校园、书香校园和科技校园建设为抓手，嘉善县 26 个创新实验室和学科教室通过县级验收，22 所学校建成无线校园网，培育和扶持了 5 所学校建设智慧校园。以教育信息化建设为导向，嘉善县积极探索"数字化课堂观察"平台的运用，推动"互联网＋教育"，嘉善"空中课堂"网站学习步入常态化。嘉善县城乡学校的教育教学设备得到均衡配置，为城乡教育一体化发展提供了硬件保障。

## 二、注重内涵的城乡教育一体化：提升义务教育师资均衡水平

百年大计，教育为本；教育大计，教师为本。在有着坚实经济基础的背景下，城乡教育资源均衡配置的实现难度较小，特别是财力与物力资源更易实现外延式的城乡教育一体化。随着经济社会发展水平不断提高，教师作为人力资源实现了自身定位的转变。从人力资源的视阈来看，教师的数量及质量是影响教师作为人力资源发挥能力、实现教书育人目标的重要因素。在实现城乡教育一体化外延式发展的基础上，嘉善县重视县域内教师城乡学校均衡配置，缩小城乡教师专业素质差距，保障城乡教师专业共同发展，提升城乡学校师资均衡水平，逐步实现城乡教育一体化内涵式发展。

### (一)多措并举保障城乡学校师资均衡配置

城乡学校师资均衡配置是城乡教育一体化发展的中坚力量。嘉善县通过统一

---

① 嘉善县教育局：《嘉善县 2017/2018 学年初教育事业统计资料汇编》，2017 年 11 月。

城乡教师编制标准，加大农村学校教师招聘力度，明确城镇学校教师晋升要求以及提高农村学校教师待遇等举措均衡配置城乡学校师资，既调动了城镇学校教师"下得去"的意愿，又保障了农村学校能够获得满足其需求的师资。据嘉善县教育部门提供的教职工名册数据显示，2018 年嘉善县义务教育阶段城镇学校共有 801 名正高级教师、高级教师、一级教师，占义务教育阶段城镇学校教师总数的 72.29%；义务教育阶段农村学校共有 960 名正高级教师、高级教师、一级教师，占义务教育阶段农村学校教师总数的 60.72%。2018 年嘉善县义务教育阶段城镇学校本科及以上学历教师有 1 002 人，占义务教育阶段城镇学校教师总数的 90.43%；义务教育阶段农村学校本科及以上学历教师有 1 386 人，占义务教育阶段农村学校教师总数的 87.67%。[1] 由此可见，城镇学校教师中一级教师及以上职称教师、本科及以上学历教师的占比要高于农村学校教师中一级教师及以上职称教师、本科及以上学历教师。农村学校教师的职称、学历水平与城镇学校相比仍略有差距，基于此嘉善县积极采取多项举措，均衡配置城乡学校人力资源，不断向农村学校输送符合其需求的教师。

目前，嘉善县城乡教师编制实现一体化配置，适当加大了农村学校教师招聘力度，通过编制及岗位设置吸引应聘者到农村学校任教。一方面，按照《中央编办 教育部 财政部关于统一城乡中小学教职工编制标准的通知》（中央编办发〔2014〕72 号）要求，嘉善县城乡学校教师编制统一按照小学 1∶19、初中 1∶13.5 以及高中 1∶12.5 的师生比标准核定及配备教师，并向农村学校予以倾斜以促进城乡中小学教育资源均衡配置。据教育部发展规划司公布的教育统计数据显示，2017 年，全国普通小学师生比为 1∶16.98，初中师生比为 1∶12.52，高中师生比为 13.39。[2] 据嘉善县教育部门统计显示，2017/2018 学年初，嘉善县小学教职工与学生比为 1∶17.33，初中教职工与学生比为 1∶11.52，高中教职工与学生比为 1∶9.57。[3] 从国家政策规定的编制标准来看，嘉善县落实了统一城乡中小学教师编制标准的规定，符合国家规定的编制标准。从实际师生比状况来看，嘉善县小学阶段的师生比低于全国平均水平，初中阶段和高中阶段均高于全国平均水平。通过比较师生比可以看出，虽然嘉善县在一定程度上仍然存在教师编制短缺、数量不足的问题，但实现了城乡学校教师编制一体化配置，有利于促进城乡中小学教育资源均衡配置，推进城乡教育一体化发展。另一方面，在招聘中小学教师时，由嘉善县教育部门统计并公示农村学校与城镇学校所缺学科教师人数，

---

[1] 嘉善县教育局：《2018 年教职工名册汇总》，2018 年 12 月 1 日。

[2] 教育部发展规划司：《2017 年教育统计数据》，http：//www.moe.gov.cn，2018 年 7 月。

[3] 嘉善县统计局：《2017 年嘉善县国民经济和社会发展统计公报》，http：//open.jiashan.gov.cn，2018 年 5 月 8 日。

应聘者现场报名时按学校、学科进行确认，并且每人限报一所学校。在面试成绩、综合成绩合格分数线（按学段、学科岗位划定）以上的应聘者进行体检、考核以及公示合格后，根据考试综合成绩，由应聘者按高分到低分（综合成绩并列的按笔试成绩高者优先）从自主报名的岗位中选择所对应的招聘学校。城乡学校根据所缺学科单招教师加大了农村学校教师招聘力度，有利于吸引优秀毕业生及教师到农村学校任教，极大程度地缓解了农村学校教师短缺问题。近三年，嘉善县共招聘义务教育学校教师 195 人，其中招聘农村教师 121 人，比城镇学校多47 人。①

　　除此之外，嘉善县教育部门还积极探索刚性规定与柔性差序化提高待遇的方式保障教师"下得去，留得住，教得好"。在职称评审方面，嘉善县教育部门明确城镇学校教师申报高级职称必须具备 3 年以上农村任教经历，申报中级职称必须具备 2 年以上农村任教经历，一些为了晋升职称的教师主动选择去农村学校任教。在待遇方面，农村学校教师的福利待遇要优于城镇学校教师。农村学校教师除了基础工资上浮一级外，每月还享受 100～600 元的农教津贴（按职称计算）和300～400 元的农村特岗教师津贴（按离县城距离计算）。农村学校名师还享受高于城镇学校名师三倍的名师补贴，如农村学校市级名师每月享受 1 200 元的名师补贴，而在城镇学校任教的市级名师仅为每月 400 元。此外，各镇（街道）还根据各自财力情况专设每人每年 2 000 元左右的教育教学质量奖用于奖励农村学校教师。通过明确城镇学校教师申报职称必须具备到农村学校任教一定年限的刚性规定以及提高农村学校教师福利待遇的举措，在确保城镇学校教师能下得去的同时，也保障了农村学校任教教师能够留得住、教得好。

### （二）县域教师城乡双向流动

　　从人力资源的角度来看，若不考虑教师自身专业素质与教学水平，城乡教育人力资源量上的均衡较易实现，但从质上来看，优质师资自发地向城流动拉大了城乡教育差距，是城乡教育一体化发展的必须突破的瓶颈。嘉善县经济实力强，教育财力投入多，较早地完成了城乡教育财力与物力资源的均衡配置，实现了教育财力与物力资源的城乡一体化。然而，在嘉善县学校经费、校舍、装备等教育财力与物力资源城乡同一标准的背景下，农村学校在师资力量方面却依然与县城学校相差悬殊。城乡间优质师资的不均衡导致择校问题屡禁不止，对城乡学校都产生了不良影响。择校的实质是择师，一方面县城学校面临巨班大校的扩容压力，教育资源短缺；另一方面农村学校却处于生源（尤其是优质生源）频频减少的状态，教育资源闲置。优质师资带动优秀生源向城流动，城乡学校的质量差距越

---

① 　嘉善县教育局：《城乡教育优质均衡发展的"嘉善实践"》，2018 年 7 月 4 日。

发拉大，阻碍了城乡教育一体化的内涵式发展。

目前，我国社会的主要矛盾已经转化为人民日益增长的美好生活需要和不平衡不充分的发展之间的矛盾，人民对公平而有质量的教育的向往更加迫切。促进城乡教育优质均衡发展的关键在于师资力量的均衡配置，解决由优质师资向城流动带来的择校问题的根本在于强化师资队伍建设，实现优质师资的均衡发展，进一步扩大优质教育资源，使每一所学校都成为优质学校。因此，要实现城乡教育一体化的内涵式发展，教师城乡流动势在必行。2010年年底，作为国家推进义务教育学校教师流动工作试点县，嘉善县开始着手在全县范围内推行教师流动的改革。通过解决教师思想认识问题、建立流动机制与后续管理机制，嘉善县逐步形成了城乡教师双向流动的良好发展态势——县城教师流动到农村学校既带动了农村学校发展，又为原县城学校的年轻教师提供了发展平台，同时县管校聘机制也激发了县城教师活力；农村教师流动到县城学校提升了教师自身专业素养与教学水平，通过选调也为县城学校补充了优质师资。根据嘉善县教育部门统计，截至2016年年底，嘉善县义务教育公办学校参与流动的教师共有1 016人，超过了适合流动教师（规定流动对象一般男未满45周岁，女未满40周岁，本人主动申请交流的年龄可以适当放宽）总数的60％。2016年，嘉善县公办义务教育校际间均衡系数小学为0.29，中学为0.31。按照教育部公布的义务教育基本均衡县的标准，小学和初中的均衡系数分别为不高于0.65和0.55。由此来看，嘉善县的教育资源均衡化水平远远高于国家标准。创新教师流动机制和"县管校聘"管理制度较好地解决了教师队伍中存在的"职业倦怠"现象，调动了城乡教师的工作积极性。城乡教师双向流动促进了优质师资在城乡的合理分布，实现了城乡教育一体化内涵式发展。

1. 从城到乡：带动农村学校发展，激发县城教师活力

（1）县城优秀流动教师带动农村学校发展

2011年嘉善县承担了义务教育学校教师流动国家级教育改革试点项目，同年5月《嘉善县人民政府办公室关于印发嘉善县义务教育学校教师流动工作实施意见（试行）的通知》（善政办发〔2011〕64号）颁布，嘉善县教师流动改革正式启动。嘉善县创新建立合作共赢目标激励机制、城乡互动多元交流机制、政策驱动积极引导机制、后续发展跟进管理机制，实行学校中层以上干部、名教师、普通教师、新教师和特长教师五大类别的城乡义务教育教师流动。[①] 嘉善县制定了详细的教师流动计划书、路线图和时间表等操作方案，为不影响正常的教学秩序，

---

① 包庆余：《城乡教育"一盘棋"　均衡发展"三方面"——浙江省嘉善县全面推进义务教育均衡发展》，载《基础教育参考》，2014(20)。

根据教师、中层及名师、校领导等不同类型教师分三个批次有序进行，明确公开每一所学校流出教师和流入教师的数量和类别，确保"有一定数量但不过量"，有计划进行。同时，还要求流动教师原则上是小学一、四年级教师，初中七年级教师。2011—2015年全县参与流动的教师共891人，流动比例占适流教师的52.6%，完成试点工作目标任务的105%，95%的教师是首次流动，其中227名骨干名师由县城学校流入农村学校，在全省率先实现了城乡教师双向多元流动、农村义务教育学校名师和名师工作室全覆盖。① 有序的教师流动使得农村学校补充了优秀教师，在一定程度上为原县城学校的年轻教师提供了发展平台。县城流动教师的到来为农村学校发展注入了新鲜血液，既带动了农村学校发展，也令县域优质师资分布更为均衡，推动城乡教育一体化的内涵式发展。

教师流动从范围上来看分为全县范围内统筹推进的县域流动以及教育联盟根据实际需要主导的片域流动。县域流动的对象是学校中层及以上干部、名师和特长教师。学校中层及以上干部流动是流动的关键，主要采取同类学校互动、回避调动、轮岗锻炼等方式，鼓励县城区学校年轻优秀校级领导流动到农村或者薄弱学校任职，原则上每3年集中流动一次，各校推荐1~2名流动对象，由教育局统一调配。名师是指县级学科带头人及以上的教师，名师流动是流动的骨干，通过自我报名、学校推荐、网上挂牌、需求学校竞争、教育局协调等方式确定，主要由县城区学校向农村薄弱学校流动。特长教师主要是指具有体育、艺术、信息技术、科技、劳技等专长的教师。这部分教师的流动主要是为特色学校或有特色项目的学校加强师资配置，在县域内公开选拔聘用，以学校公开聘用为主，促进特色学校建设。根据全县城乡学校师资和办学水平现状，嘉善县把全县义务教育学校分成8个教育联盟，采取城乡互动、优势互补、互通有无、以强扶弱的方法分类、分型、分批推进片域流动，对象主要是普通教师和新教师。普通教师流动是流动的主体，流动方式主要有四类：竞聘型流动、服务型流动、互动型流动、转岗型流动。新教师流动主要是以当年新招聘的教师为主，根据实际情况确立新教师培养基地，每年安排一定数量的新教师在基地学校进行专业成长培养，期限一般为一至两年，期满后新教师回原招聘学校任教。②

为了提高县城教师参与流动的积极性、保证流动工作质量，嘉善县坚持原则性和灵活性相结合，既制订相关的政策推动，又强调人文关怀，充分考虑县城流动教师个人的利益和实际困难，保障县城流动教师待遇水平，不断完善县城教师

① 浙江省教育厅：《嘉善县全面完成教师流动国家改革试点实现城乡教师合理分布》，http：//www.zjedu.gov.cn，2016年1月8日。

② 包庆余：《师资均衡才是真正的均衡——浙江省嘉善县义务教育学校教师多元流动模式的实践与启示》，载《人民教育》，2013(Z2)。

流动后的发展与管理问题，确保每一名教师愿意流动、乐意流动，带着感情、激情流动。从制定的刚性政策来看，明确规定城镇义务教育学校教师申报高级职称必须具备 3 年以上农村任教经历，申报中级职称必须具备 2 年以上农村任教经历，对流动到农村学校任教的教师，在同等条件下优先晋升。对校级领导实行任期制，3 年一届，到届实行竞聘上岗，连续任满两届的正、副校长作为流动重点对象，要求县城区学校年轻优秀校级领导流动到农村或者薄弱学校任职，提拔校级领导一般要有农村工作经历或两校任职经历。此外，在同一所学校连续任教满 3 年的教师作为流动对象；连续任教满 6 年及以上的教师作为流动重点；连续任教满 9 年及以上的教师，由学校统筹安排择时流动。

除了利用行政手段保证教师流动政策得以实施之外，嘉善县还制定了一系列激励措施推动教师流动改革顺利进行。在财政支持方面，县财政每年安排不少于400 万专项经费，用于流动教师的奖励、培养和农村教师上下班的交通费用，同时全县安排了 43 辆教师接送车。在评聘提拔方面，对主动到农村任教以及有多校任职经历的农村教师，在职称评聘、评优评先和提拔任用等方面予以优先考虑。在待遇方面，农村教师享受农教津贴，上浮一级工资，并且修订了嘉善县名师评创、培养、管理办法，在农村任教的名师津贴标准是城镇的 3 倍，参与流动的名师可优先享受一年一次的学术休假。刚柔并济的教师流动政策保障了教师流动改革能够有序推进，在县城教师，特别是中层及以上干部和名师的带动下，农村教师快速成长，农村学校发展充满了活力，农村学生及其家长对农村学校发展的信心得到增强，越来越多的学生选择在片区内入学，择校现象得以缓解，就近入学也能够顺利进行。同时，县城优秀教师向农村学校流动进一步调整完善了城乡教师队伍的学科结构、职称结构和年龄结构，城乡优质教育资源和教育教学质量差距不断缩小，县域优质师资分布更为均衡，有力地助推了县域城乡教育一体化的内涵式发展。

市级学科带头人姚彩萍流动到嘉善县最偏远的农村薄弱学校俞汇小学担任校长后，学校发生了巨大变化。姚彩萍提出了走科技特色之路，老师们觉得作为农村学校走科技特色是不可思议的，他们说："我们是农村学校，县城中的几所学校科技都做得那么好了，我们是比不过他们的。"但是姚校长告诉老师们，俞汇小学的科技要有别于城镇学校，有自己的特色。作为农村学校，要让科技特色立足一个"农"字，做足"普及"，实现与生活相结合进行科技创新。2010 年俞汇小学举办了"科技达人秀"，全体师生人人参与，在最后的挑战赛上，转魔方的学生六七秒就能按照老师的要求转出十字或同色的一面两面，同学们自己制作的水火箭发射最远的达到近 60 米……连续 3 年参加嘉兴市科技创新大赛，屡获佳绩，每年获奖数均在嘉善县名列前茅。2012 年，朱建明老师的可旋转挤压水槽软管、

除臭马桶垫 2 项发明获得了国家专利。(资料由嘉善县教育部门提供)

从嘉善县第二实验小学流动到姚庄小学的嘉兴市名师蒋卫红老师充分发挥自己的岗位职能和学科专长,从抓实教师常规管理和青年教师培养入手,从细化、规范化备课、听课、评课制度及作业管理制度来保证所带青年教师规范教育教学行为,促进教学质量的提升;组织青年教师上汇报课、开展青年教师教学技能竞赛活动、要求师徒同上一节课等,以青年教师的培养带动中老年教师一起发展。一个多学期已经帮助 3 位教师圆满地完成了县级公开课任务。她不仅在所任教年级为青年教师上示范课,还到其他年级上示范课,还带自己的徒弟来学校里上课研讨,让大家观摩。"树挪死、人挪活,在一个固定的环境和岗位待久了,就会产生惰性教学也会失去活力。"她深有体会地说:"离开农村学校 18 年后再次回到农村,希望自己能在流动中实现自我价值。也许是受我这个名师潜移默化的影响吧,这两个学期学校申报县级公开课的人数从个位数上升到了 24 人,上交教学论文、课题、案例、体会等文章 69 篇,其中获省级奖 2 篇,市级奖 5 篇,县级奖 35 篇,有 5 位语文教师在县级以上执教公开课。"(资料由嘉善县教育部门提供)

(2)县管校聘管理机制激发县城教师活力

在传统的人事管理制度下,嘉善县教师流动较少,许多学校中层干部是一校终身制,教师队伍"极其稳定",导致教师在职称达到顶峰后产生职业倦怠,也导致校际间缺乏经验交流,学校的特色发展后劲不足。[①] 在圆满完成义务教育学校教师流动国家级试点任务的基础上,为打破教师轮岗交流的管理体制障碍,加强县域内中小学教师的统筹管理,2017 年嘉善县先后出台了《关于推进中小学教师"县管校聘"管理改革试点工作的实施意见》(善政办发〔2017〕82 号)以及《嘉善县中小学教师"县管校聘"管理改革试点工作实施方案》(善教人〔2017〕68 号),从健全教师编制管理、完善岗位管理办法、创新教师管理模式、健全评价激励机制、深化教师交流等方面探索构建教师退出机制,健全教师流动长效机制,充分调动校长和教师的工作积极性,不断激发教师活力,为促进校长和教师合理流动提供制度保障。

《关于推进中小学教师"县管校聘"管理改革试点工作的实施意见》(善政办发〔2017〕82 号)规定,嘉善县公办中小学校按照相关政策要求和实施方案规定的程序,本着适岗、协商、调剂的原则开展岗位竞聘。聘用本校原聘用教师比例一般不超过总岗位数的 98%,同时不得低于总岗位数的 90%。对于接近退休年龄的

---

① 包庆余:《师资均衡才是真正的均衡——浙江省嘉善县义务教育学校教师多元流动模式的实践与启示》,载《人民教育》,2013(Z2)。

教师、新入职的教师、经组织选派参加支教的教师、处于孕期和哺乳期人员及患重大疾病的教师，原则上原聘用学校续聘。按照三年一轮、每年微调的聘用管理办法，学校与各类聘用人员签订聘用合同。根据《嘉善县教育局关于做好 2018 年度中小学教师"县管校聘"岗位微调工作的通知》（善教人〔2018〕91 号）规定，岗位微调包括两种情况：一是城区部分学校出现岗位空缺，需从农村岗位富余学校部分教师流动到城区学校；二是基于教师自身发展需要，城区学校教师到农村学校工作表现突出的，在以后岗位竞聘中其报名岗位相关学校应优先考虑。对通过竞聘未上岗且不服从组织统筹调剂的人员，当年度起在原聘用学校待岗使用，享受待岗待遇。教师年度考核或聘期考核不合格的，学校可以调整其岗位，或者安排其离岗接受必要的培训后再调整岗位，不服从调整或虽同意调整但到新岗位后考核仍不合格的，学校可按规定程序解除聘用合同。2017 年，嘉善县共有 3 394 名教师报名参加竞聘上岗，直聘和首轮竞聘共聘用教师 3 271 人，123 名教师进入二轮竞聘，15 名教师待岗，5 名教师解除聘用合同。其中，跨校竞聘上岗的教师有 82 人，跨学段竞聘上岗的教师有 21 人，教辅工勤与教学岗位间转岗 3 人；共有 18 名教师主动申请跨校竞聘农村学校岗位，27 名教师参与农村学校之间跨校竞聘，有利于进一步鼓励教师流动，优化人才的均衡配置。

嘉善县通过实施"县管校聘"管理改革在深化完善校长和教师流动机制的基础上探索了教师进入与退出机制，竞聘上岗的"末位淘汰"制进一步激发了县城教师的教学活力，特别是调动了产生职业倦怠的教师的工作积极性。一方面，"县管校聘"管理改革规定县城学校教师竞聘到农村学校并且工作表现突出的教师在下一轮竞聘中优先考虑其报名岗位相关学校，激励了优秀教师在县城学校与农村学校、优质学校与薄弱学校之间的流动。另一方面，对于长期休假、不再适合担任教学工作的教师，通过竞聘、调剂等方式调整岗位或进行待岗培训后若教师考核合格则可以最大程度地挖掘教师的自身价值，若考核仍未合格解除聘用则可以切实提升教师队伍的整体质量。嘉善县"县管校聘"管理改革不仅进一步深化了教师流动机制，弥补了城乡优质教师在学科、职称、年龄上的结构失衡，更是激发了教师队伍整体的活力，提高了教师工作积极性，为县域内城乡教育一体化的内涵式发展提供了有力支撑。

2. 从乡到城：提升农村教师专业素养，为县城学校补充优质师资

（1）农村流动教师专业素养得到大幅提升

《嘉善县人民政府办公室关于印发嘉善县义务教育学校教师流动工作实施意见（试行）的通知》（善政办发〔2011〕64 号）中明确规定普通教师流动主要有服务型流动、互动型流动、竞聘型流动、转岗型流动四类流动方式。不适合原任用岗位的教师可以选择转岗型流动，其他普通农村学校教师可以选择服务型流动到农村

学校以便在申报中级及以上职称时能够得到优先考虑，或者可以根据自身能力通过竞聘流动到编制有空缺的农村学校。农村学校教师除了从原农村学校流动到另一所农村学校以外，嘉善县教师流动改革还提倡农村学校教师流动到县城学校，以保持城乡教师的数量平衡，保障县城学校的正常运转。农村学校教师从农村学校流动到县城学校主要有两种方式，一种是通过竞聘流动到编制有空缺的县城学校，但是在这种方式下，农村学校教师往往面临着和县城学校教师共同竞争的挑战，以竞聘流动到县城学校的农村学校教师占比较小。除了竞聘型流动之外，互动型流动是农村学校教师流动到县城学校的主要方式。《嘉善县人民政府办公室关于印发嘉善县义务教育学校教师流动工作实施意见（试行）的通知》（善政办发〔2011〕64号）规定，凡有名师和服务型教师流入的农村学校，须根据对等要求，向流出学校选派中青年教师任职。在这一政策规定下，许多农村学校教师带着学习县城学校教学经验的"使命"流动到了县城学校。

农村学校教师流动到县城学校后面临着家长的偏见与不信任，教学水平落后于县城学校教师所带来的多重压力与挑战。在教师流动改革伊始，许多县城学校的学生家长并不认同农村学校教师交流到县城学校这一做法，更不能接受农村学校教师接管子女所在的班级，他们质疑："农村孩子的学情跟城镇孩子的学情是不一样的，农村老师上来能够带得了我们班的孩子吗？"出于对农村学校教师的偏见，不少家长排斥着农村学校教师，甚至联合起来向县城学校递交要求更换老师的联名信。面对家长的强烈要求，县城学校校长并没有同意，而是选择顶住压力信任农村学校教师，给农村学校教师机会与平台证明自己。

对于流动到县城学校的农村学校教师，教育主管部门要求县城学校采取专门的帮扶措施，通过帮扶提升这些农村学校教师的专业素养与教学水平。在县城学校的帮扶下，农村学校教师本着不愿给原农村学校"丢脸"的心情奋发上进，虚心学习，不断提升自己的专业素养和教学水平，最终得到了县城学校及学生家长的认可。随着教师流动改革的推进，学生家长的偏见得以逐步消除，越来越多的农村学校教师在交流到县城学校后通过县城学校的帮扶提升了自身的专业素养，"把一杯浓茶变为两杯浓茶，而不是把一杯浓茶变为两杯淡茶"。流动期满后，这些农村学校教师回到原农村学校可以充分展示流动期间在县城学校中学习到的教育知识和教学技能，进一步带动农村学校发展以及其他农村学校教师专业素养的提升。此外，对于在县城学校表现优异的农村学校教师，可以通过竞聘等方式在县城学校继续任教，保障了县城学校除流出优秀教师以外还能够流入优秀教师，有利于维持县域内优质教师的均衡配置。

欧静是2011年流动的一位普通教师，她工作8年来一直在农村学校陶庄中学从事教学工作。2011年在教师流动中作为培养流动到县城优质学校——嘉善一中，教2个班语文兼年级备课组长，刚到一中还有点不适应，家长也不够信任，但凭着她刻苦、虚心、思考、实践，一年下来已经成为一中的一名骨干教师。班级学生在演讲、朗诵等比赛中多次获市、县一、二等奖，她本人也被评为了优秀指导教师奖，成了家长信任的教师。（资料由嘉善县教育部门提供）

马建伟原来是一所农村学校大舜小学的数学老师，教师流动的政策规定，城镇学校的老师流动到农村学校去，这所农村学校也需要派一名老师对等流动到城镇学校去。由于这样的原因，2012年马建伟流动到第二实验小学。出于对这位来自农村学校老师的偏见，学生家长们联合起来向学校递交了要求更换老师的联名信。经过交涉，学校最后没有答应家长提出的更换老师的要求。为了消除家长的误解，第二实验小学的校长金勤亲自出马，指导马建伟尽早适应新的教学环境。嘉善县第二实验小学校长金勤讲道："我们有个跟进，就是一个星期我和我们副书记两个人每人去听他一节课，听好了以后就对他讲的课进行指导，告诉他哪个地方可以改进，哪个地方上的不错，但是可以再上得有趣点，就是使课堂变得更为生动，变得更为有趣一点。我们对马老师的班级也进行过成绩的比对，他教一个学期下来成绩不仅仅没有下降，反而稳中有升的。"也就是在一个学期之后，家长们对于马建伟的看法发生了改变。2015年，马建伟三年的流动期结束，因为表现优秀，他通过竞聘在第二实验小学继续任教。

资料来源：《新闻调查——择校变局》，http://tv.cctv.com，2017-07-08

（2）选调农村教师为县城学校补充优质师资

教师流动改革实施后，大量县城优秀教师流动到农村学校带动了农村学校发展，然而对于县城学校来说，大量优秀教师的流出是否会影响县城学校的师资水平呢？对此，嘉善县教育局原局长包庆余在接受央视《新闻调查》栏目的访问时表示，"实践证明，我们这个措施没有削峰填谷，而是填谷增峰。"优质学校中的优秀教师相对较多，适当的流出不仅不会对县城学校产生严重影响，反而会空出许多岗位让原来缺乏试炼的县城教师挑起大梁，激发这些教师的活力，不断培养新一批的优秀教师。除了培养本校教师成为新一批优秀教师的后备力量之外，农村优秀教师也可以通过竞聘和选调的方式进入县城学校任教，为其补充优质师资。

教育部门每一年度在统计县城公办学校所需的选调岗位学科及人数后在全县范围内公开选调在编在岗教师，选调学校根据教育部门的要求拟定本校面试考核方案，符合报名基本要求的在编在岗教师需要如实填写《公开选调赋分表》，由选调学校根据岗位进行汇总排名后组织面试录用。《公开选调赋分表》是在编在岗教师参加公开选调的重要依据，得分高的教师更有机会通过公开选调。个人教学经历、教育教学能力、所获荣誉称号、教学业绩是考察选拔参加选调教师的四个重要方面，其中个人教学经历所占分值较小，仅为总分值的5%，教育教学能力、所获荣誉称号各占总分值的 35%，教学业绩占比为 25%。个人教学经历是对教师原所在学校距县城的远近进行考察，并向远郊学校予以分值倾斜。对教师教育教学能力的考察从班级管理、教研能力、教学能力入手，既考虑了教师是否具有班主任的班级管理经验，又注重教师论文写作与课题申报等教研情况以及教学比武、学科竞赛辅导奖等参加教学技能大赛的得奖情况，鼓励了有意参加选调的在编在岗教师积极参与班级管理与各项评比活动。荣誉称号着重考察参加选调教师是否获得了县级、市级、省级、国家级的荣誉称号，以及参加选调教师的名师级别和年度考核情况。教学业绩是由教育局组织考核，分三等赋分。通过对参加选调教师进行赋分排序可以较为客观的选拔优秀在编在岗教师，特别是在对农村学校教师有一定倾斜的情况下，客观的赋分选拔更有利于农村学校教师。

在教师流动改革不断深入推进的背景下，县城优秀教师持续流入农村学校。为了不让大批县城优秀教师的流出影响县城学校的师资水平与教学水平，县城学校需要不断培养以及流入新的优秀教师。公开选调是县城学校补充优秀教师的重要途径，通过适当规模的公开选调农村学校教师可以凭借自身实力进入县城学校任教，既为县城学校补充了优质师资，保障县城学校能够持续帮扶农村学校，又有利于与教师流动改革相结合，实现优质师资的城乡双向流动，促进县域内城乡教育一体化内涵式发展。

**（三）创新县域教师培训模式与分层培养机制**

教育要发展，教师发展是重中之重。在教育改革已经成为常态的社会里，专业发展不仅是保障和提升教师专业性的前提和有力措施，也是推动学校变革的关键。[①] 在以往城乡二元结构的背景下，县域内优质师资集中在县城学校，农村学校教师专业水平与专业发展机会远不如县城学校教师，优质师资分布结构性失衡严重。教师教学能力作为教师素质的集中体现，是中小学教师的核心和最基本的职业素养。[②] 有研究发现，农村教师在教学设计能力、教学实施能力、教学评价能力、教学研究能力和教学管理能力五个维度上均显著低于城市教师，特别是随着教师教龄增加，城乡教师教学能力的差距进一步拉大。[③] 随着义务教育均衡发展的深入推进，缩小城乡教师专业素质差距，保障城乡教师专业共同发展，特别是提升农村教师教学水平，成为促进城乡优质师资均衡配置、推进城乡教育一体化内涵式发展的重要环节。

嘉善县在实现县域内城乡教育一体化发展的进程当中，通过实施教师流动改

---

① 操太圣、卢乃桂：《教师专业发展新范式及其在中国的萌生》，载《教育发展研究》，2002(11)。

② 杜萍：《当代中小学教师基本教学能力标准的研制与反思》，载《课程·教材·教法》，2011(8)。

③ 张亚星、梁文艳：《北京市义务教育阶段教师教学能力城乡差异研究——兼论城乡义务教育一体化进程中农村教师专业发展的对策》，载《教育科学研究》，2017(6)。

革实现县域内优质师资的均衡配置，促进教师专业发展。教师城乡流动为不同层级的教师岗位提供不同的发展空间，也使得教师个体体验与以往不同，教师在增加个人阅历的同时，也对自身的教育知识、教育方法进行了充实完备。[①] 除此之外，嘉善县还按照分层分类、分批分梯度的原则，创新县域教师培训模式与分层培养机制，开展了优秀教师"竞争性承办"、内容更具针对性的培训项目，建立了新教师、教学能手、学科带头人、名师四大分层培养机制，针对不同群体开展不同类型的培训以及评比活动，充分发挥名师辐射带动作用，带动了县域内整个师资队伍质量的提升，促进了城乡教师专业成长一体化的发展。2014 年至 2016年，嘉善县教师优秀教育教学论文连续三年获得浙江省县域排名第一；2017 年，嘉善县 2 名教师被评为省特级教师，24 名教师被评为市级名师，46 名教师被评为市学科带头人；2018 年，在浙江省优秀教育教学论文评比活动中，嘉善县共有 139 篇论文获奖，增幅超过 50%，获奖质量及数量再次位列全省县域第一。[②]

1."团队浸润式"培养新任教师

新任教师处于教师专业发展中最为关键的时期，面临着多重困扰。在教育教学方面，新任教师缺乏教学管理经验，所学专业理论知识难以学以致用，承受着较大的心理压力；在人际交往方面，新任教师从校园踏入职场，融入陌生的环境，需要处理与众多新同事的人际关系。在这一关键时期，教育部门及学校需要开展具有针对性与实效性的新任教师培训，帮助新任教师完成从职业准备到完全进入职业状态的过渡。

2011 年，嘉善县颁布《嘉善县教育局关于印发〈嘉善县中小学教师专业发展培训实施办法(试行)〉和〈嘉善县中小学教师专业发展培训实施细则(试行)〉的通知》(善教人〔2011〕89 号)，明确要求新录用的、教龄在一年以内的新任教师，在试用期内须参加不少于 180 学时的培训，其中实践培训 90 学时。新任教师在试用期内接受规定培训的时数，不列入教师周期内专业发展培训时数。为了加强组织关爱，帮助新任教师尽快适应教育教学工作，嘉善县十分重视教师专业发展，不断加强对新上岗教师、新任班主任的培养培训力度。新任教师岗位培训将通识培训、学科培训、校本培训和实践基地培训相结合，根据新任教师成长规律和教育发展的需要，嘉善县在新任教师专业成长前三年这一关键期对其实施规范化培训，整个规范化培训将经历岗前集中培训、团队浸润培训、岗位过关考核三个阶段，培训内容包括教师职业道德与修养、德育工作及班级管理、课堂教学及实

① 王晓芳：《教师城乡合理流动与促进专业发展的策略研究》，载《中国成人教育》，2018(11)。
② 朱利军：《聚焦主业谋新篇　勇立潮头显担当　全力书写嘉善教育高质量发展的奋进之笔——在 2018 学年暑期读书会上的讲话》，2018 年 8 月 16 日。

践、教学研究及基本技能四个方面共 25 个要点。新任教师要在三年规范化培训中逐步完成相关培训内容，县、校培训活动要为新任教师完成规范化培训提供支持，设计规范化培训手册，每年一册，新任教师要将相关活动记录或结果填写在培训手册中作为三年期满后考核的依据。

在新任教师三年规范化培训中，嘉善县着重实施"团队浸润式"培训，通过统筹全县优质教育资源，以学科团队为单位，让新任教师在优秀教育教学团队的浸润和专门的指导教师带徒过程中正确认识并适应教师角色，强化教育教学实践能力，形成良好的教育教学行为规范。此外，在"团队浸润式"培训期间，新任教师还需要定期在嘉善县研训中心进行集中通识培训，将教育教学理论与实践相结合。对新任教师进行"团队浸润式"的三年规范化培训，将新任教师的入职培训当做是教师专业发展中的重要环节，既有利于帮助新任教师形成良好的教学习惯，促进新任教师教学能力和专业素养提升，又有利于加快新任教师融入工作环境，加强新任教师与其他教师的沟通与交流，解决自身面临的新入职难题。据嘉善县相关部门统计，经过"团队浸润式"的三年规范化培训，大约有 15% 的教学刚满三年的新任教师列入学科教研员培养的骨干教师队伍，培训效果显著。

2. 优秀教师竞争承办培训项目更具针对性

随着中小学教师培训项目开展得越来越多，教师培训的针对性与实效性受到广泛关注。为加强教师专业发展培训的有效性，充分发挥县域名师、学科带头人的辐射引领作用，2014 年嘉善县颁布《嘉善县教育局关于嘉善县教师专业发展培训项目"竞争性承办"的通知》(善教人〔2014〕59 号)，决定开展教师专业发展培训项目"竞争性承办"活动，将部分培训项目以"竞争性承办"的方式向全县各学校开放"培训项目承办权"。教师专业发展培训项目分为德育类、学科类、教师能力拓展类等类别，各学校要组织校内各级名师、学科带头人参加"竞争性承办"活动，各级名师、学科带头人、特长教师根据有关项目申报要求，结合自身特色，选定相应项目，拟定申报方案，围绕项目设计背景、目的、培训内容、培训课程安排、培训成果展现、培训经费使用等环节进行答辩，专家组按照"公平、公正、公开"的原则遴选培训项目负责人。培训项目负责人所在学校需要在培训期间有效整合学校的校本培训，调动学校优质资源，提供实施培训项目所须的良好教学条件和后勤保障条件。

推进城乡教育一体化，提升农村义务教育质量，其关键因素还是要提升农村义务教育阶段教师的总体素质和教学水平。[①] 在嘉善县教师流动改革不断深入推进的背景下，大部分名师、学科带头人、特长教师具备到农村学校的流动经验，

---

① 李红梅：《城乡教育一体化下农村教师专业发展问题研究》，载《中国成人教育》，2014(6)。

对于县域内农村学校发展的瓶颈以及农村学校教师专业发展的需求较为了解。与普通教师，特别是农村普通教师相比，各级名师、学科带头人、特长教师的教学能力更为强，教学经验更为丰富。这些优秀教师长期在教育教学一线工作，与学校各级各类教师共事，充分了解城乡教师对于自身专业发展的需求，使之承办了培训项目后受训教师能够得到更具针对性与实效性的培训内容，有利于受训教师将培训内容内化为自身素养，用于日常的教育教育工作当中。

教师培训者的项目策划能力的高低直接影响教师培训工作的专业化程度，决定着培训方案的优劣和培训效果的好坏。[①]虽然各级名师、学科带头人、特长教师与普通教师相比具备专业优势，但在其内部，优秀教师间的专业水平也存在着一定差异，并且教育教学能力强的优秀教师不一定具备优异的策划、实施教师专业发展培训项目的能力。通过组织现场答辩对参加竞争承办培训项目的教师进行专家评审，优中择优遴选更为了解城乡教师实际需求、培训项目策划能力强的优秀教师，既有利于增强教师专业发展培训项目的针对性与实效性，同时对实施培训项目的优秀教师而言，也是展示自身专业能力的平台，在教师专业发展培训项目"竞争性承办"的过程当中实现承办教师与受训教师共同提升，促进县域内城乡教师专业发展的一体化。

3. 充分发挥名师辐射带动作用

为充分发挥名师在学科建设和骨干教师培养等方面的示范引领作用，深入推进嘉善县义务教育学校教师流动工作，2012 年嘉善县颁布《嘉善县教育局关于建立嘉善县学校名师工作室的通知》（善教人〔2012〕102 号），规定在全县各中小学、幼儿园成立学校名师工作室，其中名师主要包括县学科带头人、县名教师、市学科带头人、市名教师以及特级教师。名师工作室不以个人名义运行，而是学校名师团队带动全校教师发展的共同体。《嘉善县教育局关于建立嘉善县学校名师工作室的通知》（善教人〔2012〕102 号）规定名师工作室成立后，名师需要在培养骨干、学科建设、科研方面发挥示范引领作用。在为学校培养骨干教师方面，名师主动承担培养优秀青年教师的任务，充分发挥传、带、帮、扶的作用，力争为学校组建骨干教师团队。在学科建设方面，名师带领学校学科教研组积极开展校本教研活动以及听课、评课和科研交流活动，并主动承担示范课、观摩课等公开教学任务。在科研方面，名师充分发挥教育科研专长，在完成自身名师科研要求的同时，积极指导学校青年教师开展论文撰写、课题研究等教育科研活动。

在实施教师流动改革前，嘉善县开展了名师现状、农村学校薄弱学科、义务教育学校教师职称结构、农村义务教育学校教师居住地等 8 个专题调研。调研显

---

①　顾艳丽、罗生全：《论教师培训者的项目策划能力》，载《中国成人教育》，2018(8)。

示：全县优质师资分布不均，全县义务教育学校有县级学科带头人及以上称号的名师89人，其中在农村学校工作的所占比例不到三分之一，12所农村学校没有名教师，缺乏学科领军人物。① 为了能够让名师的城乡分布更为均衡，嘉善县采取一系列保障措施为名师专业发展创造良好的外部条件，促进名师向农村学校合理流动。在学校层面，切实关心名师的工作和学习生活，优先保障名师参加各类教研活动和科研的时间及经费，并积极帮助、协调名师开展公开课、带徒、教科研等方面的工作。在县教育部门层面，对验收合格的名师工作室予以工作经费保障，积极为名师创设学习、交流、展示的机会，扩大名师的知名度和影响力，每年评选若干优秀名师工作室进行表彰奖励，在职称晋升、评优评先方面对名师工作室成员予以倾斜。同时，提高流动名师的待遇，规定在农村任教的名师津贴标准是城镇的3倍，参与流动的名师可优先享受一年一次的学术休假。多方有效的保障措施促使了名师向农村学校流动。目前，嘉善县通过名师的合理流动使之前12所没有名师的农村义务教育学校每所学校都至少有一名名师引领，实现了义务教育学校名师工作室全覆盖，农村学校基本学科都有县级及以上名师引领，通过名师引领带动薄弱学校骨干教师的培养和学科建设，共同提升。

教师流动改革是促进县城学校名师带动农村学校发展的重要手段，名师工作室的建立则从制度体制上为名师提供了有利于充分发挥自身作用的发展空间与平台，支持了名师自身的专业成长，激发了名师工作的积极性和创造性，也带动了农村学校教研科研发展，引领了农村学校教师的专业发展。名师工作室做到了活动有场所、工作室有命名、工作有制度、活动有台账、交流有网页，立足本校实际，强化研训研修，发挥各类名师在学科建设、竞赛辅导、特色创建等方面的示范、引领、辐射作用，通过课题研究、课堂教学研讨指导培养年轻教师成长，使得名师工作室真正成为优秀教师的发源地、青年骨干教师的集聚地、未来名师的孵化地。

嘉善县第五中学作为一所农村中学，多年来在县学科带头人等名师评选活动方面一直处于弱势，到2010年为止没有一位县级学科带头人，高级技术职称的教师也只有3人。2011年，市级学科带头人杨晓霞流入后，积极引导教研组、备课组开展主题教研活动，深入开展课堂教学实践，在提高校本教研的有效性和质量方面做了大量的工作。在她的带领下，本校的教师中再次涌现出了三位"土生土长"的县学科带头人，另外还增加了8位县教学能手。本土化县学科带头人"零"的突破不能不归功于"名师流动"项目的效应。（资料由嘉善县教育部门提供）

① 包庆余：《师资均衡才是真正的均衡——浙江省嘉善县义务教育学校教师多元流动模式的实践与启示》，载《人民教育》，2013(Z2)。

嘉善县实验小学董宇晖是嘉兴市学科带头人，2011年流入到农村的惠民小学，学校为其搭建了名师工作室。工作室由名师领头，以县教研大组成员和县教学能手为组员共20人组成。学校制定了《惠民小学名师工作室规章制度》，对工作室成员提出了学习、研讨、引领、考核等要求。在名师工作室的引领下，学校着力打造"雪中送炭、春蕾初绽、锦上添花、绿树常青"四项工程，努力使学校青年教师快速成长、骨干教师成为学校教学中坚、名师队伍发挥效应、老年教师再现活力。（资料由嘉善县教育部门提供）

4. 针对不同教师群体分层开展评比评选活动

教师教学能力是教师素质的集中体现，是中小学教师最基本的职业素养。缩小城乡教师专业素质差距、提升农村教师教学水平是促进城乡优质师资均衡配置、推进城乡教育一体化内涵式发展的重要环节。嘉善县不断创新教师培养培训模式，按照分层、分类、分批、分梯度的原则，以"课博会"课堂教学展示和"善教杯"课堂教学系列评比活动两大平台为载体，针对不同教师群体分层开展评比评选活动，通过多种途径展示教师教学能力，充分发挥优秀教师的引领和辐射作用，促进各级各类教师成长，不断提升教师队伍的综合素质和专业化水平。

为深入实施新课程改革，总结课堂转型成效，促进教学方式根本转变，提升教师专业化水平，进一步提高嘉善县中小学教育质量，2013年嘉善县颁布《嘉善县教育局关于印发〈嘉善县首届"课博会"活动方案〉的通知》（善教基〔2013〕123号），决定举办嘉善县首届"课博会"。截至2018年11月，嘉善县已经连续六年举办了全省首个"嘉善课博会"。每届"课博会"会选取一个活动主题，围绕活动主题有针对性地选择开展省级名师或善派名师课堂教学展示与研讨、学校社团展评、重大课题成果展示、学校领导论坛、专家学术报告、课程建设评比、课博会征文等活动内容。"课博会"是浙江省教育系统课堂教学展示的首次模式创新，150余名省内外特级教师、高校专家来到嘉善县参与课堂教学、开展实践培训、科研指导等，同时，全县有累计万余人次教师参与其中。通过举办"课博会"搭建教育教学展示平台，分享优秀教师教学智慧，交流教育思想，促进不同风格的课堂教学相融相汇，既有利于教师在展示或观摩的过程中不断提升自身的专业水平，又能够为县域内城乡教师提供展示教育教学能力的机会，调动教师的活力与积极性，提升优秀教师对自身教学能力的信心，有利于形成培养县域内优质师资的助推力。

为引导教师关注课堂、深入研究课堂教学，促进教师关注教与学的全过程，充分调动全县教师投身课堂教学改革的积极性，提高嘉善县教师课堂教学的整体水平，2015年嘉善县颁布《嘉善县"善教杯"课堂教学系列评比活动实施方案（试行）》（善研训研〔2015〕26号），决定组织开展嘉善县"善教杯"课堂教学系列评比活动。"善教杯"课堂教学系列评比活动分为"新锐杯""创新杯""睿智杯""卓越杯"四个专场，每学期举办 1 个专场，两年为一周期。其中，"善教·新锐杯"专场的参加对象为 30 周岁以下青年教师，旨在引导青年教师熟悉课堂教学常规，提高青年教师教学能力，检阅各校青年教师的培养成果。"善教·创新杯"专场的参加对象为 30～45 周岁教师（高级教师必须参加），旨在引领教师深度聚焦自身的课堂教学实践，提升课堂教学水平。"善教·睿智杯"专场的参加对象为 45 周岁以上教师（高级教师必须参加），旨在激发教师再次焕发参与课堂教学评比的热情，感悟课堂教学的真谛，提升自身教学积极性。"善教·卓越杯"专场的参加对象为嘉善县县级学科带头人及以上称号的名师，旨在通过参加评比活动发挥名师的示范、引领、辐射作用，展示名师课堂教学风采，促使各级名师审视自身教学优势与不足。2016 年，全县 167 名学科名师、学科带头人、学科骨干教师参加评选，2017 年，全县共有 139 位 30 周岁以下的新教师参加县级评比。

"课博会"课堂教学展示和"善教杯"课堂教学系列评比两大活动平台为不同学校、不同年龄段、不同职称、不同荣誉称号的教师提供了充分展示、学习优秀教学经验的机会，在客观上助推了产生职业倦怠教师的工作紧张感与积极性。通过以赛带训、以赛择优，教师间形成了相互质疑、相互探讨与相互沟通的良好教学氛围，进一步带动了县域内不同教师群体专业水平共同提升，为城乡学校打造了一批教学效果优异的各层次各学科的骨干教师，有利于促进县域内城乡学校教师专业发展的城乡教育一体化发展。

## 三、服务人群的城乡教育一体化：提升民办外来务工人员子女受教育质量

城乡教育一体化的内涵不仅涉及本地城乡生源，外来务工人员子女也是其中的重要群体。由于嘉善县紧邻上海且地势平坦、交通便利，近城经济给嘉善县的城乡教育一体化发展带来了机遇与挑战：既可以"借船出海"；也可能产生"虹吸效应"，造成"大树底下不长草"的现象。近年来，嘉善县积极适应经济发展新常态，加快产业转型步伐，在为城乡教育一体化发展奠定了坚实基础的同时也吸引了大量外来务工人员，其中不乏许多外来务工人员携带子女落户嘉善县。然而，民办外来务工人员子女学校普遍存在着办学者办学理念不高、管理不到位、硬件设施差、师资匮乏、教学质量低下等问题，难以保障外来务工人员子女接受公平而有质量的教育。

外来务工人员子女从户籍所在地到嘉善县跨地域接受教育，使得嘉善县的城乡教育一体化既要实现本地城乡生源能够接受机会公平、质量均衡的教育，同时也要保障外来务工人员子女接受公平而有质量的教育的权利，尽量减少外来务工

人员子女与本地生源的差距，实现服务不同人群的城乡教育一体化。在有限的城乡教育资源面前，如何处理外来务工人员子女与本地生源的关系，统筹配置城乡教育资源，让外来务工人员子女接受公平而有质量的教育是嘉善县实现城乡教育一体化的重大挑战。为了促进优质教育均衡发展，实现服务不同人群的城乡教育一体化，鉴于民办外来务工人员子女学校办学水平较差的现象，嘉善县采取措施不断提升民办外来务工人员子女学校的办学水平，并且基于外来务工人员对本地的贡献，对属地内的外来务工人员子女采用免试就近积分入学的方式全纳，以保障外来务工人员子女接受机会公平的优质教育，实现本地人口与外来务工人口无群体差别的城乡教育一体化发展。

**（一）基本情况及背景：民办外来务工人员子女学校办学状况堪忧**

从县域的视阈来看，城乡教育一体化涉及县域内城乡所有学校、教师以及需要接受教育的学生。据嘉善县教育局主管领导介绍，民办外来务工人员子女学校是嘉善县实现教育基本现代化的现实短板，影响着嘉善县域城乡教育一体化发展的整体进程。嘉善县经济较为发达，加之近城区位因素的影响，嘉善县汇聚了大量外来务工人员及其子女。为了解决大量外来务工人员子女的上学问题，早在1998年时嘉善县就由外地企业家出资建立了17所民办外来务工人员子女学校，在一定程度上缓解了外来务工人员子女的上学问题。然而，除行知小学①外，其他民办外来务工人员子女学校普遍以盈利为目的，办学条件落后、办学质量差、各类安全隐患突出，并且办学者的办学理念不高、管理不到位，渐渐落后于公办学校的发展：民办外来务工人员子女学校大多数的设施设备是由公办学校淘汰转送的，学校硬件设施较差；民办外来务工人员子女学校每月收取学生600元饭费，但饭菜质量难以保障学生每天能够补充到充足的营养；教师只有10个月的工资，寒暑假没有工资使得教师与学生同一天"开学"；民办外来务工人员子女学校师资匮乏且质量不高，甚至许多教师尚未取得教师资格证，教学质量低下……

面对民办外来务工人员子女学校的种种办学问题，嘉善县于2010年开始启动撤并行动，将原来的17所民办外来务工人员子女学校减少至12所。2016年，嘉善县教育局对现有的12所民办外来务工人员子女学校实行集团化办学，合并成立了5个民办外来务工人员子女学校教育集团。2017年6月，嘉善县再次启动新一轮整治提升，在县委县政府的领导下，完成了关停两所民办外来务工人员子女学校的任务。2018年1月，嘉善县顺利通过了教育基本现代化县的验收，然

---

① 行知小学不等同于其他民办外来务工人员子女学校。它是一所公办民办混合所有制学校，由姚庄中学（公办学校）提供校舍，原举办者投入原行知小学教学设备，教育局和原举办者联合办学。教育局作为举办者之一，为方便学生家长，购置校车接送学生，完成平稳过渡。对行知小学的扶持投入是为了改善办学条件，提升学校办学品质，创建浙江省标准化学校。最终行知小学于2017年通过省标准化学校评估验收。

而在教育基本现代化县的创建评估过程中，民办外来务工人员子女学校仍然是失分的重点，同时也是下一步创建教育现代化县的现实短板。为了进一步提升民办外来务工人员子女学校办学水平，实现外来务工人员子女义务教育公共服务均等化，2018 年 4 月嘉善县出台了《嘉善县人民政府办公室关于印发嘉善县民办外来务工人员子女学校整治提升工作方案的通知》(善政办发〔2018〕40 号)，全面展开民办外来务工人员子女学校的整治提升工作。至此次整治前，嘉善县现有民办外来务工人员子女学校 5 所，共 10 个教学点，在校学生 7 580 名。对民办外来务工人员子女学校进行专项整治，有利于促进民办外来务工人员子女学校的规范办学，提升民办外来务工人员子女学校的教育教学质量，推进城乡公办、民办教育优质均衡发展。

**(二)就近积分入学：保障外来务工人员子女受教育机会**

近年来，嘉善县外来务工人员"量大质低"的现象较为突出，大多民办外来务工人员子女就读于办学质量堪忧的民办学校，外来务工人员子女就读公办学校的权利无法得到保障。为了"减量提质"、挤压外来务工人员低端人口，切实保障符合条件的外来务工人员子女在嘉善县平等接受义务教育的权利，根据《浙江省教育厅关于完善政策规定切实做好进城务工人员随迁子女教育工作的意见》(浙教基〔2014〕31 号)、《嘉善县人民政府关于印发嘉善县新居民①积分制管理办法(试行)的通知》(善政发〔2013〕121 号)文件精神，嘉善县从 2014 年起，义务教育阶段公办学校招收外来务工人员子女按积分入学政策实行管理，在加大公办学校吸收符合条件的外来务工人员子女的力度的同时，规范招生环节，严把外来务工人员子女的入学门槛。为进一步完善嘉善县新居民积分管理工作，对《嘉善县人民政府关于印发嘉善县新居民积分制管理办法(试行)的通知》(善政发〔2013〕121 号)的指标组成以及计分标准部分内容进行了调整，修订后的《嘉善县人民政府关于印发嘉善县新居民积分制管理办法(试行)的通知》(善政发〔2018〕66 号)于 2018 年 5 月 1 日起开始实施。

根据《嘉善县新居民子女积分入学管理办法(试行)》(善政办发〔2014〕73 号)规定，外来务工人员子女在嘉善公办学校接受义务教育的基本条件是父母或其他法定监护人一方符合相关政策所规定办理积分的要求，即在嘉善县行政区域内就业、创业或居住，持有效期内《浙江省居住证》的非嘉善户籍人员通过相应计分标准，将自身情况和实际贡献量化为相应分值，按积分分值高低申请子女积分入读公办学校(幼儿园)、公共租赁住房租赁补贴等公共服务项目。符合基本条件的外来务工人员子女的父母或其他法定监护人需在每年 6 月 30 日前，向各镇(街道)

---

① 新居民即外来务工人员，下同。

新居民事务所提出积分入学申请并递交所需的《嘉善县新居民积分卡》、户籍证明、居住证、《幼儿发展情况报告册》、《综合素质及学业成绩报告单》等相关材料。

外来务工人员子女入学工作按照"阳光招生、就近入学"原则进行。全县义务教育阶段公办学校根据县教育局每年下达给学校的招生计划，在组织实施完户籍生源（含政策类学生）入学报名后，根据招生余额确定外来务工人员子女招生计划和招生方案，报县教育局审核后向社会公布，并组织入学预登记工作，每名外来务工人员子女只能申请预登记一所学校。各相关学校根据招生计划，按外来务工人员子女父母或其他法定监护人积分由高到低拟录取其子女（外来务工人员子女父母或其他法定监护人双方均有积分的，按积分高的一方计算），并将拟录取名单报县教育局审核。各相关学校原则上只应录取其父母或其他法定监护人在本镇（街道）进行居住证登记的外来务工人员子女，若部分镇（街道）学校完成招生但仍有符合入学条件的外来务工人员子女不能入学时，该类外来务工人员子女可到尚有招生余额的其他镇（街道）学校入学预登记，学校按积分高低录取。

面对人数众多的外来务工人员子女入学问题，嘉善县创新外来务工人员子女入学管理办法，在坚持就近入学原则以及保证本地户籍生源顺利入学的前提下实施外来务工人员子女积分制入学管理政策，既保障了外来务工人员子女受教育机会的公平，又有利于实现各生源群体城乡教育一体化的均衡发展。

**(三)改变办学主体：提升外来务工人员子女学校办学水平**

虽然嘉善县已经出台外来务工人员子女就读公办学校的积分制入学管理政策，但是仍有许多外来务工人员子女因不能满足相关入学条件或其他原因而选择就读民办外来务工人员子女学校。在嘉善县城乡教育一体化发展进程中，改善民办外来务工人员子女学校办学状况，提升外来务工人员子女受教育质量是嘉善县教育部门面临的重要挑战。

坚持依法撤并、政府扶持、国企接管、委托管理、全面提质是嘉善县整治提升民办外来务工人员子女学校办学质量的总体思路。虽然嘉善县政府成立由财政、公安、消防、新居民办、各镇（街道）等相关部门参加的领导小组，并出台了详细工作方案及办学者退出办学的相关奖补政策，但是在开展具体工作时仍然阻力大、难度大，办学者的抵触情绪非常强烈，没有一所学校在规定日期前上交资产清理的相关材料。面对重重阻碍，嘉善县组织人员从教师和学生入手深入调查，得到了教师、学生以及家长们的大力支持与配合，整治提升民办外来务工人员子女学校的工作得以顺利推进。

为了提高外来务工人员子女教育质量、均衡提升嘉善县城乡学校办学水平，嘉善县教育部门积极争取县政府支持，由县国有资产投资有限公司委托下属国有集团公司成立教育投资管理有限公司作为民办外来务工人员子女学校的办学主体，实现办学主体转移。县教育投资管理有限公司整合原有学校资源，制订分类整改提升方案，对通过整改有条件创建成为浙江省义务教育标准化学校的予以保留，对不符合提升条件的在三年内将学生分流后予以撤并关停。目前，嘉善县完成了全部 4 所民办外来务工人员子女学校 9 个教学点的资产收购、移交工作以及学校硬件维修和设施设备更新添置工作，确保达到标准化学校的基本要求，并积极创建省义务教育标准化学校。同时，拟保留的学校全部纳入县教育局管理体系，由教育部门选派公办学校校长和管理团队进驻，并以劳务派遣方式选聘符合条件的教师，严格按要求配齐配足任课教师，全面提升办学水平。对整治提升后的外来务工人员子女学校，县财政按 3 000 元/年的标准予以生均教育事业费补助，补助标准随今后实际情况逐步增长。

通过转移民办外来务工人员子女学校办学主体，县教育部门成为外来务工人员子女学校的代管者，不仅彻底改变了嘉善县外来务工人员子女学校"低小散"的现状，保障了外来务工人员子女受教育质量的提升，而且对于嘉善县优质教育均衡发展、实现跨越空间的城乡教育一体化也具有积极意义。

## (四)设置招生限度：服务于属地内外来务工人员子女

近年来，随着嘉善县经济社会不断发展，越来越多的外来务工人员聚集到嘉善县创业、务工，嘉善县外来务工人员"量大质低"的现象比较突出。外来务工人员在极大地推动了嘉善县经济社会发展的同时，也让嘉善县面临着教育、医疗等多方面的隐患与压力。面对这些形势，嘉善县不断加强和创新社会管理体制机制，积极调整外来务工人员人口结构优化，逐步破解外来务工人员人口总量、结构、素质与县域资源容量、产业升级、社会发展之间的矛盾，促进外来务工人员人口总量与城镇承载力相匹配、人口结构与产业层次相适应、人口素质与区域经济发展相协调。提升民办外来务工人员子女学校办学水平，严格规范外来务工人员子女学校招生行为既是补齐嘉善县教育短板、提升城乡教育均衡发展水平的需要，同时也是优化嘉善县外来务工人员人口结构的重要举措。

由于之前嘉善县民办外来务工人员子女学校的私营性质，在嘉善县民办外来务工人员子女学校就读的学生中有相当一部分学生的家长长期在上海工作，只是因为无法让其子女在上海接受教育才转至嘉善县民办外来务工人员子女学校就读。2008 年上海市启动"农民工同住子女义务教育三年行动计划"，计划在 2010 年年底前关闭所有中心城区农民工子女学校，郊区的农民工子女学校一部分关停，其他的以"政府委托办学"的形式全部纳入民办教育管理体系。虽然部分在沪农民工同住子女在公办学校或政府委托民办小学接受免费义务教育，改善了对农民工同住子女的义务教育公共服务，但是却使得相当一部分农民工同住子女无法在上海入学。2011 年，上海市出台规定对招收农民工同住子女入学接受义务教育做出严格规范，《上海市教育委员会关于 2011 年本市义务教育阶段学校招生入学工作的实施意见》（沪教委基〔2011〕8 号）指出非上海市户籍适龄儿童报名时，家长须携带有效居住证件、务工证明及同住子女的居住证件、预防接种证等材料。随着上海市居住证申请条件加入"在本市合法稳定居住和合法稳定就业"条件，许多外来务工人员因无法提供相关材料使得其子女无法在上海接受免费义务教育，继而选择到嘉善县民办外来务工人员子女学校就读。

从空间来看，在嘉善县外来务工人员子女学校就读的学生其家长的务工地点主要分为上海与嘉善本地，家长服务属地的不同对于嘉善县教育均衡发展形成了一定压力。由于嘉善县具有紧邻上海且交通便利的区位优势，民办外来务工人员子女学校入学门槛较低，吸引了部分上海外来务工人员子女前来就读。随着嘉善县外来务工人员人口总量、结构、素质与县域资源容量、产业升级、社会发展之间的矛盾逐步凸显，上海外来务工人员子女就读嘉善县民办学校挤占了嘉善县有限的教育资源，不利于嘉善县教育均衡发展。为了缓解有限教育资源的紧张状况，保障嘉善县当地的外来务工人员子女受教育质量，《嘉善县人民政府办公室关于印发嘉善县民办外来务工人员子女学校整治提升工作方案的通知》（善政办发〔2018〕40 号）中明确指出要规范民办学校招生行为，严格按照全县统一的招生办法和招生计划进行招生，严肃招生秩序，严把招生条件，严控招生规模。通过规范招生工作，充分保障符合条件的外来务工人员子女就学，同时坚决控制不符合条件的外来务工人员子女在嘉善就读，以促进嘉善县人口结构调整优化。设置民办务工人员子女学校入学门槛，限制民办务工人员子女学校招生限度，逐步减少民办务工人员子女学校中上海外来务工人员子女人数，保障属地内外来务工人员子女受教育质量，对于流动人口总量调控、结构优化、合法权益保障、教育均衡发展具有十分重要的现实意义。

## 四、激发活力的城乡教育一体化：职业教育与县域产业发展共赢

从发展目标来看，城乡职业教育的发展着眼于为经济社会发展培养大量高素质高技能的应用型人才，为城乡一体化服务。[①] 近年来，嘉善县充分发挥紧邻苏沪杭的区位优势，随着产业转型升级的加快和招大引强力度的加大，不少高品质企业纷纷落户嘉善县，企业对技能型人才，特别是高技能人才的需求量越来越大，如何实现职业教育与县域产业发展共赢是摆在嘉善县教育部门面前的迫切难

---

① 顾馨梅、苏君阳：《城乡职业教育一体化的基本内涵与社会价值探析》，载《中国职业技术教育》，2011(30)。

题。近几年，嘉善县面临着产教融合、校企合作不够深入，行业协会、行业主管部门及龙头企业参与职业学校人才培养程度较低，人才培养方案与行业标准、岗位实际需求有较大差距，新兴产业、高技术产业高水平技术技能人才供给不足，同嘉善县经济社会发展需求匹配度不高，难以为县域高端制造装备企业提供强有力的技能人才保障等现实问题。在城乡一体化发展过程中，无论是在加快城市化进程方面，还是在解决"三农问题"和农村剩余劳动力转移方面，都需要发挥职业教育的特有作用。① 职业教育的优质均衡发展是城乡教育一体化发展的重要组成部分，有利于缩小城乡之间的发展差距，促进城乡资源的合理流动，激发县域的发展活力。

2017年，嘉善县县委、县政府主要领导先后3次带领发改、经信、人社、商务等部门就职业教育如何服务县域产业发展开展调研。嘉善县多措并举不断激发职业教育多方主体动力，扩充职业教育生源，调整职业教育专业结构，提升学生专业能力，职业教育优质均衡发展取得显著成效。2018年，嘉善县成功入选第三批国家级农村职业教育和成人教育示范县。截至目前，嘉善县共有嘉善信息技术工程学校、嘉善县中等专业学校两所中职学校，广播电视大学（社区学院）1所，镇（街道）成人文化技术学校（社区教育中心）9所，村（社区）级成人文化技术培训学校（社区学校）151个，先后创建成为浙江省社区教育示范区、全国社区教育实验区、浙江省学习型示范城市，荣获2016年全省职业教育发展考核优秀单位。2017年，嘉善县两所中职学校在省技能大赛中获得4金4银11铜，在全国技能大赛上获得3金1铜的好成绩。此外，中职生升入高职院校的比例不断提高，2018年上线率达100％，一次性就业率达98.5％，逐步实现职业教育与县域产业发展共赢。

**（一）激发职业教育多方主体动力**

职业教育是城乡统筹发展的重要着力点，发展职业教育既有利于实现职业教育与县域产业发展共赢，又对打破城乡二元空间结构实现城乡一体化，特别是城乡教育一体化具有重要意义。发展职业教育是一项需要长期经营的事业，既需要企业的参与和合作，也离不开职业学校的探索与发展，需要不断激发校企作为发展职业教育的主体的活力与动力，同时更需要教育部门积极引领与指导、协调校企合作行为，探索合作渠道，不断深化校企合作。产教融合、校企合作是现代职业教育发展的方向和目标，可以有效满足企业对高技能人才的迫切需求与职业学校学生渴望实现阶层流动的诉求，激发职业教育多元利益相关主体的动力。一方

---

① 张涛、熊爱玲、彭尚平：《城乡一体化背景下职业教育存在的问题及对策研究》，载《教育与职业》，2012(18)。

面，对于企业来说，城乡职业教育的蓬勃发展为县域产业发展输送了新鲜血液，开展校企合作有利于企业获得能够满足需求的高素质高技能人才，从而不断调动企业参与城乡职业教育一体化实践的积极性，在推进城乡一体化发展的同时，也激发了县域经济发展活力。另一方面，对于学生来说，接受教育是学生个人及其家庭获得、改变相应社会地位、职业层次的重要手段。从生源来看，就读职业学校的学生大多是在选择普通教育未果的情况下退而求其次选择的职业教育，并且多数学生来自农村，家庭经济状况并不富裕。在这一背景下，找到一份待遇好、技术含量高的工作从而实现阶层跨越是职业学校学生十分渴望并且担忧的问题。开展校企合作有利于学生在提高自身专业能力与实践水平的基础上，能够拥有便利的接触企业的渠道与满意的就业机会，既实现了学生自身发展需要，也满足了企业对技能型人才的需求。

目前，嘉善县大力开展"现代学徒制"人才培养模式改革实践，拓宽企业参与途径，实行"引企入教"改革，即"招生即招工"——企业、学校、学生以及学生家长签订四方协议，学生进校既具备学生身份也具备企业员工身份，采用校企双主体办学的形式，共同制定培养方案、共同实施教学、共同开展评价，毕业后直接进入企业工作。校企合作作为培养技能型人才的办学模式，在一定程度上促进了教学链、产业链、市场需求的有机衔接，推动了职业教育体系和劳动就业体系的互动发展，激发职业教育多方主体动力。2017 年 9 月以来，装备制造类专业新增 7 家企业设立现代学徒制创新班，200 多名学生与企业的近百名企业技术骨干一对一结对，提升了企业活力与学生实际参与度。嘉善信息技术工程学校、嘉善县中等专业学校共与 110 多家企业签订合作协议，建立 146 家具有开放性、生产性、共享型的校外生产性实习实训基地，每年有 1 500 多名学生在合作企业或校外实训基地实习，每年订单培养毕业生近 200 人，既调动了毕业生在当地就业的积极性，又满足了企业对技能型人才的需求。2018 年，嘉善组织学校与浙江长盛滑动轴承等 9 家县内知名机电类企业(其中 6 家为上市公司)赴浙江工业职业技术学院等院校开展"家燕归巢"招聘活动，共招聘高技能型大学生 124 人，其中嘉兴地区 87 人，市外 37 人。嘉善县职业学校学生的高就业率以及企业高技能型人才需求的满足既激活了学生与企业作为职业教育主体的活力与动力，又促进了嘉善县城乡教育一体化、城乡经济一体化发展，对实现职业教育与县域产业发展共赢产生了积极作用。

**(二)多种途径提升学生专业能力**

近年来，嘉善县将职业教育纳入县域经济社会发展总体规划，在加快职业教育学校基础设施建设、大力改善职业教育学校办学条件的基础上不断优化职业教育发展环境，以服务地区经济建设为目的，依托"校中厂""厂中校"模式引导企业深度参与职业学校专业规划、课程设置和教材开发，促进企业需求融入人才培养环节，通过调整职业教育专业结构、引入国内外先进教育资源进行联合办学着力培养与提升学生的专业能力。2015年《嘉善县加快推进中等职业教育课程改革实施意见》的颁布标志着嘉善县中等职业教育课程改革正式启动，其基本思路是：根据《浙江省中等职业教育课程改革方案》和《嘉兴市教育局关于加快推进中等职业教育课程改革的实施意见》的要求，在边研究边实践的基础上，通过三年努力重新"点燃学生的信心，点燃学生的兴趣"，夯实全面推广的实践基础，在五年内初步构建起适应县域经济社会发展需求和受教育者多元化成才需要的课程体系，积累了比较丰富的经验，从而整体提升全县中等职业教育的人才培养质量，实现嘉善县职业教育优质均衡的跨越式发展。

随着中等职业教育课程改革的深入推进，嘉善县调整职业教育专业结构以使专业设置与企业需求更加吻合，不断提升职业教育吸引力，激发职业教育发展活力。近年来，嘉善县按照大力发展高新技术产业，发展壮大新一代信息技术、先进装备制造等主导产业的需要以及市场需求，进一步加快调整专业设置和招生计划，确立加工制造类、财经商贸类、旅游服务类、信息技术类、交通运输类、学前教育等9大专业结构体系23个专业，重点增加嘉善信息技术工程学校、嘉善县中等专业学校两所中等职业学校的工科类专业，特别是数控、机电类招生计划，新增智能制造、工业机器人等专业，缩减财会、工艺美术、商务英语等招生计划，更具针对性地培养充足的技能型人才为当地企业所用。同时，积极对接县域中荷产业园、中德生态产业园、归谷创业园、干窑机器人小镇以及雷格兰弗特机车有限公司、嘉善宝拓机械有限公司等20多家知名企业，对职业学校的专业建设进行调整布局。2018年，嘉善县中等专业学校设立国际教育、智能制造和经贸艺术三个专业学部，投资9 700万元，扩充1.1万平方米建筑用于实训基地建设，增强学生专业素养。嘉善信息技术工程学校与嘉善富通集团有限公司合办增设光通信技术专业以使学生专业能力培养更具针对性，实现职业教育与产业发展对接。

此外，嘉善县充分利用自身区位优势，在城乡教育均衡发展的基础上不断追求更高质量的优质教育，积极引入国内外先进职业教育资源实施联合培养，不断提升职业学校学生的专业能力。2017年12月，上海杉达学院嘉善光彪学院与浙江电大嘉善学院开展合作办学，成立上海杉达学院嘉善职业技术学院。2018年9月，上海杉达学院嘉善职业技术学院面向全国招收与嘉善县产业相配套的机械电子工程、机电一体化等专业的本专科新生，学生学习过程全部在嘉善县完成，以此不断提高学生专业能力与企业实际需求的衔接性，让更多的毕业生可以留在嘉善县就业，解决嘉善县技能型人才短缺问题。同时，由上海杉达学院牵头，联合浙江电大嘉善学院和嘉善信息技术工程学校、嘉善县中等专业学校两所中职学校，发改、经信、人社、商务、教育等有关部门以及有关行业协会、若干重点企业、产业园区、专业性研究机构等单位组成嘉善职业教育集团，实行"政校行企"共同运营管理的模式：以上海杉达学院为主体负责日常的运营与管理，提升职业学校教学水平与效果；以行业为支撑对接嘉善县各行业协会，将实训中心建设与行业协会工作相结合，加强学生对行业的了解；以各大企业为主要参与力量，引入企业骨干、高级技师为实训中心特聘教授，既提升了实训中心的活力和企业的参与度，也丰富了学生的实际技术经验，提升了学生自身操作水平与专业能力。

在充分利用自身区位优势与国内优质职业教育资源对接的同时，嘉善县还不断拓展职业教育办学途径，把教育国际化作为服务于县域打造"高质量外资集聚地"的重要举措，积极与国际优质职业教育资源合作，试图开拓学生的国际视野，提升学生专业能力的国际化水平，培养学生成为能够参与国际交流合作和竞争的国际化人才。2018 年 6 月，嘉善县引入国际知名培训机构国际金钥匙学院（International Golden Key Institute），在嘉善信息技术工程学校成立国际金钥匙学院嘉善分院，着力培养旅游专业人才，推进嘉善县全域旅游的发展。2018 年 3 月，嘉善县中等专业学校与澳洲国际职业教育中心（Australian International Career Center）开展合作办学，共同研发高中国际班、毕业升学班、语言强化班、教师赴澳短期研修、职教微留学、澳大利亚课程引进、师资引进等国际教育合作项目，让学生的课堂与世界同步，让学生成为具有国际视野、通晓国际规则的国际化技术型人才。

### (三)跨域招生阻断贫困代际传递

据有关调查显示，职业教育生源中贫困学生比例较高，约 80％以上的学生来自于贫困的农村或城市贫困家庭，是真正的"平民教育"。[①] 接受教育是学生个人乃至其家庭改变相应社会地位、职业层次的重要手段，对于处于贫困境地的职业教育学生来说，改变个人命运、改善家庭生活境遇是其接受职业教育的强烈诉求。在这一背景下，推进城乡职业教育一体化不仅可以为域内经济社会发展提供满足当地实际需求的高素质技能型人才，而且有利于阻断学生及其家庭贫困的代际传递，提升社会弱势群体基本生活质量。

嘉善县职业教育与县域产业发展面临的共同难题之一是"人"少：嘉善县职业教育的培养规模每年在 1 400 人左右，远远无法满足当地企业对人才的需求。职业教育本地生源少直接导致企业缺少技能型人才，既阻碍了职业教育持续发展的

---

动力，又限制了县域产业蓬勃发展的活力。为了解决嘉善县职业教育本地生源少问题、促进城乡职业教育一体化发展，根据《教育部 国务院扶贫办关于印发〈职业教育东西协作行动计划(2016—2020年)〉的通知》(教发〔2016〕15号)、《教育部办公厅关于印发〈职业教育东西协作行动计划滇西实施方案(2017—2020年)〉的通知》(教职成厅〔2017〕4号)以及浙江省与云南省教育厅签订的相关协议，嘉善县主动向浙江省教育厅提出参与职业教育东西协作行动，对口帮扶滇西临沧市、德宏州贫困地区，在扩大嘉善县职业教育生源的同时还可以帮助贫困地区学生解决就业问题，阻断贫困代际传递，提高生活水平与质量。在浙江省教育厅的大力支持下，2017年嘉善县对口帮扶滇西临沧市"0+3"计划93人(实际62人)，2018年对口帮扶云南德宏州芒市，继续兜底式支持对口协作城市建档立卡"两后生"90人，由嘉善县教育部门承担对口帮扶学生住宿、学习等相关费用，按照现代学徒制、订单式培养等模式进行校企联合培养，争取让学生毕业后直接在嘉善就业。通过职业教育"东西协作"引进县域以外生源，既激发了嘉善县职业教育与县域产业发展活力，有利于推进城乡一体化发展进程，并且将扶贫与扶智相结合，充分发挥了职业教育在精准扶贫中的积极作用，有效阻断了对口帮扶学生家庭贫困的代际传递。

## 五、嘉善县城乡教育一体化发展的经验与启示

在城乡本就差距不大的基础上，嘉善县作为全国唯一一个国家命名的"县域科学发展示范点"，高度重视城乡统筹发展，实施城乡一体化发展战略。在城乡一体化发展持续推进的背景下，嘉善县城乡教育一体化发展取得了显著成效。回顾嘉善县城乡教育一体化发展与改革的实践，可以为我国城乡教育一体化发展提供实践经验与有益借鉴：强有力的经济支持是城乡教育一体化发展的坚实基础，体制机制的不断创新完善为城乡教育一体化发展提供了制度保障，充分利用自身独特的区位优势可以为城乡教育一体化发展提供更有利的条件，城乡统筹可以促进县域内城乡教育一体化多方位、内涵式发展。

### (一)强有力的经济支持为城乡教育一体化发展奠定基础

在社会不断进步发展的过程中，经济基础在很多大程度上都起着决定作用。任何改革与发展都需要一定量的经费支持，过少的经费可能会导致一些创新性的改革措施仅仅停留在想法层面，难以落地，从而导致改革与发展的停滞不前，甚至流产。然而，过多的经费对改革与发展并不一定都具有积极意义，有可能会造成经费毫无节制的使用，不经过严密规划滥用经费会导致不必要的资源浪费。城乡教育一体化发展需要的是相对充足的经费支持，既可以让教育部门在研究制定相关政策措施时不会捉襟见肘，在经费方面无后顾之忧的"放开手、大胆干"，又

可以将充足而有限的教育经费用在刀刃上，避免造成资源浪费，有利于教育部门制定出台更具创造性并且能够付诸于实践的政策措施。嘉善县利用自身各种优势条件紧抓经济发展契机，连续多年保持着接近 10% 的经济增长速度，经济发展迅速，财力雄厚。在这一背景下，嘉善县始终把教育作为财政支出的重点领域予以优先保障，依法落实教育经费"三个增长"，均衡配置城乡教育经费，为县域内城乡教育一体化发展的改革与实践提供了可能。在强有力的经济支持下，嘉善县早于国家规定时间先行实施了城乡中小学生均公用经费、生均事业费同一标准，并在"十二五"期间实现了城乡学校办学条件标准化建设全覆盖，促进了教育经费与办学条件的城乡一体化发展。为了促进优质师资城乡结构均衡，嘉善县以差序化待遇为杠杆，促进城乡教师流动，并且为名师工作室等促进城乡教师专业发展的政策提供经费保障，促进优质师资以及教师专业发展的城乡教育一体化发展。除此之外，嘉善县还灵活使用教育经费为民办外来务工人员子女学校提供 3 000 元/年的生均教育事业费补助，以此保障民办外来务工人员子女学校的高质量办学，并主动承担职业教育学校对口帮扶学生的住宿、学习等相关费用，有利于嘉善县不断扩大职业教育生源，以此为县域产业发展培养技能型人才，实现职业教育与县域产业发展的共赢。

**（二）创新体制机制为城乡教育一体化发展形成制度保障**

伴随着社会发展，各项体制机制的创新与完善对社会变革有着重要影响。在城乡教育一体化发展的实践探索过程中，强有力的经济支持为城乡教育一体化发展提供了可能，而让城乡教育一体化发展从可能变为现实，则需要教育部门在不断创新与完善已有的相关体制机制的基础上创新做法，落实配套政策，充分调动利益相关主体的积极性与能动性，形成一套能够有效促进城乡教育一体化发展的健全的体制机制，为城乡教育一体化发展形成制度保障。在县域城乡统筹发展的背景下，嘉善县依托县财政的有力支持，积极创新、完善相关体制机制，县域城乡教育一体化发展取得了显著成效。为了调整优质师资的城乡结构、解决愈演愈烈的择校问题，嘉善县作为义务教育学校教师流动国家级试点，建立了行之有效的教师流动机制，并且制定了相关配套政策以破除教师流动障碍。之后，在圆满完成义务教育学校教师流动国家级试点任务的基础上，为打破教师轮岗交流的管理体制障碍，加强县域内中小学教师的统筹管理，嘉善县没有满足于已取得的成绩，而是选择继续创新教师管理模式，探索构建教师进入与退出机制，健全教师流动长效机制，制定并实施县管校聘管理体制以充分调动校长和教师的工作积极性与能动性，不断激发教师活力，为促进校长和教师合理流动提供了制度保障。面对民办外来务工人员子女学校办学条件落后、办学质量差、各类安全隐患突出等种种办学问题，嘉善县多年来不断开展民办外来务工人员子女学校的整治提升工作，教育部门积极争取县政府支持，创新办学体制，实现了民办外来务工人员子女学校办学主体转移，从而使嘉善县教育部门成为外来务工人员子女学校的代管者，保障了外来务工人员子女能够享受公平而有质量的教育。

### (三)利用区位优势为城乡教育一体化发展提供多方支持

　　一个地区的区位优势主要是由当地的自然资源、劳动力、经济发展水平、地理位置、交通等区位因素决定的。嘉善县处于长江三角洲的中心地带，紧邻苏沪杭，自然资源丰富，劳动力充足，经济发展水平较高，交通便利，具有十分有利的区位优势。依托这些区位优势，嘉善县城乡教育一体化发展紧跟县域城乡统筹发展的步伐，将嘉善县自身独特的区位优势充分利用于城乡教育一体化发展当中，为县域城乡教育一体化发展提供多方支持。由于嘉善县紧邻上海且交通便利，许多企业纷纷落户到嘉善县，企业对技能型人才，特别是高技能人才的需求越来越大。嘉善县充分利用企业对技能型人才的高需求，将课程改革与专业建设、校企合作有机衔接，不断加快专业结构调整，适应县域产业升级，深化产教融合、校企合作，与县内多家大型重点企业开展现代学徒制育人模式改革，充分利用了县域企业资源，实现了学生与企业、职业教育与产业发展的共赢。此外，嘉善县利用区位优势，深入实施"接轨上海"和长三角一体化战略，积极引进沪杭优质教育资源或优质学校品牌，与上海金山区、奉贤区建立教育全面合作，并促成嘉善县 25 所学校开展结对共建，不断扩大县域优质教育资源的覆盖面。在充分利用自身区位优势与国内优质教育资源对接的同时，嘉善县还不断拓展职业教育办学途径，积极与国际优质职业教育资源合作，引入国外先进职业教育资源实施联合培养，开拓学生的国际视野，不断提升职业学校学生的专业能力。

　　【本报告撰写人：秦玉友、杨柳。陈坤、陈英英、綦文惠参与了文稿校对。作者单位：教育部人文社会科学重点研究基地东北师范大学中国农村教育发展研究院】

# 参考文献

一、著作类

[01] 池瑾，张莉莉，李国庆. 入学、质量与赋权——中国农村女童教育发展 20 年经验与创新. 广州：世界图书出版广东有限公司，2016.

[02] 杜学元. 当代教育热点问题专题研究：女性教育问题研究卷（下）. 东营：中国石油大学出版社，2014.

[03] 郝文武. 西部教育报告 2013（总第 3 卷）. 北京：教育科学出版社，2013.

[04] 刘克兰. 现代教学论. 重庆：西南师范大学出版社，1993.

[05] 陆学艺. 当代中国社会阶层研究报告. 北京：社会科学文献出版社，2002.

[06] 马冠生，孔灵芝. 中国居民营养与健康状况调查报告之九：2002 行为和生活方式. 北京：人民卫生出版社，2006.

[07] 潘懋元. 理论自觉与实践建构：高等教育的历史、现实与未来. 北京：北京师范大学出版社，2014.

[08] 邬志辉，秦玉友. 中国农村教育发展报告 2011. 北京：北京师范大学出版社，2012.

[09] 邬志辉，秦玉友. 中国农村教育发展报告 2012. 北京：北京师范大学出版社，2013.

[10] 邬志辉，秦玉友. 中国农村教育发展报告 2013—2014. 北京：北京师范大学出版社，2015.

[11] 邬志辉，秦玉友. 中国农村教育发展报告 2015. 北京：北京师范大学出版社，2016.

[12] 邬志辉，秦玉友，等. 中国农村教育发展报告 2016. 北京：北京师范大学出版社，2017.

[13] 邬志辉，秦玉友，等. 中国农村教育发展报告 2017—2018. 北京：北京师范大学出版社，2018.

[14] 中国学生体质与健康研究组. 2010 年中国学生体质与健康调研报告. 北京：高等教育出版社，2012.

[15]《中国教育年鉴》编辑部. 中国教育年鉴 1949—1981. 北京：中国大百科全书出版社，1984.

二、论文类

[001] 安晓敏，殷丽. 农村小规模学校教师专业发展调查研究. 上海教育科研，2017(7).

[002] 包海诚. "互联网＋"新高考职业生涯规划指导. 教育探索，2017(6).

[003] 包庆余. 城乡教育"一盘棋" 均衡发展"三方面"——浙江省嘉善县全面推进义务教育均衡发展. 基础教育参考，2014(20).

[004] 包庆余. 师资均衡才是真正的均衡——浙江省嘉善县义务教育学校教师多元流动模式的实践与启示. 人民教育，2013(Z2).

[005] 边慧敏，崔佳春，唐代盛. 中国欠发达地区农村留守儿童健康水平及其治理思考. 社会科学研究，2018(2).

[006] 边琦，田振清. 中小学教师教育技术培训效果调查与分析——以内蒙古鄂尔多斯市为例. 中国电化教育，2013(8).

[007] 操太圣，卢乃桂. 教师专业发展新范式及其在中国的萌生. 教育发展研究，2002(11).

[008] 陈德钦，许良. 我国青少年学生体质健康影响因素分析. 菏泽学院学报，2010(5).

[009] 陈恩伦，梁剑. 高中教育办学体制改革中的政府悖论及消解. 教育科学，2017(3).

[010] 陈鹏，邵小雪. 14～16 岁学园：英国普职教育衔接的典型模式解析. 外国教育研究，2017(11).

[011] 陈润，李丽，杨俐，汤艳，苏红卫. 累积 Logit 模型在学生体质健康影响因素分析中的应用. 现代预防医学，2010(10).

[012] 陈宛玉，叶一舵，杨军. 新高考背景下高中生涯辅导的必要性、内容及实施途径. 教育评论，2017(11).

[013] 陈向明，王志明. 义务教育阶段教师培训调查：现状、问题与建议. 开放教育研究，2013(4).

[014] 陈向明，张玉荣. 教师专业发展和学习为何要走向"校本". 清华大学教育研究，2014(11).

[015] 程晋宽，缪舒敏. 指向义务教育均衡优质发展的学校标准化建设路径——基于政策目标与政策手段的分析. 教育发展研究，2017(18).

[016] 程思. 农民工随迁子女异地高考政策执行的困境分析. 市场周刊（理论研究），2017(7).

[017] 褚宏启. 城乡教育一体化：体系重构与制度创新——中国教育二元结构及其破解. 教育研究，2009(11).

[018] 代静亚，龙红霞. "后撤点并校时代"的乡村教育与乡村文化传承. 教学与管理，2014(12).

[019] 单成蔚，秦玉友. 农民工随迁子女义务教育入学条件分析——以 25 座大城市相关政策文本为例. 四川师范大学学报（社会科学版），2017(5).

[020] 党小超，赵鸿章，李焱. 贫困地区教师培训现状调查及远程培训策略研究. 电化教育研究，2005(3).

[021] 丁继红，徐宁吟. 父母外出务工对留守儿童健康与教育的影响. 人口研究，2018(1).

[022] 董裕华. 去功利化愿景下高中综合素质评价路径探析——基于江苏省海安高级中学的实践与思考. 中国教育学刊，2018(5).

[023] 杜发强，樊晶晶. 我国青少年学生体质健康致因探析. 体育与科学，2014(3).

[024] 杜萍. 当代中小学教师基本教学能力标准的研制与反思. 课程·教材·教法，2011(8).

[025] 樊亚峤. 综合素质评价的制度化困境及对策——新制度主义的视角. 中国教育学刊，2017(7).

[026] 冯丽霞. 农村学校"特岗教师"培训需求调查研究——以山西省初中数学教师为例. 教育理论与实践，2015(20).

[027] 冯晓霞. 大力发展普惠性幼儿园是解决入园难入园贵的根本. 学前教育研究，2010(5).

[028] 高丽. 农村教师校本培训的困境与对策. 大学教育科学，2008(3).

[029] 高铭. 论述我国学生体质健康状况. 当代体育科技，2018(12).

[030] 高雪莲. 完美的"铁笼"：规训"在场"的农村寄宿制学校——主体视角的柳溪村儿童学校教育考察. 北京社会科学，2015(1).

[031] 高政，刘胡权. 农村小规模学校教师队伍现状与改进对策. 中国教育学刊，2014(8).

[032] 宫浩家，田丽娟，马德云，聂雨婷. 从高中入学率看农村义务教育的质量问题——基于关中地区的调查报告. 新西部，2018(23).

[033] 谷峪，李玉静. 现代化视域下高中阶段教育普及发展：国际特征与我国策

略——基于现代化框架下我国与发达国家的多维度比较. 现代教育管理，2017(5).

[034] 顾馨梅，苏君阳. 城乡职业教育一体化的基本内涵与社会价值探析. 中国职业技术教育，2011(30).

[035] 顾艳丽，罗生全. 论教师培训者的项目策划能力. 中国成人教育，2018(8).

[036] 郭清扬. 义务教育均衡发展与农村寄宿制学校建设. 教育与经济，2014(4).

[037] 郭正，赵彬. 农村义务教育教师培训现状及改善策略. 现代教育管理，2010(2).

[038] 国家教育督导团. 国家教育督导报告2008(摘要)——关注义务教育教师. 教育发展研究，2009(1).

[039] 过筱. 澳大利亚高中阶段普职融通的经验、挑战与发展趋势. 职教通讯，2018(1).

[040] 郝天聪，林玥茹. 高中阶段教育普职融合：重要意义与突出挑战. 职教通讯，2018(7).

[041] 何雪峰. 试论当代教师培训模式的历史变迁. 现代教育论丛，2010(7).

[042] 何泳忠. 改革教师培训模式　促进教师专业化发展. 教育研究，2014(1).

[043] 和学新，李楠. 农村留守儿童教育及其政策分析. 当代教育与文化，2018(1).

[044] 和学新. 班级规模与学校规模对学校教育成效的影响——关于我国中小学布局调整问题的思考. 教育发展研究，2001(1).

[045] 贺芬. 论"大班额"现象对我国中小学教育的不良影响. 教学与管理，2011(10).

[046] 黑龙江省义务教育区域均衡发展对策研究课题组. 加快黑龙江省县域义务教育均衡发展的有效探索. 教育探索，2017(6).

[047] 胡凤娟，吕世虎，张思明，王尚志.《普通高中数学课程标准(2017年版)》突破与改进. 人民教育，2018(9).

[048] 胡俊生. 农村教育城镇化：动因、目标及策略探讨. 教育研究，2010(2).

[049] 胡秀丽，苗培周，祁丽莎. 当前中小学教师校本培训现状分析与对策思考——基于河北省部分县区的调查. 教育理论与实践，2012(8).

[050] 蒋承，刘霄，戴君华，金文旺. 当前农村高中教育的发展瓶颈与应对策略. 中国教育学刊，2018(1).

[051] 蒋福良. 教师网络培训心理需求的调查与对策研究. 中国电化教育，2009(4).

[052] 金彦红，郭绍青. 基于网络的分级分层混合式中小学教师培训模式研究. 中国远程教育，2010(11).

[053] 靳占忠，孙健敏.《城乡二元结构：我国高等教育发展的隐忧. 高等农业教

育，2012(5).

[054] 孔凡琴，邓涛. 英国学术型高中探析. 教育理论与实践，2013(26).

[055] 孔凡哲，康翠萍. 实施2017版高中课程方案与课程标准的评价诉求. 教育科学研究，2018(9).

[056] 郎耀秀. 面向贫困山区 创新农村教师教育模式——河池学院"顶岗实习、置换培训"的探索. 教育研究，2011(4).

[057] 劳凯声. 面临挑战的教育公益性. 教育研究，2003(2).

[058] 乐毅，陈雯. 新一轮高考改革对普通高中教育的影响. 教育理论与实践，2017(26).

[059] 李超，万海远，田志磊. 为教育而流动——随迁子女教育政策改革对农民工流动的影响. 财贸经济，2018(1).

[060] 李方安，张良才. 班级规模：一个不容忽视的学习资源. 教育科学，2001(3).

[061] 李红梅. 城乡教育一体化下农村教师专业发展问题研究. 中国成人教育，2014(6).

[062] 李军靠，丁一鑫. 新高考下普通高中生涯规划教育样态重塑与保障. 教育探索，2018(1).

[063] 李美华，张建涛. 留守儿童的教育公平与心理问题探究. 西北师大学报（社会科学版），2018(4).

[064] 李强. 同伴效应对中国农村青少年体重的影响. 中国农村经济，2014(3).

[065] 李润洲. 普通高中转型性变革的实践探索与理论思考——基于浙江的"选择性教育". 当代教育科学，2018(6).

[066] 李润洲. 新高考背景下普通高中面临的挑战与应答. 南京社会科学，2018(6).

[067] 李天顺. 以公益普惠的学前教育奠基未来. 人民教育，2011(11).

[068] 李婉宜，张运红. "异地高考政策"的能力限度. 教学与管理，2017(4).

[069] 李新宇. 我国中小学教师继续教育的进程和新的使命. 河南教育学院学报（哲学社会科学版），2001(1).

[070] 李延平，陈琪. 西部农村"互联网＋"职业教育精准扶贫的制度创新. 电化教育研究，2017(12).

[071] 李延平，王雷. 农业供给侧结构性改革背景下农村职业教育的使命及变革. 教育研究，2017(11).

[072] 李颖. 普通高中多样化发展的现实基础和路径选择——基于对辽宁省115所普通高中的调查. 中国教育学刊，2017(5).

[073] 梁剑，陈恩伦. 制约高中办学体制改革的文化语境探析. 教学与管理，2017(22).

[074] 梁威，朱凌泽，卢立涛，刘姣．"U-N-G"农村教师培训模式的构建与实施——以北京师范大学振豫农村小学全科教师培训项目为例．教育理论与实践，2016(26)．

[075] 廖策权．基于农村经济社会需求端的农村职业教育供给侧改革．职业技术教育，2018(16)．

[076] 林静．教师教学观念的干预与转化——以农村小学科学教师为例．教育科学，2013(2)．

[077] 林静．小学科学教师知识观的调查与分析．课程·教材·教法，2013(8)．

[078] 林玥茹，石伟平．职业教育与普通教育融合的内涵诠释与典型模式．职教论坛，2017(34)．

[079] 刘奉越．乡村振兴下职业教育与农村"空心化"治理的耦合．国家教育行政学院学报，2018(7)．

[080] 刘国艳．义务教育均衡发展中的农村教育：成果、阻力与变革路径．教育探索，2018(1)．

[081] 刘佳．我国"特岗教师计划"实施十年后的回顾、反思与展望．现代教育管理，2017(2)．

[082] 刘军．乡村振兴战略下农村职业教育的公共性危机及破解路径．教育与职业，2018(13)．

[083] 刘丽群，屈花妮．我国普通高中学生综合素质评价的两难困局．课程·教材·教法，2016(36)．

[084] 刘丽群，周立芳．我国高中阶段普职规模"大体相当"政策分析．中国教育学刊，2017(8)．

[085] 刘茂祥．为学生适应未来工作与学习奠基：构建普通高中与中职校的合作机制．职教通讯，2017(25)．

[086] 刘善槐，韦晓婷，朱秀红．农村学校公用经费测算标准研究．中国教育学刊，2017(8)．

[087] 刘月霞．普通高中课程方案和课程标准修订解读②如何扎实推进修订后的普通高中课程实施．人民教育，2018(5)．

[088] 刘占兰．学前教育必须保持教育性和公益性．教育研究，2009(5)．

[089] 刘志军，张红霞，王洪席，等．新高考背景下综合素质评价的意蕴、实施与应用．华东师范大学学报(教育科学版)，2018(36)．

[090] 柳海民，李子腾，金燡然．县域义务教育经费投入均衡状态及改进对策．东北师大学报(哲学社会科学版)，2017(6)．

[091] 柳海民，林丹．本体论域的义务教育均衡发展．东北师大学报(哲学社会

科学版），2005(5).

[092] 楼世洲，张家雯，吴海江. "63%的农村孩子一天高中都没上过"吗？——对罗斯高团队研究结论的几点质疑. 华东师范大学学报（教育科学版），2017(6).

[093] 卢德生，巴登尼玛. 论西部农村教师培训体系建设. 中国教育学刊，2008(5).

[094] 陆伟，宋映泉，梁净. 农村寄宿制学校中的校园霸凌研究. 北京师范大学学报（社会科学版），2017(5).

[095] 罗儒国. 中小学教师培训状况的调查与分析. 现代教育管理，2011(12).

[096] 罗少成，陈亮，王慧红. 中小学教师校本培训保障机制调查与分析. 现代教育管理，2011(2).

[097] 吕慈仙，王鲁刚. 异地高考政策对随迁子女心理资本与社会融入影响的实证研究. 教育研究，2017(5).

[097] 吕慈仙. 异地高考政策与随迁子女社会融入. 教育科学研究，2018(2).

[099] 麻丽丽，许学华，李颖. 生态心理学视角下留守儿童问题研究. 教育理论与实践，2018(2).

[100] 马建富，马欣悦. 基于新型职业农民培育的农村职业教育供给侧改革. 河北师范大学学报（教育科学版），2017(6).

[101] 马建富. 乡村振兴战略实现的职业教育机会与应对策略. 中国职业技术教育，2018(18).

[102] 孟照海. 教育扶贫政策的理论依据及实现条件——国际经验与本土思考. 教育研究，2016(11).

[103] 南海，薛勇民. 什么是"生涯教育"——对"生涯教育"概念的认知. 中国职业技术教育，2007(3).

[104] 聂洋溢. 高中生涯规划课程实施及其优化——基于杭州市五所高中的调查研究. 教育科学研究，2018(6).

[105] 潘颖，李梅. 班级规模与学生发展的问题研究. 东北师大学报（哲学社会科学版），2006(6).

[106] 庞丽娟. 当前我国农村中小学布局调整的问题、原因与对策. 教育发展研究，2006(4).

[107] 裴闺儒. 铁岭市部分学校教室空气细菌污染情况. 中国学校卫生，2001(3).

[108] 漆国生，张守荣. 广州市农村中学骨干教师培训质量的调查. 教育探索，2011(6).

[109] 祁占勇，王君妍，司晓宏. 我国西北地区义务教育均衡发展的现实困境与政策选择——基于国家教育督导《反馈意见》的研究，中国教育学刊. 2017（10）.

[110] 秦玉友，曾文婧. 留守儿童关爱教育：全面还是聚焦. 人民教育，2018（7）.

[111] 秦玉友，邬志辉. 中国农村教育发展状况与未来发展思路. 东北师大学报（哲学社会科学版），2017（3）.

[112] 人社部"三支一扶"计划实施效果评估研究课题组. 第二轮"三支一扶"计划实施成效研究. 中国人力资源社会保障，2017（6）.

[113] 任学宝. 核心素养培育要落实到学科教学的四个层次. 人民教育，2017（Z1）.

[114] 邵迎春. 建设学术性普通高中的实践路径. 人民教育，2018（10）.

[115] 佘星宇. 农村留守儿童身心发展存在的问题及对策. 湖北师范大学学报（哲学社会科学版），2018（1）.

[116] 沈建平. 名校集团化办学的杭州探索. 上海教育科研，2018（2）.

[117] 石伟平，郝天聪. 普及高中阶段教育中等职业教育需要发力. 中国职业技术教育，2017（34）.

[118] 史宁中，林玉慈，陶剑，等. 关于高中数学教育中的数学核心素养——史宁中教授访谈之七. 课程·教材·教法，2017（4）.

[119] 史耀波，赵欣欣. 父母外出务工与寄宿制：哪个对农村学生辍学影响更大——基于西部三省 1881 名初中生的实证分析. 教育与经济，2016（5）.

[120] 宋维玉，秦玉友，单成蔚，等. 班级规模意蕴的本土诠释——倾听班级规模变化亲历者农村教师的声音. 四川师范大学学报（社会科学版），2015（4）.

[121] 宋逸，张芯，马军，等. 2010 年中国中小学生超重与肥胖的行为影响因素. 中华预防医学杂志，2012（46）.

[122] 苏丽锋，孙志军，李振宇. 初中后教育选择意愿及影响研究——普高、中职还是不再读书. 华中师范大学学报（人文社会科学版），2017（5）.

[123] 苏星. 置换培训中教师的收获与失落——基于湖北大学"顶岗实习置换培训"项目中置换教师的调查与访谈. 东南大学学报（哲学社会科学版），2011（S1）.

[124] 苏勇. 顶岗实习 置换培训——构建师范生教育实习与农村中学教师培训一体化新模式. 教育研究，2009（8）.

[125] 孙凤敏，孙红艳，沈亚强. 新型职业农民培育与农业领域"机器换人"的动态对接. 中国职业技术教育，2017（29）.

［126］索桂芳. 核心素养评价若干问题的探讨. 课程·教材·教法，2017(1).

［127］汤杰. 美国式普职融合：K-12生涯教育的经验及启示. 职教通讯，2018(1).

［128］唐开福. 城镇化进程中乡村文化的传承困境与学校策略. 湖南师范大学教育科学学报，2014(2).

［129］唐如前. 中学教师继续教育课程设置的调查研究——以湖南省永州市为例. 中国成人教育，2007(10).

［130］唐烨伟，王梦雪，庞敬文，等. 混合学习环境下智慧型教师培训模式研究. 电化教育研究，2015(8).

［131］田爱丽，严凌燕. 高校综合评价招生的理论、实践与展望——以上海市高考综合改革试点学校为例. 华东师范大学学报(教育科学版)，2018(36).

［132］田丽. 以核心素养为引领，探寻普通高中生涯规划教育实施体系. 课程·教材·教法，2017(10).

［133］田旭，黄莹莹，钟力，等. 中国农村留守儿童营养状况分析. 经济学(季刊)，2017(1).

［134］王爱芬，雷晓. 新高考改革背景下高中生涯规划教育及其实现路径. 教育理论与实践，2018(1).

［135］王洪席. 高中学校实施综合素质评价的内在逻辑. 中小学教师培训，2018(9).

［136］王惠燕. 高中生涯教育"学科群"课程体系的构建. 教学与管理，2018(10).

［137］王慧. 产教融合：农村职业教育发展方向. 教育研究，2018(7).

［138］王俊霞，叶建武，张德勇，等. 丽水市义务教育阶段农村留守儿童心理健康调查. 中国预防医学杂志，2018(4).

［139］王翎懿，王宏，管佩钰，等. 基于学校环境的重庆市中小学生超重肥胖干预效果评价. 中国儿童保健杂志，2016(10).

［140］王全乐. 我国中小学教师培训制度的历史研究. 继续教育研究，2005(5).

［141］王全旺，赵兵川，张军征. 基于Moodle平台的农村中小学教师教育技术能力培训系统设计. 中国远程教育，2009(11).

［142］王善平，蒋亚丽. 职业教育对农村贫困程度的降低效果研究——基于区域异质性的角度. 职业技术教育，2018(1).

［143］王文彦，安宝生. 新论我国中小学教师培训历史阶段的划分. 继续教育研究，2007(3).

［144］王晓芳. 教师城乡合理流动与促进专业发展的策略研究. 中国成人教育，2018(11).

［145］王晓玲. 国培计划下教师对远程培训模式的学习态度及其影响因素——基于Moodle平台的个案调查研究. 山西财经大学学报，2012(S3).

[146] 王燕. 农民工随迁子女"异地高考"中的利益博弈. 教学与管理，2017 (33).

[147] 王永花，张军征. 农村学校教师教育技术能力培训网络平台的设计. 现代教育技术，2009(1).

[148] 王瑜，张静. 广西边境寄宿制学校的困境及思考. 民族高等教育研究，2018(2).

[149] 王云峰，田一. 小学学生与教师性别对学业成绩的影响——基于大规模学业质量监测的多水平模型. 教师教育研究，2015(27).

[150] 王湛. 普通高中课程修订后的主要变化. 重庆与世界，2018(2).

[151] 王湛. 为新时代高中教育绘制育人蓝图——《谈普通高中课程方案和课程标准修订工作》. 人民教育. 2018(Z1).

[152] 邬志辉. 打出"全方位组合拳"大力支持乡村教师发展——《乡村教师支持计划(2015—2020年)》分析. 中国民族教育，2015(5).

[153] 吴剑明，王薇，石真玉. 留守儿童身体健康影响因素研究. 南京体育学院学报(自然科学版)，2015(1).

[154] 吴礼剑. 我国农村体育教学现状及存在问题的研究. 科技视界，2016(1).

[155] 吴霓，朱富言. 流动人口随迁子女在流入地升学考试政策分析. 教育研究，2014(4).

[156] 吴文风，曾健萍. 建国以来我国中小学教师继续教育的历史反思. 湘潮(下半月)，2010(6).

[157] 吴遵民，秦洁，张松龄. 我国教师继续教育的回顾与展望. 教师教育研究，2010(2).

[158] 武蕊蕊，王毅杰. 随迁子女在城市公办学校的印象管理困境——基于主体性视角的师生互动研究. 教育理论与实践，2018(3).

[159] 武秀霞. 普通高中特色化发展：机遇、困境及其提升路径. 教育发展研究，2017(22).

[160] 肖安庆，颜培辉. 高中生物核心素养的内涵与培养策略. 中小学教师培训，2017(6).

[161] 熊文渊. 可行能力视角下高校教育扶贫的转向. 重庆高教研究，2017(5).

[162] 徐峰，石伟平. 新世纪以来上海市关于普职融合教育政策：回顾、特征和展望. 职教通讯，2018(1).

[163] 徐蓝. 基于历史学科核心素养的课程结构与内容设计——2017版《普通高中历史课程标准》解读. 人民教育，2018(8).

[164] 徐丽敏. 农民工随迁子女社会融入中的教育困境及对策研究. 郑州大学学

报（哲学社会科学版），2015(6).

[165] 薛二勇，傅王倩. 发展公平而有质量的教育——中国教育改革和发展的形势与政策分析. 中国青年社会科学，2018(3).

[166] 薛海平，陈向明. 我国中小学教师培训质量调查研究. 教育科学，2012(6).

[167] 颜玮，朱丽萍，许智毅，等. 2014 年江西省 7—2 岁学生 BMI 分布及超重和肥胖流行特征分析. 现代预防医学，2016(10).

[168] 晏成步. 二十年来高中阶段教育普及发展的政策文本分析. 现代教育管理，2017(6).

[169] 杨东平. 建设小而优、小而美的乡村小规模学校. 人民教育，2016(2).

[170] 杨光，王海燕. U-D 合作的农村教师培训现状及其效果研究. 首都师范大学学报（社会科学版），2011(3).

[171] 杨贵仁. 2000 年全国学生体质健康状况调研结果. 中国学校卫生，2002(1).

[172] 杨建军，焦中明. 农村中小学教师信息技术能力培训效果的评估研究. 现代教育技术，2011(1).

[173] 杨卫安，邬志辉. 教育公益性概念的争议与统一. 教育发展研究，2009(19).

[174] 杨卫安，邬志辉. 农村学校布局调整后寄宿制学校利弊的总体判断与政策选择. 教育导刊，2014(5).

[175] 杨向东. 基于核心素养的基础教育课程标准研制. 全球教育展望，2017(10).

[176] 杨亚辉. 教育扶贫是高校义不容辞的责任——访全国政协委员、华中师范大学党委书记马敏. 中国高等教育，2017(6).

[177] 杨依锦，刘祖阳，刘蒙蒙，等. 2013—2014 年四川省农村义务教育中小学生营养状况调查分析. 预防医学情报杂志，2016(8).

[178] 杨颖秀. 随迁子女异地升学政策的冲突与建议. 东北师大学报（哲学社会科学版），2013(2).

[179] 杨则宜. 我国青少年学生体质的现状、问题与对策. 中国运动医学杂志，2008(27).

[180] 杨志成. 核心素养的本质追问与实践探析. 教育研究，2017(7).

[181] 姚松. 异地高考政策运行中的信息不对称及其治理. 教学与管理，2018(1).

[182] 姚翔，刘亚荣. 优化乡村小规模学校师资队伍结构的路径分析. 湖南师范大学教育科学学报，2017(7).

[183] 于海英，秦玉友. 城乡教育一体化视域下农村小规模学校问题研究. 现代教育管理，2012(11).

[184] 于伟，梁建，杨玉宝. 新课改教师培训效果调查报告. 中国教育学刊，2008(10).

[185] 余柏民. 我国解放以来中学教师继续教育办学模式回顾与思考. 湖北大学成人教育学报，1999(S1).

[186] 余晖. OECD 国家高中阶段普职结构调整的基本经验与发展态势. 湖南师范大学教育科学学报，2018(3).

[187] 袁桂林. 促进高中教育多样化发展的三个关键点. 人民教育，2018(2).

[188] 翟博. 教育均衡发展：现代教育发展的新境界. 教育研究，2002(2).

[189] 张彩，陈福美，李勉，等. 贫困地区学生数学与科学学业表现状况调查. 教育学报，2015(2).

[190] 张大超，李敏. 影响我国中小学生体质健康发展的主要因素与对策研究. 北京体育大学学报，2009(11).

[191] 张贵新. 我国中小学教师继续教育的发展阶段与走向. 东北师大学报(哲学社会科学版)，2001(1).

[192] 张虹，刘建银. "国培计划"实施中农村小学教师的培训需求分析——以重庆市农村小学教师培训为例. 教育理论与实践，2012(11).

[193] 张虹. 全科小学教师教育促进城乡义务教育均衡发展的路径分析. 教育导刊，2016(4).

[194] 张华. 深刻理解普通高中教育的性质、定位与发展方向. 人民教育，2018(Z1).

[195] 张辉蓉，盛雅琦，宋美臻. 我国义务教育均衡发展的实践困境与应对策略——以重庆市为个案. 西南大学学报(社会科学版)，2018(2).

[196] 张娜. 多源流理论视域下异地高考政策分析及困境破解. 教学与管理，2018(3).

[197] 张祺午. 服务乡村振兴亟待补齐农村职教短板. 职业技术教育，2017(36).

[198] 张淑梅，何雅涵，保继光. 高中数学核心素养的统计分析. 课程·教材·教法，2017(10).

[199] 张岁玲，王晶. 高中生涯规划教育校本课程开发研究. 课程·教材·教法，2018(5).

[200] 张涛，熊爱玲，彭尚平. 城乡一体化背景下职业教育存在的问题及对策研究. 教育与职业，2012(18).

[201] 张小情，周利君. 西部农村小学英语教师培训问题及对策探讨——以西部 Z 市培训为例. 课程·教材·教法，2011(2).

[202] 张亚星，梁文艳. 北京市义务教育阶段教师教学能力城乡差异研究——兼论城乡义务教育一体化进程中农村教师专业发展的对策. 教育科学研究，2017(6).

[203] 张勇，李之俊. 中国汉族 6～22 岁学生 BMI 生长发育规律的研究. 体育科

研，2005(1).

[204] 张志勇. 实施2017版普通高中课程方案亟待加强制度环境建设. 人民教育，2018(Z1).

[205] 张志越. 农村教师培训现状调查与策略研究. 教育理论与实践，2011(1).

[206] 张志增. 实施乡村振兴战略与改革发展农村职业教育. 中国职业技术教育，2017(34).

[207] 张卓玉. 2017版普通高中课程方案与课程标准实施建议. 人民教育，2018(Z1).

[208] 赵丹. 农村小规模学校公用经费投入体制研究. 中国教育学刊，2017(8).

[209] 赵海利. 义务教育专项转移支付与投入均衡——基于浙江省的数据分析. 教育研究，2017(9).

[210] 赵俊婷，刘明兴. 我国普通高中经费筹措体制回顾与评析：1980—2016. 教育学报，2017(3).

[211] 赵阔，赵丹. 农村小规模学校教育质量评估的必要性及指标设计. 领导科学论坛，2016(19).

[212] 赵磊磊，王依杉. 农村留守儿童学校适应的问题分析及治理对策. 当代教育科学，2018(1).

[213] 赵小雅. 把握好修订后高中课标的"新"意. 中国民族教育，2018(2).

[214] 赵贞，邬志辉. 撤点并校带来的乡村文化危机. 现代中小学教育，2015(1).

[215] 郅庭瑾. 高考改革如何真正有利于人才培养和社会公平——关于新一轮高考改革的思考与建议. 团结，2018(2).

[216] 中国科协科普部. 中国科协发布第九次中国公民科学素质调查结果. 科协论坛，2015(10).

[217] 钟秉林，王新凤. 我国高考改革的价值取向变迁与理性选择——基于40年高考招生政策文本分析的视角. 教育研究，2017(10).

[218] 钟启全. 教学方法：概念的诠释. 教育研究，2017(1).

[219] 周彬. 指向学生个性成长的高中教育转型——基于上海与浙江高考改革试点的实践研究. 中国教育学刊，2017(4).

[220] 周德义，于发友，李敏强，等. 农村中小学教师培训的实践探索——以湖南省为例. 教育研究，2012(7).

[221] 周霖，邹红军. 县域义务教育学校硬件配置状态及改进对策. 东北师大学报(哲学社会科学版)，2017(6).

[222] 周兆海. 农村小规模学校公用经费精准管理研究. 中国教育学刊，2017(8).

[223] 周正，刘玉璠. 回顾与展望：随迁子女异地高考问题研究. 黑龙江高教研究，2017(1).

[224] 朱德全，李鹏，宋乃庆. 中国义务教育均衡发展报告——基于《教育规划纲要》第三方评估的证据. 教育科学，2017(1).

[225] 朱玉芳. 学生体质健康的影响因素与学校体育的应对. 体育学刊，2006(13).

[226] 朱智明. 生活方式与肥胖. 海军医学杂志，2002(23).

[227] 邹联克. 参与式方法在农村教师培训中应用的调查研究——以贵州省为例. 课程·教材·教法，2012(4).

[228] 邹木荣，李谋. "大班额"的教育生态学思考. 教学与管理，2009(24).

## 三、报纸类

[01] 柴葳. 全面实施普及攻坚计划努力办好公平优质多样的高中阶段教育. 中国教育报，2017-04-25.

[02] 樊丽萍. 增强文化自信，新课标领航新时代高中教育. 文汇报，2018-01-18.

[03] 焦新. 发挥高校优势 探索多样化扶贫路径. 中国教育报，2016-04-18.

[04] 教育部全国学生资助管理中心. 2017年中国学生资助发展报告. 人民日报，2018-03-02.

[05] 柯进. 普及高中阶段教育按下"快进键". 中国教育报，2017-12-30.

[06] 刘博智. 高中新课程方案和标准今秋起执行. 中国教育报，2018-01-17.

[07] 庞丽娟. 学前教育经费占同级财政性教育经费比例应不低于7%. 人民政协报，2011-03-02.

[08] 齐林泉，李萍. 新高考改革如何稳妥推进. 中国教育报，2018-03-10.

[09] 秦玉友. 乡村小规模学校办学成本解决之道. 中国教育报，2015-011-19.

[10] 万玉凤，董鲁皖龙. 新高考来了，高校招录政策变化几何. 中国教育报，2018-05-21.

[11] 习近平. 为建设世界科技强国而奋斗——在全国科技创新大会、两院院士大会、中国科协第九次全国代表大会上的讲话. 人民日报，2016-06-01.

[12] 熊丙奇. 教育强县也要发展好小规模学校. 中国青年报，2017-12-21.

[13] 杨志成. 高中校长迎接课程"新时代". 中国教育报，2018-01-24.

[14] 周韵曦. 新高中课程方案和课程标准出炉. 中国妇女报，2018-01-17.

## 四、学位论文类

[01] 耿富云. 高等教育服务农村的路径研究. 硕士学位论文，浙江师范大学，2011.

[02] 李伯玲. 群体身份与个体认同. 博士学位论文，东北师范大学，2013.

[03] 刘磊. 淮北市义务教育阶段学生饮食营养与身体健康问题研究. 硕士学位

论文，淮北师范大学，2015.

[04] 潘兴竹. 农村小规模班级教学现状调查及对策研究——以丹东市 6 所农村小学为例. 硕士学位论文，辽宁师范大学，2015.

[05] 汪传燕. 农村义务教育经费保障新机制研究. 博士学位论文，华中师范大学，2014.

[06] 王梦迪. 县级职业教育发展变迁研究——以 Y 县为例. 硕士学位论文，陕西师范大学，2018.

**五、文件类**

[01] 国务院办公厅关于全面加强乡村小规模学校和乡镇寄宿制学校建设的指导意见. 国办发〔2018〕27 号，2018-05-02.

[02] 国家教育委员会关于开展小学教师继续教育的意见. 教师〔1991〕8 号，1991-12-03.

[03] 关于印发《关于"九五"期间加强中小学教师队伍建设的意见》的通知. 教人〔1996〕89 号，1996-12-31.

[04] 国务院关于深入推进义务教育均衡发展的意见. 国发〔2012〕48 号，2012-09-07.

[05] 国务院办公厅关于印发乡村教师支持计划(2015—2020 年)的通知. 国办发〔2015〕43 号，2015-06-01.

[06] 国务院办公厅转发教育部等部门关于教育部直属师范大学师范生免费教育实施办法(试行)的通知. 国办发〔2007〕34 号，2007-05-09.

[07] 教育部关于积极推进农村乡镇自学考试服务体系建设的意见. 教考试〔1999〕8 号，1999-10-13.

[08] 教育部办公厅关于转发《中央广播电视大学关于广播电视大学进一步面向农村开展现代远程教育的若干意见》的通知. 教高厅〔2004〕8 号，2004-02-05.

[09] 教育部 财政部 人事部 中央编办关于实施农村义务教育阶段学校教师特设岗位计划的通知. 教师〔2006〕2 号 ，2006-05-15.

[10] 教育部 国家发展改革委 财政部 人力资源社会保障部 国务院扶贫办关于实施面向贫困地区定向招生专项计划的通知. 教学〔2012〕2 号 ，2012-03-19.

[11] 教师教育振兴行动计划(2018—2022 年). 教师〔2018〕2 号，2018-02-11.

[12] 教育部 国务院扶贫办关于印发《深度贫困地区教育脱贫攻坚实施方案(2018—2020 年)》的通知. 教发〔2018〕1 号，2018-01-15.

[13] 教育部 财政部关于印发《银龄讲学计划实施方案》的通知. 教师〔2018〕7 号，2018-07-04.

[14] 中共中央 国务院关于全面深化新时代教师队伍建设改革的意见. 中发

〔2018〕4 号，2018-01-20.

[15] 中共中央办公厅　国务院办公厅印发《关于支持深度贫困地区脱贫攻坚的实施意见》的通知. 厅字〔2017〕41 号，2017-09-25.

[16] 中共中央办公厅　国务院办公厅印发《关于进一步引导和鼓励高校毕业生到基层工作的意见》的通知. 中办发〔2016〕79 号，2017-01-24.

## 六、外文类

[01] American Association of Community Colleges. 2015 Community College Fast Facts. http：//www. aacc. nche. edu/ About CC/Pages/fastfactsfactsheet. aspx，2016-2-10.

[02] Belderson P，Harvey I，Kimbell R，et al. Does breakfast—club attendance affect schoolchildren′s nutrient intake? A study of dietary intake at three schools. British Journal of Nutrition，2003，90(6)：1003.

[03] Carroll-Scott A，Gilstad-Hayden K，Rosenthal L，et al. Disentangling neighborhood contextual associations with child body mass index，diet，and physical activity：The role of built，socioeconomic，and social environments. Social Science & Medicine，2013，95(4)：106.

[04] Chen CM. Overview of obesity in Mainland China. Obes Rev 2008；9(Suppl. 1)：14－21.

[05] Cheng TO. China's epidemic of child obesity：an ounce of prevention is better than a pound of treatment. Int J Cardiol 2014；172：1－7.

[06] Davis AM，Bennett KJ，Befort C，Nollen N：Obesity and related health behaviors among urban and rural children in the United States：data from the National Health and Nutrition Examination Survey 2003—2004 and 2005—2006. J Pediatr Psychol 2011，36：669－676.

[07] De Onis M，Blossner M. Prevalence and trends of overweight among pre—school children in developing countries. Am J Clin Nutr 2000；72：1032－1039.

[08] Dong J，Guo X L，Lu Z L，et al. Prevalence of overweight and obesity and their associations with blood pressure among children and adolescents in Shandong，China. Bmc Public Health，2014，14(1)：1080.

[09] Evans C R，Onnela J P，Williams D R，et al. Multiple contexts and adolescent body mass index：Schools，neighborhoods，and social networks. Social Science & Medicine，2016，162：21－31.

[10] Ferreira Marques CD，Ribeiro SilvaR de C，Machado ME，Portelade San-

tana ML, Castrode Andrade Cairo R, Pinto Ede J, Oliveira Reis Maciel L, Rodrigues Silva L: The prevalence of overweight and obesity in adolescents in Bahia, Brazil. Nutr Hosp 2013, 28: 491—496.

[11] Goodman E, Adler N E, Kawachi I, et al. Adolescents' perceptions of social status: development and evaluation of a new indicator. Pediatrics, 2001, 108(2): E31.

[12] Hendricks M, Eley B & Bourne L (2006) Child nutrition. In South African Health Review 2006 [P Ijumba and A Padarath, editors]. Durban: Health Systems Trust; available at http: //www. hst. org. za/generic/29.

[13] http://www. bjstats. gov. cn/tjsj/zxdcsj/rkcydc/xts _ 4598/201512/t20151216 _ 331079. html.

[14] Ji CY, Chen TJ. Empirical changes in the prevalence of overweight and obesity among Chinese students from 1985 to 2010 and corresponding preventive strategies. Biomed Environ Sci 2013; 26: 1—12.

[15] Ji CY, Working Group on Obesity in China (WGOC): Report on childhood obesity in China (4) prevalence and trends of overweight and obesity in Chinese urban school—age children and adolescents, 1985—2000. Biomed Environ Sci 2009, 20: 1—10.

[16] Kanter R, Caballero B: Global gender disparities in obesity: a review. Adv Nutr 2012, 3: 491—498.

[17] Labadarios D, Steyn NP, Mgijima C & Dladla N (2005) Review of the South African nutrition policy 1994—2002 and targets for 2007: achievements and challenges. Nutrition 21, 100—108.

[18] Lazzeri G, Rossi S, Pammolli A, Pilato V, Pozzi T, Giacchi MV: Underweight and overweight among children and adolescents in Tuscany (Italy). Prevalence and short—term trends. J Prev Med Hyg 2008, 49: 13—21.

[19] Meng, Q. , Xu, L. , Zhang, Y. , Qian, J. , Cai, M. , Xin, Y. , & Barber, S. L. (2012). Trends in access to health services and financial protection in China between 2003 and 2011: A cross—sectional study. The Lancet, 379 (9818), 805—814.

[20] Miller D P. Associations between the home and school environments and child body mass index. Social Science & Medicine, 2011, 72 (5): 677—684.

[21] Neumark-Sztainer D, French S A, Hannan P J, et al. School lunch and

snacking patterns among high school students: associations with school food environment and policies. International Journal of Behavioral Nutrition & Physical Activity, 2005, 2(1): 1-7.

[22] New S A, Livingstone M B E. An investigation of the association between vending machine confectionery purchase frequency by schoolchildren in the UK and other dietary and lifestyle factors. Public Health Nutrition, 2003, 6 (5): 497.

[23] NIPORT, Mitra and Associates & ORC Macro (2009) Bangladesh Demographic and Health Survey 2007. National Institute of Population Research and training (NIPORT), Mitra and Associates and ORC Macro, Calverton, MD.

[24] Ogden CL, Carroll MD, Kit BK, Flegal KM: Prevalence of obesity in the United States, 2009-2010. NCHS Data Brief 2012, 82: 1-8.

[25] Strauss R S, Pollack H A. Epidemic Increase in Childhood Overweight, 1986-1998. Jama, 2001, 286(22): 2845-2848.

[26] Tremblay MS, Shields M, Laviolette M, Craig CL, Janssen I, Grober SC. Fitness of Canadian children and youth: Results from the 2007-2009 Canadian Health Measures Survey. Health Rep 2010; 21: 1-14.

[27] Tremblay MS, Shields M, Laviolette M, Craig CL, Janssen I, Grober SC. Fitness of Canadian children and youth: Results from the 2007-2009 Canadian Health Measures Survey. Health Rep 2010; 21: 1-14.

[28] United Nations Development Programme (UNDP) (2008) Human Development Report 2007-2008. UNDP, New York.

[29] Valdés Pizarro J, Royo-Bordonada MA: Prevalence of childhood obesity in Spain: National Health Survey 2006-2007. Nutr Hosp 2012, 27: 154-160.

[30] Whincup P H, Owen C G, Sattar N, et al. School dinners and markers of cardiovascular health and type 2 diabetes in 13-16 year olds: cross sectional study. Bmj, 2005, 331(7524): 1060.

[31] World Health Organization. Malnutrition: the Global Picture. Geneva: World Health Organization, 2000.

[32] Zeng Q, Zeng Y. Eating out and getting fat? A comparative study between urban and rural China. Appetite, 2018, 120: 409-415.

[33] Zenk SN, Powell LM. US secondary schools and food outlets. Health &

Place 2008; 14: 336—46.

[34] Zhu Yuhong, Chan Ko Ling. Prevalence and Correlates of School Bullying Victimization in Xi'an China. Violence and Victims, 2015, 30 (4): 714—732.

# 后　记

　　2018 年是中国改革开放 40 周年。40 年来，党和国家高度重视农村教育发展，农村教育取得了举世瞩目的巨大变化。过去，人们形容农村学校是"破房子、黑屋子、土台子、泥孩子"；现在，即使在贫困的村庄，最漂亮的建筑也是学校。农村学校不仅教室宽敞明亮、冬暖夏凉，而且美术教室、音乐教室、电脑教室、图书室等一应俱全，甚至有些地方还实现了"校校通""班班通""人人通"全覆盖，教室里也拥有了投影仪、电子白板等现代化的教学施备。过去，农村中小学教师中民办教师占到 72％，有的地区更是高达 90％以上，许多农村学校都存在"中学文化程度的教师教中学、小学文化程度的教师教小学"的现象，而且小学教师年平均工资只有 538 元，在全国各行各业之中排名倒数第一，中学教师年平均工资只有 542 元，排名倒数第二。现在，即使在乡村，小学教师拥有专科以上学历的比例也达到了 89.06％，而且在相同职称和工作年限上，乡村教师工资已经普遍高于乡镇教师、乡镇教师工资又普遍高于县城教师，在县域内基本实现了城乡教师工资的大逆转。农村教育的弱势地位得到了巨大的改观。习近平总书记在全国教育大会上强调："教师是人类灵魂的工程师，是人类文明的传承者，承载着传播知识、传播思想、传播真理，塑造灵魂、塑造生命、塑造新人的时代重任。全党全社会要弘扬尊师重教的社会风尚，努力提高教师政治地位、社会地位、职业地位，让广大教师享有应有的社会声望，在教书育人岗位上为党和人民事业作出新的更大的贡献。"这对包括农村教师在内的广大教师无疑是巨大的鼓舞与鞭策。

　　《中国农村教育发展报告 2019》延续了以往的报告风格和特色。在关注一年来国家宏观政策、事业发展、学术研究和实践探索新进展的同时，我们于 2018 年 4 月对全国 18 个省份开展了大规模调查，投入调查人员 100 余人次，其中既包括中国农村教育发展研究院的教师、博士后、博士生、硕士生，还包括中国农村教育发展协同创新中心协同单位的教师和同学。在这里，我要向为本报告付出辛勤劳动的所有人员表示衷心的感谢，同时向一直以来对我们的调研工作给予帮助和支持的县级教育行政部门、农村中小学校长和老师们表达最诚挚的敬意！

报告遵循"分工撰写、文责自负"的原则，在终稿完成后，各章都组织研究生进行了校对。最后，邬志辉撰写了年度进展报告、专题调研报告和经典个案报告导语及后记，并最终对整个年度报告进行了统稿。课题组团队共同撰写了前言。李跃雪制作了各章的图表，王晓生整理了参考文献。

由于时间所限，加上任务量相当庞大，尽管我们努力控制疏漏，但是不足之处依然在所难免，在这里诚恳地恭请各位读者批评指正。同时，为了进一步创新发展报告研究模式，我们也衷心地期待读者如果有好的选题或议题，请与我们联系，我们愿意与您一起合作开展调查研究。我们的联系电话是：0431－85099422，我们的邮箱是 1245376561@qq.com。

邬志辉　谨识
2019 年 1 月于长春